"十三五"国家重点出版物出版规划项目

经济科学译丛

国际商务

新进展／第五版

International Business

The New Realities
／Fifth Edition

S. Tamer Cavusgil
S. 塔默·卡瓦斯基尔

Gary Knight
加里·奈特 ／著

John R. Riesenberger
约翰·R. 里森伯格

马述忠　熊立春　陈彦宇 等／译

中国人民大学出版社
·北京·

自新中国成立尤其是改革开放 40 多年来，中国经济的发展创造了人类经济史上不曾有过的奇迹。中国由传统落后的农业国变成世界第一大工业国、第二大经济体，中华民族伟大复兴目标的实现将是人类文明史上由盛而衰再由衰而盛的旷世奇迹之一。新的理论来自新的社会经济现象，显然，中国的发展奇迹已经不能用现有理论很好地加以解释，这为中国经济学进行理论创新、构建具有中国特色的经济学创造了一次难得的机遇，为当代学人带来了从事哲学社会科学研究的丰沃土壤与最佳原料，为我们提供了观察和分析这一伟大"试验田"的难得机会，更为进一步繁荣我国哲学社会科学创造了绝佳的历史机遇，从而必将有助于我们建构中国特色哲学社会科学自主知识体系，彰显中国之路、中国之治、中国之理。

中国经济学理论的创新需要坚持兼容并蓄、开放包容、相互借鉴的原则。纵观人类历史的漫长进程，各民族创造了具有自身特点和标识的文明，共同构成人类文明绚丽多彩的百花园。各种文明是各民族历史探索和开拓的丰厚积累，深入了解和把握各种文明的悠久历史和丰富内容，让一切文明的精华造福当今、造福人类，也是今天各民族生存和发展的深层指引。

"经济科学译丛"于 1995 年春由中国人民大学出版社发起筹备，其入选书目是国内较早引进的国外经济类教材丛书。本套丛书一经推出就立即受到了国内经济学界和读者们的一致好评和普遍欢迎，并持续畅销多年。许多著名经济学家都对本套丛书给予了很高的评价，认为"经济科学译丛"的出版为国内关于经济理论和经济政策的讨论打下了共同研究的基础。近三十年来，"经济科学译丛"共出版了百余种全球范围内经典的经济学图书，为我国经济学教育事业的发展和学术研究的繁荣做出了积极的贡献。近年来，随着我国经济学教育事业的快速发展，国内经济学类引进版图书的品种越来越多，出版和更新的周期也在明显加快。为此，本套丛书也适时更新版本，增加新的内容，以顺应经济学教育发展的大趋势。

"经济科学译丛"的入选书目都是世界知名出版机构畅销全球的权威经济学教材，被世界各国和地区的著名大学普遍选用，很多都一版再版，盛行不衰，是紧扣时代脉搏、论述精辟、视野开阔、资料丰富的经典之作。本套丛书的作者皆为经济学界享有盛誉的著名教授，他们对于西方经济学的前沿课题都有透彻的把握和理解，在各自的研究领域都做出了突出的贡献。本套丛书的译者大多是国内著名经济学者和优秀中青年学术骨干，他们不仅在长期的教学研究和社会实践中积累了丰富的经验，而且具有较高的翻译水平。

本套丛书从筹备至今，已经过去近三十年，在此，对曾经对本套丛书做出贡献的单位和个人表示衷心感谢：中国留美经济学会的许多学者参与了原著的推荐工作；北京大学、中国人民大学、复旦大学以及中国社会科学院的许多专家教授参与了翻译工作；前任策划编辑梁晶女士为本套译丛的出版做出了重要贡献。

愿本套丛书为中国经济学教育事业的发展继续做出应有的贡献。

中国人民大学出版社

本版新内容

我们的目标是使本版内容与时俱进，篇幅合理。因此，在修订时，我们删除了一些内容，并增加了新的内容。在第 1 章，我们删除了关于脸书（Facebook）的篇首案例。在第 4 章，我们删除了关于西门子贿赂和腐败的篇尾案例。在第 5 章，我们删除了关于现代汽车与全球汽车产业的篇尾案例。在第 6 章，我们删除了关于俄罗斯的政治和法律制度中的风险的篇首案例。在第 9 章，我们删除了关于金融风险传染与全球金融危机的篇尾案例。在第 17 章，我们删除了关于强生的国际人力资源管理的篇首案例。

为了替代上述被删除的内容并保持时效性，我们在第五版中新增或大幅修改了篇首案例和篇尾案例。具体如下：

第 1 章，新增了篇首案例"照片墙：一种全球现象"；

第 2 章，大幅修改了篇首案例"声田与天生的全球公司的崛起"；

第 4 章，新增了篇尾案例"大众汽车的丑闻"；

第 5 章，新增了篇尾案例"联合利华的比较优势和竞争优势"；

第 6 章，新增了篇首案例"巴西的政治和法律制度中的风险：Odebrecht"；

第 7 章，大幅修改了篇尾案例"政府干预：空客与波音"；

第 8 章，大幅修改了篇尾案例"塔塔集团：印度的顶级全球挑战者"；

第 9 章，新增了篇尾案例"乐购、欧债危机与英国脱欧"；

第 15 章，大幅修改了篇尾案例"赛百味和特许经营在中国遇到的挑战"；

第 16 章，大幅修改了篇首案例"迈克高仕：全球平价奢侈品市场"；

第 17 章，新增了篇首案例"谷歌的国际人力资源管理"。

此外，在专栏"从事国际商务相关工作的新近毕业生"中，我们增加了对一些从事国际商务相关工作的新的年轻毕业生的介绍。在第 1 章中，我们增加了对玛丽·莱尔斯（Mary Lyles）的介绍，她在星巴克（Starbucks）的全球采购部门工作；在第 15 章中，我们增加了对胡安妮塔·韦莱兹（Juanita Velez）的介绍，她在达美航空公司（Delta Air Lines）的国际社交媒体部门工作。

在各章中，我们还增加了一些新的图表和重要的新材料，内容涉及国际旅行准备、数字技术的崛起、贸易与 GDP 增长的关系、各颜色在不同国家和地区所代表的意义、工作场所骚扰、英国脱欧与英国、民粹主义、国家治理、区块链和加密货币、碳排放、碳税、跨国项目管理、全球连通性指数、智能手机的全球采购、回流与近岸外包、最适合工作的跨国企业，以及国际商业中的女性等当代热门话题。

解决教与学中的难题

如今的学生通常被称为 Z 世代、后千禧一代或 iGen，他们是在一个不断互联的世界中成长起来的。为了满足 Z 世代学生独特的愿望、需求和学习方式，我们在修订本书时强调以下几方面：

● 相关知识和工作技能。本书第五版中包括了更多相关实例和活动、简明的基础课程内容、无形软技能和有形流程工具，可以帮助 Z 世代学生为进入职场做好准备。

● 与 Z 世代息息相关的当代问题。本书第五版介绍了新的国际商业环境，涵盖了当代国际商业主题，如新兴市场、发展中经济体、服务业的增长、国际商务中的风险、数字技术、国际商务中的女性以及其他重要趋势等。

● 有意义的内容。本书第五版提供了大量有关国际商务中的道德规范、企业社会责任和可持续发展的内容。

本书主要具有以下几个特点：

（1）通俗易懂，吸引学生。篇首案例和篇尾案例中介绍了苹果、宜家、哈雷-戴维森、H&M、照片墙（Instagram）、天生的全球公司、中国的社交媒体和全球电影公司等学生耳熟能详的公司的故事，可以激发学生学习更多国际商务知识的欲望。

（2）提供了很多练习和图表，可以培养学生的批判性思维能力和解决问题的技能。本书第五版包含了很多图表，它们有助于阐释复杂的问题，便于学生阅读。

（3）介绍了有形流程工具。这些工具旨在模拟现实世界中的决策制定流程，有助于提高工作效率。

（4）提供了讨论企业社会责任（CSR）的场景。本书第五版包含了一项综合活动，在这项活动中，学生将站在企业高管、消费者或激进分子的角度讨论企业社会责任的优点和后果。

（5）专门安排了专栏"从事国际商务相关工作的新近毕业生"。本书第五版共介绍了 11 位新近毕业生的故事，他们都在国际商务领域开始了精彩的职业生涯。他们根据自己的职业经历向想从事国际商务相关工作的学生提供了有用的建议。

培养就业技能

国际高等商学院协会（AACSB）越来越多地提倡在商科书籍中介绍更加注重技能的实用方法，而本书正好提供了这种实用方法，而不是基于理论的方法。

为了在瞬息万变的就业市场中取得成功，学生应该了解如何选择职业以及如何培养各种关键技能。本书的重点就是要培养学生的这些技能。

本书中介绍的职业准备工具箱（Career Preparation Kit™）包含了 CKR 有形流程工具（CKR Tangible Process Tools™）和 CKR 无形软技能（CKR Intangible Soft Skills™）。CKR 有形流程工具™可以帮助学生提高工作效率。CKR 无形软技能™侧重于当今市场上就业和成功所需的技能。

下表为学生提供了一个指南，以帮助他们了解当今商科毕业生所需的技能，以及不同课程与其职业目标的相关性。该表确定了本书中哪些内容和材料有助于学生培养这些技能。

就业技能

技能	本书中可以用于培养该技能的内容和材料	
书面和口头沟通能力	网络练习	检验你的理解
批判性思维能力和问题解决能力	篇首案例和篇尾案例	运用你的理解
团队合作能力	篇首案例和篇尾案例	运用你的理解
领导力	第 11 章 "国际企业的战略与组织"	
创造性	运用你的理解	篇首案例和篇尾案例
道德行为	第 4 章 "国际商务中的道德、企业社会责任、可持续性和公司治理"	
信息技术水平	网络练习	

● 篇尾案例。每章的结尾都有一个案例，可以用来检验该章开头列出的学习目标。这些案例将本章所介绍的知识应用于企业面临的现实世界，从而帮助学生培养管理技能。案例问题可以作为家庭作业。课堂讨论有助于提高学生的分析能力和决策技能。

● 检验你的理解。本部分会列出由 6～12 个小问题组成的问题清单，并据此评估学生对本章学习目标和关键概念的掌握情况。

● 运用你的理解。本部分会以短文的形式列出三道大题，目的是让学生学会将本章所介绍的知识运用到国际商务实践中。

● 网络练习。Globaledge Internet exercises. GlobalEDGE™（https：//globaledge. msu. edu）由本书作者 S. 塔默·卡瓦斯基尔开发，是一个面向国际商务专业人士

的领先的知识门户网站。该网站为国际商务专业人士提供了一个获取有关国家、跨境企业、文化和公司实践等专业知识的来源。本书每章都会提供多个网络练习作为学生作业，学生也可以借助互联网完成这些作业。

● CKR 有形流程工具™练习。这些练习可以帮助学生熟悉专业人员在国际商务中通常会遇到的重大管理挑战和决策制定。通过完成这些练习，学生可以获得真实世界所需的技能，从而在职业生涯中取得更好的成绩。

目 录

第 3 部分　战略和机会评估

第 4 部分　进入国际市场并在国际市场经营

第 1 部分

国际商务的基本概念

第1章 引言：什么是国际商务

本章学习目标：

1. 理解国际商务中的关键概念
2. 掌握国际商务与国内商务有何差异
3. 了解谁参与国际商务
4. 理解为什么企业要追求国际化
5. 理解为什么要学习国际商务
6. 了解教育者联盟（CKR）职业准备工具包：有形流程工具™和出国旅行准备清单

篇首案例　　　　　　　　**照片墙：一种全球现象**

全球化是指正在进行的经济一体化和世界各国之间日益增强的相互依赖性。它意味着国家、公司和消费者之间的经济和政治联系不断增强。像脸书（Facebook）和照片墙（Instagram）这样的智能手机应用程序的广泛使用，体现了全球化和世界各地生活方式的融合。全世界的智能手机用户数量已经达到 30 亿，约占世界人口的 40%。拥有智能手机在发达经济体，特别是澳大利亚、欧洲和北美是一件稀松平常的事——在这些地方，65% 的居民拥有这种设备。智能手机在智利、中国、波兰和俄罗斯等新兴市场国家也越来越受欢迎。在这些国家，拥有智能手机的居民超过了 50%。发展中经济体如孟加拉国、尼日利亚、巴基斯坦和乌克兰的智能手机渗透率很低，这主要是由于这些国家收入低，基础设施不发达。

照片墙成立于 2010 年，是一个供智能手机用户与他人分享照片和短视频的网络社区，其月度活跃用户超过 7 亿，其中大部分是女性，且年龄在 35 岁以下。照片墙在 2012 年被脸书以约 10 亿美元的价格收购。

照片墙有 33 个语言版本，它有着双重身份：既是营利性商业机构，又是便利我们个人生活的工具。在全球最受欢迎的社交媒体平台中，照片墙排名第六，仅次于脸书、推特（Twitter）、领英（Linkedln）、油管（YouTube）和谷歌（Google＋）。照片墙强调分享照片，并受到了视觉导向的社交媒体用户的热烈拥护。该应用程序在全球范围内广受欢迎，特别是在俄罗斯、巴西、土耳其、英国、波兰和美国。

照片墙是一个真正的全球平台——超过80％的用户来自美国（照片墙本部所在地）以外的地方。管理层已通过外国直接投资（FDI）在世界各地建立了办公室。照片墙用户拍摄最多的国家是意大利、日本、印度尼西亚、科威特、泰国和法国。旅游目的地如罗马、东京、迪拜、巴黎和大峡谷是热门拍摄对象。比萨是在照片墙上被分享最频繁的食物，其次是寿司。

照片墙平台允许人们使用低分辨率的手机拍摄和分享高质量的照片，这吸引了欠发达经济体的用户，因为这类经济体的用户往往买不起高档的手机，也享受不到可以方便地下载照片墙这一应用程序的快捷的手机网络。许多人缺乏足够的手机存储空间来轻松下载该应用程序。为了解决这些问题，照片墙推出了一个扩展的网络版本，用户可以跳过应用程序的等待时间、数据成本和存储需求，但仍然能使用其基本功能。

零售商和其他公司利用照片墙低成本销售其产品和服务。2014年，照片墙首次借助照片传输向澳大利亚、加拿大和英国的用户发送了广告。世界上大多数顶级品牌，例如苹果（Apple）、宝马（BMW）和索尼（Sony）都在照片墙上创建了自己的页面，其中许多品牌会每周都积极分享照片或视频。现今照片墙每年在全球的广告收入超过50亿美元。

德国的运动品牌彪马（Puma）与照片墙上粉丝很多的网红签订了合同，由网红拍摄照片来展示该品牌的产品。丹麦一家酿酒公司（Carlsberg）发起了一场名为"快乐小时"（Happy Hour）的营销活动，参与者只要在照片墙上集齐多少个赞就可以半价购买啤酒。在日本，照片墙上最受欢迎的网红是一只名叫Marutaro的狗，它在照片墙上推广宠物食品、房地产和其他企业。在巴西，运动队也通过照片墙推广自己。照片墙现象说明了融合的生活方式、通信技术和富有想象力的创业精神是如何促进全球企业的出现的。

案例问题：

1-1. 照片墙在国际市场上做生意能获得什么优势？

1-2. 照片墙的哪些属性使它被世界各国的人快速接受？

1-3. 企业如何使用照片墙来推销它们的产品和服务？

资料来源：B. Ahmadinejad and H. Asli, "E-business through Social Media：A Quantitative Survey (Case Study：Instagram)," *International Journal of Management, Accounting and Economics*, 4, No. 1 (2017), www.ijmae.com; S. Aslam, "Instagram by the Numbers：Stats, Demographics & Fun Facts," *Omnicore*, August 10, 2017, www.omnicoreagency.com; J. Constine, "Instagram Launches Mobile Web Sharing to Pursue Global Growth," *Techcrunch*, May 8, 2017, https://techcrunch.com; E. Hamburger, "Instagram Shoots for Global Expansion with Big Android Update," *The Verge*, March 11, 2014, www.theverge.com; E. Hancock, "The 23 Most Instagrammed Countries of All Time," *Business Insider*, December 1, 2016; J. Hempel and A. Nyantakyi, "Instagram Is Ready to Take Its Shot," *Fortune International（Europe）*, July 21, 2014, pp. 72-77; S. Joseph, "Carlsberg Offers Drinkers Half-Priced Beers in Exchange for Instagram Posts," *Marketing Week*, March 17, 2014, www.marketingweek.com; *Newzoo*, "Top 50 Countries by Smartphone Users and Penetration," April 2017, http://newzoo.com; M. Swant, "This Instagram Timeline Shows the App's Rapid Growth to 600 Million," *Adweek*, December 15, 2016, www.adweek.com.

第1章

正如篇首案例中所揭示的，国际商务渗入了我们的日常生活。**国际商务**（international business）指的是企业跨越国界的贸易和投资活动。因为国际商务强调跨越国界，所以我们也把它称为跨境商务（cross-border business）。企业在国际范围内从事组织、采购、制造、销售和其他增值活动。它们开拓外国客户，并与外国企业建立合作关系。虽然国际商务活动主要由单个企业进行，但政府和国际机构也会开展国际商务活动。① 企业和国家会交换许多有形资产和无形资产，包括产品、服务、资本、工艺、技术和劳动力等。在本书中，我们主要关注单家企业的国际商务活动。

如图 1.1 所示，国际商务的特点体现在六个主要维度。企业国际活动的日益增多引起了市场的全球化。当企业冒着风险去国外开拓业务时，企业就是在进行国际贸易和投资活动。这时，它们往往会遇到各种类型的风险和挑战，而这些风险和挑战是它们在母国不会遇到，或者即便遇到，程度也不会如此剧烈的。国际商务的参与者是多种多样的，包括企业、分销渠道中间商和服务商等。当企业对外扩张时，它们会采用国际市场进入战略，如出口或直接投资。我们在本章中将详细探讨这六个主要维度中的每一个。

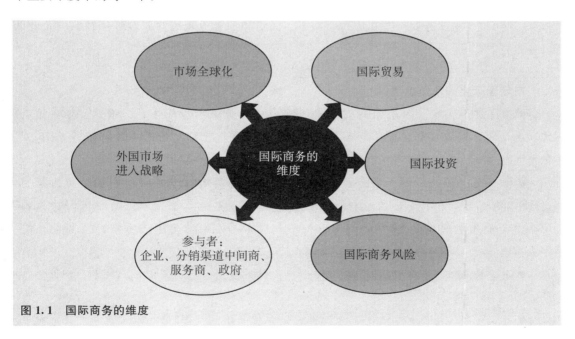

图 1.1 国际商务的维度

虽然跨境贸易已经存在了几个世纪，但同时期的国际商务却在过去的几十年里发展迅猛且日益复杂。企业比以往任何时候都更努力地寻求国际市场机会。与照片

① 我们使用术语"国际商务"来指代单家企业的跨境商务活动，而经济学家一般使用"国际贸易"（international trade）一词来指代产品和服务在国家之间的总体跨境流动。国际商务描述的是企业层面的现象，而国际贸易描述的是产品和服务在国家之间的总体流动这一宏观现象。

墙一样，国际商务也影响着全世界人们的日常生活。诸如购物、听音乐、看电影或上网等日常活动都涉及互动和交易，而这些互动和交易将你与全球经济联系了起来。企业的国际化使你有机会获得来自世界各地的产品和服务，从而深刻地影响了你的生活质量和经济福祉。

网络平台，如亚马逊（Amazon）、阿里巴巴（Alibaba）、脸书和照片墙，都是经济一体化程度和世界上各国之间的相互依赖程度不断上升，即我们所知的市场全球化（globalization of markets）的表现形式。全球化体现了世界各国之间的经济联系日益紧密这一宏观趋势。同时，无数公司正在持续不断地国际化，商品和服务跨境交易的数量、种类，以及资本流动也急剧增加。国际化（internationalization）是指公司系统性地深化其国际商业活动的趋势。它导致了产品、技术和知识在世界范围内的广泛传播。

全球化既迫使又促进了企业向国外扩张。同时，企业的国际化也变得比以往任何时候都容易。几十年前，国际商务活动主要是大型跨国公司在从事。最近的发展创造了一个更加公平的竞争环境，使得所有类型的企业都能通过积极参与国际商务受益。在这本书中，你可以了解小企业和大型跨国公司的国际活动。你还可以了解服务业一些在银行、工程、保险和零售等领域开展国际化经营的企业的情况。

市场国际化的几个趋势：

● 国际贸易实现了前所未有的增长。1960 年，跨境贸易的金额只有约 3 000 亿美元。到今天，跨境贸易在世界经济中占了巨大的比重，仅每年的出口额就达到了 16 万亿美元。

● 国家之间贸易的增长伴随着资本、技术、数据的大规模流动和国家之间的频繁交流。2004 年，数字资料传输和通信中的跨境带宽流量几乎为零。到今天，总的跨境带宽流量已经超过了 400 000 吉比特/秒。现在，每一种国际交易事实上都包含数字内容。

● 全球金融体系高度发达。高度发达的金融体系便利了产品、货币、技术和知识的跨境流动。

● 国家之间的协作更多。国家之间通过世界贸易组织（WTO）和国际货币基金组织（IMF）等多边机构达成的协作更多。

资料来源：McKinsey Global Institute, *Digital Globalization：The New Era of Global Flows* (2016), www.mckinsey.com; UNCTAD, World Investment Report, New York: United Nations (2017), www.unctad.org; World Trade Organization, World Trade Report, Geneva: World Trade Organization (2017), www.wto.org.

1.1　国际商务中的关键概念

国际贸易（international trade）指的是产品（商品）和服务（无形资产）的跨境交换。交换可以通过**出口**（exporting，即从位于母国或第三国的基地向位于国外的客户出售产品或服务）实现。交换还可以采取**进口或全球采购**（importing or global sourcing）的形式，即从位于国外的供应商那儿采购产品或服务，以供母国或第三国消费。出口代表产品和服务的流出，而进口代表流入。成品和中间品（例如，原材料和部件）都可以被进口和出口。

国际投资（international investment）是指将资产转移到另一个国家或获得该国的资产。经济学家把这种资产称为生产要素（factors of production），它们包括资本、技术、管理和制造设备。贸易意味着产品和服务跨越国界。相比之下，投资意味着公司本身会跨越国界，以确保对位于国外的资产的所有权。

跨境投资的两个基本类型是国际证券投资和外国直接投资。**国际证券投资**（international portfolio investment）指的是被动拥有外国证券，如股票和债券，以获得财务上的回报，而不需要对这些资产进行积极管理或控制。外国投资者对这些资产的所有权感兴趣的时间相对较短。

外国直接投资（foreign direct investment，FDI）是一种国际化战略，采取该战略的公司会通过购买土地、工厂、设备、资本和技术等生产性资产，在国外建立实体。这也是一种进入外国市场的战略，投资者通过采用此战略可以获得对主要从事制造、营销或管理活动的生产性企业的部分或全部所有权。对国外此类资源的投资一般是长期性的，且需要制订周密的计划。

1.1.1　国际贸易的性质

总的来说，在过去的几十年里，出口增速超过了国内生产总值（GDP）增速，说明了全球化的步伐之快。图 1.2 对比了 1980 年以来世界出口增速和世界 GDP 增速。GDP 被定义为一个国家在一年内生产的产品和服务的总价值。正如图中所反映的，在持续了 27 年的繁荣之后，2009 年世界贸易增速因全球经济衰退而下降。到 2012 年，贸易复苏，并恢复到正常水平。贸易是减轻全球经济衰退的影响的一个关键因素。[①] 值得注意的是，在过去几十年的大部分时间里，世界出口的年均增速（5.3%）超过世界 GDP 的年均增速（2.8%）2.5 个百分点。

在解释为什么贸易增速长期超过 GDP 增速方面，有三个原因特别值得注意。首先是过去 30 年中新兴市场快速崛起。这些快速发展的经济体的中产阶级家庭数量迅速增加，而这些中产阶级家庭拥有大量的可支配收入。其次是美国和欧盟等先

[①]　"Numbers：International Trade Hits a Wall," *Business Week*，January 26 – February 2，2009，p. 15.

进（或发达）经济体正在从中国、印度和墨西哥等低成本制造地区采购大量消费品。最后是信息和通信技术的进步、贸易壁垒的减少和市场的自由化都促进了国家间贸易的快速增长。

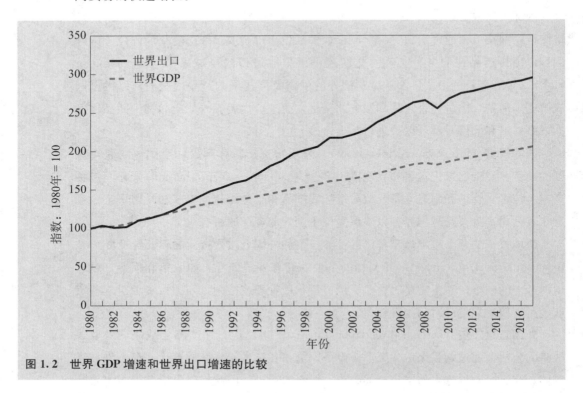

图 1.2 世界 GDP 增速和世界出口增速的比较

图 1.3 列出了在商品（而不是服务）贸易方面领先的国家。其中，图 1.3（a）显示了这些国家以十亿美元为单位的年商品出口额和年进口额。图 1.3（b）显示了这些国家的年商品贸易总额（年出口额＋年进口额）占该国 GDP 的百分比。图 1.3（a）中各国的年商品贸易总额（年出口额＋年进口额）接近 180 000 亿美元，约占世界年商品贸易总额的一半。为了更好地了解国际贸易的结构，图 1.4 展示了世界上名列前茅的贸易国家。其中，中国、美国、德国和日本是世界上最大的贸易国家。中国和美国在年商品贸易总额方面接近，但中国的年商品贸易总额占 GDP 的比重为 31%，而美国的年商品贸易总额占 GDP 的比重为 19%。荷兰和韩国等国家的年商品贸易总额占 GDP 的比重更大，分别为 126% 和 69%。这表明：相对于国内生产的所有商品和服务的价值，这些国家对国际贸易的依赖程度非常高。

在某些情况下，一个国家的年商品贸易总额占 GDP 的比重超过了 100%。这是怎么回事呢？答案是，新加坡、荷兰等国家被称为 entrepôt 经济体。"entrepôt"（中转地）来源于法语中的"intermediate depot"（中转仓库）一词。这些国家进口了大量的产品，其中一些被加工成价值更高的产品，另一些直接被重新出口到其他目的地。这种情况经常发生在在进入较大的相邻市场方面享有特别大优势的地区。例如，新加坡是东南亚的一个主要中转地，如中转从中东地区进口的石油产品。荷兰是大欧盟的中转地。

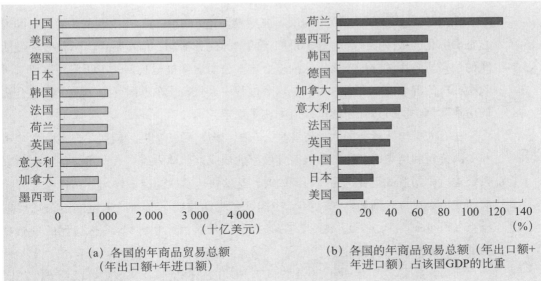

　　　(a) 各国的年商品贸易总额　　　　　　　　(b) 各国的年商品贸易总额（年出口额+
　　　（年出口额+年进口额）　　　　　　　　　　年进口额）占该国GDP的比重

图 1.3　在国际商品贸易方面领先的国家

资料来源：Based on data from the World Bank, *World Development Indicators*, Washington, DC: World Bank（2017），www.worldbank.org; World Trade Organization, *Statistics Database*, Geneva: World Trade Organization（2017），www.wto.org; UNCTAD, *World Investment Report*, New York: United Nations（2017），www.unctad.org.

其他国家	中国			荷兰		法国		英国	
		德国	韩国		墨西哥		比利时		新加坡
				印度		阿联酋	俄罗斯	泰国	
			意大利	西班牙			波兰	马来西亚	越南
	美国	日本	加拿大	瑞士	澳大利亚	巴西	沙特阿拉伯		

图 1.4　在国际商品贸易方面排名前 25 的国家

说明：图中列出了按年商品贸易总额（年出口额＋年进口额）占世界年商品贸易总额的比重排名前 25 的国家。

资料来源：Based on data from the World Bank, *World Development Indicators*, Washington, DC: World Bank（2017），www.worldbank.org; World Trade Organization, *Statistics Database*, Geneva: World Trade Organization（2017），www.wto.org; UNCTAD, *World Investment Report*, New York: United Nations（2017），www.unctad.org.

1.1.2 国际投资的性质

在两种类型的国际投资，即国际证券投资和 FDI 中，本章主要关注后者，因为它是国际化的最终形式，包含了最广泛的国际商务活动。FDI 是在国际化方面最活跃的公司所采用的外国市场进入战略。这些公司通常进行长期的 FDI，并保留对所收购资产的部分或全部所有权。在这个过程中，公司在东道国建立了一个新的合法的商业实体，同时遵守东道国政府的相关规定。

在有大量国际业务的大型资源型公司中，FDI 尤其常见。例如，许多欧洲公司和美国公司利用中国、印度和巴西等国家的低成本劳动力或自然资源，在这些国家投资建厂，制造或组装产品。与此同时，这些快速发展的经济体的公司也已经开始向西方市场投资。例如，2012 年，中国海尔集团收购了新西兰家电制造公司费雪派克（Fisher & Paykel）。之后，在 2016 年，中国海尔集团以 54 亿美元的价格收购了通用电气的电器部门。①

图 1.5 显示了自 20 世纪 80 年代以来 FDI 的急剧增长。从该图可以看出，自 20 世纪 80 年代以来，以美元计量的 FDI 规模有了巨大的增长，特别是在发达（先进）

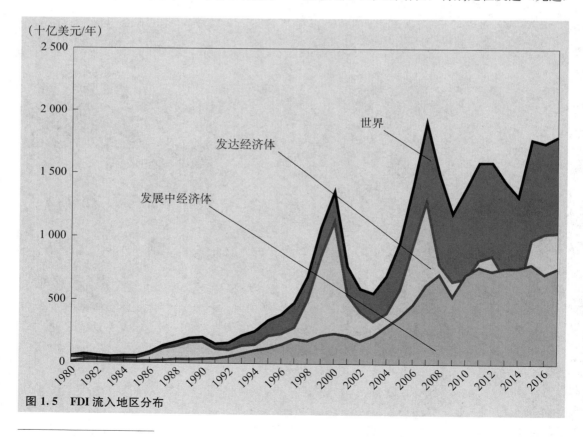

图 1.5 FDI 流入地区分布

---

① Laurie Burkitt, Joann Lublin, and Dana Mattioli, "China's Haier to Buy GE Appliance Business for $5.4 Billion," *Wall Street Journal*, January 15, 2016, retrieved from www.wsj.com.

经济体，如日本、欧洲和北美。2010年左右，流入发展中经济体的FDI开始超过流入发达经济体的FDI。2001年，由于投资者在美国"9·11"恐怖袭击事件发生后感到恐慌，所以FDI流入被打断了。2008年，全球经济衰退再次打断了FDI流入，但随后几年FDI流入又急剧上升。FDI流入的这几次下滑凸显了保持世界经济稳定的重要性。尽管经历了这些挫折，但FDI流入的总体增长趋势依然强劲。特别重要的是，为了满足对现代工业基础设施的需求，流入发展中经济体的FDI持续增长，这反映了发展中经济体和新兴市场作为目标市场和采购基地的重要性。

1.1.3 服务和商品

从历史上看，国际贸易和国际投资主要是那些制造和销售产品，如服装、电脑和机动车等有形产品的公司在从事。今天，生产服务（无形产品）的公司也是国际商务的重要参与者。服务是指由在银行、咨询公司、酒店、建筑公司、零售商和不计其数的其他服务业公司工作的人直接满足的需求、做出的行动或付出的努力。国际服务贸易额约占国际贸易总额的四分之一，并且正在迅速增长。

本章篇首案例中提到的照片墙是一家已经快速国际化的领先的服务业公司。如果你拥有一栋房子，那么你的抵押贷款可能会被荷兰银行（ABN Amro Bank）承保。也许你会在法国索迪斯公司（Sodexho）旗下的食堂吃午饭，该公司的业务涉及众多大学校园的食品和饮料。最近，拳头游戏公司（Riot Games）将其业务扩展到了德国、爱尔兰、中国、土耳其和许多其他国家，以满足这些国家的游戏玩家对于网络游戏的快速增长的需求。由于游戏玩家对该公司开发的《英雄联盟》这一游戏的需求快速增长，该公司需要在全球的游戏玩家所在地建立办公室。2017年的英雄联盟世界锦标赛吸引了来自世界各地的粉丝，这些粉丝进行了为期两周的竞争，并用20多种语言进行了超过100小时的内容直播。[①]

图1.6列出了国际服务贸易额排名前列的国家。图1.6（a）显示了各国的年服务贸易总额（年出口额＋年进口额）。图1.6（b）显示了各国的年服务贸易总额占该国GDP的比重。与商品贸易一样，较大的发达（先进）经济体占了世界服务贸易总额的大多数。这是可以预见的，因为服务业通常占这些国家GDP的三分之二以上。最近，中国和印度等新兴市场在这一领域也声名鹊起。爱尔兰已经成为年服务贸易总额占GDP的比重最高的国家。将图1.3中每个国家的商品贸易额与图1.6中每个国家的服务贸易额进行比较可以发现，虽然服务贸易额正在迅速增长，但商品贸易额仍然大得多。原因之一是，与商品相比，服务的跨境贸易面临更大的挑战和更多的壁垒。

---

① Hannah Dwan，"The League of Legends 2017 World Championship Semi Finals Start This Weekend，"*The Telegraph*，October 29，2017，retrieved from www.telegraph.co.uk/gaming/news/league-legends-2017-world-championshipsemi-finals-start-weekend.

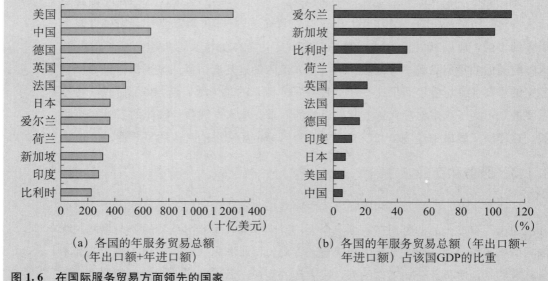

(a) 各国的年服务贸易总额
（年出口额+年进口额）

(b) 各国的年服务贸易总额（年出口额+
年进口额）占该国GDP的比重

图1.6 在国际服务贸易方面领先的国家

资料来源：Based on data from the World Bank, *World Development Indicators*, Washington, DC: World Bank (2017), www. worldbank. org；World Trade Organization, *Statistics Database*, Geneva：World Trade Organization (2017), www. wto. org；UNCTAD, "International Trade in Goods and Services," *UNCTADSTAT* (2017), www. unctad. org.

并非所有服务都可以出口，例如，修理自行车或在饭店吃饭等服务就不能出口。虽然有些服务可以数字化并跨越国界移动，但大多数服务提供商只能通过直接投资在国外建立实体来开展国际经营活动。企业通过在国外投资开餐馆、零售店和其他实体设施，每年出售价值数十亿美元的服务。

在服务领域，有许多行业具有巨大的国际化潜力。互联网零售巨头亿贝（eBay）在2017年赚取了大约90亿美元，其中50％以上来自国际销售。该公司预计，未来大部分的收入增长将来自国外。在将业务扩大至中国、韩国和欧洲之后，亿贝开始在印度发展业务，收购了以孟买为基地的线上零售商Baazee。此外，俄罗斯的商户现在也构成了亿贝业务的很大一部分。[①]

服务行业最近的一个发展是共享经济（sharing economy）的兴起。在共享经济模式下，企业和个人对所有类型的商品和服务进行线上的点对点交换。在日益增多的允许人们从其他人那儿借或租资产的全球公司中，优步（Uber）和爱彼迎（Airbnb）是典型例子。优步使得人们不借助出租车就可以去往自己要去的地方，而爱彼迎允许人们向位于世界各地的私人家庭预订房间。优步位于旧金山，在全球

---

① Payal Ganguly, "With ＄500-M Stake Buy, eBay Makes a Fresh Bid," *The Economic Times*, April 11, 2017, retrieved from http://economictimes. indiatimes. com; Danielle Kucera, "eBay's Adventures in Brick and Mortar," *Bloomberg Businessweek*, November 11, 2011, pp. 46 - 48; Ilya Khrennikov and Spencer Soper, "Now on eBay: Russian Micro-Multinationals," *Bloomberg Businessweek*, March 20, 2017, pp. 19 - 20; Nick Wingfield, "eBay Sets Sights on Indian Market with Acquisition," *Wall Street Journal*, June 23, 2004, p. A3.

600 多个城市运营。该公司的业务引发了很多国家的争议，因为市政当局要处理与司机资格、执照和价格有关的法律问题。在澳大利亚，人们使用 Freelancer 来雇用需要的工人。Streetbank 是一家位于英国的公司，它提供了一个供邻居分享工具、电器和其他家庭用品的平台，该公司的业务已扩展到澳大利亚、加拿大和其他许多国家。①

表 1.1 说明了正在国际化（即将业务范围拓展到所在国以外的国家）的服务行业的多样性。如果你正在考虑国际商务方面的职业，请牢记这些行业。

表 1.1　正在快速国际化的服务行业

行业	代表性业务	代表性公司
建筑和工程行业	机场、医院和大坝的建设，电力设施，设计，工程服务	阿西布朗勃法瑞（ABB）、柏克德集团（Bechtel Group）、日本鹿岛建设公司（Kajima）、瑞典斯堪斯卡公司（Skanska AB）
金融业	银行，保险，风险评估，管理	美国银行（Bank of America）、美国信诺保险集团（CIGNA）、巴克莱银行（Barclays）、汇丰银行（HSBC）、安永会计师事务所（Ernst & Young）
教育培训和出版业	管理培训，技术培训，语言培训	贝立兹（Berlitz）、公文式数学和阅读中心（Kumon Math & Reading Centers）、培生（Pearson）、爱思唯尔（Elsevier）
娱乐业	电影，唱片，互联网娱乐	时代华纳（Time Warner）、索尼（Sony）、维珍（Virgin）、米高梅（MGM）
信息服务业	电子商务，电子邮件，转账，数据交换，数据处理，计算机服务	印孚瑟斯（Infosys）、谷歌、日立（Hitachi）、高通（Qualcomm）、思科（Cisco）
专业商务服务业	会计，广告，法务，管理咨询	李奥贝纳（Leo Burnett）、麦肯锡（McKinsey）、科尔尼（A. T. Kearney）、博思艾伦（Booz Allen Hamilton）
运输业	航空运输，海运，铁路运输，卡车运输，机场	马士基（Maersk）、新泽西港务局（Port Authority of New Jersey）、法国国家铁路公司（SNCF）
旅游业	交通，住宿，食品和饮料，飞机，轮船，铁路	万豪（Marriott）、英国航空公司（British Airways）

资料来源：Based on International Trade Administration，*Service Industries*（Washington，DC：U. S. Department of Commerce，2018）.

1.1.4　国际金融服务部门

国际银行业和金融服务业是国际上最活跃的服务行业之一。自 2000 年以来，投资和金融流量的爆炸性增长导致了全球资本市场的出现，主要原因有两个：银行

① Austin Carr，"Uber's Driving Lessons，" *Fast Company*，September 2017，pp. 25 - 27；John Jordan，"Challenges to Large-Scale Digital Organization：The Case of Uber，" *Journal of Organization Design* 3，No. 1（2017），pp. 1 - 12.

的国际化和大量资金跨越国界流入养老基金和投资组合。

同时，在发展中经济体，银行和其他金融机构通过增强当地投资资本的可得性来促进经济活动，这刺激了金融市场的发展，鼓励当地人储蓄。

国际银行业务主要由非常大的银行进行。2007—2008 年的全球金融危机爆发后，世界各地的政府对银行业实施了许多新的法规。消费者和当地企业一般倾向于与当地银行打交道，从土生土长的实体分支机构和了解当地情况的人员那里获得金融服务。较小的本地银行通常与较大的国际银行合作，处理跨国支付、货币兑换等业务，并履行其他国际功能。近年来，亚洲和北美的银行在其本土市场上的业务增长最多。中国现在拥有世界五大银行中的三家，即中国工商银行、中国建设银行和中国农业银行。伦敦长期以来一直是欧洲的银行中心，其地位有赖于英国在欧盟（EU）的成员资格。然而，英国 2016 年投票退出欧盟可能会削弱伦敦在欧洲银行业的竞争优势，并可能导致都柏林、法兰克福和巴黎作为欧洲领先的银行中心发挥越来越大的作用。[①]

1.2 国际商务与国内商务有何差异

企业在具有不同的经济环境、法律环境和文化环境的国家开展业务。例如，哥伦比亚的经济环境与加拿大的经济环境有很大的不同，沙特阿拉伯的法律环境与日本的法律环境不同，而中国的文化环境与肯尼亚的文化环境有很大的不同。企业会发现，自己不仅处于陌生的环境中，还遇到了许多无法控制的因素——管理层对其几乎没有控制权的因素。这些因素带来了新的或者更高的业务风险。正如篇首案例中照片墙的例子，由于每个国家都有着独特的环境，所以企业要根据不同国家的情况对其产品和方法进行调整。

1.2.1 国际化的四种风险

全球化并非没有风险。如图 1.7 所示，当企业从事国际商务时，它们经常会面临四种主要的风险：跨文化风险、国家风险、货币（金融）风险和商业风险。企业必须应对这些风险，以避免业绩下滑、声誉受损或出现其他不利后果。

当文化误解冲击人的价值观时，就会出现**跨文化风险**（cross-cultural risk）。跨文化风险来自语言、生活方式、心态、习俗和宗教的差异。一种文化所特有的价值观往往是持久的，会代代相传。价值观会影响员工的心态和工作作风，以及消费者的购物模式。外国客户可能与本国客户有很大的不同。

---

① *Economist*，"Ten Years On: International Banking," May 6，2017，pp. 3 - 5; Antoine Gara, "The World's Largest Banks in 2017: The American Bull Market Strengthens," *Forbes*, May 24, 2017, www.forbes.com; Marketline Industry Profile, "Global Banks," June 2016, pp. 1 - 4.

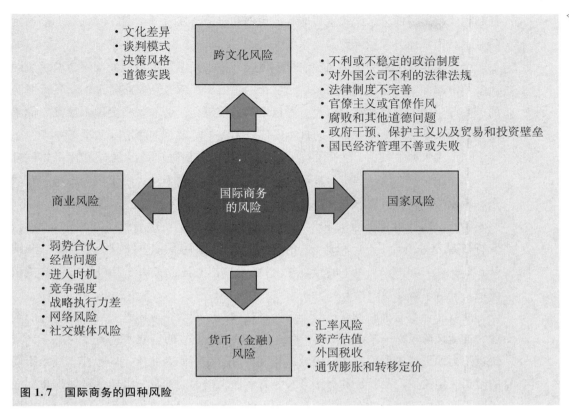

图 1.7   国际商务的四种风险

　　语言是文化的一个关键维度。除了促进交流之外，语言还是人们的价值体系和生活状态的重要体现。例如，因纽特人（爱斯基摩人）的语言中有各种表示雪的词汇，而南美的阿兹特克人对雪、冰和冷都使用相同的基本词干来表示。当把一种语言翻译成另一种语言时，往往很难找到表达相同含义的词。例如，在许多语言中并不存在意思相当于"余味"（aftertaste）的单词。这种挑战阻碍了有效的沟通并容易引起误解。文化差异造成的沟通不畅导致了商业策略的不合理及与客户关系的无效性。跨文化风险最常发生在外国。然而，风险也可能发生在国内，如管理层会见访问公司总部的国外客户或商业伙伴时。

　　国家风险（country risk），也称为政治风险（political risk），是指外国政治、法律和经济环境的发展对企业的运营和盈利能力造成的潜在不利影响。国家风险包括外国政府干预企业商业活动的可能性。例如，政府可能会限制企业进入某市场，对商业交易规定烦琐的程序，并限制企业可以从外国业务中获得的收入。政府对商业活动的干预程度因国家而异。例如，新加坡和爱尔兰的特点是经济自由，也就是经济环境相当自由。相比之下，俄罗斯政府就经常干预商业事务。[①] 国家风险还包括可能阻碍企业运营或影响企业业绩的法律法规，重要的如知识产权保护、产品责

---

① Terry Miller and Anthony Kim, *2017 Index of Economic Freedom* (Washington, DC: The Heritage Foundation).

任和税收政策。此外，国家也可能会出现不利于经济发展的情况，常见的如高通货膨胀率、国家债务和国际贸易不平衡。

货币风险（也称为金融风险、汇率风险）是指汇率发生不利波动给企业带来的风险。汇率即一种货币相对于另一种货币的价值。汇率波动是很常见的。货币风险的产生源于国际交易往往是通过一种以上的货币进行。例如，当美国水果加工商果瑞氏（Graceland Fruit Inc.）向日本出口蔓越莓干时，对方通常以日元支付。

当汇率大幅波动时，公司的收入就会贬值。如果进口商品的计价货币急剧升值，那么用于制造成品的进口零部件的成本可能会急剧上升。由于各国经济相互联系，所以一国的通货膨胀和其他不利经济状况可能会对汇率产生直接影响。

2015—2016年间，美元相对于大多数货币升值了，这导致了苹果（Apple）、卡特彼勒（Caterpillar）和辉瑞（Pfizer）等美国跨国公司的收入下降。宝洁（Procter & Gambles）旗下的金霸王（Duracell）电池业务由于其外国市场的货币贬值，利润下降了31%。[1]

所有企业都会面临商业风险，无论是在国内经营的企业还是开展国际业务的企业。**商业风险**（commercial risk）指的是公司因商业战略、战术或程序构思不当或执行不力而可能遭受的损失或失败。管理者可能在诸如商业伙伴的选择、进入市场的时机、定价、产品特征和促销方式等方面做出错误的选择。虽然这种错误也存在于国内商务中，但企业在国际商务中犯下此类错误的后果更加严重。例如，在国内商务中，一家企业可能仅通过提前通知就可以终止与业绩不佳的分销商的合作。然而，在外国市场，由于法律对当地企业的保护，终止与商业伙伴的合作的成本可能很高。推销劣质或有害的产品、产品不符合客户的期望，或未能提供令客户满意的服务，也会损害公司的声誉和盈利能力。此外，商业风险还经常受到货币风险的影响，因为汇率的波动会影响各种类型的商业交易。

近年来，两种类型的商业风险已经成为企业关注的重点内容——网络风险和社交媒体风险。两者都是由于漏洞而产生的。网络风险来自对公司信息系统的攻击或破坏以及公司信息技术系统的故障。例如，最近的数据泄露已经影响了亿贝、优步等公司。即使政府组织也容易受到数据泄露的影响。[2]

社交媒体风险指的是关于企业的负面新闻迅速而广泛地传播，导致企业遭受损失的风险。这种负面新闻会被社交媒体放大并加速传播。例如，在2015年，监管机构宣布，大众汽车在其车辆中安装了一款软件，旨在逃避要求减少发动机污染物排放的环境法规。当丑闻在推特、脸书和其他网站上蔓延时，大众汽车的品牌形象被破坏了。到2015年底，大众汽车的口碑下降到几年来的最低点。一个关于公司

---

① Adam Samson，"US Exports Take the Strain of a Strong Dollar," *Financial Times*，January 6，2016，retrieved from www.ft.com；"Strong Dollar Squeezes U. S. Firms：Rising Currency Takes a Toll on Sales and Profits；Stocks Drop as Capital Spending Slows，Too," *Wall Street Journal*，January 27，2015.

② *Techworld*，"31 of the Most Infamous Data Breaches," December 6，2017，www.techworld.com.

事件的负面帖子可以以闪电般的速度在全球范围内传播，甚至在管理层还没来得及做出反应时，就会损害利益相关者对公司品牌的信任。[①]

这四种类型的国际商务风险无处不在，公司可能在每个地方都会遇到这些风险。一些国际风险，如全球金融动荡，是极具挑战性的。在希腊，国家债务危机已经持续了几年，不仅影响了欧盟，也影响到了其他地方的债权人。[②]

虽然风险是无法避免的，但它可以被预期和应对。有经验的国际企业会不断评估它们所处的环境，对其进行研究，以预测潜在的风险，了解其影响，并采取积极的行动减轻其影响。本书致力于帮助未来的经理人深刻理解这些风险，掌握有效应对这些风险的管理技能和策略。

1.3 谁参与国际商务

国际商务需要众多具有不同动机的组织作为一个协调的团队一起工作，贡献不同类型的专业知识和投入。其参与者主要有四类。

焦点公司（focal firm）是国际商务交易的发起人，它构思、设计和生产供全球客户消费的产品。焦点公司在国际商务中占据中心位置。它们主要是大型跨国企业和中小企业。其中有一些是私人拥有的公司，有一些是上市公司，还有一些是政府拥有的国有企业。一些焦点公司是制造业企业，还有一些焦点公司则是服务业企业。

分销渠道中间商（distribution channel intermediary）是一家专业公司，负责为焦点公司提供各种物流和营销服务，无论是在焦点公司的母国还是国外，它们都是国际供应链的一部分。典型的分销渠道中间商包括独立的分销商和销售代表，它们通常位于外国市场，按照合同向焦点公司提供分销和营销服务。

协助者（facilitator）是在银行、法律咨询、海关或相关的支持服务方面具有特殊的专业知识，帮助焦点公司进行国际商务交易的公司或个人。协助者包括物流服务提供商、货运代理人、银行和其他支持公司，它们协助焦点公司履行特定的职能。**货运代理人**（freight forwarder）是专门的物流服务提供商，代表出口企业安排国际航运，很像货物的旅行代理人。在本国和国外都有协助者。

政府或公共部门也作为供应商、买家和监管者活跃在国际商务领域。在许多国家，**国有企业**（state-owned enterprise，SOE）占了经济附加值的很大一部分，甚至在俄罗斯和巴西等迅速自由化的新兴市场也是如此。法国、澳大利亚和瑞典等发

[①] Vanitha Swaminathan and Suyun Mah, "What 100,000 Tweets About the Volkswagen Scandal Tell Us About Angry Customers," *Harvard Business Review*, September 2, 2016, www.hbr.org.

[②] Katherine Dunn, "No Country for Young People," *Maclean's*, March 9, 2015, pp. 34-35；Nektaria Stamouli and Stelios Bouras, "Greek Economy Risks Slipping Back into Recession, Say Analysts," *Wall Street Journal*, April 7, 2015, p. 1.

达经济体的政府对电信、银行和自然资源领域的公司股权占比较高。最近的全球金融危机促使政府加强对商业领域的参与，特别是作为监管者。

在国际商务中，焦点公司、分销渠道中间商和协助者的活动在一定程度上是重叠的。焦点公司在内部实施某些活动，并在需要其特殊专业知识时将其他功能委托给分销渠道中间商和协助者。换句话说，焦点公司成为以合同方式提供服务的分销渠道中间商和协助者的客户。

焦点公司、分销渠道中间商和协助者代表了国际商业交易的供应方，而客户或买家则构成了需求方。客户包括：

- 个人消费者和家庭。
- 零售商——以转售为目的购买成品的企业。
- 买家集团——企业、机构和政府，它们购买商品和服务作为生产过程的投入品或满足企业和组织经营所需。政府和非营利组织，如国际救助贫困组织（CARE，www. care. org）、联合国儿童基金会（UNICEF，www. unicef. org）也经常成为世界各地的重要客户。

1.3.1 国际商务中的焦点公司

想象一下，一部典型的戏剧作品除了有表演演员外，还有剧本作者、舞台经理、灯光师、音乐家、导演、业务经理和宣传人员。每个参与者以不同的方式做出贡献，他们之间需要进行大量协调。周密的规划和准备、及时性和同步性对最终的成功至关重要。同样，国际商业交易也需要许多专家组织的参与，需要准确的时间和严谨性。

焦点公司是最突出的国际商业交易参与者，包括著名的跨国企业和中小型出口公司，以及当代组织，如**天生的全球公司**（the born global firm）。下面我们来了解一下国际商务中这些关键行为者的更多信息。

跨国企业［MNE，也被称为跨国公司（MNC）］是拥有大量资源的大公司，它们通过位于多个国家的子公司和附属分支机构进行各种商业活动。领先的 MNE 基本上都是《财富》全球 500 强企业（*Fortune* Global 500，http://fortune. com）。知名企业包括雀巢（Nestlé）、索尼、花旗银行（Citibank）、联合利华（Unilever）、诺基亚（Nokia）、福特（Ford）、巴克莱（Barclays）等。近年来，最大的 MNE 基本上都来自石油行业［如埃克森-美孚石油公司（Exxon-Mobil）和荷兰皇家壳牌石油公司（Royal Dutch Shell）］、汽车行业［如通用汽车（General Motors）和本田（Honda）］以及零售业［如沃尔玛（Walmart）］。[1]

尽管 MNE 采用了一系列进入外国市场的战略，但其中最出名的是外国直接投资（FDI）活动。它们在多个国家，特别是在亚洲、欧洲和北美洲国家，通过建立

---

[1] *Fortune*，"Global 500," 2017，http://fortune. co.

生产工厂、营销子公司和区域总部来运营。例如，埃克森-美孚石油公司、本田和可口可乐（Coca-Cola）等 MNE 的销售额和利润中很大一部分（通常一半以上）来自跨境业务。虽然 1970 年全球的 MNE 不到 7 500 家，但今天至少有 75 000 家，增加到了原来的 10 倍。[1]

图 1.8 显示了世界上最大的 MNE 的国家或地区分布，这些 MNE 来自《财富》全球 500 强企业名单。这些企业大都集中在发达经济体。2017 年，美国拥有前 500 家 MNE 中的 132 家，随着其他国家企业规模的扩大，这个数字随着时间的挂移而减少。中国拥有第二多的 MNE（110 家，未包括台湾），而欧洲拥有许多顶级 MNE，如德国拥有 29 家，法国拥有 20 家，英国拥有 19 家。[2]

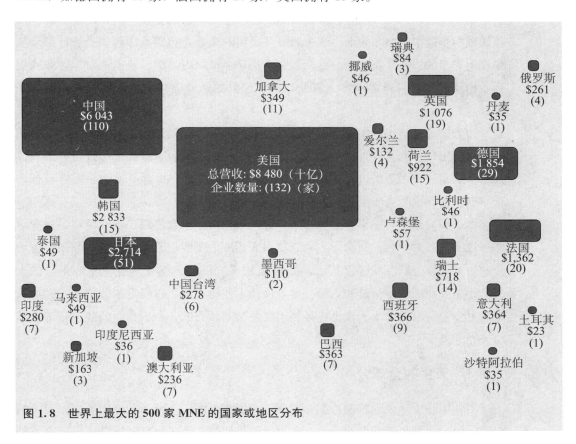

图 1.8　世界上最大的 500 家 MNE 的国家或地区分布

近年来，大型 MNE 开始出现在新兴市场国家，如中国、墨西哥和俄罗斯。中国目前拥有前 500 家 MNE 中的 110 家，而在过去的 10 年里，这个数字仅为 20。

① *Economist*, "The Retreat of the Global Company," January 28, 2017, pp. 14-18；UNCTAD, *World Investment Report 2011* (New York: United Nations, 2011)；UNCTAD, *World Investment Report 2017* (New York: United Nations, 2017).

② Scott Decarlo, "Global 500," *Fortune*, http://fortune.com；"Global 500," *Fortune*, July 21, 2014, pp. F1-F8 Special Section；*Fortune*, "Global 500," 2017, http://fortune.co.

来自新兴市场的企业正迅速成为世界市场的主要竞争者。例如，墨西哥的西麦斯（Cemex）是世界上最大的水泥生产商之一；俄罗斯的卢克石油公司（Lukoil）在全球能源领域野心勃勃；中国移动在亚洲的手机行业占主导地位。这些企业充分利用国内的自然资源和低成本劳动力，在世界市场取得了成功。来自新兴市场的数千家企业都有着美好的全球梦想，对来自发达经济体的企业构成了挑战。[①]

1.3.2 中小企业

发起跨境商业交易的另一类焦点公司就是中小企业（small and medium-sized enterprises，SME）。在美国和加拿大，中小企业指的是员工人数在500人以下的企业。在欧盟国家，中小企业被定义为员工少于250人的企业。现在活跃在国际商务领域的企业中，中小企业占大多数。几乎所有企业，包括大型跨国企业，都是从小规模起步的。与大型跨国企业相比，中小企业可以更灵活、快速地对全球商业机会做出反应。它们通常不那么官僚，有着更强的适应能力和企业家精神，并乐于创新。

作为较小的组织，中小企业受到财力和人力资源的限制。这解释了为什么它们通常选择出口作为进入外国市场的主要战略。它们的资源有限，无法进行外国直接投资（这是一种昂贵的进入战略）。随着业务的增长，一些企业逐渐在主要目标市场建立销售办事处或子公司。

由于规模较小，中小企业经常将专业产品定位于小众市场，而大型跨国企业对此兴趣不大。中小企业在国际上的成功很大程度上要归功于外国市场的分销渠道中介和协助者以及联邦快递（FedEx）、敦豪快递（DHL）等全球物流企业提供的支持。小型公司还依赖信息和通信技术，该技术使得它们能够确定细分市场，并有效地满足专业买家的需求。在世界各地销售复杂产品方面，中小企业的地位正与大型跨国企业趋于平等。

1.3.3 天生的全球公司

当代国际中小企业的一种类型是**天生的全球公司**（born global firm）。天生的全球公司一般是年轻的创业公司，在发展的早期就开始国际商务活动，迅速进入外国市场。尽管大多数中小企业资源稀缺，但天生的全球公司通常在成立后三年内国际化，并可能将产品出口到20个或更多的国家，其销售额中一般有25%以上来自国外。

罗技（Logitech）就是一个例子，它是一家总部设在瑞士的全球公司，专门从事手机和个人电脑配件的生产。该公司是全球知名的鼠标和键盘制造商。在成立的

---

① Boston Consulting Group，*2016 BCG Global Challengers：Global Leaders，Challengers，and Champions* (Boston：Boston Consulting Group，2016)，www.bcg.com.

几年内，罗技将其销售扩展到亚洲、欧洲和北美的国家。如今，罗技在大约 30 个国家拥有 7 000 多名员工。[①]

这一新的全球现象代表了国际商务的新进展。在澳大利亚、丹麦、爱尔兰和美国等国家，天生的全球公司的产品占国家出口的很大一部分。这些公司利用互联网和通信技术来促进国际商务更快、更有效地进行。在许多情况下，天生的全球公司会提供具有巨大的国际销售潜力的前沿产品。

天生的全球公司的出现与国际企业家精神有关，这种精神激励了小而具有创新性的公司跨越国界，在世界各地寻求商业机会。通信和运输技术的发展、贸易壁垒的降低以及全球利基市场（niche market）的出现，提高了当代企业将整个世界视为其市场的能力。企业家型管理者富有创造力，积极主动，善于应对风险，会根据环境的变化迅速调整公司战略。天生的全球公司的广泛出现意味着任何公司，无论规模大还是小、经验是否丰富，都可以在国际商务中取得成功。[②]

1.3.4　政府和非政府组织

在国际商务中，除了以营利为目的的焦点公司外，政府也是国际贸易和投资活动的核心参与者。它们的作用如此重要，以至于我们在后面的章节中将专门讨论政府干预、政治制度和其他与政府相关的话题。此外，许多非营利组织也会开展跨境活动，包括慈善组织和非政府组织（NGO）。它们追求特定的目标，旨在推进教育、研究、卫生保健、人类发展和自然环境等特殊事业，并在国际范围内开展活动或者筹集资金。以比尔和梅琳达-盖茨基金会（Bill and Melinda Gates Foundation）与英国维康信托基金会（the British Welcome Trust）为例，它们都赞助健康和教育活动。国际救助贫困组织是一家致力于减少贫困的国际非营利组织。许多跨国企业都在经营慈善机构，支持世界范围内的各种慈善活动。比如，药业巨头葛兰素史克（GlaxoSmithKline，GSK）以加拿大、法国、意大利、罗马尼亚、西班牙和美国为基地，经营着一些小型慈善机构。

1.4　为什么企业要追求国际化

企业进行国际扩张的动机有很多种，有的动机是战略性的，有的则是反应性

① Logitech Corporate Profile，2017，www.hoovers.com；Logitech，"Logitech History，" March 2007，www.logitech.com.

② S. Tamer Cavusgil and Gary Knight，*Born Global Firms：The New International Enterprise*（New York：Business Expert Press，2009）；D. De Clercq，R. Yavuz，and L. Zhou，"Learning and Knowledge in Early Internationalization Research：Past Accomplishments and Future Directions，" *Journal of Business Venturing* 27，No.1（2012），pp.143-165；Daekwan Kim，Choton Basu，G. M. Naidu，and Erin Cavusgil，"The Innovativeness of Born-Globals and Customer Orientation：Learning from Indian Born-Globals，" *Journal of Business Research* 64，No.8（2011），pp.879-886；Gary Knight and Peter Liesch，"Internationalization：From Incremental to Born Global，" *Journal of World Business* 51，No.1（2016），pp.93-102.

的。战略性动机，也称为主动性动机，包括抓住进入外国市场的机遇，或者获取新的知识。反应性动机是为已扩展到外国市场的重要客户提供服务。具体的动机包括：

（1）为了从多样化的市场中寻求发展机遇。国外存在巨大的市场潜力。许多公司，例如脸书、吉列（Gillette）、西门子（Siemens）、索尼和渤健（Biogen）的销售额有一半以上来自国际市场。[①] 外国市场除了能够提供本国市场无法比拟的销售机遇外，还能够延长那些在本国市场已经进入成熟阶段的产品和服务的生命周期。一个现行的例子就是自动取款机（ATM）的国际化。世界上第一台自动取款机于1967年被安装在巴克莱银行伦敦北部分行的门外，随后美国和日本引入了自动取款机。当自动取款机在这些国家的增长逐渐放缓时，它又被推广到了世界其他地区。2017年，全球有超过300万台自动取款机，每隔几分钟就会安装一台新的自动取款机。

（2）为了获得更多收益和利润。对于许多产品和服务而言，在成熟经济体市场中的增长会变慢，面对激烈的竞争，企业只能靠着微薄的利润勉强度日。相反，许多外国市场可能缺乏足够的服务（常见于新兴国家的市场），或者根本就没有这方面的服务（常见于发展中国家的市场）。不那么激烈的竞争以及巨大的市场需求意味着企业的同等付出可以获取更高的利润。例如，与本国市场相比，印度尼西亚、墨西哥和越南等快速工业化的国家的竞争环境对卫浴生产商美标（American Standard）和东陶（Toto）更加有利。仅仅想象一下就知道，仅是从中国台湾到土耳其数以千计的商务楼和住宅区对卫浴设备的需求就能给企业带来多少利润！

（3）为了形成关于产品、服务和经营方式的新理念。国际市场的特点是竞争激烈和顾客需求多样化。独特的外国环境使企业得以形成关于产品、服务和经营方式的新理念。在国外经营的经验可以帮助企业获得关于提高组织绩效和效率的新知识。例如，即时库存法（just-in-time inventory）经日本丰田公司改进后，被全世界其他生产厂商广泛采用。无数国外供应商从日本丰田公司那里学到了即时库存法，并将此方法用于它们自己国家的制造业。

（4）为了更好地服务海外重要客户。在全球经济中，许多企业选择走国际化道路，以更好地服务已进入外国市场的客户。例如，当尼桑（Nissan）在英国设立第一家工厂时，日本许多汽车零部件供应商也在英国开始了新的业务。

（5）为了离原材料供应地更近、从全球采购中获益，或者增强原材料采购方面的灵活性。从事石油、矿产和林业等采掘业的公司可能会在国外的原材料产地附近建立工厂。例如，美国铝业公司（Alcoa）在巴西、几内亚、牙买加等地建立了开采基地以获取当地的铝土资源。此外，一些企业进行国际化的目的是方便未来在更多的原材料供应基地间做出更灵活的选择。例如，戴尔（Dell）电脑公司在亚洲、

---

① UNCTAD, *World Investment Report 2017* (New York：United Nations，2017).

欧洲和美洲都建有生产线，这样管理者就能够迅速地将生产活动从一个地区搬到另一个地区。这种灵活性使戴尔获得了其他竞争者无法比拟的竞争优势，同时也使企业能够巧妙地处理汇率波动问题。

（6）为了获取低成本或高价值的生产要素。国际化使企业能够以较低的价格获取世界各地具有较高质量、更高价值的资金、技术、管理才能、劳动力和土地。例如，中国台湾地区的一些电脑厂商在美国建立子公司，以获取当地低成本的融资。美国拥有大量来自股票交易所和风险资本家的高科技产业资本，这些资本吸引了国外无数企业来此寻求资金。更普遍的情况是：企业为了寻求低成本的熟练劳动力而在国外投资。例如，日本佳能公司（Canon）将其大部分生产线转移到了中国，以利用中国廉价、高效的劳动力获取利润。

（7）为了在采购、生产、营销和研发方面实现规模经济。规模经济是指大批量的生产所引起的生产和营销的单位成本的降低。例如，在生产线上生产 10 万台 DVD 机的单位成本一定会比生产 100 台低。通过国际扩张，企业获得了更多的消费者，进而增加了产品的产量。产量越多，单位成本就越低。规模经济同样适用于研发、采购、营销、分销和售后服务等方面。

（8）为了更有效地应对国际竞争者，或减少本国市场上的竞争。国际竞争无处不在，并且伴随着国外竞争者的加入而不断加剧。因此，企业可以通过积极应对国际市场上的竞争者或抢先进入竞争对手本国市场，遏制其发展，来提高自身的竞争地位。例如，美国的卡特彼勒在推土机行业的主要对手是日本的小松公司（Komatsu），于是，卡特彼勒在 20 世纪 70 年代初期就抢先进入日本市场。卡特彼勒的这一举措使得小松公司的国际扩张计划至少延缓了 10 年。如果卡特彼勒没有抢先一步进入小松公司的本国市场的话，它就不得不更早地面对一个更为强大的竞争对手。

（9）为了与外国企业建立有利的合作关系。一般来说，企业在国外进行投资都是有长期的战略考虑的。与重要的外国企业建立合资公司或者结成以项目为基础的联盟有利于开发新产品，尽早占据未来的关键市场，或者抓住其他长期的获利机会。例如，百得公司（Black and Decker）和印度零售企业巴贾吉公司（Bajaj）建立了合资公司，以求在巨大的印度市场上长期占据一席之地。法国电脑公司布尔集团（Groupe Bull）和日本东芝公司（Toshiba）建立了伙伴关系，以共同发展下一代信息技术。

从最广泛的意义上来说，企业进行国际化是为了增强竞争优势，寻求发展和获利的机会。在本书中，我们将分析企业寻求这些机遇的环境，并进一步探讨国际商务获得成功所不可或缺的战略决策和管理技能。

1.5　为什么要学习国际商务

学习国际商务的原因有很多。下面，我们将从全球经济、国家经济、企业以及作为未来经理人的你的角度来研究这些原因。

1.5.1 推动全球经济发展及世界融合

国际商务正在史无前例地改造世界。在过去的 50 年里，全球贸易和投资经历了一个空前增长的过程。自 20 世纪 80 年代以来，新兴市场为世界经济融合提供了新的推动力。这些快速发展的发展中经济体有 30 多个，其中包括巴西、俄罗斯、印度、中国（四者合称"金砖四国"）等国家。这些国家正在经历大规模的市场自由化、私有化和工业化进程，这些都推动了全球经济继续向前发展。

1.5.2 促进国家经济福利的提高

国际商务促进了经济繁荣，可以帮助各国更有效地利用它们的资源，以及为世界经济融合和商品、服务的流通提供一条良好的渠道。因此，政府十分愿意为国际贸易与投资敞开国门。

国际贸易可以创造大量的就业机会。据估计，出口额每增加 10 亿美元，将会创造 20 000 多个新的岗位。在美国，跨国贸易直接提供了至少 1 100 万个就业机会；有七分之一的销售额是由国际贸易创造出来的；有三分之一的农场是用来生产供出口的农作物的；有六分之一的工作岗位是专为生产出口商品而设立的。平均下来，出口公司比非出口公司创造工作机会的速度更快，所提供的工作待遇也更好。①

1.5.3 增强企业的竞争优势

为了确保在全球经济中的竞争优势，企业必须为参加国际商务活动做好准备，并掌握必要的技能、知识和能力。宝洁在世界上 150 多个国家销售洗发水、一次性尿布和其他消费品；音乐电视网（MTV）在大约 140 个国家播放节目；雀巢公司在全世界销售食品和饮料。它们的收入几乎全部来自国际业务。这些例子都说明：从事国际商务会给企业带来无数商机和额外收益。

1.5.4 增强个人的竞争优势

虽然大多数国际职业都位于自己的国家，但经理们会周游世界，结识来自不同文化和背景的人。出国旅行会给人带来令人兴奋的挑战，也能让人拥有一定的国外学习经历。晋升为世界著名公司高层管理者的人也培养了自己在国际商务中的管理技能。

---

① Jeffrey Hall and Chris Rasmussen, *Jobs Supported by State Exports 2014* (Washington，DC：International Trade Administration，U. S. Department of Commerce，2015)；International Trade Administration，Employment and Trade，August 2017，www. ita. gov.

在以下专栏中，您将了解到最近的毕业生如何在他们的职业发展中运用 CKR 无形软技能™和 CKR 有形流程工具™。玛丽·莱尔斯（Mary Lyles）是一名刚毕业的学生，她很享受自己早期在国际商务领域的经历。下面我们通过一个专栏来了解她的经历。

专栏   **从事国际商务相关工作的新近毕业生**

姓名：玛丽·莱尔斯

专业：西班牙语学士学位，国际商务硕士学位

大学期间的实习经历：亚特兰大世界贸易中心（World Trade Center of Atlanta），迪亚兹食品公司（Diaz Foods）的采购实习生

毕业后的工作经历：

- 美国亚特兰大迪亚兹食品公司的买家和私人品牌项目经理
- 美国加州兰乔库卡蒙加市星巴克的采购分析师
- 美国西雅图星巴克的高级采购分析师

玛丽最初上大学时，曾考虑过成为一名牙医，但在考虑了牙科必修的大量科学课程后，玛丽改变了主意。她对学习文化、语言和宗教的热情推动她走上了国际商务这条路。玛丽主修西班牙语。西班牙格拉纳达的一个海外留学项目激励了她攻读国际商务硕士学位。

在研究生院，玛丽寻求顾问和导师的指导。她经历了两次实习：一次是在亚特兰大世界贸易中心，另一次是在位于亚特兰大的一家西班牙食品经销商，即迪亚兹食品公司。在迪亚兹食品公司，玛丽对采购和供应链管理产生了热情。毕业后，公司雇佣了玛丽来开发食品品牌 D'Sabor。玛丽努力寻找世界各地的制造商。大约在这个时候，迪亚兹食品公司收购了西班牙食品经销商拉塞纳精致食品公司（La Cena Fine Foods）。玛丽是收购团队的一员，负责确保与被收购公司的整合。在迪亚兹食品公司工作了两年后，玛丽想冒险，换个环境。

接下来，她在星巴克咖啡公司位于加州的鲜榨果汁厂谋得了一个职位。在那里，她担任新鲜农产品、果泥和其他果汁成分的采购分析师。她负责管理国内和国际作物（比如菠萝和椰子）的订单安排和生产。她定期前往墨西哥和美国的产地采购，并进行安全和质量审计。

两年后，玛丽被提升为食品原料采购团队的高级采购分析师，并搬到了位于西雅图的星巴克总部。在那里，她负责面包、调味品和酱料的采购。在这个岗位上，玛丽为食品创新、新产品的推出、产品细分战略和供应商关系提供支持。为了实现她职业生涯的下一个目标，玛丽为星巴克的国际扩张不断努力。

玛丽对国际商务从业人员的建议

"培养全球化的思维模式。全球化改变了做生意的方式，企业比以往任何时候都更需

要具有全球化的思维模式的人才。要认识到：你的梦想不会在一夜之间实现。如果你专注于最终目标，你就可以做到！与不同的同事和朋友建立关系会让你接触到不同的文化，增加你对全球社会的了解。"

成功的要素

玛丽说，到目前为止，网络和多样性一直是她职业生涯成功的关键要素。"网络是最关键的要素。没有网络，我就不会待在今天的位置。你永远不知道谁会帮助你实现你的目标或为你找到下一份工作。在此过程中一定要与他人保持良好的关系，不要只在你需要的时候才伸出手。卓越的经理人和真正的领导者总是希望帮助你取得成功，超越自己的目标。因此，从一开始就要设定明确的目标，并公开、客观地与老板沟通任何可能出现的问题。"在玛丽的工作和生活中，她周围有各种各样的人。她认为，多样性对产生新的想法和取得非凡的成功至关重要。

挑战

"处理文化差异可能会很棘手！在另一个国家开展项目时，你必须调整产品，但也要忠于品牌。"

玛丽渴望利用在星巴克获得的知识来完成一项国际任务——在公司开展国际业务的东道国之一支持星巴克的食品平台。玛丽对国际商务的热情得到了回报。

资料来源：Courtesy of Mary Lyle.

1.5.5 为支持道德建设、可持续发展和企业公民责任提供了机遇

随着世界人口的不断增长，企业满足顾客需求的压力也逐渐增大。由于各国企业都在一个以资源有限、人类生活环境以及社会利益脆弱为特征的大环境中经营，所以它们都日益重视自身行为的社会和环境影响。越来越多的企业开始制定支持道德建设、可持续发展和企业公民责任的政策并付诸实践，而不是被环境和社会保护机构弄得措手不及。例如，星巴克只从通过了雨林联盟（Rain Forest Alliance）——一个旨在保护咖啡种植者利益以及生态环境的非营利机构——认证的种植者那里购买咖啡豆；麦当劳只从达到动物福利以及环保措施特殊标准的农民那里购买牛肉。在英国、德国、瑞典以及澳大利亚，牛奶零售商只销售有机奶。[①] 在国际上活跃的企业必须将自己的国际企业公民身份植入战略决策及其实施过程中。在国际商务活动中，企业的道德感和责任感十分重要，我们将在第4章对它进行具体讨论。

---

① Thomas Buckley and Matthew Campbell，"The Fresh Scent of Success，" *Bloomberg Businessweek*，September 4，2017，pp. 46－51；Kerry Capell，"McDonald's Offers Ethics with Those Fries，" *BusinessWeek*，January 9，2007，www. businessweek. com；Steve Forbes，"Ethics—The Essence of Successful Capitalism，" *Vital Speeches of the Day*，April 2017，pp. 128－133.

1.6　教育者联盟（CKR）职业准备工具包：有形流程工具™和出国旅行准备清单

国际旅行需要尽早做周全的准备，而且要满足许多国内旅行不需要满足的要求。

国际旅行所需的文件包括护照、一些东道国大使馆签发的旅行签证、回程证明和酒店预订证明。海关当局的要求因国家而异。

了解和遵守您所访问的国家的安全和医疗保健要求至关重要。

世界各地的电力标准各不相同。在旅行前，应调查并获取适当的插头适配器和转换器。移动电话的收费标准往往有所不同，国际呼叫成本可能很高，所以请与您的服务提供商联系，确定并选择最优的通话计划，以降低国外打电话的成本。

大多数国家使用不同的货币。在旅行前应了解货币汇率，以及使用信用卡和借记卡的可行性。您可能希望在出发前换取适当的外币。银行和信用卡公司通常要求它们的客户在国外使用信用卡之前通知它们。

熟悉目的地国的法律并遵守这些法律是明智的。如果你计划去海外，那么最好在出发前获得国际驾驶执照（IDP）。文化意识至关重要，本书第 3 章中对此有论述。

篇尾案例　　　　　　　　　　**哈雷-戴维森的国际化**

哈雷-戴维森（Harley-Davidson，以下简称哈雷）是美国一家摩托车制造商，它成立于 1903 年，通过由大约 1 500 名经销商组成的销售网络，提供 32 个型号的摩托车。许多人认为哈雷是美国的标志。2017 年，它在全球的收入约为 60 亿美元，且持续三年有下降趋势。自 2012 年以来，哈雷的总销售额一直相对平稳，但在美国的销售额下降，在全球的销售额上升。哈雷在美国实现了总销售额的大约三分之二，它还在美国生产了几乎所有的摩托车，以支持其品牌形象，确保其质量控制。该公司正着手开展在全球范围内打造下一代哈雷骑手的课程。国际市场对该公司的生存和发展至关重要。哈雷的 CEO 最近宣布了一个大胆的目标，即到 2027 年将国际销售量占年销售量的比重增长到 50%。

哈雷是唯一以美国为基地的全球摩托车制造商，并开发了四个独特的车系：

● 标准车系：用于低成本通勤的实用摩托车。
● 性能车系：优雅的运动型赛车，速度快，便于操作。
● 定制车系：根据客户喜好定制的个性化摩托车。
● 旅行车系：长途、大容量、舒适型摩托车，通常具有巡航控制、立体声和行李架等功能。

在美国，哈雷主要在定制车系和旅行车系这两个车系上与对手竞争，二者约占重型车销售的 85%。然而，最近哈雷在美国的销售受到了影响，这主要是因为千禧一代和其他潜在买家是对价格相对敏感的。它的众多竞争对手，包括日本的本田、铃木（Suzuki）、雅马哈（Yamaha）和川崎（Kawasaki），以及欧洲的宝马、杜卡迪（Ducati）和凯旋（Triumph）都位于美国以外，此外，它还面临来自中国的新的竞争对手。

哈雷的重型车的售价在 19 000 美元以上，超出了许多买家的能力范围。摩托车主的中位年龄为 47 岁，比 2009 年的 40 岁还要大。哈雷成功的一个关键因素是哈雷车主会（HOG）。这是一个由忠诚的哈雷车主组成的俱乐部，拥有超过 100 万名成员，包括欧洲的10 万人。HOG 是一个重要的营销平台。在美国，人们的品牌忠诚度很高，哈雷车主转换品牌的成本很高。随着时间的推移，该公司已经围绕其重型车创造了一种神秘的氛围，这种氛围有助于推动销售。事实上，许多车主文上了哈雷的文身。

外国竞争者的威胁和哈雷的复兴

几年前，哈雷面临财务危机。20 世纪 80 年代，本田、川崎、铃木和雅马哈以廉价的轻型车打入美国市场，在美国销售了数百万辆摩托车。最初，哈雷很少关注竞争，而是继续关注重型车，但轻型车的市场继续增长。与此同时，哈雷开始遇到摩托车质量和工厂生产能力低下的重大问题。随着时间的推移，公司形象受到影响，销售量急剧下滑，哈雷几乎要破产了。

哈雷采用了日本式的管理技术——更新制造方法，提高质量，并增加车型，以此来实施战略转型。哈雷在工厂中建立了及时库存系统和全面质量管理体系，并赋予了生产工人权利。管理层增强了营销工作，改进了经销商网络，并开展了各种跨品牌的风险投资。到20 世纪 90 年代中期，管理层将哈雷重新定位为高性能摩托车。这些措施显著提升了公司的形象和销售量。然而，哈雷摩托车的出货量在 2006 年达到了顶峰。在全球金融危机和随后的经济衰退期间，出货量趋于平稳或下降，到 2018 年仍未恢复。

国际扩张

哈雷的管理层认为，未来的成功将来自外国市场的扩张。该公司已经在日本建立了一个分销网络和一家子公司，到 2016 年，它每年的销售量超过 16 000 辆。在日本，它继续以超过 20 000 美元的价格销售重型车，这个价格大大超过了本田的标准轻型车。哈雷的海外业务持续增长。

哈雷还在欧洲取得了突破性进展。欧洲是一个庞大的市场，包括几十个有着不同需求的国家。在欧洲，性能车系是迄今为止最畅销的车系，占哈雷销售量的三分之一以上。其次是旅行车系、标准车系和定制车系。在美国，客户非常喜欢定制车系和旅行车系，二者分别约占美国销售量的一半和三分之一，而性能车系和标准车系的销售量要小得多。欧洲人的喜好与众不同，且往往因地区而异。一些买家更喜欢杜卡迪的意大利风格，其他人则喜欢宝马的德国风格。

与美国顾客的喜好相比，欧洲人的喜好是不同的。欧洲大部分地区的高速公路都有最高速度限制，因此必须使用高性能的摩托车。大多数欧洲人不认同哈雷的美国形象——粗犷的个人主义、自由和叛逆。哈雷的大型摩托车在狭窄的街道上很难骑行，对日常通勤来说也不实用。幸运的是，哈雷销售了各种符合欧洲人喜好的摩托车。为了提高其在欧洲的影响力，哈雷在海外建立了一个 HOG 的分支机构。为了进一步扩大在欧洲的影响力，哈雷还在 2008 年以 1.09 亿美元收购了意大利的奥古斯塔集团（MV Agusta Group），但受限于经济条件，它不得不在 2010 年剥离了奥古斯塔集团的股份。2013—2017 年，哈雷在欧洲的年销售额增长了约 8%。2018 年，欧洲主要经济体恢复了增长，哈雷也取得了好成绩。

新兴市场如巴西、中国、印度和俄罗斯的人口很多，中产阶级数量快速增长，可支配收入大幅增加。到 2017 年，哈雷已经在韩国、泰国和俄罗斯设立了 15 家新的经销商，并计划扩大其经销商网络，重点是中国、印度和马来西亚。印度拥有数百万年收入超过 80 000 美元的家庭。本田、雅马哈和川崎在那里都有很强的影响力。尽管存在包括当地排放法规在内的贸易和投资壁垒，但哈雷还是在德里附近建立了一家子公司，不过竞争仍然很激烈。目前，印度市场只占哈雷销售量的 2%。

在亚太地区，摩托车的关税相对较高。例如，中国和马来西亚对摩托车征收 30% 的关税，而泰国的关税税率高达 60%。2018 年，哈雷在泰国开设了一家工厂，为东南亚市场服务，同时也避免了泰国的高关税。中国拥有 13 亿人口，是哈雷在国际化过程中的重点市场。但中国的工资水平较低，且大多数中国骑手喜欢小型摩托车，主要用于通勤。

哈雷在进入巴西这个大型市场时遇到了挑战。最初，巴西政府征收高额进口关税，使巴西消费者购买摩托车的成本翻倍了。为了解决这一难题，哈雷在巴西建了一家装配厂，这一措施不仅避免了进口关税，而且由于可以低成本雇用本地工人而降低了成本。尽管巴西的政治和经济不稳定，但哈雷仍然对拉丁美洲这个最大的市场持乐观态度。哈雷在马瑙斯（Manaus）开设了一家工厂，并将其销售网络扩大到 12 家经销商。这帮助该公司占领了五分之一的摩托车市场。哈雷的目标是吸引年轻的买家，特别是占巴西摩托车市场四分之一的女性群体。EMEA 地区（欧洲、中东和非洲）在 2017 年是一个亮点，销售量增加，并且预计会继续增长。

环境可持续性

摩托车污染了自然环境，而哈雷由于制造大型摩托车，所以容易受到监管。哈雷温室气体（GHG）的排放大部分来自其制造厂，管理层正在努力减少污染以及能源和水的使用。2016 年，哈雷因为销售会增加摩托车对空气的污染的售后装置而被罚款 1 200 万美元。此外，哈雷正在开发电动摩托车和其他环境友好型产品。随着法规的不断完善，该公司的可持续性倡议吸引了中国、欧洲、印度和世界其他地方的政府。

未来

低迷的全球经济正在威胁着哈雷的销售。哈雷在美国重型摩托车市场上的份额在过去三年中从 58% 下降到 50%。对于哈雷的管理层来说，一个很大的问题是：在面临国内市场需求下降和来自国外的挑战的情况下，如何定位自己的产品？

管理层认为，可持续增长的关键是：（1）更加关注外国市场；（2）转向轻型、性能车系市场；（3）改进和扩大经销商网络；（4）对分销进行战略控制。管理层认为必须平衡国内市场和外国市场的生产和销售。为了使其收入来源多样化，并减少对美国市场的依赖，哈雷希望增加国际市场销量，并需要制定战略来实现这一目标。管理层将新兴市场视为未来增长的关键。

案例问题：

1-4. 描述哈雷所面临的国际商务环境。哈雷还面临着哪些类型的风险？

1-5. 哈雷如何从海外扩张中受益？该公司能获得了哪些类型的优势？在国外获得的哪些优势可以帮助哈雷提高其在国内市场的业绩？

1-6. 哈雷如何才能有效地与来自日本和欧洲的竞争对手竞争？管理层应该采用什么策略来促进公司在这些地区的销售量的增长？

1-7. 力帆和宗申等来自中国的竞争对手正在崛起，这些公司具有低成本劳动力和在新兴市场的丰富经验等竞争优势。哈雷如何才能与这些公司竞争呢？哈雷应该更积极地追求巴西、中国和印度等新兴市场吗？如果是这样，有哪些策略可以帮助它在这些市场上取得成功？

1-8. 评价哈雷在不断演变的全球温室气体监管环境下的可持续性倡议。哈雷通过生产环境安全且可持续的产品获得了什么优势？

说明：本案例由佐治亚州立大学的玛尔塔·萨博·怀特（Marta Szabo White）博士准备，并由穆拉德·达赫利（Mourad Dakhli）博士更新。

资料来源：*Harley-Davidson 2016 Annual Report*，retrieved from http://investor. harley-davidson. com/news-and-events/letter-toshareholders? c=87981&p=irol-reportsannual _ pf）; Harley-Davidson: *Sustainability Strategy Report*（2016），retrieved from www. harley-davidson. com; G. Athanassakos，R. Barel，and S. Karsan，*Harley Davidson*，*Inc.*（London: Ivey School of Business, University of Western Ontario, 2008）; J. Hagerty, "Harley-Davidson's Hurdle: Attracting Young Motorcycle Riders," *Wall Street Journal*，June 19, 2015, retrieved from www. wsj. com/-articles/canharley-davidson-spark-a-motorcycle-counterculture-1434706201; "Harley Davidson Works to Reverse the Declining Sales Trend in the Home Market," *Forbes*，February 7, 2017, www. forbes. com; Harley-Davidson, *Form 10-K Annual Report*，12/31/16, retrieved from www. harley-davidson. com; Harley Davidson corporate profile at www. hoovers. com; David Lane and Krishna Palepu, "Harley-Davidson in India (A)," *Harvard Business School Case*，June 1, 2014; L. Lin, M. Clothier, and Y. Tian, "Why Harley Can't Rev Up in China," *Bloomberg Businessweek*，October 24, 2011, pp. 24-25; "Harley Davidson to Stop Sales of Illegal Devices that Increased Air Pollution from the Company's Motorcycles," *Air Quality & Climate Change* 50, No. 3（2016），p. 9; Reuters, "Harley-Davidson Is Building a Factory in Thailand to Serve Southeast Asia," *Fortune*，May 25, 2017, retrieved from http://fortune. com/2017/05/25/harleydavidson-thailand-factory/; Trefis Team, "Harley's Street Platform Is Not Only for Developing Countries but for Europe as Well," *Forbes*，October 18, 2017, retrieved from www. forbes. com/sites/greatspeculations/2017/10/18/industryweakness-continues-to-impact-harley-davidson-in-q3-2017/#76bc0ad1b8dc; Andria Yu, "Harley-Davidson Rumbles Outside U. S. for Sales Growth," *USA Today*，May 30, 2016, www. usatoday. com.

本章要点

关键术语

天生的全球公司（born global firm）

商业风险（commercial risk）

国家风险（country risk）

跨文化风险（cross-cultural risk）

货币风险（currency-risk）

分销渠道中间商（distribution channel intermediary）

出口（exporting）

协助者（facilitator）

焦点公司（focal firm）

外国直接投资（foreign direct investment, FDI）

货运代理人（freight forwarder）

市场全球化（globalization of markets）

进口或全球采购（importing or global sourcing）

国际商务（international business）

国际化（internationalization）

国际投资（international investment）

国际证券投资（international portfolio investment）

国际贸易（international trade）

跨国企业（multinational enterprise, MNE）

中小型企业（small and medium-sized enterprise, SME）

国有企业（state-owned enterprise）

本章小结

在本章中，你学习了：

1. 国际商务中的关键概念

国际商务指的是企业跨越国界的贸易和投资活动。市场全球化是指正在进行的经济一体化和世界各国之间日益增强的相互依赖性。国际商务的特点体现为国际贸易和国际投资。国际贸易描述了产品（商品）和服务（无形资产）的跨境交换。出口是指从位于母国或第三国的基地向位于国外的客户出售产品或服务。进口或全球采购是指从位于国外的供应商那儿采购产品或服务，以供母国或第三国消费。国际投资是指将资产转移到另一个国家或获得该国的资产。国际证券投资指的是被动拥有外国证券，如股票和债券，以获得财务上的回报，而不需要对这些资产进行积极管理或控制。外国直接投资是一种国际化战略，采取该战略的公司会通过购买土地、工厂、设备、资本和技术等生产性资产，在国外建立实体。

2. 国际商务与国内商务有何差异

当企业从事国际商务时，它们经常会面临四种主要的风险：跨文化风险、国家风险、货币（金融）风险和商业风险。企业必须应对这些风险，以避免业绩下滑、声誉受损或出现其他不利后果。当文化误解冲击人的价值观时，就会出现跨文化风险。跨文化风险来自语言、生活方式、心态、习俗和宗教的差异。国家风险，也称为政治风险，是指外国政治、法律和经济环境的发展对企业的经营和盈利能力造成的潜在不利影响。国家风险包括外国政府干预企业商业活动的可能性。货币风险（也称为金融风险、汇率风险）是指汇率发生不利波动给企业带来的风险。商业风险指的是公司因商业战略、战术或程序构思不当或执行不力而可能遭受的损失或失败。虽然风险是无法避免的，但它可以被预期和应对。有经验的国际企业会不断评估它们所处的环境，对其进行研究，以预测潜在的风险，了解其影响，并采取积极的行动减轻其影响。

3. 谁参与国际商务

国际商务的一个主要参与者是跨国公司（MNE）——它们是一些拥有大量资源，通过许多位于外国的子公司和分支机构从事各种商务活动的大型公司。中小企业（SME）——员工人数一般小于或等于500人的企业——在国际商务中也相当活跃。天生的全球公司在成立之初或成立后不久就积极开展国际业务。非政府组织（NGO）作为非营利组织，也积极参与国际商务，它们通常会追求特定的目标，旨在促进艺术、教育、政治、宗教和研究等活动的发展。

4. 为什么企业要追求国际化

企业进行国际化的原因多种多样，其中包括：提升销售额和利润；更好地为客户服务；获取低成本或高质量的生产要素；优化采购活动；发展规模经济；实现有效竞争；与外国伙伴建立友好关系；获得创造或改进产品和服务的新思路。

5. 为什么要学习国际商务

学习国际商务的原因很多：能够提升企业在全球市场中的竞争地位；能够促进全球经济的发展以及国与国之间的相互联系；有利于国家经济福利的提高；可以督促企业承担起本国的社会责任。从个人职业生涯的角度来看，学习国际商务可以培养个人的竞争优势，提高个人在就业市场上的竞争力。除此之外，企业还有很多机会履行其作为东道国的道德公民所应尽的义务。

6. 教育者联盟（CKR）职业准备工具包：有形流程工具™和出旅行准备清单

国际旅行需要提前准备，并需要满足一些具体的要求，如护照和一些国家的签证；了解目的地国家的安全和卫生保健要求；明确当地的电力使用标准和移动电话收费标准；了解货币、汇率以及信用卡和借记卡的使用要求。此外，还要了解并遵守当地法律。

检验你的理解

1-9. 区分国际商务和市场全球化。

1-10. 出口和外国直接投资有什么区别？

1-11. 什么使得国际商务不同于国内商务？

1-12. 企业在开展国际商务时所面临的各种风险是什么？

1-13. 谁是国际商务的主要参与者？

1-14. 跨国企业（MNE）和中小型企业（SME）有什么区别？

1-15. 企业从事国际商务的关键动机是什么？

1-16. 为什么要关心国际商务呢？

运用你的理解

1-17. 理查德·本迪克斯（Richard Bendix）是一家生产和销售高质量预制件房屋的公司的市场经理。他相信，他的国内市场和国外市场之间几乎没有什么区别，他可以在亚洲或拉丁美洲使用与他在国内相同的销售方法。请你写一份备忘录，向理查德解释国内商务和国际商务之间的区别。解释理查德的公司在海外扩张时可能遇到的风险和其他差异。

1-18. 假设毕业后你在卡顿伍德公司（Cottonwood Corporation）找到了一份工作，这是一家只在国内市场做生意的小公司。你刚刚学完国际商务的课程，知道在国外的各种商业机会，并相信卡顿伍德公司应该国际化。给你的老板写一份备忘录，解释为什么公司应该从事国际商务。公司去国外做生意有什么好处？解释为什么公司要国际化。

1-19. 假设你已经成为学校国际商务俱乐部的主席。你试图招募新成员，但你发现许多学生没有认识到国际商务的重要性或他们可以获得的工作机会。你决定就这个主题进行一场演讲。请准备一份演讲大纲，解释哪样的公司会参与国际商务，为什么学生应该学习国际商务，以及他们可能会找到的工作机会。

网络练习

1-20. 你可以通过国家之间的比较，获得对国际商务的有价值的见解。各种研究小组和国际机构系统地考察了不同国家的经济、政治和其他特征。访问互联网，你将发现几十个对国家进行排名的标准，如教育水平（识字率）、人口（人口总数、人口密度、死亡率）、能源（电力生产）、基础设施（移动手机订阅、网络）、贸易和投资、外国直接投资净流入等。选择你最感兴趣的排名标准，然后考察以下三个国家：德国、印度和南非。根据你的分析，解释为什么它们会排名靠前。它们的相对位置对你有意义吗？每个国家看起来都是从事国际商务活动的好地方吗？为什么？提示：将每个标准除以该国的人口，以人均为基础对各国进行评估。

1-21. 在本章中，我们回顾了企业在国际商务中面临的四大风险：跨文化风险、国家风险、货币风险和商业风险。确定你感兴趣的一个或多个国家，然后访问互联网并研究这些国家，以理解四种风险中的每一种。在搜索引擎中输入国家名称进行搜索，得出全球洞察和市场潜力指数。举例说明每种风险。

1-22. 你最近被一家正开始向国际市场扩张的小公司雇用了。刚起步时，大多数公司选择出口作为进入外国市场的主要模式。然而，你们公司没有人知道如何进行出口。因此，你的老板交给了你一项任务——为你的同事准备一份关于如何出口的演示文稿。请你根据本章所学创建演示文稿。

1-23. 在国际商务中，分销渠道中间商扮演什么角色？

1-24. 企业在国际商务中通常会面临哪些风险？

第2章 市场全球化与企业国际化

本章学习目标：

1. 把市场全球化理解为一个组织结构
2. 了解市场全球化的驱动力
3. 理解技术进步对市场全球化的影响
4. 了解市场全球化的维度
5. 理解市场全球化对企业的影响
6. 理解市场全球化对社会的影响

篇首案例　　　　　　　　　　**声田与天生的全球公司的崛起**

　　声田（Spotify）是一个流媒体音乐服务平台，2008 年在瑞典正式上线。这家公司的出现恰逢人们听音乐的方式发生了全球性的转变。一开始，声田的策略是尽快进入国际市场。声田成立几个月后，便在芬兰、法国、挪威和西班牙相继推出业务，随后继续在英国和美国开展业务。今天，声田在欧洲、美洲以及亚太地区 60 多个国家拥有超过 1.5 亿常驻用户。该公司通过直接投资，在 14 个国家设立了办事处。

　　声田通过免费向其用户提供大量精选音乐而获得了快速发展。个性化的内容、便捷的发现新音乐的方式以及为客户量身定制的营销方式，只是声田在苹果主导的全球音乐市场中脱颖而出的部分原因。这家初创企业还利用与可口可乐和沃达丰（Vodafone）等公司的合作关系，扩大了其对于全球客户的吸引力。

　　声田是越来越多活跃于国际商务领域的中小企业之一。与历史上主导跨境业务的大型跨国企业相比，大多数中小企业拥有的财力和人力资源要少得多。国际业务往往在它们的能力范围之外，然而市场全球化趋势和最近的技术进步使出国冒险变得更加可行，而且冒险的成本也大大降低。以上种种创造了一个良好的商业环境，使得更多的小公司能够参与国际业务。

　　声田是天生的全球公司的一个例子，这些初创公司在成立后的几年内进入众多外国市场，并在全球建立了大量的业务。声田具有年轻小型企业的敏捷性和灵活性，这些特点帮助它更有效地服务于全球市场。其他天生的全球公司包括爱彼迎（住宿）、科利耳（Cochlear，医疗设备）、Mavi（服装）、宏达电子（HTC，智能手机）、Skype（基于互联网的通信）、优步（交通）和许多其他企业。

出于各种原因，天生的全球公司很早就国际化了，它们中的一些专门生产某类具有普遍需求的产品。地理搜索（Geo Search，www. geosearch. co. jp）是日本一家天生的全球公司，致力于开发高科技设备，帮助工程师测量地面空洞，建造安全的道路、机场和地下公用设施线路。该公司开发了一种地雷探测器来寻找埋在地下的炸弹，这一产品在阿富汗、柬埔寨和利比亚等国有现成的市场。

声田和地理搜索等小公司的事例证明，即使是经验和资源有限的新公司也可以积极参与跨境贸易和投资。如今，从事国际业务的公司比以往任何时候都多。

案例问题：

2-1. 天生的全球公司有哪些主要特征？

2-2. 市场全球化的驱动力和原因是什么？是什么使得像声田一样的天生的全球公司能够在其成立时或临近成立时实现国际化？

2-3. 你认为一家年轻的公司在成立不久后就进入国际市场能获得什么好处？

资料来源：S. Tamer Cavusgil and Gary Knight，"The Born-Global Firm：An Entrepreneurial and Capabilities Perspective on Early and Rapid Internationalization," *Journal of International Business Studies*，46，No. 1 (2015)，pp. 3 - 16；Mindi Chahal，"Putting the Spotlight on Spotify," *Marketing Week*，April 7，2016，pp. 26 - 27；Thomas Hobbs，"Spotify on Driving Personalised Ads，Dealing with Tidal and Its Plans for Global Domination," *Marketing Week*，April 20，2015，www. marketing-week. com；Gary Knight and S. Tamer Cavusgil，"Innovation，Organizational Capabilities，and the Born-Global Firm," *Journal of International Business Studies* 35，No. 2 (2004)，pp. 124 - 141；B. Oviatt and P. McDougall，"Toward a Theory of International New Ventures," *Journal of International Business Studies* 25，No. 1 (1994)，pp. 45 - 64；Jonathan Ringen，"Listen Up!," *Fast Company*，September 2015，pp. 34 - 37；Spotify，company information，www. spotify. com，retrieved January 12，2018.

篇首案例体现了市场全球化的重要驱动力和原因，包括世界范围内贸易和投资壁垒的减少、市场自由化和实行自由市场以及技术进步。

市场全球化（globalization of markets）指的是各国经济逐渐融合且相互依存的现象。贸易壁垒的减少以及通信、制造和运输技术的迅速发展使得企业能够比以往任何时候都更迅速、更容易地实现国际化。

市场全球化允许企业将价值链活动外包给全球最有利的地区。**价值链**（value chain）是企业在产品开发、生产、营销和服务过程中进行的一系列增值活动。企业从全球的供应商那里获取原材料、零部件和服务投入。市场全球化也使得企业可以更容易地在全球范围内销售产品。这些趋势正在改变国民经济。日益增长的世界贸易和外国直接投资为消费者提供了比以往任何时候都更广泛的产品选择。全球竞争和创新通常会促使商品价格降低。跨国公司创造了数以百万计的就业机会，提高了世界各地的生活水平。

市场全球化并不新鲜。在早期历史上，地中海、中东、亚洲、非洲和欧洲的文明都对跨境贸易的增长做出了贡献。市场全球化产生于不同文明相互碰撞，是几千年前人们认识到差异和发现奇迹的一个高潮。[①] 跨境贸易为社会提供了扩张和发展的机会，从而打开了创新和进步的大门。历代贸易促进了文明，如果没有它，世界将由致力于通过战斗获得所需要的东西的部落组成。[②]

2.1　市场全球化的阶段

我们可以确定自19世纪初以来市场全球化发展的五个不同阶段。如表2.1所示，每个阶段都伴随着激进的技术进步和国际化趋势。

表2.1　19世纪初以来市场全球化发展的五个不同阶段

阶段	大致时期	起因	主要特征
第一阶段	1830年至19世纪末期，1880年达到顶峰	铁路和海洋运输的兴起	制造业崛起：商品跨境贸易兴起（大多由贸易公司进行）
第二阶段	1900年至1930年	电力和钢铁产业的兴起	制造业、冶炼业和农业早期跨国公司（主要来自欧洲和北美）的出现和主导

① 这一讨论是基于 Lawrence Beer, *Tracing the Roots of Globalization and Business Principles* (New York: Business Expert Press, 2011)。

② "贸易"（trade）一词来自盎格鲁-撒克逊语的"trata"，意思是"跟随他人的脚步"。古代贸易路线是高水平跨文化交流的基础。高水平跨文化交流导致了宗教、科学、经济活动和政府的发展。"条条大路通罗马"这句话与其说是比喻罗马在两千年前对世界的统治，不如说是指罗马的殖民地是为了满足罗马帝国的需求并增加其财富而作为商业资源中心建造起来的。罗马帝国的殖民地从英国延伸到以色列，从德国延伸到非洲，罗马人修建的道路的里程长达30万公里。这些道路是贸易国家的命脉。罗马帝国非常担心其进口货物的运输道路被中断，于是派出军队保护这些道路。

在中世纪，圣殿骑士团（Knights Templar）充当了朝圣者的守护者的角色。这些朝圣者不畏艰难困苦，一心向着基督教的发源地前进。除了保护朝圣者之外，这个圣殿骑士团还利用最原始的旅行者支票创造了第一个国际银行系统，于是旅行者不必再随身携带贵重物品。

12—13世纪，成吉思汗不仅统一了蒙古诸部落，而且建立了一个范围超出当今中国边境的帝国，这个帝国包括东边的朝鲜和日本，以及美索不达米亚（今天的伊拉克和叙利亚）、俄罗斯、波兰和匈牙利。他在其领土上制定了共同的法律和法规，其中最主要的内容是保护私有财产，以加强和保护国际贸易。

阿拉伯商人沿陆路进行香料贸易，从阿拉伯北部穿过今天的土耳其，经过小亚细亚，最后到达中国。通过隐瞒肉桂、胡椒、丁香和肉豆蔻的产地，这些商人获得了垄断地位并控制了价格。欧洲人开始相信这些香料来自非洲，而事实上它们甚至压根都没在这儿易手过。在传统的贸易体系下，香料、亚麻布、丝绸、钻石、珍珠和鸦片类药物通过陆上和海上的间接路线到达欧洲。在这个最早的国际分销系统中，这些产品在漫长的运输途中经过了许多环节，每经过一个环节，其价格都提高了几倍。（本讨论是基于 Lawrence Beer, 2011。）

续表

阶段	大致时期	起因	主要特征
第三阶段	1948 年至 20 世纪 70 年代	关税及贸易总协定（General Agreement on Tariffs and Trade, GATT）的成立；第二次世界大战的结束；重建欧洲的马歇尔计划	西方工业化国家致力于减少贸易壁垒；日本的跨国公司崛起；全球资本市场发展；全球贸易品牌发展
第四阶段	20 世纪 80 年代至 2006 年	转型经济体国有企业的私有化；信息、通信和交通运输领域的技术革命；新兴市场的蓬勃发展	货物、服务和资本的跨境贸易迅猛发展；从事国际商务活动的中小企业和服务企业崛起；新兴市场更加繁荣
第五阶段	2007 年至今	数字技术和其他新技术的兴起促进了制造业生产力和国际服务贸易效率的提高	利用技术促进贸易和当地生产；数字服务贸易不断增长，但商品贸易增长放缓

　　市场全球化的第一阶段始于 1830 年，并于 1880 年达到顶峰。[1] 由于铁路里程的不断增加、高效的海洋运输和制造业大型贸易公司的兴起，国际商务开始广泛发展。19 世纪末电报和电话的发明使得信息可以在国际或国内传播，也为早期管理公司的供应链提供了相当大的帮助。

　　市场全球化的第二阶段大约开始于 1900 年，这与电力系统和钢铁制造业的兴起有着密切的联系。这一阶段在 1929 年开始的世界范围内的经济衰退之前达到顶峰。20 世纪初期，西欧是全世界工业化程度最高的地区。欧洲对亚洲、非洲、中东国家的殖民统治催生了早期的跨国公司。到 1900 年为止，巴斯夫（BASF）、雀巢、皇家壳牌石油公司、西门子和英国石油（British Petroleum）等欧洲公司都已经在境外建立了制造工厂。[2] 在 1914 年第一次世界大战爆发前，许多公司已经开始按市场全球化的方式经营业务。意大利制造商菲亚特（Fiat）在第一次世界大战中向交战双方都提供了汽车。

　　市场全球化的第三阶段始于第二次世界大战之后。这一阶段与战后重建和消除贸易壁垒有关。到 1945 年战争结束时，大量被压抑的需求刺激了消费品和工业品市场的发展，欧洲和日本得以重建。主要的工业化国家，包括澳大利亚、英国和美国，都在努力减少国际贸易壁垒，以提供满足这一需求的商品。

　　1947 年，23 个国家在布雷顿森林会议（Bretton Wood Conference）上创建了关税及贸易总协定，并达成了在一定时间内逐步降低国际贸易和跨国投资壁垒的一系列协议。与会国家意识到自由贸易能够促进工业化和现代化，并提高人民的生活水平。关税及贸易总协定最终演变成**世界贸易组织**（World Trade Organization，

① C. Chase-Dunn, Yukio Kawano, and Benjamin D. Brewer, "World Globalization Since 1795: Waves of Integration in the World-System," *American Sociological Review* 65, no. 1 (2000): 77–95.

② Lawrence Franko, *The European Multinationals* (Stanford, CN: Greylock Publishers, 1976).

WTO）这个包括了 100 多个成员的多边管理体系。WTO 致力于管理并确保国际贸易和跨国投资的公平与效率。二战后的全球合作还催生了其他国际组织，例如国际货币基金组织（International Monetary Fund，IMF）和世界银行（World Bank，WB）。

在市场全球化的第三阶段，早期跨国公司在美国、西欧和日本发展起来。例如，联合利华、飞利浦（Philips）、荷兰皇家壳牌（Royal Dutch-Shell）和拜耳（Bayer）等欧洲公司通常在各个国家，通常为其前殖民地，设立独立的子公司来经营业务。许多公司发展成为国际知名品牌，包括雀巢、卡夫（Kraft）、可口可乐、洛克希德（Lockheed）、卡特彼勒和李维斯（Levi's）。这些公司在国外设立的子公司在世界市场上出售与母公司同样的产品，如同母公司自己的迷你版本一般经营着公司业务。在 20 世纪 60 年代，跨国公司开始逐步进驻劳动力成本低的发展中国家以取得成本优势，贸易自由化和不断发展的跨国企业活动使得国际贸易和投资大幅增长。二战之后，经济复苏，欧洲和日本的跨国公司开始挑战美国跨国公司在全球的霸主地位。贸易壁垒和货币管制的不断消除使资本得以自由地跨国流动，从而促进了全球金融市场的融合。[①]

市场全球化的第四阶段始于 20 世纪 80 年代初，其特点是利用电子和信息技术实现生产自动化。这一阶段的特点是跨境贸易和投资大幅增长，这种增长是由个人电脑、互联网和网络浏览器的发展引发的。苏联解体和中东欧市场自由化也是这一阶段的特点。随后东亚经济体也进行了令人印象深刻的向工业化和现代化的转变，包括巴西、印度和墨西哥在内的新兴市场日益繁荣。20 世纪 80 年代，外国在资本和技术密集型部门的直接投资大幅增长，信息、通信和运输领域的技术进步支持了在国际上活跃的中小企业的崛起。这些进步使得企业能以更低的成本更有效地组织和管理出口。现代技术也促进了银行业、娱乐业、旅游业、保险业和零售业等服务业领域的市场全球化。

市场全球化的第五阶段始于 2007 年左右，主要源于数字技术的兴起。量子计算、物联网、人工智能、机器人、自动驾驶汽车、3D 打印、纳米技术和生物技术等领域的技术突破正在模糊物理、数字和生物技术之间的界限。数字和其他新技术正在提高国际贸易特别是服务业领域国际贸易的效率。例如，许多零售业务现在都是通过亚马逊（Amazon）和阿里巴巴（Alibaba）等大型公司来完成的，这些公司通过网络平台向世界各地销售产品。从非洲到南亚再到拉丁美洲，随着越来越多的人实现数字连接，国际服务的消费量也日益增长。世界服务出口额从 2007 年的约 3 万亿美元上升到 2017 年的逾 5 万亿美元。由于技术的进步，国家边界和传统的以国家为基础的商业模式正在失去意义。

---

① Credit Suisse Research Institute, "Getting Over Globalization—Outlook for 2017," January 19, 2017, www.credit-suisse.com; Louis Emmerij, "Globalization, Regionalization, and World Trade," *Columbia Journal of World Business* 27，No. 2 (1992). pp. 6-13.

第 2 章

与此同时，在这一阶段，国际货物贸易的增长已经放缓。正如新技术支持国际服务贸易一样，它们也提高了当地制造业的生产率。这种趋势降低了企业的国内经营成本，增强了本土制造业的吸引力。于是，外国直接投资占总投资的比例有所下降，新兴市场所在国家越来越注重为当地制造的产品开发当地市场。[①]

2.2　市场全球化：一种组织结构

企业积极拓展海外市场，通过新市场增加销售额和利润，寻找低成本要素或获得其他优势。由于国内市场的不利条件，例如监管或当地行业销售额下降，企业也可能会采取相应的措施进行国际化。图 2.1 提出了市场全球化的一种组织结构，它在以下方面进行了区分：

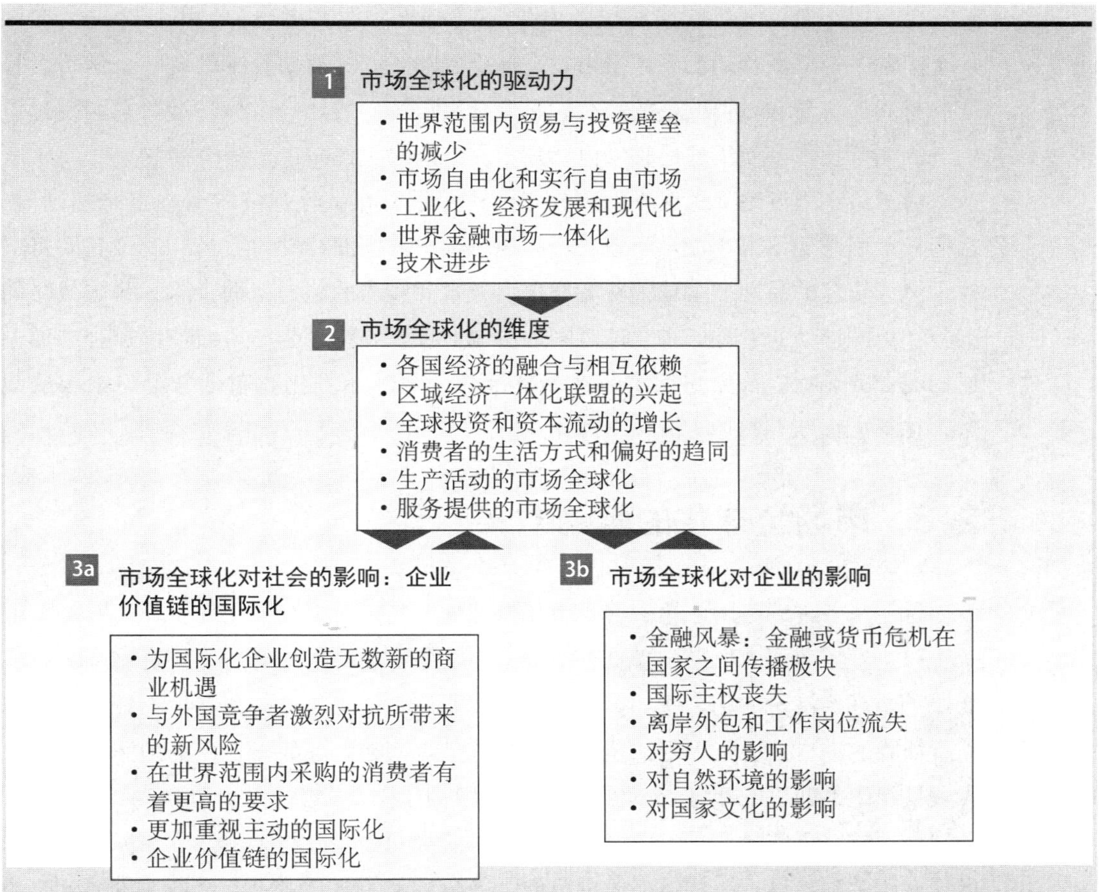

1 **市场全球化的驱动力**
- 世界范围内贸易与投资壁垒的减少
- 市场自由化和实行自由市场
- 工业化、经济发展和现代化
- 世界金融市场一体化
- 技术进步

2 **市场全球化的维度**
- 各国经济的融合与相互依赖
- 区域经济一体化联盟的兴起
- 全球投资和资本流动的增长
- 消费者的生活方式和偏好的趋同
- 生产活动的市场全球化
- 服务提供的市场全球化

3a **市场全球化对社会的影响：企业价值链的国际化**
- 为国际化企业创造无数新的商业机遇
- 与外国竞争者激烈对抗所带来的新风险
- 在世界范围内采购的消费者有着更高的要求
- 更加重视主动的国际化
- 企业价值链的国际化

3b **市场全球化对企业的影响**
- 金融风暴：金融或货币危机在国家之间传播极快
- 国际主权丧失
- 离岸外包和工作岗位流失
- 对穷人的影响
- 对自然环境的影响
- 对国家文化的影响

图 2.1　市场全球化的驱动力、维度和影响

① Arindam Bhattacharya, Hans-Paul Bürkner, and Aparna Bijapurkar, "What You Need to Know About Globalization's Radical New Phase," *BCG Perspectives*, July 20, 2016, www.bcgperspectives.com; Prakash Loungani, Chris Papageorgiou, and Ke Wang, "Services Exports Open a New Path to Prosperity," *IMFBlog*, April 5, 2017, http://blogs.imf.org; World Bank, "Service Exports (BoP, current US$)," 2018, http://data.worldbank.org.

（1）市场全球化的驱动力或起因。

（2）市场全球化的多种维度或表现形式。

（3）市场全球化对企业的影响。

（4）市场全球化对社会的影响。

图中的双向箭头表示市场全球化和它所带来的各种影响之间存在相互关系。随着市场全球化的发展，私营企业对随之而来的挑战和新优势均做出了反应。

美洲移动（America Movil，www.americamovil.com）是美国国内一家领先的无线电话供应商，在18个国家拥有超过2.25亿用户。该公司一直将国际化作为一项增长战略。美洲移动的总部设在墨西哥，主要通过外国直接投资实现国际化，并且最初在巴西和哥伦比亚开展业务。之后，它将业务扩展到厄瓜多尔、智利、荷兰和许多其他外国市场。为了获取在南美扩张所需要的资金，该公司与花旗集团成立了一家合资企业。它收购了威瑞森电信（Verizon）在波多黎各的电话业务。在每一个案例中，美洲移动都利用了市场全球化的趋势，如通信技术的统一、消费者特征的趋同、贸易和投资壁垒的减少。随着新兴市场向成熟经济体转型，它们跳过了较老的电信技术，使用现代移动电话技术——这对美国来说是一个福音。

为了最大限度地降低成本，该公司的许多手机在世界范围内基本上是相同的，它们只采用当地语言，符合当地法规和通信标准。美洲移动对自身的定位是要打造一个全球知名的品牌。全球消费者的生活方式和收入的趋同有助于这一跨国战略的实施。美洲移动的管理层在全球范围内协调业务，并在采购和质量控制过程中遵循通用的业务流程。该公司能实行产品标准化、全球品牌化和向全球客户销售的战略，在很大程度上归功于市场全球化。[①]

2.3 市场全球化的驱动力

近年来各种趋势的汇聚引起了市场全球化，其中以下五个尤为显著：

（1）世界范围内贸易与投资壁垒的减少。各国政府减少贸易与投资壁垒的趋势加快了全球经济一体化。例如，许多经济体对汽车、工业机械和其他不计其数的产品所征收的进口关税几乎削减至零，这促进了货物和服务的更自由的国际交换。世界贸易组织的建立有助于减少贸易壁垒。中国于2001年加入世界贸易组织之后，外国公司能够更容易地进入中国市场。贸易壁垒的减少也与区域经济一体化组织的出现有所关联。最近一些经济体中民族主义政治家的上台阻碍了贸易和投资壁垒的

---

① Company profile of America Movil，2017，at www. hoovers. com/；Kyle Stock，"América Móvil Slims Down," *Bloomberg Businessweek*，July 14，2014，p. 23；S. A. B. DE C. V.，America Movil，*MarketLine Company Profile*，September 20，2017，pp. 1 - 26.

减少，但是自由贸易增加的总体趋势仍在继续。[①]

（2）市场自由化和实行自由市场。在过去 30 年里，自由市场改革使中国、印度、俄罗斯等经济体顺利融入全球经济。许多亚洲经济体，例如印度、印度尼西亚、马来西亚和韩国，都接受了自由市场规则。这些事件使得世界许多地区更加开放，国际贸易和投资更自由。中国、印度和东欧已经成为全球生产商品和服务最具成本效益的地区之一，并吸引了大量的外国资本流入。

（3）工业化、经济发展和现代化。亚洲、拉丁美洲、东欧等经济快速发展的新兴市场从依靠廉价劳动力生产加工低增值的产品转变为生产较复杂的更具竞争力的产品并出口电子产品、计算机和飞机等高端产品。[②] 例如，巴西目前成为私人飞机的领先生产商，而捷克则擅长生产汽车，印度已成为计算机软件的首要供应商。

经济发展使得新兴市场的生活水平和可支配收入不断提高。经济发展最重要的衡量指标是人均国民收入（Gross National Income，GNI）。[③]

（4）世界金融市场一体化。金融市场一体化使得国际活跃的公司能够筹集资本，借入资金，并进行外汇交易。金融服务公司跟随它的客户到外国市场。因为资金可以在买家和卖家之间轻松转移，所以跨境贸易变得更容易。这种资金转移是通过国际商业银行网络进行的。例如，环球银行间金融电讯协会（SWIFT）联结了大约 200 个国家的 11 000 多家金融机构。这种全球金融联结有助于企业开发和经营世界规模的生产和营销业务。它使得公司能够向供应商付款，并向世界各地的客户收款。

（5）技术进步。技术进步是跨境贸易和投资的一个显著促进因素。这是一个重要的大趋势，值得我们用更多的笔墨来阐述它。

2.4　技术进步和市场全球化

自 20 世纪 80 年代以来，市场全球化最重要的驱动力或许是信息、通信、制造和交通运输领域的技术进步。当市场全球化使国际化变得势在必行时，技术进步则为这种趋势提供了有效、可行的方案。

2.4.1 信息技术

信息技术（IT）是创造和利用信息资源的技术和过程，其对于商业活动的影响

---

① Pankaj Ghemawat，"Globalization in the Age of Trump: Protectionism Will Change How Companies Do Business—but Not in the Ways You Think," *Harvard Business Review*，July/August 2017，pp. 112 - 123.

② Marcos Aguiar et al.，*The New Global Challengers: How Top 100 Rapidly Developing Economies Are Changing the World*，Boston Consulting Group，May 25，2006.

③ GNI 指一个国家生产的产品和服务的总价值，包含从其他国家获得的收入。

无疑是革命性的。计算机处理的成本在过去 20 年间以每年 30％的速度递减，并且这一趋势仍在持续。信息技术通过向公司提供超越对手的新途径来创造竞争优势。[①] 例如，地理位置遥远的跨国公司的子公司可以通过企业内部网络与总公司联系，实现公司数据、信息在全世界各部门的即时共享。跨国公司还可以通过协作软件联系分散在世界各地的产品开发团队，使他们能够协同工作。

信息技术还为小公司带来了好处，如允许它们设计和生产个性化定制产品，帮助它们瞄准狭小的跨国利基市场（即小众市场）。在线搜索引擎为研究市场、竞争对手和其他关键信息提供了便利。在更高的层次上，它通过帮助企业快速获取关键信息和情报（例如怎样选择合格的外国商业伙伴）来支持管理决策。

技术使企业能够以更及时、更具成本效益的方式与外国合作伙伴和价值链成员进行互动。这种生产力的提高为公司提供了实质性的竞争优势。[②] 这促进了中小企业早期国际化程度的提高，新兴市场和发展中经济体也从技术跨越中受益。例如，许多非洲经济体跳过一些发达经济体常用的固定电话技术，正在直接采用手机技术。

图 2.2（a）展示了自 2000 年以来国际通信的成本是如何下降的，具体表现为互联网语音协议（VoIP）呼叫的国际通信量急剧上升。VoIP 是 Skype、FaceTime 和许多其他平台的核心技术，这些平台支持成本非常低的国际语音和视频通信。图 2.2（b）显示了自 2000 年以来各地区互联网用户的增长情况。从中可以看出，非洲的互联网用户比例最低，而欧洲和北美洲的互联网用户比例最高，这反映了每个区域的经济和基础设施发展水平。

2.4.2 数字化

数字化是指利用数字技术和数字化数据来实现或转换业务功能、运营和活动。先进的 IT 和电信技术使得数字连接成为可能。数字网络提供了一个全球平台，人们和组织可以通过这个平台进行互动和协作、获取信息并制定战略。数字信息流和商业比以往任何时候都更容易在世界范围内进行连接。电子商务现在包括各种各样的平台和应用程序，这些平台和应用程序便利了个人和公司在网上进行货物和服务的跨境贸易。例如，优步和爱彼迎等共享经济公司使用专门的软件和互联网，鼓励用户和所有者共同创造价值和服务。在世界各地，优步为需要临时交通工具的人雇用司机和别人的车辆提供了平台，爱彼迎为旅行者租用别人的房子提供了平台。

---

① Jacques Bughin, Susan Lund, and James Manyika, "Harnessing the Power of Shifting Global Flows," *McKinsey Quarterly* (February 2015), pp. 1-13; S. Tamer Cavusgil, "Extending the Reach of E-Business," *Marketing Management* 11, No. 2 (2002), pp. 24-29; Stephen Marshall, *The Story of the Computer*: *A Technical and Business History* (CreateSpace, 2017).

② Bughin et al., 2015; Jacques Bughin, Laura LaBerge, and Anette Melbye, "The Case for Digital Reinvention," *McKinsey Quarterly*, February 2017, www.mckinsey.com.

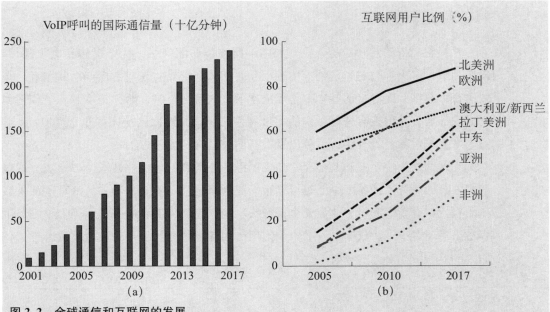

图 2.2　全球通信和互联网的发展

资料来源：BridgeVoicePluto，"Disrupting Wholesale Telecom：VoIP Market Trends and Predictions，" 2017，www. bridgevoice. com；IMF，*World Economic Outlook*（Washington，DC：International Monetary Fund，2017）；United Nations International Telecommunications Union，ICT Statistics，2017，www. itu. int；Internet World Stats，Internet Usage Statistics，2018，www. internetworldstats. com.

　　数字化通过连接地点、产品、服务和数据，改变了客户、员工、业务伙伴和投资者之间的互动模式。① 使用大规模的数据进行分析有助于获得突破性见解，更容易开发出针对特定客户需求的产品、服务和体验。例如，汽车制造商不断收集客户使用汽车的数据，然后利用这些数据提高产品质量，改善驾驶体验。虚拟现实和人工智能等新兴技术的运用有助于创造具有竞争优势的创新产品和服务。机器人、人工智能和基于 IT 的自动化提高了经营效率，提供了更具吸引力的客户体验。例如，跨国公司正在将传感器引入生产经营，以提高生产效率，预测维护问题，并实现在偏远地区维修。

　　数字化带来了许多后果。全球传输数据和信息的边际成本现在基本上为零。数字化降低了地理边界的重要性以及国际互动和交易的成本。公司广泛使用数字工具来支持创新，以提高生产力和全球价值链的有效性。各种公司都使用数字平台与世界各地的客户和供应商建立联系。竞争正变得越来越复杂和全球化。例如，阿里巴巴和亚马逊正在连接全球供应商，这给全球传统零售商带来了竞争压力。②

---

① McKinsey Global Institute，*Digital Globalization：The New Era of Global Flows*，2016，www. mckinsey. com.
② Bughin et al.，2017；Deloitte，"On the Board's Agenda：What Directors Need to Know About Digital Transformation，" Deloitte Center for Board Effectiveness，October 2017，www. deloitte. com；McKinsey Global Institute，2016.

2.4.3 通信

互联网和依赖互联网的系统，如内部网络、外部网络、社交媒体和电子邮件，连接了数十亿人和公司。营销人员利用互联网向全世界的客户推广产品和服务。传输语音、数据和图像目前基本上是无成本的，这使得首尔、斯德哥尔摩和圣何塞似乎成了邻居。韩国拥有全球最快的宽带网络之一，其互联网接入率近乎100%。韩国人用手机付款、处理银行业务以及看新闻节目。

互联网为中小企业和其他通常缺乏国际业务资源的公司打开了全球市场。通过在网上开展业务，即使小企业也可以迈出成为跨国公司的第一步。与汽车零部件或冰箱相比，设计发动机、监控安全摄像头、销售保险和从事秘书工作等多种服务更容易出口。在中国，成千上万的农民使用诸如淘宝之类的平台向城市消费者推销他们的产品。①

道德联系

六年来，尼日利亚的电信基础设施从50万条电话线增加到3 000多万名移动用户。其结果是生产力大幅提高，商业迅速发展，这有助于提高当地的生活水平。更多地使用手机可以节省行程中的时间，提供教育和医疗服务，并促进供应商和客户之间的沟通。跨国公司在非洲的电信投资使得公司能够履行社会责任，改善数百万穷人的生活。

各国需要现代通信基础设施，如可靠的电话系统，以支持经济发展。移动电话是发展中经济体最具变革性的技术。幸运的是，手机基础设施价格低廉，相对容易安装。

物联网是指机器与机器之间的在线连接。在全世界范围内，移动电话和应用程序开发获得了巨大的发展，创造了数百万个就业机会，提高了生产率，并实现了GDP的大幅增长。2017年，智能手机用户数量达到30亿，是2013年的两倍，现在世界各地的人们都在上网。②

色拉布（Snapchat）、照片墙、微信等社交媒体促进了信息的自由流动，进一步加快了市场全球化的步伐，扩大了市场全球化的影响。油管（YouTube）和推特（Twitter）等创建的全球社区有助于人们超越国界和地理距离进行交流。中东的"阿拉伯之春"在很大程度上就是由社交媒体推动的。因此，在一些独裁经济体中，

---

① Christina Larson, "In Rural China, You Don't Have to Read to Buy and Sell Online," *Bloomberg Businessweek*, February 13, 2014, pp. 17 - 18; Calum Turvey and Xueping Xiong, "Financial Inclusion, Financial Education, and E-Commerce in Rural China," *Agribusiness*, Spring, 2017, pp. 279 - 285.

② "Everywhere," *BCG Perspectives*, March 20, 2015, retrieved from www.bcgperspectives.com; International Telecommunications Union, *Measuring the Information Society 2017* (Geneva, Switzerland: International Telecommunications Union).

政府限制人民使用社交媒体，因为其担心社交媒体可能会加速社会变革。许多公司和其他组织利用社交媒体，通过直销、广告和公共关系与公众进行沟通。在新市场上，社交媒体提供了与数百万有联系的个人直接沟通的手段。彪马利用推特和其他平台在世界杯开始之前向欧洲和拉丁美洲的客户推销运动服。麦当劳利用社交媒体人人网向中国消费者推销汉堡和圣代。社交媒体提供了各种接触世界各地市场重要受众的途径。①

2.4.4 制造业

计算机辅助设计（CAD）的产品、机器人技术、由微处理控制器管理和监控的生产线通过降低生产成本改变了传统制造业。这些革命性的发展使小规模、低成本的制造模式成为可能。即使在较短的生产期内，企业也可以有效地控制生产成本。这些发展令国际企业获益，例如，可以帮助其设计的产品更好地适应不同的外国市场，以营利为目标锁定小经济体的市场，以及更有效地与具有成本优势的外国竞争者竞争。②

2.4.5 交通运输

当决定出口产品或是在国外生产的时候，管理者会考虑原材料、零部件和成品的运输成本。例如，如果一个重要市场的运输成本很高，那么管理者可能会决定在该市场建设工厂，生产商品。自 20 世纪 60 年代开始，技术进步加快了省油的大型喷气式客机、巨型远洋货轮和集装箱航运的发展，这主要得益于高科技复合材料的使用以及零部件的小型化。近几十年来，国际航运量急剧增加。例如，世界集装箱运输量（20 英尺集装箱当量）从 2 000 年的 2.25 亿个增加到 2017 年的 7 亿多个，增长了 211%。集装箱是一种大箱子，通常有 40 英尺（约 12 米）长，装在运送世界货物的轮船、卡车和火车上。今天的远洋集装箱船可容纳 2 500 多个集装箱。③

随着时间的推移，产品的运输已经发生了革命性的变化。然而，在能源和其他资源的使用方面，不断增长的交通运输量对自然环境的威胁越来越大。

马士基（Maersk）等造船商最近推出了可运载 9 000 个 40 英尺以上集装箱的集装箱船。这些船只非常庞大，只有少数几个国际港口能够停靠，包括中国的上海

① "The China Puzzle," *Journal of Advertising Research* 51, No. 4 (2011), pp. 634-642; Nicola Smith, "How to Get Fans to Cheer Your Brand On," *Marketing Week*, October 9, 2014, pp. 29-32; V. Taecharungroj, "Starbucks' Marketing Communications Strategy on Twitter," *Journal of Marketing Communications* 23, No. 6 (2017), pp. 552-571.

② Marian Mueller, Bobby Bono, Steve Pillsbury, and Barry Misthal, *2017 Industrial Manufacturing Trends*, strategy&, www.strategyand.pwc.com.

③ Bruce Barnard, "Global Container Trade Expands at Fastest Pace Since 2010," *JoC Online*, May 15, 2017, p. 1; World Bank, "Container Port Traffic (TEU: 20 foot equivalent units)," http://data.worldbank.org, accessed January 5, 2018.

和荷兰的鹿特丹。这些船只主要用于在欧洲和亚洲之间运输货物，因为它们太宽，无法通过巴拿马运河。这些三 E 型船（triple E vessel）的发明及投入使用实现了规模经济，大大降低了运输成本，既节能又环保。①

2.5 市场全球化的维度

市场全球化主要有以下几个维度：

（1）各国经济的融合与相互依赖。开展国际业务的公司通过贸易、投资、公司资源的地理分布以及价值链活动的整合和协调发展多国业务。这些公司的集体活动导致了经济一体化，即世界各国之间的贸易和其他商业活动的增加。各国政府通过减少国际贸易和投资壁垒、在区域经济一体化集团内协调其货币和财政政策以及建立超经济体机构（包括世界银行、国际货币基金组织和世界贸易组织）进一步促进了这种一体化。

（2）区域经济一体化联盟的兴起。区域经济一体化联盟由促进彼此之间贸易和投资壁垒减少的经济体组成，例如北美自由贸易协定（NAFTA）区、亚太经济合作组织（APEC）区和拉丁美洲南方共同市场（Mercosur in Latin America）。在更先进的安排（如共同市场）中，劳动力和资本跨境流动的障碍被彻底消除。一个值得注意的例子是欧盟（EU，www.europa.eu）。欧盟成员国之间签订了自由贸易协定，并统一了财政政策、货币政策和商业条例。

（3）全球投资和资本流动的增长。在进行跨境贸易的过程中，公司和政府往往需要买卖大量的各国货币（如美元、欧元和日元）。资本在世界各地的自由流动，即资本的市场全球化将经济活动的范围扩展到全球，进一步增强了世界经济体之间的相互联系。债券市场已扩大到世界范围，外国债券是政府和企业债务融资的主要来源。

（4）消费者的生活方式和偏好的趋同。世界各地的消费者越来越多地以类似的方式花费他们的金钱和时间。生活方式和偏好正在趋同。纽约、巴黎和上海的消费者越来越需要类似的家居用品、服装、汽车和电子产品。各地的青少年都被iPhone、李维斯（Levi's）牛仔裤和好莱坞电影吸引。在电影、全球媒体和互联网的加持下，各大品牌都在全球范围内拥有大量粉丝，《变形金刚》（*Transformers*）和《饥饿游戏》（*The Hunger Games*）等电影在全球范围内拥有大批影迷。工业市场上也出现了偏好趋同的现象，专业买家采购越来越标准化，即原材料、零部件在设计和结构上相似或相同。

（5）生产活动的市场全球化。激烈的全球竞争迫使企业降低生产成本。企业通过规模经济、成品标准化、将制造和采购转移到国外劳动力成本较低的地方等方式

---

① Greg Knowler, "Ready or Not, Here They Come: New Dawn Arises in Asia-Europe Trade as Mega-Ships Grow More Dominant. Are Ports Prepared?," *Journal of Commerce*, November 13, 2017, pp. 22 - 23.

降低成本和销售价格。例如，汽车和纺织行业的公司已将其制造业转移到中国、墨西哥和波兰等劳动力成本较低的地区。

（6）服务提供的市场全球化。服务业，如银行业、酒店业、零售业和其他服务业正在经历广泛的国际化。房地产公司瑞麦地产（REMAX）在大约 100 个经济体设立了 6 500 多个办事处。企业越来越多地将价值链中的业务流程和其他服务外包给国外的供应商。一个相对较新的趋势是：许多人出国接受医疗手术，如白内障手术和膝关节手术，以节省资金。①

2.6 市场全球化对企业的影响：企业价值链的国际化

市场全球化最直接的影响在于企业价值链的国际化。市场全球化迫使企业在全球范围内组织采购、生产、营销和进行其他一系列有附加价值的活动。在一条典型的价值链中，公司进行产品研发（R&D）、购买原材料、组装产品或提供服务。接着，公司从事营销活动，比如定价、推广和出售，然后将产品在目标市场上进行分配并提供售后服务。价值链的概念在国际商务中极为有用，因为它可以帮助人们了解不同活动应该在世界上的哪些地方进行。比如，出口公司一般在本土市场开展价值链"上游"活动（研发和生产），在海外市场开展大多数"下游"活动（市场营销和售后服务）。

企业价值链中的每一项增值活动都要经过国际化处理，也就是说，它可以在母国以外的地方进行。图 2.3 展示了一家典型的国际企业的价值链。正如图中的例子所示，企业在定位或配置关键的增值活动方面有相当大的自由度。在特定国家开展价值链活动的最典型目的是降低研发和生产的成本，或者更接近客户。企业通过离岸外包、在境外建立工厂或子公司来配置价值链上某些主要的增值活动。一个相关的趋势是离岸外包，即企业将增值活动委托给位于国外的外部供应商或承包商。

德国汽车制造商宝马在南卡罗来纳州开设了一家新工厂，同月，在几英里外，一家老旧的纺织厂杰克逊-米尔斯（Jackson Mills）关了门，解雇了成千上万名工人。市场全球化导致这两家公司发生了变化。通过在美国建立业务，宝马发现它可以低成本地制造汽车，同时更容易获得巨大的美国市场。在这个过程中，宝马为美国工人创造了成千上万个更好的高薪岗位。同时，杰克逊-米尔斯发现它能够以更低的成本从亚洲的供应商那里获得质量相当的纺织品。市场全球化促使这些公司将关键的增值活动迁移到世界上最有优势的地方。

---

① Richard Barkham et al. , "Globalization and Real Estate: Where Next?," *CBRE Rresearch*, May 2017, www. cbre. com; Debra Sandberg, "Medical Tourism: An Emerging Global Healthcare Industry," *International Journal of Healthcare Management* 10, No. 4 (2017), pp. 281 - 288.

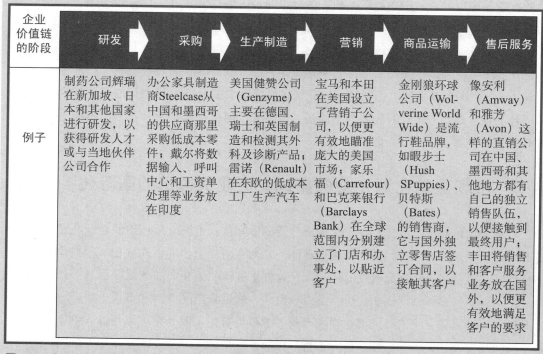

企业价值链的阶段	研发	采购	生产制造	营销	商品运输	售后服务
例子	制药公司辉瑞在新加坡、日本和其他国家进行研发，以获得研发人才或与当地伙伴公司合作	办公家具制造商Steelcase从中国和墨西哥的供应商那里采购低成本零件；戴尔将数据输入、呼叫中心和工资单处理等业务放在印度	美国健赞公司（Genzyme）主要在德国、瑞士和英国制造和检测其外科及诊断产品；雷诺（Renault）在东欧的低成本工厂生产汽车	宝马和本田在美国设立了营销子公司，以便更有效地瞄准庞大的美国市场；家乐福（Carrefour）和巴克莱银行（Barclays Bank）在全球范围内分别建立了门店和办事处，以贴近客户	金刚狼环球公司（Wolverine World Wide）是流行鞋品牌，如暇步士（Hush SPuppies）、贝特斯（Bates）的销售商，它与国外独立零售店签订合同，以接触其客户	像安利（Amway）和雅芳（Avon）这样的直销公司在中国、墨西哥和其他地方都有自己的独立销售队伍，以便接触到最终用户；丰田将销售和客户服务业务放在国外，以便更有效地满足客户的要求

图 2.3 企业如何将价值链活动国际化：一个例子

毫无疑问，市场全球化创造了一个拥挤而竞争激烈的全球市场。如图 2.4 所示，市场全球化意味着企业将面临来自外国竞争者的激烈竞争。该图显示，1989年，通用汽车、福特和克莱斯勒（Chrysler）在美国乘用车销售中占据了近四分之三的市场份额。到 2017 年，这一份额降至 44%，克莱斯勒被意大利汽车制造商菲亚特收购。丰田、现代（Hyundai）等竞争对手的市场份额大幅上升。随着时间的推移，服务业的国际化步伐也在加快。

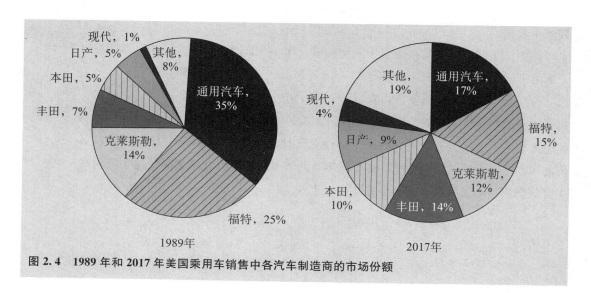

图 2.4 1989 年和 2017 年美国乘用车销售中各汽车制造商的市场份额

专栏　　　　　　　　**从事国际商务相关工作的新近毕业生**

姓名：特伦斯·罗杰斯（Terrance Rogers）

专业：金融与国际商务

目标：探索，国际视野，自我意识，职业成长以及学习外国市场知识

大学期间的实习经历：德意志银行（Deutsche Bank）

毕业后的工作经历：

- 德意志银行商业分析师（纽约）
- 德意志银行管理培训生（纽约）
- 德意志银行行政管理轮值（纽约）
- 德意志银行管理培训生（伦敦及纽约）

在修完第一门国际商务课程后，特伦斯萌生了出国工作的想法。作为一名大学生，他参加了学院的国际商务证书项目。这个项目使得特伦斯把他对金融的热情与他对文化学习和在国外做业务的兴趣结合了起来。特伦斯学习了一门短期的海外课程——欧盟的金融和管理问题，由此开启了他的第一次国际旅行。他在学习该课程的过程中去了巴黎和布鲁塞尔，并和同学一起拜访了多家著名企业和欧盟各办公室，听取了多个部门领导的意见。这段经历让特伦斯相信，在国外工作对他来说真的成为一种可能。

毕业后，特伦斯在位于纽约的德意志银行开始了他的商业分析师生涯。该职位使他在监管改革、流程改进和危机公关方面获得了丰富的经验。特伦斯得到了几个全球项目的参与机会。在被提升为管理助理后，特伦斯直接与所在部门的美洲首席运营官合作。

在花了四年时间在银行的各个部门积累经验之后，特伦斯承担了许多国际责任。如今，特伦斯是一名行政管理助理，负责商业战略、财务分析和与英国执行团队的沟通工作，在伦敦和纽约两地办公。他负责解释影响不同地区各业务线的财务驱动因素、产品战略和运营问题。他直接与负责市场和沟通的人员合作，为 CEO 制定和执行沟通策略。

特伦斯对国际商务从业人员的建议

特伦斯把自己的成功归因于他在大学里较早地接触了国际商务和海外学习。特伦斯说："有海外工作经历是对当今商界领袖的一项基本要求。大客户不再只是居住在美国，所以如果你想有一个不错的职业生涯，那么你必须找到一种方法来接触甚至参与国际商务。你的老板会期望你能与具有不同文化背景的商业伙伴合作。你的客户会期望你能从全球视角来理解问题。如果你没有任何国际经验，那么在工作和客户方面，你的竞争对手都会比你领先一步。"

成功的要素

"如果你想在国外工作，那么可以通过做以下事情来增加你接触甚至参与国际商务的机会：（a）参与一些项目，接触全球不同地区的人；（b）尽早表明你对出国工作的兴趣，并在年度汇报时提出来；（c）找到一种方法来打动那些决策者。当'合适的人'知道你有

这个想法和能力时，行动就变得容易了。"

挑战

"语言障碍和文化差异等挑战是你在职业生涯中应该尽快面对的，不要害怕犯错误。现在最好从文化误解中吸取教训，这样你未来就能成为一个更好的商业领袖。"市场全球化是现代商业的一个主要方面。

资料来源：Courtesy of Terrance Rogers.

2.7 市场全球化对社会的影响

到目前为止，我们所讨论的重点都放在市场全球化的深远意义及积极结果上。几乎所有打开国门促进贸易和投资的国家，在生活水平方面都有所提高。[1] 但是，向一个逐渐单一的市场全球化市场转变对个人、社会团体和政府来说仍然是一个挑战。低收入国家还没有能力像其他国家一样迅速融入全球经济体系中。贫穷给非洲及巴西、印度等人口大国带来了较大问题。[2] 我们现在来研究市场全球化所造成的不尽如人意的后果。

2.7.1 金融风暴：货币危机和金融危机的迅速蔓延

世界经济经历了多次货币危机和金融危机。例如，2008 年，住房和大宗商品价格居高不下引发了一场重大金融危机。随着房地产价格大跌，许多业主背负的抵押贷款债务超过了房屋价值。数以万计的抵押贷款被打包成投资品出售给全球股票市场。随着这些房屋和证券的价值暴跌或变得不确定，股市也暴跌。[3] 危机始于美国，并像传染病一样蔓延到世界各地。

在国际经济学中，**传染**（contagion）是指一个国家的金融危机或货币危机由于国家经济一体化而迅速蔓延到其他国家的趋势。[4] 例如，消费者过度借贷可能导致国家经济不稳定或过热。对金融和银行部门或整个经济的监管不充分或考虑不周，可能加剧由此产生的危机。正如我们将在本章后面看到的，拥有一个强有力的法律

[1] Farok Contractor, "What Is Globalization? How to Measure It and Why Many Oppose It (Part 1)," *Global Business Blog*, June 3, 2017, https://globalbusiness. blog/author/fjcontractor; Stephen Fidler, "Globalization: Battered but Not Beaten," *Wall Street Journal*, January 21, 2015, p. A6.

[2] Deloitte Consulting LLP, *Deloitte's Globalization Survey: Preparing for the Next Wave of Globalization*, 2014, retrieved from www. deloitte. com, March 16, 2015; World Bank, *World Bank Development Indicators*, 2017, http://data. worldbank. org.

[3] F. Norris, "Crisis Is Over, but Where's the Fix?" *New York Times*, March 10, 2011, www. nytimes. com; Gabriele Parussini, "World News: Euro-Zone Economic Outlook Darkens," *Wall Street Journal*, January 17, 2009, p. A7; Dave Shellock, "Signs of Deepening Recession Dent Confidence," *Financial Times*, February 14, 2009, p. 14; "When Fortune Frowned," *The Economist*, October 11, 2008, pp. 3-5.

[4] "A Monetary Malaise," *The Economist*, October 11, 2008, pp. 20-25.

和监管框架对国家经济福祉至关重要。[①]

金融危机或经济危机可能削弱消费者信心，减少消费品、服务和其他消耗品的支出。支出减少反过来又影响到全球商业和国际贸易。[②] 在 2008 年开始的危机之后，全球经济增长率下降到二战以来前所未有的低水平。许多国家的经济直到 2010 年才开始复苏。日本和欧洲一些国家的经济仍然不景气。[③]

图 2.5 显示了发达经济体、发展中经济体和新兴经济体的 GDP 增长率随着时间推移的变化情况。在最近的全球经济衰退和金融危机期间，这三个经济体的 GDP 都在大幅下降。图 2.5 告诉我们的一个教训是：即使经历了严重的经济衰退，全球经济也一直在反弹，各国的 GDP 也恢复了增长。

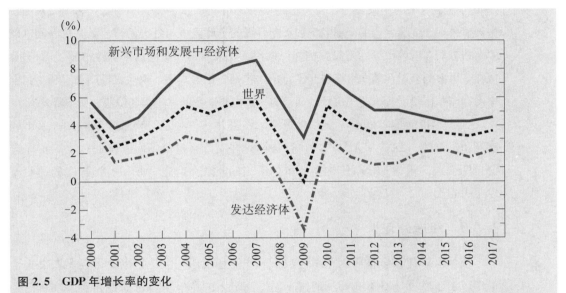

图 2.5　GDP 年增长率的变化

资料来源：*World Bank*, *Data*, *GDP Growth*（*Annual%*），http://data. worldbank. org，2017；IMF，*World Economic Outlook*（Washington，DC：International Monetary Fund，September 2017）；IMF，*World Economic Outlook Database*，*2017*，www. imf. org；United Nations，UNData，"GDP Growth（annual%），" 2017，http://data. un. org.

2.7.2　丧失国家主权

主权指的是国家管理其内政的能力，是处理国际关系的基础性原则。一个国家的法律不能在其他国家运用或被迫执行。市场全球化能够通过不同的途径威胁国家

---

① Shellock，2009；Norris，2011；Parussini，2009.

② Bin Jiang，Timothy Koller，and Zane Williams，"Mapping Decline and Recovery Across Sectors，" *McKinsey on Finance*，Winter 2009，pp. 21 - 25；Marko Peric and Vanja Vitezic，"Impact of Global Economic Crisis on Firm Growth，" *Small Business Economics* 46，No. 1（2016），pp. 1 - 12.

③ "When Fortune Frowned，" pp. 3 - 5；International Monetary Fund，www. imf. org；Shellock，2009；Rich Miller and Simon Kennedy，"The U. S. Shops and the World Applauds，" *Bloomberg Businessweek*，April 9 - 15，2012，pp. 22 - 24；Jonathan Soble，"The Numbers Behind Japan's Sputtering Economy，" *New York Times*，August 14. 2016.

主权。跨国公司的活动能够干预政府控制其本国经济、社会架构和政治体制的主权。很多大公司的经济实力比一些经济体还要强。的确，沃尔玛的内部经济（总收益）超出世界上大多数经济体（包括以色列、希腊和波兰）的 GDP 总值。大型跨国公司可以通过游说或者支持竞选对政府产生重大影响。它们经常游说政府，要求政府让本国货币贬值，从而使自己在出口贸易中有更大的价格优势。跨国公司还能影响立法程序，从政府机构获取特殊优惠。

大公司会受到市场力量的限制。在有众多竞争企业的经济体中，一家公司不能强迫顾客购买它的产品或者强迫供应商提供原材料和其他投入品。顾客和供应商使用的资料是通过自由选择获得的。公司的业绩取决于其赢得顾客的手段、与供应商的协作以及与竞争对手的周旋。一家公司占领市场的情况比较罕见。事实上，市场力量通常主导着公司。逐渐融合的全球经济和不断升级的全球竞争与各国的行业私有化一同削弱了一些公司在国内市场的力量。例如，福特、克莱斯勒和通用汽车都曾占领美国市场。现在，更多的公司在美国市场展开了竞争，包括丰田、本田、现代、日产和宝马。目前丰田在年销售量上领跑美国市场，而且美国国内制造商的本土市场份额有所下降。[1]

为了尽可能地降低市场全球化带来的伤害并获得利益，政府应该确保进入市场和竞争的自由，保护私人财产，执行法律，并支持通过市场而不是通过政治程序进行自愿交换。银行和金融机构需要得到适当的监管。商业事务和监管部门的透明度也至关重要。

2.7.3 离岸外包

市场全球化在全世界创造了无数新的职业和机遇，但是它也使得很多人失去了工作。由于欧洲、日本和韩国的汽车制造商带来的竞争压力，福特和通用汽车已经在美国解雇了成千上万名工人。福特、通用汽车和大众汽车都将成千上万个工作岗位从德国的工厂转移到了东欧国家。[2] 离岸外包（offshoring）是把制造业和其他价值链活动搬迁到海外那些成本效益低的地区。例如，全球会计师事务所安永（Ernst & Young）将其大量的会计业务转移到了菲律宾；麻省总医院（Massachusetts General Hospital）的 CT 扫描和 X 光照片由印度的放射科医生进行分析；德国客户的许多信息技术支持服务由捷克和罗马尼亚的公司提供。[3]

① Liyan Chen and Andrea Murphy, "The World's Largest Public Companies," *Forbes Asia*, June 2014, pp. 50–80; Hans Greimel, "Assault on Fortress Detroit," *Automotive News*, January 19, 2015, p. 3; "When Fortune Frowned," pp. 3–5; International Monetary Fund, www.imf.org; Bertel Schmitt, "Its Official: Volkswagen Is World's Largest Automaker in 2016. Or Maybe Toyota," January 30, 2017, www.forbes.com; Shellock, 2009.

② "The Day the Factories Stopped," *The Economist*, October 23, 2004, p. 70; Farok Contractor, "What Is Globalization? How to Measure It and Why Many Oppose It (Part 1)," *Global Business Blog*, June 3, 2017, https://globalbusiness.blog/author/fjcontractor.

③ Pete Engrail et al., "The New Global Job Shift," *BusinessWeek*, February 3, 2003, p. 50; Shailendra Jain and Prashant Palvia, *Global Sourcing of Services: Strategies, Issues and Challenges* (Singapore: World Scientific Publishing, 2017).

第 2 章

备受瞩目的工厂关闭和制造业搬迁引起了媒体的广泛关注。例如，美国全地形车制造商北极星（Polaris）将其位于威斯康星州的工厂迁至墨西哥，以降低生产成本；在澳大利亚，丰田关闭了一家凯美瑞工厂，导致数千人失业。这种关闭措施以各种方式扰乱了当地社区。[①]

然而，与此同时，跨国公司在国外创造了数以百万计的就业机会，这有助于提高这些国家的生活水平。例如，美国的跨国公司目前在加拿大、中国、墨西哥和英国各雇用了约 100 万名员工。[②] 在发展中经济体和新兴市场，这些职位有助于提高员工的生活水平。

2.7.4 回流

跨国公司有时会将制造业和服务业转回本国，即回流（reshoring）。回流与离岸外包相反，离岸外包指的是将制造业转移到外国，通常是为了利用低成本劳动力。例如，福特和波音（Boeing）已经将数千个工作岗位重新搬回美国。回流的原因有很多种，包括：新兴市场经济体工资和其他业务成本上升；希望更有效地管理业务；使价值链活动更接近客户。为了更好地管理库存和运输成本，通用电气（General Electric）将节能热水器生产从中国回流到了美国；英国食品公司辛明顿（Symington's）将面条生产从中国迁回英国，以提高产品质量、交货速度，以及更有效地管理供应链。[③]

2.7.5 对穷人的影响

市场全球化在有些方面（包括跨国公司的收入分配及对工人的剥削）对穷人产生了影响。收入分配是指国民生产总值和国民收入在社会成员之间的分配。在一些国家，通常占比不到 10% 的小部分人拥有国家的大部分财富，而绝大多数公民生活在贫困之中。例如，在南部非洲和拉丁美洲的一些国家，这种收入不平等十分严重。在日本和北欧大多数国家等发达经济体，由于文化因素和公共政策，收入不平等现象不是很普遍。收入不平等在美国相对更为普遍，因为美国有许多高薪高管和其他富人。

随着各国经济的发展和人均收入的提高，市场全球化可能会加剧收入不平等，

---

① J. Newman, "Polaris Plant Closure to Begin in March; 484 Jobs to Be Lost," *Wisconsin State Journal*, December 23, 2010, www. host. madison. com/wsj; *The Guardian*, "Toyota Shuts Altona Plant and Leaves Thousands out of Work," October 3, 2017, www. theguardian. com.

② *Economist*, "The Retreat of the Global Company," January 28, 2017, pp. 14 - 18; David Wessel, "U. S. Firms Eager to Add Foreign Jobs," *Wall Street Journal*, November 22, 2011, p. B1.

③ Filippo Albertoni, Stefano Elia, Silvia Massini, Lucia Piscitello, "The Reshoring of Business Services: Reaction to Failure or Persistent Strategy?," *Journal of World Business* 52, No. 3 (2017), pp. 417 - 430; Katy George, Sree Ramaswamy, and Lou Rassey, "Next-Shoring: A CEO's Guide," *McKinsey Quarterly*, January 2014; Industry-Week, "Reshoring: By the Numbers," March 20, 2017, www. industryweek. com.

因为随着企业的转移，制造业的许多高薪工作岗位也会像生产一样向低收入国家转移。在发达经济体中，随着企业将制造业岗位转移到中国和墨西哥等成本较低的国家，国际贸易的增长与许多行业的工资下降同步。然而，收入不平等是一个复杂的动态现象。在中国、墨西哥和其他新兴市场，新的制造业就业机会使许多人的工资上升了，但这些国家的收入水平以及其他群体的收入水平却相对停滞不前，而这些群体往往人数众多。

此外，自动化和技术的发展及应用在很大程度上导致了许多人的收入下降。正如对高技能工人的需求增加一样，对低技能或受教育程度较低的工人的需求减少了，这是因为许多以往由低技能工人完成的工作现在由机器和数字平台完成。[1]

一些跨国公司因支付低工资、剥削工人和雇用童工而受到批评。雇用童工的行为尤其令人不安，因为它剥夺了儿童的受教育机会。据估计，全世界有超过 2.15 亿 5～17 岁的儿童在工作。大约 7 300 万儿童在危险条件下工作。[2]

孟加拉国、哥伦比亚、埃及和菲律宾都是工作条件差的国家的例子。在埃及，罢工或抗议恶劣工作条件的工人可能会被监禁。从耐克（Nike）到 H&M 再到盖璞（Gap）等公司都被指控容忍海外工厂成为血汗工厂。[3]

剥削劳动力和工作环境恶劣是部分发展中国家经济存在的主要问题。[4] 然而，我们必须考虑到这些国家的人民在其他方面的选择。一份工资低廉的工作通常好过没有工作。研究显示：严禁生产商使用童工可能会造成始料未及的负面影响，比如导致其生活水平进一步降低。[5] 立法可以减少正规经济部门（由公共权威机构调控和监督的部门）使用童工，但对于非正规经济部门（有时被称为地下经济）却几乎没有效果。面对持续的贫困问题，消除儿童在正规部门就业的机会，不能确保儿童离开了工厂就会去学校接受教育。

在很多发展中国家，工作条件随着时间的推移有所改善，比如，越南制鞋业的发展使其工资增长了 5 倍。尽管按照发达经济体的标准，该工资水平仍旧过低，但不断增加的工资正在提升数百万工作者和其家庭的生活水平。对大多数国家来说，

① François Bourguignon, *The Globalization of Inequality* (Princeton, NJ: Princeton University Press); OECD, "Divided We Stand: Why Inequality Keeps Rising," 2011, www.oecd.org; Andrew Soergel, "Study: Globalization Has Boosted Income Inequality," *U. S. News & World Report*, May 8, 2017, www.usnews.com; World Bank, *GINI Index* (*World Bank Estimate*), https://data.worldbank.org, accessed January 10, 2018.

② International Labour Office, *Global Estimates of Child Labour: Results and trends, 2012—2016*, September 2017, www.ilo.org.

③ Christopher Blattman and Stefan Dercon, "Everything We Knew About Sweatshops Was Wrong," *New York Times*, www.nytimes.com, April 27, 2017; International Trade Union Confederation, "ITUC Global Rights Index 2017: The World's Worst Countries for Workers," www.ituc-csi.org.

④ Jörg Lindenmeier, Michael Lwin, Henrike Andersch, Ian Phau, and Ann-Kathrin Seemann, "Anticipated Consumer Guilt," *Journal of Macromarketing* 37, No. 4 (2017), pp. 444-459.

⑤ S. L. Bachman, "The Political Economy of Child Labor and Its Impacts on International Business," *Business Economics*, July 2000, pp. 30-41; Patrick Emerson and Andre Souza, "Is Child Labor Harmful? The Impact of Working Earlier in Life on Adult Earnings," *Economic Development and Cultural Change* 59, No. 2 (2011), pp. 345-385.

市场全球化趋势促进了国家经济的发展。[①]

　　2009—2018 年，大多数国家的 GDP 增长率为正。世界上发展最快的两个大国是中国和印度。图 2.6 显示，平均而言，全球贫困率正随着时间的推移而下降。[②]同时，该图也说明了发展中经济体人民的收入状况。贫穷仍然是南亚和撒哈拉以南非洲地区的主要特点，但即使这些地区在过去 10 年也取得了很大进步。中东和北非、拉丁美洲和东亚是数十亿人的家园，他们的日收入有了大幅增加。这些改善大多可以归功于国际贸易和投资活动。[③]

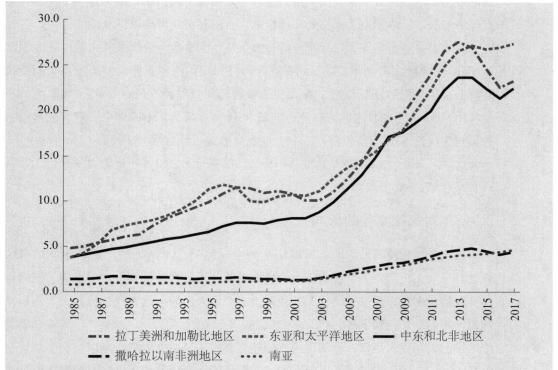

图 2.6　不同地区的日收入水平的增长情况

说明：图中数字是人均日收入，单位是美元，且经过了通货膨胀调整。

资料来源：L. Chandy, N. Ledlie, and V. Penciakova, *The Final Countdown：Prospects for Ending Extreme Poverty by 2030*, Policy Paper 2013 - 14 (Washington, DC：Brookings Institution)；*Economist*, "Poverty's Long Farewell," February 28, 2015, p. 68；World Bank, GNI per capita, Atlas method (current US＄), 2017, http://data. worldbank. org.

---

　　① Farok Contractor, "Global Leadership in an Era of Growing Nationalism, Protectionism, and AntiGlobalization (Part 2)," *Global Business Blog*, June 15, 2017, https://globalbusiness. blog/author/fjcontractor；D. Dollar, "Globalization, Poverty, and Inequality Since 1980," *World Bank Policy Research Working Paper* 3333, June 2004 (Washington, DC：World Bank).

　　② UNCTAD, *World Investment Report 2011* (New York：United Nations Conference on Trade and Development, 2012)；World Bank, 2017.

　　③ Surjit Bhalla, *Imagine There's No Country：Poverty Inequality and Growth in the Era of Globalization* (Washington, DC：Peterson Institute, 2002)；Contractor, 2017.

2.7.6 对可持续性和自然环境的影响

市场全球化促进了制造业和经济活动的发展，却加剧了环境污染，破坏了栖息地和臭氧层。比如，本章后面的练习中提到，尼日利亚一家大型石油公司对环境造成了破坏，这也使该公司陷入了道德困境。

随着市场全球化促进了生活水平的提高，人们越来越致力于改善他们的居住环境。随着时间的推移，政府也通过立法来改善环境。比如，在第二次世界大战结束后的最初几十年，日本在发展经济的过程中，河流受到污染，城市浓烟弥漫。但随着经济增长，日本制定了严格的环境标准，自然环境逐渐得以恢复。

随着对企业价值观和企业声誉的日益关注，大多数企业都在努力减少甚至消除破坏环境的行为。[①] 例如，在墨西哥，像福特和通用汽车这些大型美国汽车制造商逐渐提高了它们的环境标准。意大利的服装公司贝纳通（Benetton）、加拿大的铝业集团（Alcan）和日本的饮料公司麒麟（Kirin）都是其中的典型，它们经常以牺牲盈利为代价来实施环境保护。[②] 一些企业结成了环保咖啡联盟（The Conservation Coffee Alliance），投入了约 200 万美元在中美洲、秘鲁和哥伦比亚进行无公害咖啡豆种植。

2.7.7 对国家文化的影响

市场自由化使当地消费者得以接触到全球品牌、不熟悉的产品和不同的价值观，对国家文化产生了巨大的压力。世界各地的人们都接触到电影、电视、互联网和其他信息来源，促进了美国和其他先进经济体人们的生活方式的传播。人们越来越偏好西方的产品和服务，认为它们代表了更高的生活水平。例如，尽管有些发展中国家的人均收入很低，但那里的人们还是会购买消费类电子产品，如智能手机和电视机。广告进一步促进了以西方国家为模板的社会价值的传播。好莱坞在全球娱乐行业中占主导地位。

同时，文化影响的流动总是双向的。咖啡香料（Cafe Spice）是印度一家食品公司，其创始人来自孟买。这家公司通过在自助餐厅和超市出售咖喱味儿的菜以及印度人最喜欢的其他菜来改变美国人的口味。咖啡香料正在推动印度菜成为美国餐

---

① Keven Money, Anastasiya Saraeva, Irene Garnelo-Gomez, Stephen Pain, and Carola Hillenbrand, "Corporate Reputation Past and Future: A Review and Integration of Existing Literature and a Framework for Future Research," *Corporate Reputation Review* 20, No. 3/4 (2017), pp. 193 - 211; H. L. Zou, R. C. Zeng, S. X. Zeng, and Jonathan J. Shi, "How Do Environmental Violation Events Harm Corporate Reputation?," *Business Strategy and the Environment* 24, No. 8 (2015), pp. 836 - 854.

② Michael Smith, "Trade and the Environment," *International Business* 5, No. 8 (1992), pp. 74; Ucilia Wang, "How Google Is Using Big Data to Protect the Environment," *The Guardian*, October 12, 2016, www. theguardian. com.

饮市场主流。① 随着时间的推移，中国经济增长的影响力越来越大，西方国家也极有可能接受中国的文化准则。中国餐馆和一些中国传统在世界其他国家已经形成了一种生活方式。我们可以从拉丁美洲和世界上其他发展中地区看到类似的影响。

文化帝国主义被当地民族主义的逆流抵消。尽管许多产品和服务在很大程度上已经普及，但人们的行为模式和思维方式在一定时期内仍然保持稳定。宗教的差异一如既往地大，语言差异则跨越了国界。随着市场全球化使不同民族文化的生活表层内容变得标准化，人们坚持自己的民族特性，并采取措施保护这种民族特性，以此来抵制这些改变国家文化的力量。例如，比利时、加拿大和法国都制定了相关法律来保护当地语言和文化。

2.7.8　市场全球化和非洲

非洲是世界上最贫穷的国家的家园，其 10 亿人口中有大多数人每天的生活费不到 5 美元。非洲是融入世界经济最少的地区，占世界贸易的比例不到 5%。尽管非洲拥有丰富的自然资源，但由于许多原因，如商业基础设施不足、缺乏获得外国资本的机会、文盲率高、政府腐败、战争和艾滋病蔓延，非洲仍然不发达。

非洲前半个世纪的经历表明：通过传统的方式——由发达经济体提供国际救助——来帮助非洲收效甚微。尽管从 20 世纪 70 年代起，非洲就获得了数十亿美元的救助，但它的人均收入增长相对缓慢。②

减轻非洲贫困的最有效的方法之一是建立一种更加以商业为基础的发展模式。③ 几个撒哈拉以南非洲国家最近通过增加商品的国际贸易实现了显著的经济增长。非洲是欧洲和美国的主要石油供应商之一。赞比亚是中国的大石油供应商之一。这项活动已经对经济发展产生了连锁反应。由于非洲某些部门的蓬勃发展，外国银行、零售商和跨国企业在非洲的业务也不断增加。④

卢旺达已经在采矿、旅游、电信和房地产等不同领域开发了商业机会。中国和印度的公司打败美国公司，迅速扩大了在非洲的业务。中国公司在这块陆地上投资了数十亿美元。所有这些国际贸易和投资帮助解决了非洲许多最紧迫的发展需求。⑤ 三星（Samsung）将在非洲的销售目标设定为 100 亿美元，并致力于培训 1 万名非

① Richard Miller and Kelli Washington, *Restaurant, Food & Beverage Market Research Handbook*, 2016/2017, pp. 286–287.

② "A Glimmer of Light at Last? Africa's Economy," *The Economist*, June 24, 2006, p. 71; World Bank, 2017.

③ Ans Kolk and François Lenfant, "Hybrid Business Models for Peace and Reconciliation," *Business Horizons* 59, No. 5 (2016), pp. 503–524; Dambisa Moyo, *Dead Aid* (New York: Farrar, Straus and Giroux, 2009).

④ Patrick Dupoux, Tenbite Ermias, Stéphane Heuzé, Stefano Niavas, and Mia von Koschitzky Kimani, "Winning in Africa: From Trading Posts to Ecosystems," *bcg. perspectives*, January 9, 2014, pp. 1–24; Christian Ebeke, Ntsama Etoundi, and Sabine Mireille, "The Effects of Natural Resources on Urbanization, Concentration, and Living Standards in Africa," *World Development* 96, August 2017, pp. 408–417.

⑤ Moyo, 2009; Irene Yuan Sun, "The World's Next Great Manufacturing Center," *Harvard Business Review*, May/June 2017, pp. 122–129.

洲工程师和技术人员，以帮助他们获得成功所需的能力。即便如此，非洲也还需要许多年才能建立足够的基础设施和商业文化，以大幅提高整个非洲大陆的平均收入。

技术在减贫方面发挥着越来越大的作用。非洲农民正在越来越多地使用移动电话、卫星技术和互联网技术来提高作物产量和农业生产力。信息技术被用于建立信息数据库，从而为农民尽量减少作物损失和改进耕作方法提供支持。通过卫星技术获得的数据可以帮助农民评估发生干旱的可能性，并做好相应的准备。[1]

篇尾案例　　　　　　　关于市场全球化的功过的争论

世界各地的人们都在关注市场全球化的影响，他们把市场全球化与失业、国家主权弱化、大规模移民和外国价值观入侵联系在一起。市场全球化已经成为政治、经济和学术讨论的中心议题。最近，有一所大学发起了一次圆桌会议，讨论国际商务日渐深远的影响。参加会议的有一位反国际商务的激进分子、一位国际交易经验丰富的商务经理和一位政府贸易部门官员。以下摘录的交流内容反映了不同利益集团对于市场全球化的多种观点。

激进分子

"国际商务中往往存在忽视人权和基本劳动标准的问题。国外低薪工厂的工作条件低于标准。跨国公司的活动不仅会导致国内工作岗位的流失，还会导致世界范围内工资水平下降和工人被剥削。请想想亚洲那些生产进口服装的血汗工厂，墨西哥那些生活环境恶劣且每天仅赚数美元的汽车工人，也请想想由最近这场全球经济危机所造成的全球贫困。"

商务经理

"我们的国家必须参与到全球经济中。出口企业能够提供报酬更优厚的工作岗位，能获得更多的利润，交更多的税，并刺激向当地供应商的采购。在这里投资的外国公司能够创造新的就业岗位，提高当地的生活水平，并迫使我们的企业在充满挑战的全球市场中保持竞争力。出口企业相比非出口企业支付更高的薪水，提供更好的福利。许多企业必须进入外国市场的原因在于它们在前期投入了巨额的研发成本。所谓多生产一颗药，价格就会更低。正是由于研发成本高昂，所以人们对寻找艾滋病的治疗方法望而却步。我认为，为了人类的基本权益而开展国际商务是一个相当有力的证据。企业需要通过庞大的市场来分摊大项目的成本。非洲正承受着艾滋病肆虐带来的痛苦，但是制药公司却无法进行必需的研发，除非它们能将这些成本分摊到一个巨大的全球市场中。从长远看来，持续的国际商务是有利的。"

政府贸易部门官员

"目前的政府相信自由贸易的价值。政府大力支持 NAFTA，这已经对经济产生了积极的影响：增加了对墨西哥的出口，创造了就业机会，并增加了投资机会。各国正在朝着建

---

① Meera Senthilingam, "The Tech Solutions to End Global Hunger," *CNN*, February 24, 2017, www.cnn.com.

立国际贸易联系迈进，例如，加拿大已经完成了与智利的自由贸易协议。经济联系导致了文化联系和更和平的关系。另外，如果我们不促进自由贸易，我们的政府就很难在世界各地推广自由和民主。"

激进分子

"我们不能忽略市场全球化带给自然环境的毁灭性影响。贸易的国际化程度越高，对环境造成的破坏越难以修复。国际商务的发展意味着对环境的更大破坏。企业通过国际化来提升效率，但若这些国家的环境标准较低，这些工厂就只会按照最低的环境标准建设。"

商务经理

"如果我们进行国际贸易，那么各地的生活水平都会提高。随着生活水平的提高，保护环境的意识也会增强。国际商务之所以对世界有利，是因为它能创造财富。人们越富裕，就越愿意关心环境并通过法律来保护它。对于社会责任和环境破坏，我们也正在做出更多的回应。我们已经证实了良好的经济与清洁的环境并不矛盾。我们可以同时拥有两者：清洁的地球和经济质量更好的生活。"

政府贸易部门官员

"我认为将环境因素纳入贸易协定的谈判中是解决方法之一。全然不考虑合理的环境标准的国际贸易会对生产起反作用，还会破坏全世界大多数政府的政策议程。显而易见，国际贸易必须将对环境的顾虑纳入其中。"

激进分子

"国际贸易会干涉国家政府主权。当通用汽车成为某个国家，比如加拿大最大的企业时，政府更加难以管理有关税收、财政、社会问题以及汇率的政策。我们以为自己是谁？凭什么将自己的文化标准强加于全世界？当我去亚洲或者拉丁美洲旅行时，我看到麦当劳开得遍地都是。他们也同样看到西方的力量利用市场全球化，损害世界各地的经济、文化和环境利益。

"跨国企业声称它们向全世界传播了现代技术，但是只有当你能够得到它时，它才是有利的。在非洲的大多数地区，人们没有上网的途径，因为在这些国家，人们每天仅能赚数美元，使用一台电脑是非常困难，甚至不可能的。当你获得的报酬如此低时，你怎么可能承担起技术的费用？你怎么可能有钱去看病？市场全球化正在扩大贫富差距。随着不平等的加剧，人们之间的差异也越来越大。跨国公司剥削贫穷国家，并让那里的人民面临有害的竞争。发展中经济体的幼稚产业完全无法与大型跨国企业抗衡。"

商务经理

"跨国企业逐渐认识到成为良好的全球公民的重要性。摩托罗拉（Motorola）从中国的业务中盈利，也为该国的教育系统发展做出了贡献。现在中国有比以往更多的受过教育的人，尤其是受过教育的妇女。日本的跨国企业在开展商业活动的地区进行投资。企业并非全是邪恶的，它们同样也为世界做了许多有利的事。比尔·盖茨（Bill Gates）将会比任何政府都更能帮助人们得到电脑并连接到互联网。他已经创立了与贫困和疾病斗争的全世界最大的基金。他和沃伦·巴菲特（Warren Buffet）正在试图攻克其中许多疾病的治疗难题。葛兰素史克正在与世界卫生组织（World Health Organization，WHO）合作寻找象皮肿（elephantiasis）的有效治疗方法。这种病非常可怕，正在蹂躏非洲人民。"

政府贸易部门官员

"市场全球化是错综复杂的，很难评价其功与过。市场全球化促进了全球经济的快速发展，减少了全球贫困。许多贫困国家的社会指数在这数十年间有所提高。在过去的50年中，在国际贸易整合世界经济的同时，收入差距确实在急剧地扩大。全世界人民的生活水平经历了一次普遍提高。各地人民的生活都要比50年前好得多。虽然也有一些例外，尤其是在衰退时期，但是，比起生活在几乎100%是穷人的世界（与历史上大多数情况下相同），生活在一个有20%富人和80%穷人的世界要好得多。政府在这其中起到了很重要的作用。国家从贸易中获益，但是政府要负责保护人民免受贸易可能带来的负面或意外的后果。"

激进分子

"政府并没有充分监管好资本主义的过度发展。导致全世界仍处在复苏阶段的全球金融危机和经济危机让我们很清楚地看到了这一点。"

市场全球化的前景

近年来，民族主义情绪引发了一种"美国优先"的心态和对市场全球化的怀疑或公然敌视。唐纳德·特朗普（Donald Trump）当选美国总统后，走上了反贸易政策和减少移民的道路。他上任后开始重启北美自由贸易协定的谈判，并退出跨太平洋伙伴关系（TPP）。2016年，英国决定退出欧盟。支持"脱欧"的选民主要是考虑到国家主权和越来越多进入英国的移民。在欧洲其他地方，民族主义政党上台执政，反映了民众对开放边界和不受约束的市场全球化的强烈反对。

工会、人权活动家、环保主义者和宗教团体都反对市场全球化。最近发生的事件表明，自由贸易和全球商业的长期发展道路出现了倒退。许多专家认为，这种反弹是市场全球化进程中可预见的、暂时的停滞。他们认为，大规模的变革往往是间歇进行的，每前进两步就后退一步。然而，没有人确切地知道未来市场全球化会退步还是进步。

案例问题：

2-4. 你认为市场全球化和跨国企业的活动正在给世界造成问题吗？你能发现哪些问题？国际贸易的意外后果（非预期后果）是什么？

2-5. 总结商务经理提出的支持市场全球化的论点。在市场全球化的商业环境中，技术在支持公司绩效方面的作用是什么？

2-6. 州政府和联邦政府在应对市场全球化时的作用是什么？政府在保护公民免受市场全球化的潜在负面影响方面的作用是什么？你建议政府采取什么行动？

2-7. 教育在以下方面的作用是什么：（1）解决圆桌会议提出的问题；（2）建立人们能够有效处理公共政策问题的社会；（3）培养能够在全球市场上有效竞争的公民？

2-8. 你认为市场全球化会退步还是会进步？并说明理由。

说明：本案例由穆拉德·达赫利和加里·奈特撰写。

资料来源：C. Higgins and P. Debroux, "Globalization and CSR in Asia," *Asian Business & Management* 8, no. 2 (2009): 125-27; F. Mishkin, "Globalization and Financial Development," *Journal of Development Economics* 89, no. 2 (2009): 164-73; J. Pellet, "Next-Generation," *Chief Executive*, January/February 2009, pp. 50-55; S. Sethi, "Globalization and the Good Corporation," *Journal of Business Ethics* 87 (April 2009): 1-2; "Does Globalization Cause Poverty?" Retrieved from Emory University Globalization Website http://www.sociology.emory.edu/globalization/issues05.html; Frank Lechner, Deborah McFarland, Thomas Remington, and Jeff Rosensweig, "Is a Globalization Backlash Occurring?" 节选自 University Globalization 的网站 http://www.emory.edu/ACAD_EXCHANGE/1999/mayjune99/global.html.

本章要点

关键术语

传染（contagion）

价值链（value chain）

市场全球化（globalization of markets）

世界贸易组织（World Trade Organization，WTO）

本章小结

在本章中，你学习了：

1. 把市场全球化理解为一个组织结构

市场全球化是指各国经济的逐步融合和相互依存。地中海、中东、亚洲、非洲和欧洲的早期文明都促进了跨境贸易的增长。今天的国际贸易分阶段发展，特别是 19 世纪以来，国际贸易受到世界事件和技术发现的激发。世界贸易组织是一个多边管理机构，有权管理国际贸易和投资。当前阶段尤其受到信息技术、互联网、数字平台和其他先进技术崛起的影响。

2. 了解市场全球化的驱动力

市场全球化受到若干因素的驱动，包括贸易与投资壁垒的减少，市场自由化，过去封闭的经济体开始实行自由市场经济，工业化和经济发展（尤其是在新兴市场），世界金融市场一体化以及技术进步。

3. 理解技术进步对市场全球化的影响

技术进步对于推动市场全球化尤为重要。信息技术、通信、互联网、制造业和交通运输领域的技术进步是最为重要的。这些系统创造了一个可供全世界的客户、供应商和中间商互相沟通的网络。它们降低了国际商务的成本，让任何类型的企业都承担得起。

4. 了解市场全球化的维度

市场全球化可以根据其驱动力、维度、对社会的影响和对企业的影响来构建模型。市场全球化是指世界经济由于无数企业的国际商务活动而不断地融合。它体现了全世界的购买者、生产者、供应者和政府之间不断发展的相互联系。区域经济一体化组织的兴起、全球投资和资本流动的增长、消费者的生活方式和偏好的趋同，以及生产活动和服务提供的市场全球化，均说明了市场全球化为世界经济注入了新的活力。在对企业的影响方面，市场全球化可概括为企业价值链的重构。价值链是指在全球规模下的一系列增值活动，包括采购、制造、营销和分销。

5. 理解市场全球化对企业的影响

市场全球化迫使企业在全球范围内组织采购、制造、营销和其他增值活动。每种增值活动都可以在本国或国外进行。企业在世界范围内选择合适的地点来配置关键的增值活动以及将价值链活动国际化，以减少研发和生产成本或更接近客户。

6. 理解市场全球化对社会的影响

对于市场全球化的功与过，社会各界有着诸多争议。市场全球化是近年来全球经济衰退和金融危机的主要原因之一。批评者抱怨市场全球化干涉国家主权，即一国不受外部干预而自治的能力。市场全球化与离岸外包紧密关联。离岸外包是指将价值链活动转移到国外，设立子公司或者独立的供应商以降低运作成本。市场全球化减少了贫困，但也可能扩大了贫富差距。不受制约的工业化会损害自然环境。市场全球化也可能导致各国丧失自己独特的文化价值观。贸易和投资帮助满足了非洲大多数迫切的发展需求。

检验你的理解

2-9. 定义市场全球化。这一大趋势的基本维度有哪些？

2-10. 市场全球化是近来的现象吗？请描述市场全球化的各个阶段。

2-11. 总结市场全球化的六个维度。你认为哪一个维度是市场全球化最显著的表现？

2-12. 描述市场全球化的五个驱动力。

2-13. 世界贸易组织有什么作用？

2-14. 哪些领域的技术进步对促进世界贸易与投资有着最大的影响？

2-15. 市场全球化有哪些功与过？

2-16. 市场全球化对国家主权、就业情况、贫困群体、自然环境和国家文化有什么影响？

2-17. 市场全球化对企业的国际化有什么影响？

运用你的理解

2-18. 想象一下，你正在当地一家咖啡馆学习国际商务课程。经理注意到了你的课本，说："我不懂外国生意那些东西。我不太注意。我是本地人，经营一家小企业。谢天谢地，我不必为这些担心。"经理的话让你想到：商业不仅仅是地点问题。咖啡馆可能的价值链是什么？例如，不同种类的咖啡豆是如何到达这里的？市场全球化可能会对咖啡馆产生什么影响？技术进步在咖啡馆的价值链中扮演什么角色？市场全球化是否会对全球咖啡业产生负面影响？论证你的看法。

2-19. 市场全球化为世界各地的企业和消费者提供了许多有利条件。与此同时，一些评论家认为市场全球化正在损害生活和商业的各个方面。市场全球化对企业和消费者有什么好处？市场全球化在哪些方面对企业和消费者有害？

2-20. 道德困境。北方能源（Northern Energy, Inc.）是一家大型石油公司，其生产和销售业务遍及全球。你是北方能源在尼日利亚的子公司最近聘用的经理，该公司为数百名尼日利亚人提供工作机会，并支持许多当地商人和供应商。假设北方能源的钻探和精炼工作严重破坏了尼日利亚的自然环境，污染了空气、土地和水。因此，北方能源在尼日利亚遭到了暴力抗议，而且尼日利亚出现了许多有关该公司的负面报道。请你就北方能源应如何解决这些问题提出建议。请注意，最高管理层不愿意在尼日利亚投入大量新资源，因为该公司在那里的业务表现疲软。

网络练习

2-21. KOF 瑞士经济研究所（The KOF Swiss Economic Institute）编制了年度 KOF 市场

全球化指数（KOF Index of Globalization），对市场全球化程度最高的国家进行排名（在互联网搜索引擎中输入"KOF 市场全球化指数"）。该指数用三个维度来衡量市场全球化：经济市场全球化、政治市场全球化和社会市场全球化。查找该指数，并解释每个维度分别代表什么，以及为什么每个维度对一个国家在全球经济中取得实质性地位都很重要。

2-22. 制造业和服务业的生产越来越多地外包给了国外成本较低的地区。互联网上的各种信息详细说明了工作性质，并说明了工作地点已经转移到国外。一些专家指出，由此产生的外国投资和对低成本国家的劳动需求的增加正在引起这些国家的工资上涨，从而消除了离岸外包的成本优势，缩小了发达经济体与低成本国家之间的收入差距。换句话说，离岸外包有助于减轻欠发达经济体的贫困。其他人则认为，制造业岗位将被不断转移到成本较低的国家，中国、印度和其他新兴市场则会转变为创新和生产的顶级平台。对此你怎么认为？在互联网上搜索"全球外包"（global outsourcing）或"离岸外包"（offshoring）等关键词，找到三篇关于外包的文章，并就这些趋势对你的国家、工人和消费者最可能产生的后果撰写一份报告。

2-23. 市场全球化的一个主要特点是世界经济日益一体化。跨国公司和许多国家在保持市场全球化趋势方面都是利益相关者。如果这一趋势以某种方式逆转，那么国际贸易的参与者，如出口商，可能会遭受巨大的经济损失。在许多方面，市场全球化在世界经济中的作用至关重要。但全球经济规模到底有多大？与全球经济规模相比，国际贸易规模有多大？澳大利亚、加拿大、瑞典、英国和美国的国际贸易占 GDP 的比例是多少？通过互联网来查找这些问题的答案。

2-24. 市场全球化指的是贸易和投资壁垒的减少（这促进了无数公司的国际化）。市场全球化正在加速，而且在影响着世界各地的公司。然而，它也与企业在开展国际业务时面临的各种问题和挑战有关。这些问题和挑战主要包括：个别经济体的状况；各国政府的债务；权力向新兴市场的转移；发展中经济体的国家风险；工业化对环境造成的危害。打开互联网搜索引擎，然后输入关键词"市场全球化"，浏览搜索出来的信息和网站。写一篇关于公司从事国际商务时当下面临的最重要的问题的报告。

第 2 部分

国际商务环境

第3章 国际商务的文化环境

本章学习目标：

1. 理解文化和跨文化风险
2. 了解文化的维度
3. 了解语言和宗教在文化中的角色
4. 理解文化对国际商务的影响
5. 了解有关文化的理论及其解释
6. 理解文化对管理的启示

篇首案例　　　　　　　　　**百度：中国的社交媒体和文化**

中国有着世界上最多的网民。中国的用户更倾向于使用本土的网站，比如百度。百度主要提供搜索引擎服务和多种社交服务。百度成立于 2000 年，拥有 6.5 亿用户，这些用户几乎都位于中国。"百度"这个词的含义是"对理想的执着追求"，出自一首 800 多年前的中国古诗。其他流行的中国门户网站还有阿里巴巴（类似于亚马逊）、人人网（类似于脸书）和微信［类似于瓦次普（Whatsapp）］。

在中国的 8 亿网民中，大约一半的人使用移动设备进行网络搜索。数据显示，中国网民使用网络论坛、公共博客或社交网站获取产品和品牌信息的频率是美国网民的两倍。这解释了为什么像宝马、雅诗兰黛（Estée Lauder）和星巴克这种成功的跨国公司会重视使用社交媒体在中国进行市场营销。

人类学家吉尔特·霍夫斯泰德（Geert Hofstede）指出，中国是一个集体主义社会，个人将自己视为强调传统、关系以及和谐的社会环境的一部分。中国人从群体成员和社会关系的角度来看待自己，注重社会规范和家庭完整。爱德华·霍尔（Edward Hall）将中国文化定义为"高语境、关系导向"的文化。在这种文化中，沟通是微妙含蓄的，以情感诉求为特征。中国文化强调家庭、人际关系和社会和谐，反映了中国古代哲学家孔子传下来的价值观。而社交媒体体现了中国文化的复杂层面。

社交媒体便利了中国人与他们的家人保持密切联系。孩子们喜欢和父母一起玩像"开心农场"这样的网络游戏。社会关系在消费者行为中也扮演着重要的角色，因为中国人经常向同龄人咨询问题并寻求建议，了解哪些品牌的产品和服务在社会上是受欢迎的。中国人使用社交媒体来表达与社会群体成员的相似性。

在 2016 年之前，中国的计划生育政策规定一对夫妇只能生育一个孩子。出生在这样一个体系中的"小皇帝"没有兄弟姐妹，他们感受到了需要满足父母和国家期望的巨大压力。这样的压力提高了社交媒体的流行度，在社交媒体上，孤独的年轻人可以展现自己并找到朋友。过去的儒家思想和如今的共产主义都使得中国社会十分强调集体主义。在这样一个社会中，社交媒体提供了自我表达的平台，为个性化和言论自由提供了机会，而这在现实中是很难实现的。

社交媒体也提供了与他人建立关系的途径。在汉语中，"关系"是指非正式的个人关系，强调相互的义务和交换的好处。在中国，关系强烈地影响着商业、组织行为和人际交往。中国的公司和机构往往有明确的等级之分。儒家哲学教导人们在社会中扮演不同的角色。与许多西方文化不同，在中国，不同年龄和级别的同事之间一般不会随意或坦诚地交流。在中国，人们可以借助社交媒体表达自己的观点，这种方式不会让其他人丢了面子。"面子"指的是一个人的声誉和社会地位。

案例问题：

3-1. 为什么中国会有如此多的互联网用户？

3-2. 像中国这样的集体主义社会有什么特点？

3-3. 社交媒体在哪些方面反映了中国文化的价值观？

资料来源：Andrew Browne, "China Proves a Neutered Internet Can Still Be Lucrative," *Wall Street Journal*, November 28, 2017, www.wsj.com; H. Chen, A. Ellinger, and Y. Tian, "Manufacturer-Supplier Guanxi Strategy," *Industrial Marketing Management* 40, No. 4（2011），pp. 550-560; *Economist*, "The Muzzle Grows Tighter," June 4, 2016, pp. 51-53; Xia He and Rafael Pedraza-Jiménez, "Chinese Social Media Strategies: Communication Key Features from a Business Perspective," *El Profesional de la Información* 24, No. 2（2015），pp. 200-209; Li Hong, "Marketing to China's Middle Class," *China Business Review*, January 2014, pp. 11-15; *New York Times*, "China and Intellectual Property," December 23, 2010, www.nytimes.com; April Rabkin, "The Social（ist）Networks," *Fast Company*, February 2011, pp. 68-75; April Rabkin. "The Tao of the Sea Turtle," *Fast Company*, February 2012, pp. 78-99; Jon Russell, "Half of China's Population Now Uses the Internet on a Mobile Device," *TechCrunch*, January 23, 2017, http://techcrunch.com; Tom Simonite, "The President of Search Giant Baidu Has Global Plans," *MIT Technology Review*, July/August 2017, pp. 52-53.

篇首案例凸显了企业在不同民族文化中经营所面临的挑战。对于企业来说，要在国际商务中取得成功，就必须对国家利益和文化期望保持敏感性。图 3.1 中的框架确定了理解文化及其在国际商务中的重要性的基本概念。在本章中，我们将详细研究这些概念。

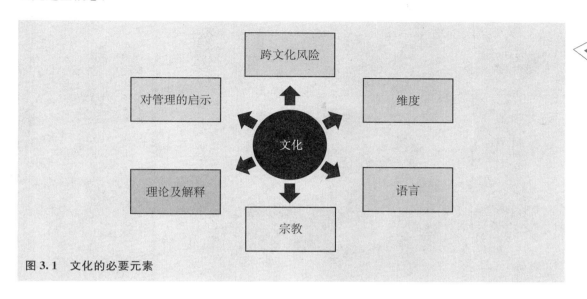

图 3.1　文化的必要元素

3.1　文化和跨文化风险

正如篇首案例所反映的，**文化**（culture）是指特定社会中人们所具有的独特的价值观、信仰、习俗、艺术以及思想和工作的其他产物。文化塑造我们的行为。虽然作为人类，我们有许多相似之处，但作为一个群体或社会，我们表现出许多不同之处。文化甚至影响日常生活中的普遍仪式。例如，问候仪式是一种根深蒂固的文化标志，已经发展了几个世纪。它们规定了诸如是否握手、说什么，以及站多远等行为。这些文化习俗可能因问候者的年龄、性别或地位而异。在中国，朋友们会互相问对方是否吃过饭来表达他们的关心。在土耳其，一句典型的问候语是："你有什么新鲜事吗？"在日本，人们仍然使用正式的问候和道别礼仪，并在挂断电话之前礼节性地向对方道歉。

文化反映了社会成员的生活方式，例如，我们是如何吃、穿、住的。文化解释了我们如何对待彼此以及如何与其他群体相处。文化定义了我们的价值观和态度，以及我们感知生命意义的方式。

食物是民族文化中最有趣的方面之一。在日本，人们经常在比萨上放鱼和海带等；在美国，比萨上往往堆满了肉；在法国，比萨经常与各种奶酪搭配。图3.2描绘了世界各地麦当劳快餐店的众多菜品。麦当劳试图在全球范围内提供相对标准化的菜品，但通常会根据不同国家的口味提供不同的菜品。许多文化是复杂的，正如篇首案例所反映的，有些文化倾向于个人主义，而另一些则倾向于集体主义；有些文化会对社会行为强加许多规范和准则，而有些文化则对此并不在意。①

日本：
Ebi Burger
由虾制成的虾堡

加拿大：
My Poutine
混着奶酪肉酱的薯条

摩洛哥：
Recette Moutarde
涂了芥末的汉堡

德国：
啤酒是一种可选饮品

中国香港：
Rice Burger
用米饼代替了
面包的汉堡

挪威：
McLaks
三文鱼汉堡

沙特阿拉伯：
McArabia
加了烤牛肉、
香料、莴苣、
番茄、洋葱、
大蒜酱的皮塔饼

日本：
McHotdog Mega
Breakfast
巨无霸汉堡

法国：
菜单上有红酒

菲律宾：
Mcspaghetti
甜番茄酱意大利面

印度：
Paneer Salsa Wrap
奶油墨西哥卷

马来西亚：
Bubur Ayam
一种当地的鸡肉粥

图 3.2　世界各地麦当劳快餐店的众多菜品

我们为什么要关注跨境贸易中的文化？答案是：文化带来了新的风险。回顾一下我们在第 1 章中介绍的国际商务面临的四大风险。我们在图 3.3 中列出了这些风险。跨文化风险是指因文化误解而使某些人的价值观受到威胁的情况或事件。之所以会产生误解和误传，是因为人们有不同的价值观和期望。他们并不总是通过口头或非口头的方式传达对方期望的意思，或者可能有不同的沟通方式。例如，点头在印度和英国有不同的含义。在跨文化交际中产生的误解往往会毁掉一笔交易、影响销售额或者损害公司形象。如今，了解文化差异并对其具有敏锐的洞察力已经成为经营者必须具备的素质。善于跨文化交际的经营者在管理员工、市场营销以及与顾客和商业伙伴交流等方面具有许多优势。

如今，企业是在具有陌生的语言以及独特的信仰、规范和行为的环境中开展业务，因此，管理者必须有能力调和这些差异，以获得利润。他们不仅要了解文化差异，还要培养国际文化竞争力。

---

① Yoree Koh and Daisuke Wakabayashi, "The Land of the Rising Crust," *Wall Street Journal*, September 20, 2014, p. D8; Preetika Rana, "In India, Forget Doughnuts, It's Time to Make the Tough Guy Chicken Burger," *Wall Street Journal*, November 29, 2014, pp. A1 and A4; Harry C. Triandis, *Culture and Social Behavior* (New York: McGraw-Hill, 1994).

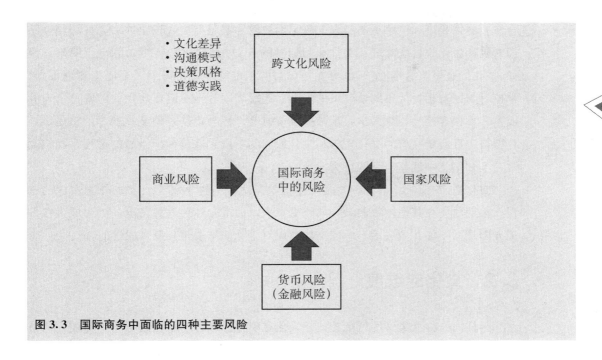

图 3.3　国际商务中面临的四种主要风险

3.1.1　文化的反面特征

现在你应该已经知道文化的正面特征了，下面让我们定义它的反面特征。

（1）文化没有对错。文化是相对的，不是绝对的。不同国家的人只不过是在用不同的方式去看待世界。每一种文化都有其可以接受和不可以接受的行为。例如，在一些伊斯兰文化中，妻子不能向丈夫提出离婚；在许多国家，裸露镜头是允许出现在电视上的；在日本和土耳其，人们在家里是不能穿鞋的。

（2）文化不是个人行为。文化是和群体相互关联的，它是指拥有共同价值观和生存意义的集体现象。尽管文化界定了每个社会的集体行为，但个人行为仍常常千差万别。

（3）文化不是遗传的。文化来自社会环境。人们并非生下来就具有一整套共同的价值观和处世态度。儿童在某一社会成长的过程中，逐渐形成特定的思维方式和行为方式。例如，在美国，儿童通常会学到个人主义价值观和基督教思想；而在中国，儿童会学会依赖家庭，并建立以儒家思想为基础的价值观。文化是代代相传的，人们会受到父母、老师、朋友、同龄人和领导的影响。现在，跨国媒体等现代交流方式在文化传播方面也发挥着巨大的作用。

3.1.2　社会化和文化适应

学习适合一个社会的规则和行为模式的过程被称为**社会化**（socialization）。每个社会都有关于做什么、不做什么、期望和偏好的规则，这些规则指导着孩子们的行为，尤其是在他们成长的时候。[①] 例如，在印度尼西亚，孩子们被社会化成重视

---

① F. Kluckhohn and F. Strodbeck, *Variations in Value Orientations*（Evanston，IL：Row Peterson，1961）.

合作、群体和谐和情感克制的人。孩子们被教导避免与他人发生冲突。在法国，年轻人被社会化成喜欢烹饪、美食和葡萄酒的人。^① 社会化的规则可能会很明确，例如，"我们这里不这样做"；也可能是含蓄的，也就是说，每个人都应该知道工作、学校、与朋友相处等不同情况下的规则。违反规则等于不遵守规则。随着每个人的成熟，不遵守社会规则为学习规则提供了机会。社会化是一种文化学习，它提供了获得特定社会所共有的文化理解和文化取向的手段。这是一个微妙的过程，我们经常在不知不觉中调整自己的行为。

文化适应（acculturation）是通过调整以适应一种不属于自己的外国文化的过程。长期居住在其他国家的人，如外籍工人，通常会经历这种情况。因为成人在许多方面往往不如儿童灵活，所以文化适应对于他们来说是具有挑战性的。[2]

3.2 文化的维度

与任何一种人类文明特征相比，文化更能显示出各个社会在语言、习惯、风俗和思维模式上的差异。然而，除非我们和来自其他文化的人接触，否则我们大多数人都不能完全意识到文化是如何影响我们的行为的。

人类学家用冰山做比喻来帮助我们理解文化，其中既有明显的部分，也有模糊的部分。文化就像冰山一样，表面上的一些特征是看得见的，而在下面，还有大量人们看不到的规定、态度和价值观，这些在很大程度上影响着决策、关系、冲突和国际商务的其他方面。尽管我们受到本民族文化特质的影响，但我们通常不会意识到我们90%的文化是潜藏在表面之下的。事实上，我们往往只有在和另一种文化接触之后才会了解自己的文化。图3.4阐释了文化冰山论的观点。在该图中，文化被分为三个层次：高级文化、通俗文化和深层文化。

文化是通过整合我们的价值观和态度、风俗和习惯、时间观念和空间观念、符号产品、物质产品和对文化的创造性表达、教育、社会结构，语言以及宗教而产生的。接下来我们会更详细地对此进行研究。

3.2.1 价值观和态度

价值观代表了一个人对什么是好的或坏的、可接受的或不可接受的、重要的或不重要的、正常的或不正常的所做的判断。[3] 价值观是我们的动机和行为的基础。价

---

① Dante Chicchetti（ed.），*Developmental Psychopathology*，3rd ed.，Vol. 4（Hoboken，NJ：Wiley，2016）；Charles Sowerwine，*France Since 1870：Culture，Politics and Society*，3rd ed.（London：Palgrave Macmillan，2018）.
② James Neuliep，*Intercultural Communication：A Contextual Approach*（Thousand Oaks，CA：Sage，2018）.
③ Alice Eagly and Shelly Chaiken，*The Psychology of Attitudes*（New York：Harcourt Brace Jovanovich，1993）；Geert Hofstede，"Attitudes，Values and Organizational Culture：Disentangling the Concepts，"*Organization Studies* 19，No. 3（1998），pp. 477-493.

第 3 章

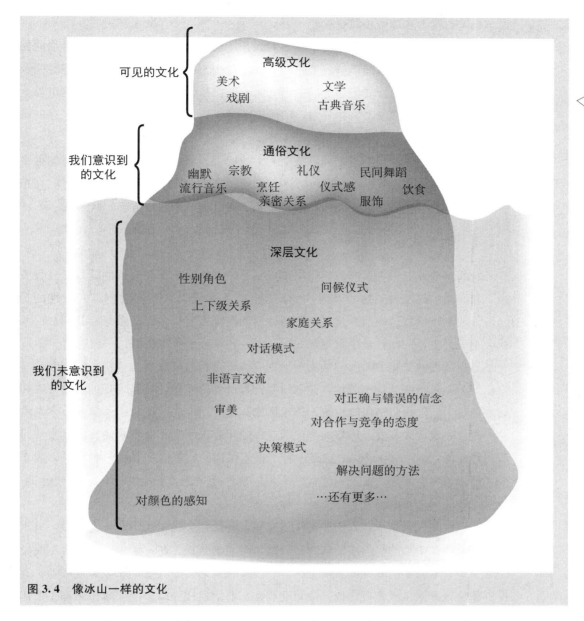

图 3.4　像冰山一样的文化

值观引导着我们的态度和偏好的形成和发展。它们指导我们做决定以及如何生活。北美和北欧的典型价值观包括工作或产出导向、准时，以及获取财富。来自这些国家的人可能会误解那些可能不持有这样的价值观的拉丁美洲人。态度类似于意见，但往往是无意识地持有的，可能不是基于逻辑事实。偏见是僵化的态度，通常是不利的，而且往往是针对特定人群。

3.2.2　风俗和习惯

风俗和习惯是人们在公共场合和商业场合做出行为举止的方式。一些国家的文化特点是非正式：人们平等相待，合作共事。在其他国家，人们往往表现得更正式，地位、权力和尊重相对更重要。

虽然你可能会看到世界上越来越多的人开始喜欢寿司和玉米卷，但对食物的偏好、饮食习惯和用餐时间仍然各不相同。世界各地的风俗和习惯大多与工作时间及假期、饮酒及敬酒、社交聚会上的适当行为、送礼和妇女参加工作有关。在世界上很多地方，送礼都很复杂。在日本，初次见面时不送礼通常是不礼貌的。中东的特点是送礼时很慷慨。

握手在世界各地也不尽相同，包括无力的握手、坚定的握手、握紧手肘的握手和完全不握手。在世界上的一些地方，人们通过亲吻对方的脸颊来问候对方。在东南亚，问候包括将手掌放在胸前，做祈祷状。在日本，鞠躬是常态。[①]

3.2.3　时间观念

时间对商业有很大影响。具体来说，它影响人们对工作和会议的计划、日程安排、利润流，以及对到达的及时性的期望。日本的经营者通常会制订较长期的计划，譬如十年计划。而西方公司制订的计划期间则要短得多，通常只有几年。一些社会重视过去，一些社会更重视现在，还有一些社会更重视将来。

重视过去的文化中的人们认为：计划应该以是否适应现有的传统、习俗和智慧来衡量。创新和变革并不常见，计划只要符合过去的经验，就是合理的。欧洲人相对重视过去，他们坚持保留传统，传承历史。

相反，像澳大利亚、加拿大和美国这样的年轻国家则相对重视现在，其文化是**单时导向的**（monochronic）。这是一种严格的导向，它将时间看作一种资源，要求个人严格遵守时间表。受此种文化的影响，这些地方的人们会将时间看作线性的，就像一条流向未来的河流，将人从一种活动带往另一种活动。

在这种文化背景下，人们非常注重时间，经营者会做出承诺、设定期限，并严格遵照会议和活动的时间表。守时是美德，时间是金钱。在一天中，员工会不时瞥一眼手表、电脑上的时钟或者墙上的表。投资者缺乏耐心，急于获取即期收益。在投资和赚钱方面，经营者比较关注短期收益，业绩也往往以季度为单位来衡量。因此，美国人获得了"匆匆忙忙、缺乏耐心"的名声。"商务"（business）最初的拼写就是"忙碌"（busyness）。

有些文化是**多时导向的**（polychronic）。在这样的社会里，人们倾向于同时做几件事，而不是逐件完成任务。这样一来，处于这种文化的成员会比较容易分心。他们经常可以轻而易举地变更计划，有时候在采取行动之前要耽搁很久。从本质上来说，守时相对没有那么重要。经营者将时间承诺看成弹性的。他们并不会严格按照时钟和时间表行事。他们更注重人际关系，更愿意花时间与他人相处。[②]

---

① Roger Axtell, *The Do's and Taboos of International Trade* (New York：Wiley, 1994).

② Edward T. Hall, *The Silent Language* (Garden City, NY：Anchor, 1981)；Neuliep, 2018.

中国和日本的公司重视将来，人们关注的不是公司在下一个季度的业绩，而是从现在起 10 年后的业绩。大型的日本公司都采用终身雇佣制，大力投资员工培训，希望员工能为公司工作 30 年或 40 年。拉美人对时间也有着类似的弹性观念。和来自其他文化的人相比，拉美人更有可能在约会时迟到。在中东，忠实的穆斯林将命运看作神的旨意。他们倾向于淡化未来规划的重要性。他们将约会视作相对模糊的未来义务。

3.2.4　空间观念

来自不同文化的人的空间观念也不尽相同。人们的个人空间往往是有界限的，如果他人侵入了自己的个人空间，就会觉得不自在。拉美人交谈时的距离比北欧人和美国人要近得多。当北美人和拉美人进行交谈时，北美人会不自觉地后退，以保持足够的个人空间。在拥挤的日本或比利时，人们对个人空间的要求会比地广人稀的俄罗斯或美国的人要低。在日本，员工挤在一个房间里工作，桌子挨着桌子。一间大办公室可能容纳 50 个员工，这种情况司空见惯。北美的公司将个人办公空间分隔开，并为重要员工提供单独的办公室。在信奉伊斯兰教的国家，未婚男女应保持距离。

3.2.5　符号产品

符号可以是字母、数字、颜色或者其他能够表达意思的特征。例如，十字架是基督教的主要符号；红星是苏联的符号。国家的符号包括国旗、国歌、国徽、纪念碑和历史神话。这些符号代表了国家和国家的价值观，有助于团结人民。数学家和科学家把符号视作一种语言。商务活动中有许多种符号，表现为商标、徽标和品牌名。我们总是能够轻易地识别受欢迎的公司的标志，如耐克的勾形符号、苹果公司的小苹果和可口可乐的独特字体。

颜色在不同的文化中具有不同的含义，如表 3.1 所示。颜色在每个国家的意义往往是基于该国的精神、社会、文化、历史和政治影响。在西方文化中，黑色经常与死亡联系在一起，但在亚洲大部分地区，白色与死亡联系在一起。在美国，红色常与危险联系在一起，但在中国，红色象征着喜庆，例如，红色是中国传统的新娘色，而在西方文化中，白色是更为传统的新娘色。蓝色是一种代表安全的颜色，与许多积极的意义有关。在欧洲和北美，蓝色代表信任和安全，被认为可以起到安抚和促进和平的作用。在其他地方，蓝色象征着爱、治愈和健康。在西方文化中，绿色代表幸运、新鲜和环保。在一些东方文化中，绿色象征着年轻和新生。紫色通常与皇室、财富、荣誉和精神联系在一起，但在巴西和泰国，紫色有哀悼之意。

表 3.1　不同颜色在世界各地表示的意义

	欧洲和北美	中国	日本	中东
红色	危险、停止、愤怒、爱、热情	好运、快乐、喜庆、长寿	喜庆、危险、愤怒	危险、愤怒、邪恶
白色	纯洁、和平、新娘	哀悼、死亡、谦逊	哀悼、死亡、纯洁	哀悼、死亡、纯洁
黑色	死亡、邪恶、哀悼	邪恶	邪恶	邪恶
绿色	钱、安全、幸运、兴旺	年轻、新生、出轨	生命、能量、新鲜、年轻	力量、幸运、生育
蓝色	悲伤、冷静、信任、男子气概	力量、权力、不朽	纯洁、洁净	保护

资料来源：Xiao-Ping Gao and John H. Xin，"Investigation of human's emotional responses on colors,"*Color Research and Application*，31，No. 5（2006），pp. 411，417；John Gage，*Color and Culture：Practice and Meaning from Antiquity to Abstraction*（Oakland，CA：University of California Press，1999）；Mabel Weaver，*Color Symbolism*（Amazon Digital Services，2014，www. amazon. com）.

　　颜色是表达情感的重要而有力的交流工具，也是影响品牌和广告认知的最重要因素之一。公司在开发产品功能、拍摄广告、设计包装和制订营销计划时必须谨慎选择配色方案。当购买者第一次接触到产品时，产品的颜色会显著影响他们对产品的感知。[1]

3.2.6　物质产品和对文化的创造性表达

　　物质产品是人们制造出来的具有不同应用场景的人工制品、物品和技术体系。它们为人们提供完成目标的方法，同时也充当各个社会内部和社会之间沟通和交易的媒介，在人类生活中是不可或缺的。最重要的技术方面的物质产品是提供能源、交通和通信的基础设施。其他物质产品包括社会基础设施（提供房屋、教育和医疗保健的体系）、财政基础设施（管理银行和其他金融机构交易的体系）以及市场基础设施（支持市场相关活动的体系，例如广告公司）。对文化的创造性表达包括艺术、民间故事、音乐、舞蹈、戏剧和美食。教育是伴随文化出现的一个极其重要的系统。

3.2.7　教育

　　不同文化的价值观、观念、信仰、传统和态度通过教育代代相传。教育是以多种方式进行的，特别是通过从父母、家人和同龄人那里获得的教训和行为指导，参与社会、商业和宗教团体，从正规学校接受教育。在大多数国家，人才培养通常通

---

　　[1]　Della Moty，*Colors Talk！Meanings of Colors*，Amazon Digital Services，www. amazon. com，2017；Christina Wang，"Symbolism of Colors and Color Meanings Around the World,"*Shutterstock Blog*，April 3，2015，www. shutterstock. com.

过学校教育进行。一个地区或国家的可用人才和技能基础会影响到公司是否会在那里设立工厂或客服中心等部门。其人口受过良好教育的地方往往会吸引要求更高技能且提供更高收入的职位，如外包客服中心和会计部门。识字率，即阅读能力，是衡量教育水平的一个重要指标，该指标在世界范围内差异很大。图 3.5 展示了部分国家的识字率。

　　在许多发展中经济体，男性的识字率高于女性。这是由各种原因造成的，通常与文化、宗教、国家层面的冲突和社会经济因素有关。例如，在非洲国家苏丹，82%的男性识字，而女性识字率只有 66%。造成这种差异的部分原因是：苏丹是一个男性主导的社会，在这个社会中，女性往往扮演从属角色，上学的机会有限。女性要生养孩子，并在家里做家务。苏丹的教育机会还受到战争和种族冲突的阻碍。在另一个非洲国家纳米比亚，女性的识字率高于男性，女性的识字率为 78%，男性的识字率为 74%。这在一定程度上要归功于政府的努力，如国家发起的旨在提高国民识字率和沟通技能的扫盲运动，这些运动通常针对纳米比亚的女性，而纳米比亚的男性则专注于渔业、采矿和农业等传统劳动密集型工作。[①]

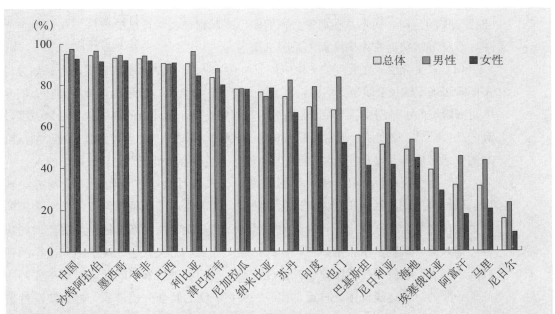

图 3.5　各国人口的识字率（可阅读的人口所占的百分比）

资料来源：Central Intelligence Agency, *The World Factbook 2018* (Washington, DC: Central Intelligence Agency, 2018); United Nations, *UNICEF Global Databases*, 2017, http://data. unicef. org; UNESCO, *Effective Literacy and Numeracy Practices Database* (LitBase), http://litbase. uil. unesco. org/, accessed January 5, 2018.

---

　　① Valerie Berenger and Audrey Verdier-Chouchane, "Child Labour and Schooling in South Sudan and Sudan: Is There a Gender Preference?," *African Development Review* 28, No. S2 (2016), pp. 177 - 190; UNESCO (2017), "National Literacy Programme," *UNESCO Institute for Lifelong Learning*, http://litbase. uil. unesco. org.

3.2.8　社会结构

社会结构是指一个社会所特有的社会安排和组织关系，包括一个社会如何组织个人、家庭、群体和社会经济阶层。所有文化都有一个影响人们在社会中的地位或阶级的社会结构。了解国际雇员、客户和供应商的社会结构对于避免文化误解和优化商业交易至关重要。

（1）个人。因为西方文化强调个人主义和个人成功，所以个人的社会地位往往由个人表现决定。这有助于解释西方社会工人的高度流动性和活跃的创业活动。然而，过度的个人主义会降低团队的效率，特别是在亚洲典型的集体主义文化中。

（2）家庭。在许多文化中，直系亲属和大家庭在国家的社会结构中占有特别重要的地位。在这种文化中，家庭往往在商业活动的形成和结构中扮演着重要角色。例如，在中国，家庭企业和家族企业相对比较普遍，这些企业往往会将所有权传承给后代。

（3）参照群体。在一些社会中，人们的社会地位是由群体或雇主的从属关系决定的，而不是由个人表现决定的。例如，会见东京的商务人士时，他们通常会通过自己工作的公司，而不是在那家公司的职位或职称来表明自己的身份。在日本企业中，目标和战略通常由团队而不是经理决定。

（4）社会分层。在大多数文化中，个人根据职业、收入水平或家庭出身被划分为不同阶级或不同社会阶层。然而，在不同文化中，社会对各阶层的重视程度和人们升入更高阶层的难易程度各不相同。在大多数国家，企业和政府的高级领导通常占据最高的社会阶层。中间阶层通常由商人和医学或科学领域的专业人员组成。处于最低阶层的人通常是从事体力劳动、零售等基本服务业或仅有较低级别的行政职位的人。

（5）社会流动性。社会流动性指的是一个人在社会阶层中向上流动的容易程度。印度等国家是社会阶层极其固化的典型，因为在印度的种姓制度下，一个人的社会地位自其出生就决定了，社会地位低的人几乎没有往较高的社会阶层流动的机会。个人通常只能从事特定职业，如成为农民或工厂工人，这取决于他们出生的种姓。了解实行种姓制度的国家的社会规范对于成功管理从事不同社会阶层工作的雇员是必要的。发达经济体的特点是存在一种更灵活的社会分层形式，社会流动性较大，人们可以改变自身的社会地位，向更高的阶层流动。社会流动性的高低同样会影响人们对工作、创业和劳动关系的态度。

3.3　语言和宗教在文化中的角色

语言和宗教是文化最重要的表现形式之一。口头语言通常被描述为文化的表达或反映，它不仅是交流的必要条件，而且提供了对文化的洞察。它是区分文化团体和阶级的一个主要工具，并为企业领导人与员工、供应商和客户之间进行有效沟通提供了一种重要手段。语言可以分为口头语言和非口头语言。

3.3.1　口头语言

全世界现在还在使用的语言约有 7 000 种，其中非洲和亚洲各有 2 000 多种。其中大多数语言只有几千人使用。[①] 有 23 种语言的使用人口加起来约占世界总人口的一半。表 3.2 列出了世界上使用人口最多的语言。

表 3.2　世界上使用人口最多的语言

世界排名	语言	将其作为母语使用的人口数量（百万）	主要使用国家
1	汉语普通话	900	中国、新加坡
2	西班牙语	435	阿根廷、墨西哥、西班牙
3	英语	370	澳大利亚、加拿大、英国、美国
4	阿拉伯语	290	埃及、沙特阿拉伯、阿联酋
5	印地语	260	印度、巴基斯坦
6	孟加拉语	240	孟加拉国、印度
7	葡萄牙语	220	巴西、葡萄牙
8	俄语	150	俄罗斯、哈萨克斯坦、乌克兰
9	日语	130	日本
10	旁遮普语	90	巴基斯坦、印度
11	爪哇语	84	印度尼西亚
12	吴语	80	中国
13	韩语	77	韩国、朝鲜
14	德语	77	德国、奥地利
15	法语	76	法国、科特迪瓦、加蓬、加拿大

资料来源：Gary Simon and Charles Fennig（eds.），*Ethnologue：Languages of the World*，20th ed.，2017，www.ethnologue.com；Central Intelligence Agency，*CIA World Factbook*，2017，www.cia.gov.

民族语言、方言和翻译往往会使语言交流复杂化。有时在不同语言中很难找到表达相同含义的单词。例如，在许多语言中，并不存在一个与"aftertaste"（余味）等价的词。即使一个词能被很恰当地翻译成其他语言，它的概念和意义也可能不普遍。比如，日语中的"muzukashii"一词可以被译成"难""精致"或"我不想讨论这个"，但在商务谈判中，通常意味着"不容置疑"。又如，广告词在翻译后往往会失去原意，或给人留下错误印象。

表 3.3 列出了一些语言中的流行标语在翻译成其他语言后，其本义是如何被扭曲的。百事可乐在中国台湾的广告语的误译就是一个例子。台湾民众知道百事可乐

---

① "Babel Runs Backwards," *The Economist*，January 1，2005，pp.58-60；M. Paul Lewis et al.（ed.），*Ethnologue：Languages of the World*，18th ed.（Dallas，TX：SIL International，2015），www.ethnologue.com；*Ethnologue*，"How Many Languages Are There in the World?，" 2017，www.ethnologue.com.

不可能让祖先复活，但许多人对百事可乐在拙劣的译文中所表现出来的粗心大意感到惊讶。即使是来自不同国家、说同一种语言的人也可能会遇到沟通问题，因为有些词是特定语言中所独有的。表 3.4 中列出了两个英语国家是如何以截然不同的方式解释同一个词，以及误解是如何扭曲词的本义的。[①]

表 3.3　国际广告中的失误

公司及所在位置	广告语原本的意思	广告语按字面翻译后的意思
派克（Parker）钢笔（拉美）	"Use Parker Pen, avoid embarrassment!"（使用派克钢笔，避免尴尬）	使用派克钢笔，避免怀孕
百事可乐（Pepsi）（德国）	"Come Alive with Pepsi"（喝了百事可乐，您会充满活力！）	百事可乐和你一起从坟墓中出来
百事可乐（中国台湾）	"Come Alive with Pepsi"（喝了百事可乐，您会充满活力！）	百事可乐使你的祖先复活
费希尔（Fisher）车身（比利时）	费希尔车身	费希尔尸体
塞勒姆（Salem）香烟（日本）	吸塞勒姆让你感受自由	吸塞勒姆让你的意识空白

表 3.4　同一英语单词在美式英语和英式英语中的意思

单词	美式英语中的意思	英式英语中的意思
scheme	一个有些狡猾的计划	一个计划
redundant	重复的	解雇或下岗
sharp	聪明的	纵容，不道德
to table	搁置某个事项	处理某个事项
to bomb	惨败	功成名就
windscreen	挡风的屏幕	汽车挡风玻璃

有时，某个特定国家特有的商业术语（行话）也会导致沟通问题。让非母语人士困惑的英语行话包括"the bottom line"（要点、关键、最终结果）、"to beat around the bush"（拐弯抹角）、"shooting from the hip"（不加思考）、"feather in your cap"（值得炫耀的事）和"get down to brass tacks"（言归正传）。想象一下专业口译员在翻译这些短语时遇到的困难吧！

习语（idiom）是一种表达，其象征意义与实际意义或字面意义不同。如果你只知道习语中每个单词的意思，那么你是无法准确理解其含义的。比如，"roll out

① Erin Moore and Lynne Truss, *That's Not English: Britishisms, Americanisms, and What Our English Says About Us* (New York: Gotham, 2015).

the red carpet"（铺开红地毯）的意思就是奢侈地欢迎客人，但实际上没有红地毯。从字面意思去理解这个习语往往容易犯错。在西班牙语中，习语 "no está el horno para bolos" 的字面意思是"烤箱还没有做好烤面包的准备"，引申出来的意思为"时间不合适"。在日语中，"uma ga au" 的字面意思是"我们的马相遇"，但通常情况下其真正的意思是"我们相处融洽"。

　　习语几乎存在于每一种文化中，人们常常把习语当作一种简洁的表达更大概念的方式。管理者应该学习不同文化中的习语，以便更好地理解不同文化中的价值观。表 3.5 中列出了几种能够揭示不同社会的文化特征的表达方式。

表 3.5　代表文化价值观的习语

国家	表达	暗含的价值观
日本	"伸出头的钉子会被锤打。"	集体和谐
澳大利亚、新西兰	"高大的罂粟花要被砍掉。"（批评一个被认为妄自尊大、引人关注或没有优点的人）	平等主义
瑞典和其他斯堪的纳维亚国家	"詹特洛文"（Janteloven）或"詹特法则"（Jante Law）。"不要以为你是特殊的或比我们强。"	谦逊
韩国	虎死留皮，人死留名	荣誉
土耳其	工作的钢铁不会生锈	辛勤工作
美国	需要是发明之母	创意
泰国	听年长者的话，不会被狗咬	明智

3.3.2　非口头交流

　　非口头交流是不通过口头语言，而是主要通过面部表情和手势进行的交流。[①] 事实上，人们在说话的同时，也会传达大量的非口头信息，包括面部表情、身体动作、眼神交流、身体距离、姿势和其他非口头信息。图 3.6 列出了几种非口头交流的方式。

　　由于文化差异的存在，非语言交流常常会导致混淆和误解。某些面部表情和手势在不同的文化中有不同的含义，如果不了解这些手势在当地文化中的含义，就可能会导致负面后果。例如，与某人并肩站立可以表示合作，而与某人面对面站立则可能表示竞争或反对。从握手到拍背再到拥抱，往往表示亲密程度不断加深。

3.3.3　宗教

　　宗教是一种共同的信仰体系或态度体系，是一种被人们看作神圣的或最高真理般的存在或思想体系。宗教还包括道德规范、价值观、规则、传统以及与此体系相

---

① Hall，1981；Neuliep，2018.

第3章

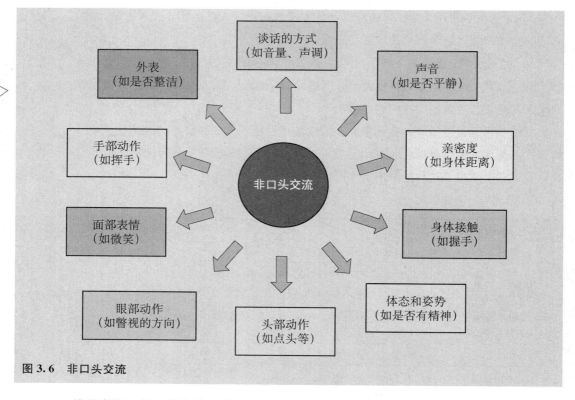

图 3.6　非口头交流

关的意识。每一种文化几乎都是建立在宗教信仰的基础上。[①]宗教影响着文化，因而也以各种方式影响着商务活动和消费者行为。

尽管全世界有数以千计的信仰组织，但是从教徒的人数来看，主要有四大宗教，分别是基督教（约20亿）、伊斯兰教（约15亿）、印度教和佛教，其他还包括儒教和犹太教等。

宗教似乎对经济活动有积极影响。[②]宗教信仰有助于建立信任和共同承诺的纽带，从而促进借贷和贸易。此外，宗教还可以通过减少腐败和加强对法律及秩序的尊重来提高一个国家的 GDP。提倡道德价值观的宗教应该有助于培育成功的经济体系。相反，道德价值观的缺失往往与经济衰退相吻合：一个毫无秩序可言的社会不可能长期维持正常的商业活动。然而，值得注意的是，一些具有强烈的宗教价值观的社会，例如许多信奉伊斯兰教的中东国家或信奉基督教的南部非洲国家，并没有为其公民创造较高的生活水平。这意味着单靠宗教不足以支持经济发展。其他因素，如强大的私有产权、政治和经济自由以及企业家精神也很重要。下面我们回顾

---

① John Esposito and Darrell Fasching, and Todd Lewis, *World Religions*, 6th ed. (New York: Oxford University Press, 2017).

② Rachel McCleary, "Religion and Economic Development," *Policy Review* (April/May 2008), pp. 45-57; Rachel McCleary and Robert Barro, "Religion and Economy," *Journal of Economic Perspectives* 20, No. 2 (2006), pp. 49-72; Jeaney Yip and Susan Ainsworth, "Whatever Works," *Journal of Macromarketing* 36, No. 4 (2016), pp. 443-456.

一下几种主要的宗教。

（1）基督教。耶稣基督的信徒，即基督教教徒集中在美洲、欧洲、澳大利亚、韩国和南部非洲。基督教分为三大流派：天主教、新教和东正教。天主教教徒占所有基督教教徒的一半以上；新教包括许多教派，如浸信会和卫理公会；东正教主要在希腊和俄罗斯流行。

尽管教徒的数量随着时间的推移而减少，特别是在欧洲和北美，但基督教的文化影响在很大程度上延续了下来。首先，星期天仍然被认为是大多数人不工作的休息日。德国社会学家马克斯·韦伯（Max Weber）和其他学者提出了新教与资本主义的关系。新教长期以来强调个人努力、秩序、刻苦工作，认为个人应该追求功成名就，并负有回馈社会的责任。作为一场与天主教会决裂的革命运动，新教也长期强调宗教自由和独立思考。这种观点与现代政治经济自由化的观点一致，它促进了资本主义在发达经济体的崛起，尤其是在北欧和北美。最终，资本主义积累的财富被视为个人在尘世生活中辛勤工作的外在象征。[①] 天主教的"善行"（good works）观念也提倡艰苦工作和经济发展，特别是当信徒相信他们的劳动有助于更大的"善"时。

（2）伊斯兰教。伊斯兰教是以宗教的圣书《古兰经》（Qur'an）为基础的。穆斯林认为《古兰经》是上帝在 7 世纪向先知穆罕默德透露的。大多数穆斯林属于以下两个教派之一：逊尼派和什叶派。虽然大多数穆斯林生活在中东、北非和南亚，但穆斯林最多的国家是印度尼西亚。信徒在斋月期间每天进行宗教祈祷和禁食。《古兰经》强烈鼓励慈善捐赠。虔诚的穆斯林相信生命的目的是崇拜被称为安拉（Allah）的上帝。在大多数中东国家，伊斯兰教是政府、法律制度以及社会和文化秩序的基础。然而，全球化使伊斯兰世界受到外部文化的影响。严格的伊斯兰主义者倾向于将西方理想视为对其价值观的威胁，而自由派穆斯林则追求宗教传统与西方价值观和世俗治理的协调。穆斯林移民在欧洲和美国建立了社区，引进了植根于伊斯兰信仰的价值观和习俗。

伊斯兰教法是以《古兰经》为基础的伊斯兰法律，它对穆斯林国家的法典产生了不同程度的影响。它在土耳其等世俗国家的影响力远小于沙特阿拉伯等传统伊斯兰国家。伊斯兰教法涵盖日常生活、经济活动和公共治理的各个方面。非世俗社会不区分教会和国家。家庭是穆斯林生活的中心，伊斯兰教规定了家庭成员的义务和合法权利。

伊斯兰教通过实施禁止垄断和操纵价格等限制市场交易的规则鼓励自由贸易。伊斯兰教鼓励信息自由流动，以促进有效的需求和供应。《古兰经》谴责对贷款收取利息的做法。因此，伊斯兰国家的银行设计了在不违反伊斯兰教法的情况下为债

---

① Adrian Furnham, *The Protestant Work Ethic* (London：Routledge，1990)；Max Weber, *The Protestant Ethic and the Spirit of Capitalism* (New York：Charles Scribner's Sons，1930；Vigeo Press Reprint，2017).

务融资的方法。

《古兰经》禁止饮酒、赌博和过度袒露皮肤。这些限制影响了经营酒精饮料、度假村、娱乐设施和女装的公司。许多跨国公司正在想办法向穆斯林社区扩张。诺基亚推出了一款手机应用程序，当穆斯林祈祷时，该程序可以帮助他们找到通往伊斯兰教圣地麦加的方向。荷兰酿酒巨头喜力（Heineken）向伊斯兰市场推出了不含酒精的麦芽饮料法鲁兹（Fayrouz）。一般来说，跨国公司只要遵守伊斯兰教法，不剥削人民，公平地赚取利润，就可以在伊斯兰市场开展商业活动。①

（3）印度教。印度教起源于各种古老的传统，在南亚，特别是在印度是一种独特的信仰。与基督教和伊斯兰教不同，印度教与任何一个先知都没有联系，缺乏统一的信仰体系。对信徒来说，这是一种传统的生活方式，是一种完全接受其他信仰的开放的信仰。法是一个中心概念，鼓励公正和和谐的行为，倡导快乐生活。印度教教徒相信轮回，即一个出生—成长—死亡—重生的循环。一个人一生中所采取的行动的性质和业力决定了其未来的命运。一个人存在今生和来世，邪恶的行为将会导致未来的苦难，善行则会让人涅槃（进入天堂）。印度教相信行动中的仁慈有助于建立一个更美好的世界。宗教重视精神上的成就而不是物质上的成就。

因果报应意味着每个人出生在一个社会阶层，或者说种姓，这是由他们前世的善行或恶行决定的。批评人士认为，种姓制度导致经济增长放缓，因为它阻碍了社会阶层的流动和社会结构的进步。② 因此，每个人的发展是基于其天生的社会阶层，而不是基于其个人的优点或潜力。如果人们认为自己注定只能在工作中保持某个特定的水平，他们的上进心就会受到抑制。种姓制度还会促进不和谐，因为人们可能会歧视想要从事其他社会阶层工作的雇员。根据霍夫斯泰德的理论，印度的特点是权力距离大，因为上种姓工人和下种姓工人之间常常有明显的区别。

印度教注重精神启蒙和无私地为社会的更大利益而工作，这会影响商业行为。为了积攒业力的苦行僧式的生活方式可能与相对物质化的商业追求相悖。③ 然而，一些人认为，接受印度教在自我控制、纪律和忠于职守等领域的教义，可以提高企业绩效。④

（4）佛教。佛教是一种信仰体系，它包含了各种传统和习俗，并以先知佛陀的教义为基础。佛教教徒在亚洲，尤其是在中国和日本很常见。佛教教徒信奉四个崇

① Meg Carter，"Muslims Offer a New Mecca for Marketers，" *Financial Times*，August 11，2005，p. 13；Laura Colby，"Tired of Halal Chicken? Try the Eyeshadow，" *Bloomberg Businessweek*，December 26，2016，p. 24.

② *Economist*，"Untouchable and Unthinkable，" October 6，2007，pp. 15 - 16；Ira Gang，Kunal Sen，and Myeong-Su Yun，"Is Caste Destiny? Occupational Diversification among Dalits in Rural India，" *European Journal of Development Research* 29，No. 2（2017），pp. 476 - 492.

③ Esposito et al.，2017；Furnham，1990；Sethi S. Prakash and P. Steidlmeier，"Hinduism and Business Ethics，" *Wiley Encyclopedia of Management* 2（2015），pp. 1 - 5；Weber，1959.

④ Esposito et al.，2017；Charles Hee，"A Holistic Approach to Business Management：Perspectives from the Bhagavad Gita，" *Singapore Management Review* 29，No. 1（2007），pp. 73 - 84；Sethi and Steidlmeier，2015.

高的真理：生活被苦难和痛苦困扰；欲望和贪婪是所有人苦难的根源；控制欲望和贪婪可以减少个人痛苦；结束痛苦的方法是正直地生活，包括多做好事、增加智慧和净化心灵。

佛教提倡和谐，以获得内心的幸福和与他人的和平关系，这有利于商业关系的和谐与稳定。佛教也鼓励合作和对他人的宽容，这有利于商业的发展。佛教允许祈祷平安和好运。这样的话，只要带着耐心和宽容之心，佛教教徒就可以自在地获得财富。佛教提倡以精神为中心的生活而不是世俗的生活，可见它支持商业道德和负责任的行为。然而，和印度教一样，佛教对精神层面和节制的关注可能会抑制创业活动。

（5）儒教。儒教（即儒家思想）是生活在 2 500 年前的中国哲学家孔子所教导的一种生活方式。儒教与其说是一种宗教，不如说是一种哲学，它没有规定任何特定的仪式或实践。它是中国人的主要信仰体系，几千年来一直影响着中国和亚洲其他地区的文化，尤其是朝鲜、日本和越南。尽管东亚人有各种信仰，特别是日本神道教（Shintoism）、道教和佛教，但大多数人也信奉儒家思想的某些方面。

儒家思想对人性持乐观态度，很重视道德行为。其信徒们相信，通过强调学习、自我反省和努力，人们是可教育的、可改进的和可完善的。他们认为最好表现得对他人公平、人道和仁慈。仁是儒家的一种美德，是指做高尚的事，善待他人。其他重要的品质包括忠诚、看重社会和谐以及尊重父母和祖先。

（6）犹太教。犹太教是 3 000 多年前在中东建立的。今天世界上 1 400 万犹太人主要居住在以色列、欧洲和北美。许多人在遭受迫害或抓住商业机会后移居世界各地。[①] 犹太教强烈影响了早期基督教和伊斯兰教。犹太人相信有一个上帝，而且那个上帝会关心人类的行为。犹太人试图以此为准则。严格的犹太教教徒致力于将他们的信仰应用于生活的方方面面。

犹太人对商业的态度是积极的。许多商业行为植根于犹太法律，犹太法律禁止不诚实的行为。财富的积累是可以接受的，甚至是得到鼓励的。同时，犹太人也提倡慷慨和慈善，认为企业应负责任地运作，要以比当地法律更高的要求强调道德和公平竞争。

3.4　文化对国际商务的影响

即使在邻国之间，文化也会有很大的差异。表 3.6 考察了墨西哥和美国之间的文化差异。有效处理跨文化交流是企业竞争优势的关键来源。管理者不仅需要培养对文化差异的同理心和宽容之心，而且必须对外国同行的信仰和价值观有足够的理

---

① Esposito et al.，2017；Hershey Friedman，"The Impact of Jewish Values on Marketing and Business Practices," *Journal of Macromarketing* 21 （June 2001），pp. 74 - 80.

解。跨文化能力在许多管理工作中至关重要，包括：

- 管理员工
- 与外国商业合作伙伴的交流和互动
- 谈判和组织国际商业投资
- 开发产品和服务
- 准备广告和宣传材料
- 筹备国际贸易展览会
- 筛选外国经销商和其他合作伙伴
- 与来自国外的现有客户和潜在客户进行互动

表 3.6　墨西哥和美国的文化特质

维度	墨西哥	美国
高语境文化与低语境文化	重视社会信任、个人善意和仪式化业务的高语境文化	强调效率、明确的沟通和"言归正传"的低语境文化
个人主义与集体主义	具有相对的集体主义导向，重视大家庭、团队合作和对集体的忠诚度	具有相对的个人主义导向，强调个人自由和独自工作，不那么重视对集体的忠诚度
时间观念	时间安排是柔性的和多线程的，重视长期关系，强调过去，认为自己几乎无法控制未来	时间安排是刚性的和单线程的，在商业中以短期为导向，重视利润高于一切，相信自己可以控制未来
空间观念	交流距离很近，不那么重视个人空间	交流距离较远，非常重视个人空间
宗教信仰	日常生活和商业都受到基督教的影响	宗教信仰多样化，而且受宗教的影响正在减弱
语言	西班牙语几乎没有语言多样性	虽然英语占主导地位，但语言具有多样性
谈判	往往进展缓慢，做决定需要时间，不太按照法律制定协议	注重效率和快速决策，协议通常是合法的
商业关系	具有关系导向；墨西哥人很随和，重视人与人之间的纽带关系	具有交易导向；在美国人眼中，商业绩效优先于人际关系
商务会议	迟到是可以接受的，会议是非正式的，且通常不遵循严格的议程	以时间为导向，按时参加会议，且会议通常遵循正式的议程
上下级关系	公司是分等级的，权力距离相对较大，高级管理人员相对专制	权力距离小，公司更"扁平"，等级较少，下级与上级的关系是非正式的和随和的
商务着装风格	保守，一般穿着深色西装，地位高的人应该穿着得体	商务休闲装已被广泛接受；穿着得体没那么重要

让我们思考一下跨文化差异使公司活动变得更加复杂的具体例子。

（1）开发产品和服务。文化差异使得公司必须调整市场营销活动，以适应目标市场的具体需求。强生公司（Johnson & Johnson）针对外国市场开发了不同品种的漱口水——李施德林（Listerine）。例如，它针对禁止饮酒的伊斯兰国家开发了

第3章

无酒精零李施德林（Listerine Zero）。在亚洲市场上，它推出了绿茶口味。在欧洲，消费者希望他们的漱口水能解决比口臭更复杂的问题，所以该公司开发了一种先进的可以冲洗牙龈的漱口水。[①]

（2）提供服务。从事住宿和零售等服务的公司需要与客户进行大量互动，这意味着跨文化交流频繁，认知和沟通出现差异的可能性大。想象一下，一个西方律师试图在中国设立一家律师事务所或在俄罗斯经营一家西方连锁餐馆。二者都将面临巨大的文化挑战。语言和民族性格的差异与贸易壁垒有相同的影响。[②]

（3）组织结构。有些公司更愿意将权力下放给区域经理，这就导致了分散的组织结构；有些公司更愿意采用中央集权的结构，其权力集中在地区或公司总部。也就是说，公司可能是官僚主义的，也可能是企业性质的。你会如何与官僚主义的合作伙伴打交道？如何管理位置遥远、权力分散的子公司？

（4）团队合作。与合作伙伴和东道国民众合作以实现共同的组织目标对业务成功与否至关重要。但是，如果国内民众与国外民众相处得不好，那么管理者应该怎么办呢？中国家电制造商海尔（Haier）曾推迟收购海外公司，因为管理层觉得海尔缺乏管理外国员工和整合不同文化的能力。

（5）绩效工资制度。在一些国家，绩效并不是员工升职的主要依据。比如，在日本，一个人的年龄是最重要的决定因素，但是当西方公司使用基于绩效的衡量标准来评估他们时，这些员工的表现如何呢？

（6）终身雇佣制度。在一些亚洲国家，公司会强力保护自己的员工，员工可能一辈子都为同一家公司工作。基于这种忠诚关系所产生的期望会使他们与外部公司的来往变得复杂。西方的管理者可能很难激励那些期望自己永远做同样工作的员工。

（7）工会—管理层关系。在德国，工会主席与高层管理人员享有同等地位，可以担任公司董事会成员。许多欧洲公司都有一种商业文化，即工人与管理人员的地位是相对平等的。这种文化可能会削弱公司运营的灵活性，因为它会使解雇员工变得更加困难。

（8）对模棱两可的态度。在一些国家，人们很难容忍模棱两可（指对同一信息的理解不止一种）。例如，一些老板给出的指令详细而准确，而另一些老板给出的指令模糊不清且不完整。如果你不能适应仅在极少的指令或模棱两可的指令下工作

---

① Rachel Abrams，"Adapting Listerine to a Global Market，" *New York Times*，September 12，2014，retrieved March 28，2015，from www. nytimes. com/2014/09/13/business/adapting-listerineto-a-global-market. html? _ r=0.

② James Agarwal，Naresh Malhotra，and Ruth Bolton，"A Cross-National and Cross-Cultural Approach to Global Market Segmentation：An Application Using Consumers' Perceived Service Quality，" *Journal of International Marketing* 18，No. 3（2010），pp. 18 - 40；J. Andrew Petersen，Tarun Kushwaha，and V. Kumar，"Marketing Communication Strategies and Consumer Financial Decision Making：The Role of National Culture，" *Journal of Marketing* 79（2015），pp. 44 - 63.

或独立行动的话，你可能就不适合某些文化。

（9）谈判。谈判几乎出现在商业的所有方面，比如公司建立合作伙伴关系或供应商—买方关系时。目标、利益、道德和文化习俗因不同文化而各不相同，这可能会使建立和维护商业关系变得复杂。在北欧大部分地区，谈判相对高效、客观，谈判者会迅速进入正题。

（10）技术。过去之所以发展出不同文化是因为各地区之间的联系有限。今天，数字、信息、通信和交通技术的发展使得人们之间的联系日益密切。互联网和其他通信技术的普及意味着在跨文化交流中发生误解的可能性变大了。为了减轻这一问题，经理们可以使用软件将信息即时转换为数十种语言中的任何一种。[①]

3.5 有关文化的理论及其解释

为了得出有关文化的作用的深层次见解，学者们已经提出了几种解释。在本部分中，我们介绍文化隐喻理论、爱德华·T. 霍尔（E. T. Hall）的高语境文化和低语境文化理论，以及霍夫斯泰德的文化维度理论。

3.5.1 文化隐喻理论

马丁·甘农（Martin Gannon）对文化取向进行了深刻的分析。[②] 在他看来，**文化隐喻**（cultural metaphor）是指与特定社会有着密切联系的独特传统或制度。它是解读人们态度、价值观和行为的指南。

例如，美式橄榄球是美国传统的文化隐喻，意指成为团队中一员并有一个强有力的领导者能够积极推动组织朝着期望的目标前进。瑞典的斯图加（stuga，小别墅或避暑别墅）是一种文化隐喻，代表了瑞典人对自然的热爱和通过自我发展实现个人主义的渴望。巴西的"巴西风格"（jeitinho Brasileiro）这一概念指的是通过创造性地解决问题或利用国家苛刻的官僚机构来应对日常生活中的挑战。在巴西，操纵和油嘴滑舌不一定是不好的，因为个人可能需要使用这些方法来开展业务。

人类学家和其他社会科学家已经研究文化几个世纪之久。霍尔和霍夫斯泰德分别对民族文化做出了重要解释。霍尔的贡献是区分了高语境文化和低语境文化。霍

① Bangaly Kaba and K. Osei-Bryson, "Examining Influence of National Culture on Individuals' Attitude and Use of Information and Communication Technology: Assessment of Moderating Effect of Culture Through Cross Countries Study," *International Journal of Information Management* 33, No. 3 (2013), pp. 441 – 452; *Forbes*, "This Translation Tool Is Helping Break Global Language Barriers," May 17, 2017, www. forbes. com; Erin Meyer, "When Culture Doesn't Translate," *Harvard Business Review* 93, No. 10 (2015), pp. 66 – 72; Sengun Yeniyurt and Janell Townsend, "Does Culture Explain Acceptance of New Products in a Country? An Empirical Investigation," *International Marketing Review* 20, No. 4 (2003), pp. 377 – 396.

② Martin Gannon and Raj Pillai, *Understanding Global Cultures: Metaphorical Journeys Through 34 Nations*, 6th ed. (Thousand Oaks, CA: Sage, 2015).

夫斯泰德的具有影响力的研究则区分了文化的重要维度。

3.5.2 高语境文化和低语境文化理论

人类学家霍尔将文化划分为**低语境文化**（low-context culture）和**高语境文化**（high-context culture）。[①] 在交流时，生活在低语境文化中的人喜欢使用大量的口头语言和详细的口头解释。如图 3.7 所示，有悠久的写作和演讲传统的欧洲人和北美人的文化倾向于是一种低语境文化。在这样的文化中，语言的主要功能是清晰、有逻辑和令人信服地表达思想和想法，交流是直接的，意思也是直接的。例如，在谈判中，美国人通常很快就能谈到问题的关键。来自低语境文化的人一般重视专业知识和执行力，来自低语境文化的管理人员通常会尽可能高效地进行谈判，并倾向于使用特定的合法的方式来达成协议。

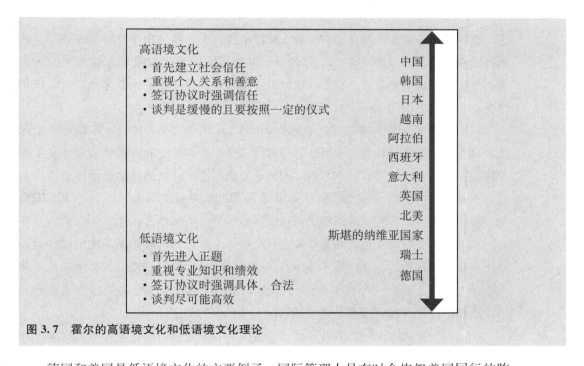

图 3.7　霍尔的高语境文化和低语境文化理论

德国和美国是低语境文化的主要例子。国际管理人员有时会抱怨美国同行的陈述过于详细，即使意思看起来已经非常明显，他们仍要详细地说明所有事项。在德国，商业规划是详细而明确的；对关键信息的解释相对详细；法律、规则和程序是完全明确、详细的，人们据此就可以判断出会发生什么，从而能够提前做好相应的计划。人们非常重视过一种有条理和有秩序的生活。[②]

---

① Edward T. Hall，*Beyond Culture*（New York：Anchor，1976）；Edward T. Hall and Mildred Reed Hall，*Understanding Cultural Differences*（Boston：Intercultural Press，1990）.

② Craig Storti，*The Art of Doing Business Across Cultures：10 Countries，50 Mistakes，and 5 Steps to Cultural Competence*（Boston：Intercultural Press，2017）.

相比之下，中国和日本等**高语境文化**则强调非口头表达的信息，并将交流视为建立平稳、和谐的关系的一种手段。他们更喜欢间接、礼貌的行为风格，强调相互尊重和关心他人。他们总是避免让别人难堪或冒犯别人。这有助于解释为什么日本人即使不同意某人说的话，也不愿说"不"，而是说"情况有所不同"，以做出更温和的回应。在东亚文化中，表现出不耐烦、沮丧或愤怒会破坏和谐，被认为是粗鲁和冒犯的。亚洲人往往说话温和，人们通常对语境和肢体语言很敏感。例如，在东京的一次商务午餐会上，老板几乎总是坐在离房间入口最远处，而且一般是看上去年长的人。在日本，给高层安排他青睐的座位是表达尊重的方式。谈判往往是缓慢且遵循某些仪式的，而协议是建立在信任的基础上的。要想在亚洲文化中取得成功，对非语言符号和肢体语言有敏锐的洞察力是至关重要的。

3.5.3 霍夫斯泰德的民族文化研究

荷兰人类学家霍夫斯泰德对民族文化特征进行了一项早期研究。他收集了有关国际商业机器公司（IBM）11.6 万名员工的价值观和态度的数据，这些员工在国籍、年龄和性别方面各异。基于这项研究，霍夫斯泰德确定了民族文化的六个独立维度，下面详细阐述。[①]

（1）个人主义与集体主义（individualism versus collectivism）。这是指一个人主要是作为个人还是作为一个群体的一部分发挥作用。在个人主义社会里，每个人都倾向于关注自己的私利，人与人之间的联系相对松散。这些社会更偏向于个人主义而不是群体内部的一致性。争夺资源是常态，赢得竞争的人会得到经济上的奖励。澳大利亚、加拿大、英国和美国属于强烈的个人主义社会。

与个人主义社会相反，在集体主义社会中，个人之间的联系被高度重视。商业是由一个团队进行的，在这个团队中，其他人的意见会得到高度重视。团队是非常重要的，因为生活是一种基于合作的体验，而一致性和妥协有助于保持团队的和谐。中国、巴拿马和韩国都是强烈的集体主义社会的例子。

（2）权力距离（power distance）。它描述了一个社会如何处理人与人之间存在的权力不平等。在权力距离小的社会中，强者和弱者之间的差距很小。例如，在丹麦和瑞典，各国政府已经建立了税收和社会福利制度，以确保其公民在收入和权力方面相对平等。美国各州在权力距离上的得分也相对较低。

以较大的权力距离为特征的社会并不太关心不平等，而且允许不平等程度随着时间的推移而上升。强者与弱者之间存在巨大的差距。危地马拉、马来西亚、菲律

---

① Sjoerd Beugelsdijk，Tatiana Kostova，and Kendall Roth，"An Overview of Hofstede—Inspired Country-Level Culture Research in International Business Since 2006，" *Journal of International Business Studies* 48，No. 1 (2017)，pp. 30 - 47；Geert Hofstede，*Culture's Consequences* (Beverly Hills，CA：Sage，1980)；Geert Hofstede，Gert Jan Hofstede，and Michael Minkov，*Cultures and Organizations：Software of the Mind*，3rd ed. (New York：McGraw-Hill，2010).

宾和几个中东国家都是权力距离大的国家的例子。在权力距离大的公司中，专制的管理风格导致权力集中在高层，给下级员工的自治权很小。在权力距离小的公司，管理者和下属之间相对平等，通过合作实现组织目标。

（3）不确定性规避（uncertainty avoidance）。它是指个人在生活中能够承受不确定性的程度。在高不确定性规避的社会中，人们创造了能够将不确定性最小化和确保金融安全的机构；公司强调稳定的职业生涯，并制定了许多规则来规范员工的行为，以尽量减少不确定性。经理们在调查几种选择的性质和潜在结果时，可能需要较长的时间才能做出决策。比利时、法国和日本都是在不确定性规避方面得分很高的国家。

在不确定性规避方面得分较低的社会，其成员会逐渐社会化，以接受并习惯于不确定性。管理者具有企业家精神，能够承担相对较大的风险，从而决策速度相对较快。人们接受每一天的到来，从容地对待自己的工作，因为他们不太关心如何确定自己的未来。他们倾向于容忍与自己不同的行为和观点，因为他们不会感觉受到了威胁。不确定性规避程度较低的国家主要有印度、爱尔兰、牙买加和美国。

（4）男性化与女性化（masculinity versus femininity）。它是指基于传统男性价值观和女性价值观的社会取向。在男性化文化中，男女双方都高度重视成就、抱负和经济增长。社会重视竞争力和魄力。在工作场所，男人和女人都很自信，专注于事业和赚钱。典型的例子包括澳大利亚和意大利。美国是一个适度男性化的社会。西班牙文化相对男性化，表现出对行动、勇敢和竞争的热情。在商业领域，男性化文化中的阳刚之气表现为自信和领导力。

在女性化文化中，如斯堪的纳维亚国家，性别角色相互重叠：男性和女性都需要扮演养育者角色，人与人之间相互依赖，大家都倾向于关心不幸的人；福利制度高度发达，教育得到高度重视；男性和女性都以关系为导向，尽量减少冲突，注重生活质量；在商业和私人生活中，大家都在努力达成共识；工作被认为是赚钱的必要条件，而赚钱是享受生活所必需的。

（5）长期导向与短期导向（long-term versus short-term orientation）。[1] 它是指人们和群体推迟快乐或满足以获得长期成功的程度。在长期导向的文化中，人们倾向于从长远的角度来规划工作和生活，他们关注的时间单位是年，甚至十年。所谓的亚洲价值观，即包括中国、日本和新加坡在内的几个亚洲社会的传统文化取向最能说明这一文化的特点。这些价值观部分基于中国哲学家孔子的教导。它们包括纪律、忠诚、努力工作、尊重教育、尊重家庭、注重群体和谐相处和控制强烈的欲

① Sjoerd Beugelsdijk, Tatiana Kostova, and Kendall Roth, "An Overview of Hofstede—Inspired Country-Level Culture Research in International Business Since 2006," *Journal of International Business Studies* 48, No. 1 (2017), pp. 30 - 47; Geert Hofstede, *Culture's Consequences* (Beverly Hills, CA: Sage, 1980); Geert Hofstede, Gert Jan Hofstede, and Michael Minkov, *Cultures and Organizations: Software of the Mind*, 3rd ed. (New York: McGraw-Hill, 2010).

望。学者们将东亚奇迹（即东亚国家在过去几十年里经济的快速增长和现代化）归功于这些价值观。[1] 相比之下，美国和大多数其他西方国家都强调短期导向。

（6）放纵与克制（indulgence versus restraint）。它是指人们试图控制自己的欲望和冲动的程度。放纵文化专注于个人的幸福和享乐，人们在表达自己的情感和欲望方面有着更大的自由。在工作场所，人们可以更自由地表达意见，提供反馈，甚至换工作。他们的目标是愉快地工作、积极地生活。墨西哥、瑞典和美国就是放纵社会的例子。

相比之下，克制社会试图压制需求，不那么重视个人的幸福，人们也不愿表达自己的情感和需求。人们往往会避免表达个人观点，工作流动性有限。基本的驱动力通常是由严格的社会规范来控制的。埃及和俄罗斯是克制社会的典型例子。

总体而言，霍夫斯泰德的文化维度理论虽然有用，但也有缺陷。最初的研究是基于1970年左右收集的数据。自那以后世界发生了很多变化，如全球化程度日益加深、信息通过全球媒体快速传播、技术进步以及妇女在劳动中的作用越来越大等。此外，霍夫斯泰德的研究结论是基于IBM这一家企业的员工，代表性不强。霍夫斯泰德的数据是通过调查问卷收集的，而这种方式对于探索关于文化的一些深层次问题并不十分有效。最后，霍夫斯泰德并没有列出文化的所有维度。然而，霍夫斯泰德的框架作为通用指南是有用的，并且有助于更深入地理解与商业合作伙伴、客户和价值链成员的互动。[2]

3.5.4 交易导向与关系导向

文化的另一个重要维度与商业关系的性质有关。在交易导向的文化中，经理们专注于手头的任务，更喜欢直接进入正题。在极端情况下，这些经理甚至可能避免闲聊和其他准备工作。他们更喜欢按照法律规定签订协议，并采取非个人化的方式来解决争端。交易导向的文化的主要例子包括澳大利亚、北欧和北美。

在关系导向的文化中，管理者更重视与人的关系。对于这些经理来说，建立信任和理解并了解对方是很重要的。

例如，大众花了9年时间协商在中国开设一家汽车厂。对于中国人、日本人和许多拉丁美洲人来说，人际关系和交易一样重要。[3] 正如篇首案例中所指出的，在

[1] Kazimierz Poznanski, "Confucian Economics: How Is Chinese Thinking Different?," *China Economic Journal* 10, No. 3 (2017), pp. 362–384; Richard Priem, Leonard Love, and Margaret Shaffer, "Industrialization and Values Evolution: The Case of Hong Kong and Guangzhou, China," *Asia Pacific Journal of Management* 17, No. 3 (2000), pp. 473–482.

[2] Beugelsdijk, Kostova, and Roth, 2017; Hofstede, 1980; Hofstede, Hofstede, and Minkov, 2010.

[3] Joyce Osland, Silvio De Franco, and Asbjorn Osland, "Organizational Implications of Latin American Culture: Lessons for the Expatriate Manager," *Journal of Management Inquiry* 8, No. 2 (1999), pp. 219–238; David C. Thomas and Mark F. Peterson, *Cross-Cultural Management: Essential Concepts*, 4th ed. (Thousand Oaks, CA: Sage, 2017).

中国，关系（字面意思是"联系"）的概念深深植根于古代儒家哲学，这种哲学重视社会的指挥链和人们对彼此的责任，强调家庭内部以及上下级之间关系的重要性。

3.6 文化对管理的启示

虽然文化一般是塑造行为，但它在跨境商务中也发挥着重要作用。让我们从三个不同的层面来考虑文化的本质。图 3.8 表明，企业员工被三种文化社会化：民族文化、职业文化和企业文化。[①] 在这些相互交织的文化中有效地工作具有挑战性。随着人们融入职业和工作，职业文化和企业文化的影响往往会增强。

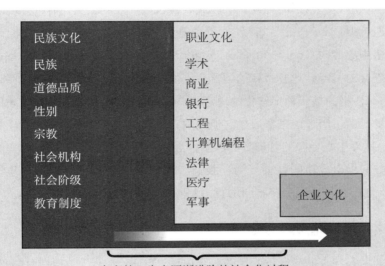

图 3.8 民族文化、职业文化和企业文化
资料来源：Based on V. Terpstra and K. David，*Cultural Environment of International Business*．3rd ed.（Cincinnati, OH: South-Western，1991).

大多数企业都有一套区别于其他企业的独特的规范、价值观和行为模式。这种差异往往与民族文化一样独特，因此，来自同一国家的两家企业可能会拥有截然不同的企业文化。例如，英国历史悠久的渣打银行（Standard Chartered）的文化就很保守，导致企业的变化非常缓慢。相比之下，年轻得多的英国音乐和旅游提供商维珍（Virgin）的文化则是喜欢尝试和冒险。

这些文化层面的因素给管理者带来了另一个挑战：一种特定行为在多大程度上是由民族文化引起的？在具有强大的组织文化的公司中，很难确定哪些方面是受到企业文化的影响，哪些是受到民族文化的影响。

---

① Hofstede，1998；Vern Terpstra and Kenneth David，*The Cultural Environment of International Business*，3rd ed.（Cincinnati，OH：Southwestern，1991）；Thomas and Peterson，2017.

比如，在法国化妆品公司欧莱雅（L'Oreal），民族文化和企业文化之间的区别并不总是很明显。法国人在化妆品和时装行业拥有丰富的经验，但欧莱雅是一家全球公司，管理者来自世界各地。他们的影响力，加上管理层对世界文化的接受程度，使欧莱雅成为一个独特的组织，在法国文化中独树一帜。

3.6.1 文化导向

跨文化风险的一个方面是**种族中心导向**（ethnocentric orientation），也称为母国导向，即倾向于用自己的文化作为判断其他文化的标准。[①] 大多数管理者都是在单一的文化中长大，往往倾向于从自己的角度来看待世界。有种族中心导向的管理者通常认为他们自己的种族、宗教或族裔在某种程度上更优越。虽然种族中心导向很普遍，但最高效的国际管理人员会避免它，并代之以多中心导向或地理中心导向。**多中心导向**（polycentric orientation）指的是一种东道国的心态，持这种心态的经理会对其经营业务所在的国家产生强烈的依恋。**地理中心导向**（geocentric orientation）指的是一种全球化的思维模式，具有这种思维模式的经理可以理解企业或市场，而不用考虑国家边界。地理中心导向意味着对不同文化的多样性持开放态度。[②] 地理中心导向的管理者会从全世界的角度来看待问题，并掌握了在跨文化互动中如何做出成功的社会行为的技能。他们采用新的思维方式，并学着去分析文化。[③] 他们会尽量避免将不同的行为判断为某种程度上的低人一等。[④]

3.6.2 如何获得跨文化竞争力

如果管理者能够保持开放的心态，具有好奇心，不对他人的行为妄加评论，那么他们的跨文化交流会更有效。即使经验丰富的管理者也要接受文化培训，以培养观察他人的技巧和人际关系技巧。技能比纯信息更重要，因为技能可以在各个国家之间转移，而信息通常是针对特定国家的。将经验丰富的经理提供的非正式指导与通过国内外研讨会、课程和模拟等形式开展的正式培训相结合，可以极大地帮助经理应对跨文化挑战。

尽管每种文化都是独特的，但某些基本准则对于获得跨文化能力是合适的。让我们回顾一下管理人员可以参考的三个指南，从而为跨文化交流取得成功做准备。

[①] Neuliep (2018)；Howard Perlmutter，"The Tortuous Evolution of the Multinational Corporation," *Columbia Journal of World Business* 4，No. 1 (1969)，pp. 9 – 18.

[②] V. Govindarajan and A. Gupta，*The Quest for Global Dominance* (San Francisco：Jossey-Bass/Wiley，2001)；Joana Story，John Barbuto Jr.，Fred Luthans，and James A. Bovaird，"Meeting the Challenges of Effective International HRM：Analysis of the Antecedents of Global Mindset," *Human Resource Management* 53，No. 1 (2014)，pp. 131 – 155.

[③] Robert Boyd and Peter Richerson，*Culture and Evolutionary Process* (Chicago：University of Chicago Press，1985)；Story et al.，2014；Thomas and Peterson，2017.

[④] Story et al.，2014；Thomas and Peterson，2017；Harry C. Triandis，*Culture and Social Behavior* (New York：McGraw-Hill，1994).

指南 1：获取有关其他文化的事实性知识，并尝试使用该语言。

成功的管理者必须掌握有关他们所遇到的文化的价值观、态度和生活方式的事实性知识。管理者应该研究目标国家的政治和经济背景——他们的历史、当前的国情以及他们对其他文化的看法。这些事实性知识可以增进对合作伙伴的思维方式、组织和目标的了解，使决策和事件变得更容易解释。对目标文化的真正兴趣有助于建立信任和尊重，为建立开放和富有成效的关系奠定基础。即使适度地尝试说当地的语言也是受欢迎的。出色的语言能力有助于确保国际业务的成功。从长远来看，可以使用多种语言进行交谈的管理者更有可能在谈判中取得成功或举行积极的商务会议。

指南 2：避免文化偏见。

如果管理者简单地认为外国人的想法和行为与家乡的人一样，那么就会出现问题。这种以种族为中心的假设会导致公司制定出来的商业策略不佳。刚接触国际业务的管理者会发现外国人的行为很奇怪或者不合适。例如，当外国人不喜欢我们的饮食、历史、娱乐或日常传统时，很容易感到被冒犯。这样，文化偏见就可能成为人际沟通的重大障碍。

一个人自己的文化决定了其对不同价值观、行为或制度的反应，所以大多数人会无意识地认为其他国家的人会像他们一样感知世界。他们把自己的文化视为规范，觉得其他一切可能看起来都很奇怪。这就是所谓的自我参照标准（self-reference criterion），即倾向于从自己文化的视角来看待其他文化。理解自我参照标准是避免文化偏见和种族中心导向的关键的第一步。

为了有效地竞争，公司必须不断改进与世界各地的客户和合作伙伴进行沟通和管理它们的方式。拥有不同文化背景的全球团队使企业能够从开展国际化经营所积累的知识中获益。当成员进行高质量的沟通时，这些团队会最大限度地减少由语言和文化差异造成的沟通失误。然而，缺乏经验的管理者会经常误解外国同行的行为，这削弱了跨文化会议的有效性。最大限度地减少此类问题的一种方法是关键事件分析。

关键事件分析（critical incident analysis）是管理者用来分析跨文化交流中遇到的尴尬情况的一种有用技能。它通过帮助管理者变得更客观并对其他观点产生共鸣，来更有效地缩小文化差异。关键事件分析包括以下步骤：

● 确定在哪些情况下，你需要有文化意识才能与来自另一种文化的人有效地互动，包括社交、团队合作和谈判。

● 当面对看似奇怪的行为时，约束自己，避免草率判断。相反，试着从不熟悉的文化的角度来看待情况或问题。从本地居民或次要来源进行观察或收集客观信息。

● 学会对他人的行为进行各种解释，选择在其文化背景下最有可能的解释，然后制定自己的应对之策。

● 从这个过程中学习，并不断改进。

指南 3：培养跨文化能力。

如果要与来自其他文化的同行进行有效合作，那么你就需要在专业发展方面进行投资。每种文化都有自己开展业务经营、进行谈判和解决争端的方式。当你面临高度的不确定性时，概念和关系可以被理解为多种方式。[1] 想要在国际商务中取得成功，就要努力提高跨文化能力。跨文化能力体现为四个关键的人格特征：

● **对不确定性（模棱两可）的容忍**：一种容忍他人思维和行为缺乏确定性的能力。

● **感知**：一种密切观察和欣赏他人言语及行为中难以看到的信息的能力。

● **重视人际关系**：一种认识到人际关系重要性（人际关系往往比实现一次性目标或赢得争论重要得多）的能力。

● **灵活性和适应性**：一种创造性地寻找解决方案（对结果持开放态度，以及在压力下表现出得体和善良）的能力。

拥有以全球为中心或国际化的世界观的管理者通常能更好地理解和处理文化之间的异同。成功的跨国企业往往会向员工灌输一种以地理为中心的文化心态，并使用一种以地理为中心的员工配备政策，为每个职位雇用最好的人，而不管他们的国籍如何。随着时间的推移，这些企业建立起了一个能够适应任何文化背景的核心管理团队。

衡量管理者处理文化问题所需要的能力的一种方法是衡量他们的文化智力。[2]文化智力（cultural intelligence，CQ）是一个人在以文化多样性为特征的情况下高效工作的能力。它强调那些对于在跨文化场景和工作组中建立高质量的人际关系和高效工作非常重要的具体能力。

道德联系

道德规范和价值观因文化的不同而异。一项针对全球 23 000 名管理者进行的调查发现，与意大利的公司相比，英国的公司更有可能由支持高标准道德行为的高级管理人员领导。与日本相比，澳大利亚的员工表示，如果他们看到违反了道德标准的行为，他们会更放心地报告。与俄罗斯的公司相比，印度的员工认为印度的公司致力于采取道德行为。

资料来源：A. Ardichvili, D. Jondle, B. Kowske, "Dimensions of Ethical Business Cultures: Comparing Data from 13 Countries of Europe, Asia, and the Americas," *Human Resource Development International* 15, No. 3 (2010), pp. 299 – 315.

---

[1] Tomasz Lenartowicz and James P. Johnson, "A Cross-National Assessment of the Values of Latin America Managers: Contrasting Hues or Shades of Gray?" *Journal of International Business Studies* 34, No. 3 (2003), pp. 266 – 281; Thomas and Peterson, 2017; Neuliep, 2018.

[2] Soon Ang, Linn Van Dyne, and Christine Koh, "Personality Correlates of the Four-Factor Model of Cultural Intelligence," *Group & Organization Management* 31, No. 1 (2006), pp. 100 – 123; Kevin Groves, Ann Feyerherm, and Minhua Gu, "Examining Cultural Intelligence and Cross-Cultural Negotiation Effectiveness," *Journal of Management Education* 39, No. 2 (2015), pp. 209 – 243; David C. Thomas and Kerr Inkson, *Cultural Intelligence: Surviving and Thriving in the Global Village* (Oakland, CA: Berrett-Koehler Publishers, 2017).

篇尾案例　　　　　　　　　　　　**好莱坞电影和全球文化**

　　有史以来最成功的商业电影制作人史蒂文·斯皮尔伯格（Steven Spielberg）是美国电影的代名词。他曾执导并制作了《侏罗纪公园》（*Jurassic Park*）、《变形金刚》和《夺宝奇兵》系列电影，但影评人抱怨说，他的电影宣扬了美国的价值观，反映了世界各地的信仰和生活方式美国化的大趋势。

　　以好莱坞对非洲的描述为例。例如，《无境之兽》（*Beasts of No Nation*）和《血腥钻石》（*Blood Diamond*）描述了非洲虽然风景美丽，但在其他方面很可怕。其他电影，例如，《独立日》（*Independence Day*）将非洲描绘成一片生活着落后的土著和部落的土地。流行电影《迷失东京》（*Lost in Translation*）因把日本人描绘成左右不分的机器人角色而受到抨击。有形象意识的日本人对剧中把日本人描绘成滑稽的喜剧演员感到失望。在一个场景中，比尔·默瑞（Bill Murray）扮演的角色正在一家五星级酒店洗澡，但他必须弯腰才能把头放在淋浴头下面；在另一个场景中，在坐满当地人的电梯里，默瑞至少比其他人高出了一英尺。这些场景都有嘲笑日本人身材矮小之嫌。因此，这部电影被认为强化了对日本人的负面刻板印象。

　　如今，美国的电影公司制作了可供国际上观看的电影中的 70%。相比之下，欧洲电影产业现在的规模大约是 1945 年的九分之一。外国电影在美国市场的份额不到 2%。涉及版权的行业，包括软件、书籍、音乐和电视，对美国经济做出了巨大贡献。虽然美国很少进口外国电影，但好莱坞的电影在世界范围内仍有很大的需求。

　　世界各地的粉丝们越来越多地在他们的智能手机、平板电脑和其他个人设备上播放电影。网飞（Netflix）是一家领先的供应商，在 190 个国家拥有超过 1 亿的用户。其他供应商包括亚马逊、苹果、迪士尼和 Hulu。网飞在巴西、印度、日本、韩国和荷兰都有子公司。网飞既从大型电影公司购买电影播放权，也制作自己的节目，如颇受欢迎的《纸牌屋》（*House of Cards*）系列。

刻板印象和宗教价值观

　　好莱坞电影自诞生以来就受到攻击，其被广泛指责对现实进行了有偏见的描述。《波拉特》（*Borat*）被认为有对穆斯林的负面描述，于是被阿拉伯世界禁止。类似地，《独裁者》（*The Dictator*）也被认为给观众留下了有关阿拉伯人的负面刻板印象。批评人士认为，《爱情导师》（*The Love Guru*）取笑了作为南亚主要宗教的印度教。《贫民窟的百万富翁》（*Slumdog Millionaire*）虽然在西方国家很受欢迎，但在南亚受到了许多批评，许多人认为这部电影让观众对印度产生了负面刻板印象。一些人认为，该电影中对印度城市的贫困状况的描述是夸大和不准确的。此外，描绘了美国两个牛仔之间的同性恋关系的电影《断背山》（*Brokeback Mountain*）冒犯了有着深厚的宗教价值观的国家。

　　美国之所以能主导世界电影，至关重要的一点是，好莱坞电影固有的文化联系得到了人们的普遍接受，而这正是竞争对手必须克服的一个障碍。美国明星和好莱坞导演在国际电影界有很高的地位，具有世界影响力。

电影与比较优势

根据比较优势理论，各国应专门生产自己最擅长的产品，同时进口其他产品。经济学家认为，这一理论既适用于电影，也适用于任何行业。正如加拿大前总理所说："电影是文化的化身。认为文化是一种商品的观点是错误的……文化产业除了对经济产生影响外，还创造了加拿大社会生存所必需的基本产品。"因此，一些国家试图阻止国内从美国进口电影，以保护国内的电影产业。

一个文化困境

尽管双方在这场持续的辩论中争论不休，但许多预算高的好莱坞电影实际上是跨国制作的。詹姆斯·邦德（James Bond）的惊悚片《量子危机》（*Quantum of Solace*）来自英国，由德裔瑞士导演和明星在英国、巴拿马、智利、意大利和奥地利拍摄。罗素·克劳（Russell Crowe）、查理兹·塞隆（Charlize Theron）、佩内洛普·克鲁兹（Penelope Cruz）、妮可·基德曼（Nicole Kidman）和丹尼尔·克雷格（Daniel Craig）只是众多并非来自美国的全球明星中的一小部分。好莱坞七家主要的电影公司中有两家甚至不是美国公司。好莱坞不再那么美国化了。

随着好莱坞和美国的联系越来越模糊，保护主义者不应该放弃他们对拯救电影的内容质量和艺术性的追求。在接受《纽约时报》（*New York Times*）采访时，法国导演埃里克·罗默（Eric Rohmer）表示，他的同胞们应该用高质量的电影，而不是保护主义来予以反击。"我是一个商业电影制作人。我支持自由竞争，但并没有得到国家的支持。"

案例问题：

3-4. 外国文化的大多数方面，如语言、宗教、性别角色和解决问题的策略，对于偶然的观察者来说很难理解。好莱坞电影以什么方式影响美国以外的国家文化？好莱坞电影在世界各地推广美国文化的哪些方面？你能观察到好莱坞电影对世界文化的任何积极影响吗？

3-5. 文化在商业中起着关键作用。电影以什么方式影响了世界各地的管理任务、公司活动和其他经营方式？看外国电影能成为学习如何在国外做生意的有效方式吗？证明你的答案。

3-6. 好莱坞电影在国外很受欢迎，但外国电影在美国上映得不多。是什么因素决定了人们对好莱坞电影的高需求？为什么它们在欧洲、日本、拉丁美洲和其他地方如此受欢迎？为什么外国电影在美国的需求这么少？外国电影制作人能做些什么来增加美国市场对他们的电影的需求呢？

说明：本案例由索尼娅·普鲁赛提斯（Sonia Prusaitis）在加里·奈特的指导下撰写。

资料来源：Harriet Alexander，"Why Beasts of No Nation Fails to Tell the Whole Story About Child Soldiers," *The Telegraph*, October 16, 2015, www. telegraph. co. uk; Sam Ali, "Borat Panders to Muslim Hatred," *The Spokesman-Review*, November 21, 2006, www. spokesman. com; Hillary Busis, "Blame Canada: The 5 Greatest Pop Culture Insults to America's Hat," *Entertainment Weekly*,

January 18，2015，retrieved from www. ew. com/article/2012/10/12/canada-jokes；Een Child，"Sacha Baron Cohen Criticised over 'Negative Stereotypes' of Arabs," *The Guardian*，May 17，2012，www. theguardian. com；Hyun-key Kim Hogarth，"The Korean Wave：An Asian Reaction to Western-Dominated Globalization," *Perspectives on Global Development & Technology* 12，No. 1/2（2013），pp. 135 – 151；K. Lee，"The Little State Department：Hollywood and the MPAA's Influence," *Northwestern Journal of International Law & Business* 28，No. 2（2008），pp. 371 – 383；K. Day，"Totally Lost in Translation," *The Guardian*，January 24，2004，www. theguardian. com；Duncan Gilchrist and Michael Luca，"How Netflix's Content Strategy Is Reshaping Movie Culture," *Harvard Business Review* Digital Articles，August 31，2017，pp. 2 – 5；Tom Pollard，"Hollywood's AsianPacific Pivot：Stereotypes，Xenophobia，and Racism," *Perspectives on Global Development & Technology* 16，No. 1 – 3（2017），pp. 131 – 144；Salman Rushdie，"A Fine Pickle," *The Guardian*，February 28，2009，www. theguardian. com；Alissa Wilkinson，"Hollywood's Ideas About Audiences Are Outdated. Wonder Woman's Record-Smashing Debut Proves It," *Vox*，June 5，2017，www. vox. com.

本章要点

主要术语

文化适应（acculturation）
关键事件分析（critical incident analysis，CIA）
跨文化风险（cross-cultural risk）
文化隐喻（cultural metaphor）
文化（culture）
种族中心导向（ethnocentric orientation）
地理中心导向（geocentric orientation）
高语境文化（high-context culture）
习语（idiom）
个人主义和集体主义（individualism versus collectivism）
放纵与限制（indulgence versus restraint）

长期导向和短期导向（long-term versus short-term orientation）
低语境文化（low-context culture）
男性化和女性化（masculinity versus femininity）
单时导向的（monochronic）
多中心导向（polycentric orientation）
多时导向的（polychronic）
权力距离（power distance）
自我参照标准（self-reference criterion）
社会化（socialization）
不确定性规避（uncertainty avoidance）

本章小结

在本章中，你学习了：

1. 文化和跨文化风险

文化是指特定社会中人们所具有的独特的价值观、信仰、习俗、艺术以及思想和工作的其他产物。文化塑造我们的行为。跨文化风险是指因文化

误解而使某些人的价值观受到威胁的情况或事件。

2. 文化的维度

文化反映在各种维度上，包括价值观和态度、风俗和习惯、时间观念和空间观念、符号产品、物质产品和对文化的创造性表达、教育、社会结

构、语言以及宗教。社会结构是指一个社会所特有的社会安排和组织关系，包括一个社会如何组织个人、家庭、群体和社会经济阶层。单时导向的文化将时间看作一种资源，要求个人严格遵守时间表。在多时导向的文化中，人们对时间的安排是灵活的、非线性的，倾向于同时做几件事，而不是逐次完成任务。

3. 语言和宗教在文化中的角色

世界上有近7 000种活跃的语言，其中最常用的是汉语普通话、印地语、英语、西班牙语和阿拉伯语。语言既有口头语言，又有非口头语言，并受制于环境。有时，很难在不同的语言中找到表达相同含义的词。宗教提供了意义和动机，定义了人们的理想和价值观，并深刻地影响了文化和国际商务。世界上有四种主要的宗教，分别是基督教、伊斯兰教、印度教和佛教。

4. 文化对国际商务的影响

在国际商务中，文化不仅会影响对员工的管理、市场营销活动以及与客户和合作伙伴的互动，而且会影响产品和服务的设计、公司的内部环境，以及经理如何看待和处理业务。

5. 有关文化的理论及其解释

文化可以通过文化隐喻、独特的传统或制度来解释，并且可以作为解读态度、价值观和行为的指南或地图。习语是一种其象征意义与实际意义不同的表达。低语境文化依赖于详细的语言解释，非常强调口头语言。高语境文化强调非语言交流，是一种更全面的沟通方式，以建立和谐的关系为宗旨。霍夫斯泰德对文化维度的分类包括个人主义与集体主义、权力距离、不确定性规避、男性化与女性化、长期导向与短期导向，以及放纵与克制。

6. 文化对管理的启示

大多数企业都有一套区别于其他企业的独特的规范、价值观和行为模式。管理者可能很难确定对方的行为在多大程度上是受民族文化的影响，在多大程度上是受职业文化的影响，在多大程度上是受企业文化的影响，因而容易产生误解。种族中心导向，也称为母国导向，即倾向于用自己的文化作为判断其他文化的标准。多中心导向指的是一种东道国的心态，持这种心态的经理对其经营业务所在的国家产生强烈的依恋。地理中心导向指的是一种全球化的思维模式，具有这种思维模式的经理可以理解企业或市场，而不用考虑国家边界。民族文化影响着消费者的行为、管理的有效性以及价值链运营（例如产品和服务设计以及营销活动）的范围。管理者需要培养跨文化交流能力，避免文化偏见并进行关键事件分析，以避开自我参照标准。

检验你的理解

3-7. 描述文化和跨文化风险。

3-8. 描述高语境文化和低语境文化的特征。

3-9. 在霍夫斯泰德的文化维度理论中，构成文化的六个维度是什么？

3-10. 主要有哪两种时间观念？它们如何影响国际商务？

3-11. 区分社会化和文化适应。

3-12. 世界上主要有哪几种宗教？它们如何影响国际商务？

3-13. 世界上主要有哪些语言？

3-14. 区分文化的三个层面。民族文化和专业文化分别包括哪些要素？

3-15. 解释为什么文化在国际商务中很重要。在什么类型的背景下，跨文化差异会引起管理者的关注？

3-16. 具有交易导向的经理与具有关系导向的经理有什么区别？

3-17. 总结在跨文化环境中取得成功的三个主要指南。

运用你的理解

3-18. 假设你在一家人寿保险公司（Kismet Indemnity）找到了一份工作。该公司在其45年的发展历程中从未开展过任何国际业务。现在公司总裁希望带领公司向国外扩张。你在会议上注意到，他似乎对文化的影响缺乏认识。给他写一份备忘录，解释为什么文化在国际商务中很重要。一定要推测文化的不同维度对人寿保险销售的影响。

3-19. 人们倾向于从自己的角度来看待其他文化。他们将自己的文化和生活方式作为规范——其他的一切都显得很陌生，甚至很神秘。本章介绍了一种被称为关键事件分析的方法，它通过帮助管理者发展其他观点，鼓励对文化差异做出客观回应。用关键事件分析描述你或其他人经历过的导致跨文化误解的情况——也许是与同学的互动，参观你所在城镇的商店，或者你出国旅行时的经历。解释实际发生了什么，以及如果你或你的同学使用关键事件分析，可能会对文化

更加敏感，从而可以做出更恰当的反应。

3-20. 道德困境：假设你在一家跨国公司工作，并被派到哥伦比亚的波哥大（Bogotá）。在一个豪华社区租了一套房子后，你会雇用一个全职管家来做家务，这是哥伦比亚富人的常见做法。一位同事告诉你，当地的管家通常是住在波哥大贫民窟的妇女，每月挣 200 美元。作为一名高管，你负担得起更高的工资，你为支付如此便宜的工资而感到内疚，但出于文化和社会经济方面的考虑，你的同事坚持认为你不能支付比现行工资水平更高的工资，因为这样做可能会让你的管家感到尴尬，也可能会扰乱她所在社区的经济平衡。分析一下这一困境。你是付给管家当地惯常的工资还是更高的工资？证明你的决定。你能想出什么创造性的办法来解决这个困境吗？

网络练习

3-21. Ethnologue（www.ethnologue.com/web.asp）是一个列出了世界已知语言的网站。对于对语言有兴趣的学者和其他人来说，它是一个很好的资源，包含了按语言规模、语系和国家划分的语言使用者数量的统计摘要。使用 Ethnologue，尝试回答以下问题：

a. 访问中国页面。中国的人口是多少？在全国近 300 种语言中，哪种语言的使用人数最多？哪种语言的使用人数位居第二？这些数字与澳大利亚、英国、加拿大、新西兰和美国等英语国家的英语使用人数之和相比如何？

b. 访问西班牙页面。有多少人居住在西班牙？在西班牙有多少以西班牙语为母语的人？西班牙总共有多少种语言？

c. 瑞士是欧洲最小的国家之一。瑞士的主要语言是什么？每种语言的使用人数是多少？

d. 民族语言统计部分列出了世界上目前还在使用的语言的分布（用该语言的使用人数占世界人口的百分比表示）。世界上哪个地区的语言种类

最多？哪个地区的语言种类最少？你为什么认为这些地区是以这样的方式演变？

3-22. 文化智力是一个人在以文化多样性为特征的情况下高效工作的能力。一些网络资源给出了文化智力量表。文化智力的组成部分有哪些？回答这个量表中列出的问题，并计算你在文化智力方面的得分。将你的得分与你同学的得分进行比较。

3-23. 一些网站列出了人们在国际交往中所犯的文化错误或做出的失礼行为（错误的步骤）。忽视发展关系（如"只要签署合同就行了，我很急！"）和过于随意地使用姓氏（如"叫我比尔就行！"）都是这种错误的例子。在互联网搜索引擎中输入"文化错误"，以识别不当文化行为的例子。管理者应如何避免这些错误？

3-24. 解释一下为什么文化在国际商务中很重要。在什么类型的背景下，跨文化差异会引起管理者的关注？

3-25. 解释文化的主要维度。

国际商务中的道德、企业社会责任、可持续性和企业治理

本章学习目标：

1. 了解道德行为及其在国际商务中的重要性
2. 了解国际商务中的道德风险
3. 理解企业社会责任
4. 理解可持续理念
5. 了解企业治理的作用
6. 了解企业的道德决策体制

篇首案例　　　　　可口可乐的企业社会责任和可持续理念

作为最大的饮料企业之一，可口可乐对人类和自然环境有着重大影响。可口可乐在全球拥有12万名员工和900多家装瓶与制造工厂。该企业的420亿美元销售额中有一半以上来自国际市场。

可口可乐因加剧水供应紧张问题、向青少年销售软饮料以及纵容发展中经济体装瓶厂恶劣的工作环境而受到批评。对此，该企业积极主动地提升其在业务市场中的企业社会责任形象作为回应。可口可乐的管理层在全球业务中担负起企业社会责任并采取可持续的发展战略。例如，可口可乐投资了数百万美元研发先进的废水处理设施；在干旱地区实施了一些项目来替换从当地蓄水层提取的所有水。可口可乐也越来越多地推广其果汁和涉及水的产品，远离使用人工甜味剂的高热量苏打水和减肥饮料。

管理层不断努力降低装瓶和生产设施的能耗：在乌拉圭，可口可乐使用混合动力卡车在拥挤的地区运送产品，以减少污染；在北美，可口可乐使用了数百辆混合动力卡车；可口可乐管理层正在将混合动力卡车计划扩展到欧洲。可口可乐在许多运营设施中改用100%的可再生能源，例如，在比利时的一家工厂完全使用地热能。

可口可乐管理产品包装，如罐子和瓶子的整个生命周期。例如，用过的瓶子被转换成

塑料碎片，然后被制成新的瓶子，许多瓶子是由植物材料制成的，可以生物降解。一家工厂每年回收 1 亿磅塑料瓶，相当于每年回收近 20 亿个可口可乐瓶子。管理层的目标是 100% 回收可口可乐的罐子和瓶子。可口可乐的"积极生活"承诺是其可持续发展目标的行为准则。例如，可口可乐致力于负责任的营销战略，避免面向儿童的饮料广告。可口可乐的工作场所权利政策承诺不使用童工和不歧视，为员工提供公平的工资，规定合理的工作时间，并确保他们的职业健康和安全。可口可乐的反贿赂政策为如何以合乎道德和法律的方式开展业务提供了指导。

可口可乐的人工配送中心（MDC）计划有助于促进贫困国家的经济发展。非洲的许多微型分销中心会雇用企业家，由这些企业家将产品分销给偏远地区的当地零售商。在东非，人工配送中心贡献了非企业销售额的 80% 以上，同时使 12 000 多人有了自己的生意和工作。人工配送中心既满足了客户需求，同时也支持了非洲无数社区的可持续发展。可口可乐的目标是在印度、中国和拉丁美洲推出类似的经营模式。

案例问题：

4-1. 举例说明食品和饮料行业的企业可能采取的不道德或不可持续的行为。

4-2. 随着时间的推移，可口可乐采取了哪些类型的可持续做法？

4-3. 可口可乐在哪些方面帮助改善了发展中经济体和新兴市场人们的生活？

资料来源：David Bennett, "Major Corporations on Board for Agricultural Sustainability," *Southwest Farm Press*, May 15, 2014, p. 13; Paul Barrett, "Coke's Got an America Problem," *Bloomberg Businessweek*, October 4-10, 2010, pp. 94-95; Carol Birkland, "Clean Air Initiatives," *Fleet Equipment*, May 2010, p. 2; Coca-Cola Company, *2017 Sustainability Report*, retrieved from www.coca-colacompany.com/sustainability; *Food Manufacture*, "Coke to Increase Low-and No-Calorie Options," January 2015, pp. 6-7; Elizabeth Fuhrman, "Recycling Shows Packaging's Sustainable Value," *Beverage Industry*, November 2009, pp. 42-44; Paul LaMonica, "Coca-Cola Needs More Products Not Named Coke," *CNNMoney*, November 15, 2017, http://money.cnn.com.

篇首案例描述了可口可乐参与国际商务时在道德方面的一些做法。可口可乐通过确保安全的工作条件、公平对待客户和中间商以及防止海外非法商业活动来展示其愿意承担企业社会责任的良好形象。此外，它还开展了节约能源和水、减少有害温室气体以及回收罐子和瓶子的项目。在这一章中，我们将研究国际商务中的道德、企业社会责任、可持续性和公司治理。

4.1　道德行为及其在国际商务中的重要性

道德行为（ethical behavior）对当今全球市场的成功经营至关重要。[①] 道德行

① 感谢亚利桑那州立大学荣誉退休教授拉里·比尔（Larry Beer）和佐治亚州立大学的伊丽莎白·阿曼达·纳皮尔（Elizabeth Amanda Napier）为本章写作做出的有益评论。

为是指为企业、员工、社区、政府和自然环境做正确的事情，要求企业以利益相关者认为诚实和公平的方式行事。

4.1.1 道德行为的组成部分

道德行为有四个关键的组成部分：

- 道德规范
- 企业社会责任
- 可持续性
- 企业治理

道德（ethics）是指道德原则和价值观，它决定了人们、企业和政府的行为的对错。[1] **企业社会责任**（corporate social responsibility，CSR）是指以满足或者超过企业在开展商务活动的过程中所涉及的国家的顾客、股东、雇员、相关组织等利益相关者的合理、合法的商业期望的方式经营企业。**可持续性**（sustainability）是指企业的发展和各项活动的实施要在不损害人类后代利益的前提下，满足当代人的需求。**企业治理**（corporate governance）是管理、指导和控制企业的程序和过程系统。企业治理为组织的董事和管理者承担道德行为、企业社会责任和可持续性提供了手段。

领先的企业会确保道德行为优先于所有国际商务活动，并在有关财务绩效和竞争优势的管理决策中格外注意道德行为。关于道德行为、可持续性和企业社会责任的综合战略为企业提供了竞争优势，包括能帮助企业与客户、员工、股东、客户、供应商、当地政府以及企业与之开展业务的社区建立更牢固的关系。图 4.1 为本章讨论的道德行为的主要管理方法提供了一个组织框架。

经验丰富的高管们明白，融入道德行为的文化对于实现企业的利润目标至关重要。正如声誉影响个人的成功一样，道德行为对企业也至关重要。如果不能树立并保护企业形象，就会导致企业业绩不佳，甚至面临潜在的破产风险。这一点在跨境业务中更为关键，因为跨国企业经常受到多个国家利益相关者的审查。接下来从道德行为的角度对企业的价值进行讨论。

4.1.2 道德行为的价值

为什么开展国际业务的企业必须遵守道德行为？原因主要有：

---

① Andrew Crane and Dirk Matten，*Business Ethics*：*Managing Corporate Citizenship and Sustainability in the Age of Globalization* (Oxford：Oxford University Press，2016)；Naresh Malhotra and G. Miller，"An Integrated Model for Ethical Decisions，" *Journal of Business Ethics* 17，No. 3 (1998)，pp. 263 - 280；D. McAlister，O. C. Ferrell，and L. Ferrell，*Business and Society* (Boston：Houghton Mifflin，2003)；Gaston de los Reyes，Tae Wan Kim，and Gary R. Weaver，"Teaching Ethics in Business Schools：A Conversation on Disciplinary Differences，Academic Provincialism，and the Case for Integrated Pedagogy，" *Academy of Management Learning & Education* 16，No. 2 (2017)，pp. 314 - 336.

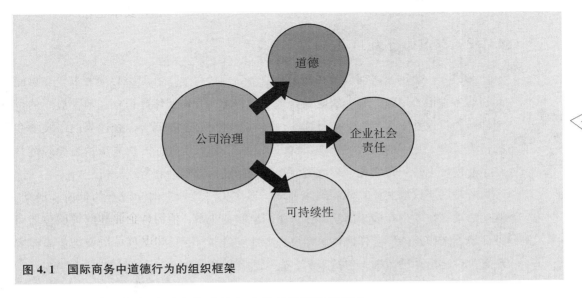

图 4.1　国际商务中道德行为的组织框架

- 以不损害人权的公平和尊重的方式行事是正确的行为；
- 法律法规通常规定了道德行为，违反法律法规需承担相应的法律后果；
- 顾客、政府和新闻媒体要求企业做出道德行为，犯了道德错误的企业会引起意见领袖不必要的关注；
- 道德行为有助于提升企业形象，改善产品的销售前景。[①]

一个以良好的道德行为著称的企业会在招聘、激励员工和寻找合作伙伴以及与国外企业进行商务往来的过程中具有更大的竞争优势，不遵守道德行为的企业会面临刑事和民事诉讼风险、危害自身名誉、损害员工在道德及企业在招聘方面的成果，甚至可能会让自己受到敲诈集团和不道德团体的威胁。[②] 由于以上种种原因，企业在进行国际商务活动时往往都会做出道德方面的考虑。

在东道国，企业受到来自各方的持续监督。诸如可口可乐和宝马这样的企业，因为拥有全球性商标，所以很容易受到消费者的关注，同时也很容易成为公众抗议的目标。因此，政府需要不断地确保企业按照有利于公共利益的方式行动，如欧盟限制在制造业中使用铅、汞等有害物质，并要求相关企业回收利用废弃的电子产品。加拿大拥有完善的投诉或检举受贿行为的程序，包括在 25 个国家设立了联络员以及一个检举网站（www. recol. ca），通过这些途径，任何人都可以举报可能存

---

① Marco Celentani, Juan-Jose Ganuza, and Jose-Luis Peydros, "Combating Corruption in International Business Transactions," *Economica* 71, No. 283（2004），pp. 417 - 449；Crane and Matten, 2016；de los Reyes, Kim, and Weaver, 2017；McAlister, Ferrell, and Ferrell, 2003；David Zussman, "Fighting Corruption Is a Global Concern," *Ottawa Citizen*, October 11, 2005, p. A15.

② Larry Beer, *Business Ethics for the Global Business and the Global Manager：A Strategic Approach*（New York：Business Expert Press, 2010）；United Nations Conference on Trade and Development（UNCTAD），*World Investment Report 2015*（New York：UNCTAD, 2009）；Crane and Matten, 2016；de los Reyes, Kim, and Weaver, 2017.

在的腐败案件。①

4.1.3　非道德行为

在进入一个国家之前以及在该国的整个经营过程中，管理层必须警惕企业可能面临的各种道德风险。管理层应调查东道国和潜在合作伙伴是否存在道德滥用的可能性，并将这种审视视为一个持续的过程。管理层必须时刻警惕企业当前以及潜在的行为。有了足够的实践，管理层就可以开发一种系统性的方法来审视道德规范并在企业内部创造一种文化，形成对潜在道德问题的警觉性和持续分析能力。

管理层不仅应关注具体的国家环境，还应关注计划中的和现有的价值链活动，这些活动往往发生在多个国家。在每个国家和企业中，值得特别关注的领域包括商务环境、工作条件、合作伙伴、客户、会计实务、自然环境条件，以及企业潜在或现有价值链活动的范围，包括采购、生产、营销和分销。

如果道德行为是必要的，那么为什么仍然会发生大量值得怀疑的道德行为甚至违反道德的例子呢？《哈佛商业评论》（*Harvard Business Review*）的一项研究发现，不道德行为通常产生于：

● 最高管理层设定目标和激励措施，旨在促进好的结果（如利润），而不是鼓励不好的行为。例如，律师事务所和会计师事务所经常鼓励员工最大限度地利用他们的服务时间，在这样的压力之下，一些员工不得不增加工作时间，或者向客户收取不必要的费用。

● 员工因同侪压力或自身利益而忽视不道德行为。例如，管理层可能会对子公司排放有毒废物一事视而不见，因为他们不想节外生枝。

● 管理层纵容供应商或第三方企业在价值链活动中表现出较低的道德标准。例如，咖啡生产商有时会忽视非洲、拉丁美洲和其他地区供应商农民所处的恶劣工作条件。

● 随着时间的推移，不道德行为会在企业慢慢累积。例如，当一家企业充斥着大量不良行为时，较轻微的违规行为似乎就不太明显了，宽松的环境往往会助长不道德行为。

● 不道德行为被好的结果证明是正当的。例如，制药企业有时使用不道德的检验程序来验证治疗癌症和艾滋病等疾病的新药的有效性，尽管这些药物对人有帮助，但它们是通过不道德行为开发出来的。②

① Larry Beer, 2010；Lutz Kaufmann, Felix Reimann, Matthias Ehrgott, and Johan Rauer, "Sustainable Success," *Wall Street Journal*, June 22, 2009, www.wsj.com；Malhotra and Miller, 1998；Crane and Matten, 2016；de los Reyes, Kim, and Weaver, 2017；Alan Muller and Ans Kolk, "Extrinsic and Intrinsic Drivers of Corporate Social Performance: Evidence from Foreign and Domestic Firms in Mexico," *Journal of Management Studies* 47, No. 1 (2010), pp. 1 - 26.

② Max Bazerman and Ann Tenbrunsel, "Ethical Breakdowns," *Harvard Business Review*, April 2011, pp. 58 - 65.

不道德行为的例子

企业可能：

● 纵容血汗工厂的存在或虐待员工；

● 支付或接受贿赂、回扣或不合规的礼物；

● 伪造、歪曲合同或财务报表；

● 发布虚假广告或进行其他欺骗性的营销活动；

● 参与欺骗性、歧视性或掠夺性定价；

● 在国际渠道中欺骗或滥用中间商；

● 从事危害自然环境的活动。

在管理层对值得怀疑的道德行为保持持续关注之后，下一步是系统地研究企业对其当前和潜在活动可能做出的每个决策的道德问题。[①]

4.1.4　世界各地的道德标准和困境

世界各地的道德标准是否统一？不尽然。每个社会都有自己的传统、价值观、态度、规范、习俗和法律，每种文化都有自己对价值观和道德原则的理解。道德行为并没有全球统一标准，有些行为在一种文化中被视为道德的，但在其他国家被视为不道德的。[②] 以下是一些例子：

● 在非洲部分地区，接受供应商的昂贵礼物是合理的，但是在其他地方这样做是不合理的。

● 在美国，首席执行官的薪酬往往是低级别下属的 100 倍，这种行为在世界其他地方被广泛认为是不可接受的。

● 芬兰和瑞典禁止针对儿童投放广告，而这种行为在欧洲其他地方广为人所接受。

道德标准往往因经济发展水平的不同而不同。例如，非洲受到普遍饥饿的困扰，一些餐馆员工在工作时会偷取食物带回家给家人，这不就相当于富裕国家的餐馆员工偷食物吗？道德标准也会随着时间的推移而改变。例如，虽然奴隶制不再被容忍，但今天一些跨国企业却纵容类似的工作条件。在中国，一些跨国企业经营的工厂污染了当地水源，但这种行为在美国和其他发达经济体也司空见惯。

判定行为对错的标准并不明晰。当需求不明确、不一致或基于多种法律或文化规范时，企业可能会面临多重甚至相互冲突的法律法规，此时就容易出现道德问

① Crane and Matten, 2016；de los Reyes, Kim, and Weaver, 2017；John Sullivan, *The Moral Compass of Companies：Business Ethics and Corporate Governance as Anti-Corruption Tools*（Washington, DC：International Finance Corporation, World Bank, 2009）.

② Sullivan, 2009；Muller and Kolk, 2010；Transparency International, *Progress Report：OECD Anti-Bribery Convention 2009*, www.transparency.org.

题。例如，在美国，职业安全与健康管理局（Occupational Safety and Health Administration，OSHA）制定了许多关于劳动和雇佣条件的法规，但美国企业在国外开展业务时通常不需要遵守职业安全与健康管理局制定的法规。[①]

在许多国家，法律体系薄弱或执法不力，那么企业该怎么办呢？是遵循当地法律，还是遵循母国法律？即使一个国家有健全的法律体系，或者企业有严格的道德规范，管理层也经常面临确定何为道德行为这一难题。

道德困境（ethical dilemma）是指这样一种情况：某一个问题可能有两种或两种以上的解决方法，但没有哪一种方法在道德方面是令人满意的。这一困境会导致在做关于最优行动的决策时不同利益群体之间的冲突。可能的行动或许是排他性的，即一旦选择了某一种行动，将会自动否决其他可能的行动。[②] 下面的"道德联系"专栏中给出了这种困境的一个例子。这是员工在国际商务中经常遇到的典型道德困境，在国外工作的管理者最容易受到影响，因为他们被夹在本国道德规范和国外道德规范之间。

道德联系

想象你是一名管理者，在参观子公司设立在哥伦比亚的一家工厂时，你发现工厂里使用童工。通过研究这个问题，你了解到：童工在许多发展中经济体是被接受的，尽管小孩很脆弱，可能会受到虐待或剥削；虽然工作使儿童无法上学，但这将帮助他们过上更好的生活；仅在印度，就有5 000多万儿童在工作。你也了解到，没有这些孩子的收入，他们的家庭就会挨饿；如果孩子们被工厂解雇，那么其中的许多人只能通过其他途径获取收入，包括卖淫和街头犯罪；法定成年年龄在世界范围内各不相同，有的国家低至15岁。面对这种现象，你会怎么处理？你是强烈反对使用童工这种不道德行为，还是继续纵容这种行为？

在一个充满道德风险的商业环境里，管理者和企业如何应对？如图4.2所示，在金字塔底端，企业需要遵守当地的法律法规；在金字塔中端，管理层需要确保企业的活动遵循较高的道德标准；在金字塔顶端，企业在履行了法律和道德义务的基础上，还应该履行社会责任。

4.1.5　相对主义和规范主义

相对主义（relativism）认为道德真理不是绝对的，而是因群体而异。根据这一观点，"入乡随俗"是一个很好的原则。因此，虽然日本的跨国企业持反对贿赂

---

① Crane and Matten，2016；de los Reyes，Kim，and Weaver，2017；McAlister，Ferrell，and Ferrell，2003.

② Beer，2010；Kaufmann，Reimann，Ehrgott，and Rauer，2009；Crane and Matten，2016；de los Reyes，Kim，and Weaver，2017；Muller and Kolk，2010.

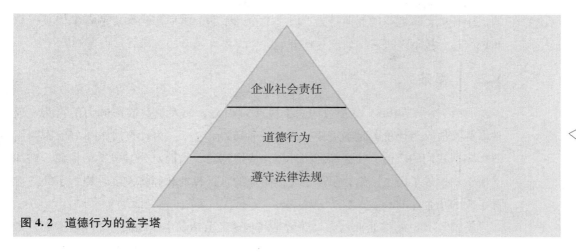

图 4.2　道德行为的金字塔

的立场，但是在将贿赂视为合情合理的国家，它们依旧得支付贿赂款。相对主义者选择了被动地接受它们从事商务活动的国家的价值观、行为和惯例。

规范主义（normativism）认为道德行为标准具有普遍性，企业和个人应当做到保持这些规范在全球的一致性。根据这一观点，如果日本的跨国企业认为贿赂是错误的，那么它们无论在世界上哪个国家进行商务活动，都应当坚持这一观点。联合国和其他支持道德行为的国家鼓励本国企业在进行国际交易时遵循规范化的道德模式。一些比较激进的企业还尝试纠正它们从事国际商务活动的国家所存在的不道德行为。[①]

实际上，大多数企业在国外进行商务活动时，采用的是相对主义和规范主义混合的方式。它们会在母国的企业价值观和当地的道德价值观之间取得平衡。在道德标准饱受质疑的国家里，最好坚持高于当地法律和价值观要求的道德标准。这有助于企业提升在当地的形象，同时避免企业在其他市场遭受潜在的负面宣传。

为了使道德行为、企业社会责任以及可持续理念能在企业的业务活动中起作用，对员工、供应商以及中间商进行系统的、持续的教育是很重要的。随着企业跟踪记录道德行为方面的积极变化和成功经验，它将逐渐建立起一种在全球经营中采取合适行为的文化。对于当今开展国际商务活动的企业来说，在做战略决策和日常经营决策时，道德问题是首要考虑因素。[②]

4.2　国际商务中的道德风险

企业在一系列国际活动中都会遇到道德风险。道德风险包括腐败、贿赂、恶劣

---

① OECD，*The Detection of Foreign Bribery*，2017，www. oecd. org/ corruption/the-detection-of-foreign-bribery. htm；Transparency International，*Progress Report*：*OECD Anti-Bribery Convention 2009*，www. transparency. org.

② Beer，2010；Crane and Matten，2016；de los Reyes，Kim，and Weaver，2017.

的工作环境、不道德的商业行为、有害的全球采购、劣质产品和虚假营销以及侵犯知识产权。接下来进一步研究这些问题。

4.2.1 腐败

腐败（corruption）是通过非法手段获得权力、个人利益或影响力的行为，通常以牺牲他人为代价，是不道德行为的一种极端形式。[①] 为什么腐败不好？因为腐败影响了我们的政治、社会和经济环境。腐败削弱了人们对公共机构的信任，破坏了法治，挑战了民主原则，阻碍了外国企业的直接投资和经济发展，损害了缺乏应对手段的小企业的利益。

超过30％的跨国企业认为，腐败是其全球经营活动中面临的一个主要问题。最近的数据表明，腐败的成本超过每年全球生产总值（GDP）的5％（超过2.6万亿美元），并使全球商业成本增加了10％。[②]

国际商务中的腐败事件是如何发生的？主要通过以下几种方式：

● 一个人向另一个人提供礼物、现金或帮助，以不诚实的行为换取个人利益。

● 贪污。它是指盗窃或滥用由某人保管或属于其雇主的资金。

● 欺诈。它是指非法欺骗个人或其他方放弃资产或现金。

● 勒索和威胁。勒索是指一方故意伤害另一个人或另一方，直到收到了对方所给的钱财或对方满足了其某些要求。威胁可能包括身体伤害、非法监禁、泄露个人秘密，或其他有害后果。

● 洗钱。它是指隐瞒通过非法手段获得的资金来源，然后一般通过银行或其他合法业务非法转移资金。

腐败可能表现为政治腐败，即官员滥用公共权力或不正当地从政府资源中获利。腐败可能发生在警察身上，在这种情况下，执法人员通过给予好处，如不追究犯罪来获取经济利益或其他利益。在企业内部，腐败行为发生于整个价值链活动中。

为了评估全球各经济体的腐败水平，透明国际（Transparency International）每年都会对180个经济体受当局控制的企业主管进行调查，以确认他们对贿赂、贪污和其他非法行为的认知程度，其结果用清廉指数（Corruption Perceptions Index）来表示。图4.3展示了全球清廉指数为1～100的经济体的排名。[③]

[①] Beer，2010；Crane and Matten，2016；de los Reyes，Kim，and Weaver，2017；OECD，2017.

[②] Celentani，Ganuza，and Peydros，2004；International Chamber of Commerce，Transparency International，the United Nations Global Compact，and World Economic Forum，*Clean Business Is Good Business：The Business Case Against Corruption*，retrieved from www. weforum. org/pdf/paci/BusinessCaseAgainstCorruption. pdf on April 5，2015；Zussman，2005；Crane and Matten，2016；de los Reyes，Kim，and Weaver，2017.

[③] Transparency International，*Corruption Perceptions Index 2017*（Berlin：Transparency International，2017），accessed at www. transparency. org.

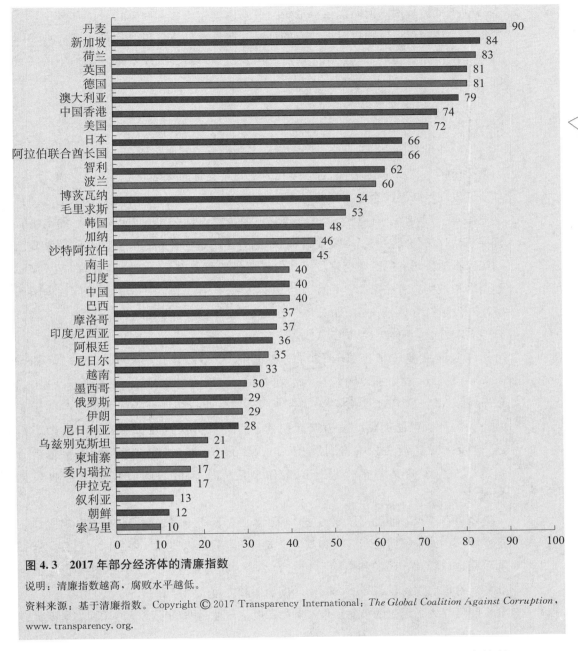

图 4.3　2017 年部分经济体的清廉指数

说明：清廉指数越高，腐败水平越低。

资料来源：基于清廉指数。Copyright © 2017 Transparency International：*The Global Coalition Against Corruption*，www.transparency.org.

　　新加坡、荷兰和其他在清廉指数中得分较高的经济体吸引了大量外国直接投资，部分原因是企业管理者知道这些国家的商业活动是相对公平地进行的。例如，商法较为公平，并得到充分执行；财务和会计信息透明可靠，易于获取。相比之下，由于腐败猖獗，外国企业不愿在索马里和俄罗斯等国家投资。例如，在俄罗斯，企业家通常被要求向官员支付数千美元的贿赂金，以获得启动业务并顺利经营的权利。

　　普遍的腐败阻碍了经济发展。这种关系指向了一个重要的困境——贸易和投

第4章

资有助于减少贫困，但跨国企业避免与腐败国家做生意。腐败伤害了社会中最贫穷的人，他们被迫行贿以获得所需的产品和服务，如水、电和电话服务。许多机构颁布了国际反腐败公约，例如，联合国发表了一份有关反对国际交易中的腐败的宣言。

4.2.2 贿赂

贿赂在世界各地普遍存在，是国际商务中最显著的腐败形式。据估计，为了进入重要市场和实现其他商业目标，全球企业每年支付的贿赂金超过1万亿美元。一项研究发现，40%的企业高管在与政府打交道时被要求支付贿赂金，20%的人声称因竞争对手行贿而丢了生意。2018年，巴西国家石油公司（Petrobras）的高级管理层承认，该公司参与了一项支付近30亿美元贿赂的计划。随后的丑闻牵涉到巴西国家石油公司和巴西政府官员，其中甚至包括两名前总统。[1] 在韩国，三星集团副董事长被判犯有贿赂罪，并被判处5年监禁。[2] 在美国，一名私人顾问因向欧洲复兴开发银行（European Bank for Reconstruction and Development）的一名官员行贿350万美元而被判处5年监禁。[3]

许多国家签署了经济合作与发展组织（Economic Cooperation and Development，OECD）制定的反贿赂公约。在美国，《反海外腐败法》（Foreign Corrupt Practices Act，FCPA）规定，美国企业向外国企业行贿以获得或保留业务属于非法行为，企业可能面临200万美元罚款，管理者可被判处长达五年的监禁。不过，《反海外腐败法》中将润滑金（grease payment）排除在外。润滑金是指公司或个人为了使某些正常进行的工作加快完成而付给政府官员或企业人员的钱。

贿赂在埃及、印度尼西亚、尼日利亚和巴基斯坦等发展中经济体尤为常见，在这些国家，如果不向公职人员和其他个人行贿，就难以实现重要的商业目标。这一问题在全球能源、采矿和电信行业尤为普遍，这有助于解释为什么这些行业的企业，如哈里伯顿（Halliburton）和西门子曾卷入重大贿赂丑闻。

贿赂导致了无数的负面后果，例如印度尼西亚的非法采伐、土耳其质量低劣的倒塌建筑。行贿会增加经营的风险和成本，催生了一种不诚实、不道德的文化和行

---

① Chad Bray and Stanley Reed，"Petrobras of Brazil to Pay ＄2.95 Billion over Corruption Scandal，" *New York Times*，January 3，2018，www. nytimes. com; Petrobras，"Petrobras Signs Agreement in Principle to Settle Class Action in the U. S.，" *news release*，January 3，2018，www. petrobras. com. br/en/news/.

② Sam Kim，"Playing Dumb Didn't Help Samsung's Heir Apparent，" *Bloomberg BusinessWeek*，September 4，2017，pp. 22－23; Choe Sang-Hun，"Samsung's Leader Is Indicted on Bribery Charges，" *New York Times*，February 28，2017，www. nytimes. com/2017/02/28/.

③ United States Department of Justice，"Former Owner of Bucks County Financial Consulting Firm Sentenced to Five Years in Prison for Bribing Foreign Official，" July 18，2017，www. justice. gov; U. S. News and World Report，"Consultant Gets 5 Years in Prison for International Bribery，" July 20，2017，www. usnews. com.

为，为其他类型的错误行为提供了方便之门，贿赂行为会威胁公平竞争和优胜劣汰的基本商业原则，甚至威胁到市场经济的运行。

沃尔玛墨西哥子公司的高管曾称，为了加快墨西哥数百家零售店的建设和运营，在 20 世纪 90 年代末和 21 世纪初曾向墨西哥官员行贿数百万美元。沃尔玛总部的调查显示，其子公司确实向当地政治家及其组织支付了数百万美元的贿赂，这些行为似乎违反了墨西哥和美国的法律。但是，最终沃尔玛在墨西哥的子公司却没有高管受到纪律处分，只是在丑闻发生后，沃尔玛面临大量集体诉讼。[①]

4.2.3　恶劣的工作环境

血汗工厂是指具有恶劣的或道德上令人反感的工作条件的工厂或车间。在血汗工厂里，雇员可能在恶劣的条件下长时间工作，但只领着微薄的工资，还面临健康风险。在某些情况下，工厂还可能全职雇用 18 岁以下的儿童。血汗工厂主要出现在发展中经济体的某些行业，尤其是服装业和制鞋业，偶尔出现在与流行时尚品牌相关的工厂，例如，阿迪达斯（Adidas）、盖璞、H&M、耐克和优衣库（Uniqlo）都曾被发现在血汗工厂条件下运营。类似于血汗工厂的工作环境也是许多国家农业工人面临的工作环境的特征之一。现在世界上已经出现了许多非营利组织，它们试图揭露和消除这种恶劣的工作条件。[②]

在世界范围内，工作环境中常出现的另一个问题是工作场所骚扰，这是指针对单个员工或一群员工的威胁或贬低行为。它可能涉及性骚扰，还可能源于对特定群体，包括妇女、同性恋者、移民、少数种族或族裔、残疾人的歧视，这种骚扰往往会采取身体、精神虐待或两者兼有的形式。工作场所骚扰会损害员工的情绪或身体健康，这解释了为什么许多国家的职业健康和安全法禁止此类虐待。然而，世界各地对工作场所的管理态度和标准大相径庭，因此这种骚扰相对普遍。[③]

① David Barstow, "The Bribery Aisle: How Wal-Mart Used Payoffs to Get Its Way in Mexico," *New York Times*, December 18, 2012, pp. A1, A3; Beer, 2010; James Detar, "Wal-Mart Loses Round In Alleged Mexico Bribery Action," *Investor's Business Daily*, May 9, 2014, p. 1; Russell Gold, "Halliburton to Pay S 559 Million to Settle Bribery Investigation," *Wall Street Journal*, January 27, 2009, p. B3; Sullivan, 2009; OECD, 2017; Transparency International, *Progress Report: OECD AntiBribery Convention 2009*, www. transparency. org; Transparency International, "Promoting Good Governance in Africa," March 5, 2009, www. transparency. org; N. Watson, "Bribery Charge Hits Halliburton Profits," *Petroleum Economist*, May 2009, p. 2; John Zhao, Seung Kim, and Jianjun Du, "The Impact of Corruption and Transparency on Foreign Direct Investment: An Empirical Analysis." *Management International Review* 43, No. 1 (2003), pp. 41 – 62; Zussman, 2005.

② Alessandra Mezzadri, "Class, Gender and the Sweatshop: On the Nexus Between Labour Commodification and Exploitation," *Third World Quarterly* 37, No. 10 (2016), pp. 1877 – 1900; Brian Stauffer, "Fcllow the Thread: The Need for Supply Chain Transparency in the Garment and Footwear Industry," *Human Rights Watch*, April 20, 2017, www. hrw. org.

③ *Ending Violence and Harassment Against Women and Men in the World of Work* (Geneva: International Labour Office, 2018, www. ilo. org; Maryam Omari and Megan Paull (Eds.), *Workplace Abuse: Incivility and Bullying: Methodological and Cultural Perspectives* (New York: Routledge, 2016).

4.2.4 不道德的商业行为

不道德的商业行为是单个企业层面的一个重要因素，特别是在缺乏适当监管和专业标准的国家。倡导利润优先于可持续发展和员工福利的企业文化可能会导致虐待员工、程序不规范和其他阻碍可持续发展的行为。最近的全球金融危机之所以暴发，在一定程度上是因为银行和金融企业的高级管理层忽视了针对发放不良贷款或提供高风险证券等行为制定防范措施，宽松的管理标准也导致了不诚实的会计行为，即企业向投资者、客户和政府当局提供虚假信息。在世界上的大部分地方，管理者可能会过度偏爱某些供应商或同事，导致生产率下降和员工士气低落。

4.2.5 有害的全球采购

全球采购是从国外供应商处采购产品或服务。典型的场景是：企业从外国企业那儿购买零部件，或者在国外建立自己的工厂。然而，全球采购引起了对保障人权和保护环境的关注。一些企业经营非法的血汗工厂，那里的雇员要么是儿童，要么工作时间长，工资很低，而且条件往往很差①，可能会产生大量污染。使用第三方供应商对耐克和飞利浦这样的企业来说是一个难题。这些企业在世界各地不同的文化和信仰体系中运营，有成千上万个合作伙伴。

4.2.6 劣质产品和虚假营销

企业可能销售有缺陷的或劣质的产品，或者采取虚假营销行为。劣质产品或包装会给公众的健康和安全以及自然环境带来灾难性的后果。例如，从手机到电脑，每年都有数百万件电子产品被丢弃，原本可以回收的产品最终被填埋；过度的产品包装会产生污染、消耗能源和自然资源；过度使用塑料包装是一种浪费，因为塑料不容易降解，所以陆地和海洋中的塑料废物数量持续增加。

一些企业使用欺骗手段来诱使消费者购买他们的产品，例如，营销人员可能会对产品的质量或有效性进行虚假宣传。通信技术的进步使得虚假营销人员很容易将受害者锁定在国外，这种骗局的跨国性质使得执法人员很难抓住肇事者并对其提起诉讼。国际营销提供了诸多便利，但也给全球消费者保护带来了挑战。

4.2.7 侵犯知识产权

知识资产（intellectual property）是指个人或者企业产生的构想或者创造的作品，包括各种所有权以及无形资产，如发现和发明，艺术、音乐和文学作品，以及

---

① Fair Labor Association，*2017 Annual Report*，www.fairlabor.org；Tara Radin and Martin Calkins，"The Struggle Against Sweatshops：Moving Toward Responsible Global Business," *Journal of Business Ethics* 66（2006），pp. 261 – 268.

单词、短语、标志、设计等。非法使用知识资产的情况在世界范围内都很常见，通常是通过直接盗窃或非法复制。

知识产权（intellectual property right）是一种法律权利，这种权利保护专有资产不会被其他方未经授权使用，其例子有商标、版权和专利。商标（trademark）是企业用于区别自己和别人的产品、服务的特有标志和符号。版权（copyright）用于保护艺术、音乐、书籍、软件、电影和电视节目的创造者的合法利益。专利（patent）授予他人制造、使用、销售、加工特定产品的排他性权利。世界上并不是所有国家都能对知识产权进行很好的保护。一国制定的法律仅可在本国实施，在国外往往就不具备法律效力了。[1]

侵犯知识产权的方式主要有盗版和假冒，即未经授权复制或使用受版权或专利保护的作品以获取经济利益。盗版产品通常在非法市场上以低价出售，或者当面出售，或者通过互联网出售。到 2022 年，假冒产品的总价值预计达到约每年 2 万亿美元。[2] 在俄罗斯，诸如微软（Microsoft）、迪士尼（Disney）等企业制作的软件和电影常常会被盗版，即复制这些产品却不给其原作者相应的使用费。著名的世界品牌劳力士（Rolex）、路易·威登（Louis Vuitton）和汤美费格（Tommy Hilfiger）等常常遭到假冒，这种行为损害了企业的竞争优势以及品牌权益。

盗版和假冒以各种方式损害世界经济，尤其是在以下方面：

● 国际贸易。合法产品在出口时必须与假冒产品竞争。

● 直接投资。企业会避免在那些以侵犯知识产权闻名的国家投资。

● 企业绩效。盗版和假冒破坏了生产合法产品的企业的销售、利润和战略。企业的商业成本上升，因为盗版和假冒会导致产品的品牌价值随着时间的推移而下降，于是企业必须投入更多资源来加大产品营销力度并打击非法竞争对手。

● 创新。企业会避免在知识产权易受到侵犯的国家进行研发。

● 税收。由于盗版者通常不纳税，加之合法的商业活动减少，所以政府税收减少。

● 犯罪活动。盗版和假冒往往鼓励有组织的犯罪或得到有组织的犯罪的支持。

● 自然环境。侵犯知识产权的生产者在非法生产产品时往往无视环境标准。

● 国家繁荣和福祉。从长远来看，普遍存在的盗版和假冒会损害受影响国家的就业前景、繁荣和道德标准。

盗版和假冒产品通常质量低劣，它们会在不知情的情况下被用于制造军事硬

---

[1]　OECD，2017；OECD，*OECD Foreign Bribery Report：An Analysis of the Crime of Bribery of Foreign Public Officials*（Paris：OECD Publishing，2014）；Transparency International，*Progress Report：OECD Anti-Bribery Convention 2009*，www.transparency.org.

[2]　International Chamber of Commerce，"Global Impacts of Counterfeiting and Piracy to Reach US＄4.2 Trillion by 2022," June 2，2017，www.iccwbo.org.

件、基础设施和消费品。在肯尼亚，接受艾滋病/获得性免疫缺陷综合征治疗的患者分到的奈韦拉平片（Zidolam）是假冒批次的，导致近 3 000 人因未能接受正确的治疗，病情加重；在美国，数十名患者因接受了剂量造假的阿瓦斯汀（Avastin，一种用于治疗癌症的药物）而受到影响；还有许多人因使用了假冒产品而去世。

2016 年，美国国土安全部（Department of Homeland Security）在美国边境查获了零售价值预计超过 14 亿美元的盗版和假冒产品。图 4.4 展示了 2016 年美国查获的盗版和假冒产品的主要类别。[1] 最常见的假冒产品包括珠宝、消费电子产品和药品。例如，许多网站和应用程序为非法下载版权音乐提供了便利，这些网站允许用户将声田的歌曲、油管的视频和其他流媒体内容转换成永久性文件，存储在手机和电脑上，全球有多达 20% 的互联网用户定期访问未经许可的网络音乐供应商。许多国家的法律不足以阻止此类犯罪，而且执法力度往往很弱。[2]

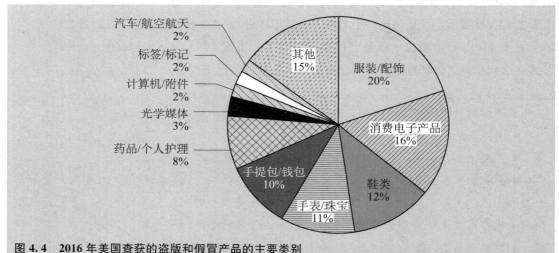

图 4.4　2016 年美国查获的盗版和假冒产品的主要类别

资料来源：CBP Office of International Trade, *Intellectual Property Rights Seizure Statistics Fiscal Year 2016* (Washington, DC: U. S. Immigration and Customs Enforcement, 2017).

假设你为一家小型网络零售商工作，该零售商决定通过企业网站向俄罗斯和其他知识产权法律薄弱的新兴市场的潜在买家提供盗版音乐。你应该如何应对这个困境？在本章的后面，我们给出了道德行为的一个框架，您可以使用它来分析这个问题并确定适当的方向。

---

[1]　CBP Office of International Trade, *Intellectual Property Rights: Fiscal Year 2016 Seizure Statistics* (Washington, DC: U. S. Immigration and Customs Enforcement, 2017), www.cbp.gov; Frontier Economics, *The Economic Impacts of Counterfeiting and Piracy*, 2017, https://cdn.iccwbo.org.

[2]　Carter Dougherty, "One Hot List You Don't Want to Be On," *Bloomberg Business*, March 5, 2015, www.bloomberg.com; Murray Stassen, "Music Piracy Should Be a Thing of the Past," *Music Week*, April 25, 2016, pp. 14-18; Mark Savage, "StreamRipping Is 'Fastest Growing' Music Piracy," *BBC News*, July 7, 2017, www.bbc.com.

4.3　企业社会责任

企业社会责任是指以满足或者超过企业在开展商务活动的过程中所涉及的国家的顾客、股东、雇员、相关组织等利益相关者的合理、合法的商业期望的方式经营企业。践行企业社会责任的企业旨在为他人的利益做更多超出法律、法规或特殊利益集团要求的事情。企业有时被称为公民，企业社会责任强调为股东和利益相关者开发共享价值，创造双赢局面。

践行企业社会责任的企业会做出合乎道德的行为，并支持自愿、自我监管的商业模式。管理者制定战略时会仔细考虑企业行为对社会、经济和环境的影响，以提高员工、社区和社会的生活质量。

4.3.1　企业社会责任的场景

企业社会责任是一个宽泛的概念，如图4.5所示。在工作场景下，企业社会责任关注企业的员工，并在企业多样性、招聘、工资、安全、健康和工作条件等方面有一套成熟的做法。在市场场景下，企业社会责任强调企业与客户、竞争对手、供应商和分销商的互动。它要求涉及产品开发、营销和广告的行为，以及供应商和分销商采用的方法是合理的。在环境保护场景下，企业社会责任是指企业尽量减少或消除污染物的产生，以及为改善自然环境做出努力。在社区场景下，企业社会责任解释了企业旨在造福社区和社会的活动，包括员工志愿服务计划和慈善事业。[1]事实上，研究表明，支持员工志愿服务（如慈善工作和社区服务）的企业往往会提高员工的参与度、忠诚度和技能，并促进个人成长。[2]

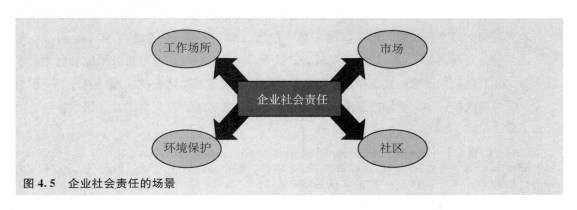

图 4.5　企业社会责任的场景

---

[1]　OECD，*Annual Report on the OECD Guidelines for Multinational Enterprises 2016*（Paris：Organisation for Economic Cooperation and Development）；Andreas Rasche，Mette Morsing，and Jeremy Moon，*Corporate Social Responsibility：Strategy，Communication，Governance*（New York：Cambridge University Press，2017）.

[2]　Jessica Rodell，Heiko Breitsohl，Melanie Schröder，and David Keating，"Employee Volunteering：A Review and Framework for Future Research," *Journal of Management* 42，No. 1（2016），pp. 55 – 84.

坚守企业社会责任原则意味着对道德行为采取积极主动的方法，即企业不仅追求利润最大化，还追求社会和环境效益。关于企业社会责任价值观的例子包括：

- 避免侵犯人权；
- 维护加入或组建工会的权利；
- 消除童工现象；
- 避免职场歧视；
- 保护自然环境；
- 防止腐败；
- 开展慈善活动。[①]

4.3.2 企业社会责任的成功与失败

不遵守企业社会责任的企业可能会遭受不利的甚至是毁灭性的后果。例如，壳牌石油公司因其在尼日利亚的采油活动受到了当地民众的抗议，收益也下降了，因为该公司的这一行为被认为损害了社区利益，污染了当地环境。沃尔玛高管被指控在墨西哥和印度行贿，被要求支付近3亿美元的罚款，此外，沃尔玛在聘请律师、内部调查和加强道德合规性方面还花费了8亿多美元。继英国石油公司在墨西哥湾发生大规模石油泄漏事件后，英国石油公司在美国的加油站报告称，由于民众对该公司的强烈反对，其销售额下降了10％～40％。由于联邦罚款、州政府强制要求其支付补助金和巨额索赔，英国石油公司损失了数十亿美元。这对英国石油公司的声誉和销售量的损害是相当大的。[②]

相比之下，许多企业通过践行企业社会责任提高了业绩。成功的企业专注于最大化关键无形资产的价值，如声誉和值得信赖的品牌名称。非洲跨国企业塞特（Celtel）是一个领先的范例。非洲是世界上服务最差的电信市场之一。为了满足被压抑的需求，非洲人穆罕默德·易卜拉欣（Mo Ibrahim）创办了移动通信企业塞特。要做到这一点，他必须在基础设施陈旧（包括糟糕的道路以及稀缺的电力、水和其他公用设施）或不存在的国家设计、建造和运营电话系统。塞特制订了一项对付腐败的计划。塞特建造学校和诊所，培训当地员工，并为员工提供医疗保险。由

① David Chandler, *Strategic Corporate Social Responsibility: Sustainable Value Creation*, 4th ed. (Thousand Oaks, CA: Sage, 2017); Crane and Matten, 2016; de los Reyes, Kim, and Weaver, 2017; Ethics & Compliance Initiative, Global Business Ethics Survey 2016, www.ethics.org.

② Chip Cummins, "Shell, Chevron to Cut Deliveries of Oil amid Protests in Nigeria," *Wall Street Journal*, December 23, 2004, p. A2; *Fortune*, "Walmart Is Reportedly Getting Ready to Settle a Bribery Probe for $300 Million," May 10, 2017, www.fortune.com; U. Idemudia, "Oil Extraction and Poverty Reduction in the Niger Delta: A Critical Examination of Partnership Initiatives," *Journal of Business Ethics* 90 (May 2009), pp. 91 - 116; Kris Maher, "WalMart Tops Global Agenda for Labor Leaders," *Wall Street Journal*, August 18, 2005, p. A2; Tom Schoenberg, "Wal-Mart Close to Resolving Bribery Probe for $300 Million," *Bloomberg*, May 9, 2017, www.bloomberg.com; Harry Weber, "Time to Scrap BP Brand? Gas-Station Owners Divided," *USA Today*, July 31, 2010, retrieved April 4, 2015, from http://usatoday30.usatoday.com/money/industries/energy/2010-07-31-bp-amoco-rebrand_N.htm.

于客户缺乏现代支付方式，塞特开发了一种廉价的预付费电话卡系统。塞特获得了巨大的成功，改善了非洲数百万人和企业的状况。①

表4.1总结了企业在全球范围内践行企业社会责任所取得的成就。例如，非洲死于艾滋病的人数最多，但很少有非洲人负担得起治疗这一疾病的高额药物费用。药品企业葛兰素史克（GSK）以低于其生产成本的价格向非洲人提供治疗艾滋病的药物。事实上，葛兰素史克90%的疫苗是以成本价向发展中经济体的客户销售的。② 在苏格兰，大型公用事业公司南苏格兰电力公司（SSE）强调向客户提供能源的可持续性。在爱尔兰，该公司通过许多风力发电场提供电力。相比其他能源，煤造成的环境污染更大，而南苏格兰电力公司只有两家发电厂是以煤为燃料的。③

表 4.1 企业社会责任：跨国企业取得成就的样本

企业	所属国家	所属行业	成就
荷兰银行	荷兰	金融服务业	为各种对社会有益的项目（包括生物能源、微型企业）提供融资
庄臣（SC Johnson）	美国	零售业	将包装改为轻型瓶子，每年可节省数百万公斤的消费垃圾
葛兰素史克	英国	制药业	针对贫穷落后国家的某些疾病，如疟疾、肺结核投入巨额研发资金；是首家以成本价提供抗艾滋病药物的企业
印度斯坦联合利华（Hindustan Unilever）	印度	零售业	向65 000名贫困妇女提供小额信贷和培训，帮助她们创办自己的批发企业，使她们的收入翻了一番
诺基亚	芬兰	电信业	为低收入消费者制造手机；是环保领域先行者，如逐步终止有害材料的使用
海德鲁（Norsk Hydro）	挪威	油气业	减少了32%的温室气体排放量；持续衡量其工程项目对社会和环境的影响
飞利浦电子（Philips Electronics）	荷兰	电子产品业	是节能型设备、照明产品和发展中国家医疗设备的顶级创新者

① Foreign Affairs，"Africa Calling，" 94，No. 1（January/February 2015），pp. 24–30；Mo Ibrahim，"Celtel's Founder on Building a Business on the World's Poorest Continent，" *Harvard Business Review*，October 2012，pp. 41–44；Ricardo Geromel，"Can We Use Corporate Social Responsibility to Evaluate Companies?" *Forbes*，May 21，2012，www. forbes. com.

② *The Guardian*，"GSK Partners with Stakeholders on Healthcare Development in Africa，" May 4，2017，www. guardian. ng；Andrew Witty，"New Strategies for Innovation in Global Health：A Pharmaceutical Industry Perspective，" *Health Affairs* 30，No. 1（2011），pp. 118–126.

③ James Henderson，"SSE Issues Biggest Ever UK Green Bond，Worth 600mn，" *Energy Digital*，September 1，2017，www. energydigital. com；SSE Plc.，*Providing More Than Energy：SSE Plc Sustainability Report* 2017，www. sse. com.

续表

企业	所属国家	所属行业	成就
特斯拉（Tesla）	美国	汽车业	电动汽车的世界领导者之一

资料来源：Pete Engardio, "Beyond the Green Corporation," *Business Week*, January 29, 2007, pp. 50 - 64；Fisk Johnson, "How I Did It: SC Johnson's CEO on Doing the Right Thing, Even When It Hurts Business," *Harvard Business Review*, April, 2015, pp. 33 - 36；Kasturi Rangan, Lisa Chase, and Sohel Karim, "The Truth About CSR," *Harvard Business Review*, January/February, 2015, pp. 40 - 49.

丹麦颁布法律，要求企业将企业社会责任活动纳入其财务报告。在英国，大企业被要求在管理企业时考虑社区和环境问题。印度的法律鼓励企业将一定比例的利润用于企业社会责任活动。[①] 越来越多的消费者青睐具有较强的社会责任的企业生产的产品。

除了追求利润的焦点公司外，还有更多的非政府组织（NGO）正在通过与跨国企业合作开展国际性的企业社会责任活动。例如，国际救助贫困组织、无国界医生组织（Médecins Sans Frontières）和孟加拉国农村发展委员会（Bangladesh Rural Advancement Committee）等非政府组织致力于减少全球贫困，并经常与私营企业合作，提供重要的产品和服务。[②]

4.4 可持续性

可持续性是指企业的发展和各项活动的实施要在不损害人类后代利益的前提下，满足当代人的需求。它得到了经济发展专家、环保主义者和人权活动家的支持。可持续发展的企业以保护经济、社会和自然环境的方式开展价值链活动。例如，可持续发展的企业会支付公平的工资、确保工人的安全，并避免排放有毒废物。符合可持续性的做法包括：

● 开展有益的农业实践。适当使用轮作和天然杀虫剂可以提高作物的质量，并保护土地供未来的农民使用。

---

① Esha Chhabra, "Corporate Social Responsibility: Should It Be a Law?," *Forbes*, April 18, 2014, www.forbes.com; Noreen Ohlrich, "Mandatory Corporate Social Responsibility in India: How Is It Working?," *Nonprofit Quarterly*, February 17, 2017, www.nonprofitquarterly.org; Andreas Rühmkorf, *Corporate Social Responsibility, Private Law and Global Supply Chains* (Cheltenham, UK: Edward Elgar, 2015); Wayne Visser and NickTolhurst, *The World Guide to CSR: A Country-by-Country Analysis of Corporate Sustainability and Responsibility* (New York: Routledge, 2017).

② Beer, 2010; Philip Kotler and Nancy Lee, *Up and Out of Poverty: The Social Marketing Solution* (Upper Saddle River, NJ: Wharton School Publishing, 2009); Timothy Besleyand Maitreesh Ghatak, "Public-Private Partnerships for the Provision of Public Goods: Theory and an Applicationto NGOs," *Research in Economics* 71, No. 2 (2017), pp. 356 - 371; Hildy Teegen, Jonathan Doh, and Sushil Vachani, "The Importance of Nongovernmental Organizations (NGOs) in Global Governance and Value Creation: An International Business Research Agenda," *Journal of International Business Studies* 35, No. 4 (2004), pp. 463 - 483.

● 节约用水。洁净水在世界范围内是一种日益稀缺的资源。一些严重依赖水的企业，比如篇首案例中的可口可乐就在寻找回收使用过的水并最大限度减少浪费的方法。

● 保护空气质量。如图 4.6 所示，工业化造成了空气污染。减少空气污染的工业措施可改善生活质量，增强企业的竞争优势。

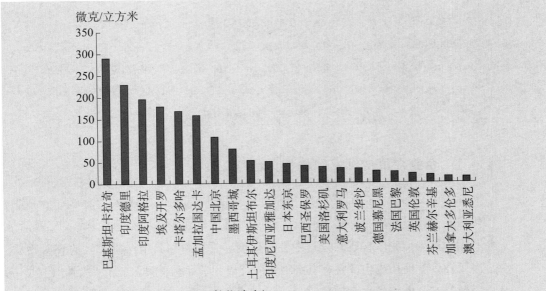

图 4.6　部分城市的空气污染状况（颗粒物浓度）

资料来源：CBS News, "The Most Polluted Cities in the World," 2018, www.cbsnews.com; World Bank, *World Bank Development Indicators* (Washington, DC: World Bank, 2017); World Health Organization, "Ambient (Outdoor) Air Pollution Database, by Country and City," April 4, 2017, www.who.int.

● 减少能源和燃料消耗。努力支持自然环境，包括规范化石燃料的使用和政府鼓励使用可再生能源。

● 增加太阳能和风能的使用。具有成本效益的太阳能和风能可以极大地减少对不可再生能源和污染能源的依赖。

● 改善工作流程。修改工作流程以提高可持续性可以降低企业成本并支持自然环境。

可持续的商务活动一般会同时追求三种利益：

（1）经济利益（economic interest）。它是指企业对其从事商务活动的地区的居民的经济影响。管理层考虑企业业务对当地关注的焦点问题，如工作机会、工资、税款转移、弱势群体、公共工程以及其他可能增进当地经济福利的活动的影响。

（2）社会利益（social interest）。它是指在面对社会事务以及社会正义时企业会如何行事，通常称为社会影响。重视社会利益的企业会改善工作环境，增加招聘方式的多样性。它们拒绝采用血汗工厂、雇用童工和其他会伤害到员工的做法。可持续发展的企业会为员工提供安全的工作环境、安全保障、退休福利以及再教育的机会。

（3）环境利益（environmental interest）。它是指企业为保证环境质量而做出贡献的程度，通常被称为环境影响。这一概念表示企业应当减少价值链上对自然环境造成影响的活动。可持续发展的企业会最大化使用可回收或可再生的自然资源以及环境友好型能源，减少污染物的排放，设计能高效地使用水和能源的生产线，并不断寻找减少浪费的方法。许多企业都制定了绿色采购政策，以确保它们使用的投入品支持环境利益。

资料来源：John Blewitt, *Understanding Sustainable Development* (London：Earthscan，2008)；F. Reimann Kaumann, M. Ehrgott, and J. Rauer, "Sustainable Success," *Wall Street Journal*，June 22，2009，retrieved from www. wsj. com；Nancy Landrum and Sandra Edwards, *Sustainable Business*：*An Executive's Primer* (New York：Business Expert Press，2009).

4.4.1　企业在可持续发展中的角色

经验丰富的企业，无论大小，都把可持续发展视为减少浪费、提高效率和效益的机会，并通过利用自然环境的资源和原材料来建立企业的竞争优势。[1] 工业活动在利用自然环境和原材料的过程中会产生烟雾、酸雨和其他污染大气的有毒物质。许多工业企业使用或生产含有有害物质的合成化学品和材料，而消费品和工业产品本身就是有毒废物的主要来源。[2]

企业消耗了大量的水资源，导致了沙漠（荒漠化）的形成或扩大，以及世界各地重要生态系统的损失。例如，巴西最近经历了一场史无前例的干旱，一些专家认为亚马孙雨林的消失是许多国家长期缺水的一个重要原因。[3] 许多国家长期缺水，其工业活动污染了清洁水源。住宅用地和工业活动导致了土地流失，破坏了维持健康的自然环境所需要的生态系统，而长期、成功的商业活动离不开健康的生态系统。

企业是自然环境的主要消费者，因此，企业必须努力确保生态的可持续性。要扭转对环境的破坏，工业化国家就必须大量减少污染物的排放，确保资源和原材料的消耗速度不超过其再生的速度，工业废料的产生速度不超过环境吸收它的

---

[1]　Beer，2010；Erin Cavusgil, "Merck and Vioxx：An Examination of an Ethical Decision-Making Model," *Journal of Business Ethics* 76，No. 4（2007），pp. 451 - 461；Crane and Matten，2016；de los Reyes, Kim, and Weaver，2017；MIT Sloan Management Review and Boston Consulting Group, *Sustainability：The "Embracers" Seize Advantage*，*research report* (Cambridge, MA：Massachusetts Institute of Technology，2011).

[2]　Robert H. Friis, *Essentials of Environmental Health*，3rd ed. (Sudbury, MA：Jones and Bartlett，2018)；Secretariat of the Basel Convention, *Vital Waste Graphics* 3 (Geneva：Secretariat of the Basel Convention，2012).

[3]　BBC, "Brazil's Most Populous Region Faces Worst Drought in 80 Years," January 24，2015，www. bbc. com；Jose Marengo, Roger Torres, and Lincoln Alves, "Drought in Northeast Brazil—Past, Present, and Future," *Theoretical and Applied Climatology* 129，No. 3 - 4（2017），pp. 1189-1200.

能力。因此，越来越多的企业寻找在其业务中使用可再生资源和尽量减少污染物排放的方法，并尽量减少其经营过程中的污染物排放。由于规模庞大，跨国企业是最重要的环境管理者之一。跨国企业通过熟练使用创新技术，改善水的生产率和对环境脆弱地区的水资源短缺的管理，并制订包括可持续发展实践在内的计划。

最先进的企业会监督供应商，以确保它们采用可持续的做法。例如，盖璞的部分印度分包商被指控使用强迫的童工后，盖璞在世界范围内将印度外包商生产的童装撤柜，并解除其外包合同。H&M 在缅甸的服装厂被指控雇用年龄小至 14 岁的儿童。可持续发展的企业通常选择本地供应商，以减少长途运输造成的污染。①

消费品企业联合利华的管理层一直致力于解决污染、疾病及贫困等重大社会和环境问题。该企业的目标是将其环境污染减半，并确保采购的食品是使用可持续的农业耕作方式种植的。联合利华的全球洗手运动旨在减少非洲和亚洲的腹泻及其他有害疾病。该企业还在开发一种新型洗衣粉，这种洗衣粉可以在任何水温下在几分钟内把衣服洗干净，从而能节约能源和水。联合利华的计划包括 60 个目标，比如"75％的包装用纸和纸板来自经认证的可持续管理森林或可回收材料"。其首席执行官保罗·波尔曼（Paul Polman）确保企业社会责任和可持续性被纳入企业所有战略的制定过程。②

宝马推出了一系列电动汽车，以支持企业的可持续发展目标。这些汽车采用碳纤维车身来减轻重量和节省燃料。底盘使用再生铝，内饰面板和座椅是由大麻纤维和回收水瓶制成。锂离子电池允许用户在充满电的情况下行驶 100 英里。智能手机应用程序可以显示通往充电站和智能停车位的道路。宝马正在将这些功能作为其在全球销售的一系列汽车的标准。③

越来越多的消费者从亚马逊和阿里巴巴等网络供应商那里购物，平台上的商户会将商品装在纸箱里，通过快递送到消费者家中。德国、韩国、英国和美国都是拥有很多网络零售消费者的国家。仅亚马逊 Prime 会员在全球就有超过 7 500 万名。网上购物要用到大量的纸箱，这些纸箱最终大多被扔进了垃圾填埋场。零散的货运服务增加了运输卡车排放的二氧化碳和其他废气。亚马逊和其他零售商正试图通过

①　Sarah Butler，"H&M Factories in Myanmar Employed 14 - Year Old Workers," *The Guardian*，August 21，2016，www. theguardian. com；Jo Johnson and Aline van Duyn，"Forced Child Labour Claims Hit Clothes Retailers," *Financial Times*，October 29，2007，p. 3；Landrum and Edwards，2009；Masha Zager，"Doing Well by Doing Good：Gap Inc. 's Social Responsibility Program," *Apparel*，August 2009，p. 10.

②　Marc Gunther，"Unilever's CEO Has a Green Thumb," *Fortune*，June 10，2013，pp. 124 - 128；Vivienne Walt，"Unilever CEO Paul Polman's Plan to Save the World," *Fortune*，February 17，2017，www. fortune. com.

③　*Fortune*，"BMW Wants to Sell Half a Million Hybrids and Electric Cars by 2019," December 21，2017，www. fortune. com；Alex Taylor，"BMW Gets Plugged In," *Fortune*，March 18，2013，pp. 150 - 155.

减少包装和使用污染更少的快递服务（如无人机和电动卡车）来解决这个问题。①

与企业社会责任一样，可持续发展的做法也会以多种方式带来回报，比如提高企业的声誉、更容易雇用和留住优秀员工、通过提高生产效率节省成本、与供应商建立更好的联系以及与外国政府建立更融洽的关系。

实现可持续发展通常要求企业具有灵活性和创造性。可口可乐就是一个很好的例子，它必须应对水资源可持续性的挑战。随着一些国家水资源的减少，可口可乐开始与社区和其他用水者发生冲突，特别是在印度。为了应对这些挑战，可口可乐制订了一个远远超出效率和法律合规需求的水资源可持续发展计划。管理部门设计了保护水资源和确保获得清洁的饮用水的全球项目。可口可乐还动员国际社会预测并应对全球日益严重的水危机。②

4.5 企业治理的作用

践行道德行为、企业社会责任和可持续发展对大多数企业，特别是那些在许多国家拥有广泛业务的企业来说是一项挑战。企业治理为企业董事和经理践行此类行为提供了手段。龙头企业往往通过创建一套价值观（作为员工的行动指南）和一套指导行为的基本规则来践行企业治理，包括所有员工都使用并且可接受的决策标准。价值观和基本规则应在关于企业的道德准则和行为准则的文件中确立。

道德准则（code of ethic）是描述用于指导企业所有员工决策的价值观和期望的文件，它旨在成为企业在全球开展业务的道德指南。该准则的设计应该确保任何员工都能识别道德问题，并区分正确行为和错误行为；应足够通用，适用于企业面临的任何道德挑战；应列出指导日常决策和与客户、员工及合作伙伴互动的一般原则；应由高级管理人员制定，并在企业内推广；应该被翻译成企业在国际业务中使用的所有语言。③

行为准则（code of conduct）将道德准则转化为了有关禁止或要求做出某些行为和实践的具体规则。它确定了具体违规行为的后果和继续雇用的条件。行为准则中提到的不当行为可能包括性骚扰、利益冲突、种族歧视和接受礼物。由于不同国

① Krystina Gustafson, "Amazon Hints at One of Its Best-Kept Secrets: How Many Prime Members It Has," *CNBC*, February 17, 2017, www.cnbc.com; Jennifer Langston, "Drone vs. Truck Deliveries: Which Create Less Carbon Pollution?," *UWNEWS*, May 30, 2017, www.washington.edu/news; Leena Rao, "Out of the Box," *Fortune*, December 1, 2016, p. 23; Matt Richtel, "E-Commerce: Convenience Built on a Mountain of Cardboard," *The New York Times*, February 16, 2016, www.nytimes.com; *Worldatlas*, "Countries Who Spend the Most Money Shopping Online," August 1, 2017, www.worldatlas.com.

② Andrew Batson, "Coke Aims to Improve Water Recycling," *Wall Street Journal*, June 6, 2007, p. A10; Jenny Wiggins, "Coke Develops Thirst for Sustainability," *Financial Times*, July 2, 2007, p. 26; Daniel Vermeer and Robert Clemen, "Why Sustainability Is Still Going Strong," *Financial Times*, February 19, 2015, www.ft.com.

③ Crane and Matten, 2016; de los Reyes, Kim, and Weaver, 2017; Sullivan, 2009.

家的法律和惯例不同，制定一个单一的准则来涵盖企业在世界各地的业务通常是不切实际的。许多企业会针对个别国家或地区制定行为准则，以应对当地情况。例如，在许多亚洲国家，送礼相对而言是被接受的，甚至是被期待的。在一些伊斯兰国家，男女雇员之间的互动是不被鼓励的。

将当地法规与企业的全球标准相结合是一项挑战。一种办法是由代表总部和子公司以及具体职能领域利益的跨职能和跨国团队广泛制定这些准则。相应国家当地的管理人员往往能最准确地识别和阐释这些国家所采用的办法。高级管理层对适当行为的承诺对于在国际业务中激发道德和企业社会责任至关重要，他们应定期传达道德和行为准则的重要性。企业应该制订继续教育计划，以确保员工理解并实践道德和行为准则。除了帮助确保道德行为、企业社会责任和可持续发展外，实施道德准则和行为准则还有助于增进与客户、员工和合作伙伴的信任。[①]

4.5.1 道德行为的具体做法

在一个对社会和环境问题日益敏感的世界，管理人员越来越多地采取下列各种做法：

● 建立内部和外部能力，以增加企业对当地社区和全球环境的贡献。

● 通过建立雇用来自世界各地的经理和员工的组织结构，确保外界听到企业多样化的声音。

● 制定全球道德标准和目标，并在全球范围内推广、践行这些标准和目标。

● 对管理人员进行有关全球道德原则的培训，并将这些道德原则融入管理职责。

● 与外国利益相关者建立更密切的关系，更好地了解他们的需求，并共同努力寻求解决方案。

4.5.2 企业治理的道德标准方法

学者们设计了五种道德标准方法，管理者可以使用它们来审视道德困境。表4.2中总结了这五种方法。[②]

表 4.2 五种道德标准方法

方法	具体含义
功利主义的方法	最好的道德行为是提供最多好处或产生最少危害的行为。它使客户、雇员、股东、社区和自然环境达到了最大程度的平衡。

---

① de los Reyes，Kim，and Weaver，2017；Muller and Kolk，2010.

② Crane and Matten，2016；de los Reyes，Kim，and Weaver，2017；Ferrell and Gresham，1985；T. Low，L. Ferrell，and P. Mansfield，"A Review of Empirical Studies Assessing Ethical Decision Making in Business," *Journal of Business Ethics* 25，No. 3（2000），pp. 185 - 204；Malhotra and Miller，1998；McAlister，Ferrell，and Ferrell，2003.

续表

方法	具体含义
权利的方法	最好的道德行为是保护和尊重每个人的道德权利。它基于这样一种信念：无论你如何处理道德困境，人的尊严都必须得到保护。
公平的方法	最好的道德行为对每个人都是平等和公正的。工人应该得到公平的工资和体面的生活，同事和客户应该得到公平的对待（就像我们希望自己被怎样对待一样）。
共同利益的方法	最好的道德行为强调整个社会或国家的福利。它关注什么行为对所有受影响的人的生活质量贡献最大。尊重和同情所有人，特别是弱势群体，是企业做决策的基础。
美德的方法	最好的道德行为强调美德，以使人性得到充分的发展。最重要的美德是真理、勇气、同情、慷慨、宽容、爱心、正直和谨慎。

使用这些方法来分析道德困境是具有挑战性的，因为它们偶尔会相互冲突。并不是所有人都同意在各种情况下使用特定的标准。不同的文化遵循不同的道德和人权准则以及判断是非的基本标准。许多道德困境是复杂的，所提出的方法可能无法在确定最佳行动方针方面提供充分的指导。然而，每个标准都是有用的，因为它几乎可以在任何困境下指导道德行为。在大多数情况下，它们会给出类似的解决方案。

4.5.3 一个全球共识

将道德、企业社会责任和可持续发展纳入企业在全球的经营活动是实现长期卓越绩效的途径。管理者可以获取各种资源。联合国、世界银行和国际货币基金组织等国际组织已经启动了打击国际腐败的项目。

国际商会（International Chamber of Commerce）通过了《打击勒索贿赂行为规则》（Rules of Conduct to Combat Extortion and Bribery,），联合国发表了《国际商业交易中反腐败贿赂宣言》（Declaration against Corruption and Bribery in International Commercial Transactions）。

经济合作与发展组织制定了一项反贿赂协议，其 30 个成员（基本上是发达经济体）和几个拉丁美洲国家已经签署了该协议。[①]

联合国全球契约（The United Nations Global Compact，www. unglobalcompact. org）是一个政策平台，也是一个致力于可持续发展和负责任的商业实践的实用框架。它力求使商业经营和战略与人权、劳动力、腐败和自然环境等领域被普遍接受的原则相一致。它是世界上最大的自愿企业公民倡议，代表了多于 135 个国家的数千家企业。

全球报告倡议（The Global Reporting Initiative，www. globalreporting. org）

---

① OECD，2017；Transparency International，*Progress Report：OECD Anti-Bribery Convention 2009*，www. transparency. org.

率先制定了得到最广泛使用的可持续发展报告框架。它列出了组织可以用来衡量和报告其经济、环境及社会绩效的原则和指标。今天，大多数大型跨国企业都会编制可持续发展报告，其中许多遵循全球报告倡议的指导方针。

4.5.4　深入、广泛和本土化

最终，追求道德行为的文化要求企业走向深入、广泛和本土化。走向深入意味着企业在组织文化中将适当的行为制度化，使之成为战略的一部分。走向广泛意味着企业不断努力理解企业社会责任和可持续发展如何影响自身在全球范围内的经营活动的各个方面。本土化与全球化携手并进。它要求企业审视其全球业务，以确定和改善影响客户、竞争地位、声誉和任何其他影响企业全球业务的具体的本土化问题。①

4.5.5　企业治理的好处

确保道德实践、企业社会责任和可持续发展的企业治理为企业带来了诸多好处。② 这些好处包括：

● 增强员工的荣誉感。践行道德、企业社会责任和可持续发展的企业更容易吸引和留住员工。当员工为他们的雇主感到骄傲时，他们会更勤奋地工作，并提高生产率。

● 提高客户忠诚度和销售额。许多客户喜欢光顾那些强调道德规范的企业。有利于社会的最佳实践提高了销售额。

● 提升声誉和品牌形象。有道德且负责任的经营提升了企业的公众形象，增强了客户对企业的偏好，提高了企业吸引资本的能力。拥有强大形象的企业不太可能与价值链成员和政府当局发生冲突。

● 减少政府干预的可能性。通过实施更好的企业治理而增加的信任、透明度和问责制，可以减少政府实施复杂的监管和其他形式的干预的可能性。

● 降低业务成本。企业社会责任和可持续实践导致了企业各种各样的效率提升，包括雇用高质量员工的能力增强、员工流失率下降和监管审查减少。回收和使用替代能源等努力有助于减少废物排放和投入成本。

● 改善财务绩效。最近的几项研究表明，拥有健全的价值观、道德行为以及社会和环境实践的企业比那些只关注利润的企业有更高的增长率。

请阅读专栏"从事国际商务相关工作的新近毕业生"。该专栏介绍了哈维尔·埃斯特拉达（Javier Estrada），他在各种新兴市场和发展中经济体的贫困和可持续发展问题上积累了丰富的经验。

---

① de los Reyes，Kim，and Weaver，2017；Vermeer and Clemen，2009.

② Crane and Matten，2016；de los Reyes，Kim，and Weaver，2017；Cavusgil，2007；Malhotra and Miller，1998；McAlister，Ferrell，and Ferrell，2003；MIT Sloan Management Review and Boston Consulting Group，2011.

专栏   **从事国际商务相关工作的新近毕业生**

姓名：哈维尔·埃斯特拉达

专业：商科

目标：在公共机构中整合商业技能和社会规划，希望以后从政

毕业后的工作：

● 联合国世界粮食计划署（United Nations World Food Programme）在危地马拉和洪都拉斯的协调员

● 多米尼加共和国贝茨广告公司（Bates Advertising）的研究主管

● 墨西哥一家大型慈善机构的经理

哈维尔·埃斯特拉达几年前从一所州立大学毕业，获得了商学学士学位。后来他搬到了多米尼加共和国，在当地的贝茨广告公司获得了一个研究岗位。贝茨广告公司是一家全球性的广告代理公司，负责温迪（Wendy's）、普瑞纳（Purina）和南方贝尔（Bell South）等公司的业务。与此同时，哈维尔也在社会机构工作。他曾担任联合国世界粮食计划署在危地马拉和洪都拉斯的协调员，还是墨西哥一家大型慈善机构的经理。

成功的要素

"我的父母强烈地认为，我们的生活不仅受到教育质量的影响，还受到旅行的影响……在学校里，我们是最喜欢旅行的孩子之一。"哈维尔很幸运，在他十几岁和二十几岁的时候去过好几个国家。他感慨道："当你完全置身于一种陌生的文化中时，你会通过建立朋友圈和工作联系来了解自己。"国际经验培养了哈维尔的独立精神和在世界各地成功开展工作的能力。

哈维尔喜欢去其他国家认识不同的人。"我的工作为我提供了帮助企业和客户的机会。如果我在学校时不努力学习，我就得不到那份工作。管理培训培养了我有效执行的技能。敏感是很重要的，因为你需要与来自不同文化的人交流。你需要对客户有强烈的同理心。你需要确定哪些研究问题是最好的。"

未来的目标

哈维尔有更高的职业目标。他长期关注拉丁美洲的贫困问题，在联合国的经历对他影响深远。哈维尔在伦敦经济学院（London School of Economics）获得了社会政策与规划方面的硕士学位。在商业和发展领域都工作过的哈维尔发现，他热衷于将自己的商业技能与政府层面的社会规划相结合。最近，哈维尔在墨西哥的一家大型慈善机构工作。他说："我需要有远大的梦想"。

资料来源：Photo courtesy of Javier Estrada.

4.5.6 制定道德决策的框架工具

学者建议管理者采用系统的方法来解决道德困境。图4.7展示了实现道德决策

的框架，它可以帮助你在面临道德困境时想出适当的解决方案。① 练习多了，就会习惯成自然。框架中列出的步骤如下。

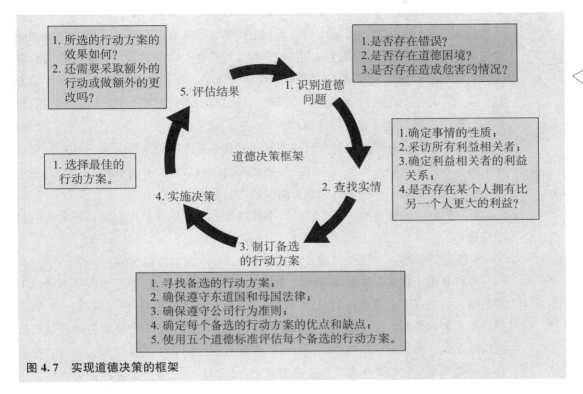

图 4.7　实现道德决策的框架

（1）识别道德问题。制定道德决策的第一步就是要认识道德问题。试着弄清楚：当前是否存在不道德行为？是否存在道德困境？当前的情况是否对员工、顾客、组织以及国家造成了危害？在国际商务中，要清楚地识别这些问题还是比较困难的，因为国外环境的复杂微妙之处可能超出了你的知识或经验范围。通常，最好的解决方式就是相信你的直觉：如果你感觉有些行为是错的，那么它可能就是错的。

（2）查找实情。确定不同环境的特征以及各个不同方面。是否咨询了所有相关人员和组织的意见？哪些人和组织与结果有利益关系？利益相关者该按什么权重分配利益？是否存在一些因为比较弱势或者有特殊需求而享有更大利益的群体？这一阶段往往很难推进，因为确定具体细节和从无关信息中区分事实具有挑战性。这个过程通常涉及采访人员和利益相关者，他们可能会对手头的问题提供不同的版本或意见。经理的任务是识别和验证最有用、最有效的信息，让问题的

---

① 这一框架最初出现于 *Issues in Ethics* 1，No. 2（1988），并在加利福尼亚州圣塔克拉拉大学的马库拉应用伦理学研究中心得到了发展。See also Crane and Matten，2016；de los Reyes，Kim，and Weaver，2017；Cavusgil，2007；Ferrell and Gresham，1985；Low，Ferrell，and Mansfield，2000；Malhotra and Miller，1998；McAlister，Ferrell，and Ferrell，2003；UNCTAD，*World Investment Report 2006*（New York：UNCTAD，2006）；Sullivan，2009.

本质变得清晰。

（3）制订备选的行动方案。寻找其他可能的方案并逐一评估。首先，行动方案应当与道德行为的金字塔中所要求的一致。检查所有上报的方案，以确保它们是合法的。如果有行动方案违反了本国或者东道国的法律或者国际条约，就必须立刻予以否决。其次，检查上报的行动方案，看其是否符合企业的政策、企业的行为标准或者道德标准。如果发现某行动方案存在不符之处，那就应当立即否决该行动方案。最后，评估上报的行动方案，看其是否与已有的道德标准一致。可以利用前面提到的五个标准对这一点进行评估：

- 功利主义的标准——哪些行动方案能够获得最大利益或遭受最小损失？
- 权利的标准——哪些行动方案能够代表所有利益相关者的权利？
- 公平的标准——哪些行动方案能够最为公平地对待所有人？
- 共同利益的标准——哪些行动方案能够最大限度地改善所有利益相关者的生活质量？
- 美德的标准——哪些行动方案能够体现你所看重的性格优势？

目标是做出最好的决策或者制订最适合的行动方案。列出熟悉情况的当地员工的名单，他们可能会有敏锐的洞察力，可以帮助企业寻找备选的行动方案。从所有利益相关者的角度，评估每个行动方案产生的结果。每个行动方案都应该经过类似的检验，如：当你把它介绍给你的母亲、你所尊重的同事、某位良师益友时，你是否会感觉到不妥？如果你需要在电视节目中为你的行动方案辩护，你是否会感到不自在？

- 实施决策。把选定的计划付诸行动。这意味着制定新的规则、流程或程序并将其付诸实施。实施是至关重要的，因为它决定了所选择的行动计划的成败。管理者在这个阶段需要特别勤奋，以确保决策按照计划执行。

- 评估结果。决策实施后，管理者要对其结果进行评估，以了解其有效性。如果能重来一次，你还会做出不同的选择吗？评估结果可能需要收集、分析并使用信息来回答有关所选择的行动的过程的问题。目标是确保行动达到其预期效果，并发现企业是否修改了方法或采用了不同的方法。

为了简单地做出说明，让我们回顾一下你作为经理参观哥伦比亚一家子公司的工厂的例子。你在那里发现了童工，你也意识到：没有了孩子们的收入，他们的家庭可能会挨饿，或者孩子们可能会从事街头犯罪等非法活动。发现问题后，你可以通过咨询工厂和总部的同事来查找实情。你需要了解被雇用的儿童的状况，以及当地有关童工的法律和习俗。然后，你寻找其他可能的解决方案，确保它们是合法的并且符合公司政策。记住这五个道德标准，你就可以评估提出的每一个行动计划。最后，选择并实施最佳的行动方案，并评估其有效性。

管理者必须将道德行为、社会责任和可持续性作为企业活动和经营的一部分。跨国企业的追求会对环境造成伤害，并使企业接触到从研发到制造再到营销的各种活动，这些活动可能会使企业陷入各种道德困境。管理者应在对股东的义务和对更广泛的公共利益的明确贡献之间取得平衡。大多数管理者认为：企业在为投资者创造高回报的同时，还应注重提供良好的就业机会，支持当地社区的社会事业，并以超出法律要求的标准减少污染和业务的其他负面影响。

篇尾案例　　　　　　　　　　**大众汽车的丑闻**

美国环境保护署（U. S. Environmental Protection Agency）和加州空气资源委员会（California Air Resources Board）发现，大众汽车 2009—2015 年生产和销售的柴油车安装了可以在空气污染物排放检测中"作弊"的软件。有关部门发现，该软件能够通过监测速度、发动机状况和其他因素察觉到空气污染物排放检测。当察觉到这样的检测时，软件会让汽车立即切换到"检测模式"，于是发动机就会在正常功率和性能水平以下运行。通过这种方式，空气污染排放物检测就会给出错误的空气污染物排放读数。一旦汽车重新上路，软件就会让汽车切换到其他模式。通过这种方式，大众汽车得以系统性地规避美国的环境保护法。

这款规避软件让大众汽车在美国汽车市场上拥有了相对于竞争对手的竞争优势。工程专家最初发现了空气污染物排放检测结果与实际情况的不一致性。专家们惊讶地发现，这些柴油车排放的空气污染物比美国法律规定的上限高出好几倍。其后的调查显示，约 1 100 万辆柴油车装有该软件，目的显然是提供虚假的空气污染物排放检测结果。

丑闻的严重性一经揭露，大众汽车的股票价格立马暴跌。大众汽车不得不拨出数十亿美元来弥补由此产生的成本。无数汽车被召回，企业高管可能面临刑事指控。

大众汽车集团成立于 1937 年，总部位于德国沃尔夫斯堡。大众汽车每年生产和销售超过 1 000 万辆轿车、卡车和货车。大众汽车的业务遍及 150 多个国家，最近的年收入超过 2 500 亿美元。汽车工业在德国经济中占主导地位。大众汽车、戴姆勒和宝马的总收入约占德国国内生产总值的 15%。德国的经济实力植根于这样一种信念：德国的生产是可靠的、值得信赖的，德国在工业方面拥有卓越的实力。

丑闻的背景

调查人员试图找出大众汽车故意在空气污染物排放检测中作弊的原因。一些人暗示，大众汽车正试图努力扩大在竞争激烈的美国市场的份额，随着大众汽车的运动型多用途车销量的增加，在空气污染物排放检测中表现良好的能力可能有助于控制成本。另一些人则指出，作弊在汽车行业已经很普遍，福特、丰田和通用汽车等其他顶级汽车制造商也牵涉其中。

汽车制造商面临着盈利目标和社会责任之间的矛盾。与强调人、地球和利润的"三重底线"相比，大众汽车可能过于强调财务利润。一些人认为，大众汽车是在因欺骗行为可能受到的惩罚与在美国市场获得巨额利润的前景之间进行权衡。由于大规模销售有缺陷和危险的汽车，通用汽车和丰田汽车各被处以约 10 亿美元的罚款，但与这些企业的年销售额相比，这只是一个小数目。大众汽车管理层可能已经计算出，丑闻所引起的潜在损失将小于在美国这个巨大的市场上销售装有"击败装置"（defeat device）的汽车所带来的潜在市场收益。

丑闻的影响

大众汽车在丑闻中遭受了各种损失。最初，该企业的股价下跌了超过30%，从每股160美元跌至每股110美元。过了好几个月，大众汽车的股价才回到了早先的水平。此外，大众汽车还不得不向美国政府支付43亿美元的和解金。大众汽车计划花费250亿美元来解决车主、经销商、监管机构和各州提出的索赔要求，并回购约50万辆污染排放不达标的汽车。这起丑闻的成本高得出人意料，事实证明，遵守和解协议既复杂又耗时。加拿大、法国、德国、意大利、韩国和英国政府也开始调查大众汽车是否在它们国家的空气污染物排放检测中作弊。最终，大众汽车不得不裁减数千名员工以支付丑闻的成本，这一结果影响了无数人的生活。

大众汽车曾将其汽车定位为"有吸引力、安全、环保"的汽车，但上述丑闻爆发后，这种营销活动似乎有了误导人之嫌。在社交媒体上，消费者称这一丑闻影响了他们对大众汽车的信任，并担忧道路上许多污染物排放超标的汽车对人们健康的影响。

然而，尽管有了这样的负面宣传，但许多消费者并不知道这一丑闻，在德国、美国和其他地方的市场调查表明，大多数消费者继续信任该品牌。大众汽车的利润保持强劲，最近还成了全球汽车销量的领导者。

其他后果

在丑闻曝光后的几天里，大众汽车首席执行官马丁·文德恩（Martin Winterkorn）辞职，五名高管被停职，一些高级工程师被逮捕。与此同时，该企业宣布计划推出一系列纯电动汽车，旨在将自己定位为绿色交通的领导者。在丑闻发生之前，大众汽车的企业文化被形容为"积极进取"。该企业制定了雄心勃勃的目标，并推动管理者取得成功。丑闻发生后，新上任的首席执行官马蒂亚斯·穆勒（Matthias Mueller）表示："在柴油问题导致的严重挫折之后，我们需要从错误中吸取教训，改正缺点，建立开放、价值驱动和植根于诚信的企业文化。"

大众汽车计划精简运营，以降低丑闻引发的成本。管理层将缩减企业的零部件业务，并减少30 000名员工。同时，大众汽车预计生产更多电动汽车，这可以创造9 000个新工作岗位。

这起丑闻导致各国加强了对汽车行业的监管审查，尤其是在环保标准方面。世界各地的汽车制造商仍然面临着严格的环境控制、激烈的全球竞争和对盈利能力的不懈追求之间的紧张关系。

案例问题：

4-4. 这个案例对道德行为的价值有什么启示？你认为大众汽车的不当行为受到了足够的惩罚吗？为什么？大众汽车通过努力引进一种植根于诚信和负责任的行为的文化，获得了什么？

4-5. 大多数国家缺乏完善的法律或严格的执法来充分保护自然环境，这会产生什么后果？各国可以做些什么来更好地保护环境？

4-6. 谁应该为大众汽车排放丑闻负责，大众汽车高级管理层、工程师，还是政府监管者？证明你的答案。

4-7. 大众汽车可以采取哪些措施来防止类似事件在未来再次发生？

说明：本案例由傅波华（Bohua Fu）在加里·奈特的指导下撰写而成。

资料来源：BBC News, "VW Plans Huge Investment to Become Electric Cars Leader," June 16, 2016, www. bbc. com; Nick Carey and David Shepardson, "VW Pleads Guilty in Diesel Emissions Case as Part of $4.3 Billion Settlement," *Washington Post*, March 10, 2017, www. washingtonpost. com; Jack Ewing, "Engineering a Deception: What Led to Volkswagen's Diesel Scandal," *The New York Times*, March 16, 2017, www. nytimes. com; Michael Le Page, "How Did Volkswagen Cheat in Tests and Can It Fix Affected Cars?," *New Scientist*, September 30, 2015, www. newscientist. com; *Los Angeles Times*, "Volkswagen to Shed 30,000 Jobs to Cut Costs After Emissions-Cheating Scandal," November 18, 2016, www. latimes. com; Nazanin Mansouri, "A Case Study of Volkswagen Unethical Practice in Diesel Emission Test," *International Journal of Science and Engineering Applications* 5, No. 4 (2016), pp. 211-216; Kartikay Mehrotra and David Welch, "Why Much of the Car Industry Is Under Scrutiny for Cheating," *Bloomberg*, January 10, 2018, www. bloomberg. com; Kevin O'Marah, "VW Scandal: Awareness and Accountability," *Forbes*, September 24, 2015, p. 97; Na-tasha Terry-Armstrong, "The VW Scandal—The High Cost of Corporate Deceit," *Busidate* 24, No. 1 (2016), pp. 9-13; *Economist*, "A Long Road to Recovery: VW," November 12, 2016, p. 59; Trefis Team, "Volkswagen Is the New Global Sales Leader: What It Means," *Forbes*, February 1, 2017, www. forbes. com.

本章要点

关键术语

行为准则（code of conduct）

道德准则（code of ethic）

企业治理（corporate governance）

企业社会责任（corporate social responsibility, CSR）

腐败（corruption）

道德困境（ethics dilemma）

道德（ethics）

知识资产（intellectual property）

知识产权（intellectual property rights）

规范主义（normativism）

相对主义（relativism）

可持续性（sustainability）

本章小结

在本章中，你学习了：

1. 道德行为及其在国际商务中的重要性

道德是用来支配人、企业、政府行为的伦理原则和价值观。世界各地的道德标准各不相同。相对主义强调道德真理不是绝对的，会因文化而不同。规范主义认为道德标准具有普遍性，企业和个人应当维持其在世界范围内的道德标准的一致性。道德困境是不同利益者之间出现利益冲突的困境。决策者可能会在几个同样具有说服力的、可能的解决方案间犹豫不决。

2. 国际商务中的道德风险

企业面临各种道德风险，包括腐败、贿赂、侵犯知识产权和不道德的管理行为等。腐败是指通过非法手段获取权力、个人利益或影响力。知识资产指的是个人或企业创造的想法或作品。各国政府的目标是保护知识产权，但在世界上很多地方，知识产权都没有得到充分的保护。

3. 企业社会责任

践行企业社会责任意味着以符合或超过利益相关者的道德、法律、商业和公众期望的方式经营企业。可持续性指的是在不损害后代利益的情况下满足人类的当前需求。除了遵守法律、法规和基本的道德标准外，谨慎的跨国企业还会在其经营活动中强调企业社会责任。企业社会责任的一个强大的商业理论基础包括企业激励员工和制定卓越战略的能力。无法承担企业社会责任对企业有重大的负面影响。

4. 可持续性

可持续的商务活动一般会同时追求三种利益：经济利益、社会利益、环境利益。这三种利益强调最大化利用可回收和可再生资源以及环境友好型能源；减少制造过程中的浪费；降低有害气体排放；减轻水资源污染；以各种其他方式为员工提供健康保障、培训和照顾；热心于当地的教育、医疗、环保事业。注重可持续发展的企业会选择那些遵守较高的社会和环保标准的供应商作为合作伙伴。

5. 企业治理的作用

企业治理是管理、指导和控制企业的程序和流程体系。管理层通过企业治理来实施道德行为、企业社会责任以及可持续发展，以支持企业的最佳利益。学者们在功利主义、权利、公平、共同利益和美德的基础上，分别设计了五种可被管理者用于检验道德困境的标准。资深管理者应该制定一系列道德准则来指导员工妥善地面对和处理道德困境。

6. 实施道德决策的框架

学者们设计了实施道德决策的五个步骤：（1）识别道德问题；（2）查找实情；（3）制订备选的行动方案；（4）实施决策；（5）评估结果。良好的道德行为和企业的社会责任是经理人必须追求的目标。联合国、世界银行等组织提供的各种资源可以帮助管理者成功达成该目标。

检验你的理解

4-8. 区分国际商务中的道德和腐败。

4-9. 描述企业在国际商务中遇到的典型道德问题。

4-10. 什么是清廉指数？经理人如何利用它来评估国际风险？

4-11. 什么是知识产权？哪些行业受知识产权侵犯问题的影响最大？

4-12. 按照高道德标准行事，企业能取得什么收益？

4-13. 什么是道德困境？举一个跨国企业在国外遇到的道德困境的例子。

4-14. 区分相对主义和规范主义。企业在其经营活动中应该采用哪一种？

4-15. 什么是企业社会责任？它与一般的道

德行为有何不同？

4-16. 为什么企业社会责任对国际化企业很重要？

4-17. 什么是可持续性？企业如何在其价值链活动中实现可持续发展？

4-18. 描述管理者可以用来审视道德困境的五个标准。

4-19. 在国际经营中，企业应采取哪些步骤来践行企业社会责任和可持续发展？

4-20. 描述道德决策框架中的步骤。

运用你的理解

4-21. 道德困境：你最近受雇于雷猫（ThunderCat），这是一家大型飞机制造商，在许多国家都有制造业务。雷猫的销售人员经常周游世界，向航空公司和外国政府销售战斗机和商用飞机。你敏锐地意识到，各国的文化、法律和政治环境千差万别。公司的最高管理层要求你制定一套道德规范，以指导雷猫的员工在世界任何地方与他人的交流。考虑到与雷猫开展业务的国家的多样性，你会制定什么样的准则？你应该考虑哪些问题？考虑到世界各国的多样性，是否有可能制定一套准则来指导各国的道德行为？

4-22. 道德困境：荷兰皇家壳牌石油公司（以下简称壳牌）自 20 世纪 20 年代以来一直在尼日利亚开展业务，并宣布了在那里开发石油和天然气项目的新计划。然而，多年来，壳牌经历了一系列复杂的问题。壳牌的业务主要集中在尼日利亚的奥格尼（Ogoni）地区，当地居民抗议壳牌的钻井和炼油活动，认为这些活动损害了自然环境，减少了可用的耕地数量。抗议者还指责壳牌从该地区攫取财富，却没有给予当地居民足够的补偿。在其设施遭到破坏后，壳牌暂停了其在尼日利亚的部分业务，然后迫于压力剥离了其业务，并向当地人民支付赔偿。尽管存在这些问题，但壳牌仍坚持在尼日利亚开展业务。管理层在该地区制定了各种社区发展计划，每年的预算达 5 000 万美元。使用本章中的道德决策框架，确定壳牌可以采取哪些步骤，以成为尼日利亚更好的企业公民。

4-23. 道德困境：美国国际集团（AIG）是美国最大的保险公司。当美国国际集团面临破产时，美国政府用纳税人的钱向其提供了 1 700 多亿美元的贷款，以换取该企业 80% 的股份。几个月后，有消息透露，美国国际集团已经从这笔钱中拿出一部分（至少 300 亿美元）偿还了欧洲的银行（大部分是它在海外交易中产生的债务）。对此，美国政府官员非常愤怒。当美国国际集团试图与部分美国债权人重新就贷款进行谈判时，人们的愤怒情绪加剧了，因为这意味着美国债权人的重要性不如欧洲银行。假设你是美国国际集团的首席财务官，你会怎么做？你会如何处理这种困境？使用本章中的道德决策框架来分析美国国际集团应该如何更好地处理这种情况。

网络练习

4-24. 各种组织都制定了关于企业道德行为的国际标准，其中包括联合国的《世界人权宣言》（Universal Declaration for Human Rights, www. un. org）、经合组织的《跨国企业指南》（Guidelines for Multinational Enterprises, www.oecd. org）和国际劳工组织（International Labour Organization）的《国际劳工标准》（International Labour Standards, www.ilo）。访问这些门户网站，准备一套指导方针，使得企业可以通过遵循这套指导方针，满足在国际商务中可接受的道德标准。

4-25. 透明国际（www. transparency. org）会发布关于世界各地腐败程度的信息。假设你在一家计算机软件公司工作，想在巴西和俄罗斯开展业务。你的任务是查找透明国际网站上关于这些国家的报告和指数，并写一份简短的报告，解释你的公司应该如何在这些国家开展业务，以避免与腐败有关的问题。需要考虑的关键问题包括贿赂和侵犯知识产权。

4-26. 中国的联想（Lenovo，www.lenovo.com）、芬兰的诺基亚（www.nokia.com）和美国的爱力根（Allergan，www.allergan.com）的网站上列出了大量关于这些企业如何承担企业社会责任的信息。访问每个网站，写一份报告，比较每家企业的社会责任。哪一家企业在社会责任方面最有效？制药企业（如爱力根）的社会责任与电子制造企业（如联想和诺基亚）有何不同？联想位于新兴市场，而爱力根和诺基亚则位于发达经济体。基于这一区别，你可以发现它们的企业社会责任取向有什么不同？证明你的答案。

4-27. 按照高道德标准行事，企业能获得什么好处？

4-28. 为什么企业社会责任对国际化企业来说很重要？

第5章　国际贸易与投资理论

本章学习目标：

1. 理解国家为何进行贸易
2. 理解国家如何增强其竞争优势
3. 了解企业为何以及如何进行国际化
4. 理解进行国际化的企业如何获得并保持竞争优势

篇首案例　　　　　　　　**苹果公司的全球竞争优势**

苹果公司自成立以来，已经在 120 个国家售出了超过 12 亿部 iPhone 手机。2017 年，苹果公司全球总销售额为 2 300 亿美元，净收入超过 480 亿美元。其中，北美和南美市场的销售额约占其总销售额的 40%，亚洲市场占 30%，欧洲市场占 25%。除美国之外，中国市场是苹果公司业绩最好的市场，该市场的销售额约占其总销售额的 20%。

苹果公司的产品曾经完全在美国生产，而现在它们几乎都是在美国以外的地区生产。

通过全球采购，苹果公司与世界各地的供应商签订了合同，超过 70 万名工程师帮助其设计和组装产品，充分利用来自不同国家的比较优势是苹果公司的重要目标之一。比较优势是指特定国家能够比其他国家更好地或以更低的成本生产特定产品或服务的能力。例如，苹果公司之所以将大部分 iPhone 手机的生产基地设立在中国，是因为中国拥有高质量且廉价的劳动力。

消费者是全球贸易的主要驱动力之一，他们往往想要以最低的价格获得质量最好的产品。当企业为了争取竞争优势，利用选定国家的比较优势来满足这一需求时，就会发生全球采购，这使得与全球贸易相关联的进口增加。

苹果公司具备卓越的创新能力，包括强大的新产品设计能力和更高效的生产方式。它在加利福尼亚州的自有工厂里完成绝大部分的研究和产品开发。创新提高了苹果公司的生产力，这是衡量产品效率的指标。更高的生产力帮助像苹果公司这样的公司降低生产成本、增加企业利润，建立起自身的竞争优势。一台 iPhone 手机包含数百个零部件，其中

90％是在美国以外的地方生产的，例如，半导体产自韩国、存储芯片产自日本、运动传感器由意大利提供，一些稀有金属材料来自非洲。同时，苹果公司在中国、捷克等低成本地区生产产品，以最大限度地降低产品的生产成本。一旦 iPhone 手机或 iPad 的价格降低就会刺激销售，这反过来又要求苹果公司大量生产，这通常会导致规模经济——生产数量越大，单位生产成本就越低。

全球制造和贸易也可能产生负面后果。苹果公司最大的供应商是中国台湾的制造商富士康（Foxconn），该公司在中国的工厂雇用了 100 多万工人。那里的员工抱怨工作时间长、工资低、宿舍拥挤，因此，有超过 25 万名抗议者签署了一份请愿书，要求为苹果公司的海外合同工人提供更好的工作条件。

作为回应，富士康被迫提高了中国工人的薪资。这一举措虽然在一定程度上削弱了富士康在中国的比较优势，但也向世界展现了它们对于企业社会责任的重视。苹果公司还将一些生产机会转移到了印度，以此来获得那里较廉价的劳动力资源。与许多其他公司一样，苹果公司正努力在低成本制造等经济因素与确保安全可靠的工作条件等社会道德问题之间寻找合适的平衡点。

案例问题：

5-1. 为什么苹果公司大多数产品都是在美国以外的地区生产的？

5-2. 什么是比较优势？苹果公司如何从比较优势中获益？

5-3. 请描述一下苹果公司与供应商富士康之间存在的问题。苹果公司采取了哪些措施来解决这些问题？

资料来源：Apple Inc.，*Form 10-K*（*Annual Report*）*2017*，retrieved from http://investor. apple.com；Eva Dou，"Why Apple Is Hiring More Engineers in China," *Wall Street Journal*（Online），March 4，2014，p. 1；Jamie Fullerton，"Suicide at Chinese iPhone Factory Reignites Concern over Working Conditions," *The Telegraph*，January 7，2018，www. telegraph. co. uk；Hoovers.com，profile of Apple，Inc.；Dan Gallagher，"Apple's Bigger Smartphone Slice," *Wall Street Journal*，November 28，2014，p. C8；Adam Lashinsky，*Inside Apple：How America's Most Admired—and Secretive—Company Really Works*（New York：Business Plus，2012）；Niall McCarthy，"Apple Has Sold 1. 2 Billion iPhones over the Past 10 Years," *Forbes*，June 29，2017，www. forbes. com；Christopher Minasians，"Where Are Apple Products Made?," *Macworld*，September 18，2017，www. macworld. co. uk；Adam Satariano，"Apple Supplier Working Conditions to Be Targeted in Protest," *Bloomberg*，February 8，2012，www. bloomberg. com；"Apple's Labor Practices in China Scrutinized After Foxconn," *Pegatron Reviews*，December 12，2013，p. 2.

篇首案例中关于苹果公司的故事说明了全球自由贸易的好处。国际贸易使苹果公司能够保持较低的制造成本，并以具有竞争力的全球价格销售其产品。**自由贸易**（free trade）是指商品和服务在国家之间的流动相对不受限制。

如果国家之间不开展贸易，那么我们会错过什么？我们将无法获得在其他地区生产的产品和服务。其他国家能够更高效、使用更少的资源生产出来的产品，在本国可能需要浪费更多的稀缺资源才能完成生产。

同理，若一家公司只能在本国开展业务，那么结果会怎么样？它可能就需要为一些本可以从其他国家进口的原料支付更高的价格。如果不能向外国客户销售产品，或者不能从外国合作伙伴那儿获得创新理念、资本、专业知识等竞争优势，那么它会损失什么？许多其他不良结果将接踵而至。

幸运的是，当前国家和公司一般都可以在国界以外的地区进行自由贸易。自由贸易允许消费者以更低的成本获得他们想要的产品，这有助于提高全球的生活水平。尽管跨国贸易和投资的理由是直观的，但经济学家们仍然努力对跨国贸易和投资进行深刻而客观的解释。

本章我们将回顾一些主要理论，但其中许多理论已经随着时间的推移而变得越来越复杂。它们解释了国际商务的基本经济原理，以及企业和国家进行国际贸易和投资的原因。我们将这些问题归纳如下：

- 国际商务活动的基本经济原理是什么？
- 为什么会发生贸易？
- 国家及企业可以从国际贸易和投资中获得什么好处？

比较优势理论和竞争优势理论是了解国家间贸易的核心，接下来我们探讨这些理论。

比较优势（comparative advantage）是指一个国家在全球竞争中提供独特利益与优势的特征。这些特征通常来自自然禀赋或国家政策。比较优势也被称为国家特定优势，包括劳动力、气候、土地、石油储备和其他自然资源禀赋，例如中东国家所享有的一些资源。随着时间的推移，国家还可以获得其他类型的比较优势，如创业方向、风险资本和创新能力。

竞争优势（competitive advantage）是指竞争对手难以复制的特殊资产或难以模仿的特殊能力。这种资产或能力往往能够帮助企业进入外国市场并获得成功。它有多种体现形式，如特殊的知识、能力、创新、策略优势，甚至可以是和供给商的密切关系。竞争优势也叫作企业特有优势。

近年来，学术界和一些商务主管用竞争优势来指代国家和单家企业在国际贸易和投资中具有的优势。为了和最新的文献保持一致，本书也采用这一惯例。

图 5.1 将国际贸易与投资理论分为两大类。第一类是国家层面的理论，这是 18 世纪产生的古典理论，主要阐述了两个问题：

（1）国家为何进行贸易？

（2）国家如何增强其竞争优势？

第二类是企业层面的理论。这是比较现代的理论，阐述了企业如何才能创造并且维持卓越的组织绩效。企业层面的理论回答了另外两个问题：

（3）企业为何以及如何进行国际化？

（4）进行国际化的企业如何建立并保持竞争优势？

我们将根据这四个基本问题进行以下讨论。

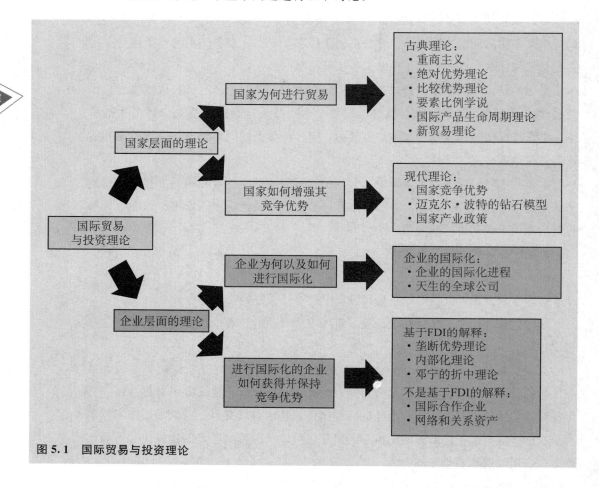

图 5.1 国际贸易与投资理论

5.1 国家为何进行贸易

国家之间为什么要进行贸易？简单来说就是，贸易能够通过专业化帮助国家更有效地利用其资源，从而提高本产业和工人的生产力，降低居民的生活成本，提高他们的生活水平。如果不存在国际贸易，那么很多国家甚至无法提供现有水平下的吃、穿、住等条件，即使像美国这样资源丰富的国家也会受到极大的负面影响：有些食物将无法买到，或者变得极其昂贵，甚至连咖啡和糖都会变成奢侈品；石油相关能源将逐渐减少，汽车将停止运行，货物无法被运输，人们在冬天也无法取暖。简言之，不仅国家、公司、居民会从国际贸易中受益，而且可以看到，现代生活是根本无法离开国际贸易的。

5.1.1 古典理论

解释贸易的基本理论有六个：重商主义、绝对优势理论、比较优势理论、要素比例学说和里昂惕夫悖论、国际产品生命周期理论和新贸易理论。

（1）重商主义（mercantilism）。国际商务最早的解释出现于 16 世纪欧洲国家兴起之时。当时，黄金和白银是最重要的财富，各国都在努力寻找并获取尽可能多的货币财富，尤其是黄金。各国在出口贸易中以黄金的形式获得了收入，出口使一国的黄金存量增加，但是进口会使黄金存量减少。因此，重商主义认为出口是有益的，进口是有害的。由于一国的权力与实力取决于其财富，因此重商主义主张通过尽可能多出口、少进口甚至不进口来扩大贸易顺差，以期实现国家的繁荣。

从本质上来说，重商主义解释了为什么国家总是试图实现贸易顺差，即出口大于进口。直到今天，仍有很多人相信贸易顺差对一国有利。这种观点即"新重商主义"的观点。工会（致力于保护本国就业）、农民（希望提高作物价格）和特定的生产商（指依赖于出口的生产商）都倾向于支持"新重商主义"。

然而，重商主义会损害进口企业的利益，特别是那些原材料和成品零件进口商的利益。重商主义也会损害消费者的利益，因为限制进口减少了消费者可以选择的商品，且由进口限制引起的产品短缺将会导致价格升高，也就是通货膨胀。在极端情况下，采用重商主义观点的国家可能还会使用"以邻为壑"的策略，即以损害其他国家利益的方式来获取本国利益。与之相反，自由贸易是一种更好的方式。

自由贸易一般会导致以下结果：

- 消费者和企业可以更容易地购买到自己需要的产品。
- 进口产品的价格将比本国生产的产品更低（因为可以获取世界范围内的产品，所以产品供给增加了，产品之间的竞争加剧了，加之产品可能生产于成本较低的国家，因而产品价格会下降）。
- 低成本的进口商品削减了企业成本，因此提高了企业利润（利润将以更高工资的形式传递给工人）。
- 低成本的进口商品降低了消费者的生活成本，因此会提高其生活质量。
- 自由的国际贸易很大程度上将提高贫困国家的整体繁荣程度。

（2）绝对优势理论（absolute advantage principle）。你们有没有想过为什么 iPhone 手机和 iPad 不在美国组装，虽然它们是在那里设计的？如果你的回答是"因为中国的劳动力成本较低"，那么你就已经对绝对优势理论有所了解了。由于各国的自然禀赋（如土地、劳动力、技术能力）不同，所以它们更擅长专门生产某些产品和服务并进口其他产品。

1776 年，苏格兰政治经济学家亚当·斯密出版了一本开创性著作《国民财富的性质和原因的研究》（*An Inquiry into the Nature and Causes of the Wealth of Nations*），他在著作中提出各国均能从自由贸易中受益，从而有力地反驳了重商主义观点。斯密认为，重商主义剥夺了个人自由贸易和从自愿交换中获利的权利。通过最小化进口和最大化出口，一个国家在生产产品的过程中大量浪费了国家资源，不利于有效率的生产活动的进行。重商主义的这种低效率最终将减少一国的整体财富，仅使少部分人和利益集团获利。与别国相比，一个国家总会在生产某些商品时效率较高，而在生产其他商品时效率较低。这种简单的观点认为，各国生产同一种产品的能力不同，这是一个被广泛接受的前提，被称为绝对优势理论。

斯密的绝对优势理论说明了一个国家能够通过生产具有绝对优势的产品而受益——这些产品在该国能用比其他任何国家都要少的资源生产出来。早期学者所说的"资源"指的是土地和劳动等有形资产。如今所指的"资源"包括无形资产（如知识、职业道德）和能力（如设计能力和零缺陷生产能力）。每个国家都可以通过专门生产其具有独特优势的产品，同时进口其他没有绝对优势的产品来增加国家财富。如果每个国家都采取这种做法，那么每个国家都可以以更低的成本消费更多的商品。

绝对优势理论也适用于我们的日常生活。请考虑以下情况：你是某公司的一名财务分析师，很不幸你的车坏了，但你对汽车维修所知甚少。这时候你可以选择请假去参加汽车维修速成课程，并在几天内运用所学知识自己维修汽车。或者你也可以把你的车交给一个专业的维修工。你会选择哪个？大多数人可能会选择让专业维修工来维修，因为放弃在维修速成课程期间本应该获得的财务分析师的工资并不是一个理性的选择。专业的维修工在汽车维修方面具有绝对优势，而你在财务分析方面具有绝对优势，使用专业维修工的服务可以帮助你节省时间，从而可以使你获得更多的工资。

我们也可以从国家层面进行研究。假设只有两个国家：只生产和消费牛奶的乳制品国；只生产和消费牛肉的养牛国。但在这个场景中，我们忽略了运输产品的成本。表 5.1 列出了每个国家的生产力情况。乳制品国的一单位资源（劳动力）可以生产 10 加仑牛奶或 8 磅牛肉。养牛国的效率较低，一单位资源只能生产 2 加仑牛奶或 4 磅牛肉。

表 5.1 绝对优势的例子

	一单位资源生产的产品数量	
	牛奶（加仑）	牛肉（磅）
乳制品国	10	8
养牛国	2	4

我们注意到，乳制品国的一单位资源创造的两种产品（10 加仑牛奶或 8 磅牛肉）都比养牛国（2 加仑牛奶或 4 磅牛肉）多。因此，我们得出结论：乳制品国在

两种产品上都具有绝对优势，它在牛奶和牛肉的生产中都更有效率。

在前面的例子中，我们通过使用单一的资源——劳动力——做了一个简单的假设，但是在现实世界中，生产牛奶或牛肉需要多种资源，例如劳动力、土地、资本、适当的气候、技术知识等，这些生产性资源的数量和质量因国而异。

在乳制品国在生产牛奶和牛肉方面都有绝对优势的情况下，两国相互贸易还有意义吗？每个国家都会获得贸易收益吗？对于这些问题的答案，我们应从比较优势角度进行分析。

（3）比较优势理论（comparative advantage principle）。英国政治经济学家大卫·李嘉图在他于 1817 年出版的著作《政治经济学及赋税原理》（*The Principles of Political Economy and Taxation*）中解释了为什么在没有哪个国家具备绝对优势的前提下，两个国家仍能从双方贸易中获益。李嘉图指出，重要的是两个国家在生产上具有的相对优势，而不是绝对优势。因此，比较优势理论说明，只要一国在生产某种商品或服务上较为高效，就能通过自由贸易使双方获益。比较优势理论是国际贸易的基础和主要原因。

为了更清楚地解释这一理论，我们回顾一下乳制品国和养牛国的例子。乳制品国在生产牛奶和牛肉方面都有绝对优势。因此，你可能会得出这样的结论：乳制品国应该生产它所需要的所有牛奶和牛肉，而不是与养牛国进行贸易。然而，乳制品国与养牛国的贸易仍然是有益的，因为最重要的是两国之间的相对效率，而不是绝对效率。正如我们在表 5.2 中看到的，乳制品国生产牛奶的效率是养牛国的 5 倍（10/2），但生产牛肉的效率只是养牛国的 2 倍（8/4）。虽然养牛国既不能比乳制品国更高效地生产牛奶，也不能比乳制品国更高效地生产牛肉，但它在牛肉生产方面比在牛奶生产方面更高效。

相反，乳制品国在生产牛奶方面的效率比在生产牛肉方面的效率相对更高（10/2 和 8/4）。因此，乳制品国应将其所有资源用于生产牛奶，并从养牛国进口所需的所有牛肉；养牛国应该专门生产牛肉，并从乳制品国进口牛奶。最终，每个国家都可以生产和消费更多的资源。

我们也可以回顾一下汽车维修的案例。假设你擅长维修汽车，可以比专业的汽车维修工更快地维修你的汽车。你在汽车维修和财务分析方面都拥有绝对优势。汽车维修工虽然在财务分析或汽车维修方面都不如你有效率，但仍然很擅长维修汽车。因此，他应该专攻汽车维修。同样，无论你在汽车维修方面多么厉害，你都最好专注于财务分析工作。换句话说，虽然汽车维修工在这两项工作上都缺乏绝对优势，但他在汽车维修方面具有相对优势。

虽然一个国家的确会利用不同的生产要素来提供各种充足的商品与服务，但却不能够同样有效率地生产两者。美国可以生产其国民所需的各种鞋子，但生产成本较高，这是因为生产鞋子需要投入很多劳动力，而美国制造业的工资水平相对较高。相反，在中国生产鞋子则较为合理，因为中国工人的工资水平较低。因此，美国专门生产专利药物这类产品是有利的，因为生产药品能够更有效率地利用美国丰富的知识工人和良好的技术。对外出口药品，并从中国进口鞋子，将会改善美国的境况。事实上，耐克和锐步（Reebok）等鞋业公司都是自己设计鞋子，但它们的产品却是在中国和其他劳动力成本低的国家完成生产的。

这样看来，比较优势理论的观点乐观许多，因为它意味着一个国家要在国际贸易中受益，不一定需要成为某种产品的第一、第二、第三强的生产者。事实上，参加国际贸易的所有国家都会受益。

现在，你可能会问是什么导致了国家的效率差异。最初，比较优势理论的拥护者认为，比较优势主要是指一国拥有的自然资源或自然优势，如肥沃的土地、丰富的矿产和宜人的气候。因此，南非由于拥有丰富的矿产资源，所以生产并出口钻石；巴西由于拥有大量的农田和合适的气候，所以大量生产并出口小麦和牛肉。

除了这些自然优势外，各国显然还可以创造或获得比较优势。以日本为例，在第二次世界大战后，日本系统性地获得了一系列消费性电子产品方面的优势，例如资本、专业知识和保证质量的方法。日本政府、银行和制造企业的投资获得了巨大的回报。一些企业，如日立、松下和索尼投入了大量资金，以期在知识和技术方面成为消费性电子产品领域的佼佼者。如今，日本的产品，包括数码相机、平板电视和个人电脑在全球这一产业中几乎占了半数。近年来，韩国也在进行类似的投资，这促进了 LG、三星这种顶级企业的崛起。

下面的专栏列示了传统贸易理论的局限。随着时间的推移，学者们针对国际贸易提出了更多的理论，我们接下来将一一进行介绍。

绝对优势理论和比较优势理论的局限

虽然绝对优势理论和比较优势理论的概念为国际贸易提供了理论解释，但它们却忽略了令现代贸易如此复杂的原因，包括以下几点：

● 关税（对进口产品征收的税款）、进口限制及贸易法规等政府限制措施都将阻碍国际贸易。

● 如同日本在战后所做的那样，政府可以重点投资某些产业，如建设基础设施、提供补贴，以提高本国该产业的竞争优势。

● 某些产业或许能通过大规模生产实现规模经济，因而拉低产品价格。规模经济可以弥补一国竞争优势的不足。类似地，现代通信技术和互联网的发展可以降低跨境贸易的成本，让跨境贸易变得更容易。

● 参与国际贸易的主要是互不相同的单家企业。它们并非同质化企业，而是大多具有高度的企业家精神和创新精神，或者拥有特殊的人力资源，这些都可以帮助企业在国际商务中获得成功。

● 对于跨境交易来说，国际运输和保险十分重要，但通常来说花费相对较大，会推高进口产品的价格。

- 贸易产品已经不再局限于牛奶、牛肉这类产品。如今，大多数贸易产品都相对复杂，往往有着强大的品牌和不同的特征。
- 银行业和零售业等许多服务业所提供的服务不能进行通常意义上的出口，只能通过FDI实现国际化。

第 5 章

（4）要素比例学说（factor proportions theory）。解释国际贸易的下一个重要理论出现于20世纪20年代，它就是两位瑞典经济学家赫克歇尔和俄林提出的要素比例学说，有时也被称作要素禀赋理论。[①]

这一观点有两个前提：

- 要素（劳动、自然资源和资本）在种类和数量上各不相同；
- 每个国家的要素在种类和数量上也各不相同。

该理论认为，一国应该出口那些密集使用相对丰裕的要素生产出来的产品，进口那些需要密集使用相对稀缺的要素生产出来的产品。例如，美国应生产并出口资本密集型产品，如药品和商用飞机；而阿根廷应该生产土地密集型产品，如酒和葵花籽。

要素比例学说与之前的理论有些许不同，它强调每个国家的生产要素的重要性。该理论说明，除了生产效率外，一国拥有的生产要素数量也决定了其国际贸易模式。这样，如果一个国家的某种生产要素（如劳动力、土地）很丰裕，那么它就会在密集使用该要素的产品上获得单位成本优势。

20世纪50年代，俄罗斯经济学家华西里·里昂惕夫的发现似乎与要素比例学说矛盾。按照要素比例学说，美国是资本丰裕的国家，应该出口资本密集型产品。然而，里昂惕夫的分析表明，美国经常出口劳动密集型产品，而进口的资本密集型产品比要素比例学说所预测的要多。造成这种不一致的原因是什么？一种解释是：众多因素决定了一国进出口的构成。另外一种解释表明：在里昂惕夫的时代，美国的劳动力比世界其他地区的劳动力有着更高的生产水平。

也许里昂惕夫悖论的最大贡献在于它表明国际贸易十分复杂，无法用单一理论来解释。随后对要素比例学说的补充修改表明，其他国家层面的资产——如知识、技术和资本——对于解释一国贸易实力有着至关重要的作用。例如，中国台湾在信息技术方面的实力十分强大，并拥有一定规模的信息技术从业人员，这些要素都助力它成为全球电脑行业的佼佼者。

（5）国际产品生命周期理论（international product life cycle theory）。在1966

---

① John Romalis，"Factor Proportions and the Structure of Commodity Trade," *The American Economic Review* 94，No. 1 (2004)，pp. 67 - 97；Robert Zymek，"Factor Proportions and the Growth of World Trade," *Journal of International Economics* 95，No. 1 (2015)，pp. 42 - 53.

年的一篇文章中，哈佛大学教授雷蒙德·弗农试图用产品在全球市场上的发展和演变进程来解释国际贸易。[①] 他在《国际产品生命周期理论》（*International Product Life Cycle*（*IPLC*）*Theory*）一书中指出，他所观察到的各个产品的生产技术要经历三个阶段：推介阶段、成熟阶段及标准化阶段（如图 5.2 所示）。

第 5 章

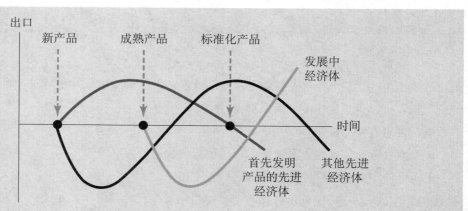

图 5.2　弗农的国际产品生命周期理论

资料来源：Adapted from Raymond Vernon，"International Investment and International Trade in the Product Cycle，" *Quarterly Journal of Economics* 80（May 1966），pp. 190-207 and www. provenmodels. com/583/ international-product-life-cycle/ raymond-vernon.

在推介阶段，新产品往往是由先进经济体，如德国或美国发明出来的。这些国家有着雄厚的资金和较强的研究与开发（R&D）能力，这是发明新产品所需要具备的核心条件。同时，先进经济体还拥有愿意购买昂贵新产品的消费者。在推介阶段，新产品仅在一国内生产，该国暂时享有垄断地位。

当产品发展到成熟阶段后，生产商大规模生产该产品，并且设法向其他经济发达的国家出口。但是，这种产品的生产逐渐变得更加常规，于是外国厂商也开始生产类似产品，从而终结了发明者的垄断地位。在这一时期，随着竞争的逐渐加剧，出口订单将越来越多地来自低收入国家，生产国将只能赚取微薄的利润。

在标准化阶段，产品的生产方法已经广泛传播，生产制造也变得简单。在产品发展初期，生产需要专门的研发人员和生产制造人员参与。一旦生产标准化，生产商的主要工作就变成了用便宜的原材料和低成本的劳动力进行大量生产。最终，这种产品的生产将逐渐转移到那些具有低成本竞争优势的低收入国家，从而能够经济有效地通过出口服务全球。该产品的发明国却逐步转变为净进口国。它和其他经济体的市场由于进口发展中国家产品而达到饱和。事实上，这种产品的出口将会引起其潜在技术的广泛传播，并使其在全球的生产得以标准化。

---

① Raymond Vernon，"International Investment and International Trade in the Product Cycle，" *Journal of International Economics* 80（May 1966）：190-207.

我们可以将电视机生产的演化过程作为一个例子。美国是电视机基础技术的发明国，美国企业于 20 世纪 40 年代开始生产电视机。在连续几年的时间内，美国的电视机销量持续迅速增长。然而，一旦电视机的生产实现标准化，其生产就会向中国和墨西哥等生产成本低的国家转移。如今，美国几乎所有电视机都是进口的。

国际产品生命周期理论解释了一国的生产优势是动态的，不是一成不变的。从全球来看，一些企业在创造和生产新产品，而另一些企业则在不断地模仿它们。产品生命周期也在不断地开始、结束。弗农假设这种产品的扩散过程非常缓慢，足以使不同国家在获得和使用新技术方面产生暂时性的差异。但是，这个假设已不再有效。如今的新产品在全球范围内扩散得越来越快，国际产品生命周期越来越短。新兴市场的购买者非常希望新技术一经实现就被投入使用。这一趋势也是新型消费电子产品（如智能手机和平板电脑）在世界范围内快速普及的原因。

（6）新贸易理论。20 世纪 70 年代初，以保罗·克鲁格曼为代表的经济学家观察到，生产要素相似的工业化国家之间的贸易往往增长得最快。一些新的产业似乎没有展现出明显的比较优势。新贸易理论解决了这个问题。该理论认为，随着产量的上升，在规模经济条件下，规模报酬对于在国际市场上取得更好的业绩有重要的作用。例如，商用飞机企业有着很高的固定成本，只有通过大量销售才有可能获得利润。当一个国家专门化生产这种产品时，其生产力会提高，单位成本会下降，当地也能获得更好的经济收益。

但是，许多国家的市场很小，国内生产商由于无法销售更多产品而不能实现规模经济。新贸易理论认为，企业可以通过出口和进入更大的全球市场来解决这一问题。仿制药等行业通过在全球多个市场销售产品，实现了利润最小化的规模经济。规模报酬递增效应使得一国集中生产少数产品，即使它们不具备生产该产品所需的要素或竞争优势。根据新贸易理论可以得出，贸易对那些只能生产很少种类产品的国家有利。

5.2 国家如何增强其竞争优势

全球化市场引发了一场新的竞赛——一场国与国之间为吸引企业和投资而重新定位自己的竞赛。如今，更具竞争力的经济体不仅拥有比较优势，而且在具体的企业层面也拥有优势。它们有着丰富的资源、完善的基础设施、训练有素的工人、强大的品牌、领先的技术、完善的全球供应商和合作者网络，以及良好的职业道德优势（如图 5.3 所示）。

现在让我们探讨各国如何增强其竞争优势。

以下三种现代观点有助于解释国家竞争优势的建立和发展：国家竞争优势、国家竞争优势的决定因素和国家产业政策。让我们依次解释一下。

第 5 章

比较优势 一国由于以下要素丰裕而获得的 与自身位置相关的优势： · 有价值的自然资源（例如巴西） · 可耕或可用土地（例如加拿大） · 战略位置（例如中国） · 宜人的气候（例如西班牙） · 低成本劳动力（例如印度 　尼西亚） · 有技能的劳动力（例如新加坡）	+	竞争优势 一家企业由于以下要素丰裕 而获得的与企业自身或所有 权相关的优势： · 特定知识 · 特定能力 · 特定类型的技能 · 较优策略 · 强大的网络 · 其他资产	=	国家竞争优势 来源于某些特定产业， 例如： · 巴西的矿业 · 加拿大的伐木业 · 中国的进出口业 · 西班牙的旅游业 · 印度尼西亚的家电产业 · 新加坡的生物技术产业 · 中国的汽车产业

图 5.3　比较优势与竞争优势

5.2.1　国家竞争优势

各国如何在有关国家竞争力的全球竞赛中定位自己？迈克尔·波特教授在 1990 年出版的著作《国家的竞争优势》（*The Competitive Advantage of Nations*）一书中对此做出了重要贡献。[1] 波特教授认为，一国的竞争优势取决于该国企业竞争优势的综合。随着时间的推移，这种关系变成相互的：一国的某种竞争优势也将推动拥有同样的竞争优势的新企业和产业的发展。

举例来说，英国凭借其一流的制药企业如葛兰素史克、阿斯利康，在处方药行业取得了巨大的国家竞争优势。美国由于拥有像高盛（Goldman Sachs，投资银行业）、威达信（Marsh & McLennan，保险业）、麦肯锡（McKinsey，咨询业）这样的一流企业，在服务行业形成了巨大的竞争优势。反过来，这些大型服务企业的存在也令美国企业在国际服务领域更有竞争力。

在企业和国家两个层面上，竞争优势和技术发展都来自创新。[2] 企业创新有很多不同的方法：它们设计新的产品、开发新的生产工艺、采用新的营销方式以及新的组织或培训方法。通过持续探索新的产品、服务和处事方式，企业可以一直创新下去。[3] 例如，澳大利亚的 Vix（www.vixtechnology.com）在运输业的收费设备和软件系统领域世界领先。该企业在一些大城市，包括墨尔本、罗马、旧金山、斯德哥尔摩和新加坡的地铁、公交网络和其他大型运输体系中安装系统。该公司凭借多个创新产品迅速实现了国际化，这些创新产品也获得了多个奖项。Vix 在研发方

---

[1] Michael Porter, *The Competitive Advantage of Nations* (New York: Free Press, 1990).

[2] Jože Damijan and Crt Kostevc, "Learning from Trade Through Innovation," *Oxford Bulletin of Economics & Statistics* 77, No. 3 (2015), pp. 408 - 436; Leonid Kogan, Dimitris Papanikolaou, Amit Seru, and Noah Stoffman, "Technological Innovation, Resource Allocation, and Growth," *The Quarterly Journal of Economics* 132, No. 2 (2017), pp. 665 - 712.

[3] Richard Nelson and Sidney Winter, *An Evolutionary Theory of Economic Change* (Cambridge, MA: Belknap Press, 1982); Melissa Schilling, *Strategic Management of Technological Innovation*, 5th ed. (New York: McGraw-Hill Education, 2017).

面的投资额一直很大，占公司收入的比例高达 23%。

创新是研发所取得的成果。在一系列产业中，生物技术、信息技术、新材料、制药、机器人技术、医疗器械、纤维光学以及各种各样的电子产业对技术创新的依赖度最高。

在一份名为《全球创新 1000 强》（*Global Innovation 1000*）的报告中，管理咨询业的思略特（www. strategyand. pwc. com）每年都会列出研发支出最多的跨国公司。欧洲、日本和美国的大多数顶尖企业将其研发费用的一半或更多用于非总部所在地公司的研发。它们这样做有以下几个原因：

● 可以获得更好的人力资源，如在印度和中国，有着天资极高的工程师和科学家；

● 可以比国内更低的工资雇用这些工程师和科学家；

● 可以将某些研发活动放在国外，以洞察目标市场的特定需求。[①]

创新也可以提高生产率，即单位劳动或资本产出的价值。一家企业的生产率越高，它对资源的利用率也就越高。一个国家的企业的生产率越高，这个国家对资源的利用率也越高。[②]

在国家层面，生产率是决定一国长期生活水平的核心因素，也是人均收入增长的重要来源。图 5.4 展示了不同时期不同国家以制造业工人每小时的产出水平衡量的生产率。随着时间的推移，爱尔兰和韩国在提高生产力方面非常成功。

5.2.2　国家竞争优势的决定因素

迈克尔·波特在《国家的竞争优势》一书中提出了钻石模型。可以看出，企业层面和国家层面的竞争优势都源于以下四个主要因素存在与否及其性质，接下来我们将会详细论述。

（1）需求状况。它是指本国市场对特定商品和服务的需求的有关情况。挑剔的买方对产品的高要求迫使企业加快创新、提高产品质量。例如，美国有大量富裕的老年人，他们有各种健康问题。这为高质量的医疗设备和药物创造了巨大的市场。

（2）企业策略、结构和竞争状况。它是指决定企业如何被建立、组织和管理的国内竞争情况。激烈的竞争会使企业持续处于创新和改进的压力之下。它们不仅要争夺市场份额，而且要争夺人力资源、在技术上的领先地位，从而生产出质量比对手更高的产品。强劲的竞争对手的存在可以帮助一国建立并保持国家竞争优势。日本的消费电子产业有着巨大的竞争优势，主要有日立、任天堂（Nintendo）、索尼

---

① Barry Jaruzelski and Kevin Dehoff, "Beyond Borders: The Global Innovation 1000," *Strategy Business* 53 (2008), pp. 52–67; strategy&, *The 2017 Global Innovation 1000 Study*, www. strategyand. pwc. com.

② Richard Dobbs, Jeremy Oppenheim, and Fraser Thompson, "Mobilizing for a Resource Revolution," *McKinsey Quarterly*, January 2012, www. mckinseyquarterly. com; James Manyika, Jaana Remes, and Jonathan Woetzel, "A Productivity Perspective on the Future of Growth," *McKinsey Quarterly*, September 2014, www. mckinsey. com.

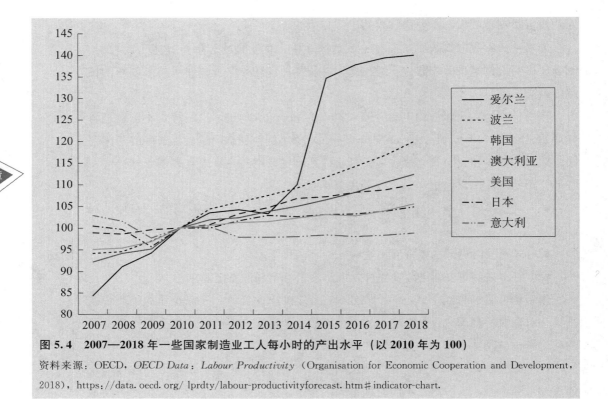

图 5.4　2007—2018 年一些国家制造业工人每小时的产出水平（以 2010 年为 100）

资料来源：OECD，*OECD Data*：*Labour Productivity*（Organisation for Economic Cooperation and Development，2018），https://data.oecd.org/ lprdty/labour-productivityforecast.htm#indicator-chart.

和东芝等企业生产半导体、计算机、视频游戏和液晶显示器。激烈的竞争使索尼这样的企业获得了全球领先地位，也让日本成为消费电子产业的全球领导者。

（3）要素状况。它是指一国的劳动力、自然资源等资源和资本、技术、企业家精神、高级劳动力技能和专有技术知识等高级生产要素的有关情况。每个国家都有某种相对丰裕的要素禀赋，这有助于决定该国的国家竞争优势的性质。比如，德国的高技术劳动力相对丰富，这使得德国的工程设计产业在全球具有极高的地位。

（4）相关的支持和配套产业状况。它是指供应商、竞争者和有技能的劳动力的聚集情况。**产业集群**（industrial cluster）是指在一个特定的地理区域内，相同产业内企业、供应商和支持企业集中的现象。

产业集群的特点是拥有大量的人力资源、资本和其他要素禀赋。产业集群的典型例子包括：

● 北意大利的时尚产业；

● 瑞士的制药业；

● 越南的鞋袜产业；

● 新加坡的医学技术产业；

● 瑞典斯德哥尔摩的无线网络产业；

● 日本的消费电子产业。

企业在大量相关的支持产业中经营可以通过信息和知识交流获得优势，从而实现规模经济和范围经济，节约成本。

如今，国家竞争优势主要来源于一国的个人、企业、产业和国家所拥有的知识和技术。与别的其他要素相比，知识和技术决定了跨国企业更愿意在世界哪些地区开展商务活动。由于接近专业人才，加利福尼亚州的硅谷和印度的班加罗尔成为产业集群中的佼佼者。更有甚者认为，知识是可持续的长期竞争优势的最重要来源。如果这一结论是正确的，那么未来财富将集中流向那些在研发、教育和知识密集型产业方面投入最多资金的国家。

5.2.3 国家产业政策

迈克尔·波特的钻石模型将基于国家的理论（侧重于国家层面的比较优势）与基于企业的理论（侧重于企业层面的竞争优势）相结合，以确定国家竞争力。许多国家制定了产业政策。**国家产业政策**（national industrial policy）是政府为创建或强化某一特定产业而推出的一项积极的经济发展计划。这种政策通常会通过促进与私人企业合作，发展高附加值产业，实现更高的企业利润、人员工资和税收，来促进经济发展。历史上，政府青睐传统产业，包括汽车、造船和重型机械——所有这些都具有长价值链，能产生巨大的附加值。

高增值行业通常是知识密集型行业，如信息技术、生物技术、医疗技术和金融服务。迪拜制定了国家产业政策，成为信息和通信技术（ICT）领域的国际商业中心。新加坡发布的《创新宣言》（Innovation Manifesto）推动了该国在核能技术等领域成为世界级中心。

政府在影响波特的钻石模型的四个组成部分方面都发挥着关键作用，这种作用既有可能是积极的，也有可能是消极的。政府可以通过法规影响需求状况及相关的支持和配套产业状况，通过支持教育和资本市场来影响要素状况，可以通过税收政策和法规影响企业策略、结构和竞争状况。

国家产业政策的特征：

- 税收优惠。税收优惠可以鼓励居民和企业储蓄或投资，从而为研发、工厂、设备、工人技能方面的公共投资或私人投资提供资本。
- 货币和财政政策。例如，以低利率贷款的形式为居民和企业提供稳定的资本供给。
- 教育制度。优越的教育制度为科学、工程和商业领域的高科技或高附加值产业提供了源源不断的合格劳动力。
- 基础设施。信息技术、通信和交通等方面的现代基础设施的建设及完善提高了生产率。
- 法律和监管制度。完善的法律和监管制度可以确保国民经济的稳定性。

资料来源：Iurii Vinslav, "National Industrial Policy," *Problems of Economic Transition* 56, No. 9（2014），pp. 16-47; Lester Thurow, *Head to Head: The Coming Economic Battle Among Japan, Europe, and America* (New York: William Morrow, 1992).

5.2.4　国家产业政策实践

　　国家产业政策在现实中如何应用？让我们看看新西兰的经验。20 世纪早期，政府政策限制了新西兰与外国进行贸易。那时新西兰的生活水平较低，年轻人纷纷离开，很多人看不到新西兰的未来。在 20 世纪 80 年代，新西兰政府采取了贸易鼓励措施，与私营企业进行合作，这帮助新西兰建立起了国家竞争优势。新西兰也从农业、保护主义和管制经济体制转变为工业化、全球竞争和自由市场经济体制。新西兰经济快速发展，国民达到了较高的生活水平。

　　表 5.2 中比较了 1993—2017 年新西兰的经济状况，从表中可以看出，这些年新西兰取得的巨大成就。1993—2017 年，新西兰的人均 GDP 从 12 452 美元提高到 41 629 美元，增长了 334%，是当时世界上收入增长率最高的国家之一。在此期间，新西兰股票市场指数（NZX50）从 2 200 点上涨到 8 000 点。2017 年该国的失业率相比 1993 年下降了约一半，为 4.8%。此外，新西兰的国家债务占 GDP 的比例从 47% 减半到 24%。

表 5.2　1993—2017 年新西兰各经济指标的变化

统计指标	1993 年	2005 年	2017 年
人均 GDP（美元）	12 452	27 206	41 629
NZX50	2 200	3 200	8 000
失业率	9.8%	3.8%	4.8%
国家债务占 GDP 的比例	47%	18%	24%

资料来源：International Monetary Fund，*World Economic Outlook Databases*，2017，www.imf.org；Yahoo! Finance，http://finance.yahoo.com.

　　如表 5.2 所示，动态增长提高了新西兰的实际收入，并大大提高了其生活水平。世界银行最近将新西兰列为世界上营商环境最友好的国家。[1]

新西兰如何利用国家产业政策成功实现经济转型

● 政府放开工资、价格和利率管制，允许它们根据市场状况波动。
● 让银行业自由发展，取消外汇管制，允许新西兰元根据市场状况浮动。
● 破除大多数贸易壁垒。
● 取消以前对农业和其他部门的补贴。
● 政府与工会认真合作，以降低工资通胀率，确保工作岗位留在新西兰，而不是被外包给工资较低的国家。

---

[1]　Andrew Mayeda，"New Zealand Dethrones Singapore as Easiest Place to Do Business，" *Bloomberg*，October 25，2016，www.bloomberg.com；OECD，*OECD Economic Surveys：New Zealand 2017*（Paris：OECD Publishing，2017）.

● 政府发起了鼓励发展知识经济的计划。新西兰人不断提高技能和知识，培养了一批科学家、工程师和训练有素的管理人员。

● 降低个人和企业所得税税率，实现税基多样化，以稳定政府收入。这一举措激发了创业精神，促进了消费者支出，并增强了国家对海外投资的吸引力。

● 将国有企业——国有航空公司、邮局、电信等公用事业——出售给私营部门。

资料来源：Dean Hyslop and Dave Mar, "Skill Upgrading in New Zealand, 1986 - 2001," *Australian Economic Review* 42, No. 4 (2009), pp. 422 - 434; Johan Christensen, "Bureaucracies, Neoliberal Ideas, and Tax Reform in New Zealand and Ireland," *Governance* 26, No. 4 (2013), pp. 563 - 584.

第 5 章

5.3 企业为何以及如何进行国际化

早期的国际贸易理论着重于解释跨国贸易产生的原因和方式。到了 20 世纪 60 年代，学者们逐渐开始发展关于企业为何以及如何进行国际化方面的理论。让我们来看看他们的观点。

5.3.1 企业的国际化进程

20 世纪 70 年代出现了国际化进程模型（internationalization process model），该模型具体描绘了企业是如何在国外进行扩张的。这一模型认为，企业的国际化是在很长一段时间内以阶段性递增方式进行的。[①] 企业在最开始出口产品时通常并没有进行过多的分析和计划。出口是国际商务活动中最简单的一种形式，企业一般会从出口开始，逐渐过渡到最复杂的 FDI。国际化进程缓慢递进通常是源于决策者因缺乏外国市场的信息和跨境交易的经验而对企业发展进程所产生的不确定感和不安感。从出口到 FDI 的发展进程与风险和控制水平的提高相吻合。

图 5.5 对国际化进程模型做出了一种简化的解释。企业起初关注国内市场，试图争取国内市场份额。管理者由于担心准备不够充分，或提前预知外国市场可能存在的阻碍，往往无法或不愿意参与国际商务。随着企业逐渐接收到外国主动下的订单，企业发展至出口准备阶段。在这一阶段，管理者会充分考察开展国际商务的可行性。接着，企业开始进行有限的商务活动，这也意味着它进入了试验性参与阶段。这些商务活动通常属于基本的出口贸易。当决策者更加乐观地看待企业的对外扩张时，他们也将更积极地参与国际商务活动，此时企业进入活跃参与阶段。他们

① Warren Bilkey, "An Attempted Integration of the Literature on the Export Behavior of Firms," *Journal of International Business Studies* 9 (Summer 1978), pp. 3 - 46; S. Tamer Cavusgil, "On the Internationalization Process of Firms," *European Research* 8, No. 6 (1980), pp. 27 - 81; Jan Johanson and Jan-Erik Vahlne, "The Internationalization Process of the Firm—A Model of Knowledge Development and Increasing Foreign Commitments," *Journal of International Business Studies* 8 (Spring/Summer 1977), pp. 2 - 32.

会系统地探索国际化的途径，投入时间和资源，以期在国际商务中获得成功。最后，企业将进入稳定参与阶段，这一阶段的特点是企业对于将国际业务发展成其利润创造活动和价值链活动的核心部分真正产生兴趣并积极主动地参与其中。在这一阶段，企业会通过多种模式，尤其是 FDI，开拓多个外国市场。[①]

图 5.5 企业的国际化进程

为了说明这一点，让我们看看总部位于韩国首尔的消费电子公司三星的例子。20 世纪 70 年代，三星开始向欧洲和北美出口电视机和其他产品。在 20 世纪 90 年代，它与国外和许多合作伙伴建立合资企业，生产电视、冰箱和视频设备。大约在同一时间，三星通过 FDI 方式在中国、欧洲、新加坡和美国建立了地区总部，20 世纪 90 年代，该公司在中国和其他国家设立了生产消费电子产品和电器的工厂。到 2005 年，三星在全球建立了 64 家生产和销售公司和 13 个研发中心。[②]

5.3.2 天生的全球公司

之前描述的渐进、谨慎的国际化进程在今天仍然有效吗？目前的研究表明并非如此。[③] 我们今天看到有越来越多的年轻的创业公司，它们从一开始就专注于追求外国市场的客户。学者和管理顾问都把这种相对新颖的企业称为天生的全球公司。[④] 天生的全球公司是指在成立后不久就开始开展国际业务的创新型初创公司。视频游戏《我的世界》（Minecraft）的开发商 Mojang 是一家天生的全球公司。该公司于 2009 年在瑞典成立，为其流行的视频游戏找到了一个现成的市场。在发行

① Warren Bilkey，"An Attempted Integration of the Literature on the Export Behavior of Firms," *Journal of International Business Studies* 9（Summer 1978），pp. 3 - 46；S. Tamer Cavusgil，"On the Internationalization Process of Firms," *European Research* 8，No. 6（1980），pp. 27 - 81；Jan Johanson and Jan-Erik Vahlne，"The Internationalization Process of the Firm—A Model of Knowledge Development and Increasing Foreign Commitments," *Journal of International Business Studies* 8（Spring/Summer 1977），pp. 2 - 32.

② Samsung，*Samsung History*，2018，www. samsung. com；Jaeyong Song and Kyungmook Lee，*The Samsung Way*（New York：McGraw-Hill Education，2014）.

③ G. Knight and S. T. Cavusgil，"The Born Global Firm：A Challenge to Traditional Internationalization Theory," in *Advances in International Marketing*，vol. 8，ed. S. T. Cavusgil and T. Madsen（Greenwich，CT：JAI Press，1996），pp. 11 - 26；S. Tamer Cavusgil and Gary Knight，"The Born-Global Firm：An Entrepreneurial and Capabilities Perspective on Early and Rapid Internationalization," *Journal of International Business Studies* 46，No. 1（2015），pp. 3 - 16.

④ Cavusgil and Knight，2015；S. T. Cavusgil and Gary Knight，*Born Global Firms：A New International Enterprise*（New York：Business Expert Press，2009）；Gary Knight and S. T. Cavusgil，"Innovation，Organizational Capabilities，and the Born-Global Firm," *Journal of International Business Studies* 35，No. 2（2004），pp. 12 - 41；Benjamin Oviatt and Patricia McDougall，"Toward a Theory of International New Ventures," *Journal of International Business Studies* 25，No. 1（1994），pp. 4 - 64；Michael Rennie，"Born Global," *McKinsey Quarterly* No. 4（1993），pp. 4 - 52.

后的一个月内，《我的世界》向全球玩家售出了 100 万份。第一届《我的世界》大会于 2011 年在美国拉斯维加斯举行，来自 24 个国家的 4 500 名用户参加了大会。Mojang 的玩家分布在世界各国。[①]

如今，几乎所有经济体都有天生的全球公司。尽管金融、人力和有形资源匮乏是大多数新公司的特征，但全球化仍在发展。天生的全球公司大量涌现，这主要有两个原因：

- 全球化使国际贸易比以往任何时候都容易。
- 通信和运输技术的进步使国际化经营的成本降低了。

天生的全球公司蓬勃发展这一现象催生了一个新的学术领域，即国际创业学。[②] 目前的趋势表明，在国际商务领域，早期国际化的公司将变得更加普遍。

5.4　进行国际化的企业如何获得并保持竞争优势

雀巢、联合利华、索尼、可口可乐、卡特彼勒等跨国企业正在进行大规模的国际扩张，从而帮助塑造了贸易、投资和技术流动的国际格局。随着时间的推移，这些企业的经济活动变成了经济全球化和世界经济持续一体化的核心动力。接下来让我们更加详细地研究这些跨国企业如何获得并保持竞争优势。

5.4.1　基于 FDI 的解释

关于国际商务的大多数解释都强调了 FDI，即跨国企业的首选进入策略。这些资源丰富的大型企业通过遍布全球的生产设施、销售子公司、地区总部和其他网络开展业务。衡量 FDI 规模的一种方法是考察 FDI 存量，即跨国公司在国外投资的资产总值。

图 5.6 显示了 2006—2016 年一些主要的 FDI 目的地的 FDI 存量及其变动情况。从图中可以明显看出以下三个现象：

- 即使是爱尔兰和荷兰等较小的经济体，也是 FDI 的热门目的地。
- 发达经济体和发展中经济体都是 FDI 的主要接受者。

---

① Chris Carter，"Minecraft Is Unifying Nearly All of Its Versions Across All Platforms，Except Sony," *Destructoid*，June 11，2017，www. destructoid. com；Minecraft Wiki，"Timeline of Events," January 1，2018，www. minecraft. gamepedia. com；Dave Smith，"The Top 50 Video Games of All Time，Ranked," *Business Insider*，December 11，2016，www. businessinsider. com.

② Marian Jones，Nicole Coviello，and Yee Kwan Tang，"International Entrepreneurship Research（1989 - 2009）：A Domain Ontology and Thematic Analysis," *Journal of Business Venturing* 26，No. 6（2011），pp. 632 - 659；Patricia McDougall and Benjamin Oviatt，"International Entrepreneurship：The Intersection of Two Research Paths," *Academy of Management Journal* 43，No. 5（2000），pp. 902 - 906；Christian Schwens，Florian Zapkau，Michael Bierwerth，Rodrigo Isidor，Gary Knight，and Rudiger Kabst，"International Entrepreneurship：A Meta-Analysis on the Internationalization and Performance Relationship," *Entrepreneurship Theory and Practice*，March 2017，pp. 1 - 35.

● 中国香港和新加坡作为重要的入境口岸，都吸引了大量的 FDI。在这些港口，无须支付进口关税即可进口产品，而后这些产品会被转运到中国这个世界上最大的新兴市场。

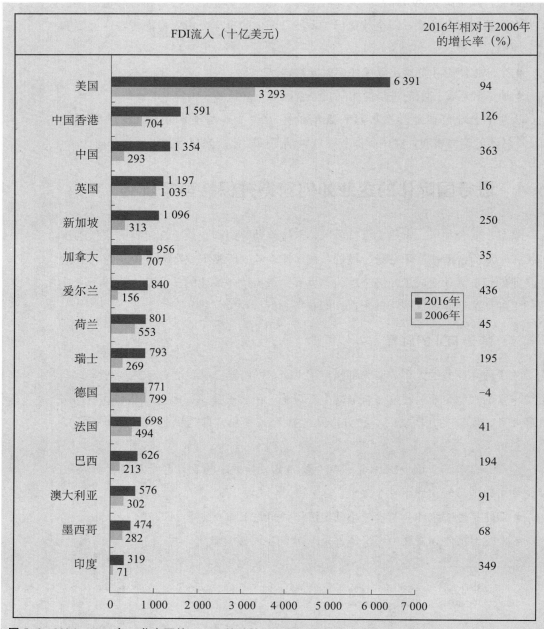

图 5.6 2006—2016 年一些主要的 FDI 目的地的 FDI 存量及其变动情况

资料来源：UNCTAD，*UNCTAD Stat 2017*（New York：United Nations，2018），http://unctad.org/en/pages/Statistics. aspx.

尽管有史以来，世界上大多数 FDI 都来自西欧、美国和日本，但是投资资金也一直在流向这些地区。如今，快速发展的经济体在全球 FDI 流出中占据了巨大比例。但是，非洲仍然是一个例外，它获得的 FDI 相对较少，而这也阻碍了非洲地区人民生活水平的提高。[①]

图 5.7 显示了 2006—2016 年一些主要的 FDI 来源地的 FDI 存量和增长情况。

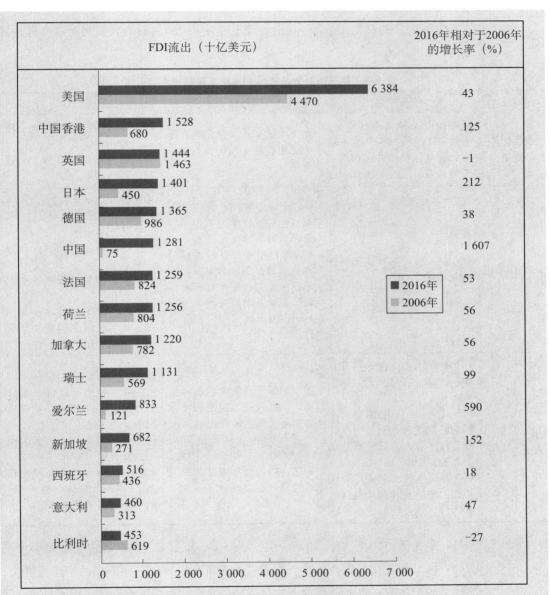

图 5.7　2006—2016 年一些主要的 FDI 来源地的 FDI 存量及其变动情况

资料来源：UNCTAD, *UNCTAD Stat 2017*（New York：United Nations，2018），http://unctad.org/en/pages/Statistics.aspx.

---

① UNCTAD, *World Investment Report 2017*（Geneva：United Nations，2017）；UNCTAD, UNCTAD Stat 2017（New York：United Nations，2017）.

值得注意的是，发达经济体和新兴市场的企业都在海外进行了大量投资。例如，中国近几年的 FDI 大大增加了。所有国家的 FDI 总流出量现已占全球 GDP 的近三分之一，数量惊人。[①]

FDI 是一种非常重要的市场进入战略。为了说明企业怎样通过 FDI 来获得并保持竞争优势，学者们通过研究得出了三种理论，即垄断优势理论、内部化理论和邓宁的折中理论。表 5.3 对这三种理论的观点进行了总结，后面我们将对这些理论加以解释。

表 5.3　关于企业为何选择 FDI 的三种理论观点

理论	核心特征	益处	例子
垄断优势理论	企业控制一种或多种资源，提供相对独特的产品与服务，并且相对于外国市场和竞争者有一定的垄断力	相比本地企业，企业的外国分部能够更有效地参与市场竞争	欧洲的制药企业诺华公司（Novartis）：通过在世界各地销售专利药物获得利润
内部化理论	企业将一项或多项价值链活动内部化	• 将由对中间商、合作伙伴和其他外部伙伴的依赖所导致的负面影响降至最低 • 确保对企业在外国的经营有更强的控制能力，以保证产品质量高、生产过程可靠以及营销活动恰当 • 降低知识技术和专利资产外泄的风险	中国的跨国企业联想： • 在数十个国家建立了工厂，生产笔记本电脑 • 控制产品生产过程，保证产品质量 • 确保营销活动按地区总部的计划执行 • 将核心资产保留在企业内部，如生产领先的新一代笔记本电脑的知识技术
邓宁的折中理论	• 所有权优势：企业拥有知识、技术、工艺以及有形资产 • 地域优势：不同国家有不同的特定优势，例如自然资源、技术工人、低成本劳动力和廉价资本 • 内部化优势：企业将外国生产、分销及其他价值链活动内部化，并从中得到利益	提供相对于竞争者的各种优势，包括获得、控制和优化在世界范围内最有益的区域所进行的各种价值链活动（例如研发、生产、营销、分销、售后服务以及客户关系处理）的能力	德国的跨国企业西门子： • 在世界各地可以得到最佳自然资源、高技术且低成本的劳动力的地方设立工厂 • 充分利用 190 个国家的员工的知识库 • 将大部分产品（如照明设备、医疗设备和交通工具）的生产制造活动内部化

（1）垄断优势理论（monopolistic advantage theory）。垄断优势是指本企业所拥有的，而其他企业很少拥有的一种或多种能带来收益或其他回报的资源或能力。垄断优势理论认为，将 FDI 作为国际化战略的企业往往控制着竞争对手不易获取的某些资源和技术，以保证自己相对于外国竞争者保持一定程度的垄断权。这种垄断优势是由跨国企业本身（如技术专利和品牌名称）决定的，而不是由企业所在地决

① . UNCTAD, *World Investment Report 2017* (Geneva：United Nations，2017)；UNCTAD, UNCTAD Stat 2017 (New York：United Nations，2017).

定的。

这一理论认为，企业至少要具备以下两个条件，才能将目标设定在外国市场而不是国内市场：第一，从外国可获得的回报率高于国内，这将刺激企业运用其垄断优势在外国扩张；第二，从外国可获得的回报率高于国内同产业竞争者从外国可获得的回报率。满足了以上两个条件，企业才有可能在外国市场上获得国内企业在外国市场上无法模仿的垄断优势。

为了说明这一点，让我们回顾一下三星的例子。由于处于创新的前沿，三星在消费电子行业建立了许多开创性的标准。随着时间的推移，三星卓越的研发能力和内部控制能力使其能够获得并保有大量相对独特的知识。这种独特的知识为该公司提供了各种垄断优势。三星发明了许多流行的产品，这些产品在一段时间内都是相对独特的。三星内部的持续创新使其多年来一直保持这种独特性。三星利用其卓越的创新能力，在液晶面板和智能手机等产品上形成了垄断优势，并在世界市场上占据了主导地位。正如三星的例子所暗示的那样，最重要的垄断优势是卓越的知识和无形的技能。[①]

（2）内部化理论（internalization theory）。内部化理论认为，企业可以将一项或多项价值链活动保留在公司内部（而不是将其外包给外部供应商），并获取相应利益。将价值链内部化可以弥补企业因办理出口、许可等公允活动（arms-length activity）而与外部合作伙伴打交道的劣势。企业进行内部化，也会让企业对于国外的经营有着更强的控制能力。

例如，跨国企业可以通过在外国市场收购工厂或建立自己的工厂来内部化制造活动。这使得企业能够自己生产所需的投入，而不用从独立的供应商那里采购。或者，它可以通过在国外建立自己的分销子公司内部化营销活动，而不是与独立的外国分销商签订合同来在外国市场上进行营销。简言之，内部化即企业用自己的商业活动来代替在外国市场上由独立供应商进行的商业活动。

企业将某些价值链职能内部化的另一个关键原因是为了控制对其产品和服务的开发、生产和销售来说至关重要的专有知识。由于独立的外国企业不受跨国企业的直接控制，所以它们可以获取和利用专有知识，以建立自己的优势。它们甚至可以利用获得的知识成为竞争对手。[②]

宝洁在进入日本市场时最先考虑的是出口这种模式。为了出口，宝洁本来不得

① Stephen Hymer, *The International Operations of National Firms* (Cambridge, MA：MIT Press，1976)；Samsung，2018；Song and Lee，2014.

② Peter Buckley and Mark Casson, *The Future of the Multinational Enterprise* (London：MacMillan，1976)；Peter Buckley，Jonathan Doh，and Mirko Benischke，"Towards a Renaissance in International Business Research? Big Questions，Grand Challenges，and the Future of IB Scholarship," *Journal of International Business Studies* 48，No. 9 (2017)，pp. 1045–1064；John Dunning，"The Eclectic Paradigm of International Production：A Restatement and Some Possible Extensions," *Journal of International Business Studies* 19 (1988)，pp. 1–31.

不与一家独立的日本经销商签订合同，以开展其肥皂、尿布和其他产品的仓储及营销。但是，宝洁后来选择了通过 FDI 模式进入日本市场，这有三个原因：（1）日本政府设置了贸易壁垒；（2）日本本土企业拥有强大的市场力量；（3）宝洁面临失去对其专有知识的控制能力的风险。最终，宝洁在东京建立了自己的营销子公司和全国总部。

20 世纪 80 年代，三星采取了向欧洲和北美出口产品的政策。管理层意识到，通过在战略市场建立自己的销售渠道和生产设施，可以促进国际业务发展。20 世纪 90 年代，三星将巴西、中国、墨西哥和英国的大部分生产与分销渠道内部化。为了确保产品质量，三星将用于通信设备的半导体和电路板的生产内部化。后来，三星逐渐将其制造业务从西欧转移到东欧，以从东欧的低成本劳动力中获益。三星还通过子公司（三星印度研发中心）生产各种软件。

（3）邓宁的折中理论（Dunning's eclectic paradigm）。约翰·邓宁（John Dunning）教授提出的折中理论是用于解释公司在外国应拥有多少价值链活动及以哪种模式拥有的框架模型。邓宁的灵感来自包括比较优势理论、要素比例学说、垄断优势理论和内部化理论在内的很多理论。因此，折中理论被认为是关于 FDI 的最综合的理论。

这一理论明确了以下三个条件，它们决定了企业是否能采用 FDI 模式进入国际市场：

- 所有权优势；
- 地域优势；
- 内部化优势。

我们依次介绍这三个条件：

所有权优势。 跨国企业应该拥有能够帮助它在外国市场上有效参与竞争的知识、技术、能力、核心关系和其他优势。为了确保在国际市场上取得成功，企业的竞争优势必须足以抵消其在开拓和经营国外业务的过程中所产生的成本。同时，这些竞争优势必须是企业特定的，并且不能被轻易地转给别的企业，包括专利技术、管理技能、商标或品牌名称、规模经济或雄厚的财力。一家企业的所有权优势越有价值，它就越有可能采用 FDI 模式进行内部化。

让我们以美国铝业公司（Alcoa，以下简称美铝）为例对此进行阐述。美铝在 35 个国家拥有 6 万名员工。该公司主要经营铝土矿的开采和冶炼，生产各种铝制品，如原铝（从铝土矿中提炼出来的）、汽车零部件，以及用于制作饮料罐和雷诺兹（Reynolds）铝箔纸的铝板。美铝最重要的一个所有权优势来自从研发活动中获取的专利技术。后来，美铝逐渐在生产和营销精炼铝方面获得了特殊的管理和营销技能。美铝的品牌众所周知，这在一定程度上促进了其产品的销售。由于美铝规模较大，所以它还受益于规模经济和为大项目融资的能力。以上这些优势都是美铝在国际经营中实现利润最大化的原因。

地域优势。决定一家企业是否会以 FDI 模式进入国际市场的第二个条件是地域优势。地域优势是指一个国家特有的比较优势，包括自然资源、技术劳动力、廉价劳动力和廉价资本。例如，美铝之所以在巴西建立炼铝工厂，是因为巴西拥有丰富的、在世界其他地区相对稀少的铝土矿。同时，亚马孙河和巴西的其他主要河流上的水电站所提供的充足的水电保证了铝冶炼过程中对电的巨大需求。在劳动力方面，巴西低成本的、受教育程度较高的工人也非常适合在炼铝工厂工作。而这些地域优势支持了美铝在巴西设立工厂的决策。

内部化优势。决定一家企业是否会以 FDI 模式进入国际市场的第三个条件是内部化优势。内部化优势是企业将外国生产、分配等价值链活动融入公司内部后获得的优势。当有利润可图时，企业会在国境之外，通过公司内部机构运用其所有权优势，而不是将优势给予独立的外国企业。企业是否会以 FDI 模式进入国际市场取决于内部化或利用外部合作伙伴二者中哪个会是更好的选择，以及合作者是不是被许可人、分销商或供应商。内部化优势包括：能够更好地控制产品的生产或营销的能力；对企业的专利技术的更强的控制能力；买方对产品价值的更大的确定性。[①]

美铝决定将许多业务内部化，而不是交给外界的独立供应商，这主要有以下五个原因：第一，管理层注重尽可能地减少专利知识，特别是公司在其铝精炼业务方面花费巨资获得的知识外泄。第二，内部化可以带来最大的净回报，使美铝能够最大限度地降低运营成本。第三，为了避免铝市场供给过多，引起世界铝价格下跌，美铝需要控制铝产品的销售量，而内部化恰好满足了这一点。第四，通过内部化控制最终产品的分销，美铝可以实行差别定价策略，即对不同的客户收取不同的价格，这也提高了美铝的利润。第五，冶炼铝的工艺较为复杂，通过内部化，美铝可以有效地控制并保证其产品的质量。

5.4.2　不是基于 FDI 的解释

随着 20 世纪 60 年代和 70 年代跨国企业的兴起，FDI 成为一种较为常见的进入国际市场的模式。从 20 世纪 80 年代开始，越来越多的企业开始意识到合作企业和其他灵活进入策略的重要性。

（1）国际合作企业（international collaborative venture）。国际合作企业指两家或多家企业共同参与的一种商业合作形式。国际合作企业有以下两种方式：一是基于资产的国际合资企业。在这种合作方式下，会同时产生新的法律实体。二是基于项目的战略联盟。在这种合作方式下，合作方只需要在项目相关的研发、设计、生产以及其他方面合作即可。在这两种方式下，合作双方可以协力完成仅靠其中单家企业无法完成的商业活动。同时，国际合作企业也共同分担风险，这有利于降低其

---

① Stephen Tallman，Yadong Luo，and Peter Buckley，"Business Models in Global Competition," *Global Strategy Journal 7*，No. 5（2017），www. onlinelibrary. wiley. com；Dunning，1988.

中任何一方的损失。

合作在国际商务中是非常重要的。有时，企业必须通过与之合作的伙伴来获得企业内部本身并不具备的资源和技术。此外，有时外国政府会对于外国企业以 FDI 模式进入本国市场采取禁止的态度和政策。在这类限制商业存在的地方，企业只能选择与当地企业进行合作，以进入该市场。[1]

通过采取国际合作的形式，企业可以获得外国合作伙伴的专业知识、资金、分销渠道、营销资产或破除政府设置的障碍的能力，可以更好地定位自己，创造新产品，进入新市场。例如，星巴克目前在日本拥有 1 300 多家咖啡店。星巴克最初是通过与当地合作伙伴萨扎比理嘉有限公司（Sazaby League, Ltd.）合作进入日本市场的。该公司帮助星巴克实现了国际化，并在市场上游刃有余。[2]

（2）网络和关系资产（networks and relation assets）。网络和关系资产代表企业与其他商业实体之间的长期经济利益关系。这样的实体包括制造商、分销商、供应商、零售商、顾问、银行、运输供应商、政府和任何其他能够提供所需能力的组织。企业层面的关系资产在国际商务中代表着一种独特的竞争优势。许多新兴市场都以家族企业集团——大型的、高度多样化的、所有权相互关联的企业——为特征。一个典型的家族企业集团由不同行业的许多企业组成一个复杂的网络，处于一个家族或个人所有者的控制下。在日本，经连会（keiretsu）是由交叉持股的企业的集合体形成的一个相互关联的复杂集团。[3] 例如，住友集体（Sumitomo keiretsu）由三井住友银行（SMBC Bank）、住友人寿保险公司（Sumitomo Life）、住友房地产开发公司（Sumitomo Realty & Development Company）、住友化学公司（Sumitomo Chemical Company）、住友贸易公司（Sumitomo Corporation）、住友电气工业公司（Sumitomo Electric Industries）、住友重工工业公司（Sumitomo Heavy Industries）、马自达汽车公司（Mazda Motor Corporation）及其他许多公司构成。与经连会一样，网络既不是具有明确等级的正式组织，也不是非个人的、分散的市场。

---

[1] John Dunning, *International Production and the Multinational Enterprise* (London: Allen and Unwin, 1981); Karina R. Jensen, *Leading Global Innovation: Facilitating Multicultural Collaboration and International Market Success* (London: Palgrave Macmillan, 2017); Bruce Kogut, "Joint Ventures: Theoretical and Empirical Perspectives," *Strategic Management Journal* 9 (1988), pp. 319 – 332; Office of the United States Trade Representative, *2017 National Trade Estimate Report on Foreign Trade Barriers* (Washington, DC: 2017); P. Rajan Varadarajan and Margaret H. Cunningham, "Strategic Alliances: A Synthesis of Conceptual Foundations," *Journal of the Academy of Marketing Science* 23 (1995), pp. 282 – 296.

[2] Lauren Gensler, "Piping Hot: Starbucks Sales Rise 18%," Forbes.com, April 23, 2015, p. 13; Inside Retail Asia, "Starbucks Japan Opening in Tourist Attractions," November 10, 2017, www. insideretailasia. com; Starbucks Japan, "About Us," www. starbucks. co. jp, accessed January 19, 2018.

[3] Manlio Del Giudice, *Understanding Family-Owned Business Groups* (London: Palgrave McMillan, 2017); James Lincoln, Christina Ahmadjian, and Eliot Mason, "Organizational Learning and Purchase-Supply Relations in Japan," *California Management Review* 40, No. 3 (1998), pp. 244 – 264.

欧洲的国际营销与采购（international marketing and purchasing，IMP）研究联盟（www. impgroup. org）推动了网络理论的发展。[1] 网络理论的出现弥补了商业市场传统组织解释理论原有的不足。[2] 在网络中，买方和卖方通过产品、服务、资金、技术和专有知识的持续交换和联系而绑定在一起。合作双方的这种持续交流可以确保稳定的合作关系的形成，并为企业创造利益，甚至为企业建立起自身的竞争优势。在企业需要进一步拓展外国业务、开拓新市场、开发新产品时，关系网络也能为其提供更多的选择途径。在国际商务中，互惠、持久的战略关系为各个合作者建立起了真实的优势，也降低了不确定性和交易成本。

网络零售商亚马逊巧妙地依托网络和关系进入各个国家。亚马逊在其他国家的销售额占其总销售额的 40%。为进入印度这个复杂的市场，亚马逊运用了各种本地网络以及和本地电商公司 Junglee 的合作伙伴关系。亚马逊还与印度政府合作促进网上购物的发展，并与印度中小企业网络借贷平台 Capital Float 合作，为印度的网络卖家提供贷款。此外，亚马逊通过与中国一家具有丰富经验的本地网络零售公司卓越网（Joyo. com）建立合作关系，进入了中国。同时，亚马逊还与中国互联网服务提供商 Beijing Sinet Technology 以及中国最大的网络零售商阿里巴巴合作，销售食品、厨具、葡萄酒、鞋等商品。[3]

三星也拥有许多网络和关系资产，并从中获得了很多利益。三星与多个中国合作伙伴一起生产手机和电信设备。同时，三星与韩国金融业也建立了很好的关系。比如，与韩国工业银行（Korean Industrial Bank）和韩国商业银行（Korea Commercial Bank）的合作为三星提供了从事研发和其他关键价值链活动所需的大部分资金。简言之，三星的网络和关系资产对其成功至关重要。

我们将在本书后面介绍，在当今全球经济中，企业正在不断减少为期较长的 FDI，而选择更灵活的国际合作企业形式或与国外独立商业伙伴建立其他关系。

篇尾案例　　　　　联合利华的比较优势和竞争优势

联合利华是快速消费品（FMCG）行业的一家跨国企业，总部位于荷兰鹿特丹。联合利华在全球拥有 17 万名员工，其 2017 年的营业收入超过 500 亿欧元（约 600 亿美元）。

[1]　Del Giudice，2017；Mats Forsgren，Ulf Holm，and Jan Johanson，*Knowledge*，*Networks and Power*（London：Palgrave McMillan，2015）；Hakan Hakansson，*International Marketing and Purchasing of Industrial Goods*：*An Interaction Approach*（New York：Wiley，1982）.

[2]　Forsgren，Hoom，and Johanson，2015；Hakansson，1982.

[3]　*Amazon*，"Government of Telangana Partners with Amazon India to Help Weavers Sell Online，" August 7，2017，www. amazon. in；Amy Nguyen-Chyung and Elliot Fault，*Amazon in Emerging Markets*（Ross School of Business，University of Michigan and WDI Publishing，2014）；*The Economic Times*，"Capital Float Partners with Amazon India to Disburse Loans to E-sellers，" March 20，2017，www. economictimes. indiatimes. com；*Wall Street Journal*，"Amazon Sells Hardware to Cloud Partner in China，" November 14，2017，www. wsj. com；Yue Wang，"To Boost China Sales，Amazon Tries Alibaba Partnership，" *Forbes*，March 5，2015，www. forbes. com.

目前，其最大的竞争对手主要包括雀巢和宝洁。联合利华于 1929 年由荷兰人造黄油公司（Margarine Unie）和英国利华兄弟制皂公司（Lever Brothers）合并而成。

如今，联合利华的产品主要分为四大类：个人护理、食品、饮料和清洁剂。个人护理类产品销售额约占总销售额的 38%，包括除臭剂、化妆品、乳液、牙膏、肥皂和洗发水等产品。食品类产品销售额约占总销售额的 24%，包括零食、汤、人造黄油、蛋黄酱和沙拉酱。饮料和清洁剂类产品销售额各占总销售额的 18%。联合利华有约 400 个品牌，包括多芬（Dove）、立顿（Lipton）、力士（Lux）、凡士林（Vaseline）等。联合利华在 100 多个国家有研发和生产业务，在近 200 个国家销售产品。在新兴市场，尤其是巴西、中国、印度、墨西哥和俄罗斯的销售额占其总销售额的一半以上。

比较优势和竞争优势

联合利华荷兰总部与英国建立了长期联系，这为公司提供了很大的比较优势。例如，英国市场高度发达、复杂且多样化。荷兰的地理位置优越，可以辐射全世界，也是进入欧洲大陆的一个重要市场。同时，荷兰和英国都是新技术开发的领先平台，推动产品开发和经营创新的知识型工人在此高度聚集。同时，英国作为世界主要的银行业中心之一，拥有活跃的股票市场，可以提供现成的资本供应。鹿特丹是欧洲最大的港口。荷兰利用其地理位置建立了发达的基础设施，可以高效地运输货物、人员和传输电子数据。荷兰和英国强劲、稳定的经济确保了对联合利华产品的稳定需求。联合利华开展业务的国家范围非常广，这为其提供了许多其他的比较优势。

联合利华也拥有许多竞争优势，包括数千项专利、卓越的研发能力、高质量的产品、创新技术、规模经济、跨行业协同效应、广阔的分销渠道、卓越的营销能力、知名品牌、客户忠诚度以及通过全球工厂获得成本更低的原材料和更优质的劳动力等。其中一些优势使联合利华在国际市场上相对当地企业拥有一定程度的垄断能力。

与波特的钻石模型所分析的一致，荷兰和英国是实力较强的研发地点，因为这两个地方存在挑剔的消费者、优越的生产要素（特别是在资本和劳动力方面），同时还存在众多强大的竞争对手（促使联合利华不断进行创新）。例如，欧洲消费者的要求很高，这驱动了联合利华生产高质量的产品。欧洲的相关的支持和配套产业，尤其是食品、个人护理和美容产品的关键原料供应商也为联合利华提供了额外的优势。在快速消费品行业巨大的竞争压力下，联合利华不断推出新产品并改进现有产品。欧洲拥有众多快速消费品产业集群。与新贸易理论一致，联合利华通过向全球出售其产品获得了相当可观的规模经济收益。

国际化和 FDI 方面的优势

长期以来，联合利华都致力于推动其整个价值链，包括研发、采购、制造、分销、营销和销售等活动的国际化。联合利华采用了全方位进入外国市场的战略，包括出口和 FDI。它通过 FDI 在世界各地建立工厂和销售子公司，并控制其国际业务，降低与外部合作伙伴打交道的风险。例如，联合利华斥资 27 亿美元收购了韩国护肤品牌 Carver Korea，以扩大其在亚洲的影响力。在哥伦比亚，联合利华收购了 Quala，以便更好地将个人和家庭护理类产品销往拉丁美洲。目前，联合利华的大型工厂主要位于巴西、加拿大、中国、印度尼西亚、墨西哥、爱尔兰和土耳其。联合利华的研发中心主要位于印度、中国、荷兰、美国和英国，这些研发中心共雇用了约 6 000 名科学家、工程师和技术人员。联合利华已经与很多外国企业建立了合作关系，以加强研发、设计、制造等活动。通过国际合作，企业可以获得外国合作伙伴的专业知识、资本、分销渠道、营销能力和其他资产。

在适当的国家或地区进行战略性研发、生产和销售可以帮助企业建立巨大的地域优势，包括获得优质劳动力和在顶级市场销售的能力。比如，联合利华在南非德班的工厂就受益于当地在自然资源、基础设施和低成本且高质量的劳动力等方面的巨大优势。联合利华使用棕榈油生产人造黄油、冰激凌、肥皂和洗发水。而联合利华在马来西亚的棕榈油种植园得益于当地良好的气候和低廉的劳动力成本。联合利华在英国的研发中心受益于该国丰富的科学家、技术性工人和创新所需要的资本。

要素比例是指各国劳动力、资本和其他生产要素的相对集中度。联合利华在中国合肥的工厂生产个人护理类产品，包括旁氏、多芬和凡士林。中国是一流的制造业中心，因为其拥有大量低成本且高质量的劳动力。同时，中国丰富的土地资源也帮助其降低了租金和其他物业相关成本。此外，中国还是大型股票市场和世界上众多大银行的所在地，这为联合利华在中国的许多活动提供了资金。

目前形势

由于新兴市场人口和收入的快速增长，快速消费品行业正在蓬勃发展。联合利华也面临许多挑战，包括不断变化的需求、复杂的供应链和自然环境的不确定性。越来越多的消费者在网上购物，许多公司也正在"走向绿色"，并对价值提出了更高的要求。在发达经济体，越来越多的消费者想要量身定制的产品。这种变化削弱了规模优势，为小型企业提供了新的机会。在供给方面，自然资源短缺正在影响化学品、食品原料和其他关键投入要素的成本。此外，贸易保护主义在几个主要市场开始抬头。联合利华的众多比较优势和竞争优势有助于公司更好地应对挑战和机遇。

案例问题：

5-4. 联合利华广泛通过 FDI 使其在世界各地的活动国际化，FDI 到底能给它带来什么优势？联合利华可以采取哪些措施来确保其 FDI 取得成功？

5-5. 比较优势和竞争优势对联合利华的成功有何作用？请列举助力联合利华在全球快速消费品行业中取得成功的自然优势和后天优势。

5-6. 从国家竞争力的决定因素角度讨论联合利华在快速消费品行业的地位，并分析需求状况、公司战略、结构、竞争、要素禀赋、相关支持和配套产业对联合利华国际化取得成功所起到的作用。

5-7. 用邓宁的折中理论来形容联合利华的所有权优势、地域优势和内部化优势。您认为其中哪些优势对公司的成功帮助最大？对其进行证明。

说明：该案例是由傅波华在加里·奈特的指导下撰写而成。

资料来源：Christopher Bartlett，"Unilever's New Global Strategy：Competing Through Sustainability," *Harvard Business School case*，August 24，2016，www. hbsp. harvard. edu；Richard Benson-Armer，Steve Noble，and Alexander Thiel，"The Consumer Sector in 2030：Trends and Questions to Consider," December 2015，McKinsey&Co.，www. mckinsey. com；Bhaskar Chakravorti，"Unilever's Big Strategic Bet on the Dollar Shave Club," *Harvard Business Review*，July 28，2016，www. hbr. org；Saabira Chaudhuri，"Outfoxed by Small-Batch Upstarts，Unilever Decides to Imitate Them," *Wall Street Journal*，January 3，2018，www. wsj. com；Saabira Chaudhuri，"Unilever and Nestlé Struggle with Cautious U. S. and European Consumers," *Wall Street Journal*，April 21，2017，www. wsj. com；*Economist*，"Unilever Is the World's Biggest Experiment in Corporate Do-Gooding" September 2，2017，p. 58；William George and Amram Migdal，"Battle for the Soul of Capitalism：Unilever and the Kraft Heinz Takeover Bid," *Harvard Business School case*，May 30，2017，Harvard Business School Publishing，www. hbsp. harvard. edu；Vijay Mahajan，"How Unilever Reaches Rural Consumers in Emerging Markets," *Harvard Business Review*，December 14，2016，www. cb. hbrp. harvard. edu；Marketline，"Company Profile：Unilever," February 28，2017，www. market-line. com；Unilever，"About Unilever," 2017，www. unilever. com；U. S. Commercial Service，Doing Business in the Netherlands：2017 Country Commercial Guide for U. S. Companies，www. export. gov/netherlands；U. S. Commercial Service，Doing Business in the United Kingdom：2017 Country Commercial Guide for U. S. Companies，www. export. gov/unitedkingdom；Vivienne Walt，"Unilever CEO Paul Polman's Plan to Save the World," *Fortune*，February 17，2017，www. fortune. com.

第5章

本章要点

主要术语

绝对优势理论（absolute advantage principle）

比较优势（comparative advantage）

比较优势理论（comparative advantage principle）

竞争优势（competitive advantage）

自由贸易（free trade）

产业集群（industrial cluster）

内部化理论（internalization theory）

重商主义（mercantilism）

国家产业政策（national industrial policy）

本章小结

在本章中，我们学到了：

1. 国家为何进行贸易？

每个国家都专门生产某种特定的商品与服务，之后再与其他国家进行贸易，以获得那些自己没有专门生产的商品与服务。对国际贸易的古典解释

起源于重商主义。重商主义认为，各国应通过鼓励出口、抑制进口来扩大其财富。绝对优势理论则认为，一个国家只生产其优势产品，即使用比另一个国家更少的资源就能生产的产品，就可以获益。比较优势理论主张，一国应该专门生产那些与别国相

比具有相对优势的产品。比较优势建立在自然优势和后天获取的优势的基础之上。竞争优势来自企业的独特资产或能力，例如成本、规模或创新能力，这些都是竞争者难以复制和模仿的。许多企业的竞争优势逐渐形成了一国的国家竞争优势。要素比例学说认为，一国应当生产利用其丰裕要素的产品和服务。国际产品生命周期理论描述了一种产品的生命周期：最初在一国被发明，然后在别的国家大量生产，最后发明国丧失了其最初的创新优势。

2. 国家如何增强其竞争优势？

近期对贸易理论做出重大贡献的是波特的钻石模型，该模型确立并解释了可以增强一国的国家竞争优势的四个条件：需求状况，企业策略、结构和竞争状况，要素状况，相关的支持和配套产业状况。产业集群是指同一产业的不同企业聚集在特定地点，彼此紧密互动，获得共同的竞争优势。国家竞争优势描述了国家如何通过发展特殊技能、技术和产业获得在国际贸易方面的优势。国家产业政策是指政府将国家资源引导到某些产业，以发展这些产业的专业技术。

3. 企业为何以及如何进行国际化？

企业国际化进程模型描述了企业将业务扩展至国际商务领域的进程：通常是由简单的出口模式逐渐过渡到最复杂的 FDI 模式。天生的全球公司往往在成立之初或临近成立时就已经国际化，是一种新兴的国际创业模式。

4. 进行国际化的企业如何获得并保持竞争优势？

跨国企业的价值链往往遍布世界各地。FDI 意味着企业在不同地点投资，以建立工厂、营销子公司或区域总部。垄断优势理论描述了企业如何利用自身所拥有而其他企业一般不具备的资源和资本，在国际商务中获得成功。内部化理论描述了企业如何获得一条甚至多条价值链活动并将其保留在企业内部，以减少向别的企业分包这些活动所带来的坏处。内部化理论解释了跨国企业在对其有利的情况下将价值链内部化的趋势。折中理论详细说明了国际企业应当获取特定的内部竞争优势，即所有权优势、地域优势和内部化优势。许多企业都采取国际合作的方式，以稳固相互合作关系，并获得外国合作伙伴所拥有的优势。跨国企业还会掌握大量来自制造商、分销商、供应商、零售商、银行及运输企业的网络和关系资产，并利用它们实现自身的发展。

检验你的理解

5-8. 描述国际贸易的经典理论。您认为哪些理论对当下有意义？

5-9. 绝对优势和比较优势的概念有什么区别？

5-10. 总结要素禀赋学说。中国、日本、德国、沙特阿拉伯、美国分别有哪些丰裕要素？访问全球互联网搜索引擎，并获取有用的信息。

5-11. 国家竞争优势的主要来源是什么？考虑一下你的国家中取得成功的产品，它们的竞争优势来源于哪里？

5-12. 您认为您的国家应该采取国家产业政策吗？为什么应该或者为什么不应该？

5-13. 描述跨国企业的国际化进程。通过访问它们的网站来回顾它们的背景。这些企业国际化的本质是什么？天生的全球公司的国际化的本质又是什么？

5-14. 以 FDI 为基础的对国际商务的解释随着时间的推移不断演化。描述从垄断优势理论到内部化理论，再到折中理论的演化。

5-15. 什么是所有权优势、地域优势和内部化优势？

运用你的理解

5-16. 南非拥有丰富的煤炭、黄金、钻石和天然气储量。黄金和钻石除了具有内在价值外，还有许多工业用途。珍贵矿物的开采使南非成为一个主要的新兴市场经济体。为了实现国际航运，政府开发了连接南非和世界市场的主要港口。南非还有大量从事采矿和相关行业的低薪工人。政府制订了一系列计划来支持特定行业，特别是采矿业。这些发展为采矿业和采掘业的高度专业化企业集群提供了支持。这些行业中的世界巨头都集中在南非，其中戴比尔斯（DeBeers SA，www.debeers.com）在市场营销和国际战略方面实力强劲，在全球钻石行业几乎处于垄断地位。该企业与拥有大量金融资源的跨国企业合作。使用本章介绍的理论来解释南非和戴比尔斯的优势。可以从这些理论中得出哪些启示？

5-17. 经济学家莱斯特·瑟罗（Lester Thurow）曾提出这样一个问题："如果你是自己国家的总统，可以专攻计算机芯片和薯片两个行业中的一个，你会选择哪一个？"当面对这个问题时，很多人会选择薯片，因为他们认为"每个人都可能吃薯片，但不是每个人都可能用电脑芯片"。然而，答案却复杂得多。选择电脑芯片还是薯片，取决于国民财富与制造业产品增加值的关系、国家从垄断势力中获益的可能性（很少有国家能生产电脑芯片）等因素，以及由此衍生出其他产业的可能性（计算机芯片技术催生了计算机等其他技术）。考虑到这些和其他可能的因素，你会选择电脑芯片还是薯片？证明你的答案。

5-18. 道德困境：为了减少非洲的贫困，政府官员希望增加非洲对欧洲的出口。非洲最大的出口产品是农产品，如肉类、咖啡、花生和水果，许多非洲人以食品出口为生。然而，欧盟对农产品进口设置了很高的贸易壁垒。例如，由于欧洲人关注食品质量，所以欧盟采用了严格的农业安全标准。然而，严厉的法规伤害了非洲国家，这些国家过去曾经历过食物毒素和牛疾病问题。此外，欧洲农业游说团体势力强大，欧盟对农民给予大量补贴。许多欧洲政客不想冒着激怒欧洲农业游说团体的风险支持农产品自由贸易。假设你是欧盟政府调查非洲农产品进口贸易壁垒工作组的一员。请你运用第4章的道德框架，分析支持和反对与非洲开展农业贸易的论据。欧盟该怎么做？证明你的答案。

网络练习

5-19. 假设你所在的企业有意从阿根廷进口葡萄酒。在分析这个机会的过程中，你要找出阿根廷葡萄酒行业的优势和劣势。是哪些条件使阿根廷成为种植葡萄的有利地点？从互联网上搜索相关信息，简短描述阿根廷葡萄酒出口状况，并列出阿根廷葡萄酒的主要进口国名单。

5-20. 沃尔沃（www.volvo.com）和皮尔金顿（Pilkington，www.pilkington.com）是大型跨国企业，其业务遍布全球。通过访问它们的网站以及 www.hoovers.com（提供特定公司信息的网站）和互联网搜索引擎来调查这些企业，并描述每家企业的所有权优势、地域优势和内部化优势。

5-21. 世界银行致力于减轻世界贫困，并提供有关发展中国家状况的信息，用于衡量其经济和社会发展程度。世界发展指标（www.worldbank.org/data）是世界银行国际发展数据的主要来源。世界银行给出了800多项有关居民、环境和经济的国情指标。查阅相关网站，回答以下问题：

(a) 在发展中经济体，哪些指标与贫困最相关？

(b) 贫困国家最典型的产业类型是什么？

(c) 比较贫困国家和富裕国家的发展指标，据此推测发展中国家的政府可以采取哪些行动来刺激经济发展和减轻贫困。

专栏   **CKR 有形流程工具™**

什么是 CKR 有形流程工具™练习？

CKR 有形流程工具™由实践练习和工作流程组成，旨在使您熟悉专业人士在国际商务中通常会遇到的重大管理挑战和决策。完成本文的 CKR 有形流程工具™ 练习，能够帮助您了解实际的工作流程，从而提高就业能力并在工作中取得成功。每次练习都提出了一个真实的管理场景中的挑战，通过练习您可以掌握技能并获得用于解决该问题的资源。

练习：波特的钻石模型和制造业

比较优势理论表明，每个国家都有自己的特色资源，因而在特定产品的生产上具有优势。波特在其著作《国家的竞争优势》中提出了钻石模型，该模型指出：由于拥有某些资源并满足四个条件（需求状况，企业策略、结构和竞争状况，要素状况，相关的支持和配套产业状况），因此一些国家在某些行业会有优势。企业会在能让它们获得最有利的资源和优势的国家建立生产设施。

当企业将价值链活动设置在国外时，其管理层应设法确定每种活动的最佳地点。一种好的方法是：首先，找出对企业成败影响最大的因素（往往因行业而异）；然后，通过研究找到这些因素组合得最好的国家。

在本练习中，您将理解在确定企业经营地点时要考虑的因素，掌握这些因素与最大化公司竞争优势之间的关系，并学习如何经营企业。

背景

选择国外最佳的制造地点能给企业带来许多优势，包括：能够最大限度地降低制造成本，最大限度地提高产品质量，获得最佳的生产要素和技术资源。例如，生产眼镜片的豪雅光学公司（Hoya Company）在荷兰建立了大型工厂，以获得欧洲镜片制造业的先进技术。英特尔在中国台湾地区设立了研发中心，以雇用该地区的工程师并获得其他微处理器行业的高级知识。

在本练习中，您将利用波特的钻石模型，借助网络进行研究，以确定以下每个行业建立制造工厂的最佳国家：时装鞋、平板电视和药品。钻石模型指出，国家竞争优势源于以下四个条件是否满足及其质量。

● 需求状况。它是指国内市场对特定产品和服务的需求情况。挑剔买家的出现迫使企业加快创新，生产出更好的产品。例如，美国消费者有很强的消费能力，并且遭受各种健康问题的困扰。这使得美国成为专利药物和医疗技术的主要生产国之一。加拿大人经常需要在雪地里驾驶，所以他们对四轮驱动卡车和运动型多用途车提出了更高的要求。因此，加拿大是生产此类产品的优势地区。

● 公司的战略、结构和竞争状况。它是指一个国家国内竞争的条件和性质，这些条件和性质决定了公司的创建、组织和管理方式。这里的重点是该国国内是否存在强大的竞争对手。当一个国家某一行业存在众多竞争对手时，这个国家该行业的技术、资源和生产要素水平就会相对先进。例如，日本是空调行业一些世界领先公司的所在地。持续的竞争不断地迫使这些公司进行改进和创新。由于日本空调行业的企业需要和同行争夺管理人才、技术领先地位，并在产品质量方面展开竞争，所以日本空调行业在管理、技术和产品质量方面已达到较高水平。

● 要素状况。它描述了国家在生产要素，如劳动力、资本、基础设施、科学和信息技术方面的地位。每个国家都是某种要素禀赋多、其他要素禀赋少，这决定了一个国家的竞争优势的性质。例如，德国拥有很多掌握了熟练的工程技能的工人，这导致德国在科学仪器行业获得了全球领导地位。墨西哥拥有数以百万计的低薪工人，所以该国在劳动密集型工业产品（如汽车零部件）制造方面形成了竞争优势。

● 相关支持和配套产业状况。它指的是一国特定行业中供应商、竞争对手和互补性企业的集群。在有很多支持和配套产业的地方经营可以产生信息和知识协同效应，帮助企业实现规模经济和范围经济，以及获得合适的或优异的投入，因而可以给企业带来优势。例如，加利福尼亚州的硅谷拥有数百家成功的软件企业，这些企业之间产生了协同效应，为行业奠定了坚实的基础。中国东南部是制造办公家具的好地方，因为那里有成千上万家掌握了熟练技术的企业和众多工人。该地区有一个城市是椅子制造之都，拥有超过 10 万名专门生产椅子的工人。产业集群内的企业可以交换很多关于家具制造的有用知识，这加速了新产品的开发和创新。

说明：本练习中的某些内容是基于 Michael Porter，*The Competitive Advantage of Nations*（New York：Free Press，1990）。

案例问题：

5-22. 国家为什么要参与国际贸易？国际贸易和投资可以带来哪些好处？

5-23. 总结国际产品生命周期理论。用该理论来解释汽车和笔记本电脑的国际演进。

第6章 国家环境中的政治和法律制度

本章学习目标:

1. 了解国际商务中的政治和法律环境

2. 了解政治制度

3. 了解法律制度

4. 了解政治和法律制度的参与者

5. 识别由政治制度引起的国家风险的类型

6. 识别由法律制度引起的国家风险的类型

7. 理解国家风险的管理

篇首案例   巴西的政治和法律制度中的风险:Odebrecht

在许多国家,用财物贿赂换取利益的事情已是司空见惯。在巴西,对"洗车行动"(Operation Car Wash)丑闻的调查显示,黑市货币交易商代表,也就是巴西最大的石油企业——巴西国家石油公司(Petrobras)——的高级管理人员进行了洗钱。该公司故意向承包商支付高价,以换取旨在达成石油行业交易的贿赂。高级管理人员承认行贿超过20亿美元。

巴西国家石油公司旗下的大型建筑企业 Odebrecht 的高级管理人员承认支付了至少30亿美元来贿赂整个南美的政客。Odebrecht 通过秘密银行账户支付虚假客户提交的虚假发票,以获得建造大坝、发电厂、机场和炼油厂的合同。为了获得能为企业创造33亿美元利润的合同,企业经理们行贿超过8亿美元。该企业首席执行官马塞洛·奥德布雷希特(Marcelo Odebrecht)被判处19年监禁。

截至2018年,约200名政客、官员和管理人员因这些丑闻被定罪。巴西总统迪尔玛·罗塞夫(Dilma Rousseff)被弹劾,前总统卢拉·达席尔瓦(Lula da Silva)因卷入丑闻被判处12年监禁,罗塞夫的继任者、现任总统米歇尔·特梅尔(Michel Temer)被指控贪污，罪行包括收受 500 万美元贿赂。

巴西是世界上最大的经济体之一，人口约 2 亿。在巴西，通过贿赂以获取公共服务或税务机关优惠待遇的行为是非常常见的，海关官员也往往会索取贿赂以加快通关速度。

世界银行的研究发现，巴西是创业和登记财产最困难的国家之一。在商业层面，巴西最大的问题是规章制度烦琐、政府腐败和官僚主义。政府的广泛干预和官僚主义拖慢了业务发展的步伐，增大了受贿的可能性。其结果是，许多跨国企业不愿在巴西开展业务。

巴西问题重重的政治和法律环境损害了经济发展、商业和消费者信心以及基础设施建设。从波音到联合利华，无数企业已经在巴西投资了数十亿美元。企业的潜在回报是有可能实现的，但前提是：企业必须学会适应该国复杂的政治和法律环境。

案例问题：

6-1. 巴西的国家风险和政治风险属于什么性质？

6-2. 国家风险和腐败是如何影响企业在巴西开展业务的？

6-3. 为什么外国企业不愿在巴西投资？

资料来源：*GAN Business Anti-Corruption Portal*，"Brazil Corruption Report," June 2017, www. business-anti-corruption. com; Claire Felter and Rocio Cara Labrador, "Brazil's Corruption Fall-out," *Council on Foreign Relations*, January 11, 2018, www. cfr. org; Antônio Sampaio, "Forget Its Ousted Politicians. Here's the Real Cost of Brazil's Corruption," *Washington Post*, August 24, 2017, www. washingtonpost. com; Klaus Schwab, *The Global Competitiveness Report 2017 – 2018*（Geneva: World Economic Forum，2017）; Michael Smith, Sabrina Valle, and Blake Schmidt, "No One Has Ever Made a Corruption Machine Like This One," *Bloomberg Businessweek*, June 8, 2017, www. bloomberg. com; UK Department for International Trade, "Overseas Business Risk—Brazil," June 8, 2017, www. gov. uk; Jonathan Watts, "Operation Car Wash: Is This the Biggest Corruption Scandal in History?," *The Guardian*, June 1, 2017, www. theguardian. com.

当企业在本国开展经营活动的时候，面对的商业环境是熟悉的。但外国市场与本国市场在政治制度、法律制度以及商务行为方面都有不同。正如篇首案例中所谈到的一样，外国市场通常会给企业带来严重冲击，导致其变得脆弱。经营者必须具备带领企业在烦琐的法规和惯例中生存的能力，避免采用不道德或存在问题的经营方式。

同时，政治和法律环境也为企业提供了机遇。优惠补贴、政府激励和竞争保护降低了企业的成本，影响着企业战略决策的制定。许多政府鼓励外国的跨国企业在本国国内投资，通过提供免税期和现金激励等措施来鼓励这些企业雇用当地员工。

国家风险（country risk）是指由一国的政治和（或）法律环境变化所引起的对企业经营和盈利产生的潜在损失和负面影响。国家风险是我们在第 1 章介绍的四种主要国际商务风险中的一种，也称作政治风险。虽然国家风险的直接原因是政治或法律因素，但是这些因素的潜在原因可能是经济、社会或技术的进步。图 6.1 列出了国际商务中常见的几种国家风险。我们将会在这一章中谈到其中的大部分。在国际商务中，政府干涉、保护主义以及贸易投资中的障碍特别值得我们关注。企业自身经营不善或者国家经济衰败会导致金融危机、经济衰退、市场低迷、货币危机和通货膨胀等后果。这些结果通常是由商业周期、不完善的货币政策或财政政策、不健全的监管环境或东道国失衡的经济基础引起的。

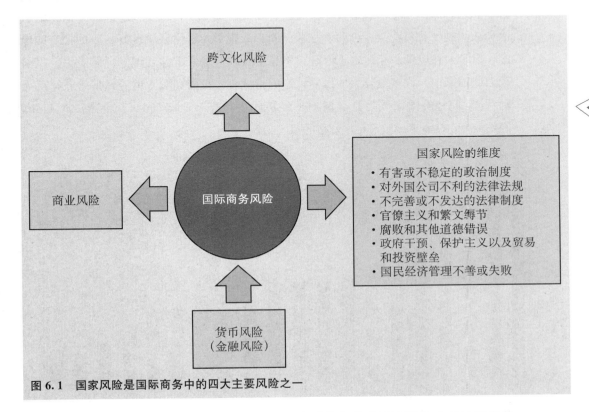

图 6.1　国家风险是国际商务中的四大主要风险之一

　　政治或法律活动可能会损害商业利益。法律可能出乎意料地严格或者导致意外的后果。许多法律偏向东道国利益，即企业在国外设立直接经营场所的国家的利益。例如，当德国政府实施回收计划的时候，可口可乐在德国的业务就遭遇了滑坡。因为德国新的法律规定，若消费者将不可回收利用的饮料瓶送回商店就能得到0.25 欧元的退款，而大型连锁超市不愿意进行这种回收，于是便将可口可乐下架了，同时推出了自有品牌。2017 年，希尔顿连锁酒店因一起数据泄露事件（涉及超过 35 万个信用卡用户）被罚款 70 万美元。欧盟制定了一项新法律，即《通用数据保护条例》（General Data Protection Rule，GDPR）。根据 GDPR，如果违规行为发生在 2018 年，希尔顿将不得不支付约 4.2 亿美元，即向每个遭受不良影响的信用卡用户支付 1 200 美元。①

---

　　① BBC News，"Hilton Hotels Fined for Credit Card Data Breaches," November 1，2017，www.bbc.com；Jack Ewing，"Germany：A Cold Shoulder for Coca-Cola," *BusinessWeek*，May 2，2005，p.52；Alex Hickey，"Hilton to Pay \$700K in Data Breach Fines，but It Could Be Much Worse," *CIODive*，November 6，2017，www.ciodive.com.

第6章

国家风险有多普遍？

图 6.2 显示了用政治稳定性、法律环境、经济指标和税收政策等指标来衡量的不同国家的风险程度。委内瑞拉被一个不可预测的独裁政府统治着，津巴布韦仍然处于独裁统治之下，利比亚由于内战和政治不稳定也面临较大风险。这些国家的政府不稳定，法律制度不发达，执法不公。相反，加拿大、日本、新加坡等国家的政治和法律制度相对稳定、透明、完善。图 6.2 表明，法律环境良好、政治稳定的国家，风险往往较低。相比之下，政治不稳定且政府经常干预的国家风险更大。风险较大的国家中，许多是发展中国家，它们将从直接投资和融入世界经济中获得巨大利益。[①] 完整的国家风险排名请参见经济学人智库（Economist Intelligence Unit，网站为 viewswire.eiu.com）公布的风险简报。

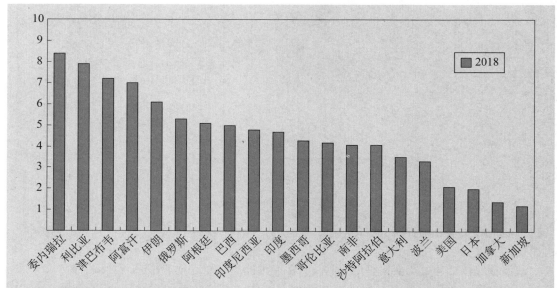

图 6.2　2018 年部分国家的国家风险

说明：等级为 0～10 的数字，数字越大，代表国家风险越大。

资料来源：Based on *Economist Intelligence Unit*, "Risk Briefing," 2018, http://viewswire.eiu.com/index.asp?layout=homePubTypeRK; *Euler Hermes Country Risk Ratings*, 2017, www.eulerhermes.com/economic-research/country-risks/Pages/country-reports-risk-map.aspx; *Euromoney*, "Euromoney Country Risk," 2018, www.euromoney-countryrisk.com/.

国家风险可能会对一国所有企业产生影响，或者只对其中一部分企业产生影响。例如，津巴布韦的动荡影响到该国所有企业。相比之下，2017 年委内瑞拉政

[①] "Country Risk," *The Economist*, February 26, 2005, p.102; Edward Mansfield and Eric Reinhardt, "International Institutions and the Volatility of International Trade," *The Political Economy of International Trade* 46, August (2015), pp.65-96; Joakim Reiter, "5 Ways to Make Global Trade Work for Developing Countries," *World Economic Forum*, September 29, 2016, www.weforum.org; UNCTAD, *World Investment Report 2017* (Geneva: United Nations Conference on Trade and Development, 2017).

府只没收了通用汽车的一家工厂，而没有没收其多个竞争对手，如丰田和菲亚特克莱斯勒等的工厂。[①]

印度对进口和外国投资施加了许多限制。严格的法规限制了农产品、化学品、机动车和许多其他产品的进口。例如，原油的高关税影响了加工食品和快餐店原料的进口。在印度销售产品需要缴纳大量的增值税和销售税，以及联邦和州一级的各种费用。印度的关税和费用体系复杂且缺乏透明度。印度针对外国直接投资流入设置的障碍限制了外国企业，特别是服务业外国企业的投资活动。阿塞洛米塔尔（ArcelorMittal）、尼桑、沃尔玛和许多其他企业在印度开展业务时都面临过延期，原因是印度的政府官僚主义和印度维权团体经常反对工业发展。[②]

6.1　国际商务中的政治和法律环境

政治制度（political system）是指构成政府的一整套正式机构。它包括立法机构、政党、议会和工会。政治制度最主要的作用是：

- 保护该国不受外国威胁；
- 制定法律，保持社会稳定；
- 掌管有价值的资源在社会成员之间的分配；
- 规定各个群体之间的互动。

每个国家的政治制度都是在特定的历史、经济和文化背景下形成的，因而也是相对独立且独特的。每一种政治制度都随着选民要求和国内外环境的变化不断演变。选民是指支持这种政体并接受政府资源分配的人或组织。

法律制度（legal system）是指解释和执行法律的制度。法律、法规和规则共同构建了行为准则。法律制度包括履行以下职能的机构和程序：

- 确保秩序；
- 解决民商事纠纷；
- 对经济产出征税；
- 为私有财产，包括知识产权和其他企业资产提供保护。

图 6.3 列出了导致国家风险的政治制度和法律制度的几个方面。政治制度和法律制度都在不断变化，它们是动态的。这两种制度相辅相成，一种制度的变化会导

---

① BBC News，"GM Says Venezuelan Car Plant Is Seized by Government，" April 20，2017，www.bbc.com；Anna Rosenberg and William Attwell，"What Investors Need to Know About Zimbabwe After Mugabe，" *Harvard Business Review*，December 28，2017，pp. 2 - 6.

② S. Tamer Cavusgil，Pervez Ghauri，and Ayse Akcal，*Doing Business in Emerging Markets*（Thousand Oaks，CA：Sage，2013）；International Trade Administration，*India Country Commercial Guide*（Washington，DC：U. S. Department of Commerce，2017，www. export. gov）；Mehul Srivastava，"What's Holding India Back，" *Business Week*，October 19，2009，pp. 38 - 44；USTR，*2017 National Trade Estimate Report on Foreign Trade Barriers*（Washington DC：Office of the United States Trade Representative，2017）.

致另一种制度随之改变。政治制度和法律制度的不利发展会导致国家风险，原因可能是新政府的成立、价值观的转变或执政党的更替、特殊利益集团制定的新方针或策划的新行动，以及新法律法规的制定。对于企业来说，渐进式的变化通常比较容易适应，而突然的变化则难以适应，因而会给企业带来较大的风险。

第6章

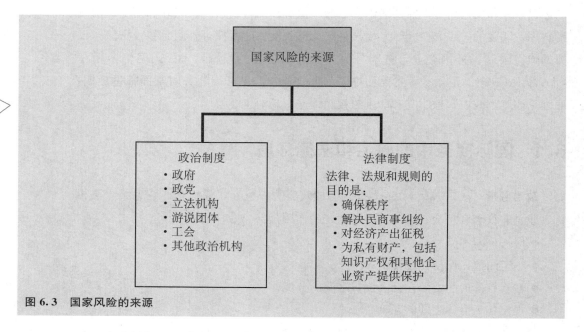

图 6.3 国家风险的来源

政治制度和法律制度的不良发展会导致新状况的出现，这可能会威胁企业的产品、服务或商务活动。例如，一项新的进口关税制度极有可能会提高产品生产所需的进口零件的成本；劳动法的修改可能会改变企业员工的工作时间；新的政治领袖上台可能会导致政府接管企业资产。

国家风险一直存在，但是它的性质和强度在不同时期不同国家可能会有所不同。例如，最近中国政府在对本国法律制度进行大幅修订，以使其与西方法律制度保持更高的一致性，但是有些新的规定并未得到系统的阐述。谷歌、亿贝、亚马逊、脸书等外国高科技企业进入中国市场仍面临着法律法规的限制。接下来我们会详细地探究政治制度和法律制度。

6.2　政治制度

近年来，人们把政治制度分为三种主要类型：集权主义制度、社会主义制度和民主制度。表 6.1 列出了采用这三种政治制度的国家的例子。这三种政治制度并不是相互独立的，大多数采用民主制度的国家也包含一些社会主义成分，而很多以前的集权主义国家现在实施的是社会主义制度和民主制度的混合制度。为了应对最近的全球金融危机，欧洲各国政府和美国政府采取了有社会主义倾向的政策，例如对银行业和汽车制造业企业实行国有化。

表 6.1　采用不同政治制度的国家的例子

具有集权主义成分的制度	社会主义制度或具有社会主义成分的制度	基本上属于民主制度
阿富汗 伊朗 朝鲜 越南 一些非洲国家 （例如赤道几内亚、厄尔特里亚、苏丹、津巴布韦）	中国 玻利维亚 埃及 印度 罗马尼亚 俄罗斯 坦桑尼亚	澳大利亚 加拿大 日本 新西兰 美国 绝大部分欧洲国家 绝大部分拉丁美洲国家

6.2.1　集权主义制度

在集权主义制度下，国家试图规范公共行为和私人行为的绝大部分方面。早期为人们所熟知的集权主义国家如苏联（1918—1991 年）。集权主义国家的政府不仅试图控制全部的经济和政治事务，而且试图控制国民的态度、价值观和信仰。通常，全国人民都被动员起来支持国家或某种政治理想。集权主义国家通常是建立在宗教基础上的神权国家或者是没有建立在宗教基础上的世俗国家。一般情况下，集权主义国家存在由独裁者领导的国家政党，例如金正日和他领导的朝鲜。对于想要在社会主流领域有所建树的人来说，党员身份是不可或缺的。权力一般通过国家机关、由国家控制的大众媒体传播的宣传信息、对言论自由和批评自由的管制等来维持。集权主义国家不能容忍和国家目标不一致的个人或集体活动，例如教堂或者多政党活动。[1]

随着时间的推移，世界上有的集权主义国家已经消失了，有的集权主义国家逐渐将政治制度和经济制度分别转变为民主制度和资本主义制度，如将农业用地和国有企业卖给私人，赋予企业家建立私营企业的权利。然而这种转变并不容易，原来的集权主义国家仍保留着强大的政治控制权，包括政府对企业的干预。例如，苏联解体后的国家仍然存在大量阻碍经济活动发展的繁文缛节和官僚主义。现今，许多国家仍然保留着集权主义的特点，这种情况在非洲、亚洲和中东地区的一些国家表现得尤其明显。不少国家被高度集权的独裁者控制，比如苏丹的奥马尔·巴希尔（Omaral-Bashir）、塔吉克斯坦的埃莫马利·拉赫蒙（Emomali Rahmon）和委内瑞拉的尼古拉斯·马杜罗（Nicolas Maduro）。

6.2.2　社会主义制度

社会主义制度的基本原则是：资本和财富应该归国家所有，并主要作为生产资

---

[1]　James Danziger and Charles Anthony *Smith*，*Understanding the Political World*，12th ed.（New York：Pearson Education，2016）；Milan W. Svolik，*The Politics of Authoritarian Rule*（New York：Cambridge University Press，2012）.

料而不是盈利。社会主义是以集体主义意识形态为基础的。集体利益被认为大于个人利益。社会主义者认为，资本主义者获得的社会财富与工人相比不成比例。他们认为，在资本主义社会，工人的工资并不代表他们劳动的全部价值。他们认为政府应该控制基本的生产资料、分配和商业活动。

在世界许多地方，社会主义都是以社会民主的形式出现的。社会民主理论支持经济和社会互动，通过民主手段促进社会正义。社会民主包括资本主义和社会主义实践，而且往往以高度发达的福利制度为特色，向需要援助的人分配援助。社会民主在西欧最为成功，在巴西和印度等几个大国的政治制度中也发挥着重要作用。在意大利和挪威，社会民主制度政府经常干预私营部门和商业活动；在法国和瑞典，企业所得税税率通常相对较高；在少数国家，如德国，出现了外国直接投资净流出，因为企业试图逃避广泛的监管。

6.2.3 民主制度

民主制度是世界上大多数发达经济体的政治制度。民主制度有两个主要特征：

● 私有财产权：拥有个人财产和通过积累财富增加个人财产的权利。财产（property）包括有形资产，如土地和楼房，也包括无形资产，如股票、合同、专利权和智力资产。民主政府会通过制定法律来保护私有财产权。个人和企业可以获取、使用以及买卖财产，也可以将财产赠予任何人。这些权利非常重要，因为它们会激发人们的主动性、雄心和企业家精神去创造财富，鼓励人们勤俭节约，心怀积累财富的愿望。如果人们不确定他们是否可以掌控自己的财产或从中获利，那么他们就不太可能会努力这样去做。

● 政府职能的有限性：政府只行使为全体公民服务的主要职责，如国防，维护法律、秩序和外交关系，建设和维护公路、学校及其他公共基础设施。国家最大限度地减少对个人或企业经济活动的控制和干预，通过市场力量来规范经济活动，以实现对资源的最有效配置。[①]

民主制度与开放程度、不过度监管以及企业进入外国市场的壁垒密切相关。开放程度越高，对外国企业的限制就越少。不过度监管也对买家有利，因为开放增加了可用产品的数量和种类，竞争迫使企业不断提高产品质量，效率的提高可能会引起产品价格的下降。例如，印度政府降低了汽车市场的准入门槛后，外国汽车制造商稳步进入印度的市场。这些外国汽车制造商的进入增加了可销售的车型及其数量，提高了汽车质量，同时降低了汽车价格。类似的现象在中国的移动电话市场也

---

① Milton Friedman and Rose Friedman, *Free to Choose* （New York：Harcourt Brace Jovanovich，1980）；Robert Genetski，*Rich Nation*，*Poor Nation*：*Why Some Nations Prosper While Others Fail* （Amazon Digital Services，www.amazon.com，2017）.

发生过。[1]

在民主制度下，个人和企业自身的目标有时违背公平公正。人们的能力、水平和经济实力的不同，以及个人成功程度的不同，造成了不平等。纯粹民主制度的批评者认为，当这种不平等超出一定限度时，政府应当介入，以促进平等。在日本和瑞典等民主制度国家，与民主相联系的权利和自由有着更广泛的社会诠释，而非仅仅代表个人。

几乎所有采用民主制度的国家都包含着社会主义成分，例如，政府会干预个人和企业的事务。之所以出现了社会主义趋势，是因为纯粹的民主制度存在弊病和负外部性。比如，日本就曾经努力在民主制度和社会主义制度之间保持适度的平衡。20 世纪 90 年代，管理措施不当和经济衰退导致数千家日本企业倒闭。为了确保就业、维持经济稳定，日本政府出面干预，支持了无数大型企业和银行，而这一举动在纯粹的民主国家是行不通的。但是，这些政策也导致了日本经济缺乏弹性，并延迟了势在必行的结构改革。

包括澳大利亚、加拿大、美国和一些欧洲国家在内的许多国家都实行了一种混合的政治制度。这种制度的最大特点是拥有强有力的私人部门和公共部门（包含大量的政府法规和控制）。民主制度通过保护私有财产权发扬企业家精神。

6.2.4　国家治理与经济繁荣

国家治理（national governance）是指管理国家的政策和流程体系。它反映了公共机构制定法律法规、管理公共事务和公共资源的方式。[2] 图 6.4 表明，国家治理与经济繁荣程度（以人均 GDP 衡量）密切相关。在图中，对国家治理的评估用到了六个变量：公共责任、政治稳定和非暴力、政府效力、监管质量、法治和腐败控制。[3] 随着国家治理质量的提高，经济会变得繁荣，公民的生活水平也会进一步提高。生活水平较高的国家，例如加拿大、爱尔兰和新加坡，其国家治理质量也往往较高。相比之下，生活水平较低的国家（例如朝鲜、巴基斯坦、委内瑞拉）往往在国家治理方面得分较低。

---

[1]　Robert Dahl and Ian Shapiro, *On Democracy*, 2nd ed. （New Haven, CT: Yale University Press, 2015）; Joseph Johnson and Gerald Tellis, "Drivers of Success for Market Entry into China and India," *Journal of Marketing* 72 （May 2008）, pp. 1 - 13; Priyam Saraf, "How Do Import Tariffs on Cars Affect Competitiveness? The Case of India and Pakistan," *World Bank*, August 28, 2017, www. worldbank. org.

[2]　Mark Bevir, *Governance: A Very Short Introduction* （Oxford, UK: Oxford University Press, 2012）; Francis Fukuyama, "What Is Governance?," *Governance* 26, No. 3 （2013）, pp. 347 - 368; Robert Rotberg, *On Governance* （Waterloo, ON: Centre for International Governance Innovation, 2015）; UNESCAP, "What Is Good Governance," *United Nations Economic and Social Commission for Asia and the Pacific*, 2015, www. unescap. org.

[3]　Daniel Kaufmann, Aart Kraay, and Massimo Mastruzzi, "The Worldwide Governance Indicators: A Summary of Methodology, Data and Analytical Issues," World Bank Policy Research, Working Faper No. 5430, 2010, www. worldbank. org; World Bank, *Worldwide Governance Indicators*, 2018, www. info. worldbank. org.

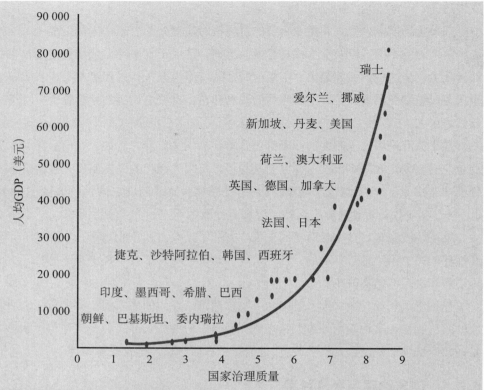

图 6.4 国家治理质量与人均 GDP 的关系

资料来源：International Monetary Fund, *World Economic Outlook Databases*, 2017, www. imf. org; Daniel Kaufmann, Aart Kraay, and Massimo Mastruzzi, "The Worldwide Governance Indicators: A Summary of Methodology, Data and Analytical Issues," World Bank Policy Research, Working Paper No. 5430, 2010, www. worldbank. org; World Bank, *Worldwide Governance Indicators*, 2018, www. info. worldbank. org.

国家治理涉及政治自由度和经济自由度。[①] 政治自由度与以下方面有关：

● 自由公正的选举；

● 组建政党的权利；

● 公平的选举法；

● 议会或其他立法机构的存在；

● 不受军事、外国势力或宗教等级制度的支配；

● 对文化、种族和宗教少数群体的自决权。

经济自由度与以下方面有关：

---

① María J. Angulo-Guerreroa, Salvador Pérez-Morenob, and Isabel M. Abad-Guerreroa, "How Economic Freedom Affects Opportunity and Necessity Entrepreneurship in the OECD Countries," *Journal of Business Research* 73, No. 3 (2017), pp. 30 – 37; James Gwartney et al. , *Economic Freedom of the World*: *2017 Annual Report* (Vancouver, Canada: Fraser Institute, 2017); Freedom House, *Freedom in the World 2017* (Washington, DC: Freedom House, 2017).

- 政府对企业的干预程度；

- 监管的严格程度；

- 根据市场力量来开展商业活动的容易程度。

当政府支持实现经济自由所必需的制度（例如自由市场和法治）时，经济自由度就会提高。

6.2.5　政治制度与经济制度的关系

每种政治制度往往都和一种特定的经济制度联系在一起。总的来说，集权主义制度与计划经济紧密相连，民主制度与市场经济紧密相连，而社会主义制度与混合经济紧密相连。我们来回顾一下这几种经济制度。

（1）计划经济（command economy）。计划经济也被称作中央计划经济。在计划经济下，国家拥有主要的经济部门，是商品及服务的生产和分配过程中的主导力量。其弊端是，官僚主义滋长，经济效率相比市场经济较为低下。例如，委内瑞拉物资非常短缺，人们往往需要排队几个小时来购买面包之类的基本生活物品。如今，俄罗斯这样的国家仍然具有计划经济的特征。但是，计划经济正在逐渐被市场经济和混合经济替代。

（2）市场经济（market economy）。在市场经济中，供求双方之间的相互作用被称为市场力量，这种力量决定了价格。政府对市场的干预是有限的，经济决策由个人或企业做出。市场经济与资本主义紧密相连，因此生产资料实行私有制，由私人管理。市场参与者往往表现出市场导向的意识形态，具有企业家精神。国家的作用是建立法律制度来保护私有财产和合约协议。然而，政府也会进行干预，以缓解市场经济有时带来的不平等。

（3）混合经济（mixed economy）。混合经济兼具市场经济和计划经济两者的特征。它将国家干预和市场机制结合起来进行生产和分配。大多数产业由私人占有，企业家们自由地建立、占有和经营企业。但是，政府也控制着某些方面，例如养老金规定、劳动法规、最低工资水平和环境保护。国有企业通常占据着关键产业部门，如交通、通信和能源。例如，在法国，政府部分拥有数十家企业，这些企业主要属于运输、通信和能源行业。标致（Peugeot）和雷诺（Renault）是部分国有的企业。在德国、日本、挪威、新加坡和瑞典，政府常常会深入研究企业和劳动者的利益，以制定工业政策、调整工资水平或通过提供补助来支持某些特殊产业。[①]

20 世纪，采用混合经济的国家的数量大幅增加，同时政府在经济事务中的参与程度也在不断提升。例如，美国政府的综合支出占 GDP 的比例从 1960 年的 27%

---

① Barry Clark, *The Evolution of Economic Systems：Varieties of Capitalism in the Global Economy*（New York：Oxford University Press, 2016）；*Economist*, "Setting Out the Store," January 11, 2014, pp. 18 - 21.

增长到今天的大约 40%，预计到 2038 年将达到 50%。在比利时、丹麦、法国、希腊和其他几个欧洲国家，每年的政府支出占 GDP 的比例均超过 50%。日本以及欧洲、北美的国家政府针对私营企业实施了许多新规定，特别是在最近的全球金融危机爆发之后。[①] 这些规定包括工作场所的安全保障、最低工资水平、养老金和环境保护。

6.3 法律制度

法律制度为人们提供了行为规则和准则的框架。这个框架规定、限制或允许人和组织之间的具体关系，并惩罚违反这些规则和准则的人和组织。法律要求或限制一些特定的行为，同时赋予公民从事某些活动，比如签订合同、对违反合同的行为进行补救的权利。法律制度是动态的，它会随着一国社会价值观的不断变更和社会、政治、经济及技术环境的演变而不断变化。

集权主义制度、社会主义制度以及民主制度是三种主要的政治制度，它们往往也会影响与之相对应的法律制度。民主制度通常鼓励市场作用和自由贸易。在澳大利亚、加拿大、日本、美国和多数欧洲国家，法律制度完善，人们大都知法懂法。在这些国家，法律是有效的、合理的，因为法律：

● 平等地适用于全体公民（即法律面前人人平等）；
● 由公认的政府权威机构通过正式程序颁布；
● 由警察和正式组建的司法机构公正地执行。

这些国家中存在法治文化，公民总是尊重法律，按照法律法规办事。**法治**（rule of law）是这样一种法律制度，在这种制度下，法律清晰、明确地为人们所知，执法人员公正地执行法律，个人、组织和政府尊重法律。在法治国家，国际商务繁荣发展。例如，美国的《证券交易法》（Securities and Exchange Act）要求上市公司定期向投资者公布财务指标，以增强投资者进行交易的信心。藐视法律、削弱政府权威、试图禁止社会普遍行为的烦琐限制都可能弱化法律的作用。如果没有法治，经济活动就会受到阻碍，企业就不得不在巨大的不确定性下进行竞争。

我们可以把国家的基本法律制度归结为以下四种：普通法（common law）、大陆法（civil law）、宗教法（religious law）以及混合制度（mixed systems）。这些法律制度是法律法规的基础。表 6.2 提供了一些采用这些法律制度的国家作为例子。

---

① Arthur Brooks, "The Debt Ceiling and the Pursuit of Happiness," *Wall Street Journal*, July 25, 2011, www. wsj. com; OECD, *General Government Spending*（Organisation for Economic Cooperation and Development, www. data. oecd. com, 2018）; Proquest and Bernan Press, *Statistical Abstract of the United States*（Lanham, Maryland: Bernan Press, 2017）.

表 6.2　一些国家占主导地位的法律制度

主要采用普通法	主要采用大陆法	主要采用宗教法	采用混合制度
澳大利亚 加拿大 爱尔兰 新西兰 英国 美国	大多数西方国家 欧洲和拉丁美洲国家 日本 俄罗斯 韩国	大多数中东和北美国家 北非 阿富汗 毛里塔尼亚 巴基斯坦 苏丹	孟加拉国 印度 印度尼西亚 以色列 肯尼亚 马来西亚 菲律宾

资料来源：Based on World Legal Systems at www.juriglobe.ca.

6.3.1　普通法

　　普通法也称判例法，是一种起源于英国，之后传播到澳大利亚、加拿大、美国和英联邦前成员国的法律制度。普通法的基础是传统、以往的判例以及由国家法院根据对法律条例、法规和过去的判决进行解释而确定的法律先例。例如，普通法国家的国家立法机构，如英国的上议院和美国的国会对指定或修改法律拥有最高权力。在美国，由于宪法难以修改，最高法院和其他级别较低的法院在解释法律时享有极大的灵活性。正是因为普通法便于法院灵活解释，所以它比其他法律制度更易变通。因此，在普通法国家中，无论是商业纠纷还是其他商业案件，法官都可以基于每一个案件的独特情况，拥有很大的法律解释权。

6.3.2　大陆法

　　大陆法也称成文法，主要在法国、德国、意大利、日本、土耳其和拉丁美洲国家使用。其源头可以追溯到罗马法（Roman Law）和拿破仑法典（Napoleonic Code）。大陆法建立在包容一切的法律体系的基础之上，一切都有"条文规定"，清楚易查。大陆法将法律体系分成三种：商法、民法以及刑法。大陆法由于对每一方面都有相关规定，因而被认为是一部完备的法律。这些法律法规形成了法律推理和司法的源头。这些成文条例以由立法院或其他最高权力机关制定的特别法和行为准则的形式呈现出来。

　　普通法和大陆法都起源于西欧，体现了西欧的普遍价值观。两种法律制度的重要区别在于：普通法主要依靠审判，是建立在法庭判决的基础之上；而大陆法主要依靠最初的立法，是建立在国家和地方立法机构通过的法律的基础之上。普通法和大陆法这两种不同法律制度的存在使得国际商务面临各种各样的差异（见表 6.3）。事实上，普通法通常包含着大陆法的某些成分，大陆法也通常包含着普通法的某些成分。这两种法律制度互相补充，实行一种制度的国家往往也会采用另一种制度中的一些做法。

表 6.3　关于大陆法与普通法的差异的例子

	大陆法	普通法
知识资产的所有权	取决于由谁登记	取决于由谁最先使用
契约的执行	商业契约只有在财产被明确地证明或登记之后才可以执行	只要能证明契约存在，就可以执行契约
合同的特异性	合同一般较为简洁，因为很多潜在问题已经涵盖在大陆法里面了	合同一般较为详细，会尽量涵盖所有的可能性，故设计一份合同的成本通常十分高昂
合同的履行	不履行合同的范围扩大到包括不可预见的人类行为，例如罢工和骚乱	不可抗拒的天灾（如洪水、闪电、飓风等）是不履行合同条款的唯一正当理由

第6章

6.3.3　宗教法

宗教法受到宗教信仰、道德准则和道德观念的巨大影响，被视作由神制定的法律制度。最重要的宗教法建立在印度教、犹太教和伊斯兰教教规的基础之上。在这些法律当中，传播最为广泛的是伊斯兰法，它主要在中东和北非使用。另外，还有许多国家拥有大量伊斯兰教信徒（穆斯林），包括印度尼西亚（约 2.05 亿穆斯林人口）、巴基斯坦（1.8 亿穆斯林人口）、印度（1.75 亿穆斯林人口）和尼日利亚（7 500 万穆斯林人口）。

伊斯兰法，也称为伊斯兰教教法（shariah），起源于穆斯林的圣书《古兰经》和先知穆罕默德的教义。教徒们通常对宗教生活和日常生活不加区分。伊斯兰法掌管人与人、人与国家以及人与神之间的关系，详细规定了关于政治、经济、金融、合同、婚姻和其他社会问题的行为准则。因此，可以说伊斯兰法包含了所有可能的人类关系。由于被视作神旨，所以伊斯兰法相对固定并且是绝对真理。与其他法律制度不同，它几乎不随时间的推移而变更。[①]

大多数伊斯兰国家现在实行双重制度，即同时存在宗教法庭和非宗教法庭。在其他拥有大量穆斯林人口的国家，如印度尼西亚、孟加拉国和巴基斯坦，现在也存在非宗教宪法和法律。土耳其也是一个穆斯林人口占大多数的国家，其宪法具有浓厚的非宗教色彩。而沙特阿拉伯和伊朗非常特殊，由宗教法庭管辖审判的各个方面。

伊斯兰现代自由主义运动反对宗教法的传统观点。例如，按照对伊斯兰法律的严格解释，通过贷款或投资收受利息是违法的。因此，金融机构在伊斯兰教教法条文的基础上采用了国际银行系统的一种变体——伊斯兰金融。许多西方银行，例如

---

① Jason Boyett, *12 Major World Religions: The Beliefs, Rituals, and Traditions of Humanity's Most Influential Faiths* (Berkeley, CA: Zephyros Press, 2016); Lewis Hopfe and Brett Hendrickson, *Religions of the World*, 13th ed. (New York: Pearson, 2015).

摩根大通（JP Morgan）和德意志银行，在伊斯兰国家开设的分行都要遵守伊斯兰法。由于伊斯兰法规定银行不能收取利息，所以这些银行就以管理费或者融资项目股权收益的形式收取费用。很多伊斯兰国家通过发行伊斯兰债券来代替利息，这种债券能够使资产持有者获利。这种符合伊斯兰法的金融工具在全世界范围内的市值已经超过了两万亿美元。[①]

6.3.4 混合制度

采用混合制度的国家会同时存在两种或两种以上的法律制度。在大多数国家，法律制度随时间的推移不断演进，并根据自己的独特需求吸纳了其他法律制度中的做法。许多国家将两种法律制度结合起来使用，这使得大陆法和普通法的差别已经变得十分模糊。例如，南非和菲律宾的法律制度混合了普通法和大陆法的做法，而印度尼西亚和大部分中东国家的法律制度则同时包含了大陆法和伊斯兰法的内容。

根据历史记载，社会主义法律存在于苏联的独立国家、中国和一些非洲国家。它建立在大陆法的基础之上，融合了社会主义原则中强调财产国有制的元素。国家的权利高于个人的权利。随着苏联解体和中国市场经济的发展，社会主义法律逐渐被其他法律制度，特别是大陆法代替。

6.4 政治和法律制度的参与者

政治和法律制度由各种社会机构在国内层面和国际层面的互动演变而来。五类参与者对政治制度和法律制度的演变产生了积极作用。

6.4.1 政府

政府，也称公共部门，是政治制度和法律制度最主要的参与者，在国家、州和地区发挥重大作用。政府有颁布和执行法律的权力，极大地影响着企业进入东道国市场的方式和从事经营活动的方式。政府通过一个由制度、机构和公务员组成的复杂系统调控着国际商务活动。在美国，具有这种权力的机构包括美国贸易代表署（US Trade Representative）和国际贸易管理局（International Trade Administration）。在加拿大，这一职责由外交部（Ministry of Foreign Affairs）、财政部（Ministry of Finance）和进出口管理局（Export and Import Controls Bureau）承担。澳大利亚、英国等几乎所有的国家都有类似的机构。

---

① International Monetary Fund, "Islamic Finance and the Role of the IMF," February 2017, www.imf.org; Mansur Masih, "Islamic Finance and Banking," *Emerging Markets Finance & Trade* 53, No.7 (2017), pp.1455-1457; Maha Khan Phillips, "Doing God's Work: Islamic Finance Is Meant to Reconcile Both Commercial and Religious Ideals," *Wall Street Journal*, March 1, 2010, www.wsj.com.

6.4.2 国际组织

世界贸易组织、联合国和世界银行等超越国家的机构对国际商务活动有着巨大的影响。例如，联合国贸易和发展会议（United Nations Conference on Trade and Development，UNCTAD）帮助监督投资、金融、技术和企业发展领域的国际贸易及其发展情况。这些组织通过提供行政指导、管理框架和偶尔的财政支持来帮助实现自由、公正的贸易。

6.4.3 区域经济组织

区域经济一体化是指一个地理区域内的两个或两个以上的国家结成联盟，以减少贸易和投资壁垒为目标而产生的日益增强的经济依赖关系。例如，欧盟（European Union，EU）、北美自由贸易协定（North American Free Trade Agreement，NAFTA）和东南亚国家联盟（Association of Southeast Asian Nations，ASEAN，简称东盟）这类地区经济组织的成立旨在促进成员的经济和政治利益。其中，欧盟有自己的行政、立法和官僚机构。欧盟颁布并实施的法律法规直接影响商务活动。例如，2018 年欧盟实施了《金融工具市场指令》（Markets in Financial Instruments Directive），以更好地监管金融市场，增强对投资者的保护。该指令限制了银行收取费用，并提高了经纪人和其他金融机构的信息披露要求。与新规定相关的准备工作预计将花费银行、经纪人和其他企业数十亿美元。[①]

6.4.4 特殊利益集团

特殊利益集团旨在促进某一特定团体的利益的实现。很多特殊利益集团是服务于特定国家、行业或事业的利益。例如，经济合作与发展组织（OECD）支持发达国家的经济发展与商业目标。石油输出国组织（OPEC）是一个实力强大的卡特尔（垄断集团），控制着世界石油价格，而全球石油价格又影响着企业的经营成本和消费者的日常生活。石油输出国组织代表石油生产国，包括沙特阿拉伯、伊朗、委内瑞拉、尼日利亚和印度尼西亚的利益，在世界市场上有着很大的话语权。类似地，也有控制糖、咖啡和铁矿石等其他商品的生产和分配的组织。

特殊利益集团从事广泛的政治活动（从劳动者权利到环境保护），以推动特定事业的发展。它们常常影响一个国家的政治进程，其结果对商务活动具有深远意义。许多特殊利益集团的目标是某一特殊产业，因而会对单家企业施加影响。在美国，环保主义者反对加州的一家能源企业在墨西哥设立液化天然气终端和管道线的计划。他们认为该能源企业计划建立的液化天然气设施可能会发生天然气泄漏，从

---

① Dick Schumacher, "MiFID Ⅱ," *Bloomberg*, January 3, 2018, www.bloomberg.com; Philip Stafford, "What Is MiFID Ⅱ and How Will It Affect EU's Financial Industry?," *Financial Times*, September 15, 2017, www.ft.com.

而污染当地的地下水以及杀死野生动物。反对者打乱了该能源企业的施工进程。①
表 6.4 列出了主要的利益集团以及它们在各种商业问题上可能采取的立场。

表 6.4　特定利益集团关心的问题

利益集团	典型问题	案例
工会	反对进口商品和全球采购	美国钢铁工人联合会反对从中国进口钢铁
竞争企业	不喜欢和国外企业竞争	日本米商反对从美国进口大米
客户	可能会抵制外国制造的商品；不喜欢不适当的市场营销	澳大利亚的机动车驾驶者控告英国石油公司对石油产品的不公平定价
环保主义者	力争减少野生动物死亡以及对自然环境的破坏	环保主义者反对从热带雨林国家进口木材

6.4.5　竞争企业

东道国拥有强大实力的本国企业为了保护自己的利益会反对作为其竞争对手的外国企业进入本国市场，它们可能会劝说政府对自己进行保护。例如，东道国企业经常抱怨外国企业可以从该国政府或母公司那儿获得财务支持。阿斯泰利克斯（Asterix，法国一个主题公园）在巴黎建立迪士尼乐园时，就反对法国政府支持迪士尼。同样，美国在底特律的汽车制造商也反对宝马在南卡罗来纳州建厂，然而当地政府却支持宝马，因为它会给当地带来工作机会和税收。

6.5　由政治制度引起的国家风险的类型

政治制度是怎样对参与国际商务的企业产生冲击的呢？下面我们来讨论由政治制度所引起的具体风险。

6.5.1　政府接管企业资产

政府偶尔会没收企业资产。最常被政府接管的工业领域包括自然资源（例如，矿产和石油）、公用事业还有制造业。幸运的是，由于许多发展中国家的政府采取了旨在吸引外国直接投资和促进经济增长的制度改革，目前这种激进的获取企业资产的方式并不常见。

政府接管所采取的各种不同形式
（1）没收（confiscation）。它是指直接拿走企业资产而不支付任何补偿。例如，从 20 世纪 80 年代起，津巴布韦的政府系统性地没收了 5 000 多家农场（这些农场大多属于有欧洲血统的农民），并将土地重新分配给津巴布韦本地人。

（2）征用（expropriation）。它是指以支付补偿为代价进行扣押。在委内瑞拉，埃克森美孚（ExxonMobil）和康菲石油公司（ConocoPhillips）被迫放弃了对当地石油行业数十亿美元的投资。玻利维亚政府征用了在该国经营的西班牙航空公司 Sabsa。由于俄罗斯政府不断施加压力，英国能源巨头英国石油公司的俄罗斯子公司不得不将其石油业务的大部分股权出售给俄罗斯天然气工业股份公司（Gazprom）。

（3）国有化（nationalization）。它是指由政府接管整个行业，可能会支付补偿，也可能不会。例如，玻利维亚政府将该国的大部分石油和天然气工业收归国有。查韦斯总统将委内瑞拉的水泥工业收归国有。国有化在发达国家中也存在，例如，在全球金融危机之后，冰岛联邦政府将该国大部分银行业国有化。

资料来源：Conor Gaffey, "In Zimbabwe, White Farmers Are Suing President Robert Mugabe over Land Seizures," *Newsweek*, August 22, 2017, www. newsweek. com; Carlos Quiroga, "Bolivia Nationalizes Spanish-Owned Airports Operator," *Reuters*, February 18, 2013, www. reuters. com; Robert Wade and Silla Sigurgeirsdottir, "Iceland's Rise, Fall, Stabilisation and Beyond," *Cambridge Journal of Economics* 36, No.1 (2012), pp. 127-144.

现在更常见的是一种被称作"逐渐征用"（creeping expropriation）的形式。这种隐性的国家风险指的是当外国的跨国企业在本国大规模投资建厂后，政府突然修改法律法规，如突然终止合同、新颁布惠及本国企业的法律等。[1] 俄罗斯的不法分子和政府官员经常联合起来突袭跨国企业竞争者，使它们陷入毫无根据的刑事调查，这种伎俩会迫使来自外国的跨国企业减少对自身经营的控制，从而间接增加本地企业的利润。[2] 玻利维亚、哈萨克斯坦、俄罗斯和委内瑞拉的政府修改税收制度，导致当地从事煤、石油和天然气业务的外国企业收入减少。美国矿业企业 AES 在哈萨克斯坦的办公场所遭到军队攻击，并被要求缴纳 2 亿美元的税务罚款。AES 作为哈萨克斯坦最大的电力供应商之一，在哈萨克斯坦政府持续的阻挠和侵扰下被迫缩减在哈萨克斯坦的经营规模。[3] 政府用这种隐性或不正当的方式接管企业资产使得国家风险更加难以预测。

---

[1] Philipp Harms and Philipp an de Meulen, "Demographic Structure and the Security of Property Rights: The Role of Development and Democracy," *European Journal of Political Economy* 29 (March 2013), pp. 73-89; David Khachvani, "Compensation for Unlawful Expropriation: Targeting the Illegality," *Foreign Investment Law Journal* 32 No. 2 (2017), pp. 385-403.

[2] Philipp Harms and Philipp an de Meulen, "Demographic Structure and the Security of Property Rights: The Role of Development and Democracy," *European Journal of Political Economy* 29 (March 2013), pp. 73-89; David Khachvani, "Compensation for Unlawful Expropriation: Targeting the Illegality," *Foreign Investment Law Journal* 32 No. 2 (2017), pp. 385-403.

[3] Jason Bush, "Russia's Raiders," *BusinessWeek*, June 16, 2008, pp. 67-71; *National Law Review*, "Kazakhstan Ordered to Pay $506 Million for Crude Expropriation of Oil and Gas Investments," January 18, 2017, www. natlawreview. com; N. Vardi, "Power Putsch," *Forbes*, June 2, 2008, pp. 84-92.

6.5.2　禁运与制裁

国际条约和国际协定对国际商务活动中的行为规则、原则和标准做了统一说明。许多国家都是国际条约和国际协定的签署国。然而，一国政府仍可能单方面做出禁运或制裁的决定，以反击外国的侵犯行为。制裁（sanction）是指一个或多个国家对一个或多个国家施加的一种贸易惩罚，其形式包括关税、贸易壁垒、进口税、进出口限额。制裁一般出现在贸易或政策争端未解决的背景下，例如，国家间对于某些国际贸易惯例的公平性产生分歧时。但是，根据经验，制裁往往不会取得预期的结果。例如，美国对伊朗和叙利亚实施贸易制裁后，中国、德国、日本及其他贸易伙伴仍会与它们进行贸易。俄罗斯对乌克兰进行军事干预，欧盟和美国继而对俄罗斯实施贸易制裁，制裁最后引起了俄罗斯卢布崩溃及俄罗斯金融危机，欧盟的许多企业也遭受了经济损失。[1]

禁运（embargo）是一国为了孤立某个国家或惩罚其政府，禁止与这些国家进行某些特定产品的贸易。禁运往往比制裁更严重，在政策和法案遭到反对后，政府常用禁运作为政治处罚。例如，伊朗和朝鲜由于被美国政府认定为恐怖主义国家而受到美国政府的禁运处罚；欧盟对白俄罗斯和苏丹的某些领域，如旅游，实行了禁运政策，以对它们违反人权和违规进行武器交易提出抗议。

6.5.3　对企业和政府的抵制

消费者和特殊利益集团有时会将矛头指向被认为对当地利益产生危害的企业。消费者可能拒绝购买行为不当的企业的产品。抵制或公开抗议与一国或一家企业进行商业往来会导致产品销量减少、成本增加（为了改善企业形象，用于维护公共关系的相关成本增加）。巴黎的迪士尼乐园和麦当劳都曾被法国农民作为抵制美国农业政策和全球化的发泄对象。墨西哥湾（the Gulf of Mexico）石油泄漏事件发生后，多国组织了抵制英国石油公司的活动。[2] 在 2014 年俄罗斯索契冬奥会期间，多个组织以俄罗斯政府歧视同性恋为由呼吁抵制俄罗斯产品。[3]

6.5.4　恐怖主义

恐怖主义（terrorism）是威胁使用或实际使用武力、暴力，通过施加恐惧、高

① Francesco Giumelli, "EU-Russia Trade Bouncing Back Despite Sanctions," *EUObserver*，October 17，2017，www. euobserver. com；Matthew Philips, "What Trade Sanctions?" *Bloomberg BusinessWeek*，January 30 – February 5，2012，p. 16.

② John Chipman, "Why Your Company Needs a Foreign Policy," *Harvard Business Review*，September 2016，pp. 36 – 43；Nicola Clark, "BP Hit by Boycott Threat amid US Oil-Spill Crisis," *Marketing*，May 12，2010，p. 1.

③ Michele Rivkin-Fish and Cassandra Hartblay, "When Global LGBTQ Advocacy Became Entangled with New Cold War Sentiment," *Brown Journal of World Affairs* 21，No. 1 (2014)，pp. 95 – 111.

压统治或恐吓来达到政治目的的行为，有时这些行为是由国家政府倡议的。[①] 恐怖主义在世界很多地方都在升级，法国、印度、菲律宾、西班牙、英国、美国以及非洲和中东的许多国家都发生过恐怖袭击。在印度，过去 20 年中有 3 万多人死于恐怖袭击。[②] 最近，阿富汗、伊拉克、尼日利亚、巴基斯坦和叙利亚都发生了重大恐怖袭击事件。恐怖主义除了会夺走生命外，还会严重破坏商业基础设施，扰乱商业活动。恐怖主义还会引起消费者恐惧，使其减少购买，进而导致经济衰退。运输和零售业受到的影响尤其严重。恐怖主义也会影响金融市场，在 2001 年 9 月 11 日纽约遭受恐怖袭击后的几天里，美国股市下跌了大约 14％。[③]

6.5.5　战争、叛乱和暴力

战争、叛乱和其他形式的暴力会阻碍企业的跨国经营。尽管这些事件不会直接影响企业，但其间接影响可能是毁灭性的。北美贩毒集团之间的暴力冲突以及美国与墨西哥边境的安保冲突使得该区域的政治趋于不稳定，造成大批企业和投资者从墨西哥撤资。在印度，当地农民由于害怕失去生计，于是发起暴力抗议，导致塔塔汽车公司（Tata Motors）不得不改变一个大型新工厂的选址。[④] 同样，企业也可以购买保险以减少暴乱行为给自身造成的损失。

6.6　由法律制度引起的国家风险的类型

除了政治制度外，法律制度也会导致国家风险。与国际商务尤为相关的是规范商业交易的商法与规范人与组织之间的关系，包括合同以及过失行为责任的私法。在许多国家，法律制度都是为了促进本国商业利益和经济发展而制定的。

东道国和母国的法律制度都给企业带来了多种挑战，我们接下来会进行介绍。

6.6.1　由东道国的法律环境引起的国家风险

东道国政府可以针对在该国经营的外国企业制定多种法律条款。

（1）外国投资法。外国投资法影响企业进入市场的方式，也影响企业的经营与

① Michele Rivkin-Fish and Cassandra Hartblay, "When Global LGBTQ Advocacy Became Entangled with New Cold War Sentiment," *Brown Journal of World Affairs* 21, No. 1 (2014), pp. 95 – 111.

② Institute for Economics & Peace, *Global Terrorism Index 2014* (Sydney, Australia: Institute for Economics & Peace, 2015); U. S. Department of State, *Country Reports on Terrorism*, July 2017, www. state. gov; M. Srivastava and N. Lakshman, "How Risky Is India?" *BusinessWeek*, December 4, 2008, www. businessweek. com; White, 2017.

③ Institute for Economics & Peace, *Global Terrorism Index 2014* (Sydney, Australia: Institute for Economics & Peace, 2015); U. S. Department of State, *Country Reports on Terrorism*, July 2017, www. state. gov; M. Srivastava and N. Lakshman, "How Risky Is India?" *BusinessWeek*, December 4, 2008, www. businessweek. com; White, 2017.

④ Rina Chandran, "India's Top Court Calls Land Deal for Tata Motors Factory a 'Farce'," *Reuters*, August 31, 2016, www. reuters. com; V. Nair, "Tata Nano, World's Cheapest Car, Won't Help Pay Debt," *Bloomberg*, 2009, www. bloomberg. com; Srivastava, 2009.

业绩。许多国家对外国直接投资流入进行限制。例如，印度尼西亚限制外国对本国旅游业、酒精饮料行业和某些化学制造业的投资，以保护国家的安全和文化资产。投资特定行业需要获得印度尼西亚中央政府的特别许可。① 美国限制可能影响其国家安全的外国投资，同时美国投资委员会（U. S. Committee on Investments）还会对拟议的投资进行审查。2017 年，根据美国投资委员会的建议，美国政府阻止了一家中国企业收购莱迪思半导体企业（Lattice Semiconductor Corporation）的计划。②

（2）对经营的形式和行为予以限制的法律。跨国企业需要遵守东道国有关生产、营销和分销活动的法律法规。例如，东道国可能要求企业获得进出口许可，或通过设计复杂的法规使交通、物流活动复杂化，或限制企业的进入方式。如中国政府规定，外国企业要进入中国的电信市场，必须与中国企业合营，且合营企业的经营权不得完全由外国企业掌握，其目的是确保中国对电信行业的控制权，并获得技术、知识和资金。2014 年，美国当局以担心其可能从事间谍活动为由，禁止中国电信巨头华为竞标美国政府的网络设备合同。③

（3）营销和分销法。营销和分销法规定了企业在广告、营销和分销时可以采取哪些做法。例如，芬兰、法国和挪威禁止在电视上播放香烟广告；德国严格禁止吹嘘某个品牌的产品优于竞争对手的广告。许多国家限制关键产品和服务，如食品和医疗保健的最高定价。这些限制均影响了企业的营销活动和利润。若企业生产或销售了给消费者造成危害、损伤或导致消费者死亡的伪劣产品，那么根据产品安全和责任法，企业必须承担相应责任。如果违反法律，企业及其管理人员将会受到罚款、监禁或被提起民事诉讼。发展中国家的产品责任法要比发达国家薄弱，于是有些企业就利用这一弱点。例如，由于欧洲和美国的诉讼人对烟草企业紧盯不放，所以这些企业就将其大部分的烟草销售市场转移到了发展中国家。

（4）关于收入汇回本国的法律。跨国企业会想方设法将在不同国家获得的收入汇回本国。然而，一些国家的政府会制定法律来限制这种资金转移。这种行为通常被用于保护硬通货，例如欧元、美元或日元。有关限制资金汇回的法律限定了企业可以汇回本国的收入或红利。尽管这类限制往往会对外国直接投资流入产生不利影响，但是在缺乏硬通货的国家，这种做法还是比较常见的。

（5）环境法。政府还会颁布法律来保护自然资源，减少污染，阻止滥用空气、

① V. Sreeja, "Indonesia's Government to Relax Foreign Direct Investment Norms to Boost Economy as Growth Sputters," *International Business Times*, April 19, 2015, www. ibtimes. com/indonesias-gove-nment-relax-foreign-direct-investmentnorms-boost-economy-growth-sputters-1519258；USTR，2017.

② Kate O'Keeffe, "Trump Blocks China-Backed Fund from Buying Lattice Semiconductor," *Wall Street Journal*, September 13, 2017, www. wsj. com.

③ Arjun Kharpal, "We're Still Keen to Set Up in the US: Huawei," *CNBC*, February 24, 2016; www. cnbc. com；Linda Yueh, "Huawei Boss Says U. S. Ban 'Not Very Important'," BBC, October 16, 2014, www. bbc. com/news/ business-29620442；USTR（2017）.

土地和水资源的行为，以确保健康与安全。例如在德国，企业必须严格遵守有关回收的法律，制造商和分销商必须承担回收产品包装的责任。各国政府努力在环境法与其对就业、创业和经济发展可能产生的影响之间取得平衡。例如，墨西哥的环境法更加宽松，其执行力度也比其他国家弱，但墨西哥政府并不愿意强化它们，因为担心外国的跨国企业会减少对墨西哥的投资。

（6）合同法。国际合同规定了合同各方的权利、义务和责任。合同主要用于以下五种商业交易：

- 产品或服务的销售，尤其是大规模销售；
- 企业产品通过外国分销商进行分销；
- 许可证和特许经营（licensing and franchising），即允许企业付费使用另一家企业的知识产权、营销工具或其他资产的一种合同关系；
- 外国直接投资，尤其在为了创建和经营一家外国子公司而与外国实体一起投资的情况下；
- 合资企业和其他形式的跨国合作。

许多国家正在努力制定国际销售合同的国际标准。《联合国国际货物销售合同公约》（The United Nations Convention on Contracts for the International Sale of Goods，CISG）是国际销售合同的统一法律文本。现在有超过 75 个国家加入了《联合国国际货物销售合同公约》，这些国家的贸易额之和约占世界贸易总额的四分之三。如合同无明文规定，则认为《联合国国际货物销售合同公约》凌驾于任何关于国际销售的国家法律之上。

（7）互联网和电子商务法规。互联网和电子商务法规是法律制度的新前沿并仍在不断演变。[①] 企业在法律不完善的国家从事电子商务活动会面临很大的风险。随着近几年互联网和电子商务的迅猛发展，尽管有些政府已经制定了法规来保护消费者的隐私安全，然而，由于尚未颁布专门的消费者隐私法，政府仍然难以保护私人信息不被犯罪分子和竞争者获取。不过，随着电子签名法的通过和实施，网上签订合同获得了更好的保障。

（8）不充分或不完善的法律制度。法律法规可能导致国家风险，同样，东道国不完善的制度环境或现有法律执行不力都会给企业经营带来挑战。在世界范围内，现有法律对知识产权的保护往往是不充分的。尽管合同上明确列出了保护知识产权的条款，但现实中这些条款往往得不到执行。当发明家发明了一个新产品、开发了一款新的电脑软件或生产出一种其他形式的知识资产时，其他人可能会在不告知或者不支付报酬给发明者的情况下，复制并出售其创新成果。俄罗斯的法律体系相对

---

① *Bloomberg Businessweek*，"How Not to Regulate the Internet," November 7，2016，p. 16；Tom Fairless and Stephan Fidler，"Europe Wants the World to Embrace Its Internet Rules," *Wall Street Journal*，February 25，2015，www. wsj. com；Craig MacKinder and Michael Carroll，*Security and Privacy in an IT World：Managing and Meeting Online Regulatory Compliance in the 21st Century*（Georgetown，ON：Kinetics Design，2017）.

脆弱，法庭也缺乏处理商业案件和国际案件的经验，故西方企业往往放弃在俄罗斯建立合资企业或开展商务活动。^①

法律保护不充分在发展中经济体最为普遍，但在发达国家同样存在。最近一次全球金融危机从某种程度上来说是源于美国、欧洲等地区的金融尤其是银行部门的监管不足。政府一直在考虑如何改革监管框架，为全球储户和投资者之间的联系提供更坚实的基础，并提供一种可靠的办法来管理金融的不稳定性。政府尝试扩大制度覆盖的范围，采用新方法来提高信息透明度、加快信息流动，找到跨国界协调监管政策和法律框架的方法。银行以及其他金融机构正在修改信息披露准则，以使各机构发布的信息更加具体、一致。一些专家认为，金融危机并不意味着需要更多地监管，而是需要更明智地监管、更好地执行现有监管、更严格地监督金融机构。^②

请阅读专栏"从事国际商务相关工作的新近毕业生"。该专栏介绍了克里斯托弗·约翰逊（Christopher Johnson）通过赴国外学习，加深了他对国际监管和税收环境的认识的经历。

专栏　　　　从事国际商务相关工作的新近毕业生

姓名： 克里斯托弗·约翰逊

学历： 会计学学士学位和硕士学位

目标： 成为金融服务行业的税务从业人员

大学期间的实习： 佐治亚州彩票机构（Georgia Lottery）；德勤税务师事务所（Deloitte Tax LLP）

毕业后的工作经历： 位于伊利诺伊州芝加哥和佐治亚州亚特兰大的德勤税务师事务所；高盛集团子公司 Ayco

克里斯托弗在大三时参加了一个在土耳其伊斯坦布尔的为期两周的留学项目。这个项目使得克里斯托弗具有了全球视野，激发了他在金融行业跨国组织工作的热情，克里斯托弗学习了国际商务中的政治制度、法律制度等多方面的知识。

大学毕业后，克里斯托弗在德勤税务师事务所实习，其间他提高了专业技术水平、分析能力和沟通能力。实习结束后，克里斯托弗选择继续读研究生，并获得了会计学硕士学位。研究生毕业后，他在德勤税务师事务所的国内合规和全球司法部门全职工作。在这家企业工作两年后，克里斯托弗开始为多家客户提供咨询服务。克里斯托弗为各家跨国企业提供税收咨询服务，包括预测商业合作或并购对企业税收的影响、管理变动对

① Cavusgil，Ghauri，and Akcal，2013；USTR，2017.

② J. Fox，"New World Order，" *Time*，February 16，2009，p. 29；"Krise des Bankensystems：Zu viel Finanzinnovationen，zu wenig Regulierung？" *Ifo Schnelldienst*，November 14，2008，pp. 3–15；Laura Kodres，"What Is to Be Done，" *Finance & Development*，March 2009，pp. 23–27；Marc Labonte，*Who Regulates Whom? An Overview of the U. S. Financial Regulatory Framework*（Washington，DC：Congressional Research Service，2017）.

企业税收的影响，以及拟颁布的法律或已经实施的法律及其他市场因素对企业税收的影响。

克里斯托弗对国际经历的看法

"在这个不断变化的全球社会中，我们需要利用这个机会来拓宽自己的教育和专业视野。理解国际商务在不同文化中所扮演的角色促使我们从一个完整的全球商业视角来看待问题。这也会帮助你解决职业选择问题。"

成功的要素

"从大学到在美企工作这条路可能极难走。我对那些正在朝此方向努力的人的建议是：要有强烈的自我意识。熟知自己的优缺点会帮助你在职业生涯中取得成功。勇敢面对不熟悉的环境、国家或者文化可以增强我们的自信。我相信，置身于一个截然不同的国家，比如土耳其，比在伦敦或罗马学习更有利于我自身的成长。

"执行力在职业生涯中极其重要，全球雇主都希望自己的员工能熟练运用各种知识。换个角度说，工作场所就是教室。我想告诉刚毕业的学生：持续的学习会帮助你在工作中实现自我价值。另外，书面沟通能力和口头沟通能力也很重要，了解自己的领域只是成功的一半，成为一名有效的沟通者也很重要。在与外国客户沟通时，最重要的是建立人际关系和团队合作，要了解并适应多元文化及多元文化下的工作环境。"

挑战

"在我早期的职业生涯中，我面临的最大挑战是如何为个人兴趣，如家庭、朋友和文化研究等腾出时间。刚进入企业的年轻人往往把自己看作工作机器。要知道，我们需要的不仅仅是雇主的认可。我已经学会了享受成功的旅程。"

资料来源：Courtesy of Christopher Johnson.

6.6.2　由母国的法律环境引起的国家风险

国家风险不仅受东道国的法律环境的影响，还受母国的法律环境的影响。**治外法权**（extraterritoriality）是指在一国国境之外，针对本国国民或其行为实施本国的法律。在大多数情况下，这类法律的存在是为了起诉位于国外的个人或企业的某些违法行为。

在国际商务中，治外法权的例子数不胜数。例如，雅虎因为在其网站进行纳粹物品的拍卖而被法国的种族主义组织告上了法庭，因为根据法国的法律，展示或出售有种族主义色彩的物品是违法的。巴黎的法庭命令雅虎想办法阻止法国用户进入出售纳粹物品的网站。2018年，欧盟以不公平和反竞争行为为由，对高通（Qualcomm）处以12亿美元的罚款，因为多年来，高通向苹果支付了数十亿美元以确保苹果在生产iPhone和iPad时只使用高通的芯片。实际上，欧盟之所以对高通处以罚款是因为高通贿赂苹果，损害了英特尔的利益，尽管这三家企业的总部均在美国。大部分企业都反对治外法权，因为它不仅提高了服从成本和监管成本，还造成了极大的不确定性。[①]

（1）《反海外腐败法》。1997 年，美国政府通过了《反海外腐败法》（Foreign Corrupt Practices Act，FCPA），该法禁止企业为了保护或维持业务而向外国行贿。《反海外腐败法》出台时，有 400 多家美国企业承认向外国政府官员和政客行贿。1998 年，该法增加了反贿赂条款，禁止外国企业和经营者在美国经营期间助长贿赂之风的行为。《反海外腐败法》还要求在美国发行股票的企业符合美国的会计规定。这些企业必须开发并维持一个会计系统，以控制和记录企业的全部支出。[②] 但是，该法并没有清楚地定义"贿赂"。例如，该法明确了贿赂和"好处费"（facilitation payment）的区别：只要不违反当地法律，后者就是被允许的。[③]

一些美国经营者认为《反海外腐败法》损害了他们的利益，因为外国竞争者不会受到这类法令的限制。《反海外腐败法》的刑事处罚和民事处罚都越来越严苛，企业最高可被处以高达 200 万美元的罚款，而个人最高可被处以高达 10 万美元的罚款并面临监禁。2017 年，美国能源服务公司哈里伯顿（Halliburton）同意支付 2 900 万美元罚款，以了结安哥拉一家企业对其关于支付款项的指控。指控的缘由是：哈里伯顿为了赢得利润丰厚的油田服务合同，向安哥拉这家企业支付了费用。[④]

（2）会计方法和标准。世界各地的会计方法和标准千差万别，给企业的跨国经营活动带来了困难。例如，在给股票、债券等定价时，大多数国家会采取最低成本法或参考市场价值定价法。然而，由于历史上发生过高通货膨胀，巴西鼓励企业调整投资组合定价。在评估厂房和设备等有形资产的价值时，加拿大采用历史成本法，而一些拉美国家会采用经过通货膨胀调整的市场价值法。在美国，企业可从账目中购销坏账，而这在法国、西班牙和南非是不被允许的。在世界上大多数国家，研发成本都被记作已发生费用，但是在韩国和西班牙却被记作资本化费用，而比利时、马来西亚和意大利同时采用两种惯例。

（3）财务报表的透明度。财务报表的公布时间和透明度在世界各地相差甚远。透明度（transparency）是指企业定期公布关于自身财务状况和会计实践方面的信息的程度。例如，在美国，上市公司必须每个季度向股东和证券交易委员会公布财

①　International Chamber of Commerce，"Policy Statement：Extraterritoriality and Business," July 13，2006；European Commission，"Antitrust：Commission Fines Qualcomm 997 Million for Abuse of Dominant Market Position," press release，January 24，2018，http://europa.eu/rapid/ press-release _ IP-18-421 _ en. htm.

②　U. S. Department of Justice，*A Resource Guide to the U. S. Foreign Corrupt Practices Act*（FCPA）（Washington, DC：US Department of Justice，2017）.

③　Judith Scott，Debora Gilliard，and Richard Scott，"Eliminating Bribery as a Transnational Marketing Strategy," *International Journal of Commerce & Management* 12，No. 1（2002），pp. 1 – 17；U. S. Department of Justice，2017.

④　Paul Pelletier，"The Foreign-Bribery Sinkhole at Justice," *Wall Street Journal*，April 21，2015，p. A17；Soap，*Perfumery & Cosmetics*，"Avon to Shell Out ＄135m Fine in China Bribery Case," January 2015，p. 11；US Securities and Exchange Commission，"SEC Enforcement Actions：FCPA Cases," 2017，www. sec. gov.

务状况。然而，在大多数国家，财务报表可能一年一报或更长时间才公布一次，通常比较缺乏透明度。透明度要求改善了上市公司的商业决策，提高了公民监督上市公司的能力。

最近，为应对 2009 年的经济衰退、提高美国金融业的透明度，2010 年美国国会通过了《多德-弗兰克华尔街改革和消费者保护法案》（the Dodd‑Frank Wall Street Reform and Consumer Protection Act）。该法案创建了一个监督委员会，由它负责对银行活动进行监督，以通过限制某些银行活动和督促银行高管提高合规度来减少金融风险。银行谴责这项长达 2 000 多页的新法案导致了过高的监管成本。来自外国的跨国银行的美国分支机构也必须遵守该法案的规定，一些欧洲银行为了避免严格的金融监管要求，正在减少它们在美国的银行业务。最近，为提高欧洲银行资本的质量和透明度，欧盟推出了巴塞尔Ⅲ全球监管标准（the Basel Ⅲ global regulatory standard），同时，美国的银行也将被要求遵守新的巴塞尔协议Ⅲ（the new Basel Ⅲ rules）。[①]

道德联系

许多国家缺乏国际商务方面的反贿赂法律。经济合作与发展组织最近呼吁禁止为了加快电话联络、政府文书工作以及国际商务中的其他日常事务而做出的小额贿赂行为。贿赂和其他腐败行为这种文化具有腐蚀性，会损害法治和经济发展的可持续性。

6.7 国家风险的管理

跨国企业的管理者该如何管理国家风险？接下来，我们将介绍管理者可采用的几种具体策略。

6.7.1 对东道国的环境进行前瞻性调查

为了预测国家风险，企业需要事先进行调查研究。首先，管理者要全面了解东道国的政治环境和法律环境。然后，管理者要进一步审视并评估企业面临的潜在风险和危险。通过调查，企业可以更好地适应当地的政治和法律制度，为经营取得成功创造一个有利的环境。

在调查过程中，最好的信息来源是东道国的员工。他们通常比较了解东道国，因而能够从当地历史、文化和政治的角度来评价时事。大使馆和贸易组织的官员也

---

① Bank for International Settlements, "Basel Ⅲ: International Regulatory Framework for Banks," 2017, www. bos. org; John Heltman, "Volcker, Inc.: How One Rule Became a Cottage Industry," *American Banker*, March 30, 2015, p. 1.

会经常研究和分析当地的政治资讯。一些咨询企业，如全球风险和战略咨询公司Verisk Maplecroft 专门评估国家风险并为跨国企业提供应对策略。通过研究目标环境的政治氛围和偶发事件，企业会制定并实施相应的战略，从而有效地处理与东道国的政策制定者和其他可能提供帮助的群体的关系，进而降低东道国的国家风险对其经营的影响。

6.7.2　严格遵守道德标准

道德行为不仅本身非常重要，而且还能帮助企业免受某些国家风险。那些有问题或非法经营的企业自然会被东道国政府要求整改。

6.7.3　与合格的当地企业合作

减少国家风险的一种切实可行的办法是与了解当地情况的、可靠的当地企业（合作伙伴）合作。合格的当地企业对当地的情况比较熟悉，与其合作有利于企业与当地政府建立稳定的关系，帮助企业解决复杂的法律和政治问题。例如，由于在俄罗斯经营要面临各种挑战，所以西方国家的企业通常选择与当地企业合作的方式进入该国市场。

6.7.4　签订合法的合同

一份合法的合同清楚地规定了合同各方的权利和义务。当双方的关系陷入僵局时，一份合法的合同显得尤为重要。各国的合同法不尽相同，企业必须遵守当地的合同法。例如，一家在比利时经营的加拿大企业必须同时遵守比利时和加拿大的法律，同时还要遵守欧盟不断演变的法律。

企业通常采用以下三种方式中的任意一种来解决国际争端：

● 调解（conciliation）。它是敌对情绪最弱的方式，是一个以友好解决分歧为目的的正式谈判过程。调解的一般过程是：有分歧的各方各雇用一位调解员，由调解员分别与各方会面以解决当事人之间的分歧。各方还可以诉诸调解委员会来解决民事纠纷。调解委员会一般由一群知识渊博的公民组成。

● 仲裁（arbitration）。它是由中立的第三方审理案件程序，并根据对事实的客观评价来决定某一方胜诉的过程。与诉讼相比，仲裁在对诉讼程序保密的同时，节省了时间和费用。仲裁往往由超国家组织进行，例如巴黎的国际商会、斯德哥尔摩商会等。

● 诉讼（litigation）。它是敌对情绪最强的方式。当一方为了达到目的而将另一方告上法庭时，采用的就是诉讼的方式。诉讼在美国最为常见，而其他大多数国家更偏好仲裁或调解。

篇尾案例　　　　全球制药行业：政治、法律和道德困境

全球制药行业开发、生产并销售药物。该行业主要包含 12 家大企业，如美国的辉瑞、瑞士的罗氏（Roche）、法国的赛诺菲（Sanofi）和英国的阿斯利康（AstraZeneca）。欧洲和北美占全球药品销售额的大部分，巴西、中国等新兴市场国家目前的销售额增长十分迅速，并显示出很大的潜力。2017 年，该行业的全球销售额超过 1.1 万亿美元。需要注意的是，这个行业面临着以下几个挑战。

研发成本高

制药企业往往会进行大规模、高强度的研发活动，以研发并销售用于治疗从癌症到脱发等各种病症的药品。欧洲和美国的制药企业受益于强有力的专利保护法律和丰富的投资资本。根据行业统计数据，一种新型药品从研发到批准上市需要经历 10～15 年的时间，每 5 000～10 000 种进入研究管线的化合物中只有一种可以获得批准，每一种新批准药物的平均研发成本（包括失败成本）超过 12 亿美元。有些估计认为这一成本更高。平均每 10 种获得批准的新药品中只有 3 种能够成功收回研发成本。因此，对于试验成功的药品，制药企业必须制定高价，以弥补药品研发的高成本和其他无法创造利润的药品的成本。

知识产权保护有限

保护知识产权是法律制度的重要目标。政府对知识资产授予专利并为其提供其他类型的保护。实际上，这样的保护还远远不够，尤其是在发展中国家，制药企业面临巨大的国家风险。例如，自古以来，印度对知识产权的保护就很弱，这阻碍了药品的研发和创新。而且，印度是世界上最贫穷的国家之一，大多数印度人收入较低，只有极少数公民负担得起医疗保健或药物治疗费用。印度生产假药和仿制药品的历史较长，经常侵犯外国制药企业的药品专利。无数"地下药物工厂"毫无顾忌地侵犯药物专利，并以极低的价格在巨大的印度医药市场上销售药品。他们反向研究由欧洲和美国企业开发的专利合成药品的成分，并以极低的价格出售仿制的药品。由于当地的专利保护法律效力有限，所以尽管外国制药企业在当地对这些侵权行为提起诉讼，但印度的无品牌制药厂仍然猖獗，甚至更加肆无忌惮。

来自普通品牌的挑战

根据世界贸易组织的规定，一项专利能保护一个药品开发者免受竞争 20 年。实际上，如果将冗长的检验和审批阶段也考虑进去，那么一种药物专利的有效期限通常不超过 12 年。而且，在仿制药生产商合法进入市场之前，制药企业通常只有 5～8 年的专利保护时间收回投资成本。一旦专利过期，仿制药生产商就有权生产由大型制药企业研发出来的药品，并通常以极低的价格向医药市场销售。专利保护至关重要，因为它通过给予发明者有限的机会来弥补研发和投资成本，以达到鼓励创新的目的。然而，关于药品的专利保护法在世界各地相差甚远。

制药企业通常每年都会将约 20% 的收入投资于新药研发。仿制药生产商可以低价销售的主要原因是它们无须负担高昂的新药研发成本。同时，由于这些药品已经有了一定的市场，所以仿制药生产商的营销成本和销售成本也大幅降低。

在仿制药领域，总部位于以色列的梯瓦（Teva）是全球销售额超过 220 亿美元的最大生产商。在美国，非专利药品占了全部处方药的一半以上。一旦一种品牌药物的专利到期，仿制药生产商得到政府的批准，就会立刻开始生产该药品。最后，药品的零售价可能在 12～18 个月之内下降 90%。

假药

在世界范围内，知识产权法的执行情况各不相同。由于许多政府无法保证进口药品的质量，制造假药和生物非等效药物的企业在世界范围内越来越多。在尼日尔，大约 2 500 名脑膜炎患者的死因是注射了假药。最近，欧盟官员在欧洲的几个港口查处了超过 3 500 万颗用于治疗疟疾和癌症、降低胆固醇和止痛的假药。

世界卫生组织估计，在发展中国家销售的药品有 30% 以上是假药。在撒哈拉以南非洲地区，每年有 115 000 人死于治疗疟疾的假药。每年有多达 16 万名儿童在使用假药后死于肺炎。每年的假药销售额超过 5 000 亿美元。在监管最薄弱的国家，造假行为最为严重。

网上药店尤为可疑。一家行业监管企业 MarkMonitor 发现：其检查的数千家网上药店中，只有很小一部分是合法的；许多声称位于加拿大和美国的药店实际上位于俄罗斯和印度等国家。据估计，通过网络销售的药品中有一半以上通常不含或只含有一点点有效成分。

由于仿制药生产商带来的威胁，品牌生物制药企业在世界范围内花费大量资源来保护自己的专利和知识产权，有些已经在世界贸易组织对一些国家提起法律诉讼。1995 年，大约 150 个世界贸易组织成员同意通过《与贸易有关的知识产权协定》（TRIPS）。

医疗领域被轻视

大部分医疗研究都集中于开发能够弥补资金成本并获得利润的治疗方法。因此，制药企业倾向于进军最有吸引力的市场。例如，这些企业更可能去研发治疗癌症和心血管疾病的药物，而不去研发治疗贫困国家常见疾病，如肺结核的药物。一些制药行业人士认为，研发治疗贫困国家常见疾病的成本过于高昂且风险太大。

同时，政府和民间力量已经开始通过提供激励方案以及实行企业联营来改善这些市场的现状。例如，比尔和梅琳达·盖茨基金会投资了数十亿美元用于治疗艾滋病、肺炎和各种影响发展中国家生物健康的传染病。

公众监督

制药行业的行为往往受到国家政治和法律体系的公众监督。例如，南非政府和几家品牌艾滋病药物生产商发生了争执，由于药品价格过高，所以政府批准进口未经审批的仿制药品，于是品牌制药企业纷纷起诉南非政府，这在国际上引起了轩然大波。这起事件不仅破坏了品牌制药企业的公众形象，还使人们进一步了解了仿制药这一行业，以及该行业对受艾滋病困扰的患者的帮助潜力。在南非事件之后，巴西和其他几个国家威胁品牌制药企业，如果不把价格降到人们负担得起的水平，那么就要吊销其专利。为了建立良好的公众关系，几家品牌制药企业开始以较低的价格在非洲提供艾滋病药品。美国和欧洲各国政府也已经提供了数十亿美元的补助来支持非洲的艾滋病医疗行业。

展望未来

如果对知识产权没有足够的保护，那么制药企业就得不到足够的激励去研发新药。同时，贫困国家的消费者需要药物却负担不起。不严格的知识产权保护法助长了廉价仿制药的生产。但是，如果不对知识产权予以保护，大型制药企业就得不到足够的激励去投资研发，以寻找新的治疗方法来消灭世界上猖獗的疾病。随着巴西、中国和其他新兴市场的发展，制药企业越来越多地瞄准这些市场的销售前景，但同时也面临巨大挑战。

案例问题：

6-4. 详细说明制药企业在国际商务中面临的国家风险的类型。各国的政治和法律制度如何影响全球生物制药行业？

6-5. 人们需要药物，但穷人往往负担不起，政府也可能不为保健品和药品提供补贴。与此同时，制药企业一般将研发重点放在可为其提供最高回报的药物上。在解决这些困境时，国家政府、生物制药企业和仿制药生产商分别应扮演什么角色？

6-6. 访问网站 www.phrma.org，说明品牌制药企业采取了哪些步骤来解决它所面临的各种道德问题，比如向贫穷国家提供其负担得起的药物。

6-7. 在世界贸易组织门户网站查阅《与贸易有关的知识产权协定》。该协定有什么最新进展？该协定为制药企业提供了什么类型的保护？该协定制定了哪些机制来确保这些保护措施得到实施？

6-8. 为大型制药企业的管理层提供降低其面临政治风险和法律风险的概率的建议。管理层应采取哪些措施来尽量减少风险？

说明：凯文·麦加利（Kevin McGarry）为本案例的撰写提供了帮助。

资料来源：Kate Baggaley, "Counterfeit Drugs Are Putting the Whole World at Risk," *Popular Science*, March 2, 2017, www.popsci.com; Robert Coopman, "The Road Ahead for Research-Based Drug Companies," *Chain Drug Review*, January 2, 2012, p. 71; IFPMA, *The Pharmaceutical Industry and Global Health* (Geneva: International Federation of Pharmaceutical Manufacturers & Associations, 2017); IMAP, *Pharmaceuticals & Biotech Industry Global Report—2016*, www.imap.com; P. Jayakumar, "Patently Justified," *Business Today*, March 15, 2015, pp. 58-64; PhRMA, *2016 Profile: Biopharmaceutical Research Industry* (Washington, DC: Pharmaceutical Research and Manufacturers of America, 2017), www.phrma.org; European Federation of Pharmaceutical Industries and Associations, "The Value of the Pharmaceutical Industry: Key to Europe's Economy," January 16, 2017, www.efpia.eu; U. S. Food and Drug Administration, "Counterfeit Medicine," 2018, www.fda.gov; Leonora Walet, "Fighting Fake Drugs," *Chemical & Engineering News*, February 23, 2015, p. 28-29; World Health Organization, "Counterfeit and Falsified Medical Products," Fact Sheet, January 2018, www.wto.int.

本章要点

关键术语

国家风险（country risk）

国家治理（national governance）

法治（rule of law）

治外法权（extraterritoriality）

政治制度（political system）

透明度（transparency）

法律制度（legal system）

本章小结

1. 国际商务中的政治和法律环境

政治和法律制度影响国际商务活动。国家风险是指国家政治和法律环境发展对企业业务和盈利能力造成的潜在损失或不利影响。政治制度是构成政府的一套正式制度。法律制度是解释和执行法律的一种制度。政治和法律制度的不利发展增加了国家风险。政府的变动或新法律法规的产生都可能会造成此类风险。

2. 政治制度

目前世界上有三种主要的政治制度：集权主义制度、社会主义制度和民主制度。这几种制度是制定法律和治理国家的基本框架。民主制度的特征是私有财产权和政府干预的有限性。社会主义主要表现为社会民主制度。今天，大多数国家都将社会主义制度和民主制度结合起来。集权主义制度、社会主义制度和民主制度分别与计划经济、混合经济和市场经济紧密相连。

3. 法律制度

目前世界上有四种主要的法律制度：普通法、大陆法、宗教法和混合制度。法治是这样一种法律制度，在这种制度下，法律清晰、明确地为人们所知，执法人员公正地执行法律，个人、组织和政府尊重法律。

4. 政治和法律制度的参与者

政治和法律制度的参与者主要包括政府，政府又分为国家政府、州政府和地区政府。世界贸易组织和联合国是影响国际商务活动的两个典型的国际组织。特殊利益集团为某个特定行业或国家团体的利益服务。利益集团主要包括工会、环境组织和推行某些特定观点的消费者组织。企业要与外国市场上的竞争者打交道，所以它们可能会从事一些影响市场进入及企业绩效的政治活动。

5. 由政治制度引起的国家风险的类型

政府会对企业的经营方式和领域，包括生产、营销和分销等环节予以限制。政府可能征用或没收外国企业的资产。政府或国家团体也可能会通过实行禁运和制裁来限制与某些国家的交易。联合抵制通常是出于政治原因所采取的终止贸易或阻止商务活动的行为。战争和革命会对国际企业造成严重的后果。恐怖主义问题最近也越来越突出。

6. 由法律制度引起的国家风险的类型

东道国政府可以针对在该国经营的外国企业制定多种法律条款，以多种方式限制外国直接投资。这类法律包括外国投资法、对经营的形式和行为予以限制的法律、营销和分销法、关于收入汇回本国的法律、环境法、合同法、互联网和电子商务法规等。治外法权是指在一国国界之外实施母国法律。世界各地的会计方法和标准各不相同。透明度是指企业定期公布关于自身财务状况和会计实践方面的信息的程度。

7. 国家风险的管理

合格的管理者需要了解国外的政治和法律背景。企业应该主动审视环境，并严格遵守当地的道德标准。与合格的当地企业合作可避免或降低企业面临的国家风险。另外，企业还应该通过签订合法的合同获得保护。

检验你的理解

6-9. 政治制度和法律制度分别由什么组成？这些制度是如何导致国家风险的？

6-10. 区分集权主义制度、社会主义制度和民主制度。三者对正在进行国际化的企业有什么影响？

6-11. 民主制度有什么特征？这些特征是如何促进国际商务发展的？

6-12. 简述法律制度的主要类型。哪种法律制度使用最广泛？

6-13. 政治制度和法律制度的主要参与者是谁？你认为哪个参与者在国际商务中最具影响力？

6-14. 为减少国家风险，企业可以主动采取哪些行动？

运用你的理解

6-15. 国家风险是指政府限制商业活动或未能成功限制商业活动的行为。这种限制在世界各地各不相同。对于一个国家来说，其经济繁荣程度在很大程度上取决于其法律法规的质量。政府必须保持权力的平衡——监管过少会带来不确定性；监管过多则会使经济难以向前发展。国家风险表现为多种形式：

- 外国投资法
- 对经营的形式和行为予以限制的法律
- 营销和分销法
- 关于收入汇回本国的法律
- 环境法
- 合同法
- 互联网和电子商务法规
- 不充分或不完善的法律制度
- 会计方法和标准

通过网上调研举出每种类型的国家风险的具体例子，并描述每种风险可能给企业活动带来的帮助和阻碍。

6-16. 假设你在一家为工业和消费市场生产玻璃的企业 Aoki 工作。Aoki 虽然是一家大企业，但几乎没有国际经验。Aoki 的高级管理人员正在考虑将 Aoki 的制造业务转移到中国、墨西哥或东欧，并打算进入拉丁美洲和欧洲的玻璃销售市场。然而，他们对 Aoki 可能面临的国家风险知之甚少。描述 Aoki 企业在海外投资时，下列因素可能会给企业带来的国家风险：外国投资法；对经营的形式和行为予以限制的法律；关于收入汇回本国的法律；环境法；合同法。

6-17. 道德困境：美国对伊朗实施了贸易和投资制裁。美国公民被禁止与伊朗做生意。支持者认为，禁运是合理的，因为伊朗支持恐怖主义、发展核武器，是中东地区的一股破坏性力量。然而，批评人士出于以下几个原因谴责该贸易制裁：第一，他们认为该制裁具有双重标准，因为美国也支持其他从事恐怖主义和其他不良行为的国家。第二，应该通过与其接触的方式，而不是通过限制经济关系的方式为伊朗培育健康的表达异议的方式和公民社会。第三，制裁剥夺了伊朗人民与美国进行贸易的好处。第四，制裁基本上无效，因为其他国家会向伊朗供应其所需的产品。第五，制裁损害了美国企业，特别是被禁止与伊朗做生意的石油和天然气企业的利益。你对此有何看法？利用第 4 章中介绍的道德行为框架，分析以上支持和反对的论点。美国能否单独采取行动，通过实施制裁来迫使伊朗做出其所需的改变？为什么？

网络练习

6-18. 世界银行和世界贸易组织等超国家组织监督着维持世界贸易体系运行的大部分法律框架。工业或国家集团的政治框架受到石油输出国组织及经济合作与发展组织等的影响。利用互联网搜索引擎以及以上列出的组织的官方网站，回答以下问题：每个组织的目标是什么？它们是如何实现目标的？通过阅读每个网站发布的新闻，总结每个组织最新的举措。

6-19. 当企业在海外经营时，管理者会从各种网络资源中寻找有关每个国家的法律环境和政治环境的信息。

（a）假设你想与欧盟的分销商签订合同，并想学习欧盟贸易和合同法，那么你应该怎么做？（利用互联网搜索引擎了解欧盟贸易和合同法，描述其内容。）

（b）美国中央情报局的门户网站上提供了有关各国政府和政治环境的最新信息，登录该网站，总结哥伦比亚、法国和俄罗斯的政治环境。

6-20. "自由之家"（Freedom House）是一个非营利组织，专门监测全世界的自由度状况。它每年对世界上大部分国家进行一次自由度调查，结果可以在 www.freedomhouse.org 上查看。该调查比较了近 200 个国家的政治权利和公民自由度。访问该网站，并回答以下问题：

（a）政治权利和公民自由度在"自由之家"排名中的作用是什么？

（b）这些国家的政府应如何促进社会和政治更快速地发展？

（c）该排名对从事国际商务的企业有何影响？

6-21. 政治自由度和经济自由度的关系是什么？

6-22. 描述政治制度的各种参与者。

第7章　政府干预与区域经济一体化

本章学习目标：

1. 理解政府干预的性质
2. 理解政府干预的手段
3. 理解政府干预的演变和后果
4. 理解企业应该如何应对政府干预
5. 了解区域经济一体化和经济集团
6. 识别主要的经济集团
7. 了解区域经济一体化的优势及影响

篇首案例　　　　　　　　　　印度的自由经济转型之路

　　印度是一个矛盾的综合体：一方面，它是世界上信息技术和电子商务这些新型经济领域中的佼佼者；另一方面，它却存在大量贸易壁垒、不利的商业法规和严重的官僚作风。印度在联邦政府层面发布了无数法规、标准和行政障碍来干预商业活动，此外其28个州本身也有各种繁杂的规则和手续。

　　同时，印度政府还通过各种各样的进口税和进口管制来影响外国投资。许多产品的平均税率都超过了15%，然而，在欧洲、日本和美国，这一税率不到4%。在印度，包括从水泥到家电在内的数百种商品都只有在获得政府批准并获得进口"许可证"之后才可以进口，这其中的许可证费用、检验程序和其他障碍对于进口商来说是一笔巨大的花费。印度还颁布了很多规定，以确保动物产品的生产是安全的、人道的。

　　此外，为了保护分布在印度各地的夫妻店，印度政府拒绝沃尔玛、家乐福和其他外国零售商进入本国庞大的零售市场。

　　然而，印度在实现自由贸易和开放市场方面取得了进展。20世纪80年代以来，印度政府开始逐渐取消对贸易的种种限制，不仅废除了进口许可证制度，还大大降低了关税税率。同时，政府还将许多国有企业私有化了——向私人经营者和外国投资者出售。

　　印度的经济革命正在释放国家的商业潜力。政府在着力建立经济特区（special economic

zone，SEZ）。经济特区相当于一种虚拟的"外国领土"，在这些"外国领土"上，外国企业可以获得印度低成本且具有高技能的工人。在经济特区中，印度降低了企业的各种贸易壁垒、销售税和所得税，还取消了许可证要求、FDI 限制和其他通关手续。马辛德拉世界城（Mahindra World City）有一个规模巨大的经济特区，该经济特区最值得夸耀的是印度顶尖的 IT 企业印孚瑟斯建设的耗资约 2.77 亿美元的软件开发中心。

在欧洲和北美国家，将就业机会外包给印度人的做法引起了当地人对保护主义的呼声：他们希望政府设置一些贸易壁垒或采取一些保护性措施，以尽量减少就业机会外流。一边是印度的贸易壁垒和官僚主义，另一边是欧洲和北美国家人民对保护主义的呼吁，政府干预的复杂性可见一斑。

案例问题：

7-1. 请描述印度政府干预的性质。其对商业活动可能有什么影响？

7-2. 为什么印度政府要阻止沃尔玛、家乐福和其他大型零售商进入印度？

7-3. 请描述印度政府是如何试图使国家的监管环境自由化的。

资料来源：Sy Banerjee, Thomas Hemphill, and Mark Perry, "India Doors to Wal-Mart Shut by Crony Capitalism," *Investor's Business Daily*, December 28, 2011, p. A13; Central Intelligence Agency, *World Factbook*, 2018, www.cia.gov; *Economic Times*, "US Presses India on IP Protection, Market Access and Trade Barriers," October 27, 2017, www.economictimes.indiatimes.com; *Economic Times*, "Walmart India Ties Up 20 Sites, New Stores to Open Next Year," December 1, 2017, www.economictimes.indiatimes.com; Udayan Gupta, "Modi: Obstacles and Opportunities for a New India," *Global Finance*, July/August 2014, pp. 12-15; Kiran Stacey, "Battling India's Bureaucracy for Babies and Businesses," *Financial Times*, January 9, 2018, www.ft.com; United States Trade Representative, *2017 National Trade Estimate Report on Foreign Trade Barriers*, www.ustr.gov; Tim Worstall, "Walmart Expands Again in India—But Still Not Able to Open Consumer Stores to Consumer Detriment," *Forbes*, April 30, 2017, www.forbes.com.

政府通过干预贸易和投资来实现政治、社会或经济目标。它们经常会设置有利于特定利益集团（如国内企业、产业和工会等）的贸易壁垒。政府这么做的一个关键理由是：为了保护国内产业免受外国竞争。同时，政府也会通过干预支持本土产业或企业。

政府干预是自由贸易（即不限制产品、服务和资本的跨境流动）的反面。市场自由化和自由贸易最有利于支持经济增长和提高国民生活水平。[①] 许多研究发现，

---

① Ailín González, "Impacto del Tratado de Libre Comercio de América Del Norte, La Unión Europea y El Tratado de Libre Comercio para República Dominicana y CentroAmérica en las Exportaciones de Puerto Rico," *Revista Internacional Administración & Finanzas* 5, No. 4 (2012), pp. 1-12; Organisation for Economic Cooperation and Development, "Trade Liberalization," www.oecd.org, accessed February 6, 2018; Romain Wacziarg and Karen Welch, "Trade Liberalization and Growth: New Evidence," *World Bank Economic Review* 22, No. 2 (2008), pp. 187-231; United Nations, *World Economic and Social Survey*, 2005, www.un.org; Andrew Walker, "Is Free Trade Good or Bad?," *BBC News*, January 18, 2017, www.bbcnews.com.

市场开放（即不受阻碍的自由贸易）和经济增长之间有着很强的联系。强调开放的新兴发展中经济体通常有超过 4% 的年人均 GDP 增长率，而相对封闭的国家——那些严重限制国际贸易和投资的国家——其增长率接近于零。[1]

以波兰为例，随着时间的推移，波兰降低了国家的贸易壁垒，更自由地按照比较优势理论参与到国际贸易之中。[2] 波兰开始更有效地利用其资源，从而为企业和工人创造了更多的总利润。波兰获得了更多的资源，从而可以用这些资源来进口国内消费者想要的商品。随着波兰逐渐接受自由贸易，其年人均收入从 1990 年的约 1 625 美元上升到 2017 年的接近 1.5 万美元。但这一收入增长并非一帆风顺的，随着波兰本地生产某些产品的工作岗位被逐渐转移到其他更适合生产这些产品的国家，波兰这些行业的失业率也在不断上升。但是总体上，自由贸易给波兰带来的积极作用是远远大于消极作用的。[3] 自由贸易为世界各国的经济增长和福利做出了巨大贡献。

然而，在现实中，政府干预商业和国际市场的方式阻碍了贸易和投资的自由流动。政府干预改变了企业和行业的竞争地位以及公民的状况。如图 7.1 所示，政府干预是国家风险的一个重要维度。在本章中，我们研究了政府干预的性质、理由和后果，并描述了面对全球政府干预，企业可以做些什么来提高国际业务的绩效。最后，我们讨论了区域经济集团及其在国际商务中的作用。

7.1 政府干预的性质

保护主义可能是在国际商务活动中实行政府干预的主要表现形式。**保护主义**（protectionism）是指为了保护本国企业免受外国竞争的影响而限制自由贸易的一系列全国性经济政策。保护主义最典型的手段就是关税和非关税壁垒，包括配额限制和其他一些为了限制进口而设置的霸道的行政规定。**关税**（tariff，也作 duty）是政府对进口商品征收的税，它实际上提高了消费者为了获取产品所付出的成本。

---

① Kazunobu Hayakawa and Toshiyuki Matsuura, "Trade Liberalization in Asia and FDI Strategies in Heterogeneous Firms: Evidence from Japanese Firm-Level Data," *Oxford Economic Papers* 67, No. 2 (2015), pp. 494–513; Takumi Naito, "Growth and Welfare Effects of Unilateral Trade Liberalization with Heterogeneous Firms and Asymmetric Countries," *Journal of International Economics* 109, November (2017), pp. 167–173; Jeffrey D. Sachs and Andrew Warner, "Economic Reform and the Process of Global Integration," *Brookings Papers on Economic Activity*, No. 1 (Washington, DC: Brookings Institute, 1995).

② Minwook Kang, "Comparative Advantage and Strategic Specialization," *Review of International Economics* 26, No. 1 (2018), pp. 1–19; David Ricardo, *Principles of Political Economy and Taxation* (London: Everyman Edition, 1911; first published in 1817); M. Watson, "Historicising Ricardo's Comparative Advantage Theory, Challenging the Normative Foundations of Liberal International Political Economy," *New Political Economy* 22, No. 3 (2017), pp. 257–272.

③ Andrzej Cieslik and Jan Hagemejer, "The Effectiveness of Preferential Trade Liberalization in Central and Eastern Europe," *International Trade Journal* 25, No. 5 (2011), pp. 516–538; International Monetary Fund, *World Economic Outlook Databases*, 2018, www.imf.org; Zofia Wysokińska, "Effects of Poland's Pro-Export Policy Implementation in the Context of the Plan for Responsible Development—A Preliminary Comparative Assessment," *Comparative Economic Research* 20, No. 4 (2017), pp. 101–123.

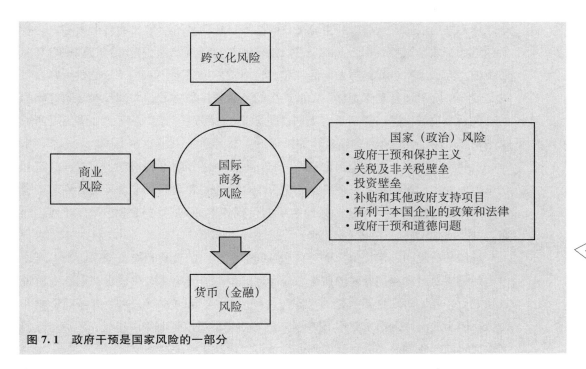

图 7.1　政府干预是国家风险的一部分

非关税贸易壁垒（nontariff trade barrier）是政府用来阻碍贸易的一些其他手段，如政策、法规或者程序，它不像关税那么直接。贸易壁垒在商品进入**海关**（customs）时强制执行，每个国家的入境港检查站均有政府人员对商品进行检查和收税。**配额**（quota）是一种常用的非关税壁垒，是指进口部门对某种特定产品在特定时期实施的数额限制。有时，政府为了限制外国企业在本国的商务活动，也会通过"投资壁垒"来控制外国资金的流入。

政府干预通过削弱或增强本国企业的国际竞争力来影响经济活动。当地的企业、工会和其他特殊利益集团通常会游说政府制定有利于其自身的经济政策。例如，2018 年，特朗普政府对进口到美国的太阳能电池板技术征收了 30% 的关税。2009 年，奥巴马政府对从中国进口的轮胎征收了 30% 的关税。美国轮胎行业因外国轮胎生产商的竞争而经历了多年的衰落，通过对从外国进口的轮胎征收关税，美国轮胎行业就获得了复苏的时间和机会。关税出台后，美国轮胎行业的就业岗位增加了 1 000 多个。然而，因为在美国制造轮胎相对昂贵，因加征关税而增加的成本主要由美国消费者承担，消费者不得不为购买轮胎支付更多的费用。此外，美国消费者在轮胎上的额外支出减少了他们在其他零售商品上的支出，这可能导致美国零售业丧失许多工作岗位。最终，轮胎关税被取消，但在这之前它已经造成很大损失了。

正如上述案例所表明的那样，保护主义政策可能导致价格上涨，因为关税会限制特定产品的供应，或者迫使其转而由成本更昂贵的本地生产。关税也可能通过限制可供销售的产品种类而减少买方的选择。

民粹主义是一种政治哲学，旨在支持普通公民的权利和权力，通常反对拥有特权的精英或其他特殊利益集团。最近欧洲和美国的民粹主义运动的支持者试图抵制全球化带来的威胁，这些威胁主要来自跨国人口迁移和不断增长的自由贸易。这些运动增大了贸易摩擦，引发了保护主义。例如，美国总统特朗普希望重新就 1994 年由加拿大、墨西哥和美国发起的《北美自由贸易协定》（NAFTA）进行谈判，目的是使该协定更加有利于美国。由此产生的贸易紧张影响了 NAFTA 参与国之间的贸易关系及内部投资（特别是对墨西哥的投资）。例如，丰田缩减了对位于墨西哥瓜纳华托（Guanajuato）的新工厂的投资。[1]

这些例子说明，政府干预往往会引起一些意料之外的不利结果，即造成政策和法律方面的不利影响。在一个复杂的世界中，立法者和政策制定者无法看到政策会产生的所有可能结果，因此，意外结果的出现说明政府干预措施需要有计划地颁布，并小心地实施。

特殊利益集团经常提倡一些对其利益起保护作用的贸易和投资壁垒。我们可以考虑最近墨西哥和美国针对墨西哥水泥所起的争端。美国政府在被水泥制造商游说成功之后，开始对来自墨西哥的水泥每吨征收 50 美元的关税。这一措施的影响非常大，因为美国水泥消费量中有 10% 来自墨西哥。墨西哥向美国建议，用进口配额制取代之前征收的高昂关税。两国进行了多年谈判才解决这一争端。[2]

贸易和投资壁垒可分为防御性壁垒和进攻性壁垒。当政府的目的是保护本国企业、工人和特殊利益集团时，往往会采用防御性壁垒；当政府的目的是达到其战略目标和公共政策目标时，往往会采用进攻性壁垒，例如扩大就业或增加税收。接下来我们来看一看政府干预的具体动机。

政府采用关税和非关税壁垒，以及其他形式的干预手段的目的一般包括以下四个：

● 获得收入。例如，1789 年 7 月 4 日实施的《汉密尔顿关税法》（Hamilton Tariff）是新成立的美国通过的第二项法令，其目的是为联邦政府提供收入。当前，牙买加和菲律宾分别有 30% 和 20% 以上的政府收入来自关税。

● 保障公民的安全和福利。例如，政府通过法律防止有害产品，如受污染的食品被进口到国内。

● 追求经济、政治或社会目标。在大多数情况下，关税和类似形式的干预旨在促进就业增长和经济发展。

● 服务于企业和行业利益。各国政府可以制定法规来刺激本国各行业发展。

[1] *Fortune*，"Toyota Confirms It Will Scale Back Investment in a New Mexican Plant," October 25, 2017, www.fortune.com; Patrick Gillespie, "Obama Got Tough on China. It Cost U. S. Jobs and Raised Prices," CNN, January 3, 2017, www.cnn.com; Don Lee, "Limited Success of Chinese Tire Tariffs Shows Why Donald Trump's Trade Prescription May Not Work," *Los Angeles Times*, July 24, 2016, www.latimes.com; Pierre Lemieux, "Populism and Protectionism," *Regulation* 40, No. 2 (2017), pp. 6 - 7.

[2] Jim Carlton, "U. S. Nears Mexican Cement Pact," *Wall Street Journal*, August 29, 2005, p. A7; Marla Dickerson, "U. S., Mexico End Dispute Over Cement," *Los Angeles Times*, January 20, 2006, www.latimes.com.

7.1.1　防御性动机

防御性动机可以分为以下四类：保护国家经济、保护新兴产业、保护国家安全、保护国家文化与特性。

（1）保护国家经济。政府干预的支持者认为，由于发展中国家有充足的廉价劳动力，因此发达国家企业无法与其竞争。保护主义者要求设置贸易壁垒，以缩减低价产品的进口，从而保护发达经济体就业，确保工人的高工资。

然而，反对者则声称，保护主义有违比较优势理论。比较优势理论认为一国应该更多地而不是更少地参与国际贸易。贸易壁垒影响了一国本身的劳动分工。当一国专门生产其最擅长的产品，并通过进口获得其余产品时，它将在长期内达到最佳状态，这也将提高其国民的生活水平。反对者还认为，限制进口会减少本国市场的产品数量，提高本国产品的生产成本，导致一些行业无法获得生产所需的所有投入品。最终，保护行为终将遭到报复——外国政府也会设置一系列贸易壁垒，出口商的销售机会将减少。

（2）保护新兴产业。新兴产业中的企业往往缺乏经验和最先进的技术，同时它们还缺乏国外同类产业竞争者所具备的成熟的规模。国家需要对新兴产业暂时予以保护，以避免其在实力不够强大时与外国竞争者竞争。通过对外国进口企业设置短期贸易壁垒，政府往往可以保证新兴产业中的企业获得国内市场的一定份额。政府在保护新兴产业的同时，也促进了国家现代产业部门的发展。例如，国家干预令日本的汽车制造产业和韩国的消费电子产业变得极具竞争力。[①] 美国政府对中国制造的廉价的太阳能征收关税，保护了美国新兴的太阳能发电产业。

但问题是，这种保护措施在实施之后很难取消，因为企业和工人将劝说政府长期维持这些保护措施。许多国家，特别是拉丁美洲、南亚和东欧国家的新兴产业长期依赖政府的保护。于是，这些产业逐渐变得低效率，消费者只能以更高的价格获得这些企业的产品。[②]

（3）保护国家安全。国家一般会对那些与一国国防和安全有关的产品，如军事技术和计算机实施贸易限制，以保证与安全有关的产品的国内生产。例如，2005年，俄罗斯出于对本国安全的考虑，拒绝了德国西门子购买俄罗斯的涡轮机制造商OAO Power Machines 的提议。俄罗斯政府在限制外国企业对俄罗斯涉及国家安全

① Noah Smith，"Trump's Solar Tariff Is Bad，but Not a Huge Deal，" *Bloomberg*，January 23，2018，www.bloomberg.com；Jean-François Tremblay，"Victims of a Trade War，" *Chemical & Engineering News* 93，No. 6 (February 9，2015)，p. 19.

② James Gerber，*International Economics*（New York：Pearson，2018）；Eugen Kováč and Krešimir Žigić，"International Competition in Vertically Differentiated Markets with Innovation and Imitation，" *Economica* 81，No. 323 (2014)，pp. 491 – 521.

利益的重要部门的投资方面有着十分严格的立法。[①] 国家也会采取**出口管制**（export control），即管理或阻止特定产品出口或与特定国家贸易的措施。例如，因为钚可以用于制造核武器，所以许多国家禁止向朝鲜出口该产品；美国限制向那些它认为支持恐怖主义的国家，如伊朗和叙利亚出口核武器和军事技术。

（4）保护国家文化与特性。外国人应该被允许购买一国的标志性物品吗？例如，日本人或阿拉伯人可以购买埃菲尔铁塔（Eiffel Tower）或洛克菲勒中心（Rockefeller Center）吗？在大多数国家，特定的行业、产业和公共财产是一国文化的核心。政府会设置贸易壁垒，以限制会威胁这些特定的行业、产业和公共财产的产品及服务的进口。美国政府反对日本投资者购买西雅图水手队（Seattle Mariners baseball team），因为它被认为是美国国家传统的一部分；由于担心外国文化对自身文化的影响，法国拒绝外国势力在其电视台所占的股权比例过大。

7.1.2 进攻性动机

政府干预的进攻性动机主要分为两种：国家战略优先和增加就业。

（1）国家战略优先。政府干预有时是为了鼓励国家支柱产业的发展。这是"保护新兴产业"这一动机的一种较为积极的形式，与国家产业政策相关。拥有较多高科技和高附加值产业（如信息技术产业、制药产业、汽车制造业和金融服务业）的国家相比大部分产业是低附加值产业（如农业、纺织业、折扣零售业）的国家有更好的就业机会和更高的税收收入。因此，德国、韩国和许多其他国家都制定了相关政策，以促进相对有利的产业的发展。政府会为高科技产业和高附加值产业提供融资。通常来说，为了确保产业投资有稳定的可贷资金供给，国家会鼓励国民进行储蓄。此外，政府还会资助公共教育事业，以培养国民在核心产业工作所需的技能，增强他们在核心产业中工作时的适应能力。[②]

（2）增加就业。政府通常会通过设置进口壁垒来保护特定产业的工作机会。将国内企业与外国竞争者隔离开来有助于刺激本国产出，为受保护的产业提供更多就业。对于要使用很多劳动力的进口密集型产业来说，这样做的效果特别明显。例如，中国政府最初规定，外国企业必须通过与中国企业合资才能进入巨大的中国市场。这一举措给中国的劳动力创造了无数就业机会。上海汽车工业集团与大众的合资企业就是一个很好的例子。

---

① G. Chazan and G. White, "Kremlin Weighs on Growth," *Wall Street Journal*, October 17, 2005, p. A16; U. S. Trade Representative, "2017 National Trade Estimate Report on Foreign Trade Barriers," www. ustr. gov.

② Gerber, 2018；Robert Reich, *The Work of Nations：Preparing Ourselves for 21st Century Capitalism* (New York：Knopf, 1991)；Lester Thurow, *Head to Head：The Coming Economic Battle among Japan, Europe, and America* (New York：William Morrow, 1992).

7.2　政府干预的手段

设置关税和非关税壁垒是贸易干预和保护主义的典型手段。单个国家或国家联盟，如欧盟，也可以采取这些干预手段。总体来说，壁垒构成了国际商务的重要阻碍。据联合国统计，贸易壁垒使发展中国家每年丧失了约 5 000 亿美元与发达国家的贸易额。[①] 表 7.1 列出了几种最常见的政府干预手段及其影响。

表 7.1　政府干预的手段及其影响

政府干预的手段	定义	对消费者、企业和政府的实际影响	现实案例
关税	对进口商品征收税款	增加了进口商和消费者的成本，阻碍了进口贸易；扩大了政府财政收入	瑞士对进口农产品征收 37% 的关税；玻利维亚对大多数服装和纺织品征收 35% 的关税
配额	某一特定时期对进口产品的数额予以限制	对早期进口商有利，能让其获得对高价的垄断权；对晚进入市场的进口商不利，无法满足其进口需求；经常会导致高价	日本对进口皮鞋和海鲜实施严格的配额制度
当地成分要求	要求生产商在给定商品或服务的生产过程中从当地采购的投入品至少达到某一比例	阻碍原材料和零件的供给，减少生产商对原材料的选择；导致产品高价格低质量	委内瑞拉要求在委内瑞拉组装的所有汽车有 50% 的价值来源于在委内瑞拉生产的零部件和其他投入品
法规和技术标准	有关安全、健康或技术的法规；商标要求	延迟或限制商品的进口；减少可获得的商品的数量；增加进口商和消费者的成本	沙特阿拉伯禁止枪械进口；欧盟要求对成千上万种化学品进行各种各样的检验
行政规定或官僚审批程序	针对进口商和外国投资者规定的复杂程序和要求，目的是阻碍贸易和投资	减少产品及服务进口；阻碍或延迟企业的投资活动	俄罗斯针对酒精饮料进口规定了一系列检验要求和官僚审批程序
FDI 和股权限制	限制外国企业投资于某些行业或收购当地企业	限制外国投资数额或外国企业对本国企业的持股比例	瑞士要求外资保险公司必须由瑞士国民管理，且其大多数董事会成员必须是欧洲公民

① Kym Anderson, *Benefits and Costs of the Trade Targets for the Post-2015 Development Agenda* (Copenhagen: Copenhagen Consensus Center, 2014); UNCTAD, *Non-tariff Measures to Trade: Economic and Policy Issues for Developing Countries* (New York: United Nations, 2013); World Trade Organization, "Trade Liberalization Statistics," www.wto.org, May 7, 2015; World Bank Group and World Trade Organization, *The Role of Trade in Ending Poverty. World Trade Organization* (Geneva: World Trade Organization, 2015).

续表

政府干预的手段	定义	对消费者、企业和政府的实际影响	现实案例
补贴	政府向一家或多家企业拨款或提供其他资源，目的是确保其生存和成功	增强了获得补贴的企业的竞争优势，削弱了未获得补贴的企业的竞争优势	土耳其政府向土耳其本地生产小麦和蔗糖的企业提供的补贴高达20%

资料来源：节选自美国贸易代表办公室（Office of the United States Trade Representative），网址为 www.ustr.gov。

7.2.1 关税

最常见的关税是进口关税（import tariff），即对进口产品征收的关税。进口关税通常采取**从价税**（ad valorem）的形式，即按照进口产品价值的一定比例来估算。有时政府也可能征收**从量税**（specific tariff），即根据重量、体积或表面积，对每单位进口产品收取统一固定的费用，如对每桶石油征收的关税，或对每平方米布料所征收的关税。**财政关税**（revenue tariff）是为了增加政府收入而征收的关税。例如，对进口香烟征收的关税能够给政府带来持续的收入。**保护性关税**（protective tariff）旨在保护国内企业，使其免于与国外企业竞争。**禁止性关税**（prohibitive tariff）则是一种税率极高的关税，其所达到的效果相当于禁止该类产品进口。

关税的数额可以通过查找相关产品的**海关编码**（harmonized code）获知。海关编码表中用大约 8 000 种代码将不同产品加以区分。海关编码是全球通用的。如果没有这一标准，那么企业和政府会对产品的定义和所征收的关税存在分歧。

进口关税可以为一国政府带来可观的收入，这也是关税在发展中国家十分常见的原因。即使对于发达经济体来说，关税也是政府重要的收入来源。美国对许多产品征收关税，包括大量消费品、农产品和劳动密集型产品。美国通常对进口的基本的、低质量的鞋子征收高关税（税率通常为48%），对奢侈品鞋子征收低关税（税率通常仅为9%）。低收入的鞋子买家最终支付的关税最高。欧盟对肉类征收的关税高达191%，对谷物征收的关税达118%，对糖和其他食品征收的关税达106%。[①]

表 7.2 列出了部分国家/地区的进口关税。根据 NAFTA，加拿大、墨西哥和美国逐渐免除了三国之间几乎所有进口产品的关税。但是，墨西哥仍对世界其他地区保持较高的进口关税，其对农产品征收的平均进口关税达到 14.6%，对非农产品征收的平均进口关税达到 5.7%。印度的关税相对较高，特别是对农产品的平均进口关税高达 32.7%。中国自从 2001 年加入世界贸易组织后，降低了平均进口关税，

---

① Ed Gresser，"Shoe Tariffs: America's Worst Tax," *DLC Commentary*，December 13，2010，www.dlc.org；NPR，"Would Lower Shoe Tariffs Actually Encourage American Jobs?" *National Public Radio*，May 8，2015，www.npr.org；U. S. Trade Representative，2017；World Trade Organization，*Tariff Profile on the European Union*，2013，www.wto.org。

但部分领域仍然存在较高的贸易壁垒。

表 7.2　部分国家/地区的进口关税

国家/地区	平均进口关税（%）	
	农产品	非农产品
澳大利亚	1.2	2.7
巴西	10.0	14.1
加拿大	15.6	2.2
中国	15.5	9.0
欧盟	11.1	4.2
印度	32.7	10.2
日本	13.1	2.5
墨西哥	14.6	5.7
美国	5.2	3.2

说明：表中列出的是平均的、最优惠国家适用的关税。
资料来源：Based on *World Tariff Profiles 2017*，World Trade Organization，www. wto. org.

　　在非洲，超过一半的工人从事与农业相关的工作。在发达经济体中，过高的关税和其他贸易壁垒阻碍了对非洲农产品的进口，这进一步加剧了众多非洲国家已经极其严重的贫困问题。

　　由于较高的关税阻碍了自由贸易与经济增长，所以政府一直试图取消关税，这也是关税及贸易总协定（GATT，即现在的 WTO）的首要目标。许多国家，如智利、匈牙利、土耳其和韩国，已经开放了之前受保护的国内市场，降低了贸易壁垒，以迎接来自国外的更大挑战。图 7.2 显示了世界平均关税税率在一段时期内的变化趋势。我们可以注意到，从 20 世纪 80 年代开始，发展中经济体已经大大降低了关税税率，而且关税税率继续降低的趋势也成为市场全球化的一个主要推动力。

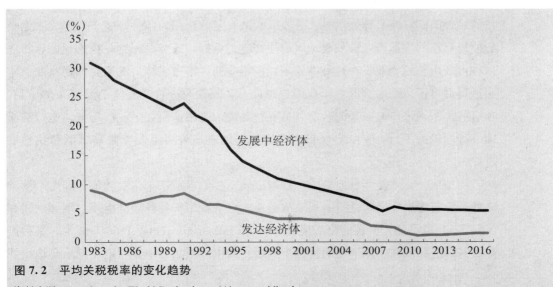

图 7.2　平均关税税率的变化趋势

资料来源：Based on the World Bank, http://data. worldbank. org.

7.2.2　非关税壁垒

非关税壁垒，如配额、进口许可证、当地成分要求、法规和技术标准，以及行政规定或官僚审批程序，是指不通过直接征收关税来限制贸易的政策或措施。在最近的几十年中，非关税壁垒的使用越来越多。政府更注重使用非关税壁垒的原因是，非关税壁垒实施起来比关税更具有隐蔽性，不容易被世界贸易组织或其他国际贸易监控组织察觉到。

配额制度限制了企业可以进口的产品数量或金额。配额制度的一个典型案例是美国政府对每年进口的蔗糖数量规定了大约 200 万磅的严格上限。超过这一上限，进口蔗糖将被多征收每磅几美分的税。这一规定的好处是保护了美国的蔗糖生产商，使其免受廉价进口蔗糖的冲击，其坏处是增加了美国某些类型的产品的消费者和生产商（例如可口可乐）购买蔗糖的成本。因此，那些生产含糖产品的企业如果将生产转移至那些不对蔗糖征收关税或实行配额制度的国家，那么将节省费用。

政府也可以实施自愿配额制度。在该制度下，企业同意限制某些产品的出口。自愿配额也被称作自愿出口限制（voluntary export restraint）。例如，欧盟规定的进口配额导致了数百万件中国制造的衣物在欧洲港口和边境大量堆积。造成这一事件的原因是中国出口的产品超出了它与欧盟协商的自愿进口配额。但由于欧洲零售商数月前就已经订购了这批衣物，所以欧盟的扣押行为也给这些零售商带来了很大不便。[1]

政府有时也会要求进口企业获取进口许可证（import license），即政府向进品企业正式颁发的一种授权。进口许可证制度与配额制度相似，同样是限制进口的。我们不要将进口许可证与许可贸易（licensing）混淆了。后者是指企业进入外国市场的一种战略，其具体做法是，企业以收取一定的费用为条件，赋予国外另一家企业使用自己的知识资产的权利。政府往往通过竞标，或按照先到先得的规则，将进口许可证出售给企业。在这种方式下，小企业往往不占优势，因为它们通常缺乏购买进口许可证所需的资源，而获得进口许可证往往是一件花费颇高且复杂的事情。在有些国家，进口商必须向政府官员支付高额的费用；而在另一些国家，进口商必须办理烦琐的手续。例如，在俄罗斯，复杂的进口许可证制度限制了酒精饮料的进口。

当地成分要求是指政府要求生产者必须至少给当地带来多少增值，即生产活动必须至少有多少在当地进行。当地成分要求经常被用于各种经济组织（例如欧盟和NAFTA）成员国。所谓的原产地规则（rules of origin requirement）规定，某种产品及其供应品或在当地制造的过程中所用到的中间产品必须有一定比例来自该组织

---

[1]　"Textiles：Knickers in a Twist," *The Economist*，August 27，2005，p. 50.

内部。对于汽车制造商来说，其购买的轮胎和挡风玻璃就属于中间产品。当企业不满足这一规定时，其产品就会面临贸易壁垒，这种贸易壁垒类似于成员国给非成员国设置的贸易壁垒。因此，在 NAFTA 内部（加拿大、墨西哥和美国）的生产者不必为彼此间的产品和供应品交易支付关税，而中国、英国等非 NAFTA 成员国就必须支付。NAFTA 还规定，在 NAFTA 内部生产的汽车必须有 60％的价值来源于 NAFTA 成员国，否则将面临与非成员国等同的关税。

另一种非关税壁垒的形式是法规和技术标准，包括机动车辆和电气设备的安全标准、食品卫生健康法规、标明产品原产国的标签要求、计算机技术标准和海关清关手续，以及一系列复杂的手续和漫长的批准过程。欧盟对转基因食品实施严格的限制措施。中国政府要求外国企业获得专门的许可才能进口转基因食品。[①]

政府还将行使一些行政规定或官僚审批程序以控制外国进口企业的商务活动。如篇首案例中提到的，印度企业需要遵守无数法规条款和行政规章，州和联邦的规定给企业造成了种种阻碍。墨西哥政府的规定导致联合包裹（UPS）暂停了与美国的跨境地面运送业务。相应地，美国政府评定墨西哥的卡车"缺乏安全性"，于是禁止在美国境内出售和使用墨西哥的卡车。[②]

一些国家会实施"本地化贸易壁垒"，目的是以牺牲从其他国家进口商品和服务为代价，保护、支持或刺激国内产业发展。本地化贸易壁垒可能包括当地成分要求，也包括对来自国外的跨国企业的激励（仅当它们在当地生产产品并使用当地投入和生产要素时）。例如，美国威斯康星州提供了 30 亿美元的激励方案，以吸引中国台湾的制造商富士康在该州建立大型制造工厂。威斯康星州的激励措施旨在将制造业本地化并在该州创造就业机会，因而有一半的激励措施与富士康雇用了多少工人挂钩。[③]而由于富士康在中国拥有大量生产智能手机和其他电子产品的业务，因此，威斯康星州的这些激励措施就会以牺牲从中国的进口为代价。

为了影响并阻碍本国国内的国际商务活动，沙特阿拉伯设立了各种各样的限制条件。比如，到沙特阿拉伯旅游的商人必须持有入境签证，并且该证件必须有沙特阿拉伯当地公民担保才有可能生效。然而，只有极少数的沙特阿拉伯公民愿意当担保人，因此，外国商人想在沙特阿拉伯做生意就需要克服极大的困难。[④]

7.2.3 投资壁垒

为了限制外国企业在一些特定行业的投资和收购活动，国家还会对 FDI 进行所

① Marian Tupy, "Europe's Anti-GMO Stance Is Killing Africans," *Reason*, September 5, 2017, www.reason.com.
② World Bank, *Doing Business*: *Benchmarking Business Regulations*, 2009, www.doingbusiness.org; World Bank, *Doing Business*: *Equal Opportunity for All 2017*, 2017, www.doingbusiness.org.
③ United States Trade Representative, "Localization Barriers to Trade," 2018, www.ustr.gov; CNN, "The $3 Billion Incentive Package Used to Lure Foxconn to Wisconsin to Build a Giant Factory Was Only the Beginning.," December 28, 2018, www.cnn.com.
④ U.S. Trade Representative, 2017.

有权方面的限制，例如篇首案例中提到的印度政府的限制。印度政府当局加大了投资获得批准的难度，有效地阻碍了投资计划的实施，这也为当地带来了数十亿美元的收入。从全球范围来看，对广播、公共事业、航空、军事科技和金融服务等领域进行 FDI 和所有权限制的情况十分常见。另外，在主要由政府持股的行业，如石油和关键矿产行业，这些限制就更司空见惯了。例如，墨西哥政府禁止外国企业对其石油产业进行直接投资。加拿大政府为保护本国电影电视产业不受外国文化影响，限制外国企业对该国的电影摄影场地和电视节目的所有权。由于服务通常无法出口，其提供者必须在目标市场建立实体商业存在，才能在那儿开展业务，所以在服务业，对所有权和投资的这种限制十分严重。

货币管制（currency control）是指对硬通货（如美元、日元和欧元）外流的限制。有时，这种限制也会阻止外国货币向本国流入。货币管制有两个作用，即保留特别值钱的货币和减少资本外逃风险，因此被发展中国家广泛采用。有些国家还向出口商提供相对优惠的汇率以促进出口，而向进口商提供另外一种相对不利的汇率以限制进口，因此这也是一种双重汇率管理制度。

对于在国外通过直接投资建立分支机构的企业来说，货币管制既有好处也有坏处；对于从本国出口产品的企业来说，货币管制是有利的；而对于那些依靠进口来获取生产用中间零部件的企业来说，管制则会带来损失。同时，货币管制还限制了企业将外国经营收入汇回本国时的利润，给跨国企业造成了一定损失。

举例来说，委内瑞拉的货币管制导致了美元和其他硬通货的短缺，委内瑞拉的这些控制措施是为了保持进口商品的价格低廉，并维持本国的硬通货基础。这种严格的货币规定限制了跨国企业可以从委内瑞拉获得的利润，也限制了它们以合理的价格接受进口货款的能力，因此跨国企业会避免在委内瑞拉做生意。[①]

7.2.4　补贴及其他政府支持项目

补贴（subsidy）是政府为企业或某一群体提供货币或其他补助，其目的是鼓励出口、帮助生产、降低销售价格，以达到保护企业存续的目的。补贴有以下几种形式：全额现金支付、实物投入、服务、税务减免、加强基础设施建设以及政府高价收购。例如，法国政府向法国航空公司（Air France）提供了巨额财政补贴。

图 7.3 列出了有较多国有企业活跃在国际商务领域的国家。这些国有跨国企业（SOMNE）从母国政府获得了较多的补贴和其他资源。其中，中国拥有最多的国有跨国企业，大约有 257 家。中国共有约 15 万家国有企业，其中约 5 万家（33%）

---

① Jeremy Ashkenas and Quoctrung Bui, "What Happened When Venezuela Outlawed Its Own Currency," *The New York Times*, December 30, 2016, www.nytimes.com; Ezequiel Minaya, "Venezuela Revises Foreign Exchange Rules," *Wall Street Journal*, February 10, 2015, www.wsj.com.

为中央政府所有，其余为地方政府所有。[①]

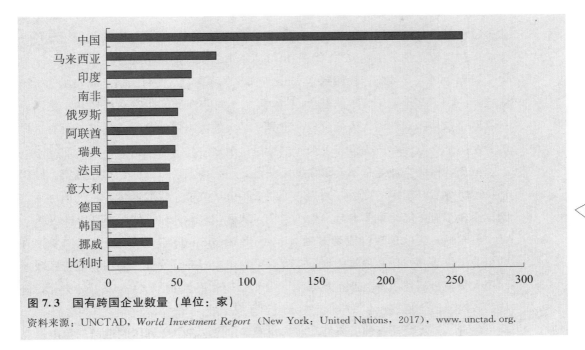

图 7.3　国有跨国企业数量（单位：家）

资料来源：UNCTAD，*World Investment Report*（New York：United Nations，2017），www. unctad. org.

　　批评者认为，补贴减少了企业的生产成本，为企业创造了（相对其他企业而言）不公平的竞争优势。例如，卡塔尔和阿联酋的政府向卡塔尔航空公司（Qatar Airways）、阿提哈德航空公司（Etihad Airways）和阿联酋航空公司（Emirates Airline）提供了数十亿美元的补贴。有了这些补贴，这些航空公司就能够以更低的价格提供航班，从而吸引了客户，建立了自己的竞争优势。因此，达美航空（Delta）和美国联合航空（United）等外国航空公司抱怨称，这些补贴违反了自由贸易协定。然而，像这种由国家补贴本国航空公司的情形在世界上有很多。[②]当补贴被证明会阻碍自由贸易时，世界贸易组织会禁止成员进行补贴。然而，补贴有时并不容易被识别，比如，有些政府为企业提供土地、基础设施、通信系统或水电设施等其他便利条件时，实际上就是在向企业提供一种补贴。但是，多数人会支持这种做法，并认为这是一种合适的公共职能。

　　为了帮助提高农民收入，更好地管理农产品的供应，欧美国家政府常常会提供相应的农业补贴。美国政府对包括小麦、大麦、棉花、牛奶、花生、蔗糖、烟草和

　　①　Bob Davis and Jason Dean，"State-Run Firms Are the Giants of China's Economy，"*Wall Street Journal*，February 23，2012，p. A12；*China Country Commercial Guide*（Washington DC：United States Commercial Service，2017，www. export. gov）；UNCTAD，*World Investment Report*（New York：United Nations，2017），www. unctad. org.

　　②　Zahraa Alkhalisi，"Big U. S. Airlines Claim Win in Qatar Subsidy Dispute，"CNN，February 1，2018，www. cnn. com；Leslie Josephs，"Trump Administration to Discuss Airline Subsidies with UAE，Qatar，but Stops Short of Freezing Flights，"*CNBC*，December 12，2017，www. cnbc. com；U. S. Trade Representative，2017.

大豆在内的 20 多种农产品进行补贴。[1]

政府有时用**反补贴税**（countervailing duty）来对这些获得了补贴的企业予以报复。反补贴税是指用于抵消出口国家给予生产商和出口商的补贴的关税。这样一来，关税可以抵消补贴的效果，消除出口商本来会获得的价格优势。

补贴也可能导致制造商**倾销**（dumping），也就是制造商对出口产品收取低于国内或第三国，甚至低于成本的低价。[2] 欧盟每年向欧洲的糖生产商提供几十亿欧元的补贴，这使得欧洲因人为低价成为世界上最大的糖出口地之一。而如果没有这样的补贴，那么欧洲将成为世界上最大的糖进口地之一。

然而，因为企业通常不会将数据反映在费用结构上，所以倾销很难核实。倾销违反了世界贸易组织的原则，因为它等同于不公平竞争。收取低价并且规模巨大的跨国企业很有可能将竞争者赶出外国市场，从而获取专利权，然后提高价格。[3]

与补贴相关的是政府**投资激励**（investment incentive），即政府直接向单家外国企业提供转移支付和税收优惠，以吸引它们在本国进行投资。中国香港特区政府动用大量资金修建了香港迪士尼乐园。虽然乐园和设施花了大约 18.1 亿美元，但特区政府给迪士尼提供了 17.4 亿美元用于开发土地。

最近，得克萨斯州的奥斯汀和纽约州的奥尔巴尼在争夺韩国制造商三星电器在其地区内建造半导体工厂的机会。奥斯汀提供了价值达 2.25 亿美元的免税政策和其他税收减免措施，于是成功竞得三星 3 亿美元的工厂，估计可以为本地创造 1 000 多个新的工作机会。为了吸引跨国企业在本地建立生产基地，马其顿地区的国家也提供了这类投资激励，如仅征收较低的企业所得税、可以直接使用公用事业和交通运输系统，以及为培训员工提供财政支持。

政府还通过实施采购政策（规定只能向本国供应商采购）来支持国内产业发展。一些国家的政府部门规定，用政府资金预订的机票只能是本国航空公司提供的。这些政策在那些有着巨大的公共部门的国家（例如俄罗斯）十分常见。在美国，政府机构只有在国内航空公司的机票比国外航空公司便宜的情况下才会购买国内航空公司的机票。在日本，无论价格如何，政府机构一般都不会考虑从外国企业那儿采购。公共部门采购商经常会规定一些要求，从而实际上将外国供应商排除在外。

7.3　政府干预的演变和后果

一个世纪以前，世界范围内的贸易壁垒普遍偏高。两次世界大战和大萧条过

---

[1]　Organisation for Economic Cooperation and Development，*Producer and Consumer Support Estimates database* (Paris：OECD，2018，www.oecd.org)；Stephanie Rickard，*Spending to Win：Political Institutions，Economic Geography，and Government Subsidies* (Cambridge，UK：Cambridge University Press，2018).

[2]　World Trade Organization，Glossary，2018，www.wto.org.

[3]　World Trade Organization，Glossary，2018，www.wto.org.

后，世界贸易环境变得更糟了。1930 年，美国通过了《斯姆特－霍利关税法》（Smoot-Hawley Tariff Act），将美国关税税率提高到超过 50% 的水平，接近历史最高点，而今天的关税税率只有 4%。其他国家为了报复这一法案，中断了与美国的农产品贸易，导致了美国农产品价格暴跌，银行纷纷倒闭。为了恢复贸易，许多政府在 20 世纪 40 年代末开始降低过高的关税税率。

随后，拉美国家和其他发展中国家政府逐渐采取了旨在支持国内工业化的保护主义政策，但这种做法没有成功。在这种保护主义政策下，享受政府补贴和高关税保护的国内企业并没有获得在世界市场上的竞争力，人们的生活水平仍然相对较低。

相较之下，20 世纪 70 年代以后，新加坡、中国香港、中国台湾和韩国通过鼓励出口密集型产业的发展，实现了经济的快速增长。这些经济体的发展模式也被称作出口导向型发展模式，它被证明比进口替代型发展模式更加成功。这些经济体以及泰国、印度尼西亚等其他亚洲国家的国际贸易规模大幅扩张，生活水平也有了大幅提高。中产阶级数量的增加令这些国家成为具有竞争力的经济体。

至于亚洲一些其他地区，例如日本，在二战后就开始了野心勃勃的工业化与出口导向型发展计划。从 20 世纪 40 年代的贫困国家发展到 80 年代世界上最富有的国家之一，日本创造了"日本式奇迹"。日本通过实施国家战略，包括采用旨在培养和保护日本新兴产业（如汽车产业、造船产业和消费电子产业）的关税政策，最终实现了这一宏伟目标。

长期以来，中国和印度都通过保护主义和政府干预来保护自己，两国都依赖于中央经济计划，农业和制造业都由国有企业控制。而在 1990 年前后，中国和印度开始实行经济自由化改革。2001 年，中国加入世界贸易组织，致力于减少贸易壁垒，贸易逐渐成为刺激中国经济的重要因素。到 2015 年时，中国国内生产总值已经是 1998 年的 10 倍多，出口额达到 2.2 万亿美元。在印度，贸易自由化和国有企业私有化推动了经济发展。2000—2015 年，印度的人均年收入从 470 美元左右提高到 1 800 美元以上，这一成就令人印象深刻。

1947 年，23 个国家签署了**关税及贸易总协定**（General Agreement on Tariffs and Trade，GATT），这是全球范围内为系统性地降低贸易壁垒而签署的第一个协定。GATT 取得的成果包括：建立了成员间就降低关税进行持续谈判的程序；成立了监督世界贸易的专门部门；创建了解决世界贸易争端的论坛。

GATT 引入了"最惠国"的概念，即缔约国在关税方面给予彼此的优惠也应给予其他任何贸易伙伴国。因此，对一个国家的让步也意味着对所有贸易国的让步。GATT 在 1995 年被世界贸易组织取代，并且成员增加到 150 个。事实证明：这一组织对贸易发挥了积极作用，导致贸易壁垒前所未有地减少了。

始于 2008 年的全球经济衰退和金融危机对政府在国民经济中扮演的角色提出了新的疑问。由于这场危机的起因是银行和金融部门监管不力，所以世界各国政府均加强了监管。[①]

一些政府加大了保护主义力度，以保障国民的就业和工资水平稳定。例如，阿根廷和巴西提高了多种产品的进口关税；俄罗斯提高了数十种商品，包括汽车和联合收割机的关税[②]；英国向本国银行和金融机构提供了大量补贴[③]；中国向本国经济体系注入了数千亿美元。危机下新一轮保护主义的抬头对国际商务产生了影响，并且这种影响已经扩展到了银行和金融领域之外。[④]

如图 7.2 所示，世界平均关税税率在持续下降。与此同时，在图 7.4 中，世界贸易和世界 GDP 总体快速增长。持续减少的贸易壁垒成为全球贸易增长的主要原因，其结果是世界收入大幅增长。一些积极参与国际贸易和投资的企业不仅提高了它们的绩效，并且为减少全球贫困做出了巨大的贡献。[⑤]

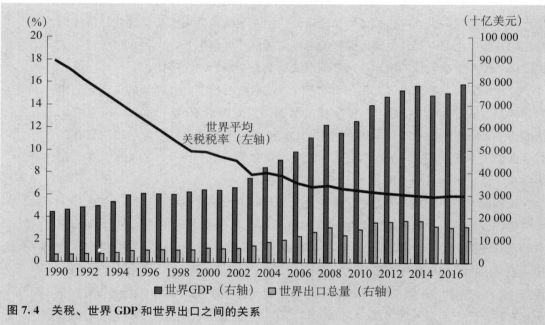

图 7.4 关税、世界 GDP 和世界出口之间的关系

资料来源：Based on International Monetary Fund World Economic Outlook Database, at www. imf. org；UNCTAD, http://unctadstat. unctad. org；World Bank, http://data. worldbank. org.

---

① William C. Dudley, "Financial Regulation Nine Years On from the Global Financial Crisis—Where Do We Stand?," *Harvard Law School Forum on Corporate Governance and Financial Regulation*, December 9, 2016, www. corpgov. law. harvard. edu；United Nations Conference on Trade and Development, *The Global Economic Crisis: Systemic Failures and Multilateral Remedies* (Geneva, Switzerland: United Nations, 2009).

② D. Brady, "Beware Politicians Bearing Election-Year Trade Deals," *Bloomberg Businessweek*, March 19 – 25, 2012, pp. 41 – 43；U. S. Trade Representative, 2017.

③ J. Miller, "Nations Rush to Establish New Barriers to Trade," *Wall Street Journal*, February 6, 2009, pp. A1, A6.

④ Dudley, 2016；R. Wright, "Financial Crises and Reform: Looking Back for Clues to the Future," *McKinsey Quarterly*, December 2008.

⑤ World Bank Group and World Trade Organization, 2015；Walker, 2017.

营商环境指数是世界银行编制的一个指数，每年发布一次。它对 189 个国家进行排名，对评估政府干预的效果很有用。一个国家的营商环境指数排名靠前意味着在该国创办和经营企业比较有利。该指数根据十个变量对每个国家进行排名，这些变量包括：创办企业、办理建筑许可证、获得电力供应、登记财产、获得信贷、保护少数投资者、纳税、跨境交易、执行合同和解决破产问题。[1]

政府干预和贸易壁垒引起了发展中国家对道德问题的关注。例如，美国对服装和鞋子的进口关税往往超过 20%，这些关税损害了孟加拉国、巴基斯坦、印度等贫穷国家，以及服装和鞋类出口商集中的几个非洲国家的利益。美国从柬埔寨进口的关税远远高于从英国进口的关税，它对这些欠发达国家的关税通常比对富裕国家的关税高好几倍。[2]

政府干预也可以弥补一些有害的影响。例如，贸易壁垒可以创造或保护就业，而补贴可以帮助抵消贸易壁垒对贫困地区造成的不成比例的负面影响。在欧洲，全球化已经影响了成千上万的工人，这些工人的工作将以低价转移给其他国家的工人，提供给年轻工人的工作中有越来越多是基于临时合同，这些工作的福利是非常有限的。而与此同时，欧洲各国政府为失业者提供补贴，希望通过对工人进行培训来提高他们的工作技能，并帮助他们在其他领域找工作。[3]

国际贸易有利于维护国际关系。跨国贸易促进了经济联系和友好关系的发展。这有利于解释为什么世界银行、世界贸易组织、联合国和其他国际机构一直在鼓励国际贸易。这些组织的一个主要目标是通过促进全球贸易来缓解国际紧张和促进世界和平。但是，正如朋友之间的关系会起起落落一样，国家之间的关系也会起起落落。2017 年，世界银行估计，全球约有 20 亿人生活在脆弱、受冲突和暴力的严重影响的地区。自 2010 年以来，这类人所占的比例显著上升，预计到 2020 年还会进一步提高。全球化、世界人口增长、资源竞争、社会和经济不平等、经济停滞、地缘政治分裂、民族主义上升、大规模移民、快速城市化以及其他此类现象的消极后果导致了世界许多国家内部和国家之间的关系持续紧张。这些现象和趋势损害了国际贸易的发展，反过来又恶化了经济状况，加剧了不平等，并导致了其他问题的出

---

① World Bank, *Doing Business 2018*: *Reforming to Create Jobs* (Washington, DC: World Bank, 2018), www. doingbusiness. org.

② Gerber, 2018; Ian Mitchell, "UK Trade White Paper: A Once in a Lifetime Opportunity for Development," *Center for Global Development*, October 11,2017, www. cgdev. org; Maurice Obstfeld, "Tariffs Do More Harm Than Good at Home," *IMFBlog*, September 8, 2016, www. blogs. imf. org; *The Economist*, "In Retreat: Global Companies in the Era of Protectionism," single issue magazine, January 28 – February 3, www. economist. com; U. S. Trade Representative, 2017.

③ C. Giles, "Big Ideas Fail to Mop Up Europe's Current Mess," *Financial Times*, February 26, 2009, p. 2; *The Economist*, "Generation Jobless," April 27, 2013, www. economist. com; *The Economist*. "Workers in Southern Europe Are Stuck in Lousy Jobs," April 20, 2017, www. economist. com.

现。然而，历史经验表明，国际关系将再次得到改善，届时，跨境贸易很可能会增加。[1]

7.4 企业应该如何应对政府干预

通常情况下，企业必须应对保护主义和其他形式的干预。例如，在铝业或者石油业之类的采矿行业，企业可能别无选择，只能在设置了诸多严格障碍的国家寻求商机。食品加工、生物科技以及制药行业同样面临不计其数的法律法规。

7.4.1 经理的策略

我们已经看到，在印度和诸多其他亚非拉国家，以及东欧、中欧地区国家中，广泛的贸易壁垒和政府参与几乎成了一种特色。然而，许多企业仍然以新兴市场和经济发展为目标，原因在于那些国家长期内有着巨大的市场潜力。[2] 企业制定了各式各样的策略来应对对它们不利的政府干预。

（1）研究如何收集知识和技术。经验丰富的经理会通过不断观察市场环境来甄别政府干预的性质，同时也就采取哪种市场准入策略和如何在每国开展经营制订计划。他们会按照投资回报标准来考虑贸易和投资壁垒所引起的成本和风险增加。比如，欧盟正在研究新的影响企业经营的指南，这些指南覆盖的领域包括了从产品责任法到欧洲投资标准的诸多方面。

（2）选择最合适的市场准入策略。关税和大多数非关税壁垒常应用于出口场景，然而投资壁垒仅仅在FDI场景中出现。绝大多数企业选择出口作为它们首要的市场准入策略。然而，如果出口时面临高关税，那么经理应当考虑其他策略，比如FDI策略、许可贸易策略以及建立合资企业策略，从而既能让企业直接进入目标市场，又能避免进口壁垒。例如，为苹果和其他电子产品企业代工的富士康就在巴西建了一家工厂，这部分是为了避免巴西对进口商品征收高额关税。

关税经常因进口产品的形式而发生变化。为了将关税的影响降到最低，许多企业将生产出来的产品"拆装"（作为零部件），然后在目标市场进行组装。例如，宝马将被拆下来的汽车零部件运往巴西、印度、俄罗斯、泰国和其他新兴市场，以避免支付更高的关税。在巴西，对进口汽车征收的平均关税税率约为35%，而未组装

---

① Organisation for Economic Cooperation and Development，*States of Fragility 2016*：*Understanding Violence* (Paris：OECD，2017），www.oecd.org；Office of the Director of National Intelligence，"Paradox of Progress：The Near Future：Tensions are Rising," 2018，www.dni.gov；World Bank，"Fragility，Conflict & Violence," April 10，2017，www.worldbank.com.

② Lawrence Carrel，"Emerging Markets Offer Attractive Investment Opportunities in 2018," *Forbes*，January 30，2018，www.forbes.com；Jose Santos and Peter Williamson，"The New Mission for Multinationals," *MIT Sloan Management Review*，56，No. 4（2015），pp. 44 - 54.

零部件的关税税率为 15%～20%。这些被拆分的汽车零部件一运到巴西，就会在巴西当地工厂进行组装，然后卖给消费者。宝马也可以选择将完整车辆运往这些国家，但以零部件形式运送时所缴纳的关税较低。因此，通过在巴西和其他新兴市场进行零部件组装，宝马避免了支付更高的关税。[①]

（3）充分利用对外贸易区的好处。为了增加就业和刺激当地经济发展，政府会设立对外贸易区。对外贸易区（foreign trade zone，FTZ）也称自由贸易区或者自由港口，是一国境内进口产品用于组装或其他处理以供重新出口的区域。[②] 进入对外贸易区的产品不受关税或配额的影响。厂商利用对外贸易区将外国应征税的原料和零部件组装成最终产品，再将这些最终产品重新出口。除此之外，厂商还可以利用对外贸易区来管理那些最终被其他地区需要的零部件和最终产品的存货。举个例子，在美国，日本的汽车制造商在将不需要上税的车辆运送到美国各地的代理商那儿之前，会把这些车辆存放在佛罗里达州的杰克逊维尔市（Jacksonville）。

世界上有超过 75 个国家设立了对外贸易区，这些贸易区通常靠近机场或者海港。科隆自由贸易区（Colon Free Zone）位于巴拿马运河的大西洋一侧，这是一个巨大的对外贸易区，这里的产品不管是进口、仓储、改装、重装，还是再次出口，都不受关税和海关规定的限制。许多在此贸易区内开店的私人企业和批发商把商品从巴拿马转运到西半球和欧洲的其他地方。有些企业在自己的实体设施内也可以享受到和对外贸易区相同的好处。

2017 年，中国政府在全国各地设立了 11 个自由贸易区（以下简称自贸区），鼓励更多外资进入中国。新设立的自贸区的进口关税税率和企业所得税税率下降至约 16%，是中国通常税率的一半。政府放宽了自贸区的外商直接投资法律，如今允许生产卫星、铁路运输设备和许多其他产品的外国企业在中国开展业务，且不强制要求它们与中国本土企业建立合资企业。自贸区是中国"一带一路"倡议的一部分，该倡议旨在促进中国和约 60 个国家之间进行更多更深入的贸易，这些贸易对中国经济至关重要。[③]

马基拉朵拉工厂（maquiladora）是对外贸易区的一个例子，它是指位于墨西哥北部境内、沿着美国边境线设立的组装出口工厂。这些工厂通常生产销往美国的组件和最终产品。从 20 世纪 60 年代开始，马基拉朵拉工厂就免税进口原料和设备，然后进行组装或者制造，最后重新出口这些组装或制造出来的产品。今天，根据

---

① *Brazil Country Commercial Guide*（Washington DC：United States Commercial Service，2017），www. export. gov；World Trade Organization，*WTO Tariff Database*，www. tariffdata. wto. org；David Wren，"Knocked Down：Partially Assembled BMWs Drive Charleston Exports Higher，" *The Post and Courier*，April 30，2017，www. postandcourier. com.

② Militiades Chacholidades，*International Economics*（New York：McGraw-Hill，1990）；Gerber，2018.

③ *The Economist*，"What Is China's Belt and Road Initiative？，" May 15，2017，www. economist. com；*Reuters*，"China Removes 27 Restrictions for Foreign Investment in Free-Trade Zones，" June 16，2017，www. reuters. com；*Reuters*，"China Approves 7 New Free Trade Zones in Bid to Open Economy，" March 31，2017，www. reuters. com.

NAFTA 的规定，马基拉朵拉工厂雇用了上百万墨西哥人加工衣服、家具、汽车零件、电子产品和其他物品。这种安排使得来自美国、亚洲、欧洲的厂商能够在为美国市场服务时享受到廉价的劳动力、优惠的关税和政府激励。因此，马基拉朵拉工厂的出口额大约占了墨西哥总出口额的一半。

（4）寻求对出口产品有利的关税分类。减少贸易壁垒的措施之一就是根据合理一致的产品代码对出口产品进行分类。我们在这一章前面的内容中提到，许多产品可以被划到两个或者更多的种类中，而每个种类有着不同的关税额。比如，一些电信设备可以被分类成电力机器、电子产品或者测量仪器。制造商应当分析不同种类商品所面临的贸易壁垒，从而保证出口的产品以最低关税税率出口。或者制造商可以改变出口产品的种类，以减少贸易壁垒。例如，美国对从韩国进口的非橡胶鞋类出口规定了配额。通过转而生产橡胶合成鞋类，韩国厂商的鞋类出口陡增。

（5）利用投资激励和其他政府支持项目。从母国或东道国获得经济发展激励是减少贸易投资壁垒所引起的成本的另一条途径。例如，梅赛德斯在亚拉巴马州建造工厂时，享受到了亚拉巴马州政府提供的税收减免和资金支持。西门子在葡萄牙建造半导体工厂时，得到了葡萄牙政府和欧盟的资金支持，这些资金支持弥补了西门子的投资和培训成本的将近40%。欧洲、日本和美国的政府正进一步为在其国境之内设立工厂的企业提供支持，包括减少公共设施费用、资助员工培训项目、规定免税期、建设新公路以及通信设备等基础设施。

（6）为自由贸易和投资进行游说。越来越多的国家正在对市场进行自由化，以创造出更多的工作岗位和增加税收。这一趋势的出现部分是由于企业在游说国内和国外的政府降低贸易和投资壁垒方面所做出的努力。日本人在游说美国和欧洲国家政府减少贸易壁垒方面获得了很大的成功。美国的私人部门游说联邦当局进行政府间贸易谈判，以减少贸易壁垒。

本章的专栏"从事国际商务相关工作的新近毕业生"介绍了艾希礼·朗博（Ashley Lumb），她从事过好几份国际商务相关的有趣工作。

专栏　　　　**从事国际商务相关工作的新近毕业生**

姓名：艾希礼·朗博

专业：金融和国际商务

目标：职业发展和国际视野

大学期间的实习经历：美林（Merrill Lynch）

大学毕业后的工作：

- 毕马威（KPMG）的初级分析师（英国伦敦）
- 无国界葡萄酒（Vins Sans Frontieres，VSF）的销售代表（法国尼斯）
- 极致生活集团（The Ultimate Living Group）的客户代表（摩纳哥蒙特卡洛）

- Made in Museum 的销售助理（意大利罗马）
- *Vogue*（意大利版）杂志的广告/营销协调员（美国纽约）
- 艺术策展人（澳大利亚墨尔本）

　　艾希礼·朗博大四的时候，一个去欧洲的为期六周的留学项目激发了她从事国际商务相关工作的愿望。毕业后，艾希礼在伦敦毕马威实习，担任初级分析师，在那里她获得了技术培训和分析技能。她在 VSF 获得了一份为期 6 个月的工作，并在该企业位于法国南部的总部学习了该企业的葡萄酒课程。VSF 从世界各地进口葡萄酒，但只将这些葡萄酒卖给法国里维埃拉（French Riviera）的私人游艇。从这份工作中，艾希礼掌握了各种营销方法和经验。例如，VSF 会参加游艇交易会并举办品酒会，艾希礼等销售代表就会每天都在从意大利圣雷莫（San Remo）到法国圣特罗佩（St. Tropez）的各个港口进行探访，与游艇厨师、乘务员或船长谈论葡萄酒，并分发葡萄酒目录。

　　艾希礼随后在意大利罗马的 Made in Museum（MIM）担任销售助理。MIM 专业设计、生产和交付授权的博物馆复制品，并销售珠宝、雕塑、马赛克和伊特鲁里亚陶器。艾希礼将产品分了组，并重新调整了库存和网站。

　　在意大利期间，艾希礼对时尚行业产生了热情，所以她决定搬到纽约。在离开意大利之前，艾希礼学习了时尚行业的营销课程。在纽约，她曾在时尚品牌爱马仕（Hermès）和 J. Crew 的总部工作。随后，她利用双语招聘机构 Euromonde Inc. 的服务，在纽约时代广场的 *Vogue*（意大利版）杂志找到了一份工作，担任该杂志在美国的广告/市场营销协调员。艾希礼还在孟买的 *Vogue*（印度版）和伊斯坦布尔的 *Vogue*（土耳其版）工作过。最近，艾希礼一直在澳大利亚墨尔本担任美术策展人。

艾希礼对国际职业生涯的建议

　　"在国外工作帮助我明确了自己的职业目标，因为在欧洲工作让我看到了美国所缺乏的一些行业。我可以体验不同的文化和工作环境，尽管它们看起来可能相差很远，但我看到了它们对独特产品和活力的同样的激情。回到美国后，未来的雇主认为我的国际实习经历证明了我可以独立处理具有挑战性的任务，并与来自不同文化和背景的人共事。"

成功的要素

　　"在国外工作最重要的两个要素是努力工作和人脉。我认识了很多人，发了很多简历，在各个场合提过很多问题，也借机研究了整个就业市场。为了让自己在各任务之间保持平衡，我也做了一些乏味的工作。在国外实习的一些日子里，我想过放弃，直接回家，但我又继续坚持了下去……努力工作和坚持也是很关键的。"

挑战

　　"去国外工作这个决定有一定风险。毕竟，你放弃和离开了你熟悉的东西，然后走出了一条被明确规定的职业道路。语言障碍总是存在的，我在工作中通常使用英语，不过通过课堂学习，我也学会了一些意大利语和法语，并让自己沉浸在当地文化中。"

资料来源：Courtesy of Ashley Lumb.

7.5　区域经济一体化和经济集团

第7章

与政府干预相关的是，世界呈现出区域经济一体化（regional economic integration）的趋势。区域经济一体化也叫区域一体化（regional integration），它是指一个地理区域内的两个或两个以上的国家为了减少贸易和投资壁垒而结成联盟所导致的经济上的相互依赖性逐渐增强。正如欧盟成立后所发生的那样，区域经济一体化增加了经济活动，并使联盟内各国之间的商业活动变得更加容易。至少，经济集团内的国家成为**自由贸易协定**（free trade agreement）的缔约方。自由贸易协定是指两个或两个以上的国家之间为降低或消除关税、配额及其他产品和服务贸易壁垒而做出的正式安排。成员国还在集团内进行跨境投资。

在过去的半个世纪里，大部分国家为了达到一定程度的经济一体化，开始寻求合作。今天超过50%的世界贸易都是在某些由多国签署的优惠贸易协定下进行的。出现这种趋势的基础是：通过合作，处于共同地理区域的国家由于历史、文化、语言、经济或政治等因素而联系在一起，从而获得共同利益。[①]

区域经济一体化集团（regional economic integration bloc）简称经济集团，它的成立导致了区域经济一体化。区域经济一体化集团是指两个或两个以上国家通过减少关税和其他阻碍产品、服务、资本以及劳动力（在更高级的阶段）的跨国流动的限制因素，来实现经济一体化的一个地理区域。（在本书中，我们遵循惯例，使用法语中的术语"bloc"而不是"block"。）最广为人知的两个例子是欧盟和NAFTA（包括加拿大、墨西哥和美国）。

更加发达的经济集团，比如欧盟，允许资本、劳动力和技术在成员国之间自由流动。欧盟也在协调货币政策（管理货币供应和币值）和财政政策（管理政府财务，如税收收入），以逐渐实现各成员国经济一体化。然而，近年来，希腊、意大利、西班牙、葡萄牙的危机和欧盟各成员国之间的矛盾给欧洲的区域经济一体化进程带来了挑战。

为什么每个国家不是努力去建立世界范围的自由贸易体系，而是选择成为区域经济一体化集团中的一员呢？主要原因是：少数几个国家间协商并达成自由贸易协定，比在世界范围内全部国家间进行协商更加容易。这也有助于解释为什么如今全球存在上百个区域经济一体化集团。这些集团给进行国际化的企业带来了机遇和挑战。[②]

[①] Alessandro Antimiani and Luca Salvatici, "Regionalism Versus Multilateralism: The Case of the European Union Trade Policy," *Journal of World Trade* 49, No. 2 (2015), pp. 253-275; Bela Balassa, *The Theory of Economic Integration* (Homewood, IL: Irwin, 1961); Christina Schneider, "The Political Economy of Regional Integration," *Annual Review of Political Science* 20, No. 1 (2017), pp. 229-248.

[②] Antimiani and Salvatici, 2015; Gerber, 2018; Schneider, 2017.

7.5.1 区域经济一体化的层次

表 7.3 确定了区域经济一体化可能的五个层次。我们可以将这几个层次看成连续的，其进程是从区域经济一体化的最低层次——自由贸易区，经过更高层次，最后达到区域经济一体化的最高层次——政治联盟。政治联盟是区域经济一体化的最终形式，目前还没有国家之间达成政治联盟。

表 7.3 国家之间区域经济一体化可能的五个层次

区域经济一体化的层次	自由贸易区	关税同盟	共同市场	经济联盟和（有时）货币联盟	政治联盟
成员国彼此间同意取消关税和非关税壁垒，但对非成员国保留贸易壁垒 例子：NAFTA、欧洲自由贸易联盟（EFTA）、东盟（ASEAN）、澳新紧密经济关系协定（CER）	✓	✓	✓	✓	✓
共同对外关税 例子：南方共同市场（MERCOSUR）		✓	✓	✓	✓
产品、劳动力和资本自由流动 例子：1992 年前的欧洲经济共同体			✓	✓	✓
由中央集权领导，实施统一的货币政策和财政政策 例子：当前的欧盟实施了共同的贸易政策、农业政策和货币政策				✓	✓
由共同组织领导，所有政策实现完美统一；所有独立的国家机构均消亡 例子：还未实现的理想状态					✓

说明：上述五个层次互为基础。例如，关税同盟具有自由贸易区和共同对外关税的特征。

资料来源：Based on Bela Balassa，*The Theory of Economic Integration*（Milton Park，Oxford，UK：Routledge Revivals，2012）.

自由贸易区（free trade area）是区域经济一体化的最低层次。自由贸易区的成员国同意逐步取消集团内正式的产品和服务贸易壁垒，但是各成员国对集团外的国家保持独立的国际贸易政策。一个例子就是 NAFTA。自由贸易区着重为集团，而不是为个别国家建立比较优势。政府可能会强加当地成分要求，规定在成员国内的生产者至少有一定比例的零部件是在当地生产的。如果没能满足这一要求，则产品将会被征收关税（这种关税一般都是成员国政府强加给非成员国的）。

关税同盟（customs union）是区域经济一体化的第二个层次，除了成员国协调其对外贸易政策，并对从非成员国进口的产品采用共同关税和非关税壁垒之外，其他方面均与自由贸易区相似。南方共同市场（拉丁美洲的一个经济集团）就是关税同盟的一个典型例子。接受共同关税制度意味着：当非南方共同市场成员国的出口商与任何一个南方共同市场成员国进行贸易时，都会面临相同的关税和非关税壁垒。确定最合适的共同对外关税具有一定的挑战性，因为成员国必须就关税水平和如何在成员国间分配关税收益达成一致意见。

区域经济一体化的第三个层次是**共同市场**（common market）（也称为单一市场）。在共同市场中，贸易壁垒被减少或取消，共同对外壁垒被建立，并且产品、服务和生产要素（如资本、劳动力和技术）被允许在成员国之间自由流动。与关税同盟一样，共同市场也制定了共同贸易政策来与非成员国进行贸易。欧盟就是一个共同市场，其关于移民和资本跨国流动的规定也已经逐渐被减少或取消了。来自欧盟某一个国家的工人有权在其他欧盟国家工作，而欧盟的企业可以在位于欧盟内的子公司之间自由转移资金。比如在欧盟，有一些波兰和捷克的工人涌入德国工作，这是因为这些工人在德国赚到的工资远远比其在本国赚到的工资要多得多。

经济联盟（economic union）是区域经济一体化的第四个层次。经济联盟的成员国不仅享有以前各层次的所有好处，而且致力于采取共同的财政政策和货币政策。在极端情况下，每一个成员国的税率完全相同。联盟以标准化货币政策为目的，这要求在成员国间建立固定汇率制度和货币自由兑换制度，而且允许资本自由流动。这种标准化有助于消除导致一个成员国优于另一个成员国的歧视行为。通过让产品、服务和生产要素更大限度地流动，经济联盟能帮助联盟内的企业在其成员国以最优惠的经济政策开展生产活动。

欧盟在建立经济联盟方面取得了很大的进步。例如，19个欧盟国家建立了货币联盟，单一货币欧元正在联盟内流通。货币联盟的建立和欧元的流通使得欧洲金融机构在欧盟设立分支机构，提供银行服务、保险和储蓄产品等方面变得非常容易。单一货币也便利了欧洲企业在欧盟进行贸易和投资。

美国提供了一个非常好的类比例子来说明经济联盟。把每个州想象成一个独立的国家，但它们又结成一个联盟。所有成员使用共同货币，只有一家中央银行，其负责实施统一的货币政策。成员之间的贸易是无障碍地进行的，并且劳动力和资本可以在成员之间自由流动。联邦政府采用统一的税收政策和财政政策。就像在经济联盟中发生的那样，美国各州也自己管理教育、治安和当地税收等。但是，这种类比当然只能到此为止，因为美国毕竟是一个国家，不像真正的经济联盟中的成员国那样可以退出联盟。

7.6 主要的经济集团

欧洲在区域经济一体化方面有着最漫长的历史，同时还是一些经济集团的所在地。其中最重要的经济集团就是欧盟和欧洲自由贸易联盟。

7.6.1 欧洲联盟

1957 年，比利时、法国、意大利、卢森堡、荷兰和联邦德国六个国家组成了一个名为欧洲经济共同体（EEC）的联盟。EEC 就是今天的**欧盟**（EU）的前身。欧盟成立于 1992 年，其成员国包括来自东欧和西欧的 28 个国家。它是世界上最先进且最大的区域经济集团，拥有 5 亿人口，年 GDP 总量约为 18 万亿美元。

为了成为一个经济联盟，欧盟采取了以下步骤：

● 市场准入。取消产品与服务贸易的关税壁垒和大多数非关税壁垒，鼓励使用由欧盟生产的零部件和其他投入品来进行生产（即遵循原产地规则）。

● 共同市场。取消阻碍生产要素（劳动力、资本和技术）跨国流动的壁垒。例如，意大利工人现在有权在爱尔兰工作，而法国企业可以在西班牙自由地进行投资。

● 贸易规则。大量取消各成员国的海关程序和法规，从而使欧洲范围内的运输和物流安排更合理。

● 标准统一化。统一技术标准、法规以及关于产品、服务和商业活动的执行程序。英国企业曾经使用的英制计量单位（英镑、盎司和英寸）已经被转换成所有欧盟国家使用的公制。

从长远来看，欧盟正在实行共同的财政、货币、税收和社会福利政策。欧元（欧盟的共同货币，目前世界上的主要货币之一）的引入简化了跨境贸易，提高了欧洲的国际竞争力。欧洲中央银行设立在卢森堡，负责监管欧盟的货币职能。

欧盟的其他机构包括欧盟理事会（Council of the European Union），这是一个决定经济政策、预算、外交政策和是否接纳新成员国的代表性机构。欧盟委员会（European Commission）提出立法和政策，并负责执行欧洲议会（European Parliament）和欧盟理事会的决定。欧洲议会由选举产生的代表组成，负责制定欧盟立法，监督欧盟机构，并就欧盟预算做出决定。欧洲法院（European Court of Justice）负责解释和执行欧盟法律，以及解决成员国之间的法律纠纷。[①]

① European Union，website at www.europa.eu；Dermot Hodson and John Peterson，*Institutions of the European Union*（Oxford，UK：Oxford University Press，2017）.

最新加入欧盟的国家主要位于东欧。它们是欧盟企业重要的低成本生产基地。[①] 大多数新加入欧盟的国家都曾是苏联的卫星国。这些国家发展迅速，人均收入水平大多接近欧盟中的较富裕国家。然而，罗马尼亚、保加利亚和立陶宛等欠发达经济体需要接受数年的发展援助才能迎头赶上。近年来，经济危机困扰着希腊和西班牙等老牌欧盟成员国。

欧盟的共同农业政策（Common Agriculture Policy，CAP）包括农业补贴和保证对欧盟的农民和农场主采取最低限价政策的计划。它的最初目标是给农民提供一个公平的生活标准，并使食品价格处于合理区间。然而，事实上，共同农业政策提高了欧洲的食品价格，并且花掉了欧盟年预算的几乎一半，同时使得欧盟与WTO关于减少全球贸易壁垒的谈判变得复杂。对农产品征收的高进口关税损害了发展经济体（比如非洲）出口商的利益。欧盟一直在努力改革共同农业政策，但是进展缓慢。

2016年，英国通过投票决定退出欧盟。英国选民以微弱优势通过了脱欧公投。票数之多出乎了时任首相戴维·卡梅伦（David Cameron）的意料，导致他辞职。许多选民认为，位于比利时的欧盟中央政府对英国事务的影响太大，欧盟成员国身份威胁到英国的自治权。一些选民对英国数以百万计的移民工人感到不满。脱欧可能会削弱英国在与欧盟的区域经济一体化中获得的一些自由贸易优势。这也将影响无数移民工人的地位。例如，在英国脱欧之前，仅波兰就有85万人在英国工作。

在脱欧之后，英国面临着多种选择：一种选择是完全退出欧盟；另一种选择是采取类似于挪威的做法，即保持商品、资本和工人在欧盟的自由流动，但不是欧盟成员国，只遵守挪威议会同意接受的欧盟规定。英国脱欧公投反映了日益高涨的民族主义和对全球化的拒绝。英国脱欧开创了一个先例，导致其他欧洲国家也可能会努力退出欧盟。[②]

7.6.2 NAFTA

NAFTA于1994年成立，其成员国包括加拿大、墨西哥和美国。NAFTA是美洲最重要的经济集团，在规模上可以与欧盟比肩。[③] 20世纪60年代的马基拉朵拉工厂计划（美国企业将工厂建在墨西哥北部，因而既可以获得墨西哥的低成本劳动力，又可以避免关税）的实现为NAFTA的成立奠定了基础。

① European Union, website at www.europa.eu; John McCormick, *Understanding the European Union: A Concise Introduction* (New York: Palgrave Macmillan, 2017).

② "About the UK Leaving the EU," BBC News, January 30, 2018, www.bbcnews.com; Lawrence Norman and Valentina Pop, "EU's Show of Unity Belies a Stark Divide," *Wall Street Journal*, June 28, 2016, p.A6; *The Economist*, "Time for Britain to Face Brexit's Trade-offs," December 19, 2017, www.economist.com.

③ "Happy Birthday, NAFTA," *BusinessWeek*, December 22, 2003, p.112; Lance Fritz, "Don't Ignore NAFTA'S Benefits," *Journal of Commerce*, March 20, 2017, p.37; *Progressive Economy*, "A Third of All U.S. Export Growth Since 2009 Has Gone to Canada and Mexico," January 18, 2012, www.globalworksfoundation.org.

第 7 章

NAFTA 为其成员国带来了哪些好处？最初，NAFTA 扩大了加拿大、墨西哥和美国之间的市场准入，还取消了 NAFTA 内部产品及服务贸易的关税和大部分非关税壁垒，使成员国企业参与三个国家的政府合同的竞标成为可能。NAFTA 制定了贸易条约，统一了海关手续及法规，禁止将标准和技术法规作为贸易壁垒。成员国同意了投资条例和知识产权条例。此外，NAFTA 也为如投资、不公平定价、劳工问题以及环境等方面的问题提供了解决方案。

自从 NAFTA 成立以来，加拿大和墨西哥成为美国最重要的出口市场，对两国的出口额约占美国出口总额的三分之一。在 2010—2012 年这三年期间，美国出口增长主要就来自加拿大和墨西哥。20 世纪 80 年代，墨西哥的平均关税税率为 100%，但随着时间的推移逐渐降低，最终随着 NAFTA 的成立而取消。随着美国和加拿大企业对其南部邻国的投资，NAFTA 对墨西哥的年度外国投资急剧增加。NAFTA 通过后，墨西哥的人均收入大幅上升。从人均收入来看，墨西哥现在是拉丁美洲最富有的国家。

世界各地的其他经济集团包括：

欧洲自由贸易联盟（European Free Trade Association），其成员国包括冰岛、列支敦士登、挪威和瑞士。它与欧盟有联系，并与全球许多国家签订了自由贸易协定。

南方共同市场，它是南美洲实力最强大的集团，成立于 1991 年。

东南亚国家联盟（东盟）成立于 1967 年，目标是维护其成员的政治稳定并促进区域经济和社会发展。

亚太经济合作组织（APEC），其目的是实现环太平洋国家更大的自由贸易和经济一体化。它包括太平洋两岸的 21 个国家，如澳大利亚、加拿大、智利、中国、日本、墨西哥、俄罗斯和美国。

澳大利亚和新西兰更紧密的经济关系协议（CER）成立于 1983 年，其目的是促进两国之间的自由贸易。

海湾合作委员会（Gulf Cooperation Council，GCC），其成员国包括巴林、科威特、阿曼、卡塔尔、沙特阿拉伯和阿联酋。其目的是协调成员之间的经济、社会和文化事务。

资料来源：Sara Muñoz, "Latin Countries Forge Trade Accord with Eyes on Asia," *Wall Street Journal*, February 11, 2014, p. A10; H. Vinayak, Fraser Thompson, and Oliver Tonby, "Understanding ASEAN," *McKinsey & Company*, May 2014, www.mckinsey.com/insights.

7.7　区域经济一体化的优势及影响

区域经济一体化有助于促进企业和产业的发展，提高成员国的生活水平、增加税收收入和促进国民经济增长。国家在追求区域经济一体化的过程中至少要实现四个目标。①

7.7.1　扩大市场规模

区域经济一体化极大地扩大了经济集团内企业的市场规模。例如，虽然比利时的人口只有 1 000 万，但它与欧盟内其他国家之间的贸易壁垒被取消后，比利时的企业就可以很轻易地进入一个拥有 5 亿欧盟买家的市场。

7.7.2　实现规模经济和提高生产力

经济集团内市场规模的扩大给成员国企业提供了更集中、更高效地进行生产和销售的机会。例如，当一家德国企业为德国市场生产 10 000 件产品时，它的效率只处于中等水平，但是当它为更大的欧盟市场生产 50 000 件产品时，会大幅提高效率。经济集团内部国际化也有助于企业学会与集团外企业竞争。对资源的更有效利用则使得消费者以较低的价格即可购买到相应的产品。

7.7.3　吸引经济集团外的直接投资

外国企业更愿意在一个经济集团成员国中进行投资，因为它们在那个国家建立的工厂在向集团内所有成员国出口时均可以享受特惠待遇。例如，许多欧洲以外的企业，包括通用磨坊（General Mills）、三星和塔塔（Tata），为了利用欧洲经济一体化的优势，在欧盟进行了大量的投资。通过在欧盟的某个成员国建立业务，这些企业就可以在整个欧盟市场进行自由贸易。

7.7.4　获得更强的防御能力和更高的政治地位

区域经济一体化的目标之一是使成员国的实力变得更强大（相对于其他国家和世界其他区域）。这也是建立欧洲经济共同体（欧盟的前身）的动机之一——欧洲经济共同体成员国希望加强彼此对苏联的防御能力。今天，欧盟是欧洲与美国的势力和国际影响力抗衡的一条途径。建立经济集团可以提升单个国家在国际事务中的谈判能力和政治影响力。例如，欧盟在 WTO 的贸易谈判中比其他任何单一成员国更有影响力。一般来说，国家之间一起合作时比单独行动时更加强大。

截至 1990 年，全世界大约已有 50 个区域经济一体化协议。今天，大约有 400 个区域经济一体化协议处于不同的发展阶段，许多国家同属于一个或一个以上的经济集团。同时有证据表明：区域经济一体化并没有减缓全球自由贸易的进程，而恰恰相反，随着经济集团之间的相互联系日益增多，全球自由贸易将会兴起。还有证据表明：区域经济一体化正逐渐被全球自由贸易体系代替。

---

① Michael Saliba，"The Trade Gap：The Fallacy of Anti World Trade Sentiment," *Journal of Business Ethics* 45，No. 3（2003），pp. 269 - 278.

区域经济一体化对企业管理的影响包括：

集团内企业的国际化。贸易和投资壁垒的取消带来了新的机会。区域经济一体化迫使或鼓励企业到集团内邻近的成员国进行国际化。

业务重组。在区域经济一体化的早期阶段，企业开始将集团视为一个统一的整体。企业管理者会制定适合整个区域而不是个别国家的战略。例如，一家企业可能会将多个工厂合并成一个工厂。

区域产品和营销。随着企业越来越将集团视为一个大市场，它们倾向于将其产品和营销标准化。它们开始采用类似的营销方式向集团内所有国家销售大致相同的产品。

集团外企业的国际化。经济集团的出现使得该区域对集团外企业更具吸引力。许多企业通过 FDI 在集团内建立实体存在，以更好地获得集团所能提供的所有利益。

篇尾案例　　　　　　　　政府干预：空客与波音

在 2017 年底的迪拜航展上，飞机制造商波音（Boeing）遥遥领先于竞争对手空客（Airbus），波音已确认的商用飞机订单超过 600 架，而空客的订单仅 300 架。在该航展上，波音从迪拜航空公司（Flydubai）额外获得了 225 架飞机的订单，而空客宣布自己获得了来自美国投资者的 430 架飞机的新订单。

历史上，波音、麦克唐纳·道格拉斯（McDonnell Douglas）和其他美国企业曾主导全球飞机行业。波音于 1916 年在西雅图成立，它花费了很多年才成为世界领先的航空航天制造商。在第二次世界大战和冷战期间，波音从美国国防部获得了许多利润丰厚的合同。

商用飞机的制造是复杂的、资本密集的，而且需要熟练的劳动力。欧洲没有一个国家有能力创办一家能够挑战波音的飞机制造企业。然后，在 1970 年，法国、德国、西班牙和英国政府联合创建了空客。在四国联盟的大力补贴下，空客很快成为世界第二大民用飞机制造商。在推出 A300 和 A320 两款机型后，空客占据了全球商用飞机市场约三分之一的份额。自 2000 年以来的大多数年份，空客的新飞机订单都超过了波音。

政府对空客的支持

欧洲大多数国家强调民主社会主义，政府在指导国家经济事务方面发挥着重要作用。因此，空客从政府的支持中获益良多，例如，它从四个创始国家政府和欧盟那儿获得了数百亿欧元的补贴和软贷款。空客只有在盈利的情况下才必须偿还贷款。政府全部或部分资助了空客的每一种主要机型。欧洲各国政府免除了空客的债务，为民用飞机项目的研发提供了资金和基础设施，还注入了巨额股本。

空客总部位于法国图卢兹，但研发和生产业务遍布欧洲各地。欧洲各国政府对空客进行财政援助是基于以下几个理由：第一，空客的研发活动带来了有价值的现代技术；第二，空客为超过 7.5 万名熟练和半熟练的欧洲工人提供了工作岗位；第三，它的价值链活动吸引了大量资本进入欧洲；第四，空客给政府创造了巨额的税收。

对政府不公平干预的起诉

波音和美国政府长期以来一直在就空客的诞生和持续成功背后的巨额补贴和软贷款向WTO提起诉讼。21世纪头十年，当空客的年销售额超过波音，成为全球领先的商用飞机制造商时，波音和美国政府对这种政府不公平干预的不满变得更加强烈。波音辩称，如果没有政府的支持，空客永远也走不到这一步。

美国政府向WTO提出了几项指控。这些指控包括欧盟国家向空客提供了数十亿美元的补贴和软贷款。美国声称，对A350、A380以及此前的空客机型的财政援助符合世界贸易组织对"补贴"的定义，给国际贸易带来了不公平。WTO规则禁止政府或其他公共机构向企业或行业提供补贴。

2012年，WTO裁定，欧盟对空客的援助导致波音在亚洲和其他市场失去了市场份额。欧盟官员辩称，政府对空客的补贴是被允许的，是否提供补贴由欧盟各国自行决定。WTO还裁定，波音在开发787梦幻客机时获得了美国政府超过50亿美元的补贴。2016年，WTO裁定，如果没有大量补贴，那么空客那款与波音787梦幻客机存在直接竞争关系的A350喷气式飞机不可能开发出来。在与空客在法庭上打了12年官司之后，这项裁决让波音取得了巨大的胜利。

政府对波音的支持

欧盟认为，美国政府通过纳税人支付的巨额国防合同间接补贴了波音。美国政府以研发资金以及五角大楼和美国宇航局的其他支持的形式，向波音提供了230多亿美元的间接补贴。波音利用从这些项目中获得的知识生产民用飞机。美国华盛顿州是波音的主要生产和组装基地，该州为波音提供了金额达数十亿美元的税收优惠、基础设施支持和其他激励措施。欧盟还就波音与日本商业伙伴的关系向WTO提起诉讼。波音与日本的三菱（Mitsubishi）、川崎（Kawasaki）和富士（Fuji）结盟，共同制造787梦幻客机。日本企业提供了数十亿美元的软贷款，只有当飞机在商业领域取得成功时才需要偿还。

新飞机和联盟

波音和空客仍然是彼此强大的竞争对手。空客推出了A380，这是一种创新的喷气式飞机，拥有很长的上层甲板和宽敞的机舱。不久之后，波音推出了787梦幻客机，这是一种创新的、节能的喷气式飞机。A380的开发成本超过210亿美元，部分资金由欧洲各国政府提供。这种竞争引发了对补贴和不公平竞争的新的诉讼。2017年，空客收购了庞巴迪（Bombardier）C系列100座飞机的多数股权，这标志着空客进入了长期由庞巴迪和巴西航空工业公司（Embraer）主导的小型喷气式飞机领域。作为对空客-庞巴迪联盟的回应，美国商务部宣布了惩罚性措施，包括可能的关税。此举促使欧洲各国政府威胁要采取反制措施。

2015年，空客从美国南部城市和州的政府那儿获得了1.5亿美元补贴后，在亚拉巴马州莫比尔市（Mobile）建了一家飞机生产厂，该厂在2017年之前每周生产约1架飞机。空客在此建立新工厂的部分原因是美国政府试图对小型喷气式飞机征收高额进口关税。作为回应，空客宣布计划在亚拉巴马的工厂生产庞巴迪 C 系列飞机。新工厂帮助空客避免了关税，也为美国创造了大量高薪工作岗位。波音早些时候从亚拉巴马州获得了价值约 1.5 亿美元的激励计划，然后在亚拉巴马州迪凯特（Alabama）建立了一处火箭生产设施。

未来将会出现的新威胁

2017 年，中俄两国国有企业共同宣布成立中俄国际商用飞机有限责任公司（China-Russia Commercial Aircraft International Corporation）。该公司的目标是开发能够与最先进的波音和空客飞机竞争的飞机。另一家中国的国有企业——中国商用飞机有限责任公司（China Commercial Aircraft Company）——于 2017 年开始生产商用飞机。该企业已经收到了数百架飞机的订单，主要来自中国企业。空客和波音必须制定战略并建立竞争优势，以对抗来自中国和俄罗斯的竞争对手。

案例问题：

7-4. 你的立场是什么？欧盟对空客的补贴和软贷款公平吗？为什么公平或为什么不公平？空客从欧盟政府的财政支持中获得了什么好处？鉴于欧洲民主社会主义的历史，对欧盟补贴发起诉讼公平吗？

7-5. 美国与波音的军事合同算是补贴吗？它会给波音带来不公平的优势吗？证明你的答案。

7-6. 假设空客没有补贴和贷款就无法参与竞争，那么欧盟是否可能停止对空客的财政支持？继续支持空客是否符合欧盟的利益？证明你的答案。

7-7. 如果 WTO 要求空客停止接受补贴和软贷款，那么空客管理层该如何应对？管理层可以采取哪些新方法来保持空客在全球商用飞机行业的领先地位？

7-8. 空客和波音可以采取什么战略和方法来应对中俄国际商用飞机有限责任公司这个新的竞争对手？

说明：本案例由佐治亚州立大学的穆拉德·达赫利和加里·奈特在斯蒂芬妮·雷加莱斯（Stephanie Regales）的协助下编写。

资料来源：*Business Alabama*，"Alabama's Largest Incentives Packages in Last 20 Years," www.businessalabama.com; corporate profiles of Airbus and Boeing, 2018, www.hoovers.com; Deloitte, *2017 Global Aerospace and Defense Industry Outlook*, www.deloitte.com; Matthew Dalton, "EU Files Complaint with WTO About Boeing," *Wall Street Journal*, December 22, 2014, www.wsj.com; Max Kingsley-Jones, "Throwing Down the Gauntlet," *Airline Business*, October 2011, pp. 28-30; Pilita Clark, Joshua Chaffin, and James Politi, "WTO Rules that Boeing Received ＄5.3bn in Aid," *Financial Times*, April 1, 2011, p. 19; "How Airbus Flew Past Its American Rival," *Financial Times*, March 17, 2005, p. 6; "Airbus Opens First Plane-Completion Centre in China Amid Heated Competition with Boeing," *The Straits Times*, September 20, 2017, www.straitstimes.com; B. Goh, "China, Russia Set Up Wide-Body Jet Firm in New Challenge to Boeing, Airbus," *Reuters*, May 22, 2017, www.reuters.com; C. Morris, "Airbus Sells 140 Planes to China for ＄23 Millions," *Fortune*, July 5,

2017，www. fortune. com；D. Gates, "Boeing's Future Plans Threatened by Airbus-Bombardier Pact," *Seattle Times*，October 17，2017，www. seattletimes. com；J. Ostrower, "China and Russia Are Coming for Boeing and Airbus," *CNN Money*，May 23，2017，www. money. cnn. com；J. Underwood, "Airbus to Add Bombardier C-Series Jet Production Line in Alabama," *Made in Alabama*，October 16，2017，www. madeinalabama. com；N. Pratley, "Airbus's Ingenious Bombardier Plan Is Comeuppance for Boeing," *The Guardian*，October 17，2017，www. theguardian. com；P. Hollinger, "Airbus Challenges Boeing with Vow to Create US Jobs," *Financial Times*，October 17，2017，www. ft. com；R. Aboulafia, "Winners and Losers as Airbus Bails Out Bombardier's Series," *Forbes*，October 17，2017，www. forbes. com.

第 7 章

本章要点

关键术语

共同市场（common market）

自由贸易协定（free trade agreement）

关税联盟（customs union）

自由贸易区（free trade area）

经济联盟（economic union）

区域经济一体化（regional economic integration）

对外贸易区（foreign trade zone，FTZ）

关税及贸易总协定（general agreement on tariffs and trade，GATT）

进口许可证（import license）

投资激励（investment incentive）

非关税贸易壁垒（nontariff trade barrier）

保护主义（protectionism）

配额（quota）

马基拉朵拉工厂（maquiladora）

补贴（subsidy）

关税（tariff）

反补贴税（countervailing duty）

货币管制（currency control）

海关（customs）

出口管制（export control）

倾销（dumping）

本章小结

在本章中，你学习了：

1. 政府干预的性质

尽管自由贸易很有价值，但政府仍经常干预国际贸易。保护主义是指旨在限制自由贸易和保护国内产业免受外国竞争的国家经济政策。政府干预通常以关税和非关税贸易壁垒及投资壁垒的形式出现。关税是对进口产品征收的税，其目的主要是获得收入和保护国内产业免受外国竞争的影响。非关税贸易壁垒包括那些不直接征税但能起到限制贸易的作用的政策。政府设置贸易和投资壁垒是为了达到政治、社会或经济目标。这种壁垒要么是防御性的，要么是进攻性的。设置壁垒的一个关键理由是保护国家的经济、产业和工人。政府有时也通过设置壁垒来保护新兴产业。

2. 政府干预的手段

政府还会制定法规和技术标准，以及行政规定或官僚审批程序。各国也可能实行货币管制，以尽可能地减少本国货币在国际市场上的撤出。

FDI 和所有权限制确保了国家对位于其境内的公司保持部分或全部所有权。政府还提供补贴，即某种形式的支付和物质支持。倾销是指一家企业在国外以不正常的低价销售产品或服务。政府还可能通过提供投资激励和倾斜的政府采购政策来支持本土企业。

3. 政府干预的演变和后果

从 20 世纪 30 年代开始，世界范围内的贸易壁垒都有所减少。在拉丁美洲、日本、印度和中国，政府干预的性质和结果各不相同。在减少贸易壁垒方面所取得的最重要发展是关税及贸易总协定，它后来被世界贸易组织取代。政府干预和贸易壁垒可能引发道德问题，影响发展中经济体和低收入消费者。然而，政府干预也可以用来抵消这些有害影响。

4. 企业应该如何应对政府干预

企业应通过研究了解国外贸易和投资壁垒的性质及程度。当贸易壁垒很高时，FDI 或合资企业往往是最合适的进入战略。当需要进口时，公司可以利用外贸区，从那里进口产品可以享受优惠关税待遇。以补贴和激励形式提供的政府援助有助于减轻保护主义的影响。公司有时会游说国内外政府，以争取更自由的贸易和投资。

5. 区域经济一体化和经济集团

在区域经济一体化下，多个国家形成联盟，以促进自由贸易、跨国投资和其他共同目标的实现。这种一体化源于区域经济一体化集团（或经济集团），这些集团的成员国同意取消对跨国贸易的关税和其他限制。经济集团的成员国至少会签订自由贸易协定，以消除集团内各国之间的关税、配额和其他贸易壁垒。目前，区域一体化的层次包括自由贸易区、关税同盟、共同市场和经济联盟。

6. 识别主要的经济集团

世界上现有数百个经济一体化协议。欧盟是最先进的经济集团，它扩大了市场准入，改进了贸易规则，协调了成员国之间的标准。NAFTA 由加拿大、墨西哥和美国组成。世界上还存在其他取得了不同程度的成功的经济集团。

7. 区域经济一体化的优势及影响

区域经济一体化可以促进企业和各产业的发展，因而有利于成员国经济的增长、生活水平的提高和税收收入的增加。它通过整合一个区域内的经济来扩大市场规模。它扩大了成员国企业的经济规模，提高了其要素生产率，并吸引了外国投资者。区域经济一体化导致了经济集团内企业的国际化程度日益提高、公司重组业务、管理者通过将产品标准化来改变营销策略。

检验你的理解

7-9. 解释关税和非关税壁垒、投资壁垒和政府补贴。它们分别有什么特点？它们之间的主要区别是什么？

7-10. 政府补贴在哪些方面等同于保护主义？

7-11. 干预的理由是什么？为什么政府要采取保护主义？

7-12. 描述企业用来应对政府干预的各种策略。

7-13. FDI、许可贸易和合资企业在减少进口关税的影响方面可以发挥什么作用？

7-14. 什么是区域经济一体化集团（也称为经济集团）？

7-15. 自由贸易区和关税同盟有什么区别？关税同盟和共同市场有什么区别？

7-16. 世界上有哪些主要的经济集团？描述它们的主要特点。

7-17. 为什么各国会努力加入或组建经济集团？这种安排有什么好处？

7-18. 企业应该采用哪些战略来最大限度地发挥区域经济一体化的优势？

运用你的理解

7-19. TelComm 是手机行业的制造商。Tel-Comm 的创始人亚历克斯·贝尔（Alex Bell）听说中国拥有全球最多的手机用户，所以希望向中国出口自己的产品，但 TelComm 几乎没有国际经验。贝尔先生不知道 TelComm 在中国和其他外国市场可能面临的各种非关税壁垒。请帮助贝尔先生总结主要的非关税壁垒。如果 TelComm 的管理层决定在中国建立一家工厂来制造手机组件，那么 TelComm 可能会面临哪些类型的投资障碍？TelComm 的管理层可以做些什么来尽量减少这些非关税贸易壁垒和投资壁垒的威胁？

7-20. 道德困境：FoodTrade 是一家向非洲出口加工食品的大型贸易企业，你是 FoodTrade 负责国际销售的副总裁。你经常为非洲国家对加工食品征收高进口关税（通常为 25%）感到沮丧。这些贸易壁垒提高了 FoodTrade 的经营成本，并降低了其在非洲市场的价格竞争力。然而，非洲普遍贫困，非洲政府需要通过征收关税来增加收入并实现政策目标。利用本章中的概念和第 4 章中的道德行为框架，分析支持和反对非洲征收高农业关税的论点。关税会使非洲受损还是受益？你认为非洲对农产品征收高关税有什么道德问题吗？你认为 FoodTrade 为了避免关税所做的努力存在哪些道德问题？FoodTrade 应该如何应对关税？

7-21. Levi Strauss 公司（以下简称 LS）在 100 多个国家制造和销售蓝色牛仔裤、休闲类品牌服装。随着欧洲和拉丁美洲区域经济一体化的推进，LS 的管理层决定改变该企业的生产和营销战略，使其更适合区域业务，而不是某个国家的业务。根据区域经济一体化给该公司经营领域带来的变化，以及你对区域经济一体化的商业影响的理解，你认为 LS 应该怎么做？在回答这一问题时，请考虑 LS 的主要价值链活动，特别是生产和营销。LS 在区域基础上而不是在国家或全球基础上生产和销售其服装的利弊是什么？证明你的答案。

7-22. 道德困境：假设你是负责评估加拿大、墨西哥和美国之间签署的 NAFTA 的未来的政府工作组的成员。NAFTA 的支持者希望通过消除劳动力流动障碍，将 NAFTA 转变为共同市场，目标是允许墨西哥公民在加拿大和美国自由、合法地工作，从而减轻墨西哥的贫困。NAFTA 的批评者反对共同市场，因为各国之间的收入差异很大。他们认为，开放边境将会鼓励数百万墨西哥人向北迁移，以寻找工作，这会威胁到美国和加拿大的就业。NAFTA 的支持者认为，随着共同市场下经济一体化的推进，这三个国家的平均工资将平衡并消除对北部就业市场的压力。使用第 4 章中的道德行为框架分析这种情况。你认为特别工作组应该推荐共同市场吗？鉴于墨西哥的低工资优势，美国和加拿大企业可以做些什么来保持其相对于墨西哥企业的竞争力？

网络练习

7-23. 你所在的企业正在考虑向两个国家出口：肯尼亚和越南。然而，管理层对这些国家的贸易政策了解有限。在互联网上进行搜索，以确定这些国家当前的进口政策、关税和限制。准备一份简要的报告，在报告中陈述你的结论。

7-24. 美国贸易代表办公室（USTR）为美国政府制定国际贸易和投资政策。从互联网搜索或直接访问 USTR 网站，找到最近一年的《国家贸易估计报告》（*National Trade Estimate Report*）。该报告总结了世界各地的贸易壁垒。查看您选择的国家的报告。该国采取什么进口政策和做法？存在哪些非关税壁垒？服务业存在哪些壁垒？是否存在受到特别保护的行业（例如，能源、电信）？政府对电子商务的限制属于什么性质？如果您在一家向该国出口产品的企业工作，您会如何使用该报告来制定国际商业战略？

7-25. 有人反对 WTO。有关反对 WTO 的论点，请访问 www.globalexchange.org、www.citizenstrade.org 和 www.twn.my。另请访问 WTO 的网站（www.wto.org），或从互联网上搜索相关信息。根据你对本章的解读，评价反对 WTO 的人的论点。你同意反对者提出的论点吗？为什么同意或者为什么不同意？WTO 是否偏爱发达经济体而不是发展中经济体？WTC 如何支持国际贸易？证明你的答案。

7-26. 讨论政府干预和保护主义之间的关系。

7-27. 在 20 世纪上半叶和下半叶之间，政府干预是如何演变的？

CKR 有形流程工具™练习

理解并运用这个工具可以帮助你提高工作效率。

对国家风险进行初步的分析

在企业冒险进入大多数国家之前，企业管理层会调查国家风险的可能性和性质、其对企业经营和绩效的可能影响。国家风险是指一个国家的政治和法律环境的变化对企业运营和绩效造成的潜在不利影响。分析所面临的国家风险是跨国企业和其他拥有大量国际业务的企业的重要任务。资源有限，因而无法承受失败的小企业在海外扩张时也会进行国家风险分析。

在本练习中，您将了解决定国家风险的因素，了解企业在国外选址时要考虑的变量，培养市场研究技能，以获得有关企业计划在国外经营时可能会面临的国家风险的知识，并得出企业会遇到的国家风险的类型。

假设您是一家计划在国外建造工厂的企业的员工。该企业的管理层正在考虑三个可能的国家：中国、墨西哥和波兰。你必须决定哪个国家最适合建造工厂。管理层更喜欢风险小的国家。你的任务是进行市场研究（包括腐败、政治权利、自由状况和经济自由度等方面），以调查中国、墨西哥和波兰的国家风险的程度，然后编写一份简短的报告。

背景

国家风险主要来自政府干预。政府可能会实施会增加业务成本、延误或失去机会的法律和法规。政府也可能会为了限制国外企业进入重要市场而规定复杂、烦琐的程序，或限制企业在国外经营业务时可以实现的收益。

政治或立法行动可能会损害商业利益。每个国家都需要建立一个适当的法律和监管框架来支持经济活动。许多政府强加了太多的监管、拙劣的监管，或者会导致有害的、意想不到的后果的监管。各国应以适当的监管为目标，即不要监管太多，也不要监管太少。然而，找到这个平衡总是很难的，并且这个平衡会随着时间的推移和环境的变化而变化。

国家风险会影响管理层选择何种进入外国市场的战略。如果采用出口战略进入外国市场，那么该企业面临的风险相对较低，因为一旦外国市场出现重大风险，该企业就可以迅速退出或减少在那里的业务。相比之下，采用 FDI 战略（即为了进行生产或营销活动，在目标国家建立实体设施）进入外国市场的企业的风险相对较高。国家风险在新兴市场和其他经济欠发达国家尤为常见。

第 8 章　理解新兴市场

本章学习目标：

1. 理解发达经济体、发展中经济体和新兴市场
2. 理解新兴市场吸引国际企业的原因
3. 评估新兴市场的实际潜力
4. 评估新兴市场面临的风险和挑战
5. 理解在新兴市场上取得成功的策略
6. 理解企业社会责任、可持续性和全球贫困危机

篇首案例　　　　　新的全球挑战者：来自新兴市场的跨国公司

有一家公司曾如此评价自己："从品牌定位、产量和销售额来看，我们是世界上最大的烘焙公司……在墨西哥、拉丁美洲和美国，我们是该领域无可争议的引领者。我们在美洲、亚洲和欧洲的 22 个国家开展业务，有 100 多个品牌，提供 10 000 多种产品。"

你可能没有猜到这是宾堡集团（Grupo Bimbo，以下简称宾堡），一家总部设在墨西哥的领先公司（www.grupobimbo.com），旗下有萨拉李（Sara Lee）、布朗贝里（Brownberry）、阿诺德（Arnold）等品牌。宾堡于 1945 年成立，曾经是一家诞生于简陋环境中的私人控股公司，如今已成为面包、面包店和零食市场的全球参与者。

参与全球竞争的新兴市场公司有数千家，宾堡只是其中之一。与发达经济体相比，新兴市场是低收入国家（如巴西、中国、印度、俄罗斯和墨西哥），它们目前正处于快速工业化、现代化和经济增长的阶段。它们既是极具吸引力的市场，又是低成本的制造基地，但它们的商业环境存在高风险，商业基础设施和法律制度也有待完善。尽管存在这些不利条件，但新兴市场已经开始孕育新的全球挑战者，这些顶尖企业正迅速成为世界范围内的主要竞争者，而宾堡正是新的全球挑战者的一个例子。

其他来自新兴市场的大型跨国公司，包括墨西哥的西麦斯公司（世界最大的水泥生产商之一）、俄罗斯的卢克石油公司（对全球能源市场野心勃勃）、土耳其的伊尔迪兹控股公司［Yildiz Holding，一个多元化的企业集团，旗下拥有歌帝梵（Godiva）和 United

Cookies 两大品牌]。巴西食品公司（Brasil Foods，BRF）的创立及发展体现了挑战者的国际创业精神。该公司 2017 年的销售额超过 130 亿美元，其中一半来自国际市场。它经营农场，销售加工食品和即食食品。如今，巴西食品公司已经建立了世界级的分销和供应链管理系统，其年产量中约有一半用于出口。

来自新兴市场的新的全球挑战者往往利用母国廉价的劳动力、工程师和管理人才，这些人才比来自发达经济体的竞争者所雇用的人才更优秀。许多挑战者都是家族企业或家族集团，这意味着它们能很快地做出重要的商业决策，而且经常可以从母国的国有银行获得低利率贷款。

许多公司通过将其已经建立的品牌销售到全球市场开始走上国际化之路。以制造低价又时尚的消费电子产品闻名的中国海信公司在 130 多个国家销售自己品牌的电视机和空调，其中包括在法国最畅销的平板电视。

许多挑战者充分利用了自身优秀的工程能力。例如，中国香港的德昌电机公司（Johnson Electric）在生产小型汽车发动机和消费用小型电机方面是世界领军者。巴西航空工业公司（Embaer）利用母国大量经验丰富又廉价的工程师来制造新型的小型喷气式飞机。现在，它已经超越加拿大的庞巴迪成为世界上最大的区域喷气式飞机制造商。

其他挑战者也都受益于当地丰富的自然资源。俄罗斯铝业（Lusal）正在开采该国丰富的铝土矿储备，并将其销往国际市场。发展中经济体拥有世界上大部分自然资源，并且越来越多的挑战者将这作为自身的优势。例如，中国海洋石油总公司正从亚洲和非洲买进石油及天然气储备。

来自新兴市场的新的全球挑战者对欧洲、日本和北美洲等发达经济体的公司造成了越来越大的竞争压力。

案例问题：

8-1. 什么是新兴市场？举出新兴市场的例子。

8-2. 什么是新的全球挑战者？它们通常具有哪些优势？

8-3. 新的全球挑战者会对发达经济体的公司构成威胁吗？

资料来源：Peter Buckley and Xiaowen Tang，"Internalization Theory and the Performance of Emerging-Market Multinational Enterprises," *International Business Review* 26，No. 5（2017），pp. 976 - 990；Exequiel Hernandez and Mauro Guillén，"What's Theoretically Novel About Emerging-Market Multinationals?," *Journal of International Business Studies* 49，No. 1（2018），pp. 24 - 33；Daniel Azevedo，*Meet the New Challengers*，June 27，2016，Boston Consulting Group，www.bcg.com；Juichuan Chang，"The Early and Rapid Internationalization of Asian Emerging MNEs," *Competitiveness Review*，March 1，2011，pp. 171 - 187；"Hisense Launches High-Tech TVs," *CNET*，January 8，2018，www.cnet.com；"Multipolarity: The New Global Economy," *The World Bank*，2011；Carol Liao，Christoph Nettesheim，and David Lee，"Will China's Global Challengers Be the Next Global Leaders?," *BCG Perspectives*，January，8，2015，www.bcgperspectives.com；"'Multilatinas' on the Move," *Business Latin America*，January 9，2012，pp. 4 - 5.

篇首案例描述了新兴市场国家是如何形成足以挑战发达经济体同行的跨国公司的。这些跨国公司利用当地优势，如低成本劳动力和先进技能，在全球竞争中脱颖而出。从历史上看，大多数贸易和投资都是在世界上最富裕的发达经济体之间进行的。然而，时至今日，发展中经济体，尤其是新兴市场，在国际商务中的作用愈发重要。

本章我们学习新兴市场，并将其与发展中经济体和发达经济体进行比较。每类国家都提供了特定的机遇，也存在特定的风险。通过分析一个国家的经济发展阶段，管理者可以了解其以下几方面的情况：公民的购买力、商业部门的成熟度、商业基础设施的充足程度以及其他许多方面。下面我们来具体了解一下这几类经济体。

8.1 发达经济体、发展中经济体和新兴市场

本章所讨论的经济体可以分为三种类型，即发达经济体、发展中经济体和新兴市场。表8.1从经济发展程度和人均收入水平两方面比较了发达经济体、发展中经济体和新兴市场之间的差异。到目前为止，数量最多的是发展中经济体，但它们对世界GDP的贡献最少，人均收入水平也最低。这些经济体的可支配收入（即个人收入减去衣食住行所需后剩余的部分）非常有限。所有生活在发展中经济体的居民中，有10%的日均支出不足2美元。至少有20个国家（大部分位于撒哈拉以南非洲地区）的人均年收入不到2 000美元。[①] 低收入水平和高生育率加剧了这些国家的贫困。

表8.1还揭示了各国的技术发展情况。发展中经济体的技术发展正处于非常早期的阶段，而新兴市场正快速追赶发达经济体。技术是指有关工具、工艺、系统和组织方法的知识及其应用，目的是为工业、科学和艺术服务。技术对经济发展至关重要，它不仅包括硬件——计算机、电话和工业机械，还包括教育系统、工人技能和银行基础设施。在发达经济体和新兴市场，信息和通信技术对知识获取能力、工人和个人生产力产生了巨大影响。而发展中经济体则缺乏相关技术，这有助于解释为什么它们在教育、经济产出和未来前景方面远远落后于其他国家。接下来我们将详细讨论这三类经济体。

表 8.1 三类主要经济体的关键差异

	发达经济体	发展中经济体	新兴市场
代表性国家	加拿大、法国、日本、英国、美国	安哥拉、玻利维亚、尼日利亚、孟加拉国	巴西、中国、印度、印度尼西亚、土耳其
国家的大致数量（个）	35	125	30
人口占世界总人口的百分比（%）	13	32	55

① World Bank, *World Bank Development Indicators* (Washington, DC: World Bank, 2017).

续表

	发达经济体	发展中经济体	新兴市场
代表性国家	加拿大、法国、日本、英国、美国	安哥拉、玻利维亚、尼日利亚、孟加拉国	巴西、中国、印度、印度尼西亚、土耳其
人均年收入（美元，基于购买力平价）	44 400	3 650	13 830
占世界 GDP 的份额（%，基于购买力平价）	45	5	50
人口（百万）	1 040	2 380	4 180
每千人拥有的固定电话和移动电话数量（部）	1 700	680	1 100
每千人拥有的个人电脑数量（台）	1 287	12	72
每千人中使用互联网的人数	902	365	576
每千人拥有的机动车数量（辆）	602	60	230

让我们来定义不同的经济体类型：

发达经济体（advanced economy）是具有人均收入水平高、产业竞争激烈和商业基础设施完善等特点的后工业化国家和地区。它们是世界上最富裕的经济体，包括澳大利亚、加拿大、日本、新西兰、美国和多数欧洲国家。

发展中经济体（developing economy）是具有工业化程度有限、经济停滞不前等特点的低收入经济体，包括孟加拉国、尼加拉瓜和刚果（金）。

新兴市场（emerging market）又称新兴市场经济体，是指以前属于发展中经济体，但从 20 世纪 80 年代开始实现了较高程度的工业化和现代化，并且经济增长迅速的经济体。目前，有 30 个国家被认定为新兴市场，它们主要来自亚洲、拉丁美洲和东欧，其中最大的是巴西、俄罗斯、印度和中国（这四个国家合称"金砖四国"）。

8.1.1　发达经济体

随着工业发展到成熟阶段，发达经济体已经从以制造为基础的经济演变为以服务为基础的经济。虽然发达经济体只拥有世界 14% 的人口，但是在国际商务活动中长期占统治地位：占世界 GDP 的 2/3 左右，占世界产品贸易的一半以上，占世界服务贸易的 3/4。

发达经济体实行多党民主执政体制，其经济体系通常以资本主义制度为基础。发达经济体消费者的购买力强，对国际贸易和投资几乎没有限制，并且有着世界上最大的跨国公司。发达经济体包括美国、加拿大、日本和西欧的许多经济体。

8.1.2　发展中经济体

发展中经济体有时候被称为欠发达经济体。然而，这些名词对这些国家的公民来说是不准确和无礼的，因为尽管经济贫困，但他们在历史和文化方面往往是高度发达的。

婴儿死亡率高、营养不良、寿命短、文盲多和教育资源匮乏等阻碍了发展中经济体的发展。例如，在大多数非洲国家，完成小学教育的孩子所占的比例不到50%。[①] 因为教育与经济发展有着紧密的联系，所以这些国家一直难以摆脱贫穷状态。缺乏充足的医疗保健资源也是阻碍发展中经济体发展的另一个难题。患病的成年人没有能力去工作或照顾需要治疗的孩子，这导致生产力停滞不前，生活水平进一步下降，而失去父母的孩子又不可能获得教育资源，所以贫困的恶性循环就一直持续着。

发展中经济体政府经常处于负债累累的状况。实际上，非洲、拉丁美洲和南亚一些国家的负债程度接近或超过其每年的 GDP。这意味着，它们要花费一年的GDP 才能偿还国家债务。非洲的贫穷大多是因为政府的政策不鼓励创业、贸易和投资。发展中经济体的官僚主义和繁文缛节也阻碍了这些国家的企业参与到全球经济当中。

如表 8.2 所示，这三类经济体的贸易状况存在很大差异。特别是发展中经济体不具备经济发展取得成功所需的一系列条件，包括低贸易壁垒、大量的国际贸易和投资。而发达经济体的这些条件都较为完善，新兴市场则正在持续改善。

表 8.2　三类主要经济体的贸易状况

贸易条件	发达经济体	发展中经济体	新兴市场
产业	高度发达	落后	正在快速发展
竞争力	强	有限	中等，但在提高
贸易壁垒	最低	中等到高	正在快速自由化
贸易规模	大	小	大
FDI 流入规模	大	小	中等到大

资料来源：Based on International Monetary Fund, www.imf.org; World Bank, www.worldbank.org; and Central Intelligence Agency, *World Factbook*, 2018, www.cia.gov.

8.1.3　新兴市场经济体

新兴市场主要存在于东亚和南亚、东欧、拉丁美洲。它们最显著的特点可能就是经济水平快速提高、具有强烈的消费欲望的中产阶级规模快速扩大。[②] 因此，新兴市场作为出口、FDI 和全球采购的目的地，对企业的吸引力越来越大。

有些新兴市场，如中国香港、以色列、新加坡、韩国和中国台湾的经济转变非

---

① World Bank, 2017.

② Fred Campano and Dominick Salvatore, *Income Distribution* (Oxford, UK: Oxford University Press, 2006); *Economist*, "Defining Emerging Markets," October 7, 2017, www.economist.com.

常大，所以有人认为它们的发展已经超越了新兴市场阶段。在不久的将来，将有几个新兴市场加入富裕国家之列。例如，捷克和波兰现在已经发展为充满活力、有竞争力的经济体。类似地，目前一些仍属于发展中经济体的国家有潜力在不久的将来发展为新兴市场。这些"临界经济体"包括欧洲的爱沙尼亚、拉脱维亚、立陶宛、斯洛伐克，拉丁美洲的哥斯达黎加、巴拿马、乌拉圭。中东的阿联酋也发展成了一个拥有完善的商业基础设施且有活力的经济体。

最后，你应该知道，在某个新兴市场内部，其经济发展程度也常常是不一样的。在这些经济体中，一般同时存在两种经济——城市经济和农村经济。与农村相比，城市往往拥有更发达的经济基础设施，其消费者也有更多的可支配收入。[①]

有些新兴市场从中央计划经济发展到了自由市场经济，特别是俄罗斯和一些东欧国家，这些国家被称为**转轨经济体**（transition economy）。这些国家曾经是社会主义国家，但是现在大部分转变为以资本主义为基础的经济体系。这一转变部分是通过私有化（privatization）——将国有企业转变为私人企业——实现的。私有化和新的私人企业的发展使转轨经济体吸引到了大量 FDI。由于长期受到过多规章制度和根深蒂固的政府官僚主义的约束，转轨经济体正逐渐建立法律框架来保护企业利益、消费者利益和知识产权。转轨经济体具有很大的潜力。[②]

表 8.3 从多个方面对比了新兴市场和其他两类经济体。发展中经济体往往立足于农业和商业，但这两个部门几乎没有创造财富的基础。相比之下，新兴市场和发达经济体专注于知识和资本密集型的制造业和服务业。这些部门可以创造足够大的附加值，从而可以为国民提供优越的生活水平。

表 8.3　三类主要经济体的特征

	发达经济体	发展中经济体	新兴市场
国民年龄中位数	42 岁	22 岁	31 岁
主要产业	服务业、品牌产品	农业、商业	制造业、服务业
教育水平	高	低	中等
经济和政治自由度	自由或大部分自由	大部分压制	中等自由或大部分不自由
经济/政治制度	资本主义	专制、社会主义或共产主义	正快速向资本主义转变
监管环境	最低限度地管制	高度管制，负担重	严格管制，有一定自由
国家风险	低	中等到高	中等到高

---

① S. Tamer Cavusgil and Ilke Kardes, "Defining and Measuring Middle Class in Emerging Markets: The GSU-CIBER Middle Class Scorecard," *Research World*（*ESOMAR*），March – April（2013），pp. 46 – 49；Homi Kharas, *The Unprecedented Expansion of the Global Middle Class*（Washington，DC：Brookings Institution，2017）.

② Jack Behrman and Dennis Rondinelli，"The Transition to Market-Oriented Economies in Central and Eastern Europe," *European Business Journal* 12（2000），pp. 87 – 99；Vladislav Maksimov，Stephanie Wang，and Yadong Luo，"Institutional Imprinting，Entrepreneurial Agency，and Private Firm Innovation in Transition Economies," *Journal of World Business* 52，No. 6（2017），pp. 854 – 865.

续表

	发达经济体	发展中经济体	新兴市场
知识产权保护程度	高	低	中等并在改善
基础设施状况	发达	不足	中等并在改善

资料来源：Based on International Monetary Fund，www.imf.org；Central Intelligence Agency，*World Factbook*，2018，www.cia.gov.

用购买力来衡量的话，如今新兴市场约占世界 GDP 的一半。[①] 图 8.1 显示了主要经济体对 2000—2020 年世界 GDP 总增量的贡献。新兴市场，尤其是中国、印度和巴西，对世界 GDP 的增长做出了巨大贡献，未来也将继续发挥重要的作用。尽管美国和欧洲等发达经济体的经济发展仍会相对强劲，但新兴市场作为未来全球商业的目标市场和引擎，发展前景最好。据估计，未来几十年，全球 GDP 增长中大部分将来自新兴市场，尤其是巴西、俄罗斯、印度和中国，即"金砖四国"。目前，新兴市场出口占世界总出口的三分之一以上，接受的 FDI 占世界 FDI 的三分之一以上。

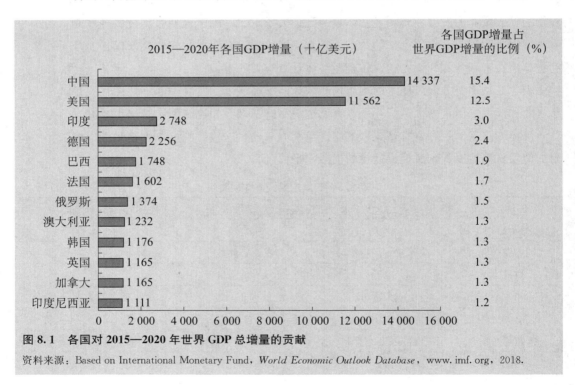

图 8.1　各国对 2015—2020 年世界 GDP 总增量的贡献

资料来源：Based on International Monetary Fund，*World Economic Outlook Database*，www.imf.org，2018.

除了积极主动地开放自由市场外，新兴市场还有很多优势，如廉价劳动力、有技能的工人、政府的支持、低成本资金和强大且高度网络化的集团等，这些优势促进了它们的经济增长，帮助了它们的企业成为国际市场上实力强大的挑战者。如篇

---

① *The Economist*，"When Giants Slow Down," July 27, 2013, pp. 54 – 63；International Monetary Fund，*World Economic Outlook Database*，2018，www.imf.org.

首案例中强调的，**新的全球挑战者**（new global challenger）是指那些来自新兴市场的领先公司，它们正迅速成长为世界市场上的主要竞争者。表 8.4 提供了部分公司的信息。它们的业务大多高度多样化，涵盖制造业、服务业、贸易甚至教育。

表 8.4　来自新兴市场的全球挑战者

国家	跨国公司的例子	代表性行业
巴西	巴西食品公司 巴西航空工业公司 Natura Cosmeticos	食品加工业 航空业 化妆品
中国	阿里巴巴 华为 联想	电子商务 信息与通信技术 计算机技术
印度	印度巴帝电信（Bharti Airtel） 印孚瑟斯 塔塔汽车	电信服务 技术咨询 汽车
墨西哥	美洲移动 西麦斯 宾堡	无线电通信 建筑材料 烘焙、零食
俄罗斯	俄罗斯天然气工业股份公司（Gazprom） 卢克石油公司 谢韦尔钢铁公司（Severstal）	天然气 石油 钢铁和采矿
土耳其	Koc 集团（Koc Holding） 萨班哲控股公司（Sabanci Holding） 伊尔迪兹控股公司	二业 工业和金融 糖果、饼干、小吃

资料来源：Based on Daniel Azevedo, *Meet the New Challengers*, June 27, 2016, Boston Consulting Group, www.bcg.com.

埃及的全球电信控股集团（Global Telecom Holding）就是一个这样的例子，该公司的前身是奥拉斯康姆电信控股公司（Orascom Telecom Holding）。这家移动电信提供商已成为非洲和中东的行业领导者。作为世界第六大移动电信提供商，它在非洲、亚洲、欧洲、北美和中东建立了一个拥有超过 8 600 万用户的电信帝国。

新兴市场的跨国公司也在收购发达经济体的公司。以汽车行业为例，中国的浙江吉利控股集团将沃尔沃（Volvo）品牌揽入麾下，印度的塔塔集团则收购了捷豹（Jaguar）和路虎（Land Rover）。目前，来自新兴市场的跨国公司已经收购了许多传统的领先品牌，如歌帝梵（由土耳其伊尔迪兹控股公司拥有）、AMC 剧院（由中国大连万达集团拥有）和美体小铺（由巴西 Natura Cosmeticos 拥有）。

《福布斯》杂志每年都会公布全球 2 000 家规模最大的公司，其中来自新兴市场的公司数量现已超过 500 家。在过去的几年里，一些来自发达经济体的公司已经从《福布斯》的名单中消失。例如，仅在 2016—2017 年期间，就有 25 家美国公司和 20 家日本公司从名单上消失，同时有 63 家来自中国的公司被列入名单。统计数据显示：新的全球挑战者正迅速取代发达经济体的传统跨国公司，并成为世界市场的主要竞争对手，因此，发达经济体的跨国公司的管理者需要制定创新策略与它们进行竞争。[1]

中国是最大的新兴市场，人口占了世界总人口的 1/5。中国经济保持着惊人的增长速度，并且它在国际商务中的地位也正在迅速上升。中国也出现了许多新的全球挑战者，比如上汽集团（中国顶级的汽车制造商）、中石化（一家大型石油公司）和上海宝钢（一家钢铁制造商）。中国的出口额现在已经占世界商品出口总额的 12％ 以上。[2] 考虑到世界上总共约 200 个国家几乎都会出口产品，中国的这一占比是相当惊人的。[3]

8.2 新兴市场吸引国际企业的原因

新兴市场作为目标市场、生产基地和货源地，对正在进行国际化的企业具有很大的吸引力。

8.2.1 新兴市场作为目标市场

新兴市场已经成为各种各样的商品和服务的重要目标市场。近几年，最大的新兴市场的进口额占世界进口总额的比例增长了一倍。新兴市场的中产阶级越来越多，这意味着新兴市场对各种消费品（比如电子产品和汽车）以及服务（比如医疗保健）的需求将不断增加。[4] 墨西哥共有 1.22 亿人，其中大约 1/4 的人与美国的中产阶级一样富裕。对于某些类别的产品来说，新兴市场的需求是增长得最快的。比如，对于电动工具制造商，如美国的百得（Black&Decker）和德国的博世（Robert Bosch）来说，销量增长最快的是亚洲、拉丁美洲、非洲和中东的市场。[5] 思科（Cisco）和英特尔（Intel）等科技公司，以及爱马仕和拉夫劳伦（Ralph Lauren）等时尚品公司将产品销售到新兴市场所获得的收益占总收益的比例非常大，而且还在上升。[6]

---

[1] "Forbes Global 2000" for 2010, 2016, and 2017, www.forbes.com; "Fortune Global 500" for 2011 and 2017, www.money.cnn.com; Corinne Jurney, "The World's Largest Public Companies 2017," *Forbes*, May 24, 2017, www.forbes.com; Carol Liao, Christoph Nettesheim, and David Lee, "Will China's Global Challengers Be the Next Global Leaders?" *BCGPerspectives*, January 8, 2015, www.bcgperspectives.com.

[2] "Trade Profiles," *World Trade Organization*, September 2017, http://stat.wto.org/CountryProfile.

[3] "Britain's Lonely High-Flier," *The Economist*, January 10, 2009, pp. 60-61; Barry Naughton, *The Chinese Economy: Adaptation and Growth* (Cambridge, MA: MIT Press, 2018); UNCTAD, *UNCTAD Handbook of Statistics 2017* (New York: United Nations, 2017).

[4] "Two Billion More Bourgeois: The Middle Class in Emerging Markets," *The Economist*, February 14, 2009, p. 18; Kharas, 2017.

[5] Michael Deneen and Andrew Gross, "The Global Market for Power Tools," *Business Economics*, July 2006, pp. 66-73; Ralph D. Christy, *Emerging Markets* (Singapore: World Scientific Publishing, 2018).

[6] Christy (2018); Deloitte, "Global Powers of Luxury Goods 2017: The New Luxury Consumer," www.deloitte.com.

由于新兴市场买得起高质量药物的中产阶级规模的快速扩大，全球制药公司如辉瑞和葛兰素史克开始重视在新兴市场开发和销售药品。行业内部人士预测，到 2018 年，全球药物市场规模将达到近 1.3 万亿美元，其中新兴市场增量约占全球总增量的一半，新兴市场销售额也占总销售额的近一半。例如，默克（Merck）和辉瑞已经在印度市场上推出了比较受欢迎的药物，并对这些药物采用了一种新的定价策略，从而使数百万低收入消费者也买得起曾经十分昂贵的药品。[①]

对于机器、设备和技术等产品来说，销往新兴市场是其重要目标。例如，印度对纺织机器的需求巨大，中国对农业机械的需求巨大，俄罗斯对石油和天然气开采技术需求巨大。类似地，对于与基础设施有关的产品和服务，如机械、输电设备、运输设备、高科技产品以及处于发展中期的国家通常需要的产品来说，新兴市场的政府和国有企业是其主要销售目标。

8.2.2 新兴市场作为生产基地

日本、欧洲、美国和其他发达经济体的公司投入了大量资金来发展新兴市场的生产设施。这些市场拥有既廉价又高质量的劳动力来进行生产和组装作业。这些市场有大量低工资、高质量的从事制造和组装工作的劳动力。除此之外，一些新兴市场还有着巨量的原材料和自然资源储备。墨西哥、印度和中国是生产汽车和消费电子产品的重要平台。南非是工业金刚石的主要来源地。巴西是开采铝土矿的中心，铝土矿是提炼铝的主要原料。泰国已经成为索尼和夏普（Sharp）等日本跨国公司的重要生产基地。摩托罗拉、英特尔和飞利浦在马来西亚和中国台湾地区生产半导体。

新兴市场在某些领域获得了相当大的成功，例如，巴西在铁矿石和加工食品领域，中国台湾地区和马来西亚在个人电脑领域，南非在采矿领域。世界上最畅销的两个啤酒品牌分别来自中国（雪花啤酒，由华润生产）和巴西［世傲啤酒（Skol），由百威英博（AB InBev）生产］的新的全球挑战者。两家公司每年生产的啤酒超过 5 000 万桶。[②] 韩国的三星是世界上最大的电子公司，也是半导体和平板电视的主要生产商，它取代了日本的索尼和美国的摩托罗拉在这些领域的地位。

然而，值得注意的是，跨国公司往往会根据各国的情况变化转移生产基地。在选择生产基地的区位时，管理者会将生产能力、产出质量、物流因素，尤其是劳动

① "Racing Down the Pyramid," *The Economist*，November 15，2008，p. 76. IMS Institute for Healthcare Informatics，*The Global Use of Medicines*：*Outlook Through 2017*（Parsippany，NJ：IMS Institute，2013）；IMS Institute for Healthcare Informatics，*Global Outlook for Medicines Through 2018*（Parsippany，NJ：IMS Institute，2014）.

② Malcolm Moore，"SABMiller's Asia Chief Ari Mervis Raises a Glass to Snow Beer," *The Telegraph*，August 22，2011，www. telegraph. co. uk；Breweries & Beer-Making Industry NAICS 31212，*Worldwide Breweries & Beer-Making Industry Report*，2017，pp. 1 – 140.

力成本等因素纳入考量。由于工人的工资往往会随着新兴市场经济状况的改善而提高，因此，跨国公司可能会将生产基地转移至其他成本更低的国家。例如，中国工人的工资在上涨，而越南工人的工资仅为中国工人的三分之一左右。在此背景下，阿迪达斯和耐克等鞋类生产商将大部分生产基地转移到了越南，这使得越南成为制鞋业的低成本生产基地。[①]

8.2.3　新兴市场作为货源地

许多公司会将非核心业务从内部组织转移或委托给专业承包商，这种商业行为往往被称为外包（outsourcing）。外包就是向独立供应商或自己的子公司采购选定的增值活动，包括中间品或成品的生产。外包能够帮助公司变得更加有效率、更加专注于增强自己的核心竞争力，从而获得更多的竞争优势。当向外国供应商或生产基地采购时，就会发生全球采购（global sourcing）或离岸外包。

新兴市场已经成为极佳的采购平台，即货源地。大量跨国公司已经在东欧、印度和菲律宾建立了电话服务中心。IT 行业的企业如戴尔和 IBM 通过将某些技术性工作外包给印度的知识工人，获得了巨大的利益。英特尔和微软将许多编程工作放在印度的班加罗尔完成。国外的投资使新兴市场受益了，因为这些投资创造了新的工作机会，形成了生产能力，使技术和技能得以被转移，并且使新兴市场得以和全球市场连接起来。

8.3　评估新兴市场的实际潜力

以新兴市场为销售、制造或采购目标的企业必须寻求可靠的信息来支持管理决策。然而，新兴市场的特点是其独特的环境通常会阻碍管理者获得所需的事实和数据。有限的数据、不可靠的信息，或进行市场研究需要耗费的高成本，对估计新兴市场的真正潜力构成了巨大的挑战。在这种情况下，跨国企业可能需要随机应变，使用创造性方法来得到所需要的结果。[②]

在市场调查的早期阶段，管理者往往需要调查以下重要的统计数据来评估市场潜力：人均收入、中产阶级规模。接下来我们将逐一讨论。

8.3.1　人均收入

当评估个别市场的潜力时，管理者通常从查看国家综合数据，如国民总收入

---

① Jennifer Bissell-Linsk, "Nike's Focus on Robotics Threatens Asia's Low-Cost Workforce," *Financial Times*, October 22, 2017, www.ft.com; Jiaxing Yangon, "The Future of Factory Asia: A Tightening Grip," *Economist*, March 12, 2015, www.economist.com.

② Christy, 2018; Ali Shah, "Business Strategies in the Emerging Markets," *Journal of Asia-Pacific Business* 13, No. 1 (2012), pp. 4-15.

（GNI）或人均 GDP 入手。这些数据一般都是用美元等参考货币来表示。表 8.5 中第二列提供了新兴市场和美国的人均 GDP 数据。例如，2018 年按市场汇率换算的中国人均 GDP 为 9 377 美元，而美国为 61 687 美元。

表 8.5 2018 年各国分别按市场汇率和购买力平价换算的人均 GDP 的差异

（单位：美元）

国家	按市场汇率换算	按购买力平价换算
巴西	10 515	15 919
中国	9 377	17 943
印度	1 989	7 750
墨西哥	10 021	20 028
波兰	15 050	30 827
俄罗斯	10 630	28 918
南非	6 292	13 591
韩国	30 919	41 173
土耳其	11 125	27 635
越南	2 482	7 387
美国	61 687	61 687

资料来源：Based on data from International Monetary Fund，*World Economic Outlook Database*，2018，www. imf. org.

然而，按市场汇率换算的人均 GDP 所衡量的市场潜力是不准确的，因为它忽略了发达经济体和新兴市场之间巨大的价格差异。在新兴市场，大部分产品和服务的价格都较低。将 1 美元兑换成相应的人民币后，在中国能买到的产品或服务比在美国花 1 美元能买到的要多得多。

管理者应该怎么做才能准确地评估市场潜力呢？答案就是使用经过价格调整后的人均 GDP。经济学家评估真实购买力时，都是根据购买力平价（purchasing power parity，PPP）来计算 GDP 统计数据的。根据购买力平价的概念，在长期中，汇率应该朝着这样一个方向变化：使得相同的一揽子货物和服务在任何两国的价格相等。因为国家之间的价格相差很大，所以经济学家根据购买力的不同来调整普通 GDP 数值。在使用自己的货币和保持自己的生活水平不变的情况下，调整后的人均 GDP 更加准确地代表了消费者在给定国家能够购买的产品数量。

现在来看一下表 8.5 第三列中同一国家的人均 GDP，即按购买力平价换算的人均 GDP。注意到，经更准确地评估的中国人均 GDP 是 17 943 美元，远高于按市场汇率换算的人均 GDP。类似地，也可以比较下其他国家的这两组数据。这些调整后的评估结果帮助解释了为什么尽管在传统收入统计数据下这些国家的人均收入水平似乎很低，但越来越多的公司将目标定为新兴市场。

另一种说明购买力平价这一概念的方式是通过查看巨无霸指数（Big Mac Index）。这个指数是由《经济学家》（*The Economist*）这一杂志提出的。其具体做法是：首先，收集世界各地麦当劳的巨无霸汉堡包价格。然后，将基于实际汇率的巨无霸汉堡包价格和基于购买力平价的巨无霸汉堡包价格进行比较，以评估一个国家的货币是否被低估或高估。图 8.2 列出了最近一年的巨无霸指数。从该图中可以发现，大部分欧洲国家的货币被高估，而新兴市场的货币被低估。例如，人民币和俄罗斯卢布相对于美元被大大低估了。[①] 巨无霸指数假设不同国家的商业成本和麦当劳的策略是相同的。虽然这些假设可能不现实，但该指数为评估世界各地购买力和对各国货币进行估值提供了有用的近似值。

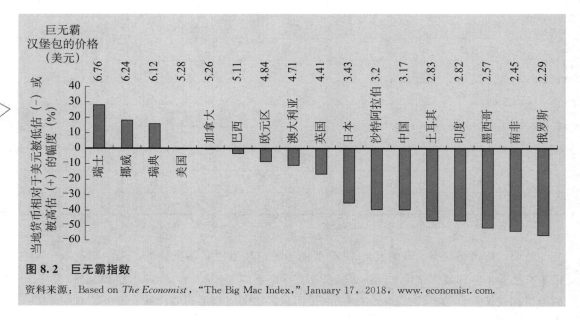

图 8.2　巨无霸指数

资料来源：Based on *The Economist*，"The Big Mac Index,"January 17，2018，www. economist. com.

即使根据购买力平价对人均收入加以调整，管理者在利用人均收入来评估新兴市场或发展中经济体的市场潜力时，也要保持谨慎。原因如下：

● 官方数据没有囊括非正规经济（又称地下经济）。由于非正规经济中所发生的交易没有被官方记录，所以也就没有计算在国家 GDP 中。在发展中经济体，非正规经济的规模通常与正规经济一样大，但是国家常常没有足以发现和报告非正规经济的先进的税收体系，于是个人和企业经常通过低报收入来减少纳税。此外，易货交易中由于没有货币的参与，因此也没有被算入国家 GDP。

● 新兴市场和发展中经济体的大部分人口处于低收入水平。你可以回想一下，在统计学课程中，"平均值"或"平均数"不能准确地描述一个非正态分布。因此，中位数收入往往可以更准确地反映这些经济体的购买力。

● 家庭收入比人均收入要高得多。由于这些国家的家庭中往往有多个人获得工资收入，所以其购买力自然比单个个体强，而强调人均 GDP 这一统计数据的做法忽略了这一事实。

① *The Economist*，"The Big Mac Index,"January 17，2018，www. economist. com.

● 这些国家的政府可能会低报国民收入，以从国际援助组织和国际发展银行获得低息贷款和补助金。

除了人均 GDP 以外，管理者还应该调查其他市场潜力指标，包括 GDP 增长率、收入分配、商业基础设施、城市化率、消费者的可支配收入和失业率。管理者还会发现，中产阶级规模和增长率对于评估市场潜力也具有一定的启发作用。我们接下来进行探讨。

8.3.2 中产阶级规模

在每一个国家，中产阶级都代表着既不算太富裕又不算贫穷的人群。新兴市场的中产阶级家庭拥有较多的可支配收入。这使得他们有能力购买简单必需品以外的商品，包括更好的住房、现代家具和电器，以及医疗保健和儿童教育等服务。他们甚至可以去度假并拥有一辆汽车。中产阶级消费者往往受过良好的教育，并从事专业性工作。新兴市场的中产阶级也以独特的价值观、态度和对未来的期望闻名。例如，他们通常更积极地参与政治，关心民主、自由和环境，也更容易接受不同的生活方式。

在发达经济体中，中产阶级家庭的占比最大。在新兴市场，中产阶级的规模和增长率是市场经济活力的信号。统计显示，中国和印度各有约 3.5 亿中产阶级消费者。[①] 表 8.6 提供了中产阶级人数较多的新兴市场的平均家庭收入数据。家庭由多个个体组成，通常有两个或更多的收入来源。因此，家庭的购买力往往比个人更强。

表 8.6　2017 年新兴市场样本的家庭平均收入

国家	家庭平均收入（美元）
巴西	30 940
中国	27 225
印度	7 849
印度尼西亚	14 280
墨西哥	33 448
俄罗斯	24 300
南非	19 180
泰国	19 740
土耳其	42 674

说明：表中所列出的数据为每户家庭的 GNI（按照阿特拉斯法，以当前美元计算）。

资料来源：Based on United Nations, *United Nations Database on Household Size and Composition 2017*（New York：United Nations，2017）；World Bank，"GNI per Capita，Atlas Method（current US＄），" 2017, www. data. worldbank. org.

---

① Cavusgil and Kardes，2013；Kharas，2017.

人口趋势表明，在未来 20 年里，新兴市场中产阶级家庭的比例将继续增长，他们有着巨大的消费潜力。到目前为止，东亚，特别是中国的中产阶级规模增长得最快。就人口而言，预计到 2020 年，亚洲中产阶级的数量将占世界的一半左右。[①] 随着收入的增加，支出模式将发生变化，推动各种产品和服务的增长。

8.4 新兴市场面临的风险和挑战

国家风险在日益相互依存的世界中变得越来越重要。越来越多的跨国公司正在新兴市场开展业务，并在这里接受各种挑战。[②] 国家和区域危机往往会对全球产生影响，即使公司位于与危机发生地十分遥远的国家，也会受到危机的影响。

8.4.1 政治不稳定

由于缺乏公认的政府机构的可靠、统一的治理，在新兴市场经营的公司的业务成本和风险随之增加，经理对业务状况的预测的准确程度也随之降低。政治不稳定往往与腐败和法律制度薄弱相伴而生，这些都阻碍了内部投资和可靠的商业环境的形成。例如，在俄罗斯，不断变化的政治环境威胁着外国公司的商业活动。官僚主义有利于当地人脉广泛的本土公司。西方的石油公司无法获得俄罗斯的能源资源。根据世界银行公布的 2017 年营商环境排名，在 190 个国家中，巴西的总体排名为第 125 位，在"创业"方面排名第 176 位，在"办理建筑许可"方面排名第 170 位，在"跨境交易"方面排名第 139 位。这种情况在一定程度上阻碍了跨国公司进入巴西市场。[③]

8.4.2 知识产权保护薄弱

即使保护知识产权的法律被制定出来了，它们也可能没有被执行，或司法程序极其漫长。比如，在阿根廷，有关音乐录制、录像、书籍和电脑软件的版权法执行存在不一致的地方。当地政府试图阻止盗版商品的运输，但是资源的缺乏和漫长的司法程序阻碍了其执行。与互联网盗版相关的法律也很薄弱甚至无效。[④] 仿品——

---

① Kharas，2017；Barry Naughton，*The Chinese Economy：Adaptation and Growth*（Cambridge，MA：MIT Press，2018）.

② Peter Buckley and Xiaowan Tian，"Internalization Theory and the Performance of Emerging-Market Multinational Enterprises，" *International Business Review* 26，No. 5（2017），pp. 976 - 990；Exequiel Hernandez and Mauro Guillén，"What's Theoretically Novel About Emerging-Market Multinationals?，" *Journal of International Business Studies* 49，No. 1（2018），pp. 24 - 33.

③ The World Bank，*Doing Business 2018：Reforming to Create Jobs*（Washington，DC：The World Bank，2018），www. doingbusiness. org.

④ U. S. Trade Representative，*2017 National Trade Estimate Report on Foreign Trade Barriers*（Washington DC：Office of the United States Trade Representative，2017），www. ustr. gov.

未经授权复制和生产的产品——在印度尼西亚和俄罗斯很普遍，尤其是仿制的软件、DVD 和 CD。在印度，薄弱的专利法经常阻碍外国公司来此投资。

8.4.3　官僚主义、繁文缛节和缺乏透明度

烦琐的行政规定和对许可证、认证和文书工作的过多要求都会阻碍商业活动。[①] 过度的官僚主义往往与缺乏透明度（即法律和政治制度可能对公众不公开，所以无法预先考虑）有关。贿赂、回扣和勒索，尤其是公共部门的此类行为会给管理者带来一定的困难。在反腐败不力的地方，公司管理者可能会尝试通过行贿来确保商业交易的成功。在透明国际（www.transparency.org）发布的关于腐败国家的排名中，俄罗斯、委内瑞拉和菲律宾等新兴市场都排名靠前。[②]

8.4.4　基础设施缺乏

在发达经济体，高质量的公路、排水系统、下水道和公共电力是最基本的。然而，在新兴市场，这样的基础设施通常非常缺乏。在印度，许多人仍然无法使用厕所和污水处理系统。印度恶劣的卫生环境引发了传染病，并且导致每周有数以千计的小孩死于腹泻。印度的港口、公路、铁路和机场还是无法满足每天大量货物的运输需求。像班加罗尔（Bangalore）和普纳（Pune）这样的工业城市经常会经历断电，而且断电时间可能会持续 24 小时或以上。[③] 政府正在努力改善基础设施，但是跨国公司往往必须建立自己的系统，并采用创造性解决方案来支持价值链活动。在世界上许多地方，公司正在自己修建公路、安装本地化的能源设施或开发其他类似的系统，以更好地开展商业活动。比如，塔塔化学公司（印度巨头塔塔集团的一部分）的一家子公司不得不在非洲修建自己的公路和铁路，以支持公司在当地的经营。[④]

8.4.5　合作伙伴的可获得性和资格

跨国公司经常在法律和政治框架不健全的国家寻求与合格的当地公司结盟。通过这样的合作伙伴，跨国公司能够了解当地的市场情况、建立供应商和分销商网络并发展重要的政府关系。然而，能够提供这些优势（具备资格）的合作伙伴在新兴市场中，尤其是在较小的新兴市场并不容易获得。

8.4.6　家族集团可能的抵抗

许多新兴市场经济体是由庞大的家族集团，而不是国有企业所主导的。**家族集**

① The World Bank，2018.
② Transparency International，*Corruption Perceptions Index 2017*，www.transparency.org.
③ *The Economist*，"India's Once-Shoddy Transport Infrastructure Is Getting Much Better：But It Has a Long Way to Go to Catch Up with China," July 27，2017，www.economist.com.
④ Ajay Dubey and Aparajita Biswas，*India and Africa's Partnership：A Vision for a New Future*（New York：Springer，2016）；M. Valente and A. Crane，"Private，but Public," *Wall Street Journal*，March 23，2009，p. R6.

团（family conglomerate，FC）是指大型的、高度多元化的私人企业。家族集团的经营范围一般很广，从银行业到建筑业再到制造业都有涉足。在有些新兴市场中，家族集团控制着主要的经济活动和就业。家族集团在韩国被称为财团，在印度被称为企业集团（business house），在拉丁美洲被称为集团（grupo），在土耳其被称为控股公司（holding company）。表 8.7 展示了世界上一些大型家族集团。

表 8.7　世界上部分大型家族集团

家族集团	母国	主要从事的行业	特征
阿尔法（ALFA）	墨西哥	石油化学品；机械；食品；电子；通信	世界上最大的发动机组和石油化学品生产者之一
阿斯特拉（Astra）	印度尼西亚	汽车；金融服务；重型机械；农业；信息技术	印度尼西亚最大的汽车和摩托车经销商
阿亚拉（Ayala）	菲律宾	不动产；金融服务；公共设施；通讯；电子	菲律宾最古老、规模最大的集团
现代	韩国	汽车；造船	一家真正的全球汽车公司，在将近 200 个国家销售索纳塔、伊兰特和其他型号的汽车
信实工业（Reliance Industries）	印度	石油制品；零售业；化学制品；纺织；太阳能系统	被《福布斯》评为"世界 100 家最受尊敬的公司"
俄罗斯丹达（Russian Standard）	俄罗斯	酒精饮料；银行业；人寿保险	俄罗斯领先的伏特加生产商
萨班哲控股公司	土耳其	汽车；水泥；能源；零售业；保险；电信；轮胎；塑料制品；酒店；纸业；烟草	控制着大约 70 家公司，其中包括土耳其最大的银行——阿克银行（Akbank）
沃托兰廷集团（Votorantim Group）	巴西	金融；能源；农业；矿业；钢铁；纸业	拉丁美洲最大的工业集团之一

典型的家族集团可能在其母国的几个产业中都占有最大的市场份额。在韩国，前 30 个家族集团占了国家一半的资产和收入。三星可能是韩国最有名的家族集团。在土耳其，Koc 集团占了伊斯坦布尔证券交易所 20% 的交易量，而萨班哲控股公司提供了 5% 以上的国家税收收入。家族集团在其母国享受着各种竞争优势，如获得了政府的保护和支持、在各行业建立了广泛的关系网络、更了解市场，以及更容易获得资本。现代集团是韩国汽车行业的先驱，目前在该国汽车市场上占有最大的份额。当国外汽车制造商试图进入韩国市场时，它们会发现现代集团在那儿拥有压倒性的优势。

一个家族集团的形成和发展往往源于与政府的特殊关系。政府通过提供补贴、贷款和税收优惠，并对竞争者设置市场进入壁垒等来保护家族集团。在某些情况下，政府甚至可能会直接建立家族集团，比如泰国政府就建立了暹罗水泥集团（Siam Cement Group）。印度尼西亚最大的家族集团之一毕曼特拉集团（Bimantara Citra Group），就是通过将外国的石油配置权卖给国有石油垄断者而建立起来的。

这个集团长期与印度尼西亚政府保持密切关系，并从政府那儿获得了大量利润可观的合同。当韩国现代集团面临财务危机时，韩国政府和现代集团的主要债权人提供了超过 3 亿美元的资金来帮助它，其中包括授信贷款和短期贷款。[①]

家族集团提供了大量的税收收入，并促进了国家经济发展，这也是政府这么热心地支持它们的原因。在许多新兴市场，家族集团在商业领域中占绝对主导地位，这表明：它们可能是强大的竞争者，也可能是有很强的议价能力的合作伙伴。我们在下一节再讨论这个问题。

8.5 在新兴市场上取得成功的策略

跨国公司几十年前提出，并在成熟的发达经济体市场中得到改进的策略，往往并不适用于新兴市场独特的环境。因此，跨国公司必须想出创造性的策略才能取得成功。[②] 比如，本田为低收入国家制造了一批廉价汽车，只要花费 7 000 美元左右就可以买到一辆。该公司在印度建立了一个大型工厂，使其在印度汽车市场的份额提高到了 10%。[③] 与此同时，雷诺和大众也把中国、印度和俄罗斯等新兴市场作为目标市场，正在制造低成本汽车。[④] 本节我们将讨论三种策略，许多跨国公司运用这些策略在新兴市场取得了成功。

8.5.1 根据新兴市场的独特需求定制产品

成功的公司对新兴市场的消费者、本地供应商和分销渠道的特点有着深刻的了解。它们会与经营所在地的社区建立良好的关系，这部分是为了更好地了解当地环境，部分是为了赢得消费者的尊重和忠诚。定制产品和设计创新的商业模式的能力主要取决于公司的灵活性和发展方向。在新兴市场，许多人是文盲，并且只有不到 1/3 的人可以访问互联网或其他基于计算机的系统。[⑤] 因此，跨国公司要采用创造

[①] Daekwan Kim, Destan Kandemir, and S. Tamer Cavusgil, "The Role of Family Conglomerates in Emerging Markets: What Western Companies Should Know," *Thunderbird International Business Review* 46 (2004): 13–200; Cho Mu-Hyun, "The Chaebols: The Rise of South Korea's Mighty Conglomerates," *CNET*, April 6, 2015, www.cnet.com.

[②] Jose Santos and Peter Williamson, "The New Mission for Multinationals," *Sloan Management Review* 56, No. 4 (2015), pp. 45–54.

[③] Hans Greimel, "Tiny Etios for India Teaches Toyota to Simplify, Cut Costs," *Automotive News*, August 1, 2011, p. 46; Peter Marsh, "Toyota Gears Up for Production Drive in India," *Financial Times*, March 5, 2007, p. 21.

[④] G. Edmondson, "Renault's Race to Replace the Rickshaw," *BusinessWeek*, 2007, www.businessweek.com; Anthony Karr, "Skoda Budget Car for Emerging Markets on Track for 2020 Debut," *Motor1*, August 22, 2017, www.motor1.com.

[⑤] Internet World Stats, "World Internet Usage and Population Statistics," December 31, 2017, www.internetworldstats.com; *UN News*, "World's Most Vulnerable Countries on Track to Achieve Universal Internet Access by 2020," January 24, 2018, www.news.un.org; World Bank, *World Development Report 2018: Learning to Realize Education's Promise* (Washington, DC: World Bank, 2018), www.worldbank.org.

性的方法来提高其在本地市场的销售量。在缺乏供应商和分销渠道的地方，跨国公司要建立自己的基础设施，以获得必需的原材料和零部件，或者将成品运输到当地的消费者那儿。①

成功的跨国公司会根据当地的条件设定适当的价格。许多公司都设计了创新的产品和包装以保持低价。例如，在印度，通用电气制造了一种轻型心电图仪器，其价格只有 1 500 美元，远远低于发达经济体同类产品的价格。由于定价较低，所以贫困地区的医生和诊所买得起这种仪器，且能够以较低的成本（相当于之前的一部分）提供医疗服务。中国互联网公司腾讯开发了一项免费短信服务，占领了当地的移动电话通信市场。相比语音通讯，中国消费者更喜欢发短信，因为价格更便宜。

8.5.2 与家族集团合作

家族集团是其所在经济体的主要参与者，并有大量的资金用于新的投资。例如，韩国大部分大型家族集团、土耳其的 Koc 集团和萨班哲控股公司、墨西哥的维特罗集团（Vitro）和印度尼西亚的阿斯特拉集团都有自己的金融业务，包括保险、银行和证券经纪等。许多家族集团在其母国拥有广泛的分销渠道，并对当地的市场和消费者有着深入的了解。此外，它们通常具有政治影响力，这使得它们在与复杂的官僚机构打交道时游刃有余。

对于想在新兴市场开展商业活动的外国公司来说，家族集团将会成为很有价值的合作伙伴。② 通过与家族集团合作，外国公司可以：

- 减少进入市场的风险，缩短进入市场的时间，降低进入市场的资本要求；
- 与政府和其他关键的当地参与者建立良好的关系；
- 更快、更有效地抓住市场机会；
- 克服与基础设施相关的障碍；
- 利用家族集团的资源及其与当地的关系。

与家族集团成功合作的例子有很多。例如，福特通过与起亚（Kia）合作将黑貂（Sable）系列汽车引进了韩国，还受益于起亚强大的分销渠道和售后服务网络。美国数字设备公司（Digital Equipment Corporation，DEC）指定中国台湾的家族集团——大同集团——作为在中国台湾地区的工作站和服务器产品的主要分销商。在土耳其，萨班哲控股公司与达能（Danone）建立了一家合资企业。达能是法国一家酸奶生产商，旗下还拥有瓶装水品牌依云（Evian）。达能在包装和装瓶技术方面拥

---

① Ted London and Stuart Hart，"Reinventing Strategies for Emerging Markets：Beyond the Transnational Model," *Journal of International Business Studies* 35（2004），pp. 350 - 363；Valente and Crane，2009；Santos and Williamson，2015；Christy，2018.

② Kenji Kawase，"Asia's Family-Run Conglomerates Drive Regional Growth," *Financial Times*，December 4，2016，www. ft. com；Knowledge@Wharton，"Are Family Businesses the Best Model for Emerging Markets?," May 31，2016，www. knowledge. wharton. upenn. edu.

有丰富的知识，并以健康的环保产品而闻名，但是缺乏有关当地市场的信息。作为土耳其市场的领军者，萨班哲控股公司了解当地市场、零售商和分销商。这样的合作使得达能在进入土耳其市场后第一年就成为该国最有名的瓶装水。

8.5.3 将新兴市场政府作为目标

在新兴市场和发展中经济体，政府机关和国有企业往往是重要的客户，原因有以下三个：

● 政府需要购买大量产品（如计算机、家具、办公用品、汽车）和服务（如建筑、法律和咨询服务）；

● 铁路、航空、银行、石油、化工和钢铁等领域的国有企业需要从国外公司购买商品和服务；

● 公共部门影响着许多私人企业或半私人企业的采购活动。比如，在印度，政府会直接规划住房项目。建筑公司就通过游说政府来获得为当地居民修建公寓和住房的业务。

新兴市场政府经常会进行**招标**（tender），即买方发出的要购买某些商品和服务的正式要约。招标也被称为采购询价（request for proposal，RFP）。政府通过招标的方式从供应商那里购买大量商品、设备和技术，或建造发电厂、高速公路、水坝和公共住房等服务。供应商则通过投标来获得开展这些项目的资格和机会。

新兴市场和发展中国家的政府经常会通过制订经济发展计划和列出年度项目来建造或改善国家的基础设施。政府会按照特定的采购程序来确定供应商，这为国际供应商带来了巨大的获利机会。想拿到重要的政府合同，要具备相当的能力和资源。公司在争夺这样的项目，特别是规模较大的项目时，都会成立一个由管理者和技术专家组成的团队。政府更倾向于与能够提供完整的产品和服务的供应商进行交易。最成功的供应商一般会通过低息贷款和赠送等形式为主要产品销售提供资金，而政府往往会被这样的合同吸引，因为这些合同能够创造就业机会、利用当地资源、减少进口依赖和提供国家层面的其他优势。

柏克德（Bechtel）、西门子、通用电气、日立和其他大型供应商都会定期参加由新兴市场政府组织的全球招标。一些超大的建设项目如巴拿马运河扩建、法国和英国之间的英吉利海峡的海底隧道建设。其他大型工程项目如中国长江三峡水电站，它耗资约 370 亿美元，众多全球承包商参与了这项工程的建设，包括西门子、通用电气等。

8.5.4 有技巧地挑战新兴市场的竞争者

正如篇首案例所示，新的全球挑战者具有许多优势，如廉价劳动力、高技术工人、政府的支持和家族集团，这些优势使得它们成为强大的竞争者。全球农用机械市场长期以来都是由一些著名的公司（如美国的约翰迪尔和日本的小松公司等）所支配的。然而，最近印度的 Mahindra & Mahindra 获得了一定的市场份额。该公司打造了一些实力强劲的品牌，如 Mahindra5500 就是一款动力强、质量高的拖拉机，而其价格比竞争产品要低得多。Mahindra 最近在美国的密歇根州建立了它的北美总部。密歇根州是美国一个主要的汽车产业集群所在地。在约翰迪尔长期占支配地位的密西西比州，Mahindra 的一个经销商仅在 4 个月内就卖出了 300 多辆 Mahindra 拖拉机。[①]

来自发达经济体的公司可以通过多种方式应对。首先，管理者必须进行调查，以了解新的挑战者。然后，管理者要分析这些公司的优势以及它们会如何改变现存公司所在的产业，这是非常重要的。在目标市场中，这些公司可能会长期保持在行业内的优势。接着，要培养自己公司的新的能力，以增强其竞争优势。比如，许多公司正在提高其研发能力，以生产出更好的新产品；有些公司则与竞争对手合作，汇集资源来共同对抗来自新兴市场的竞争对手。此外，还可以利用一些地方（如中国、印度、墨西哥和东欧等）的廉价劳动力和技术工人与新的全球挑战者进行竞争。许多来自发展中经济体的公司与新兴市场的家族集团合作，也与新兴市场中其他参与重要价值链活动（如研发、生产和技术支持）的公司建立合作伙伴关系。阅读专栏"从事国际商务相关工作的新近毕业生"中关于安德鲁（Andrew）和杰米·瓦斯基（Jamie Waskey）的事例。他们在新兴市场国家的职业生涯非常吸引人。

专栏　　　　　　　　**从事国际商务相关工作的新近毕业生**

安德鲁的专业： 西班牙语学士学位；国际商务硕士学位

杰米的专业： 国际事务和现代语言学士学位；国际商务硕士学位

安德鲁毕业后的工作： 在中外运敦豪（DHL）等公司担任国际物流相关的各种职位；美国商务部市场营销实习生（中国上海）

杰米毕业后的工作： 奥观（YouGov）研究经理；达美航空市场研究分析师；美国商务部（阿根廷布宜诺斯艾利斯）市场研究实习生

目标： 利用和丰富我们的国际专业知识，同时提升我们公司在全球的地位，迎接充满挑战的生活

安德鲁和杰米·瓦斯基是在同一所大学攻读国际商务硕士学位时认识的。本科时他们分别主修国际事务和西班牙语。他们都喜欢旅行和学习语言，特别是对拉丁美洲的新兴市场非常感兴趣。大学毕业后，安德鲁在 DHL 工作。国际商务硕士学位帮助他获得了在 DHL 实习的机会以及在美国商务部在中国上海的办事处实习的机会。

---

① James Hilton，"Mahindra Automotive North America Opens New HQ and Manufacturing Facility，" *Automotive Industries*，December 2017，p. 1；Kawase，2016；Kushan Mitra，"Top Gun，" *Business Today*，October 2，2011，pp. 44 – 52.

完成本科学习后，杰米进入一家非营利机构工作。她希望从事国际市场研究方面的工作，因此参加了国际商务硕士项目。在这个项目的最后一个学期，她完成了在阿根廷布宜诺斯艾利斯的实习，为美国商务部在那里的办事处做一些市场研究方面的工作。

安德鲁和杰米在获得国际商务硕士学位后结了婚，并很快在亚特兰大的达美航空和 BlueLinx 找到了国际商务相关工作。人脉是获得这些工作以及之后的工作的关键。两人都致力于在国外生活和工作。安德鲁目前是 MistAMERICA 在迪拜的董事，负责中东和北非市场。

杰米利用她的人脉在迪拜一家本部在英国的市场研究咨询公司获得了一份工作。这份工作中杰米最喜欢的部分是了解和理解该地区各种各样的文化。最近，杰米成了迪拜市场研究公司 Wellspring Research 的主管。

成功的要素

● 设定目标，并持之以恒地为之努力。如果你想在国外工作，那就要积极追求你的目标并全身心地投入。

● 知道自己想做什么。找到一条清晰的职业路径。

● 利用朋友和其他联系人与你想进入的领域的关键人物建立联系。建立个人关系网是获得国际职位的关键。人际关系和团队合作是必不可少的。

对国际职业生涯的建议

● 保持耐心、灵活、轻松的态度。保持积极的态度和正确看待挑战会丰富你的生活。

● 对外国的不同情况和态度保持开放的心态。

● 对一切都充满好奇。沉浸在当地的文化中会让你很容易适应，并获得一个看世界的不同视角。

挑战

● 培养跨文化沟通和差异化管理的能力。

● 能够适应不同的生活环境和在多元文化中工作。

● 交朋友。

● 平衡工作与生活。

8.6　企业社会责任、可持续性和全球贫困危机

新兴市场和发展中经济体的大多数人生活在相对贫困中。经济发展差距和贫困是重大的全球挑战。[1] 贫困增加了疾病、粮食短缺、恐怖主义、非法贸易和国际迁徙的可能性。尽管新兴市场增长强劲，但其中许多国家仍然面临周期性贫困问题，导致

---

① World Bank，"Fragility，Conflict & Violence，" April 10，2017，www.worldbank.com；World Economic Forum，*The Global Risks Report 2018*，13th ed. (Geneva，Switzerland：World Economic Forum).

其获得教育、医疗和卫生等基本社会基础设施的机会减少。贫困增强了国家政府的脆弱性。[①] 接下来让我们来看看跨国公司是如何帮助解决世界各地的贫困问题的。

8.6.1 促进经济发展

从历史上说，很少有公司将贫困国家作为目标市场，因为管理者认为在那里没有盈利的机会。实际上，如果公司销售合适的产品并采用适当的策略，那么它们是可以在新兴市场和发展中经济体获利的。在印度，联合利华销售的夏士莲洗发露和宝洁销售的潘婷洗发露每小袋的价格不到 2 美分。Narayana Hrudayalaya 销售的健康保险每人每月不到 20 美分，该公司拥有的客户达上百万。印度最大的食品公司之一阿牟尔（Amul）向上百万穷人销售各种食品。Micromax 和高通正在印度销售低成本手机。为了在印度市场取得成功，这些公司必须制定涵盖生产、包装、分销和市场范围等方面的全新的商业模式。[②]

瑞典电信公司爱立信（Ericsson）通过安装电话线和移动电话系统帮助坦桑尼亚农村地区建设了现代化的电信基础设施，满足了当地家庭、企业和援助机构的通信需求。[③] 非洲手机市场的出现促进了相关产业的兴起和发展，当地也涌现出一些生产手机配件，如充电电池的公司。爱立信的经历表明，以市场为基础的解决方法不仅能促进社会和经济转型，还可以盈利。

在发展中经济体和新兴市场投资的发达经济体公司支持了当地交通、通信和能源系统方面的基础设施的发展。这些公司创造了就业机会，促进了相关区域和行业的发展。投资产生的当地税收收入可以用来提高穷人的生活水平。技术和实用知识的转让可以促进当地革新和企业发展。此外，还有许多公司开展了以社区为导向的社会项目，这些项目的目的是促进经济和社会发展。

8.6.2 微型金融帮助创业

微型金融（microfinance）是指通过提供小规模金融服务，如微额信贷和微额贷款，来支持创业者在贫穷国家开展商业活动。通过获取微额贷款（通常不超过100 美元），小规模的创业者就可以获得足够的资本来建立成功的公司。微型金融的主要提倡者是经济学教授穆罕默德·尤努斯（Muhammad Yunus）。他于 1974 年成立了孟加拉乡村银行（Grameen Bank，也译作格莱珉银行），该银行向南亚数百

---

① World Bank，"Fragility，Conflict & Violence，" April 10，2017，www. worldbank. com；World Economic Forum，*The Global Risks Report 2018*，13th ed. （Geneva，Switzerland：World Economic Forum）.

② Bruce Einhorn，"Qualcomm Rewires for India，" *Bloomberg BusinessWeek*，September 12 - 18，2011，pp. 37 - 38；Adam Minter， "Smartphones Have an Unexpected New Rival，" Bloomberg，February 7，2017，www. bloomberg. com；C. C. K. Prahalad，*The Fortune at the Bottom of the Pyramid：Eradicating Poverty Through Profits* （Philadelphia：Wharton School Books，2005）；Jennifer Reingold，"Can P&G Make Money in Places Where People Earn $2 a Day?" *Fortune*，January 17，2011，pp. 86 - 90.

③ *The Citizen*，"More Remote Areas to Get Telecom Services，" March 7，2017，www. thecitizen. co. tz.

万借款人发放了微额贷款。有想法的创业者用这些微额贷款购买各种东西，如奶牛（能挤奶然后拿到市场上去卖）、手机（可以租给村民打电话）。[①] 孟加拉乡村银行现在拥有超过 2 500 家分支机构，它激发了类似的旨在减少贫困的行为，如 Omidyar Network、比尔和梅琳达·盖茨基金会为减少贫困所付出的努力。由于穆罕默德·尤努斯在减少贫困方面所做出的努力，他被授予了 2006 年诺贝尔和平奖。[②]

越来越多的主流银行也开始将微型金融看作未来的一个增长来源。许多机构现在也在世界各贫穷国家提供小规模保险、按揭贷款和其他金融服务。在墨西哥，西麦斯的 "Patrimonio Hoy 计划" 使人们有了更多获得水泥和其他建筑材料的途径。该计划帮助许多贫困家庭修建了自己的住房。幸亏有了微型金融，现在成千上万个墨西哥低收入家庭拥有了自己的住房。

道德联系

非洲地区的疾病涵盖了世界上总疾病数的四分之一，但医护人员却只有世界医护人员总数的 3%。大多数非洲人无法获得足够的医疗保健服务。每天都有数千人死于疟疾和艾滋病等可治疗或可预防的疾病。跨国公司在应对这些挑战方面发挥着越来越大的作用。葛兰素史克和通用电气等私人公司采用创新的商业模式，为非洲贫困国家提供所需的药物和医疗服务。许多公司在那儿开设了提供低成本医疗保健服务的诊所。

8.6.3　非洲的特殊情况

非洲许多国家的经济处于停滞状态，在贸易、投资和人均收入方面甚至在倒退。确实，自从 20 世纪 60 年代以后，非洲的 GDP 几乎没有提高过。非洲被文盲、营养不良和卫生设施及供水设施不完善等问题困扰。许多领域的失业情况都不容乐观。[③]

然而，尽管存在这些趋势，但非洲正在逐渐开始转型。一些非洲国家的经济开始有了起色，每年的 GDP 增长率为 5% 左右。例如，加纳正在成为金融和技术服务的区域中心；尼日利亚的石油业和银行业繁荣发展；赞比亚在采矿业和农业方面正在形成比较优势；坦桑尼亚正投资大型发电项目。[④] 非洲拥有石油、天然气、黄金、钻石、铜、煤炭和铀等丰富的自然资源，且受益于年轻并不断增长的人口。非洲有

①　Brigit Helms, *Access for All: Building Inclusive Financial Systems* (Washington, DC: The World Bank, 2006)); Darren Walker, "A $1 Billion Experiment in Philanthropic Investing," *Wall Street Journal*, April 8, 2017, www.wsj.com.

②　"Grabbing Grameen," *Economist*, January 28, 2012, p. 67; Muhammad Yunus, *A World of Three Zeros: The New Economics of Zero Poverty, Zero Unemployment, and Zero Net Carbon Emissions* (New York: Public Affairs, 2018); Beth Kowitt, "The Conscious Capitalist," *Fortune*, September 1, 2015, pp. 76 – 84.

③　World Bank, 2017; World Economic Forum, 2018.

④　"Opportunity Knocks," *The Economist*, October 11, 2008, pp. 33 – 35; Ndubuisi Ekekwe, "Why AfricanEntrepreneurship Is Booming," *Harvard Business Review Digital Articles*, July 11, 2016, pp. 2 – 4.

一批受雇于非洲顶级行业（包括食品加工业、医疗保健业、金融服务业和轻工业）的劳动力。加速的技术变革正给非洲带来新的机会。[①]

非洲看上去越来越具有吸引力了。可口可乐在非洲销售 100 多个子品牌，拥有 160 多个瓶装和罐装工厂。中国电信巨头华为在非洲各地开展生产和销售业务，并为当地提供网络解决方案。华为为非洲地区的百姓提供了数千个就业机会。中国其他公司也在非洲进行了巨额投资，如安装太阳能等绿色能源系统。[②]

非洲境况的改善得益于以下两大趋势：第一，与早期相比，非洲政府在国民经济管理方面做得更好了。许多国家，包括博茨瓦纳、加纳、肯尼亚、莫桑比克、尼日利亚、坦桑尼亚、乌干达和赞比亚都在进行政策改革，以提高经济和政治自由度。对这些国家来说，更好的治理有助于促进经济发展。

第二，非洲大部分国家已经从国外获得了稳定的直接投资。来自中国、印度和其他新兴市场的公司在非洲投资了数十亿美元来生产和销售各种产品及服务。受它们的激发，越来越多来自欧洲、日本和美国的公司也在非洲寻找开展商业活动和进行投资的机会。

尽管非洲长期缺乏足够的有线电话，但事实证明手机也能对非洲的发展起到至关重要的作用。非洲人正在使用手机来代替以有线电话为基础的电信技术。最新安装的移动网络大大提高了工人和公司的生产力，改善了银行业基础设施，从而促进了经济发展。[③] 全球电信控股公司（Global Telecom Holding）、Millicom 公司和其他电信公司正在非洲开展手机业务，其业务范围北起埃及，南到南非。这些公司采用的商业模式使得它们即使在人们每天的生活费不足 2 美元的国家也能赚取利润。传音（Transsion）是一家来自中国的智能手机制造商，现已成为非洲销量最大的智能手机公司。该公司利用新兴市场优势，如低成本劳动力和在充满挑战的环境中开展业务的商业智慧，在非洲大陆销售了 2 亿多部手机。

跨国公司逐渐发现了各种市场机会。通过采用适合当地情况的创新的商业模式，它们在满足非洲大陆的医疗需求和创造利润方面发挥了关键作用。例如，开办

---

① Aljazeera，"Mapping Africa's Natural Resources," February 20，2018，www. aljazeera. com；Ekekwe，2016；Acha Leke，Paul Jacobson，and Susan Lund，"These 6 Sectors of Africa's Economy Are Poised for Growth," *Harvard Business Review*，September 20，2016，www. hbr. org.

② David Doya and Mike Cohen，"Kenya，Nigeria，and Africa's New Hope for Growth," *Bloomberg Business-week*，November 6，2014，www. businessweek. com；Amy Jadesimi，"How China's ＄60 Billion for Africa Will Drive Global Prosperity," *Forbes*，March 14，2017，www. forbes. com；Leke，Jacobson，and Lund，2016；Devon Maylie，"By Foot，by Bike，by Taxi，Nestlé Expands in Africa," *Wall Street Journal*，December 1，2011，p. B1.

③ Daniel Boniecki and Chiara Marcati，"Winning the Rush for Data Services in the Middle East and Africa," *McKinsey Quarterly*，May 2016，www. mckinsey. com；Lulu Chen and Yuan Gao，"Setting the Pace in Africa's Phone Market," *Bloomberg Businessweek*，April 2，2018，pp. 27 - 288；L. Enriquez，S. Schmitgen，and G. Sun，"The True Value of Mobile Phones to Developing Markets," *McKinsey Quarterly*，February 2007，www. mckinseyquarterly. com；Han Huipers，Mikael Michiels，and Michael Seeberg，*Africa Blazes a Trail in Mobile Money*（Boston：Boston Consulting Group，February 2015）.

低成本的连锁诊所有助于满足非洲的医疗需求。①

　　某些商业模式，如在当地创业、微型金融、目标市场营销和跨国公司直接投资等，可能在解决非洲的贫困问题方面有着巨大的潜力。② 然而，批评者认为，跨国公司给非洲造成了许多伤害，如开采当地资源、经营血汗工厂和产生污染。对此，你的观点是什么？跨国公司能成功地解决非洲的贫困问题和其他问题吗？跨国公司给当地造成的伤害超过给当地带来的利益吗？

篇尾案例　　　　　　塔塔集团：印度的顶级全球挑战者

　　塔塔集团是印度最大的公司之一，其业务涉及十多个不同的行业，包括汽车、化工、信息技术、消费品、工程和咨询。塔塔集团旗下共有 90 多家公司。塔塔集团董事长拉坦·塔塔（Ratan Tata）于 2017 年退休，他是公司创始人的后代，极富魅力。现年 80 多岁的他是一位广受欢迎和令人尊敬的企业巨子，在全球享有盛誉。

　　作为集团最具有远见卓识的管理者之一，塔塔先生积极地将塔塔集团拓展到全球市场。作为集团子公司之一的塔塔钢铁公司以 130 亿美元收购了荷-英钢铁巨头康力斯集团（Corus Group），在全球金属行业确立了强势地位。此举使塔塔集团的钢铁产能提高了五倍。塔塔咨询服务公司收购了法国 Alta SA 公司，成为欧洲信息技术服务市场的主要参与者。塔塔集团另一子公司塔塔汽车公司以 23 亿美元从福特手中收购了捷豹和路虎。塔塔汽车公司推出了 Nano，该车型被定位为世界上最廉价的汽车。Nano 实现了拉坦·塔塔长期以来的梦想，即开发可靠但超级廉价的汽车，并彻底改变汽车行业。

塔塔集团的背景

　　塔塔集团于 1868 年在孟买成立，当时是一家纺织品贸易公司，后来其业务逐渐扩展到酒店、发电厂、化工、钢铁生产和其他行业。长期以来，印度政府通过设置高贸易壁垒和官僚主义来阻止国际贸易。随着 20 世纪 90 年代这些限制的放松，塔塔集团的国际业务蓬勃发展。塔塔汽车公司开始与菲亚特和戴姆勒-奔驰合资生产汽车。塔塔集团收购了一家印度尼西亚矿业公司 30% 的煤炭子公司，为塔塔集团在印度的发电厂供应煤炭。塔塔集团在许多新兴市场，包括肯尼亚、韩国、马来西亚、俄罗斯和泰国都设有工厂。

　　作为印度最大的企业之一，塔塔集团拥有众多竞争优势，包括：雄厚的财力及以优惠条件获得资本的渠道；强大的企业形象；与无数优质商业伙伴建立的联系；具有竞争力的成本结构（这得益于塔塔集团庞大的员工队伍和强大的研发能力）；与印度国家政府和各

① Adebayo Alonge, "Africa's Health Crisis Needs a Focus on Systems, Not People," *Financial Times*, October 30, 2017, www.ft.com; M. Conway, S. Gupta, and K. Khajavi, "Addressing Africa's Health Workforce Crisis," *McKinsey Quarterly*, November 2007, www.mckinseyquarterly.com; Brian Martucci, "Using the franchise model to improve African health care," *Minnesota Business*, March 24, 2016, www.minnesotabusiness.com.

② *Economist*, "A Fall to Cheer," March 3, 2012, pp. 81–82; Ekekwe, 2016; Leke, Jacobson, and Lund, 2016; World Economic Forum, *The Africa Competitiveness Report 2017* (Geneva: World Economic Forum, 2017, www.weforum.org).

邦政府的长期合作关系。在汽车行业，塔塔汽车公司的声誉日益提高。该公司依靠姊妹子公司塔塔钢铁公司提供钢材来生产 Nano 以及其他汽车，这是它的一个关键优势。收购康力斯集团除了提高钢铁产能外，还大大扩展了塔塔汽车公司与欧洲和美国汽车制造商的联系。

塔塔汽车公司是从中国、巴西、印度和俄罗斯等大型新兴市场冲出重围的顶级的新的全球挑战者之一。新兴巨头利用丰富的低成本劳动力、技术人才和矿产资源，日益瞄准全球最大的增长市场。它们资金充裕、信心十足，输出在全球最具挑战性的市场中磨炼出来的创新的商业模式。政府和国有企业影响企业的采购活动。塔塔集团利用其家族集团网络，提升其在众多业务领域作为政府供应商的地位。

塔塔汽车公司

塔塔汽车公司是印度销量最大的汽车制造商。塔塔汽车公司在印度销售的所有轿车和卡车中，约有四分之一使用塔塔汽车品牌。印度有 13 亿人，其中大部分人没有汽车。这是一个巨大的未开发市场。目前，塔塔汽车公司的大部分销售额来自印度以外的地区。中国和其他新兴市场提供了重要的增长机会。塔塔汽车公司管理层的目标是将其在印度的丰富经验推广到非洲、拉丁美洲和中东市场。在东南亚国家销售廉价汽车的时机已经成熟。全球数以百万计的低收入消费者都希望拥有一辆汽车，但几乎没有其他选择。

塔塔汽车公司已在阿根廷、巴西、印度尼西亚、韩国、南非和泰国建立了生产基地。在非洲、东南亚和中东，塔塔汽车公司在 10 个或更多的国家开展业务。收购捷豹和路虎等全球知名品牌提高了塔塔汽车的知名度，并为塔塔汽车进入欧洲和美国市场提供了机会。

挑战

在印度，70% 的人口仍生活在农村，将农业用地转为工业用地往往会遭到愤怒的抗议。塔塔汽车公司被迫放弃了在印度西孟加拉邦一家生产 Nano 的工厂的建设。原因是：抗议者包围了这一新工厂并封锁道路，阻止工人或货物进入工厂。在工厂建设期间，暴力和威胁工人安全的行为持续了数月。西孟加拉邦政客鼓励劳工制造骚乱，导致资本外逃，该地区也成为对企业不友好的地区之一。最终，尽管工厂已完工 80%，耗资 3.5 亿美元，但塔塔汽车公司仍不得不放弃该工厂。

印度面临的其他挑战还包括基础设施质量。欠发达的公路、铁路、港口、机场、电网和电信设施是企业发展面临的重大障碍。随着城市化进程的不断推进，这一问题变得更加严重。越来越多的印度人喜欢住在城市里，这给当地的基础设施造成了压力。另一个挑战是持续存在的高关税和保护主义政策。外国出口商和投资者面临着不透明且往往难以预测的监管和关税制度。世界银行关于营商环境的调查显示，在全球 190 个被评估的国家中，印度在"创办企业"方面排在第 156 位，在"获得建筑许可"方面排在第 181 位，在"国际贸易便利度"方面排在第 146 位。

在整个印度，塔塔集团的管理人员不断努力以满足政府当局的要求。除贸易壁垒外，印度还充斥着各种法规和行政障碍。零部件的进口关税可能很高，通常超过 25%。许多商品只有在获得政府批准后才能进口。获得许可、检验等程序既漫长又昂贵。

印度以官僚主义闻名，其公务员的办事效率是亚洲最低的之一。印度的商业环境仍在不断变化，这给在印度开展业务的公司造成了许多障碍。

印度的污染和拥挤

日益增长的汽车保有量使印度本已拥堵不堪的城市道路不堪重负。印度的道路系统似乎无法承受数以百万计的新车。印度汽车保有量的激增正在加剧全球气候变暖问题。印度污染严重。在整个亚洲南部，厚厚的雾霾遮挡了阳光，改变了天气，引发了健康问题。随着印度的工业化进程的推进，该国的水、空气和土壤正面临着越来越大的环境压力。大多数印度人以务农为生，而污染降低了水稻、小麦、玉米和高粱的产量。

机会和挑战

除塔塔汽车公司外，多家汽车制造商也已进入印度廉价汽车市场。例如，日产的目标是将新兴市场作为其全球增长计划的基石。福特、现代、丰田和通用汽车正在开发面向新兴市场的廉价小型车。几家中国公司已经生产出各种既用于出口也用于国内消费的车型。一些公司正在探索开发超低价汽车。中国上汽集团的目标是在印度建立小型汽车生产基地。日本铃木在印度销售的 Maruti 800 汽车售价约为 4 000 美元。印度 Bajaj 汽车公司推出了小型车 Qute，其售价约为 2 500 美元。

近年来，随着全球汽车销量增长趋于平缓，许多汽车制造商纷纷推出了新的车型，从而加剧了全球竞争。塔塔汽车公司有能力应对竞争威胁。首先，塔塔汽车公司拥有低成本生产能力，部分原因是它在印度可以雇用到廉价的劳动力。其次，该公司在新兴市场拥有丰富的经验，而这些市场正在快速增长。相比之下，发达经济体市场已基本饱和。最后，塔塔汽车公司在全球各地的业务高度多样化，它拥有超过 75 家子公司，其中大部分位于国外。

企业社会责任和可持续性

几十年来，塔塔集团一直在印度推动公益事业的发展。塔塔钢铁公司每年在教育、卫生和农业发展项目上投入数百万美元。该公司开发了灌溉系统，帮助印度农民种植经济作物；建造了学校、医院和发电厂，并承担了无数其他践行社会责任的项目。

同样，塔塔汽车公司也在其经营所在地的社区开展各种慈善活动。该公司拥有挪威电动汽车生产商 Miljo Grenland/Innovasjon 的多数股权，它利用 Miljo 的技术诀窍推出了型号为 "Indica" 的电动汽车。

塔塔集团的另一家子公司——塔塔 BP 太阳能公司——生产建筑屋顶太阳能发电系统。该公司为缺电严重的地区提供低成本的太阳能水泵、冰箱和灯笼。该公司已为 50 000 户家庭安装了价值 300 美元的太阳能系统，该系统可为电灯、电热锅和电视机供电。

总结

在新兴市场和发展中经济体，家族集团正在利用各种优势主导本国市场。如今，这些家族集团正利用同样的优势将业务扩展到全球市场。塔塔集团拥有的众多本土资源为公司提供了巨大的竞争优势，这些优势能帮助它获得亮眼的业绩，并从现有企业手中夺取市场份额。

案例问题：

8-4. 以塔塔集团为例，描述公司成为大型工业集团所带来的各种优势。塔塔集团应如何利用这些相同的优势在外国市场取得成功？

8-5. 什么使得新兴市场对国际商务有吸引力？讨论新兴市场分别作为目标市场、生产基地和货源地的相关情况。

8-6. 贸易壁垒、官僚主义、国家风险和塔塔集团作为世界贸易主要参与者的出现之间有什么关系？政府干预的减少对塔塔集团在印度市场上取得成功及其国际化起了什么作用？塔塔集团应该做些什么来管理印度和其他新兴市场的国家风险？

8-7. 考虑到新兴市场的增长率和其他特征，塔塔汽车公司应该针对哪些市场来销售像 Nano 这样的小型汽车？该公司在评估各种新兴市场的潜力时，应该考虑哪些国家层面的因素？

8-8. 在准备向海外扩张时，塔塔汽车公司应如何践行其对新兴市场未来客户的企业社会责任？公司能通过做什么来减轻其业务对亚洲和其他地方的自然环境的影响？

说明：本案例由佐治亚州立大学的玛尔塔·萨博·怀特（Marta Szabo White）博士撰写。

资料来源：Rajat Arora, "Quadricycles Set to Ply on Indian Roads, Notification on Vehicle Standards Soon," *The Economic Times*, February 7, 2018, www. economictimes. indiatimes. com; Daniel Azevedo, *Meet the New Challengers*, June 27, 2016, Boston Consulting Group, www. bcg. com; Santanu Choudhury and Shanoor Seervai, "Tata Motors Is Thinking 'Aspirational,'" *Wall Street Journal*, August 13, 2014, p. B5; Lindsay Chapped, "Tata's Quiet Titan Is Still a Man of Action," *Automotive News*, March 2, 2015, pp. 1, 36; "Emerging-Market Multinationals: Not So Nano," *Economist*, March 27, 2009, www. economist. com; Corporate profiles on various Tata group companies from www. hoovers. com; Rishi Iyengar, "China Joins Race for Booming Indian Car Market," *CNN Money*, March 28, 2017, www. cnn. money. com; Marketline, *Tata Motors Limited SWOT Analysis*, May 10, 2017, pp. 1-9; *Nikkei Asian Review*, "Tata's Jaguar Land Rover Posts Fastest Sales Growth in 5 Months," December 8, 2017, www. asia. nikkei. com; S. Sen, "Tata Group: Transforming the Sleeping Giant," *The ICFAI Journal of Business Strategy* 6, No. 1 (2009), pp. 31-45; Alex Taylor, "Tata Takes on the World," *Fortune*, May 2, 2011, pp. 87-92; Tata Motors, corporate website, www. tatamotors. com; U. S. Department of Commerce, International Trade Administration, *India Country Commercial Guide*, July 25, 2017, www. export. gov.

本章要点

关键术语

发达经济体（advanced economy）

发展中经济体（developing economy）

新兴市场（emerging market）

家族集团（family conglomerate）

全球采购（global sourcing）

新的全球挑战者（new global challenger）

外包（outsourcing）

私有化（privatization）

购买力平价（purchasing power parity）

招标（tender）

转轨经济体（transition economy）

本章小结

1. 发达经济体、发展中经济体和新兴市场

发达经济体是指具有人均收入高、行业竞争激烈和商业基础设施发达等特点的后工业化国家，包括西欧、日本、美国、加拿大、澳大利亚和新西兰等。发展中经济体是指收入低、还未进入工业化的国家。因购买力水平较低、资源有限，发展中经济体在国际商务中的参与能力不足。新兴市场是指那些之前属于发展中经济体，现在正在朝着发达经济体的目标前进的经济体，主要位于亚洲、东欧、拉丁美洲。新兴市场通过实施自由化贸易和投资政策、将一些产业私有化和形成经济集团的方式将自己转型成市场导向型经济体。巴西、俄罗斯、印度等国家就是典型的例子。

2. 新兴市场吸引国际企业的原因

新兴市场是产品和服务的出口市场，并且这一市场的前景良好。新兴市场也是理想的生产基地，还是受欢迎的全球采购目的地，即货源地。全球采购是指从国外采购产品和服务。

3. 评估新兴市场的实际潜力

在市场调查早期，为了准确地评估新兴市场的需求，企业管理者要调查人均收入、中产阶级规模等市场潜力指标。其中，人均收入要按购买力平价进行评估。

4. 新兴市场的风险和挑战

新兴市场存在各种风险，包括政治不稳定、法律和制度不健全、缺乏透明度和知识产权保护薄弱。家族集团是大型的、业务多元化的家族企业，这些企业在新兴市场中占主导地位，也是欲进入新兴市场的跨国公司的强大竞争对手，同时也是它们理想的合作伙伴。

5. 在新兴市场上取得成功的策略

公司应该采取合适的策略来适应独特的当地环境。一些公司通过和家族集团建立合作伙伴关系取得了成功。政府往往是主要的买方，但要成为政府的供应商，需要采取特定的策略。来自发达经济体的成功公司会通过研究寻找市场并利用新兴市场中可用的优势，如廉价劳动力。

6. 企业社会责任、可持续性和全球贫困危机

在新兴市场和发展中经济体，大公司往往会从事一些有利于当地经济发展的活动，例如，为低收入国家提供廉价的、专门设计的产品和服务，或参与社区事务。微型金融是给新兴市场上的创业者提供的小额贷款，目的是提高他们创业的积极性。

检验你的理解

8-9. 什么是发达经济体、发展中经济体和新兴市场？这三类经济体的主要区别是什么？

8-10. 解释为什么公司想在新兴市场开展业务。是什么让这些市场具有吸引力？

8-11. 描述新兴市场的各种风险和挑战。

8-12. 什么是家族集团？家族集团与上市公司有何不同？家族集团在新兴市场扮演什么角色？

8-13. 描述成为外国政府和国有企业供应商的过程。

8-14. 跨国公司在新兴市场开展业务时，采取的策略往往有别于在其他国际市场开展业务时，具体来说有哪些能帮助它们在新兴市场上取得成功的策略？

8-15. 新兴市场有哪些典型的社会特征和可持续性特征？跨国公司能做些什么来支持新兴市场中贫困国家的发展？

运用你的理解

8-16. 假设你在微软的 Xbox 视频游戏机部门工作。长期以来，微软一直将 Xbox 瞄准发达经济体，尤其是北美和欧洲。管理层希望向新兴市场销售更多 Xbox 视频游戏机。新兴市场的哪些特点可能使它们对 Xbox 的销售具有吸引力？描述微软在向新兴市场销售 Xbox 视频游戏机时可能遇到的风险和挑战。

8-17. Walk&Talk 生产对讲机——一款手持的便携式双向无线电收发机。对讲机被用于移动电话通信可能昂贵或不实用的场合，包括户外狩猎、军事、公共安全和商业。Walk&Talk 一直试图将产品出口到各新兴市场，但迄今为止收效甚微。假设你对新兴市场非常了解，并一直渴望与 Walk&Talk 的总裁罗杰·威尔科（Roger Wilko）先生分享你的观点。你会建议他在新兴市场开展业务时采取什么策略？你认为，国外小企业和娱乐用户对对讲机的需求在不断增长。解释公司应该如何向新兴市场客户销售产品。

8-18. 道德困境：国际货币基金组织的使命之一是通过提供贷款和政策建议，帮助贫困国家渡过经济危机。在全球经济危机期间，许多国家遭遇了企业破产、经济崩溃和政治动荡。乌克兰受到的影响尤其严重，该国曾向国际货币基金组织请求大量贷款和其他财政援助。然而，请注意，发达经济体的纳税人通常会为国际货币基金组织的活动买单，且金额往往高达数十亿美元。批评人士认为，国际货币基金组织援助的国家未能建立健全的监管体系，也未采取负责任的财政政策和货币政策。他们指出，经济繁荣最好借助市场力量和自由企业来实现。他们声称，振兴贫困国家的代价太大，而且会抑制负责任的行为，因为如果地方官员知道他们可以依靠富裕国家的援助的话，他们就不太可能努力去制定确保经济稳定增长的政策。假设你是国际货币基金组织的一名财务官员。你的立场是什么？使用第 4 章中的道德行为框架，判断国际货币基金组织是否应该帮助乌克兰解决这个问题。

网络练习

8-19. 世界银行赞助了全球营商环境报告数据库。该数据库提供了一些衡量世界各国的商业法规及其执行情况的指标。企业可以根据这些指标来分析具体的法规（这些法规可能会促进投资，提高生产率和增长率，也有可能会限制它们）。访问其网站（www.doingbusiness.org）并选择两个新兴市场，然后回答以下问题：在创业、雇用工人和跨境贸易方面，它们的排名如何？创业需要多长时间？缴税需要多长时间？查看其他统计数据，确定哪个新兴市场的营商环境最友好。

8-20. 访问互联网，找到你所选择的两个新兴市场的商业指南。比较二者在以下两个方面的区别：在出口和投资方面领先的部门；产品和服务营销。回答以下问题：在哪个新兴市场销售笔记本电脑的潜力更大？在哪个新兴市场销售便携式发电机的潜力更大？在哪个新兴市场销售电信设备的潜力更大？证明你的答案。

8-21. 可以根据经济自由度对本章描述的三类经济体进行对比。经济自由度指的是一个国家的经济活动能够自由进行而不受政府限制的程度。各种组织，包括卡托研究所（Cato Institute，www.cato.org）、传统基金会（Heritage Foundation，www.heritage.org）和菲沙研究所（Fraser Institute，www.fraserinstitute.org）都已经建立了经济自由度指数。在衡量经济自由度时，这些指数根据贸易政策、政府干预程度、货币政策、FDI 流入、知识产权和商业基础设施等因素，将经济体分为自由的、大部分自由的、大部分不自由的和被压抑的这几类。访问以上网站之一，在搜索引擎中输入"经济自由度"，找到经济自由度指数，并回答以下问题：新兴市场和发展中经济体是如何被分类的？市场自由化和经济发展之间有何关系？市场自由化是如何减轻发展中经济体的贫困问题的？

8-22. 经理人如何评估新兴市场的真正潜力？

8-23. 在进入新兴市场方面，跨国公司通过与当地的家族集团合作可以获得什么好处？这种合作关系的缺点是什么？

第 8 章

CKR 有形流程工具™练习

理解并运用这个工具将帮助你在工作中提高效率。

了解和评估新兴市场

新兴市场是正在快速工业化的充满活力的经济体。当决定在新兴市场开展业务时，第一步是确定最具吸引力的市场。这涉及用各种标准比较许多市场。因为每个新兴市场都是不同的，所以管理者必须通过研究决定进入哪个市场。掌握相关知识有助于避免浪费公司资源，并使公司的利润和竞争优势最大化。在本练习中，假设你是一家生产和销售手机的公司的产品经理，你的任务是分析领先的新兴市场上的各种因素，并选择其中一个最好的新兴市场作为公司产品出口地。

背景

新兴市场是指增长快速、潜力大，并且生活水平相对较高的经济体。其中产阶级规模不断壮大。从发展程度看，新兴市场处于发达经济体和发展中经济体之间的中间地带。新兴市场人口占世界人口的比重最大，在对外贸易中的参与度很高，而且还在不断上升。对于各种产品来说，将它们作为销售目标市场变得越来越可行。尽管发达经济体代表着国际商务的现在和过去，但新兴市场代表着未来。目前世界上的新兴市场众多且各具特色。由于它们一直在动态变化，所以准确评估它们当前的市场潜力是很难的，公司在进入它们之前需要做大量详细的调查。

第9章　国际货币与金融环境

本章学习目标：

1. 理解国际商务中的汇率与货币
2. 理解汇率是如何决定的
3. 理解现代汇率制度的形成
4. 了解货币与金融体系
5. 识别货币与金融体系的主要参与者
6. 理解全球债务危机

篇首案例　　　　　　　　　　　　　　**欧盟与欧元**

　　欧盟成立于 1993 年，2017 年时有 28 个成员国。欧盟成立了欧洲货币联盟（EMU）和欧洲中央银行（ECB，www.ecb.int），目标是创建一种共同货币——欧元。2002 年，欧元纸币和硬币发行，代替了以前各国的货币。截至 2018 年，欧元已经成为 19 个欧盟成员国的唯一官方流通货币，这 19 个国家分别是：奥地利、比利时、塞浦路斯、爱沙尼亚、芬兰、法国、德国、希腊、爱尔兰、意大利、拉脱维亚、立陶宛、卢森堡、马耳他、荷兰、葡萄牙、斯洛伐克、斯洛文尼亚和西班牙。其余欧盟国家未加入欧元区。欧洲货币联盟旨在通过创建一种共同货币将参与该货币的各欧盟经济体整合为一个统一的整体，以减少由多种浮动汇率所带来的风险，便于国家之间的价格比较并促进贸易发展。

　　位于欧元区内的跨国企业通过使用单一货币简化其会计、财务和市场活动，降低了商业成本。欧元使得企业能在欧盟范围内协调价格。

　　欧洲中央银行将欧元区视为一个区域整体，而不是经济状况不同的独立国家。欧洲中央银行的货币政策非常复杂，因为各个欧元区国家面临着不同的经济和财政状况。例如，欧洲中央银行的目标是通过谨慎地限制欧元的供应来保持较低的通货膨胀率，但是通过增加货币供应来控制通货紧缩的政策与控制通货膨胀时所采用的政策是同样有害的。因此，欧洲中央银行在调整一个国家的通货紧缩时可能会引发另一个国家的通货膨胀。制定一种适合所有欧洲货币联盟成员国经济状况的货币政策是富有挑战性的。

低收入的东欧国家如斯洛伐克和斯洛文尼亚加入欧盟，使得欧洲中央银行货币政策的制定变得更加复杂。随着更多的国家加入欧盟，整个联盟内各国经济状况不一致所带来的风险也随之增加。在欧洲最近的经济危机中，这种风险已有所体现，尤其是在希腊、葡萄牙和西班牙。欧盟执行了一项援助希腊的计划，其内容包括贷款和欧洲中央银行的监管。这次危机引发了人们关于欧盟货币一体化的风险和欧元是否应该存在的讨论。

推行欧元的核心目标是通过建立一个统一的、强大的经济体来保护欧洲货币联盟的成员国不受货币汇率波动的影响。在过去，欧元兑美元的汇率相对较强。最近欧元的走低对欧洲出口商来说较为有利，因为这使得其产品相对于外国进口商来说更加便宜。当欧洲的跨国企业把其以非欧元计算的利润转换为欧元时，弱势的欧元使得它们的利润变多了。而负面影响则是，弱势的欧元降低了那些购买以非欧元计价的国外商品的欧洲企业和顾客的购买力。

欧元作为一种统一的欧洲力量成功改变了国际均势。欧盟和欧洲货币联盟赋予了欧洲政府在更广阔的全球舞台上挑战美国政策的权力。包括加拿大、中国、俄罗斯在内的许多国家的中央银行都提高了其外汇储备中欧元的比重。许多政府正在增加其欧元持有量，亚洲现在也不像过去那样以美元为中心了。

案例问题：

9-1. 使用单一货币欧元对欧洲国家有哪些益处？

9-2. 欧洲中央银行在为欧盟制定货币政策时面临哪些挑战？

9-3. 欧元处于弱势对欧洲出口商有何影响？对欧洲消费者有何影响？

资料来源：T. Catan, "Spain's Struggles Illustrate Pitfalls of Europe's Common Currency," *Wall Street Journal*, September 14, 2009, p. A2; Gianmarco Daniele and Benny Geys, "Public Support for European Fiscal Integration in Times of Crisis," *Journal of European Public Policy* 22, No. 5 (2015), pp. 650-670; *Economist*, "Don't Get Europhoric," April 11, 2015, pp. 12-14; European Union, *Official Website of the European Union 2018*, www.europa.eu; J. Perry, "ECB Expects No Recovery Before 2010," *Wall Street Journal*, June 10, 2009, p. A7; Carla Power, "Border Control," *Time International*, March 5, 2012, pp. 40-44; "Too Long an Illness," *Economist*, February 25, 2012, p. 66; Philip Whyman, *Rethinking Economic and Monetary Union in Europe* (New York: Routledge, 2018).

由于国际商务交易是在全球货币和金融体系内进行的，所以汇率波动是国际商务交易者面临的一个重要挑战和风险。本章篇首案例解释了欧盟如何通过引入单一货币欧元来解决它所面临的问题。在欧元被推出之前，许多国家的货币——法国法郎、西班牙比索、意大利里拉等——都是欧洲商务交易中的流通货币。

随着曾经限制全球贸易和投资的壁垒逐渐消失，企业和国家的货币和金融活动也日益增多。人们通常认为，国际贸易是指产品和服务的贸易。然而，外汇和资本的市场要大得多。企业会定期交易美元、欧元、日元和其他主要货币，以满足其国际商务交易所需。在本章中，我们将探讨使国际贸易和投资成为可能的货币和金融结构。本章解释了外汇市场的性质、组织和功能，以及国际企业面临的货币和金融问题。

9.1 国际商务中的汇率与货币

在当今世界，流通中的货币超过 170 种。跨境交易是买卖双方借助这些货币实现的。货币是价格的一种形式，也是一种交换单位。各国都倾向于使用各自独特的货币，这使国际商务交易变得更加复杂。例如，从墨西哥供应商处购买产品或服务，付款时就必须将本国货币换成墨西哥比索才能支付。然而，有些地区正在简化其货币制度。正如我们在篇首案例中所看到的，欧洲的许多国家都使用欧元。而其他国家如厄瓜多尔、巴拿马、东帝汶等已采用美元作为其本国货币，这一过程被称为"美元化"。

汇率（exchange rate）即一种货币以另一种货币表示的价格，它常常随时间而变化。汇率把不同国家的货币联系了起来，以便于买卖双方对国际上的价格和成本进行比较。表 9.1 列出了最近某天美元与其他部分货币的汇率。这些货币的币值和汇率是经常变动的。具体而言，货币的升值（价值增加）或贬值（价值减少）是相对于其他货币而言的。

表 9.1 美元与其他货币的汇率（2018 年 3 月 1 日）

货币	用该货币表示的 1 美元价值	用美元表示的 1 单位该货币的价值
澳大利亚元	1.288	0.776
巴西雷亚尔	3.247	0.308
英国英镑	0.727	1.376
加拿大元	1.284	0.779
人民币	6.331	0.158
欧元	0.820	1.219
印度卢比	65.227	0.015
日元	106.586	0.009
墨西哥比索	18.842	0.053
新西兰元	1.388	0.720
挪威克朗	7.903	0.127
沙特阿拉伯里亚尔	3.750	0.267
新加坡元	1.325	0.755
南非兰特	11.792	0.085
土耳其里拉	3.803	0.263

资料来源：www.x-rates.com.

汇率的持续波动要求国际企业的管理者铭记三点：
- 企业在报价时既可以采用本国货币，也可以采用外国客户所属国的货币；
- 由于从订单确认到货物抵达可能要经历长达几个月的时间，所以这期间汇率的波动可能会导致企业利润减少或增加；
- 企业和客户可以按照交易当天的实际汇率交易，同样也可以按照事先约定的某一具体汇率交易。

汇率波动和国际商务中类似的复杂因素会导致**货币风险**（currency risk），即一种货币相对于另一种货币的价格发生变动所造成的潜在损失。这种风险就是第 1 章中介绍的国际商务活动面临的四种风险之一，也被称作金融风险。如果你的供应商所属国货币相对本国货币升值，那么你可能需要支付更多的本国货币才能购买到同样的产品。如果你的顾客所属国货币相对本国货币贬值，那么同样也会产生货币风险，因为如果销售价格是以客户所属国的货币来支付，你以本国货币计算的收入就会减少。当然，如果外汇往对你有利的方向波动，则你可能会获得一笔意外收入。然而，进出口商一般不会依靠货币投机来赚钱，它们担心的是汇率波动给自己造成损失。

由于外国买方可能以外币付款，也可能必须将本国货币兑换成卖方所属国的货币，所以出口商和许可人也会面临风险。此外，外国直接投资者也同样会面临货币风险，因为它们收到的付款和承担的债务都是外币。

9.1.1 可兑换货币与不可兑换货币

可兑换货币可以很顺利地兑换成其他货币。可自由兑换的货币就是我们常说的**硬通货**（hard currency）。美元、日元、英镑和欧元等硬通货强劲而稳定，可在全世界通用，因而在国际商务交易中用得最多。正因为硬通货的稳定性和坚定性，故各国更愿意持有硬通货作为储备。

当一种货币在国际交易中不被接受时，该货币就是不可兑换货币。为了维持美元、欧元等硬通货的供给，或避免资本外逃，有些政府会对将本国货币兑换为外币的行为予以限制。**资本外逃**（capital flight）是指本地居民或国外持币者迅速地将本国货币或其他资产变卖并兑换为外币，这通常是国内危机导致他们对国家经济丧失信心，从而做出的反应。这时，投资者通常会将他们持有的弱势通货兑换成某种硬通货。资本外逃会削弱一国的偿债能力和支付进口货款的能力。

随着近年来各国经济一体化程度的提高，资本外逃已较为常见。例如，在委内瑞拉，自从马杜罗总统（Nicolás Maduro Moros）开始执政后，他没收了国外企业的资产，并严格监管可疑的金融交易。政府治理不善、货币贬值和其他经济问题使国外投资者和委内瑞拉国内的富豪感到恐慌，于是他们从该国撤出了他们的流动资产。[1] 一些发展中国家对货币的可兑换性有非常严格的限制，以至于许多企业有时避免使用货币，而是用货物替代现金来冲抵货款，也就是说，它们从事的是易货贸易。

近年来，加密货币兴起，这是一种使用安全数字代码来促进购买、销售和其他形式的交易的电子交易单位。其中，最著名的加密货币是比特币。加密货币不是由政府或其他中央当局发行的，而是由区块链技术支持的。区块链是指由一系列无限的数据和高度安全的账本（即区块）所构成的账户活动的电子账本。许多跨国企业和金融企业正在尝试将区块链作为一种在国际交易各方之间安全高效地共享数字账本的手段。目前只有一小部分大型在线零售商接受加密货币作为支付手段。有关加密货币是否会成为货币的替代品在国际商务中得到广泛应用的问题还没有明确的答案。[2]

9.1.2 外汇市场

货币的一个关键功能是便于企业支付款项以购买产品和服务。在自己国家获得报酬是很简单的：美元在全美国都被接受，欧元在欧洲被广泛使用，日本人彼此买卖时只需支付日元。但是，如果一个加拿大人需要向日本人付款，或者一个日本人需要向意大利人付款，或者一个意大利人需要向加拿大人付款时该怎么办？加拿大人想要加拿大元，日本人想要日元，而意大利人则想要欧元。所有这些货币都被认为是外汇。**外汇**（foreign exchange）是指所有能在国际上交易的货币形式，包括外币、银行存款、支票和电子转账等。外汇解决了国际付款问题，促进了企业、银行和政府之间的国际投资和借贷。

货币，如美元、日元和欧元能在外汇市场上交易。**外汇市场**（foreign exchange market）是指买卖国家货币的全球市场，没有固定场所。货币买卖持续不断地通过世界各地的银行、政府外汇交易商和其他外汇代理商实现。如果没有外汇和外汇市场，那么国际商务活动就几乎很难进行。

9.1.3 货币风险

目前，已经有 19 个欧盟国家采用欧元作为其共同货币和唯一法定货币，这就

---

[1] Ian Bremmer, "5 Reasons Why Venezuela's Nicolás Maduro Won't Last Much Longer," *Time*, August 11, 2017, www.time.com; Frank Gunter, "Why China Lost About ＄3.8 Trillion to Capital Flight in the Last Decade," *Forbes*, February 22, 2017, www.forbes.com; Girish Gupta, "Venezuela Sets New Exchange Mechanism, as Currency Continues to Slide," *Reuters*, May 24, 2017, www.reuters.com; Gabriel Wildau, "Beijing Hails Success in Battle Against Capital Flight," *Financial Times*, August 7, 2017, www.ft.com.

[2] Justin Jaffe, "What is bitcoin? Here's Everything You Need to Know," *CNET*, February 12, 2018, www.cnet.com; Arvind Narayanan et al., *Bitcoin and Cryptocurrency Technologies: A Comprehensive Introduction* (Princeton, NJ: Princeton University Press, 2016).

解决了它们相互之间在贸易和投资上因汇率波动而产生的问题。加勒比海地区、拉丁美洲和中东地区的其他国家也选择了使用区域性货币或者硬通货。汇率波动带来的挑战促使各个国家协调它们的货币政策。政府试图通过买卖硬通货和控制通货膨胀来管理汇率。但是，即使大国政府也难以控制汇率波动，因为外汇市场资金规模过于庞大且可以瞬时完成交易和流动。

　　如图 9.1 所示，美元、欧元和许多其他货币之间的汇率有时候会剧烈波动。例如，在 2014 年，欧元与美元的汇率为 0.784 欧元兑换 1 美元。到了 2016 年，欧元与美元的汇率变为 0.940 欧元兑换 1 美元，即欧元相对于美元贬值了接近 20%。具体而言，在 2014 年，一个欧洲人可以用 0.784 欧元兑换到 1 美元；而到了 2016 年，他必须支付 0.940 欧元才能兑换到 1 美元。从美国人的角度来看，2014 年一个美国人可以用 1.27 美元兑换到 1 欧元；而到了 2016 年，同样的 1 欧元只需要 1.06 美元就能兑换到。这对于欧洲与美国之间的国际商务的影响是巨大的。仅仅在两年的时间内，由于欧洲产品对美国人来说变得便宜了，欧洲企业的出口显著增加。同时，因为欧元相对于美元的购买力降低，美国企业对于欧洲的出口相应下降。[①] 图 9.1 还显示出法国法郎是退出流通并被欧元取代的欧洲货币之一。

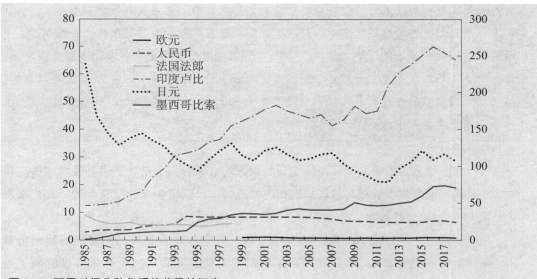

图 9.1　不同时间几种货币兑美元的汇率

说明：右侧的刻度用来衡量日元，左侧的刻度用来衡量其他所有货币。例如，2015 年，16 墨西哥比索可以兑换 1 美元。1999 年，欧元成为欧盟许多国家的共同货币，取代了法国法郎和其他欧洲国家货币。

资料来源：根据国际货币基金组织和世界银行的数据绘制。

---

① *Federal Reserve Bulletin*，various years，at www.federalreserve.gov；K. Kumar and Y. Muniraju，"Exchange Rate Fluctuations and Its Impact on Foreign Trade：An Empirical Study," *Finance India* 28，No. 3 (2014)，pp. 973 - 983.

汇率波动对企业和消费者均会产生影响。假如今天欧元兑美元的汇率是1∶1，也就是说，欧洲人要花1欧元才能兑换到1美元。然后，又假设在接下来的一年，欧元兑美元的汇率变为1.5∶1，那么和以前相比，对于欧洲企业和消费者来说，美元更贵了——买1美元的物品要多花50%的钱。我们来分析一下这种变化对欧洲的影响。

对欧洲企业的影响：

● 欧洲企业从美国进口生产成品和提供服务所需的各种投入品如原材料、元器件和支持性服务时，必须支付更多的钱。

● 投入成本的提高减少了企业的利润，企业可能不得不提高对终端消费者的售价，而价格的上升会降低消费者对产品和服务的需求。

● 因为欧元对美国消费者而言变得相对便宜了，企业对美国的出口额可能会增加，即便提高产品的出口价格，其在美国市场仍然有竞争力。

● 对美国的出口额的增加会给企业带来更多的收益和更高的利润。

对欧洲消费者的影响：

● 因为现在美国产品和服务的价格变高，所以欧洲消费者对美国产品和服务的需求会减少。

● 对那些大量消费以美元计价的进口产品的消费者而言，生活成本会相应增加。

● 有经济能力去美国旅游的欧洲人会减少，去美国大学求学的欧洲学生也会减少。

现在假设欧元兑美元的汇率上升为0.5∶1，那么这对于欧洲企业和消费者会产生什么影响呢？总体上的影响基本上与前述分析相反：欧洲企业可以花更少的钱从美国进口到同样的投入品。这意味着企业可以降低其产品和服务的售价。因为美国产品和服务现在更便宜了，所以消费者会增加对美国产品和服务的需求。

如上所述，汇率波动对国际交易的双方均有影响。企业管理层必须持续关注汇率波动，根据货币的相对强弱采取相应的战略，以保证企业的经营绩效。我们将在第10章讨论这些战略。

2018年，由于美元相对世界货币走弱，苹果和高通等美国企业的国际销售额有所上升。截至2018年2月的一年中，美元兑欧元和人民币汇率分别贬值了约10%。随着欧洲和中国的买家从美元贬值中受益，苹果、高通和其他许多美国企业的销售额都有所上升。与此同时，2018年夏天在美国旅游的欧洲游客也从美元相对欧元走弱，进而欧元的购买力增强中受益匪浅。美元贬值使得在美国旅行和美国产品变得更加便宜。[1]

---

① Patti Domm，"Shrinking Dollar Could Boost the Market and Make These Stocks Big Winners," *CNBC*，July 24，2017，www.cnbc.com；Theo Francis and Thomas Gryta，"U. S. Companies Post Profit Growth Not Seen in Six Years," *Wall Street Journal*，July 30，2017，www.wsj.com；Lananh Nguyen and Katherine Greifeld，"What a Weak Dollar Means in 2018：Staycations and Local Shopping," *Bloomberg*，December 28，2017，www.bloomberg.com.

9.2　汇率是如何决定的

在自由市场中，任何一种货币的"价格"，即它的兑换比率，都是由供求关系决定的。货币的供给和需求会根据市场情况进行调整。由于大多数主要货币的全球市场是自由的、活跃的，所以它们的汇率会不断波动。美元供求的不断变化导致美元汇率不断变化。一些国家采取固定汇率制度，因此其汇率可能不会对市场行为做出反应。

在自由市场中，货币的供求水平与其价格成反比，因此，在其他条件相同的情况下：

- 货币供给量越大，价格越低。
- 货币供给量越小，价格越高。
- 货币需求量越大，价格越高。
- 货币需求量越小，价格越低。

假设一个加拿大客户想买一辆产自德国的宝马汽车，该汽车的名义价格为30 000 欧元。我们进一步假设，欧元兑加拿大元的汇率是 1 欧元＝1.25 加拿大元。现在假设该消费者可以延迟 6 个月付款，在这期间，欧元兑加拿大元的汇率变为1 欧元＝1.50 加拿大元。这就意味着，因欧元需求的增加或欧元供给的减少，欧元相对于加拿大元升值了，以欧元标价的产品对于加拿大消费者而言更贵了。若宝马汽车的欧元价格保持不变，那么加拿大消费者必须花更多的加拿大元才能购买到这辆汽车，这会使得消费者不太愿意购买。相反，若在这 6 个月的延迟付款期间，欧元相对加拿大元变得便宜了（假设汇率是 1 欧元＝1 加拿大元），则加拿大消费者会更愿意购买这辆汽车，因为他将少付一些加拿大元。从这个例子中我们可以看出，对一个国家的产品和服务的需求越大，对该国货币的需求也就越大。

有四个主要因素会影响一种货币的供给和需求，它们分别是：经济增长、通货膨胀与利率、市场心理和政府行为。接下来，我们分别讨论这几个因素。

9.2.1　经济增长

经济增长是一国生产的产品和服务的价值增加。为确保准确度，我们通常用扣除了通货膨胀率后的实际 GDP 年增长率来衡量一个国家的经济增长。经济增长源于持续的经济活动，特别是创新和创业。这意味着随着商业活动的持续增加，消费者对货币的需求也相应增加，以支持更多的经济交易。

为适应经济增长需求，中央银行会增加国家的货币供应量。中央银行（central bank）是各国的货币管理部门，负责调节货币供应量、发行货币和管理该国货币相对其他国家货币的汇率。经济发展与国家资金供给和需求的增加有关，进而与国家货币有关。因此，经济增长对国家货币的供给和需求有很大影响。例如，近几年一些东亚国家经历了快速的经济增长，这刺激了国内外企业和个人对这些国家货币的需求量不断增加。[①]

9.2.2　通货膨胀与利率

通货膨胀是指产品和服务的价格的持续上涨。当发生通货膨胀时，货币购买力相较前几年下降。图 9.2 显示，一些国家的通货膨胀率在不同时间达到了高水平。如阿根廷、津巴布韦和其他一些国家经历了较长时期的恶性通货膨胀（hyperinflation）——价格持续以两位数甚至三位数的年增长率飙升。恶性通货膨胀的一个实际影响是：饭店老板每隔几天就需要更新其菜单并列出最新菜价。在通货膨胀率持续高企的情况下，货币的购买力持续降低。

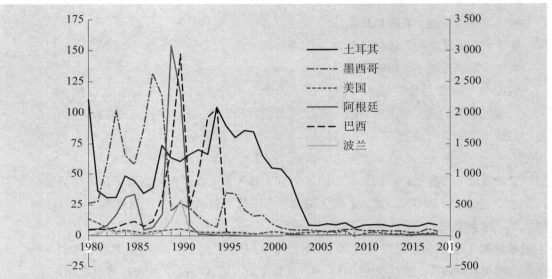

图 9.2　部分国家 1985—2018 年的通货膨胀情况

说明：该图显示的是年通货膨胀率。右轴的刻度适用于阿根廷、巴西和波兰；左轴的刻度适用于其他国家。

资料来源：Based on International Monetary Fund，*World Economic Outlook Database*，2018，www.imf.org；and *CIA World Factbook*，2018，www.cia.gov.

利率与通货膨胀率是紧密关联的，通货膨胀严重的国家其利率通常也很高，因为投资者希望能补偿由通货膨胀引起的货币贬值所造成的损失。例如，如果通货膨胀率高达 10%，那么银行不得不通过支付 10% 以上的利息来吸引顾客将钱存到银行。

通货膨胀会在两种情况下发生：（1）货币需求的增长超过货币供给的增长；

---

① International Monetary Fund，"Asia's Dynamic Economies Continue to Lead Global Growth," May 9，2017，www.imf.org；Peter Morgan，"The Role of Macroeconomic Policy in Rebalancing Growth," *Journal of Asian Economics* 23，No. 1（2012），pp. 13 – 25.

（2）中央银行货币供应量的增长速度超过该国产出的增长速度。通货膨胀对于发展中经济体和新兴市场来说都是一种挑战。当一国发生通货膨胀时，该国货币相对于外币的价值将下降。例如，在 20 世纪 90 年代中期，由于国家货币供应量成倍增加，巴西出现了通货膨胀，年通货膨胀率达到了 1 000% 以上。想象一下，买卖双方要适应不断贬值的货币和持续上涨的物价有多么困难！

利率和通货膨胀之间的联系、通货膨胀和币值之间的联系意味着真实利率和币值之间存在某种关系。比如，当日本的利率较高时，国外投资者会购买日本的有息投资产品（如债券和存单），以获取收益。这将引起对日元需求的增加。

9.2.3　市场心理

汇率会受到市场心理（market psychology）和投资者不可预测的行为的影响。羊群效应是指投资者具有模仿彼此行为的趋势。动量交易是指投资者买进正在上涨的股票，而抛售正在下跌的股票的行为。动量交易通常由计算机进行操作，因为计算机会按照预先设定的程序，在资产价格达到一定水平时大量买进或抛售。羊群效应和动量交易往往发生在金融危机之后。最近，巴西、俄罗斯和其他新兴市场出现了大规模的资本外逃，因为投资者担心这些市场的经济状况恶化。外国投资者非常恐慌，许多人抛售了这些国家的股票。[1]

9.2.4　政府行为

货币的币值影响企业的绩效。如果一国货币对外国人来说比较昂贵的话，该国的出口可能就会减少。[2] 如果一国货币对外国人来说比较便宜的话，该国的出口可能就会增加。如果一国货币的币值在一段较长时间内一直下降，那么消费者和投资者就会丧失信心。货币急剧贬值会削弱该国偿还国外贷款的能力，还可能会引发经济危机和政治危机。

为了尽量减轻上述影响，政府经常会采取行动干预并影响本国货币的币值。

货币的币值被低估会产生贸易盈余。**贸易盈余**（trade surplus）是指在一个特定时期内，一国的出口大于进口，造成外汇净流入的情况。与此相反，**贸易赤字**（trade deficit）是指在一个特定时期内，一国的进口大于出口，造成外汇净流出的情况。**贸易差额**（balance of trade）是一国在一年中出口与进口的差额。例如，如果德国向肯尼亚出口汽车，那么货币将会从肯尼亚流入德国，因为肯尼亚的汽车进口商要向德国的汽车出口商支付货款。这使得德国此项贸易差额为正，而肯尼亚此

① Dimitra DeFotis, "Brazil Economy in 'Great Rotation', Buy Cyclical Stocks?," *Barron's*, September 7, 2017, www.barrons.com; Landon Thomas Jr., "Skittish over Emerging Markets," *New York Times*, December 17, 2014, p. B1.

② James Gerber, *International Economics* (New York: Pearson, 2018); Abdul-Hamid Sukar and Seid Hassan, "U. S. Exports and Time-Varying Volatility of Real Exchange Rate," *Global Finance Journal* 12 (2001), pp. 109–114.

项贸易差额为负。如果肯尼亚从德国进口的总值大于肯尼亚向德国出口的总值，那么肯尼亚对德国存在贸易赤字。影响贸易差额的因素包括国内产品价格、汇率、贸易壁垒和政府衡量贸易差额的方法等。

许多经济学家认为，持续的贸易赤字对一国经济不利。如果一国的贸易赤字变得很严重或持续了很长一段时间，那么该国的中央银行可能会让其货币贬值。**货币贬值**（devaluation）是指政府采取行动降低本国货币相对于其他国家货币的官方价值。货币贬值通常是通过在外汇市场买卖货币实现的。贬值的目的在于阻止该国居民从国外进口商品，从而尽可能减少贸易赤字。[1]

从更广的层面上看，政府必须管理其**国际收支**（balance of payments），即一国和所有其他国家全部经济交易的年度总和。国际收支衡量了一国与世界上其他国家进行贸易、投资和转移支付的情况，表明了进出一国的货币总量的差额。以一家在中国建厂的美国跨国企业为例，在投资建厂的过程中，货币从美国流入中国。在中美各自的国际收支平衡表中，美国产生了赤字，而中国产生了盈余。国际收支还受到其他交易的影响，如公民向外国捐款、政府对外援助，以及居民出国旅游、在国外消费。

9.3 现代汇率制度的形成

在 19 世纪末至 20 世纪 20 年代的大部分时间内，全球贸易发展蒸蒸日上。经济大萧条（1929—1939 年）和第二次世界大战（1939—1945 年）的发生导致了国际贸易体系的崩溃及国家间关系的破裂。二战后，一些国家走到一起，希望共同改善国际商务环境，并制定框架以稳定国际货币金融体系。1944 年，44 个国家的政府协商并签署了《布雷顿森林协定》（Bretton Woods Agreement），由此形成了布雷顿森林体系。

9.3.1 《布雷顿森林协定》

《布雷顿森林协定》将美元与黄金挂钩，每盎司黄金兑换 35 美元。美国政府同意无限量买卖黄金来确保这一固定比率。《布雷顿森林协定》的每个签署国都同意根据美元确定本国货币币值，并通过中央银行干预维持这一币值。如此一来，在布雷顿森林体系下，主要货币相对于美元的汇率维持在一个固定水平，因此彼此之间的汇率也基本固定。

在 20 世纪 60 年代，全球经济形势急剧变化导致美国贸易赤字居高不下。随着时间的推移，国内外对于美元的需求远远超出美元的供给，美国政府无法维持足够

---

[1] Javier Cravino and Andrei Levchenko, "The Distributional Consequences of Large Devaluations," *American Economic Review* 107, No. 11 (2017), pp. 3477-3509; Gerber, 2018.

的黄金储备，在这种情形下，欧洲国家、日本和美国被迫重新确定币值。最终在1971 年，美国终止了美元和黄金的固定比率兑换，收回了黄金和美元之间以固定比率无限兑换的承诺。美国的这一行动宣告了布雷顿森林体系的瓦解。

布雷顿森林体系遗留下来的一些原则和机构至今仍在使用，具体而言，包括以下内容：

- 国际货币合作理念，特别是一些重要国家的中央银行要互相合作的理念。
- 确立了货币可兑换的重要性。在货币可兑换的情况下，国家同意不限制货币交易，并且避免对货币进行不公平的调整。
- 在同一个国际制度下实施固定汇率，以将货币风险降到最低的理念。
- 国际货币基金组织和世界银行。国际货币基金组织是一个通过监督成员的汇率制度、向发展中经济体发放贷款来努力稳定货币的国际机构。世界银行是一个向中低收入经济体提供贷款和技术援助，以减少贫困的国际机构。

1997 年亚洲金融危机过后，在 1999 年，来自 20 个发达国家或经济高速发展的国家的财政部长和中央银行行长倡议成立了 20 国集团（G20）。该组织旨在使全球金融体系更加稳定。20 国集团涵盖了世界经济的约 90%，集团成员每年都召开会议并制定推动经济增长和巩固金融体系的举措。会议曾在加拿大、韩国、英国和美国等地召开。其成员为应对金融危机和经济危机所制定的新政策包括增加金融资源、协调扩张性宏观经济政策和加强国家金融监管，这些政策发挥了重要作用。同时，20 国集团也和国际货币基金组织、世界银行紧密合作。

9.3.2　现代汇率制度

现在，大多数主要货币都在世界市场自由交易，币值根据货币供求状况发生波动。黄金由官方定价的制度被正式废除，政府可以自主选择最适合本国需要的汇率制度。固定汇率制度与浮动汇率制度具有相同的地位，各国不再被迫将本国货币维持在一个具体的固定价格上，相反，它们能够实施符合本国国情的经济政策，以此来稳定本国货币汇率。当前有两种主要的汇率制度：浮动汇率制度和固定汇率制度。

（1）浮动汇率制度。多数发达国家采用浮动汇率制度。在该汇率制度下，政府不进行系统性干预，各国货币根据市场力量自由浮动。世界主要货币，包括加拿大元、英镑、欧元、美元和日元，都在世界外汇市场上自由浮动，这些货币的汇率由每日货币供给和需求决定。浮动汇率制度给了政府根据当时的情况随时修改货币政策的自由空间。如果一国实行浮动汇率制度，那么当出现贸易赤字时，对赤字进行纠正的难度比实行固定汇率制度的国家要低。

（2）固定汇率制度。固定汇率制度与《布雷顿森林协定》的规定十分相似，有时也被称为钉住汇率制度。在固定汇率制度下，一国货币与另一国货币（或一篮子货币）的兑换比率相对固定。本国货币的币值随着参考货币的币值的上涨或下跌相应上涨或下跌。过去，有些货币的币值也被固定为与黄金的兑换比率。

如今许多发展中国家和一些新兴市场正在使用这一制度，例如，洪都拉斯首府伯利兹将其货币与美元挂钩。为维持固定汇率，伯利兹政府干预货币市场，买卖美元和其他货币，以此将汇率维持在事先设定的固定水平。固定汇率制度有助于提高汇率变动的稳定性和可预测性，进而稳定一国经济。而实行固定汇率制度的国家的中央银行必须随时准备填补货币供给与货币需求之间的缺口。

有时，国家既不遵循纯粹的固定汇率制度，也不遵循纯粹的浮动汇率制度，而是将其货币的币值控制在一定范围内，并在这个范围内兑换美元或其他重要参考货币。这种制度通常被称为肮脏浮动汇率制度（dirty float），也被称为有管理的浮动汇率制度。在这种汇率制度下，货币的币值是由市场力量决定的，但为将其相对于主要参考货币的币值维持在可接受的范围内，中央银行偶尔也会干预外汇市场。许多西方国家时不时会采用这种干预方式。

9.4 货币与金融体系

我们已经学习了货币如何便利国际交易，也分析了汇率是如何影响国际贸易量的。现在让我们来学习决定汇率的两个体系：国际货币体系和全球金融体系。

9.4.1 国际货币体系

企业因向外国市场销售产品和服务而收取款项，投资者在世界范围内投资股票和其他流动性资产，由此产生的货币流动就是以国家之间进行各种货币交易这一形式出现的。因此，**国际货币体系**（international monetary system）由规定如何将一国货币兑换成另一国货币的制度框架、规则和程序组成。通过为各国企业和政府提供外汇交易活动的制度框架，国际货币体系为国际贸易和国际投资提供了便利。为使国际货币体系良好运行，各国政府和国际机构已将目标聚焦于创建一个激发信心并确保货币和金融流动性的体系。

9.4.2 全球金融体系

全球金融体系（global financial system）由促进并监管世界投资和资本流动的国际金融机构组成。该体系的主要成员包括财政部、国家证券交易所、商业银行、中央银行、国际清算银行、世界银行和国际货币基金组织。因此，全球金融体系包括国内和国际银行体系、国际债券市场、各国股票市场和以外币计价的银行存款市场。

全球金融体系建立在持续参与国际金融活动的企业、银行和金融机构的基础之上。它还与各国金融市场有很多联系。自20世纪60年代以来，全球金融体系规模大幅增长，结构日益复杂，总体上变得更有效率、更有竞争力且更稳定。

目前，全球金融体系可以适应大规模的跨国资金流动和由这些交易所催生的巨大外汇市场。金融全球化最初是由世界贸易和投资迅速增长引起的，在 20 世纪 90 年代随着苏联和中国对国际商务活动的开放而加速发展。最近，以养老基金、共同基金和寿险投资形式进行的大规模资本跨国流动正推动着许多国家股权市场的发展。企业可以更容易地在世界范围内利用多个资本市场和多种金融工具。①

　　货币以股票组合投资形式流往外国是一个相对较新的趋势。这种形式的货币流动规模很大，例如，美国股票总流通量中有 25％以上是由美国境外的人持有的。② 在发展中国家，对内投资可以增加外汇储备，降低资本成本，并刺激当地金融市场的发展。

世界金融与货币活动一体化的发展有如下几个原因：
- 全球货币和金融规则的发展；
- 新技术和支付系统的发展以及互联网在全球金融活动中的应用；
- 金融市场在全球和区域间相互依赖性的增强；
- 单一货币制度（如欧元）的作用不断提升。

　　相比 FDI 类型的投资，资本流动更不稳定，因为其投资者比 FDI 投资者更容易收回和重新分配流动资金。FDI 资金与企业在海外建立工厂和永久性经营设施直接相关。③

　　虽然资本流动的全球化带来了许多好处，但也增大了金融风险。一国发生的经济危机可能会像传染病一样迅速蔓延到其他国家。如果政府不能充分监管其银行和金融部门，那么金融不稳定状况将进一步恶化。④ 接下来，我们将讨论在全球货币金融体系下试图减少资本外逃和应对其他挑战的各种组织。

道德联系

　　2008—2009 年的全球金融危机引发了许多道德问题。金融业的全球化使危机迅速蔓延，逐渐危害到了全世界人民，但不可否认的是，金融全球化也对贫穷国家的经济发展做出了巨大贡献。一些批评人士指出，银行业的利己主义是造成这场危机的根本原因。但是利己主义是人类的本性。养老金领取者和其他投资者偏好从股票市场和债券市场快速获得收益，但他们往往不知道这些收益是如何产生的。还有一些人认为，造成此次金融危机的真正原因是政府未能充分监管金融业。

---

①　International Monetary Fund，*Global Financial Stability Report*，2017，www. imf. org.

②　U. S. Department of the Treasure，"Preliminary Report on Foreign Portfolio Holdings of U. S. Securities at End-June 2017," www. treasury. gov.

③　Joseph Daniels and David VanHoose，*Global Economic Issues and Policies*（New York：Routledge，2018）；Gerber，2018；Alan Greenspan，"The Globalization of Finance," *Cato Journal* 17（1997），www. cato. org.

④　Fernando Broner and Jaume Ventura，"Rethinking the Effects of Financial Globalization," *The Quarterly Journal of Economics* 131，No. 3（2016），pp. 1497 - 1542；Daniels and VanHoose，2018；International Monetary Fund，"Effects of Financial Globalization on Developing Countries：Some Empirical Evidence," 2003，www. imf. org.

9.5 货币与金融体系的主要参与者

各个国家、国际组织、私人部门和政府机构参与者构成了国际货币体系与和全球金融体系。图9.3展示了主要的组织机构和它们之间的关系。这些参与者在企业、国家和国际三个层面发挥作用。

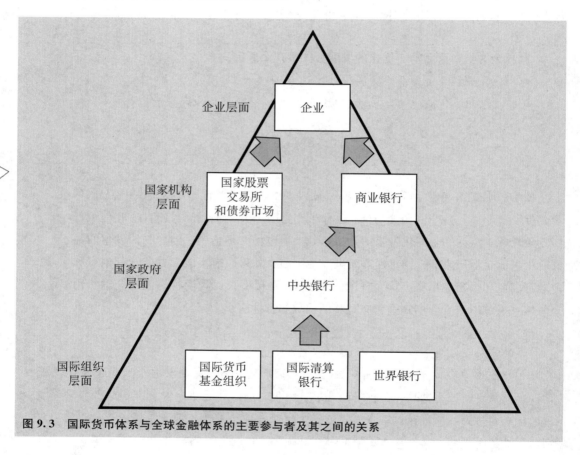

图9.3 国际货币体系与全球金融体系的主要参与者及其之间的关系

9.5.1 企业

当企业进行国际贸易时，买方会向企业支付货款，企业收到的通常是大量的外国货币，因此，必须将这些外国货币兑换成本国货币。企业在国外进行投资、开展特许经营或许可贸易时所获得的收入也需要兑换成本国货币。例如，德国斯图加特的 Schwabengarage 是欧洲最大的汽车经销商之一，专营福特汽车。Schwabengarage 每年进口数千辆福特汽车，最终必须以美元支付。为完成对这些汽车的支付，Schwabengarage 会在外汇市场上将欧元兑换成美元。

一些有多余现金的跨国企业会购买外币进行投资。也就是说，它们会投资于外汇，希望从汇率波动中获利。其他企业可能会购买外币，并将它们投资于外国股票市场和其他金融工具，以期获取短期收益。参与国际货币金融体系的私人部门还包括人寿保险公司、储蓄贷款协会以及养老基金和共同基金。一些大型跨国企业内部也设有专门管理其外汇和金融交易的金融部门。

非传统金融机构在国际资金转移中发挥着关键作用。位于澳大利亚、加拿大、美国和无数其他国家的外国居民使用电汇技术将数十亿美元汇给位于印度、墨西哥和许多其他欠发达经济体的家庭成员。这些资金随后被兑换成当地货币。生活在国外的非洲人的汇款是非洲一些最贫困的国家的主要经济来源。的确，许多国家从汇款这一途径获得的外汇收入超过了国外援助或 FDI 流入。[①] 阅读本章的专栏"从事国际商务相关工作的新近毕业生"，里面重点介绍了从事国际金融工作的玛利亚·佩蒂特（Maria Petit）。

专栏 **从事国际商务相关工作的新近毕业生**

姓名： 玛利亚·佩蒂特

专业： 金融，国际商务，西班牙语

目标： 成为摩托罗拉或其他跨国企业的高管

毕业后从事的工作： 在摩托罗拉的不同岗位任职，包括：

> 信贷分析师（美国）；
>
> 财务经理（英国）；
>
> 财务总监（阿联酋迪拜）；
>
> 企业财务顾问（英国）；
>
> 财务总监（巴西）

在大学期间，玛利亚·佩蒂特曾经有一年的时间在西班牙担任国际商务俱乐部主席。她主修金融、国际商务和西班牙语。毕业之后，她开始在摩托罗拉担任信贷分析师。摩托罗拉是一家行业内领先的手机和其他无线手持设备制造商。玛利亚利用在大学期间培养起来的分析能力、问题解决能力和沟通技能为摩托罗拉的客户和拉丁美洲地区的子公司提供服务。

在摩托罗拉，玛利亚分析了许多不同客户和国家的风险等级。她管理应收账款，对摩托罗拉的国际经营活动进行审计。她经常去拉丁美洲出差。工作第一年，她就成为拉丁美洲、加勒比海地区和中美洲金融分析工作的重要联系人。她的职责包括分析、跟踪和审核摩托罗拉用于区域市场经营的资金。

玛利亚迫切希望获得在欧洲工作的经验，于是她申请调职至摩托罗拉伦敦办事处。在那里，她担任财务经理，负责该企业在中东、南非和土耳其的规模达 1.6 亿美元的手机业

务。同时，她还取得了特许管理会计师证书和英国注册会计师资格。在伦敦工作两年之后，玛利亚被调往阿联酋迪拜，担任摩托罗拉中东区的财务总监。在这个岗位上，她负责协调和管理摩托罗拉在伊斯兰国家的财务活动。最近，玛利亚在位于伦敦的全球零售营销公司 Barrows 担任企业财务顾问。她还担任 Barrows 在巴西圣保罗地区的分支机构的临时财务总监。

得到的教训

对于自己在国际金融管理领域的经历，玛利亚评论道："我面临的最大挑战之一是：在会计丑闻爆发之后，新的法规规定必须对财务记录做更为严格的审计。保证全世界所有摩托罗拉的法人都合法经营是至关重要的，而且必须对地方法规加以吸收和整合，因此我在合规上所花的时间大大增加。与此同时，无线设备行业的竞争变得更加激烈，我必须加大对企业销售和市场经营工作的支持力度。

"我所负责的区域主要使用法语（北非）、阿拉伯语（中东）和土耳其语（土耳其）。尽管我学习过阿拉伯语，但当我去拜访位于摩洛哥的一个由西班牙电信公司（Telefonica）联合控股的经销商时，我仍然不能用阿拉伯语与之进行商业对话，而只能用西班牙语。幸运的是，我的很多商业伙伴都会说英语。不会说当地语言是一个显著的劣势。

"许多伊斯兰国家对于妇女有特殊的要求，如不允许她们参与专业商务活动，但是那里的人对我还是很尊重的。我意识到，若我将自己塑造成一位知识渊博的专业人士，那么中东人大多会像对待他们的男同事那样对待我。还有最后一个文化差异让我处于不利的地位：这个国家的人基本上都吸烟，大多数具有挑战性的会议结束后的述职报告是在抽烟的间隙进行的，在轻松的氛围下，大家更愿意以一种坦率的方式来讨论问题，但我不愿意通过吸烟来提高我的工作效率。这是我要接受的一种文化差异。"

玛利亚的建议

玛利亚的成功归因于她的素质，包括"努力工作、有明确的职业规划，以及在大学和职场中与对自身有帮助的人建立良好的关系。你必须好好做规划，为自己设定目标并努力去实现它。"玛利亚希望未来能成为一家跨国企业的高级管理者。但是如今，拥有一份职业，特别是国际化的职业，对于一个想组建家庭的女人来说仍然是一个挑战。玛利亚希望她的事业目标和个人目标都能实现。

9.5.2　国家证券交易所和债券市场

发行股票（股份所有权）是企业获得从事国际商务所需资金的重要来源。证券交易所是交易证券和包括企业发行的股票、信托基金、养老基金、企业债券和政府债券等在内的金融工具的场所。信息技术使股票市场的运行发生了巨大变化：显著提高了交易速度，并大幅降低了交易成本。如今许多交易所都是不限定在某一特定场所的电子网络。各国自行制定发行和赎回股票的规则。

只有交易所会员才可以在证券交易所交易。例如，东京证券交易所（Tokyo Stock Exchange，TSE）对于丰田、索尼、佳能等企业来说就是本国股票市场，也是大约 2 000 家日本企业为其商业活动筹资的主要场所。英国石油公司和美国克莱斯勒等一些国外企业也在东京证券交易所上市。现今，跨国企业常常在世界各地的许多交易所上市，以最大限度地提高其资金筹措能力。

世界各地股票市场的特点各不相同。例如，在日本股票市场，大部分股票都由企业持有，而在英国股票市场和美国股票市场，私人持有的股票更多。尽管存在这些差异，但各国的证券交易所正在日益整合成一个全球证券市场。

债券是通过银行和股票经纪人销售的另一种类型的证券。债券是企业和政府通过发行有息债务凭证筹资时发生的一种债务形式。债券能使发行者获得进行长期投资所需的资金。例如，韩国大型无线通信供应商 SK 电讯公司的经营资金有很大一部分就是通过在全球证券市场销售债券获得的。欧洲几个电信提供商，如意大利电信、德国电信、法国电信，同样通过发行国际债券筹集资金。[①]

在许多国家的股票和债券市场，目前最重要的参与者是机构投资者——养老基金和共同基金的管理者以及保险公司。现在，它们在推动全球资本市场发展方面扮演着非常重要的角色。

9.5.3　商业银行

银行是全球金融体系的重要参与者。它们通过吸引存款、在银行间市场借款，或在全球货币市场/证券市场发行金融工具筹集资金。商业银行，如美国银行（Bank of America）、日本瑞惠银行（Mizuho Bank）和西班牙对外银行（BBVA），都是国际货币体系的基层成员。商业银行从事货币流通和广泛的国际金融交易。国家和地方政府一般会对银行进行监管，以确保本国银行系统的偿付能力。

不同类型的银行从事的主要业务如下：

（1）投资银行（investment bank）。投资银行主要承销（保证销售）发行的股票和债券，为企业合并（如美国高盛集团与日本野村证券株式会社的合并）提供咨询建议。

（2）商人银行（merchant bank）。商人银行以股票而不是贷款的形式向企业提供资金。商人银行本质上是具有处理国际业务的能力的投资银行。它们不向公众提供常规的银行服务。阿拉伯-马来西亚就是一家商人银行。

（3）私人银行（private bank）。私人银行主要管理富人的资产，例如瑞士联合银行（UBS）和位于卢森堡的荷兰银行私人银行部。

---

① Chris O'Malley, *Bonds Without Borders: A History of the Eurobond Market* (Chichester, UK: Wiley, 2016); Eric Platt, "Italian Telco Seals Record Euro Junk Bond Sale," *Financial Times*, Octobe- 24, 2017, www. ft. com.

（4）离岸银行（offshore bank）。离岸银行一般位于税率较低、管制较少的地区，如瑞士和百慕大，如位于巴拿马的 Banco General 和位于英属维尔京群岛的丰业银行（Bank of Nova Scotia）。

（5）商业银行（commercial bank）。商业银行主要处理公司业务或大型业务，如法国里昂信贷银行（Credit Lyonnais）和美国银行。

对于企业而言，银行最重要的职能是将钱借给它们从事商务活动、兑换外币和调节国家货币供应量。世界主要的银行中心有伦敦、纽约、东京、法兰克福和新加坡。其中，伦敦是世界上最大的国际银行中心。许多银行本身就是跨国企业，例如美国花旗银行、英国汇丰银行和西班牙对外银行。较小的银行通过与国外较大的代理行（correspondent bank）进行合作以参与国际业务。代理行是与世界上其他银行保持联系、为国际银行交易提供便利的大型银行。

不同国家的银行业差异巨大。有些国家的银行作为政府的延伸，为国家所有；其他国家的银行所面临的管制较少，可能缺乏防止银行破产的安全网。相比发达国家，发展中国家私人银行受政府的管制往往更多。

各国银行数量的差别也很大。例如，在加拿大、瑞典和荷兰，都是最大的 5 家银行控制着全国超过 80% 的银行资产。相反，在德国、意大利和美国，最大的 5 家银行控制的银行资产不超过全国的 30%。各银行收取的服务费也各不相同。以一个典型顾客为例，在意大利，核心银行服务一年的费用超过 300 美元，在美国只有 150 美元，而在中国和荷兰更是低至 50 美元。许多国家的顾客正越来越多地转向网上银行以避免高额费用。[①]

在非洲，银行业长久以来问题重重。只有埃及、南非等极少数非洲国家拥有繁荣的本土银行业。在其他非洲国家，由于本土银行通常不稳定或面临倒闭，企业和政府倾向于依赖国际银行。过去，对外资银行的严格管制限制了竞争，导致本土银行业迟迟难以成长起来。然而近年来，金融行业的国际化大大促进了有效率的市场和金融机构的发展。外资银行将技术、管理知识和新的产品带到了非洲。强势的外资银行给本土银行带来了创新的压力。此外，非洲一些具有创新意识的银行也运用了广泛传播的无线通信技术来提供各类银行服务。[②]

9.5.4 中央银行

中央银行（central bank）作为各国官方的国家银行，负责监管货币供给、信

---

① International Monetary Fund (2017)；Brian Milligan, "Do other countries offer better banking than the UK?," *BBC*, March 7, 2016, www.bbc.com.

② Diana Brazzell, "How Mobile Banking Is Transforming Africa," *Huffington Post*, November 14, 2017, www.huffingtonpost.com; Robin J. Lewis, John D. Villasenor, and Darrell M. West, *The 2017 Brookings Financial and Digital Inclusion Project Report*：*Building a Secure and Inclusive Global Financial Ecosystem* (Washington, DC: Center for Technology Innovation, Brookings Institution, 2017).

贷、发行货币并管理汇率。中央银行还需要监管国家银行系统，以确保国家金融体系的安全和稳定。中央银行的一个中心目标是保持低水平的通货膨胀。中央银行一般采用以下方法来调节国家货币供给和信贷：

- 在银行系统中买卖货币。
- 提高或降低商业银行贷款利率。
- 买卖政府债券，例如国库券和国债。

许多中央银行也通过买卖政府债券为政府的项目和活动提供资金。

货币干预（monetary intervention）是指中央银行通过对货币供求的控制，达到维持汇率稳定或有序的目的。货币干预是通过在外汇市场买卖货币实现的。例如，美国中央银行（即美联储）若想提高美元币值，就可以在外汇市场买入美元，以减少美元的供应量，从而使得流通中的美元的币值升高。

其他中央银行包括印度储备银行、英格兰银行、法兰西银行和日本银行。它们与国际货币基金组织、国际清算银行、经济合作与发展组织及其他国际机构合作，以确保国际货币金融政策在全球市场上稳步实施。

9.5.5　国际清算银行

国际清算银行（Bank for International Settlements，BIS，www. bis. org）的总部位于瑞士巴塞尔，是一个旨在促进中央银行间和其他政府机构间合作的国际组织。它为各国中央银行提供银行服务，帮助其制定稳健的货币政策，维持全球货币与金融体系的稳定，并帮助各国政府避免过重负债。与此同时，国际清算银行也致力于保障各国中央银行将储备资产和资本资产比率维持在国际规定的最低限度以上。巴塞尔资本协议是有关中央银行应如何建立银行业法律和规章的建议集合，它规定了中央银行应维持充足的资本。[1]

9.5.6　国际货币基金组织

国际货币基金组织的总部设立在美国华盛顿的哥伦比亚特区，它为国际货币体系提供了框架，并确定了行动准则。该机构在促进国际货币合作、维持汇率稳定、确保汇率安排有序和鼓励各国推行稳健的经济政策方面起到了积极作用。由于经济危机会危及就业，大幅削减国民收入，使民众遭受痛苦，所以国际货币基金组织的这些作用就显得非常重要。

目前，由 189 个国家共同管理的国际货币基金组织准备以贷款和补助金形式提供财政援助，以支持那些旨在纠正宏观经济问题的政策方案的落实。在最近的经济

[1] Bank for International Settlements, *Consultative Document：The New Basel Capital Accord*, 2001, www. bis. org；Bank for International Settlements, *History of the Basel Committee*, December 30, 2016, www. bis. org；Bank for International Settlements, *Consultative Document：Pillar 3 Disclosure Requirements—Updated Framework*, February, 2018, www. bis. org.

危机期间，国际货币基金组织承诺向哥伦比亚、科特迪瓦、埃及、墨西哥、波兰、突尼斯等众多经济严重受挫的国家提供数十亿美元的援助。[1]

为协助管理世界各国的货币估值，国际货币基金组织建立了一种被称为特别提款权（special drawing right，SDR）的国际储备。特别提款权是一种记账单位或储备资产，即中央银行用来补充与国际货币基金组织进行交易的现有储备并管理国际汇率的一种货币。例如，一国中央银行可能会使用特别提款权购买外国货币，以在世界市场上对本国货币的币值进行管理。特别提款权是以欧元、日元、英镑和美元为基础的一篮子货币，因此币值非常稳定。

国际货币基金组织在解决世界各国面临的金融和货币危机方面发挥着重要作用。典型的危机主要可以分为三类：

（1）货币危机（currency crisis）。当一国货币急剧贬值或该国的中央银行必须动用大量外汇储备来保持其币值稳定，并经常引起利率上升时，货币危机就会发生。货币危机通常发生在小国，有时其起因仅仅是某些市场力量对国民经济突然丧失信心或投机性买卖该国货币。

（2）银行危机（banking crisis）。当国内和国外投资者对一国的银行体系丧失信心，因而大范围地从银行和其他金融机构提取资金时，银行危机就会发生。银行危机曾经在20世纪30年代大萧条时期的美国发生过，当时数百万人因担心其存款安全不保而从银行账户大量提取存款。这次危机导致了大量银行倒闭。银行危机更可能发生在管理和制度框架不健全的发展中国家。银行危机还可能导致其他问题，如汇率波动、通货膨胀、FDI资金突然撤离和总体经济不稳定。

（3）外债危机（foreign debt crisis）。当一国政府通过银行或通过出售政府债券借贷的货币数量过多时，外债危机便会发生。例如，中国目前的外债总额已经超过14 000亿美元，但由于中国经济体量和外汇储备规模庞大，所以这些债务是可控的，不会导致外债危机。相比之下，希腊的外债约是该国GDP的250%。为偿还这些债务，希腊必须动用本该投资于更重要的国家重点项目的财政资源。最终，希腊政府从国家货币供应中抽走了大量货币，导致消费者和企业用于商业活动的可用资金减少，于是外债危机便爆发了。[2]

国际货币基金组织不仅为各国提供技术支持和培训，以帮助各国解决危机，而且为各国制定财政政策、货币政策和汇率政策，监管银行和金融体系提供帮助。此外，它还为处于危机中的国家提供贷款，以帮助其恢复经济。然而，国际货币基金组织因其提出的解决方案经常要求国家政府进行痛苦的改革而饱受人们的批评。例如，国际货币基金组织可能会建议某些国家缩小国有企业规模或放弃对基本商品的

[1] International Monetary Fund，*IMF Annual Report 2017—Lending*，2017，www.imf.org.

[2] Wayne Arnold，"Has China Got an External-Debt Problem? Not Likely," *Wall Street Journal*，June 13，2014，http://blogs.wsj.com；Bank of Greece，"External Debt," 2017，www.bankofgreece.gr；*Reuters*，"China Outstanding Foreign Debt Falls to ＄1.42 Trillion at End-2016," March 31，2017，www.reuters.com.

补贴或价格支持。一些批评人士指责国际货币基金组织在国家处于金融危机时实行过多的紧缩政策，从而对国家造成了伤害。国际货币基金组织则认为，任何陷入经济危机的国家都必须进行大规模重建，如放松对国家产业的管制或将国有企业私有化。

9.5.7　世界银行

世界银行最初被称为国际复兴开发银行，其最初成立的目的是为第二次世界大战后日本和欧洲的重建提供资金。如今，它致力于减少世界贫困，并积极参与一系列为贫困国家提供水、电和建设交通基础设施的发展项目。世界银行总部位于华盛顿哥伦比亚特区，是联合国的专属机构，在世界各地设有 100 多个办事处，由其189 个成员共同负责资金的筹集和使用。

世界银行由许多监督各种国际发展活动的分支代理机构组成。国际开发协会（International Development Association）每年向世界上最贫穷的一些国家发放数十亿美元贷款。国际金融公司（International Finance Corporation）与私人部门合作以促进经济发展。该公司向发展中国家中具有可持续发展潜力的私人企业投资，为有需要的客户提供股本、贷款、贷款担保、风险管理和咨询服务。多边投资担保机构（Multilateral Investment Guarantee Agency）旨在通过提供非商业性风险担保鼓励外国投资者对发展中国家进行直接投资。

国际货币基金组织和世界银行经常携手合作。国际货币基金组织主要关注各国的经济表现，而世界银行主要关注长期发展和减少贫困；国际货币基金组织主要提供短期贷款来帮助稳定汇率，而世界银行则主要提供长期贷款来促进经济发展。

9.6　全球债务危机

许多国家政府的财政日益失衡是国际货币和金融环境中新出现的一个危机。[①]图 9.4 展示了部分国家的政府债务总额占 GDP 的比例。日本和希腊的债务尤其高。这两个国家再加上比利时、意大利和美国，五个国家政府的债务总额都超过了各自GDP 的 100%。从以美元为口径统计的债务总额来看，美国的国家债务最高，但这个指标不如债务占 GDP 的比例有用。原因在于，若各国债务占其每年 GDP 的比例很小，那么它们就可以很容易地偿还债务。例如，2018 年德国的国债约为 2 100 亿美元，数额巨大，但由于它只占德国 GDP 的 62%，所以德国只需用不到 8 个月

---

① Abby Budiman and Drew Desilver, "5 Facts About Government Debt Around the World," *Pew Research Center*, September 19, 2017, www. pewresearch. org; Mathias Dolls, Andreas Peichl, and Klaus Zimmermann, "A Challenge for the G20: Global Debt Brakes and Transnational Fiscal Supervisory Councils," *Intereconomics* 47, No. 1 (2012), pp. 31 - 38; World Economic Forum, *The Global Risks Report 2018*, 12th ed. (Geneva, Switzerland, 2018).

（一年的 62%）的 GDP 便能还清债务。相比之下，日本的债务占其 GDP 的比例高达 240%，这意味着它需要用大约 240% 的年度 GDP 才能偿还国债。

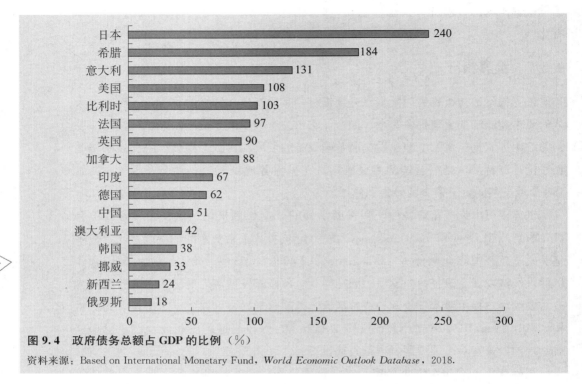

图 9.4 政府债务总额占 GDP 的比例（%）

资料来源：Based on International Monetary Fund, *World Economic Outlook Database*, 2018.

财政失衡是全球商业环境中风险和不确定性的重要来源。近期主要发达经济体的债务大幅增加，这主要是由于财政支出过多，而收入不足。在近期的全球经济衰退中，各国政府花费了巨额借款来救助金融体系，以减轻衰退压力。政府面临着养老金和医疗保健项目方面的资金缺口。日本、美国、欧洲多国及其他国家都在承受过高的政府债务的重压。[1] 最近，信用评级机构穆迪（Moody's）和标准普尔（Standard & Poor's）下调了一些欧洲国家的主权债务评级，以反映它们对日益增大的金融和货币风险的敏感性。[2]

研究表明，一国的债务超过其 GDP 的 90% 会导致 GDP 增速下降，从而进一步加剧政府债务问题。[3] 当政府偿还债务时，会从国家货币供应中抽走货币。这便阻

---

[1] Abby Budiman and Drew Desilver, "5 Facts About Government Debt Around the World," *Pew Research Center*, September 19, 2017, www.pewresearch.org; Mathias Dolls, Andreas Peichl, and Klaus Zimmermann, "A Challenge for the G20: Global Debt Brakes and Transnational Fiscal Supervisory Councils," *Intereconomics* 47, No.1 (2012), pp. 31–38; World Economic Forum, *The Global Risks Report 2018*, 12th ed. (Geneva, Switzerland, 2018).

[2] Liz Alderman and Rachel Donadio, "Debt Rating Cut for 9 Countries amid Euro Woes," *New York Times*, January 14, 2012, pp. A1 and B6; *Bloomberg*, "S&P Cuts China's Credit Rating, Citing Risk From Debt Growth," September 21, 2017, www.bloomberg.com; Moody's, "Moody's Downgrades Russia's Sovereign Rating to Ba1 from Baa3, Outlook Negative," February 20, 2015, www.moodys.com.

[3] World Economic Forum, 2018.

碍了经济活动并减少了税收收入。在过去的几年里，诸如日本、美国、欧洲多国在内的许多国家的债务占 GDP 的比例已经超过了 90% 这一门槛。国际货币基金组织和其他机构表示，如果不进行重大调整，那么多数发达经济体的长期财政偿付能力将受到严重威胁。[①]

政府债务的最大部分来自养老金和医疗保健项目。在发达经济体中，由于过去几十年出生率下降导致了劳动力参与率下降，养老金缺口已然出现。再加上人们的寿命有延长的趋势，发达经济体在创造足以为老年人及其他人群的养老和医疗保健项目提供资金的税收方面面临着严峻挑战。鉴于有大量政府债务的国家往往面临着经济不稳定、买方购买力下降及其他挑战，跨国企业在进入这些国家时应谨慎行事。

篇尾案例　　　　　　　　　　**乐购、欧债危机与英国脱欧**

乐购是英国最大的零售商。它于 1919 年在伦敦成立，在英国、欧洲大陆和亚洲开设了 6 800 多家商店，其商店有大卖场、超市和便利店等多种形式。乐购还拥有发达的网络业务。乐购银行在许多商店提供金融服务。

自前三年收入连续下降后，乐购 2017 年的年收入增长了 4%，达 560 亿英镑（约 750 亿美元）。这波反弹是由国际经济增长，特别是由亚洲和中欧新兴市场的经济增长推动的。其他地区的利润则表现平平，这主要是因为英国及欧盟（EU）中的发达经济体都增长缓慢。乐购的业绩受到了欧洲债务危机和英国脱欧公投后退出欧盟的影响。我们来仔细地复盘这些事件。

欧债危机

欧洲债务危机（European Debt Crisis）是一系列复杂因素共同作用的结果，这些因素包括大衰退（2008—2013 年）和一些欧盟成员国，尤其是南欧国家的财政管理不善，进而积累了大量政府债务。在经济大衰退期间，希腊、葡萄牙、西班牙和爱尔兰政府在没有外部支持的情况下，无力偿还债务或对债务进行再融资，也无法拯救负债累累的母国银行。穆迪和其他信用评级机构下调了几个国家的主权债务评级，希腊和葡萄牙的政府债券一度跌至垃圾级。以德国和法国为首的欧盟则竭力支持这些成员国。欧洲债务危机蔓延至意大利后，便引发了人们对欧盟银行体系的担忧，以及对欧元区（19 个以欧元为共同货币的欧盟成员国）出现更为根本性的失衡的担忧。

大萧条源自 2008—2009 年的金融危机，这场金融危机发端于美国次级抵押贷款市场并逐渐蔓延至全球银行体系。随着经济衰退愈演愈烈，希腊过高以至于难以负担的政府债

---

① International Monetary Fund，*United States*：*Selected Issues Paper*，*IMF Country Report* No. 10/248，July 12，2010 (Washington，DC：International Monetary Fund)；L. Kotlikoff，"A Hidden Fiscal Crisis?" *Finance and Development*，September 2010 (Washington，DC：International Monetary Fund)；World Economic Forum，2018.

务水平打击了投资者信心，政府借贷成本，即债券利率也急剧攀升。由于使用共同货币以及经济和政治联系紧密，金融危机在欧元区迅速蔓延。在许多欧元区国家，不断上升的利率使得其不再能持续偿还政府债务。这场危机对经济和劳动市场产生了严重的影响。例如，整个欧盟的经济增长放缓，希腊和西班牙的失业率达到了 25%。政府当局开始担心疲弱的财政状况和严重的债务将使欧元区崩溃。

为应对危机，欧盟各国政府试图寻求减少政府债务并恢复经济稳定的途径。它们建立了欧洲金融稳定基金（EFSF）和欧洲稳定机制（ESM）为负债累累的政府提供救助贷款。与此同时，一些受到波及的国家降低了单位劳动力成本以尽可能地提高国家竞争力。例如，希腊和意大利的工资水平降到了 20 世纪 90 年代初的水平。另一些受到波及的国家则降低了企业税率，减少了雇主的养老金缴费。这些努力都取得了不同程度的成功。

债务危机与乐购

欧盟经济状况的恶化严重打击了消费者和投资者的信心。新消费税出台、失业率上升、收入下降都打击了欧盟零售业。截至 2012 年，乐购已经开了许多家大型商店。乐购允许降低楼层标准，并在消费者转向互联网零售商和诸如 Aldi 和 Lidi 这样的折扣店之际提高价格。由于债务危机冲击了欧洲各地的商店，乐购的利润下降了近三分之一。

乐购的首席执行官戴夫·刘易斯（Dave Lewis）制定了一项旨在减少管理费用和其他成本的计划，以应对这一挑战。乐购总公司、单家商店和乐购银行共裁员了 9 000 多人，同时乐购还关闭了 43 家业绩不佳的商店（这进而又导致了另外 2 500 人失业）。乐购降低了价格、简化了产品、改善了商店的客户服务。为了满足消费者不断变化的需求，乐购将重点转向开设更多的便利店。渐渐地，刘易斯的努力得到了回报。旨在削减成本、降低价格和促进增长的策略扭转了企业绩效持续下行的状况，并使其再次具备了盈利能力。乐购便利店的销售额实现了大幅增长。

下一场危机：英国脱欧

欧洲经济共同体（简称欧共体，EEC）作为欧盟的前身，成立于 1957 年。20 世纪 60年代，英国曾试图加入欧共体，但遭到其他欧共体成员国的拒绝。在 1973 年获得欧盟成员国资格后，英国为保持自治、避免被欧盟控制，故从不加入欧元区，并保留英镑作为其唯一的货币。

然而，许多英国公民最终对欧盟感到厌倦。他们对于国家主权的丧失、欧盟预算摊派款的增加以及欧洲大陆移民的大规模涌入感到不满。欧洲难民危机给英国带来了成千上万的移民，加之恐怖主义日益猖獗，英国公民的民族主义情绪被点燃，他们要求加强边境管制的呼声更加强烈。2016 年，在一场俗称"英国脱欧"的全民公投中，英国公民投票决定退出欧盟。

最初，英国脱欧公投引发了英镑的大幅贬值，而英镑是英国在金融方面长期获得成功的关键因素。2016—2017 年间，英镑兑欧元汇率下跌了约 20%，并持续走弱。英国脱欧公投要求英国政府与欧盟成员国就与欧洲贸易的未来、移民的地位以及由此引发的商业影响进行谈判，其结果充满了很大的不确定性。英国脱欧后会像以前那样允许货物和人员自由流动吗？还是会开始征收关税、对投资进行管制、驱逐移民？这些不确定性会破坏英国乃至世界的商业前景。

对乐购的影响

就在乐购开始从欧债危机中复苏之际，英国脱欧这件事发生了。英镑持续贬值引发了一些担忧。第一，它迫使英国企业提高工资以维持充足的劳动力供应。第二，它打击了消费者的信心，导致他们减少了在零售店的消费。第三，进口商品成本上升导致了物价上涨。在英国销售的大多数食品、衣服和其他必需品都是进口的。英镑贬值时，进口商品价格上涨，英国零售商被迫提高售价或维持较低的利润率。这一趋势对乐购尤为不利，乐购曾为应对欧债危机而不得不降低门店价格。由于供应商也开始受到影响，所以它们便向乐购施压，要求其提高价格。例如，大型家居用品企业联合利华要求乐购将门店价格提高10%以抵消进口商品成本的上升。最初，在乐购拒绝联合利华的提价要求后，乐购商店里一些受欢迎的联合利华产品脱销了。

乐购的战略与英国脱欧

为应对英国脱欧，乐购正寻求在抵消不断上升的成本的同时，能保持产品选择的多样化和高质量的方法。要满足这一要求，乐购只能在保持热销商品价格不变的情况下减少它们的分量。毫无戒心的购物者没有意识到他们花同样的钱能买到的产品越来越少了。长期以来，乐购的在售商品大部分都是进口的。英镑贬值后，乐购在采购外国制造的商品时就不得不支付更高的价格。为了应对由此产生的交易风险，乐购采用了诸如购买货币期货、互换和期权等对冲策略，以减少英镑贬值对进口的影响。

乐购利用其在欧洲的庞大规模与强大品牌来降低成本并保持低价。它重组了供应商网络以降低供应链成本；重组了交货和物流渠道以减少冗余和分销成本；制订了增加本地采购和合并工厂的计划以保护企业免受进口通胀的影响。刘易斯游说英国政府，希望其在脱欧谈判中达成预期结果并降低英国企业的所得税税率。他还试图宣扬英国脱欧不会导致价格上涨，也不会影响商店的品类及产品质量，以缓解消费者的担忧。

乐购和其他英国零售商长期以来一直依赖与欧盟的自由贸易。不过，英国脱欧谈判的结果和欧盟的经济状况将在很大程度上决定这些企业将来的发展前景。乐购和其他无数英国企业的管理层必须持续关注未来的趋势。

案例问题：

9-4. 在欧债危机和英国脱欧期间，金融危机是如何蔓延的？货币风险在影响英国经济状况方面扮演了何种角色？

9-5. 欧债危机和英国脱欧对于乐购有何影响？

9-6. 乐购的哪些优势帮助其度过了欧债危机和英国脱欧？乐购采取了什么策略来应对这些事件？

9-7. 为了进一步提高乐购的业绩，您会向首席执行官戴夫·刘易斯提出哪些建议？

说明：本案例是威拉姆特大学（Willamette University）的傅波华在加里·奈特教授的指导下撰写的。

资料来源：Guido Baldi and Karsten Staehr，"The European Debt Crisis and Fiscal Reactions in Europe 2000 - 2014," *International Economics & Economic Policy* 13，No. 2（2016），pp. 297 - 317；Richard Burdekin et al.，"A First Look at Brexit and Global Equity Markets," *Applied Economics Letters* 25，No. 2（2018），pp. 136 - 140；Sarah Butler and Sean Farrell，"Tesco Reports Record £6. 4bn Loss," *The Guardian*，April 22，2015，www. theguardian. com；Sam Chambers，"Brexit Retail Mess：You Can't Move Supermarkets to Frankfurt," *Bloomberg*，October 29，2017，www. bloomberg. com；Davies & Robson，"Tesco Restructuring Distribution Network," November 1，2017，www. daviesrobson. co. uk；Swati Dhingra et al.，"Local Economic Effects of Brexit," *National Institute Economic Review*，No. 242（November 2017），pp. R24 - R36；Stephen Fidler，"U. K. Has Two Choices on Brexit Path," *Wall Street Journal*，January 23，2018，p. R11；Pankaj Ghemawat，"Figuring Out Which Companies and Industries Will Be Most Damaged by Brexit," *Harvard Business Review*，March 29，2017，www. hbr. org；Stephen Fidler，"U. K. Has Two Choices on Brexit Path," *Wall Street Journal*，January 23，2018，p. R11；Allison Hoad，"Making Tesco Great Again," *Campaign*，October，2017，pp. 88 - 92；Roman Kraussl et al.，"The European Sovereign Debt Crisis：What Have We Learned?," *Journal of Empirical Finance* 38（September 2016），pp. 363 - 373；Marketline，*Tesco Corporation Marketline Company Profile*，August 9，2017，pp. 1 - 19；Zlata Rodionova，"Brexit Hits Supermarkets for First Time as Pound Slump Sparks Tesco-Unilever Row," *Independent*，October 13，2016，www. independent. co. uk；Thomas Sampson，"Brexit：The Economics of International Disintegration," *Journal of Economic Perspectives* 31，No. 4（2017），pp. 163 - 184；Tesco，investor information and annual reports，Tesco corporate website，www. tescoplc. com，accessed March 2，2018.

本章要点

关键术语

国际收支（balance of payments）

货币干预（monetary intervention）

外汇市场（foreign exchange market）

中央银行（central bank）

贸易盈余（trade surplus）

国际货币基金组织（International Monetary Fund，IMF）

贸易赤字（trade deficit）

世界银行（World Bank）

国际货币体系（international monetary system）

外汇（foreign exchange）

资本外逃（capital flight）

特别提款权（Special Drawing Right，SDR）

全球金融体系（global financial system）

货币风险（currency risk）

货币贬值（devaluation）

汇率（exchange rate）

本章小结

在本章中，你学习了：

1. 国际商务中的汇率与货币

许多国际贸易涉及如美元、欧元和日元等货币的兑换。汇率是一种货币用另一种货币表示的价格。汇率风险源自一国货币相对于另一国货币的价格变动，并影响企业的国际商务发展前景。可兑换货币是可以很容易地兑换成其他货币的货币。有些货币是不可兑换货币，即不容易兑换成其他货币的货币。外汇是指所有能在国际上交易的货币，包括外币、银行存款、支票和电子转账。资本外逃是指国际投资者大幅度减少对贬值货币和其他资产的投资的趋势。货币是在外汇市场上交易的，交易参与者主要是银行和政府。外汇市场是指买卖货币的全球市场。

2. 汇率是如何决定的

货币的相对价值取决于多种因素，包括经济发展、通货膨胀、市场心理和政府行为。当通货膨胀率上升时，利率也会随之上升，这一过程中通常伴随着货币的贬值。贸易赤字是指在某一特定时期内，一国的进口额大于出口额。贸易盈余是指在某一特定时期内，一国的出口额大于进口额。政府影响汇率的行动被广泛称为货币干预。如果目标是降低币值，那么政府会采取行动降低该国货币相对其他货币的币值。国际收支是对一国和所有其他国家进行的全部经济交易的年度会计衡量。

3. 现代汇率制度的形成

1944 年签署的《布雷顿森林协定》旨在稳定世界各国的汇率。但是，随着币值开始受市场力量的影响而浮动，布雷顿森林体系在 1971 年崩溃。目前，主要世界货币的币值以浮动汇率制度为基础，由市场力量决定。但一些发展中国家采用的是固定汇率制度，由政府通过干预控制汇率。国际货币基金组织是一个重要的国际组织，其目标是通过监督成员的外汇体系以稳定币值，并为发展中国家提供借款。世界银行是一个为中低收入国家提供贷款和技术援助以消除贫困的国际组织。

4. 货币与金融体系

国际货币体系是将一国货币兑换成另一国货币的制度框架、规则和程序，包括国家用来管理汇率的制度安排。全球金融体系是指促进并调节世界投资和资本流动的金融机构的集合。全球金融体系反映了所有持续参与金融活动的企业、银行和金融机构的活动。

5. 货币与金融体系的主要参与者

货币与金融体系的主要参与者包括在国际商务过程中产生收入和获得外汇、在国外投资以及向金融系统注入资金的企业。各国还建立了国家证券交易所和债券市场，以从事证券和债券交易。各国都有一家中央银行。中央银行是负责管制货币供给与信贷、发行货币并管理汇率的货币当局。中央银行通常是最后贷款人，控制着国内的货币政策和汇率水平。国际货币基金组织使用特别提款权这种特殊的国际储备，以帮助管理世界各国货币的估值。当一国货币急剧贬值时就会发生货币危机；当投资者对一国银行体系丧失信心并大规模提款时就会发生银行危机；外债占 GDP 的比例过高可能会导致外债危机，危害国际金融体系的稳定。

6. 全球债务危机

许多国家政府的财政日益失衡是一个重要的新的全球风险。在全球金融危机中，政府斥巨资以挽救金融体系并应对养老和医疗保健项目的资金缺口问题。国家债务占 GDP 的比例超过 90% 会抑制 GDP 的增长，而许多国家的该比例已经超过了这一门槛。由于巨额政府债务可能导致经济不稳定、买方购买力下降以及国内市场面临的其他挑战，所以从事国际商务的企业在选择进入外国市场开展业务时必须谨慎行事。

检验你的理解

9-8. 区分汇率和外汇。两个术语的含义分别是什么？

9-9. 区分可兑换货币和不可兑换货币。

9-10. 汇率是不断波动的。这种波动对从事国际商务活动的企业有什么影响？

9-11. 《布雷顿森林协定》是什么？它对今天产生了什么影响？

9-12. 比较现今两种基本的汇率制度。

9-13. 国际货币体系和全球金融体系有什么区别？

9-14. 国际货币体系和全球金融体系有哪些主要的参与者？

9-15. 世界银行和国际货币基金组织的目标分别是什么？

运用你的理解

9-16. 30年来，Everest公司一直向世界各地的买家出口登山设备。其出口市场主要有法国、挪威、瑞士、印度和日本，这些国家的顾客总是用本币付款。Everest公司负责国际销售的副总裁经常表示，企业面临的最大的日常挑战是外币问题。他为什么这么说呢？汇率变动会对Everest公司的销售收入和其他绩效指标产生什么影响？

9-17. 近20个欧盟成员国已采用欧元作为本国货币，它们共同形成了欧元区。共用单一货币可以消除汇率波动，从而简化贸易。欧元区企业不得不对经营的各个方面，特别是对财务和会计方面做出改变，但通常来说，它们还是更喜欢用欧元进行交易。欧洲央行将欧元区视为一个对所有欧盟成员国实施相同的货币政策的区域，但这有时也会产生一些问题。英国选择不加入欧洲货币联盟，而保留英镑作为其唯一货币。从企业角度来看，欧元的应用会给它们带来哪些竞争优势和竞争劣势？一旦欧元成为新货币，企业会做出什么改变？采用欧元值得吗？为什么？

9-18. 道德困境：假设你是那些监管银行业的立法者的顾问。在全球金融危机期间，一些银行倒闭，公民个人损失惨重。出现这些问题的主要原因是对银行业的监管不力或监管不当。然而近几十年来，一个不受限制的全球银行体系带来了许多益处。对国际资金流动的限制相对较少，使得企业有机会获得低成本资金。资本的自由流动也为贫穷国家的政府和企业家提供了急需的资金。自由的全球货币市场极大地促进了国际贸易。资本流入证券投资市场使得各国受益匪浅。考虑到相对不受监管的全球银行体系的利弊，您将如何向立法者提出建议？是否需要对银行业增设新的规章制度？如果需要，应增设哪些规章制度？请使用第4章中的道德行为框架来帮助你作答。

网络练习

9-19. 互联网上有许多外汇计算器（例如www.x-rates.com）。你也可以通过在浏览器中输入关键词"汇率"找到它们。访问其中一种计算器，并比较包括美元、欧元、日元和人民币在内的各种货币的汇率。今天这些货币的汇率是多少？一年前欧元兑美元的汇率是多少？哪些因素可能导致年内该汇率的波动？这个网站是否提供外币交易途径？收取的佣金或其他费用是多少？

9-20. 假设你是一家有兴趣在俄罗斯开展业务的企业的经理。作为初步分析的一部分，该企业的最高管理层希望了解与俄罗斯市场相关的货币（金融）风险。请利用网络资源，撰写一份简短的报告，在报告中介绍这些风险的现状、俄罗斯的金融体系，以及历史上俄罗斯货币的汇率的稳定性。根据这些结论，你的建议是什么？

9-21. 国际货币基金组织将其目标列示如下：

● 就国际货币问题进行磋商，以促进国际货币合作。

● 便利国家间贸易的扩张和平衡增长。

● 促进汇率稳定，以维持成员之间有序的汇率安排，避免竞争性汇率贬值。

访问国际货币基金组织网站（www.imf.org），列举国际货币基金组织致力于实现这些目标的几个例子。在过去的一年里，国际货币基金组织采取了哪些具体行动来应对各国的经济或金融危机？

9-22. 总结决定汇率的四个主要因素。

9-23. 通货膨胀、利率和货币的币值之间有什么关系？

第10章 全球企业的财务管理和会计

本章学习目标：

1. 理解企业如何选择合适的资本结构
2. 理解企业如何筹集资金
3. 说明企业如何管理营运资金和现金流
4. 描述企业如何执行资本预算
5. 解释企业如何管理货币风险
6. 理解企业如何适应多样化的国际会计和税务实践

篇首案例　　　　　　　　中小企业如何管理货币风险

马克尔公司（Markel Corporation，以下简称马克尔）是一家总部位于宾夕法尼亚的中小企业，主要为汽车和液体送运产业提供管线。这家公司向德国、西班牙、日本以及其他许多经济体出口产品，其年销售额大部分来自国外。马克尔面临着国际货币的汇率不断波动这一棘手的挑战。

马克尔的首席执行官约翰·卡斯特尔（John Kaestle）每天都要浏览财经新闻，以便了解最新的金融动向，及时把握汇率变动对公司销售和利润的影响，这已经成为一项例行公事。21世纪早期，美元不断升值，马克尔的产品对欧洲和日本的客户来说变贵了，于是它们对马克尔的产品的需求减少了。不过，这种货币博弈是双向的——当欧元和日元升值时，欧洲和日本客户的购买力就会增强，从而会促进马克尔产品的销售。

世界货币市场每天规模高达5万亿美元的汇率波动对小型国际企业产生了影响。马克尔在以客户所在国的货币报价时就遇到了这样的问题。由于美元兑欧元的汇率大幅下跌，该公司损失了60多万美元。

让我们用一个例子来解释一下。假设马克尔以5万欧元的价格向西班牙进口商出售商品，要求对方在90天内付款，因为延迟付款会使马克尔面临货币风险。如果欧元在90天内贬值，那么马克尔获得的美元将变少。

为了应对汇率波动，马克尔制定了一个由三部分组成的策略：

- 以客户所在国的货币报价，从而为客户提供更稳定的价格，以提高销售额；
- 购买远期合约，锁定以美元核算的远期收入；
- 提高经营效率，以顺利渡过因汇率走势不利而对销售额造成负面影响的时期。

远期合约指按照事先约定的汇率在未来特定时间进行交割的一种协议。面临与马克尔类似的问题的企业可以通过与银行签订远期合约来进行套期保值，以对冲货币风险。例如，为应对货币风险，马克尔可以签订一份远期合约，按照今天协定的汇率，在 90 天后出售 5 万欧元，这样就能确保收到一笔数额已知的美元。套期保值的目的在于通过平衡外币的买卖，最小化远期货币风险。购买远期合约有助于马克尔管理其现金流。

当马克尔的首席财务官预计美元走强时，他就可以利用远期合约，对预期的欧元收益流进行套期保值，但是他的估计并非万无一失。例如，假设马克尔签订了到期后以 1 欧元兑换 1.05 美元的汇率卖出 5 万欧元，或者说到期后用 5 万欧元换得 5.25 万美元的远期合约。然而，在第 90 天时，1 欧元的实际价格为 1.08 美元。如果马克尔的估计完全正确，那么它就能多赚 1 500 美元了。但是，同大多数国际企业一样，马克尔其实无意在外汇交易中盈利，它的目标只是将公司面临的国际货币风险最小化并管理其现金流。

案例问题：

10-1. 马克尔如何从汇率波动中获利或遭受亏损？

10-2. 什么是套期保值？为什么从事国际商务的公司要进行套期保值呢？

10-3. 什么是远期合约？这些合约对马克尔有什么帮助？

资料来源：Philip Alexander, "As Markets Deepen, Hedges Heighten," *Banker*, October 2011, Special Report, pp. 2-4; Barry Goss and Joost Pennings, "Reducing the Likelihood and Impact of Currency Crises," *The Banker*, January 2010, p. 8; Peter Bartram, "How to Manage Foreign Exchange Currency Risk," *Director*, March 2015, p. 70; Markel Corporation, corporate website, www.markelcorporation.com, accessed March 9, 2018; Michael M. Phillips, "How a Small Firm Rides Foreign-Exchange Waves," *Wall Street Journal*, February 7, 2003, www.wsj.com; Abdul Rashid and Shahid Waqar, "Exchange Rate Fluctuations, Firm Size, and Export Behavior: An Empirical Investigation," *Small Business Economics* 49, No. 3 (2017), pp. 609-625; Robert Wade, "The Perils of Cross-Border Payments," *World Trade*, June 2009, p. 8.

篇首案例中的马克尔密切关注国际财务管理。国际财务管理是指获取并利用资金从事跨境贸易、投资、研发、制造、市场营销、外包和其他商业活动的过程。这是一个复杂且关键的业务功能。企业面临着各种国际金融挑战。这些挑战来自全球化、金融市场一体化、全球电子商务兴起、全球金融危机爆发，以及从金融活动中获利的机会不断扩大。

财务经理的一项关键工作是从世界上资本成本最低的地方获得资金。资金来源包括世界各地的股票市场和债券市场的投资者、银行和风险投资公司，以及公司内部融资——从跨国企业的全球经营活动中获得资金。管理者最小化风险和抓住机会的能力取决于他们的财务管理技能和他们对全球金融体系法规的理解。

国际财务管理的关键任务

国际财务管理对大型跨国企业来说是具有挑战性的。摩托罗拉在近 50 个经济体拥有生产网络和战略业务单元，它在世界各地的金融市场上筹集资金。像马克尔和摩托罗拉等企业的国际财务经理负责为当前与未来的各项业务和各个项目筹集并配置资金，帮助企业实现价值最大化。这些经理需要成功完成六项核心的财务管理任务，这些任务在图 10.1 中进行了特别说明。

- 选择合适的资本结构——为企业的国际经营确定理想的长期融资组合；
- 筹集资金——为企业的增值活动和投资项目获得融资（融资可能来源于出售股票、借款或使用内部产生的资金）；
- 管理营运资金和现金流——管理企业增值活动中流入与流出的各种资金；
- 执行资本预算——评估主要投资项目，如海外扩张在财务方面的吸引力；
- 管理货币风险——监督企业的各种外币交易，管理汇率波动导致的风险；
- 适应多样化的国际会计和税务实践——学会在会计实务和税收制度多样化的全球环境中经营。

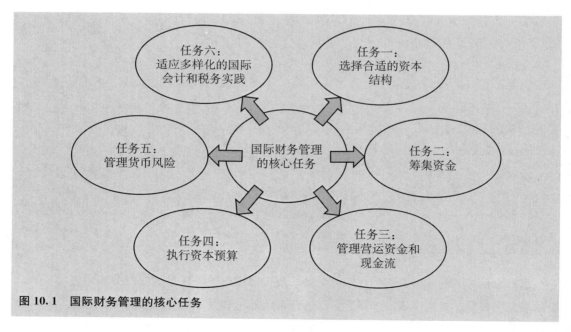

图 10.1 国际财务管理的核心任务

随着企业扩大其国际业务的规模，这些任务就变得尤为重要。不断增加的全球业务使得企业在战略方面具有一定的灵活性。对于拥有广泛的国际业务的企业来说，利用低成本资金、尽量减少税收和提高财务经营效率的机会更多。下面我们深入研究这六项任务。

10.1　选择合适的资本结构

资本结构是企业用来支持其国际经营活动的长期债务融资和股权融资的组合。资本结构影响着企业及其开展国际经营的分支机构的盈利性和稳定性。企业主要依靠两种方式获得资本：借入资本或出售所有权。**股权融资**（equity financing）是指将股份出售给投资者，同时为投资者提供所有权收益——股息。企业也可以将利润留存起来，即对利润进行再投资，而不是将它们以股息形式发放给投资者。对于新成立的企业，其创始人经常用个人储蓄进行股权融资。**债务融资**（debt financing）有两个来源：一个是从银行或其他金融中介机构贷款；另一个是向个人或机构出售公司债券。

还本付息（debt service payments）——为清偿一项贷款而定期发生的本金与利息支出——是一项固定成本。由于一些政府允许企业从税款中扣除利息支出，所以使用债务融资可以增加企业价值。为了保持良好的资信并最小化破产的可能性，大多数跨国企业都将其资本结构中的债务比例保持在最高限度以下，这样的话，即使面临不利状况，它们也能偿付债务。过多的债务会使企业陷入财务困境，甚至可能导致企业破产。[①]

一家企业应该持有多少债务部分取决于其所在的行业和目标市场的性质。例如，一家销售额相对稳定并主要面向富裕的海外市场的保险公司可以在其资本结构中维持较高的债务比例，而一个销售额呈现明显的周期性并主要向诸多贫困经济体出售消费品的企业则应维持较低的债务比例。

世界各地对债务所带来的风险的看法不同。并非所有经济体都将大量举债视为有风险的活动（如德国、意大利、日本和许多发展中经济体的平均债务比例通常超过50%）。如果一个经济体缺乏发达的股票市场或其他以股权融资方式筹集资金的渠道，就会高度依赖债务融资。在这种情况下，企业除了向银行借钱外别无选择。在其他经济体，企业与银行保持着密切的关系。在日本，大型跨国企业通常是包括银行在内的企业集团或控股公司的一部分。例如，索尼就有自己的银行——索尼银行（Sony Bank）。

10.2　筹集资金

德国汉莎航空（Lufthansa Airlines）近期通过发行股票筹集到了数亿欧元，用于从空客购买 A380 新型飞机。铜器及银器生产巨头墨西哥集团（Grupo Mexico）发行了数百万股以墨西哥比索计价的股票，以支付其海外子公司发生的债务及履行

---

① Paul Asquith and Lawrence Weiss, *Lessons in Corporate Finance* （Hoboken, NJ: Wiley, 2016）; Fangping Peng, Richard Cebula, Maggie Foley, Xinming Hu, and Zhetan Zhang, "Debt and Investment: A Firm Level Evidence," *Journal of Mathematical Finance* 8, No. 1 （2018）, pp. 119-126.

其他支付承诺。美国工具制造企业史丹利（Stanley Works）通过在东京证券交易所出售股票，为其在日本的部分经营机构筹集资金。

企业可以在全球货币市场和全球资本市场筹集资金。**全球货币市场**（global money market）指企业和政府筹集短期资金的金融市场的集合。**全球资本市场**（global capital market）指企业和政府获得中长期资金的金融市场的集合。由于向大多数项目提供的资金都来源于到期期限在一年以上的金融工具，因此我们将所有这类资金统称为资本。在本章中，我们将把重点放在全球资本市场上。

国际投资者参与全球资本市场的最大优势是能够获得广泛的投资机会。对企业而言，参与全球资本市场的好处是能够从大量来源以有竞争力的成本获得资金。获取资本的机会是企业决定是否进行海外扩张时考虑的主要标准之一。[1]

10.2.1 金融中心

全球资本市场集中在纽约、伦敦和东京等大型金融中心，以及越来越多的诸如香港、新加坡和上海这样的次级金融中心。在这些地方，企业能够接近主要的资本供应者，如银行、证券交易所和风险投资者。图 10.2 列出了日本、美国、主要欧洲国家和世界其他区域的金融市场规模占世界的比例。其中，英国、法国和德国的外汇交易规模占比最大（41%）。在美国证券交易所上市的公司中，美国公司的市值占比最大（40%）。在"世界其他地区"类别中，中国正在成为一个重要的全球金融中心，尤其是在银行业和股权融资领域。

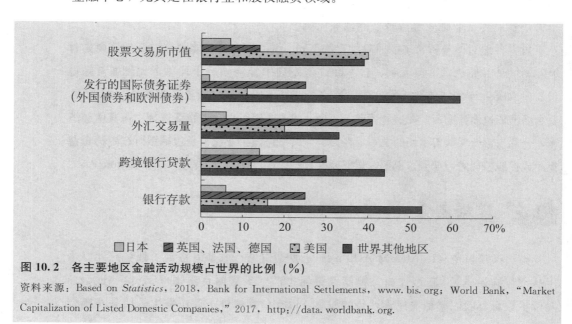

图 10.2 各主要地区金融活动规模占世界的比例（%）

资料来源：Based on *Statistics*，2018，Bank for International Settlements，www.bis.org；World Bank，"Market Capitalization of Listed Domestic Companies," 2017，http://data.worldbank.org.

---

[1] Asquith and Weiss，2016；Diego Finchelstein，"The Role of the State in the Internationalization of Latin American Firms," *Journal of World Business* 52，No. 4（2017），pp. 578–590.

全球资本市场规模是巨大的，而且仍在迅速增长。在 2018 年：

- 全球股票市场的市值从 2000 年的约 30 万亿美元增长到超过 87 万亿美元。
- 全球所有银行贷款和存款总额超过 58 万亿美元，相比 10 年前大幅增加。
- 未偿付的国际债券和票据超过 23 万亿美元，高于 2000 年的约 4.5 万亿美元。[①]

全球资本市场增长迅速的原因是：

- 政府管制的放松。这使得国际资本流动更容易。
- 信息和通信技术的创新。这提高了全球金融交易的便利程度和速度。
- 商业和竞争的全球化。这迫使企业寻找具有成本效益的方式来为国际经营活动融资。
- 金融工具的普遍证券化。这是指将传统金融工具（如银行贷款）转换为可交易证券（如债券）的能力的增强。这些金融工具在全球范围内有一个现成的市场。

第 10 章

上述一些因素导致了始于 2007 年的全球金融危机。危机发生的部分原因是信贷的大规模供应和资本的跨国流动。随着投资者购买大量商品和房地产，这些资产的价格不断上涨，直至高得离谱。最终，投资者意识到信贷市场的估值风险太大，所以他们大规模出售资产。金融资产（股票、债券和贷款）的全球总价值大幅下降，但在两年后的 2010 年回到了早期水平。[②]

全球资本市场为企业提供了三大优势：

- 为企业提供了一个更广阔的融资平台；
- 为企业提供了低成本融资渠道；
- 为跨国企业、专业投资公司和个人提供了多种投资机会。

10.2.2　企业的国际经营资金的来源

企业的国际经营资金主要有三个来源：股权融资、债务融资和企业内部融资。

（1）股权融资。企业采取股权融资方式时，是通过出售股票获得资本。股东通

---

① Bank for International Settlements, "Consolidated Banking Statistics," January 18, 2018, www.bis.org; Bank for International Settlements, "Debt Securities Statistics," December 3, 2017, www.bis.org; World Federation of Exchanges, "2017 Full Year Market Highlights," 2018, www.world-exchanges.org.

② Stijn Claessens, M. Ayhan Kose, Luc Laeven, and Fabian Valencia, *Financial Crises: Causes, Consequences, and Policy Responses* (Washington, DC: International Monetary Fund, 2014); Richard Dobbs, Susan Lund, Jonathan Woetzel, and Mina Mutafchieva, "Debt and (Not Much) Deleveraging," February 2015, *McKinsey Global Institute*, www.mckinsey.com/mgi.

过购买企业股票向企业提供资金，作为交换，他们可以得到该企业一定比例的所有权和股息支付。股权融资的主要优点在于：企业不需要举债便能够获得所需要的资金，也就是说，企业不用在任何特定的时间向资金提供者偿还资金。然而，企业出售新的股票意味着企业的所有权被稀释。例如，如果一个或几个股东最终获得了企业的多数股权，那么管理者也会面临失去控制权的风险。从国际角度来看，企业是通过在全球股票市场上出售企业股份来实现股权融资的。**全球股票市场**（global equity market）是由全世界各股票交易所构成的，投资者和企业就在这些股票交易所完成股票买卖。图 10.3 列出了世界上最大的股票交易所。全球股票市场的总市值现已超过 75 万亿美元。从历史上看，世界上最大的股票交易所基本上来自欧洲、日本和美国。最近，中国股票交易所的规模和影响力都有所增大。在纽约证券交易所上市的大约 2 400 家公司中，约有 487 家外资公司，它们来自 46 个经济体。除美国外，上市公司最多的国家与地区是加拿大（128 家）、中国（59 家）和英国（35 家）。[①]

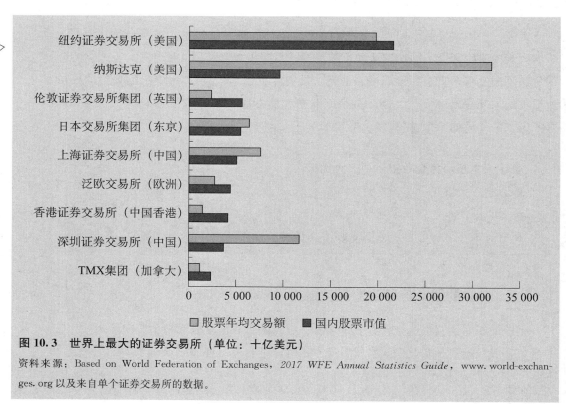

图 10.3 世界上最大的证券交易所（单位：十亿美元）

资料来源：Based on World Federation of Exchanges, *2017 WFE Annual Statistics Guide*, www. world-exchanges. org 以及来自单个证券交易所的数据。

---

① Jim Edwards, "Global Market Cap Is Heading Toward ＄100 Trillion and Goldman Sachs Thinks the Only Way Is Down," *Business Insider*, December 3, 2017, www. businessinsider. com; World Federation of Exchanges, 2018; World Federation of Exchanges, "Strong Increase of Equity Trading Volumes（＋17. 4％）in 2014," January 31, 2015, www. world-exchanges. org; New York Stock Exchange, "Listings Directory" and "Current List of All Non-U. S. Issuers," www. nyse. com.

投资者并不会局限在自己国家或地区的证券交易所购买股票。事实上，投资者购买在海外证券交易所挂牌上市的股票已经成为当今一个重要趋势。[①] 近年来，这一趋势又由于机构投资者的大规模投资而大大增强了。投资于外国市场的原因主要有两个：第一，它提供了新的投资获利的机会。第二，在国内经济低迷时，进行国际投资可以使企业的损失最小化。例如，美国投资者可以购买在伦敦证券交易所挂牌上市的诸多企业，包括翠丰集团（Kingfisher）、佳能和南非啤酒厂（South African Breweries，SAB）的股票。得益于互联网的发展，投资者现在可以以低成本在全球股票市场上交易。外国投资者可以越来越多地投资中国股市。即使像开曼群岛证券交易所这样的小市场也能提供全面的网络投资机会。[②]

养老基金主要用员工为退休而储蓄的资金进行投资，它在国际投资中所占份额最大。全球私人养老基金的总价值超过 25 万亿美元，远远超过美国的 GDP。[③]

（2）债务融资。在国际商务中，债务融资主要包括国际贷款、欧洲货币市场以及国内和外国债券。下面我们将介绍这些内容。

A. 国际贷款。图 10.4 展示了世界主要的银行中心。在过去 10 年里，中国作为世界银行中心强势崛起，现在其银行总资产排名世界前列。中国的主导地位是随着中国政府采取积极的货币政策和财政政策而形成的，这些政策促进了中国银行贷款规模的大幅增长。[④] 一般来说，一家企业既可以从本国市场上的银行借款，也可以从外国市场上的银行借款。国际借款非常复杂，其面临的挑战包括各国对银行的监管法规存在差异、银行基础设施不足、资本短缺、经济问题和汇率波动等。[⑤] 由于银行通常不愿意为中小企业提供贷款，所以这些企业可能会求助于一些政府机构，如美国的进出口银行（Export-Import Bank）。美国的进出口银行是美国一个专门提供贷款和贷款担保的联邦机构。同样，发展中经济体的政府部门也经常提供贷款，以促进 FDI 流入项目（如水坝、发电站和飞机场的建设）的开展。许多大型跨国企业的子公司可以从母公司或其他子公司获得贷款。

① Joseph Daniels and David VanHoose, *Global Economic Issues and Policies* (New York: Routledge, 2018); Susan Lund et al., "The New Dynamics of Financial Globalization," *McKinsey Global Institute*, August, 2017, www.mckinsey.com.

② Robert Cottrell, "Thinking Big: A Survey of International Banking," *Economist*, May 20, 2006, survey section; Daniel Inman, Deng Chao, and Nicole Hong, "An Opening in Great Wall of Stocks," *Wall Street Journal*, September 4, 2014, p. C3.

③ OECD, "Pension Funds' Assets," Organisation for Economic Cooperation and Development, 2018, www.data.oecd.org.

④ Gabriel Wildau, "China Overtakes Eurozone as World's Biggest Bank System," *Financial Times*, March 5, 2017, www.ft.com.

⑤ Cottrell, 2006; Michael Melvin and Stefan Norrbin, *International Money and Finance* (Cambridge, MA: Academic Press, 2017).

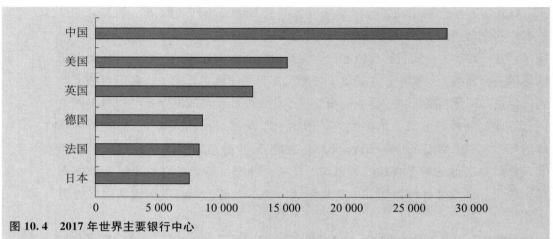

图 10.4　2017 年世界主要银行中心

说明：以商业银行总资产衡量，单位为十亿美元。

资料来源：Based on Bank for International Settlements, *Statistics*, 2018, www.bis.org；KPMG, *Mainland China Banking Survey 2017*, www.kpmg.com；Z/Yen, *The Global Financial Centres Index 22*, September 2017, www.longfinance.net.

第 10 章

B. 欧洲货币市场。可贷资金的另一个重要来源是存放在公司所在国以外的银行中的资金。**欧洲美元**（Eurodollar）是美国境外的银行，包括美国的银行在境外的分行持有的美元。因此，伦敦的巴克莱银行或者东京的瑞穗银行以美元计价的银行存款就是欧洲美元存款。从更广泛的意义上说，存放在其发行国以外的任何货币都可以被称作欧洲货币。除美元以外，欧元、英镑和日元也是主要的**欧洲货币**（Eurocurrency）。美元、欧元、英镑和日元就是四种最主要的欧洲货币。[①] 多达三分之二的美国纸币在美国境外被作为储备货币持有。

日立、松下和其他许多日本企业在日本借入欧洲美元，并用这些欧洲美元在全球开展业务。美国企业有时也会借入存在美国的欧元或日元来为其经营活动融资。欧洲货币市场对企业很有吸引力，因为这些资金不受其本国银行系统的政府监管的约束。例如，法国银行的美元和美国银行的欧元都不受本国存款准备金率的限制。银行通常会向欧洲货币存款提供更高的利率，并向欧洲货币贷款收取较低的利率。这促成了一个巨大的欧洲货币市场的出现。

C. 债券。债务融资的另一条主要渠道是发行债券。**债券**（bond）是发行者（借款者）以承诺在某一特定日期（到期日）还本付息为条件筹集资金的一种债务工具。企业、政府、国家及其他机构都可能会出售债券。投资者购买债券后，有权在未来按票面价值将所购买的债券兑换为现金。**全球债券市场**（global bond market）是指进行债券买卖（主要通过经纪人）的国际市场。

外国债券（foreign bond）是指向债券发行国之外的地区出售并且以发行目的

---

① Melvin and Norrbin, 2017；Howard Simons, "Fighting the Next War in the Eurodollar Market," *Futures: News, Analysis & Strategies for Futures, Options & Derivatives Traders*, December 2014, pp. 32–34.

国的货币为面值的债券。如果墨西哥水泥生产巨头西麦斯在美国出售以美元为面值的债券，那么它就是在发行外国债券。**欧洲债券**（Eurobond）是指向债券发行国之外的地区出售的以债券发行国本国货币为面值的债券。当丰田在美国发行以日元为面值的债券时，它就是在发行欧洲债券。电子通信巨头美国电话电报公司（AT&T）已经发行了数亿美元的欧洲债券，以支持其国际经营活动。最近，瑞安航空公司（Ryanair airlines）发行了价值达 7.5 亿欧元的欧洲债券，目的是为其经营活动融资。联邦快递（FedEx）发行了价值达 30 亿欧元的欧洲债券，目的是为收购另一家快递公司提供资金。欧洲债券一般在大型金融中心出售，面值通常为 5 000 美元或 10 000 美元，每年支付利息。[①]

（3）企业内部融资。企业有时也会通过企业内部由子公司和附属公司构成的网络为国际经营筹集资金。在这个网络中，不时会出现一些单位资金充裕，而另一些单位资金匮乏的情况。因此，跨国企业大家庭里的各个成员，不论是总部还是子公司，都可以互相提供融资。企业内部融资（intra-corporate financing）就是指由企业内部以股票、贷款和商业信用（trade credit）形式提供的资金。当商品和服务的供应商允许客户延期付款时，商业信用便产生了。

第 10 章

这种由跨国企业自己向其国外子公司提供贷款的做法有以下好处：

● 节省银行交易成本，如兑换外币和在不同地点之间转移资金的费用。

● 减少对母公司的资产负债表的可能影响，因为这些资金只是从企业的一个区域转移到了另一个区域。

● 避免股权融资引起的所有权稀释。

● 减轻借款子公司的所得税负担，因为利息支付通常是免税的。

例如，IBM 的全球融资事业部不仅负责对企业的国际资产进行投资，而且负责对企业的国际债务进行管理，以支持 IBM 在全球的经营活动。该事业部通常向公司内部用户提供期限在 2～5 年的贷款。另外，它还为 IBM 位于世界各国的经销商和子公司提供存货融资和应收账款融资。[②]

10.3　管理营运资金和现金流

营运资金（working capital）指企业的流动资产。净营运资金（net working

---

① Jack Dutton, "Ryanair Launches 750m Eurobond," *Air finance Journal*, February 27, 2017, www. airfinancejournal. com; *GlobalCapital*, "The Death of the Eurobond Market Has Been Much Exaggerated," July 10, 2017, www. globalcapital. com; Joe Kavanagh, "North America 2016: FedEx 3 Billion Eurobond Was Five Times Oversubscribed," *Air finance Journal*, May 9, 2016, www. airfinancejournal. com.

② IBM, Inc., *2017 Annual Report*, www. ibm. com.

capital）是流动资金和流动负债的差额。作为营运资金管理的一部分，企业要管理所有的往来账户，如现金、应收账款、库存和应付账款。现金的获取渠道多种多样，如出售商品和服务。跨国企业营运资金管理的一个重要组成部分就是现金流管理，现金流管理可以确保现金在需要的地点和时间得到及时供应。对现金流的需求源于企业的日常活动，如支付工资、购买原料和物资、偿还债务利息、缴纳税款或向股东支付红利。为了优化企业的全球经营，国际财务经理要制定各种战略，以确保资金在企业遍布世界的经营机构中转移。

资金在企业内部的转移渠道的多寡和复杂程度取决于企业遍布全世界的子公司、附属公司和商务联系的多少。企业的国际经营机构分布得越广泛，潜在的公司内部资金转移网络就越庞大，世界贸易中约有三分之一是跨国企业的内部贸易活动。

10.3.1 在跨国企业内部转移资金的方法

财务经理必须把握资金在跨国企业内部转移的不同方法，以便最有效地转移资金、最小化交易成本和税负，同时最大化这些资金可以创造的收益。图 10.5 描述了一家在墨西哥和中国设有子公司的典型企业。企业可以通过商业信用、股息汇款、特许权使用费支付、掩护贷款、转移定价和多边净额结算（后面会作为一小节单独介绍）等多种方法，在自己的内部网络中转移资金。下面介绍每种方法的操作原理。

● 商业信用是指子公司对于从母公司那儿得到的商品和服务延期支付款项。美国商业信用的期限通常是 30 天，而欧洲一般为 90 天，在其他地方甚至更长。

● 股息汇款（dividend remittance）是国外子公司向母公司转移资金的一种常用方法，但是，由于税率和货币风险等因素，每一家子公司对这种方法的使用频率会有差异。例如，一些东道国政府对股息支付征收高额税款，这就限制了跨国企业对这种方法的使用。此外，有些政府对跨国企业的汇款数额也做出了限制。

● 特许权使用费（royalty payment）是支付给知识产权所有者的报酬。假设一家子公司从母公司或其他子公司那儿获得技术、商标或其他资产的许可授权，并支付特许权使用费，那么这就可以成为它们内部转移资金的一种有效方法。另外，由于特许权使用费可以被视作一项支出，所以在许多经济体都被作为税收的抵减项。跨国企业的母公司可以向其子公司收取特许权使用费，以此作为筹集资金的一种方法。

● 掩护贷款（fronting loan）指母公司通过大型银行或其他金融机构向子公司提供的贷款。在采用这种方法时，母公司需要事先在一家国外银行存入一笔大额存款，然后由该银行将这笔存款以贷款的形式转移给子公司。掩护贷款能够帮助母公司规避外国政府对企业内部直接贷款的限制。虽然有些国家对跨国企业可以转移到国外的资金数额做出了限制，但这种限制一般不适用于对银行贷款的偿还。

●转移定价（也称为公司内部定价）是同一母公司的子公司和附属分支机构在公司内部购买和销售中间品或成品时相互收取的价格。例如，当戴姆勒美国公司向位于德国的一家戴姆勒工厂出售卡车零件时，它收取的价格就是转移定价。企业可以利用转移定价将利润从高税率经济体转移到低税率经济体，从而改善内部现金流状况。[①]

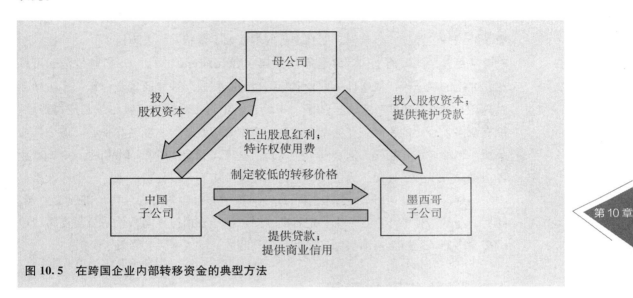

图 10.5　在跨国企业内部转移资金的典型方法

10.3.2　多边净额结算

过去，跨国企业的每家外国子公司通常自行持有资金，并负责为自己的短期需求筹集资金。今天，跨国企业运用一种被称为资金汇集（pooling）的方法，将多余资金集中存放在一个区域性或全球性存管中心（centralized depository），然后再将这些资金调拨到需要资金的子公司，或者对这些资金进行投资以获得收益。

管理者将集中存放在存管中心的资金用于投资，以获得最大的收益。如果存管中心位于金融中心（如伦敦、纽约或悉尼），那么管理者也可以参与各种短期投资，

---

①　下面是一个转移定价的例子：设想一家跨国企业在三个国家分别设有三家不同的子公司，假设子公司 A 在 A 国经营面临着很高的企业所得税，而子公司 B 是在避税天堂 B 国经营。这样，最小化税收的一种方法就是子公司 A 以较低的转移定价向子公司 B 出售商品，然后子公司 B 再以较高的转移定价将商品出售给第三国家的子公司 C，如此就降低了公司的整体税负。对子公司 A 来说，由于利润较低，所以其企业所得税减少了；对于子公司 B 来说，由于 B 国企业所得税税率很低，所以也只需要缴纳较少的税；而对于子公司 C 来说，由于采购的成本较高，所以应缴税款自然也就较少。虽然在跨国企业内部使用转移定价方法十分普遍，但它还是存在一定的缺陷。首先，尽管在合理范围内使用企业内部转移定价方法是合法的，但是政府往往会强烈反对企业采用这种避税手段。因此，许多国家的政府会实施限制转移定价的政策。可口可乐日本子公司就由于其商标和产品的特许权使用费过高，被日本国税总局处以高达 150 亿日元的罚款。其次，转移定价会扭曲国外子公司的财务表现。例如，如果一家子公司被要求以较低的转移价格出售商品，那么它的利润会减少，这将有损该子公司的业绩和员工士气。最后，一些跨国企业会利用人为的转移定价隐瞒业绩糟糕的子公司或者达到其他目的（隐瞒公司的真实业绩）。

以获得更高的收益率。这类存管中心倾向于将专业知识和金融服务集中起来运用，从而能以较低的成本让子公司受惠。

大型跨国企业会进行大量的国际交易，每一笔交易都会产生相应的交易成本。例如，假设一家跨国企业的日本子公司欠其西班牙子公司 800 万美元，同时，该西班牙子公司欠该日本子公司 500 万美元。尽管可以通过两笔独立的交易结清彼此的欠款，但是更明智的做法是由日本子公司直接向西班牙子公司支付 300 万美元的净差额。这样，通过转移一笔数额远远少于两笔原始交易中任何一笔的资金，不仅两家子公司间的债务得以清偿，而且交易成本（如手续费）大大降低了。

从更复杂的层面上讲，**多边净额结算**（multilateral netting）指通过消除可以相互冲抵的现金流，战略性地减少在跨国企业组织内部转移的现金总额。多边净额结算通常涉及三家或三家以上的子公司，它们之间相互持有应收账款和应付账款。拥有众多子公司的跨国企业通常会建立一个由总部监督的净额结算中心，即中央交易所。例如，荷兰领先的消费电子产品公司皇家飞利浦（Royal Philips）在约 60 个经济体设有经营子公司。为了便于进行多边净额结算，该公司设立了一个净额结算中心，规定其子公司必须定期在同一日期向该中心报告所有的公司内部收支差额。随后，净额结算中心会在一个特定日期通知每家子公司应该向其他子公司支付或收取多少金额。通过多边净额结算，皇家飞利浦的交易成本大大降低了。

10.4 执行资本预算

是否要拓展出口业务？是否要收购某个分销中心？是否要新建一个工厂？是否要更新生产设备？凡此种种，企业又该怎样决定呢？由于资源有限，企业不可能负担得起遇到的每一个投资项目。资本预算（capital budgeting）的目的就是帮助企业管理者确定哪些国际扩张项目更具经济效益。

企业管理者主要根据项目的初始投资要求、资本成本以及项目可以提供的现金流增量或其他收益等因素做出决策。许多可变因素都会影响一项投资的潜在盈利能力。例如，快餐业投资者在经营企业时要考虑诸多因素，如选址、当地的竞争水平、与高速公路的距离、公共交通的可利用性以及每个选址的交通量。[1]

10.4.1 资本投资项目的净现值分析

企业管理者通常采用净现值（net present value，NPV）分析法对国际资本投资项目进行评估。净现值指项目带来的现金流净值（流入-流出）的贴现值与初始

---

[1] Toye Adelaja, *Capital Budgeting：Capital Investment Decision*（CreateSpace, www.createspace.com, 2016）；Timor Mehpare and Seyhan Sipahi, "Fast-Food Restaurant Site Selection Factor Evaluation by the Analytic Hierarchy Process," *Business Review* 4（2005），pp. 161–167.

投资成本之间的差额。① 净现值为正表示拟建项目的预期收益大于预期成本（以美元或其他货币现值表示）。净现值为正的项目通常会盈利，并增加公司价值。

　　企业管理者采用净现值分析法时，一般有两种做法。一种是先计算出以子公司所在地货币表示的税后经营现金流入，然后按该项目的资本成本对它们进行贴现。资本成本是投资者所要求的适合项目风险水平的内部收益率（IRR），通常用百分数表示。如果净现值为正，则该项目的预期收益率将超过其要求的内部收益率，并增加子公司价值。在资本预算中，这是从项目角度出发所采用的做法。企业管理者在评估一个国际投资项目可否被接受时，往往将其作为第一种筛选方法。②

　　另一种是从母公司角度出发所采用的做法。这种做法需要估算该项目未来最终汇回母公司的现金流，要求企业管理者将预期现金流转化为母公司的记账本位币——项目经营所处的主要经济环境中所使用的货币。例如，总部设在美国的企业，其记账本位币就是美元；总部设在日本的企业，其记账本位币就是日元。因此，采用这种做法时，需要预测即期汇率或远期汇率，并使用与类似风险项目的要求收益率一致的贴现率来计算现值，然后从该项目现金流现值中减去初始投资现金流。一

第 10 章

---

　　①　下面是对净现值分析法的说明：一家来自美国的跨国企业正考虑通过其子公司在墨西哥投资一个工程扩建项目，该项目的初始投资额为 2.2 亿墨西哥比索（MXP），经济寿命为 5 年。在这 5 年里，该项目预计产生的年度税后现金流依次为 1.2 亿、1.25 亿、1.5 亿、1.55 亿、2 亿墨西哥比索，这些现金流会在未来 5 年内陆续汇回母公司。目前墨西哥比索兑美元的即期汇率为 MXP11.00/ $1，预计未来 5 年墨西哥比索兑美元的即期汇率依次为 MXP11.10/ $1、MXP11.25/ $1、MXP11.50/ $1、MXP11.55/ $1 和 MXP11.75/ $1。假设该项目的合理贴现率为 10%，那么从母公司的角度来看，该项目的净现值是多少？根据这一净现值，这家跨国企业是否应该投资该项目？让我们来分析一下，该项目现金流的计算结果如下（"＋"表示现金流入，"－"表示现金流出）：

时间	0	第 1 年	第 2 年	第 3 年	第 4 年	第 5 年
以墨西哥比索表示的现金流（亿墨西哥比索）	－2.2	＋1.2	＋1.25	＋1.5	＋1.55	＋2
当时墨西哥比索兑美元的即期汇率	MXP11.00/ $1	MXP11.10/ $1	MXP11.25/ $1	MXP11.50/ $1	MXP11.55/ $1	MXP11.75/ $1
以美元表示的现金流（美元）	－20 000 000	＋10 810 811	＋11 111 111	＋13 043 478	＋13 419 913	＋17 021 277

　　该项目的净现值计算如下：

$$NPV = -20\,000\,000 + 10\,810\,811/(1+0.10)^1 + 11\,111\,111/(1+0.10)^2$$
$$+ 13\,043\,478/(1+0.10)^3 + 13\,419\,913/(1+0.10)^4 + 17\,021\,277/(1+0.10)^5$$
$$= 28\,545\,359 \text{（美元）}$$

由于该项目的净现值为正，所以该跨国企业应该投资该项目。

　　②　在国际上开展业务还会涉及额外的风险，这可能会使得在针对国际项目的净现值分析中所使用的贴现率更高。企业管理者坚持在净现值分析中采用较高的要求收益率（required return），因为国家的政治风险和货币风险较大，这意味着风险投资失败的可能性较大。一家企业可能对在德国和日本的潜在投资采用 7% 的贴现率，因为这些国家的政治和经济较为稳定。然而，它可能对在巴基斯坦和俄罗斯的类似潜在投资采用 14% 的贴现率，因为这些国家经历了政治和经济动荡。贴现率越高，则预测的净现金流必须越高，投资的净现值才会为正。国际项目的贴现率有时候会比国内项目低。由于风险有不同的来源，所以企业管理者必须系统地评估一系列潜在的影响因素。

个项目只有能为母公司带来增值，也就是说，从母公司的角度来看有正的净现值，才会被接受。

估算项目现金流是一项很复杂的工作，需要预测一系列变量，这些变量会影响未来几年的预期收入和成本。收入的最大组成部分通常来源于销售。初始成本和持续经营成本通常包括研发（research and development，R&D）成本、重要项目资源开发成本、劳动力成本、要素投入成本和营销成本。

跨国企业的资本预算非常复杂，原因有以下四个：
- 项目现金流通常不是母公司的报告货币。
- 项目所在地的税收政策通常和母公司所在地不同。
- 政府可能会限制跨国企业将资金从项目转移到母公司。
- 项目可能面临国家风险，如政府干预或不利的经济状况。

10.5　管理货币风险

篇首案例中介绍的马克尔每天都面临诸多挑战，货币的币值不断变化就是其中最大的挑战之一。外国直接投资者会面临货币风险，因为它们以外币支付款项或承担债务。外国投资组合的管理者也面临货币风险。例如，一只日本股票可能会上涨15%，但是如果与此同时日元贬值15%，那么在这只股票上所获得的盈利将会荡然无存。[①]

货币危机通常会影响当地其他资产，包括债务、设备和房地产的价格。当企业的现金流及资产与负债的净值因汇率的意外变化而发生变化时，企业就面临货币风险。由于汇率会发生非预期的波动，出口商和许可人会面临货币风险，因为国外买家通常用其本国货币付款。如果企业以其母国货币向外报价并接受以母国货币付款，那么从该企业的角度看，货币风险就不复存在了。但是，对国外客户来说，货币风险依旧存在。为了给国外客户提供方便，许多企业会选择以客户方的货币向其报价。总之，在一笔国际交易中，无论买方还是卖方都会面临货币风险。

10.5.1　货币风险的三种类型

对企业来说，汇率波动可能会导致三种风险：交易风险、折算风险和经济风险。[②]

---

① Reshma Kapadia，"The Currency Conundrum," *SmartMoney*，April 2012，pp. 78-82；Melvin and Norrbin, 2017.

② Robert Aliber，*Exchange Risk and International Finance*（New York：Wiley，1979）；Melvin and Norrbin, 2017.

交易风险（transaction exposure）指企业用外币收付未结清的应收账款或应付账款时所面临的货币风险。假设戴尔进口了价值 300 万台币的计算机键盘，并以外币付款。假设购买初期的汇率为 1 美元＝30 台币，但是戴尔在购买后 3 个月付款。如果在这 3 个月内汇率变为 1 美元＝27 台币，那么戴尔就会由于汇率波动而多支付 11 111（＝3 000 000/27－3 000 000/30）美元。从戴尔的角度看，台币升值了。由汇率波动引起的这种收益或者损失是真实存在的：它们会直接影响企业的现金流，进而影响企业的效益。

折算风险（translation exposure）指跨国企业在处理财务报表的过程中将外国货币转换为母公司的记账本位币（是合并国际财务报表不可或缺的一个组成部分）时面临的货币风险。**合并**（consolidation）指将国外子公司的财务报表整合到母公司的财务报表之中这一过程。会计惯例要求企业报告用记账本位币表示的合并后的财务业绩。

折算风险之所以发生，是因为随着汇率波动，以记账本位币表示的资产、负债、支出和收入的价值也会发生变动。将国外子公司的季度或年度财务报表的记账货币换算成母公司的记账本位币，会在财务报表合并之日造成收益或损失。例如，如果在某一季度里，日元相对于美元贬值，那么美国跨国企业的日本子公司的当季净收入就会在将日元转化为美元的时候减少。应该说明的是：折算风险引起的收益或者损失都只是"账面上的"，或者说是"虚拟的"，因而不会对现金流造成直接影响。相反，交易风险引起的收益或损失都是真实存在的。

经济风险（economic exposure）亦称**经营风险**（operating exposure），是指当汇率波动引起企业产品定价、投入成本及国外投资的价值发生变化时企业所面临的货币风险。汇率变动会使这些产品对买方来说变得相对便宜或者昂贵，从而提高或降低销售量。例如，如果日元相对于欧元升值，那么一家欧洲企业可以预期到向日本出口的商品会增加，因为日元的购买力变强了。但是，如果日元相对于欧元贬值，那么这家欧洲企业在日本的销售量可能会下滑，除非该企业降低其产品在日本市场上的价格，而且降低幅度必须与日元的贬值幅度相当。同样，企业在采购投入品的时候，也可能会因汇率变动所引起的投入品价格上涨而遭受损失。此外，汇率变动也会对以本国货币表示的国外投资的价值产生影响。

经济风险的存在意味着汇率波动会通过收入与支出的变化对企业的长期利润率产生影响。这些影响会在企业的财务报表中表现出来。例如，美元相对于欧元升值会增加美国在欧洲的投资的价值，并降低以欧元计价的投入品的成本，这也削弱了美国公司在欧盟出售的以美元计价的产品的竞争力。

当汇率向有利于企业的方向变动时，这三种货币风险也会产生正面效果。但是，企业管理者往往更加关注对企业不利的汇率波动。货币风险的存在有助于说明为什么欧盟大多数成员国要使用单一货币——欧元。使用单一的交换媒介，便消除了货币风险。然而，对于在欧元区以外经营的跨国企业来说，货币风险仍然是一个重大问题。

10.5.2　外汇交易

相对来说，只有少数几种货币促进了跨境贸易和投资：全球外汇储备中，大约64％是美元，20％是欧元，4％是英镑和日元，8％是其他经济体货币。[1] 全球的外汇交易量取决于跨国经济活动的水平，目前每天达 5 万亿美元。[2] 从整体来看，这几乎是全球产品和服务贸易日成交量的 100 倍。

同样，外汇交易的计算机化更是让人们叹为观止。例如，瑞士投资银行瑞银集团（UBS）提供一系列与货币相关的产品。利用该银行的尖端计算机平台，来自几十个经济体的客户在网上就可以完成几乎全部的即期、远期和货币互换交易。[3] 花旗银行（Citibank）也利用其综合性客户平台花旗外汇（CitiFX Interactive）为客户提供多种类、全方位的服务，其中包括资料研究、货币交易及分析工具。[4]

大型商业银行和金融机构——如花旗银行、瑞士银行、德意志银行（Deutsche Bank）、巴克莱银行（Barclays Bank）、高盛（Goldman Sachs）、汇丰银行（HSBC）等——是货币市场的主要交易者，它们对买入或卖出的货币进行定价。如果某个进口商想要从奥地利购入价值 100 000 美元的欧元，那么此时的货币兑换主要是由进口方银行进行操作。像巴克莱银行和花旗银行这样的大型银行一般都会保留一部分主要货币储备，并与国外的代理行一起合作，从而便利货币交易。银行间货币交易主要在银行同业市场上进行。

外汇买卖也可以通过经纪人来办理，经纪人是专门联系买卖双方，并促成双方交易的人，他们在伦敦、纽约和悉尼等主要金融中心尤其活跃。现在，外汇交易越来越多地通过 www.forex.com 和 www.everbank.com 等网站的在线经纪人和交易者来完成。

外汇交易中通常会使用一套专业术语。**即期汇率**（spot rate）指适用于当日立即交割的外汇交易的汇率，是为立即收取外汇而使用的汇率。即期汇率适用于银行间 2 个工作日以内交割的交易，也适用于有非银行客户参与的即期交割的场外交易（例如，你在机场自助服务端购买外汇）。

远期汇率（forward rate）指适用于在未来某一特定日期收取或交割外汇的汇率，是未来交割外汇所使用的汇率。远期外汇市场上的交易者承诺在未来某个特定

[1] International Monetary Fund, "Currency Composition of Official Foreign Exchange Reserves (COFER)," December 31, 2017, www.imf.org; Kapadia, 2012; James Ramage, "Currency Trading Volumes Jump," *Wall Street Journal*, January 27, 2015, www.wsj.com.

[2] Bank for International Settlements, "Triennial Survey: 1998 to 2017," 2017, www.bis.org; World Trade Organization, *International Trade Statistics 2017* (Geneva: World Trade Organization), www.wto.org.

[3] Gordon Platt, "World's Best Fx Providers 2017," *Global Finance*, January 10, 2017, www.gfmag.com.

[4] Gilly Wright, "World's Best Digital Banks 2017," *Global Finance*, December 11, 2017, www.gfmag.com.

日期交割外汇，但是要以交易时约定的汇率进行交割。远期外汇市场的基本功能是防范货币风险。

对汇率进行标价的方法通常有两种：直接标价法和间接标价法。**直接标价法**（direct quote）指兑换 1 单位外国货币所需要的本国货币的单位数。直接标价法也称为一般标价法（normal quote）。例如，2018 年 3 月 17 日，要兑换到 1 欧元，需要 1.23 美元。**间接标价法**（indirect quote）是指 1 单位本国货币所能兑换的外国货币的单位数。例如，2018 年 3 月 17 日，1 美元可以兑换到 0.81 欧元。请查阅本章附录以了解更多关于货币交易的内容。

你可能会在机场发现，外汇交易者在报价时，总是同时报出自己将买卖约某种货币的买入（bid）价和卖出（offer）价。他们赚取的就是买入价和卖出价之间的价差（spread）。

10.5.3　外汇交易者的类型

外汇市场上主要存在三类交易者：套期保值者、投机者和套汇者。**套期保值者**（hedger）是指通过买入远期合约或类似的金融工具，使货币风险最小化的外汇交易者。套期保值者通常包括跨国企业和其他以国际贸易或国际投资为主要经营业务的企业。从外汇交易中盈利未必是它们的兴趣所在。

投机者（speculator）指为了从汇率波动中获利而从事外汇买卖的交易者。如果投机者认为某些货币，如墨西哥比索或人民币未来会升值，那么他们可能会购买一张以墨西哥比索标价的存款单或者一个与人民币相联系的货币市场账户。投机者也会把赌注压在正在贬值的货币上，即我们常说的卖空。当投机者采取卖空操作时，他们会先卖出过去从第三方（通常为经纪人）借入的货币，待日后再买回相同的货币，以偿还借入的货币。在这一过程中，采取卖空操作的投机者希望逶过卖出和买回获利，因为如果货币真的贬值的话，投机者买回货币的价格要低于其卖出该货币时的价格。图 10.6 举例说明了投机者在外汇市场上通过投机获利的情况。

套汇者（arbitrager）指在两个或两个以上的外汇市场上买卖同一种货币，以便利用这些市场上的汇率差异获利的外汇交易者。套汇者与投机者有所不同，投机者赌的是某种货币的未来价格，而套汇者是根据某种货币的已知价格，试图从外汇市场上存在的当期汇率失衡中获利。例如，如果星期一早晨纽约外汇市场上欧元兑美元的汇率是 1 欧元＝1.25 美元，而此时伦敦外汇市场上欧元兑美元的汇率是 1 欧元＝1.30 美元，那么交易者就可以在纽约外汇市场上用 125 万美元购买 100 万欧元，紧接着在伦敦外汇市场上将这些欧元卖出，此时可换回 130 万美元。忽略佣金和费用的话，通过这一操作交易者可以获得 5 万美元的无风险利润。但是不要太激动！这种套汇机会即便存在，也会随套汇者的套汇行为而迅速消失，因为套汇行为会促使汇率调整到均衡水平。

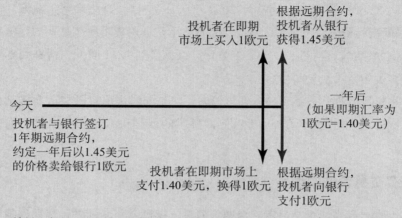

场景：某投机者获得银行提供的远期合约一份，该合约约定从现在起一年后，他可以以1欧元=1.45美元的汇率向银行卖出1欧元。假设投机者预期一年后的汇率为1欧元=1.40美元，那么投机者就可以利用预期汇率和约定汇率之间的差异，通过远期合约获利。在此案例中，由于未来的即期汇率是不确定的，所以投机者也要承担一定的风险。

根据远期合约，
投机者从银行
获得1.45美元

投机者在即期
市场上买入1欧元

今天

投机者与银行签订
1年期远期合约，
约定一年以1.45美元
的价格卖给银行1欧元

一年后
（如果即期汇率为
1欧元=1.40美元）

投机者在即期市场上
支付1.40美元，换得1欧元

根据远期合约，
投机者向银行
支付1欧元

结果：如果一年后的即期汇率确实是1欧元=1.40美元，那么投机者就可以从中获利0.05美元。然而，如果即期汇率变为1欧元=1.50美元，那么投机者还是只能以1欧元=1.45美元的汇率卖给银行1欧元，于是亏损0.05美元。

图 10.6　投机者在外汇市场上投机获利的例子

10.5.4　汇率预测

由货币风险造成的损失在国际商务中很常见。高露洁（Colgate）是一家生产牙膏、肥皂和其他消费品的美国公司，其 80% 以上的销售额来自外国市场。2016年，美元相对于巴西雷亚尔、欧元和其他世界货币的升值导致了高露洁的销售额的下滑。由于美元升值，宝洁、苹果、霍尼韦尔和其他美国跨国企业的外国市场销售额也出现了类似的下滑。这些公司不得不在全球市场提高价格，以抵消美元升值造成的损失。然而，更高的价格降低了美国产品对美国以外的消费者的吸引力。为了规避出口，许多美国公司已经将部分生产转移到国外主要市场。这一策略增强了美国企业应对不利的货币波动的能力。[①]

财务经理每天监控货币交易。他们对影响汇率的新闻和事件特别警惕。2016年，出于对政治风险、经济困境和腐败的担忧，一些企业从俄罗斯撤回了总额达数十亿美元的投资。俄罗斯卢布大幅贬值后，外国投资者抛售所持俄罗斯证券交易所和其他市场的股票，并将巨额俄罗斯卢布兑换成外币。[②] 在大多数经济体，汇率会

---

① Thomas Black and Alex Webb, "Trump's Strong Dollar Means Weaker Sales at Apple, Honeywell," *Bloomberg*, February 3, 2017, www. bloomberg. com; Anne Steele, "Colgate-Palmolive Sales Hurt by Strong Dollar," *MarketWatch*, January 27, 2017, www. marketwatch. com.

② *Moscow Times*, "Russian Capital Flight Slows to $32. 6 Billion in First Quarter," April 10, 2015, pp. 20, 28; Reuters, "Russia JanSept Capital Flight at $9. 6 bln—Cenbank," October 11, 2016, www. reuters. com.

对政府选举、劳工纠纷和重大供给冲击（例如，石油输出国组织突然宣布减产）等经济信息做出快速反应。要做到精确预测，企业管理者还需要评估外汇交易者可能会采取的行动。

国际经营规模庞大的企业通常会在本企业内部建立专门的机构对汇率进行预测，并将内部预测与大银行和专业人士所提交的报告结合起来分析。银行和企业通常通过技术分析来预测近期的汇率走势，依靠基本面分析来预测不断变化的宏观经济数据，凭借基于市场的分析来预测远期汇率及未来的即期汇率。

中小企业往往缺少进行大规模预测所需的资源，它们只能依靠银行提供的预测或来自商业新闻的预测。例如，《经济学家》杂志每期都会专辟一栏预测近期的汇率走势。其他有用的信息来源包括国际清算银行、世界银行以及欧洲中央银行的网站。

10.5.5　通过套期保值管理汇率风险

假设你想购买一辆丰田汽车，当地的汽车经销商坚持要你用日元付款，对此你犹豫不决，部分原因是你需要去准备日元，另一部分原因是可能还存在其他允许你用本币付款的经销商。全世界的客户都倾向于用本国货币进行交易。如果企业坚持以企业所在国的货币报价并接受付款，那么管理货币风险的负担就落到了客户身上，正如篇首案例中提到的马克尔。企业要想保持竞争力，就必须学会在外汇市场上操作，即便小企业也是如此。在此过程中，企业也必须学会使自己面临的货币风险降到最低。

管理货币风险最常用的方法是套期保值。**套期保值**（hedging）指利用金融工具或其他方法减少或消除汇率风险。如果套期保值做得好，企业就可以免受汇率发生不利变动所造成的影响。银行通常会提供各种金融工具，如远期合约、外汇期权和互换协议，为套期保值提供便利。套期保值者也需要承担各种成本，如银行手续费和为进行套期保值而借款的利息。企业必须对这些成本和预期收益加以权衡。

进行被动套期保值时，每一项风险在发生时都会得到防范，而且该防范会一直持续到套期保值合约到期为止。进行主动套期保值时，虽然总体风险会频繁得到审查，但是企业通常只会对那些可能造成极大潜在危害的风险进行防范，而且这种防范可能会在套期保值合约到期之前就被撤销。一些主动套期保值者期望从套期保值中获利，他们甚至会在企业内部建立一个从事主动套期保值业务的交易平台。但是，大多数企业在选择套期保值战略方面都相当保守，它们只是力图防范所有风险，或者对它们而言最大的风险，而且会将这种防范一直持续到到期日。

10.5.6　保值工具

对货币风险等级进行评估之后，企业便会试图平衡风险资产和风险负债。最常见的保值工具有四种：远期合约、期货合约、外汇期权和货币互换。

远期合约（forward contract）指按照合同约定的汇率买卖外汇并在未来交割清算的一种金融工具，在交割日之前，并无资金转手。银行对远期汇率的报价方式与对即期汇率的报价方式相同，即都是同时报出买入价和卖出价。对于客户来说，银行买入价与卖出价之间的价差是一项成本。

远期合约主要用于防范交易风险，即套期保值。例如，假设陶氏化学公司（Dow Chemical，以下简称陶氏）向德国进口商销售价值10万欧元的货物，对方90天后付款。由于存在时间间隔，所以陶氏的这笔收款面临货币风险。也就是说，如果欧元在这90天里贬值，那么陶氏获得的美元就会变少。为了防范这一风险，陶氏与银行签订了一份远期合约，合约规定：从现在起90天后，陶氏按照约定的汇率向银行卖出10万欧元，以确保公司未来能收到数额确定的美元。图10.7说明了陶氏通过远期合约进行套期保值的现金流。

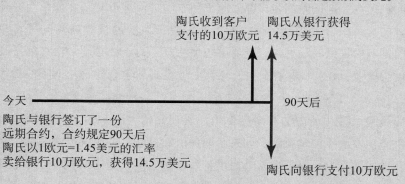

场景：陶氏向某一德国进口商出售10万欧元的货物，对方90天后付款。考虑到从现在算起90天后，美元兑欧元的即期汇率是未知的，所以陶氏到时候从德国进口商那儿得到的货款值多少美元是不确定的。为了防范这种风险，陶氏与银行签订了一份远期合约。该合约规定，从现在起90天后，陶氏按照1欧元=1.45美元的汇率卖给银行10万欧元，以确保未来能够收到确定数额的美元。

陶氏收到客户支付的10万欧元　陶氏从银行获得14.5万美元

今天　　　　　　　　　　　　　　90天后

陶氏与银行签订了一份远期合约，合约规定90天后陶氏以1欧元=1.45美元的汇率卖给银行10万欧元，获得14.5万美元

陶氏向银行支付10万欧元

结果：今天陶氏就可以知道，无论90天后的实际即期汇率是多少，从客户那里收回的10万欧元的货款在90天后可以确定地兑换到14.5万美元。

图10.7　外汇市场套期保值的例子

与远期合约相似的还有期货合约。**期货合约**（futures contract）是指按照约定的价格在约定的日期买卖外汇的协议。远期合约与期货合约的不同之处在于：期货合约是标准化的，可以在有组织的交易所如芝加哥商品交易所（Chicago Mercantile Exchange，CME）交易。远期合约的各项条款是银行与其客户通过协商确定的，而期货合约的到期日和合约金额都是标准化的。期货合约对防范交易风险尤为实用。

外汇期权（currency option）与远期合约和期货合约不同，它赋予期权买方在特定时间内以约定的汇率买入（卖出）一定数量外币的权利而不是义务。期权卖方必须在期权买方指定的时间按照最初设定的价格卖出（买入）某种货币。外汇期权

通常在有组织的交易所，如伦敦证券交易所和费城证券交易所进行交易。期权合约仅适用于各种主要货币。[①]

期权的类型有两种：看涨期权和看跌期权。看涨期权（call option）指在某一特定期限内（也叫美式期权）或在某一特定日期（也叫欧式期权）按约定的价格购买一种外币的权利而非义务。[②] 看跌期权（put option）指按约定的价格卖出某种外币的权利。每份期权合约都是针对一定数额的外币设计的。例如，费城证券交易所每份澳大利亚元期权合约的金额为 5 万澳大利亚元。期权作为一种保值或者防范风险的工具，能够有效地应对汇率的不利波动。

货币互换（currency swap）指按照特定的日程安排，对两种货币进行对调。互换双方约定并同意在一定期限后返还期初被互换了的货币。因此，货币互换既是即期交易，也是远期交易。协议启动之时，双方按即期汇率互换本金。通常，双方还必须为互换得到的本金支付利息。例如，如果 A 方用美元换入欧元，那么 A 方既要为换入的欧元支付欧元利息，又会因换出了美元而获得美元利息。在未来的某个日期，原始本金将如数返还给原始持有者。下面介绍一个有关货币互换的例子。某跨国企业签订了一份为期 2 年的协议，按照协议规定，它既要为换入的 100 万欧元本金支付每年 4% 的复利，又要向换出的 130 万美元本金收取每年 5% 的复利。如此一来，该协议就成为一份货币互换协议。根据该协议，该跨国企业在当天会收到 100 万欧元，同时要支付 130 万美元。在随后的两年里，该公司每年还要支付 4 万欧元的利息，同时每年收取 6.5 万美元的利息。在第二年结束后，该跨国企业会收回当初的 130 万美元，同时要支付 100 万欧元。

10.5.7　最小化货币风险的最佳做法

管理横跨多国的货币风险是富有挑战性的，因为管理者不仅要随时了解法律法规和市场的变化情况，还要对企业的风险暴露情况了如指掌。为了将货币风险降到最低，企业管理者需要制订一套系统性方案。

表 10.1 列出了企业管理者用来最小化货币风险的指导方针。最后一条指导方针，即保持国际经营活动（如生产和采购）的灵活性，是终极解决方案。如果企业在多个市场上经营，而每个市场的货币稳定性、经济稳定性和政治稳定性均存在差异，那么它将能够很好地优化自己的经营活动。例如，戴尔从多个国家或地区采购零部件和原材料，并且可以根据汇率等诸多因素的变化情况，快速从一个国家（地

[①]　Ariful Hoquea, Felix Chana, and Meher Manzur, "Efficiency of the Foreign Currency Options Market," *Global Finance Journal* 19, No. 2 (2008), pp. 157-170; Melvin and Norrbin, 2017.

[②]　下面是一个关于期权交易的简单例子：假设你想购买房子，你看到了一套比较喜欢的房子，但是还不确定是否真的应该买下来。在这种情况下，你可以向房主支付一部分款项（类似定金），让房主将这套房子为你保留两个星期。之后，如果你购买了这套房子，那么你之前支付的定金可以抵购房款；但是，你也可以不按照商议的价格购买此房子，即你没有必须买入的义务，代价就是损失你支付的定金。

区）的供应商转换到另一个国家（地区）的供应商。

表 10.1　最小化货币风险的管理方针

1. 咨询专家。管理者应该向银行和顾问寻求帮助，以便制定出最小化货币风险的方案和战略。
2. 集中管理企业内部的外汇。虽然某些外汇管理活动可以委派给当地子公司管理者，但是总部应该为各子公司制定基本的原则。
3. 确定企业能够承受的风险等级。项目性质、处于风险中的资本数量与管理者的风险承受能力不同，企业所能承受的风险等级也不同。
4. 设计一个衡量汇率走势与货币风险的系统。该系统应能提供持续的反馈，以便管理者及时制定出可以最小化货币风险的适当战略。
5. 监控主要货币的变动情况。由于汇率会不断波动，所以对汇率进行持续监控能够避免为错误付出巨大代价。
6. 警惕不稳定的货币或某些受管制的货币。企业在交易时应该采用稳定的可兑换货币。此外，还要随时注意政府对外汇兑换的限制，因为这些限制会影响资产、负债、收入和支出的价值。
7. 监控长期经济趋势和规制趋势。利率上升、通货膨胀、劳动力市场动荡以及新政府上台等也会引起汇率波动。
8. 区别经济风险与交易风险、折算风险。企业管理者通常将重点放在降低交易风险和折算风险上，但是经济风险会对公司业绩产生长期影响，进而造成更大的危害。
9. 保持国际经营活动（如生产和采购）的灵活性。灵活的经营战略有利于企业在不同的国家之间转移生产和采购活动，以便从有利的汇率波动中获利。

10.6　适应多样化的国际会计和税务实践

世界各地的会计制度各有不同，决定企业利润、研发成本和货物销售成本的方法有很多。[1] 资产负债表和利润表在国际上的叫法也各不相同，这种不同不仅表现在语言、货币和形式上，也表现在使用的会计准则上。根据一个国家的会计准则编制的财务报表是很难和根据另一个国家的会计准则编制的财务报表进行比较的。

10.6.1　财务报表的透明度

当地的会计准则决定了财务报表的透明度。**透明度**（transparency）指公司定期披露财务信息和会计事项的程度。一个国家的会计制度越透明，该国的上市公司越会定期、全面、可靠地向债权人、股东和政府报告财务业绩。透明度指标十分重要，因为它不仅能帮助投资者准确地评估公司业绩，还有助于更好地制定管理决策。许多国家通过提高监管体系的透明度吸引了大量 FDI 投入。智利、哥斯达黎加和捷克就是很好的例子。相反，许多发展中国家和新兴经济体的会计制度混乱，财

---

① Timothy Doupnik and Hector Perera, *International Accounting* (New York：McGraw-Hill Education，2015)；IFRS, "Why Global Accounting Standards?," 2017，www.ifrs.org.

务报表滞后，发布的信息不完整或不可靠。最近一次全球金融危机爆发后，亚洲、欧洲、美国的政府和中央银行都努力提高会计制度的透明度和严格程度，并且加强了对银行及其他金融机构的监管。[①]

10.6.2　会计制度的国际协调与趋同

随着国际贸易与国际投资的发展，跨国企业和国际组织，如国际会计准则理事会（International Accounting Standards Board，IASB）、联合国、欧盟和美洲间会计协会（Interamerican Association of Accounting）正着手对各项国际会计制度，尤其是衡量标准、披露标准和审计标准进行协调。例如，国际会计准则理事会一直致力于制定一套高标准、易理解、可实施的全球性单一会计标准。

国际会计准则理事会旨在实现以下几个目标：
- 降低财务报表的编制成本；
- 提高合并来自多个国家的财务报表时的效率；
- 提高会计实践的可比性和透明度，进而提高国外财务报表的可靠性；
- 通过帮助投资者和管理者更好地制定决策，促进对证券和企业的国际投资。

第 10 章

一些跨国企业通过在国外股票交易所挂牌上市吸引潜在外国投资者。对于这些企业来说，协调尤为重要。全球有 120 多个国家要求或允许企业遵守《国际财务报告准则》（International Financial Reporting Standards，IFRS）。在美国，企业必须遵守《通用会计准则》（Generally Accepted Accounting Practices，GAAP）。然而，美国的许多大型公司，例如宝洁的海外子公司遵守的是《国际财务报告准则》。欧洲的国际会计准则理事会（IASB）和美国的财务会计准则委员会（Financial Accounting Standards Board，FASB）一直致力于实现两种会计制度的协调与趋同。然而，出于对欧洲和美国的实际情况和政治方面的考虑，这一合作被推迟了。[②]

10.6.3　子公司财务报表的合并

国际会计中的一项关键任务是外币折算，即将以外币计价的金额换算为母公司的记账本位币。由于子公司通常以所在国的货币进行财务记录，所以当子公司的财务报表被合并到母公司的财务报表中时，它们必须改用母公司的记账本位币。财务报表的合并有助于母公司对其在世界各地的经营活动进行计划、评估和控制。

---

① Claessens, Kose, Laeven, and Valencia, 2014; Henry Kaufman, *Tectonic Shifts in Financial Markets: People, Policies, and Institutions* (New York: Palgrave-Macmillan, 2016).

② IFRS, 2017; Paul Miller and Paul Bahnson, "The Demise of the Drive to Bring International Standard-Setting to the U.S.," *Accounting Today*, February 2012, pp. 16 – 17.

将外国货币折算为母公司的记账本位币有两种方法：现行汇率法和时态法。采用**现行汇率法**（current rate method）时，以外币计量的资产负债表和利润表中所列的全部项目均按现行汇率，即当日（在资产负债表中）或当期（在利润表中）的即期汇率进行折算。这种折算方法通常用于子公司被视为一个独立的实体，而不是母公司业务的一部分的情况。以 Computershare（这是一家通过其遍布全球的子公司网络销售财务软件的澳大利亚公司）为例，该公司在折算子公司的财务报表时就采用现行汇率法，因为这些子公司均是以独立的法人实体形式存在。以外币表示的应收账款额和应付账款额都要以合并当日的汇率折算成澳大利亚元。[①]

采用现行汇率法折算子公司业绩会造成折算损益，其数值具体取决于折算期间的实际汇率。例如，6 个月前收到的外币款项的价值可能与折算当日存在很大差异。对于拥有广泛的国际业务的公司来说，会计折算方法的选择对公司的业绩和估值影响深远。

当企业采用时态法（temporal method）折算时，汇率的选取取决于核算方法。通常来说，如果资产和负债是按照历史成本计价，则按照历史汇率折算，即以资产获得时的汇率为基准折算；如果资产和负债是按照市场成本计价，则按照现行汇率折算。因此，现金、应收账款、应付账款等货币性项目按照现行汇率折算，而存货、不动产、厂房和设备等非货币性项目按照历史汇率折算。

根据美国的会计准则，如果子公司的记账本位币是其在经营所在地使用的主要货币（例如，日元是美国的跨国企业在日本的子公司所使用的主要货币），该跨国企业就必须采用现行汇率法；如果子公司的记账本位币是其母公司所在地的货币，该跨国企业就必须采用时态法。选择的方法不同，得出的利润和其他财务业绩指标也不同。

10.6.4 国际税收

在跨国商务中，公司需缴纳直接税、间接税、营业税、增值税和碳税等。直接税是对利润、资本收益、特许权使用费、利息和股息所征收的税。间接税适用于对商品和服务实施许可或特许的企业和收取利息的企业。在实际操作中，地方政府通常会扣留一定比例的特许权使用费或利息作为税收。

营业税是对商品或服务的销售额所征收的税。营业税的税率是统一的，企业可以将税负转嫁到最终消费者身上。增值税是对商品或服务在价值链上每一环节的增值所征收的税。增值税以商品卖出价和买入价之间的价差为计税基准，按价差的一定百分比征收。该税种在加拿大、欧洲和拉丁美洲十分普遍。价值链上涉及商品生产的每项业务都需要将增值税转嫁到消费者身上，由消费者在购买商品时缴纳，应纳税额为销项税额抵扣进项税额后的余额，计算后的净值就是对最终产品征收的增

---

① Computershare，*2017 Annual Report*，www.computershare.com.

值税。营业税和增值税是消费税的两种类型，它们影响着消费者对商品和服务的支出。

　　碳税是根据煤、石油和天然气等燃料的碳含量征收的。这些燃料在燃烧时会转化为二氧化碳和其他物质，从而降低空气质量或引起气候变化。包括丹麦、德国、印度和日本在内的许多国家都对碳排放征税，目的是减轻对空气质量和人类健康的有害影响。

　　企业所得税是最常见的直接税。图 10.8 列出了部分国家的最高边际税率和实际税率。最高边际税率是企业应缴纳的最高税率。大多数国家采用累进税，即税额随着收入递增。在图 10.8 中，实际税率是对企业实际支付的税率的估计值。该税率是用已缴税款总额除以应纳税所得额总额来计算的。税收的存在激励着企业管理者以尽可能少纳税的方式组织和安排商务活动，因而会影响企业对于国际化的规划。大多数国家会实行减税和免税等优惠政策，这可以大幅减轻企业的税收负担。在实际中，跨国企业会采用多种避税策略；因此，公司实际支付的税款通常比图 10.8 中所示的要低得多。

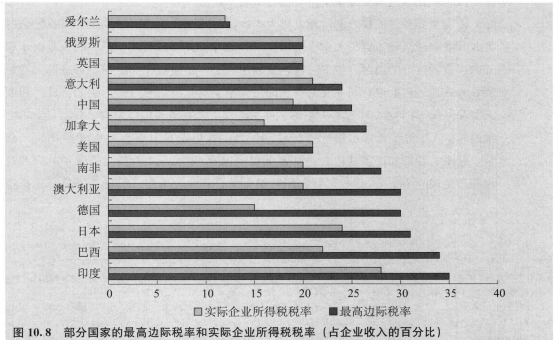

图 10.8　部分国家的最高边际税率和实际企业所得税税率（占企业收入的百分比）

资料来源：Based on Congressional Budget Office, "International Comparisons of Corporate Income Tax Rates," March, 2017, www.cbo.gov; KPMG, "Corporate Tax Rates Table, 2018," www.us.kpmg.com; N. Gregory Mankiw, "How Best to Tax Business," *New York Times*, April 21, 2017, www.nyt.com; FWC, "International Comparison of Effective Corporate Tax Rates," September, 2016, www.pwc.com.

　　企业所得税会影响企业对工厂、设备、研发、库存和其他商业资产进行投资的时机、规模和构成。许多政府意识到，高税率会阻碍投资，因而有降低企业所得税税率的倾向。[1] 例如，英国将其企业所得税税率从 28％降到了 19％；中国将企业所得税税率从 33％降到了 25％；爱尔兰的企业所得税税率最低，约为 13％，这是爱尔兰在吸引 FDI 和刺激商业活动方面的一大优势。[2]

自从 1903 年公司成立起，美国汽车制造商福特就在加拿大、日本和许多其他国家销售汽车。有一段时间，福特在加拿大销售汽车时，要同时在加拿大和美国对其销售收入缴纳直接税。[3] 由于国际上对税收制度缺少协调，许多跨国企业不得不被双重征税，这减少了企业收入，阻碍了企业对外投资。为了解决这个问题，大多数国家会和它们的贸易伙伴签订税收协定，以确保企业只需要缴纳适度的税款。A、B 两国间签订的税收协定通常规定：如果企业在 A 国缴纳了企业所得税，那么它无须在 B 国重复纳税（反之亦然）。这种协定常常通过外国税收抵免制度（即企业如果能够证明自己已经在外国缴纳了企业所得税，那么它在本国就可以自动抵免该部分税负）来落实。或者，企业也可以在每一个国家都承担纳税义务，但是要将纳税额按比例分配，从而使得纳税总额不会超过在其中任意一个国家缴纳的最高税额。通常说来，税收协定也会规定签约国负有协助彼此征收税款的义务，目的是确保跨国企业在其他国家缴纳了所得税，从而防止偷税漏税行为。

因为世界各地的税收制度相差很大，所以跨国企业纷纷以尽量减少税款缴纳的方式开展全球活动。避税天堂（tax haven）是企业所得税税率很低，因而对企业和外来投资者友好的地区。很多跨国企业利用瑞士、新加坡和开曼群岛等避税天堂开展业务或通过它们进行商业交易，从而达到减少税款缴纳的目的。例如，日产和卡夫食品（Kraft Foods）为了少缴纳企业所得税，将其欧洲总部搬到了瑞士；爱尔兰摇滚乐队 U2 将其音乐出版业务转移到了荷兰，以避免其歌曲版权费被征税。苹果、脸书、谷歌和许多其他公司都在低税率国家/地区，如百慕大、爱尔兰、卢森堡和荷兰设立了子公司。[4] 尽管利用避税天堂是普遍合法的，但是各国政府还是经

---

① Peter Cohn and Matthew Caminiti, "Corporate Taxes: The Multinational Advantage," *Bloomberg Businessweek*, January 24 - 30, 2011, p. 31; KPMG International, "Corporate & Indirect Tax Survey 2014," www. kpmg. com; N. Gregory Mankiw, "How Best to Tax Business," *New York Times*, April 21, 2017, www. nyt. com; Joseph Stiglitz and Jay Rosengard, *Economics of the Public Sector* (New York: W. W. Norton, 2015).

② Kamal Ahmed, "The Problem with Corporation Tax," *BBC News*, May 10, 2017, www. bbc. co. uk; Mark Brown, "Why Investors Love Inversions," *Canadian Business*, Fall 2014, pp. 89 - 90; Jason Clemens, "Canada, Land of Smaller Government," *Wall Street Journal*, August 9, 2010, p. A15; Jane Cai and Maggie Zhang, "China Cuts Taxes, Simplifies Code to Kick Start a Stalling Economy, Stem Capital Flight to America," *South China Morning Post*, www. scmp. com, March 5, 2018.

③ Joseph Froomkin and Ira Wender, "Revenue Implications of United States Income Tax Treaties," *National Tax Journal* 7, No. 2 (1954), pp. 177 - 181.

④ Peter Coy and Jesse Drucker, "Profits on Overseas Holiday," *Bloomberg Businessweek*, March 21 - 27, 2011, pp. 64 - 69; Jesse Drucker and Simon Bowers, "The Paradise Papers: After a Tax Crackdown, Apple Found a New Shelter for Its Profits," *CNBC*, November 6, 2017, www. cnbc. com; Charles Duhigg and David Kocieniewski, "How Apple Sidesteps Billions in Taxes," *New York Times*, April 29, 2012, p. A1; Philip Goff, "Tax Rogues Like Bono Are Harming the World's Poorest People," *The Guardian*, November 7, 2017, www. theguardian. com.

常通过颁布法律来限制企业对它们的利用。[①]企业利用避税天堂，将收入"暂存"起来，直到在其他地方进行贸易或投资时需要用到这些收入。

经济合作与发展组织、世界银行以及其他国际组织通过游说各国制定透明的税收制度，防止企业对避税天堂的不合理使用。欧盟和经济合作与发展组织也敦促各国减少有害的税收竞争。例如，在欧洲，外国投资者倾向于在低税率国家/地区设立经营机构，而避免在高税率国家/地区设立经营机构。由于这种倾向会危害欧洲进一步的和谐共荣与经济发展，所以欧盟各成员国政府正试图统一整个欧洲的税收。

10.6.5　通过国际财务管理实现企业税负最小化

税收会对企业的管理决策，包括进入外国市场的战略选择、国外经营机构的法律形式、转移定价、获得资本的途径，甚至目标市场的选择等产生影响。企业会想方设法通过合法途径来最小化它们的纳税义务。例如，在日本，政府对啤酒行业的关键酿酒原料麦芽征收重税，于是日本的啤酒酿造商纷纷开始采用一种全新的蒸馏技术，完全克服了对麦芽的依赖。这样生产出来的最终产品虽然喝起来很像啤酒，但实际上却是一种烈性酒。

每个国家都有自己的税收制度和漏洞，跨国企业会利用这些漏洞来尽量减少它们的纳税义务。它们所采用的方法一般包括以下几种[②]：

● 递延国外子公司收入。跨国企业通常要向东道国和母国缴纳企业所得税。在向东道国缴纳了应缴的企业所得税后，跨国企业可以将应向母国缴纳的企业所得税推迟到以后几年再缴纳。美国、英国和其他几个国家的现行税法都允许企业采用这种方法。因此，许多跨国企业会推迟缴纳母国税款，直到税率下降或找到其他方法来减轻税收负担。

● 转移定价。跨国企业可以巧妙地利用转移价格，将国内或其他国家的税款降至最低。例如，宝马中国工厂在销售零部件给位于高税率国家的宝马子公司时，会向其收取更高的价格，以减少这些子公司的利润，从而降低它们的税收负担。

● 特许权使用费。跨国企业经常通过签订基于特许权使用费的许可协议，构建与子公司之间的支付关系，以便在公司内部使用专有技术和其他知识资产。大多数

---

① Drucker and Bowers，2017；David Kemme，Bhavik Parikh，and Tanja Steigner，"Tax Havens，Tax Evasion and Tax Information Exchange Agreements in the OECD," *European Financial Management* 23，No. 3（2017），pp. 519-542；Dries Lesage，David McNair，and Mattias Vermeiren，"From Monterrey to Doha：Taxation and Financing for Development," *Development Policy Review* 28，No. 2（2010），pp. 155-162；Brody Mullins，"Accenture Lobbyists Near Big Win on Securing Tax-Haven Status," *Wall Street Journal*，July 14，2005，p. A2；Andrea Thomas，"Germany Debates Tax Cuts amid Rapid Rise in Revenue," *Wall Street Journal*，April 26-27，2014，p. A8.

② Farok J. Contractor，"Tax Avoidance by Multinational Companies：Methods，Policies，and Ethics," *Rutgers Business Review* 1，No. 1（2016），pp. 27-43；*PBS News Hour*，"Corporations Go Overseas to Avoid U. S. Taxes," April 29，2017，www. pbs. org.

政府允许公司将特许权使用费作为费用扣除，这就减轻了被许可方的纳税义务。

● 企业内部融资。同一跨国企业的子公司和附属分支机构经常互相贷款或从总部获得贷款。大多数国家允许企业将贷款的利息作为费用项目扣除。通过这种方式，跨国企业经常在同一集团内部进行国际贷款，以最大限度地享受税收优惠。

● 避税天堂和税负倒置。企业还可能会通过把总部设在避税天堂来减轻税负。当一家企业将其现有总部迁至避税天堂或其他低税率国家时，就会出现税负倒置，这样做可以帮助企业节省数额巨大的税款。爱尔兰已经凭借其低企业所得税税率成为税负倒置的一个热门地区。在其他情况下，跨国企业可以在政府指定的低税率区设立控股公司或财务公司。通过采用这种方法，跨国企业可以在最大限度地减轻税收负担的情况下组织生产和销售活动。

跨国企业非常了解可以减轻税负的漏洞和其他策略。其经常试图通过有利于公司的方式影响政府的税收政策。然而，因为这些避税政策减少了国家和地方政府的收入，其可能会引发道德问题。对避税持批评态度的人认为，跨国企业应该为它们开展业务的国家贡献价值。有了税收，国家才能修建道路、支持教育和提供其他公共产品，从而最终促进企业发展。①

第10章

篇尾案例　　　　　　泰克公司的国际财务管理

示波仪是一种带有显示屏的测试装置，可以检测电子设备的状况。1946年，美国泰克公司（Tektronix）的创始人利用电子部件制造了第一台示波仪。泰克公司的示波仪以及其他测试装置大大促进了计算机和通信设备的发展。

泰克公司闻名遐迩，并以"TEK"这一名称在1963年公开上市。该公司雇用了来自世界上几十个国家的数千名员工，约有一半的销售额来自北美，25％来自欧洲，15％来自日本，剩下的来自其他国家。泰克公司将其最初的成功部分归功于风险投资，然而，其大部分资本来源于股权融资和债务融资。

国际经营

泰克公司于1948年在瑞典设立了第一个国外分销点，之后又陆续在国外建立起许多子公司。在日本，泰克公司与索尼合作成立了合资公司"索尼·泰克"，希望在日本市场销售泰克公司的产品。泰克公司还在德国、意大利和马来西亚建立了生产工厂，但是其大多数产品仍在美国本土生产，而泰克公司的竞争对手安捷伦（Agilent）、惠普和施乐（Xerox）却在许多国家都建立了生产工厂。泰克公司的管理者倾向于在母国集中制造，以使生产与研发同步、确保质量，并利用规模经济降低成本。

由于泰克公司是在美国集中生产，但在国外销售，因此公司面临着很大的货币风险。

① 非常感谢布莱恩特大学（Bryant University）的哈坎·萨拉奥格鲁（Hakan Saraoglu）教授为本章写作所提供的帮助。

泰克公司销售的产品大多以销售地的货币标价，因此，当美元兑其他货币的汇率走强的时候，泰克公司的利润在折算成美元后就会减少。泰克公司也要从国外采购许多投入品，这又增加了其应付账款的货币风险。

此外，在财务会计方面，泰克公司的几乎所有国外子公司均以当地货币作为记账本位币。这就需要将资产和负债按照会计期期末的汇率折算成美元，将收入和费用项目按照会计期的平均汇率折算成美元。为了将货币风险最小化，管理者必须积极主动地应对交易风险、折算风险和经济风险。

与税收有关的决策

由于任何跨国企业都有最小化国内外税负的目标，所以近些年来，法国和德国等国家加大了对外国企业的税收审查力度。为应对诸如此类的涉税问题，泰克公司制定了一项长期税收战略，将欧洲各经营机构的财务管理职能，包括现金管理职能、库存管理职能和应收账款管理职能，全部集中到泰克公司设在伦敦的子公司完成。这一战略不仅提高了泰克公司的财务管理效率，简化了报税工作，还增强了公司利用外国税收抵免的能力。于是，泰克公司在世界范围内的平均税率降低了，而过去该税率一直高达 32%。

货币风险管理

泰克公司对套期保值的运用是有选择性的，由于银行手续费和利息高昂，因此并非所有货币风险都值得进行套期保值。泰克公司过去遭受了巨大的外汇损失。为了尽量减少这类损失，泰克公司的管理者在总部建立了一个专门负责评估和管理货币风险的部门。该部门主要从网络和大型银行的预测部门获取情报，并定期监测主要国家货币的变化。泰克公司为最小化货币风险而使用的方法包括多边净额结算、现金流量抵消、集中存管、远期合约和外汇期权合约。

（1）多边净额结算。泰克公司拥有众多子公司，在母公司与子公司、子公司与子公司之间存在许多未完成的交易。财务经理可以通过消除可以相互冲抵的现金流，战略性地减少在跨国企业组织内部转移的现金总额，从而节省交易成本和银行费用。通过逐月执行多边净额结算程序，泰克公司实现了货币风险最小化。其具体操作如下：首先，子公司向总部汇报其所欠其他子公司、客户、供应商和公司总部的外汇款项。然后，财务经理会通过核算最大限度地减少子公司之间的现金转移次数和转移金额，并告知每家子公司最终需要向其他子公司支付多少金额。管理者还会为公司面临的最紧迫的货币风险配备适当的保值工具。欧元在欧洲的广泛使用既大大简化了国际交易，也减少了泰克公司的欧洲业务对净额结算的需求。

（2）现金流量抵消。只要情况允许，管理者便会将应收账款和应付账款加以匹配、合并。例如，如果泰克公司欠法国供应商 80 万欧元，那么它可以通过授予某德国客户 80 万欧元的商业信用，将应收账款和应付账款以同种货币相互抵消。泰克公司在改变子公司和附属分支机构的计价货币方面也具有灵活性。例如，泰克公司可以要求日本子公司以日元而非美元开立支票。现金流量抵消也可以通过在亚洲和欧洲进行抵消性投资、转移定价和其他公司内部财务活动来实现。例如，如果总部计划出资 100 万美元在欧洲新建一家子公司，那么它可以要求欧洲现有的各家子公司留存同等数额的欧元收入。这样，泰克公司就可以使用留存下来的欧元收入新建子公司，而无须将这些海外收入兑换成美元。

（3）集中存管。尽管某些外汇管理任务被分派给各子公司的管理者，但是美国总部要实施监管并为各子公司设定基本执行准则。管理者将资金集中存放在中央存管中心，再根据实际需要将这些资金划拨给子公司，或者对它们进行投资以赚取收益。管理者还将一些欧洲子公司的应收账款集中存放到一个区域性存管中心。这种做法使得现金的收取和分发更加容易控制，使企业能够从对多余现金的投资及其他使用中获得规模经济，还有助于减少一般情况下欧洲子公司的借款数量。通过集中存管，也可以将管理专长和金融服务集中起来运用，从而为子公司提供更多便利与收益。最后，泰克公司还建立了一个发票处理中心，其向国外子公司开具的发票以当地货币表示，但是收取的发票以美元表示。

（4）远期合约和外汇期权合约。泰克公司通过选择性地使用远期合约，对货币风险进行防范。财务经理利用这些保值工具，在特定的未来日期以商定的汇率买入或卖出货币。这种做法对防范涉及大量外汇的交易风险尤其适用。如果管理者不确定未来某项应收账款的价值，就可以使用这种方法固定买卖外汇的汇率，进而最小化货币风险。泰克公司也使用外汇期权合约。这类合约赋予外汇持有者在特定的期限以特定的汇率买卖外汇的权利。此外，泰克公司还使用有效期为 1～3 个月的外汇期货合约来减少外汇风险。泰克公司在任何既定时间点上的外汇合约都超过了 1 亿美元，由此产生的负面作用是泰克公司必须为外汇保值活动支付巨额的交易费用及其他成本。

其他财务进展

几年前，泰克公司对经营机构进行了重组，其出售了一个较大的事业部并获得了超过 9 亿美元的收入。管理者将这些资金用于偿还公司的部分债务。与总持股量相比，泰克公司的债务规模不大，且易于管理。管理者向来偏好较低的负债权益比率。

虽然泰克公司经常经历销售额和货币价值的波动，但它已经培养了大量专家帮助公司顺利应对艰难的挑战。公司在财务方面进行了周密的计划，这将帮助公司继续在示波仪等测试设备领域保持领导地位。

案例问题：

10-4. 泰克公司把生产集中在美国，但其大部分销售额来自海外，这对货币风险有什么影响？像惠普和柯达这样的竞争对手在采购地域上更加多样化，这种多样化给它们带来了什么好处？

10-5. 该案例列出了泰克公司为了实现货币风险最小化所采用的各种方法。如果你在泰克公司工作，除上述方法以外，你会建议采用哪些策略来进一步减少公司的风险？请说明原因。

10-6. 泰克公司的管理者试图维持合理的负债权益比率。大多数公司倾向于在资本结构中维持相对较低的债务水平，这是为什么？除上述方法外，泰克公司还可以利用哪些方法为其国际业务筹集资金？泰克公司可以采用哪些方法在全球业务范围内转移资金？

10-7. 本案例描述了泰克公司为尽量减少其国际纳税额所采取的方法。基于对本案例的阅读与了解，您对泰克公司进一步减少在全球范围内的税负有何建议？

资料来源："Tektronix Finds Surprising Results from Net Promoter Scores," B to B, June 9, 2008, p. 14; "Danaher to Acquire Tektronix," *Canadian Electronics*, November/December 2007, p. 1; Danaher, Inc., 2017 Annual Report, Washington, DC; Joseph Epstein, "Did Rip Van Winkle Really Lift Its Head?" *Financial World*, April 8, 2006, pp. 42-45; Lori Ioannou, "Taxing Issues," *International Business*, March 1995, pp. 42-45; Marshall Lee, *Winning with People: The First 40 Years of Tektronix* (Beaverton, OR: Tektronix, Inc., 1986); Tim McElligott, "This Way Out: Rick Wills, Tektronix," *Telephony*, June 4, 2001, pp. 190-191; Arthur Stonehill, Jerry Davies, Randahl Finnessy, and Michael Moffett, "Tektronix (C)," *Thunderbird International Business Review* 46, No. 4 (July/August 2004), pp. 465-469; Tektronix, Inc., "Tektronix Named Finalist for 'Best in Test' 2010 Awards," press release, www.tek.com; Tektronix corporate profile, www.hoovers.com; Tektronix corporate website, www.tek.com; Tektronix, Inc. *Marketline Company Profile*, April 19, 2017, pp. 1-8; William Wong, "There's More Than One Way to Skin an Oscilloscope," *Electronic Design*, March 2017, pp. 14-18.

第 10 章

本章要点

关键术语

套汇者（arbitrager）

债券（bond）

合并（consolidation）

外汇期权（currency option）

货币互换（currency swap）

现行汇率法（current rate method）

债务融资（debt financing）

直接标价法（direct quote）

经济风险（economic exposure）

股权融资（equity financing）

欧洲债券（Eurobond）

欧洲货币（eurocurrency）

欧洲美元（eurodollar）

外国债券（foreign bond）

远期合约（forward contract）

远期汇率（forward rate）

掩护贷款（fronting loan）

期货合约（futures contract）

全球债券市场（global bond market）

全球资本市场（global capital market）

全球股票市场（global equity market）

全球货币市场（global money market）

套期保值者（hedger）

套期保值（hedging）

间接标价法（indirect quote）

企业内部融资（intra-corporate financing）

多边净额结算（multilateral netting）

投机者（speculator）

即期汇率（spot rate）

避税天堂（tax haven）

时态法（temporal method）

交易风险（transaction exposure）

折算风险（translation exposure）

透明度（transparency）

本章小结

1. 选择合适的资本结构

国际财务管理指为跨国贸易和跨国投资活动筹集并使用资金。资本结构指企业为了支持其长期国际经营而采取的长期融资（股权融资和债务融资）组合。企业通过在股票市场出售股票和留存收益获得股权融资；通过向银行或其他金融机构借款或出售债券获得债务融资。

2. 筹集资金

企业可以在世界资本市场上筹集资金。股权融资可以在全球股票市场实现。全球股票市场是由全世界供投资者和企业买卖股票的各证券交易所构成的。进行债务融资时，企业可以在欧洲货币市场借款。欧洲货币指存放在货币发行国之外的地区的银行的货币。企业也可以在全球债券市场上出售债券——通常是外国债券或欧洲债券。跨国企业还可以通过企业内部融资支持子公司的经营活动。

3. 管理营运资金和现金流

净营运资金是流动资产和流动负债的差额。企业通常通过建立一个集中存管中心来管理企业的内部资金：先将来自企业子公司和附属分支机构的资金集中到存管中心，再调拨到需要资金的单位。还存在多种在跨国企业内部转移资金的方法，包括股息汇款、特许权使用费、转移定价和掩护贷款。掩护贷款指母公司通过大型银行或者其他金融中介机构向子公司提供的贷款。多边净额结算指通过消除可以相互冲抵的现金流量，战略性地降低在跨国企业组织内转移的现金总额。避税天堂指对企业和对外来投资者友好的低税率国家/地区。

4. 执行资本预算

资本预算依托于管理者为评估国际项目的可行性而进行的分析。管理者通过计算项目的净现值，来决定该项目是否值得投资。

5. 管理货币风险

货币风险主要有三种：交易风险、折算风险和经济风险。当以外币表示未结清的应收账款或应付账款时，企业就面临交易风险。当企业将国外子公司的财务报表整合到母公司的财务报表中（该过程称为合并）时，就会产生折算风险。经济风险源于影响产品定价、投入成本及外国投资价值的汇率波动。外汇交易一般在银行和外汇经纪人之间进行，而银行和外汇经纪人常常是代表跨国企业进行外汇交易的。外汇交易者包括套期保值者、投机者和套汇者。企业管理者力图通过预测汇率来尽量减少企业面临的货币风险。他们依据各种分析和信息技术，预测未来的汇率走势。最小化货币风险的方法有多种，包括集中管理企业内部的外汇、设计一个衡量汇率走势与货币风险的系统、监控主要货币汇率的变动情况以及保持国际经营活动（如生产和采购）的灵活性等。最小化汇率风险的主要工具是套期保值。所谓套期保值就是指利用专门的金融工具对冲外币头寸。主要的套期保值工具包括远期合约、期货合约、外汇期权合约和货币互换。

6. 适应多样化的国际会计和税务实践

按照一个国家的会计准则编制的财务报表恐怕很难与按照另一个国家的会计准则编制的财务报表进行对比。在透明度要求下，企业会定期全面发布关于企业财务状况和会计实务的可靠信息。多种因素造成了不同国家在会计制度上的差异。一些国际性组织正致力于协调各国会计实务。企业管理者将现行汇率法和时态法用于外汇折算。跨国企业想方设法在国际经营中最小化各种税负，这些税负主要包括直接税、间接税、营业税、增值税和企业所得税。政府通过两大武器杜绝多重征税：外国税收抵免和税收协定。

第 10 章

检验你的理解

10-8. 在典型的跨国企业中，资本结构由哪些部分组成？日本和德国的跨国企业呢？你们国家的典型企业呢？

10-9. 从管理者的角度来看，股权融资、债务融资和企业内部融资这三种融资方式的优点和缺点各是什么？

10-10. 假设你必须筹集资金来资助国际增值活动和投资项目。你最有可能从哪种融资来源（例如，股票市场）获得每种类型的融资？什么是金融中心？它们位于哪里？

10-11. 管理国际业务的营运资金和现金流的主要任务是什么？

10-12. 资本预算的主要步骤是什么？国际管理者通常会对哪些类型的企业进行资本预算？

10-13. 这是什么类型的货币风险？为什么货币风险可能对该公司的国际业务造成损害？管理者如何预测货币风险？你可以采取哪些措施来尽量减少货币风险？

10-14. 谁是外汇交易的主要参与者？

10-15. 将以外币计价的财务报表转换为母公司的财务报表的主要方法是什么？

运用你的理解

10-16. 玛丽特·佩雷兹（Marite Perez）是一家总部位于佛罗里达州的北迈阿密海滩的大型高科技医疗设备制造商的首席执行官。该公司主要生产生命体征监测仪、核磁共振成像仪、X光机和其他用于探索性医疗诊断的设备。玛丽特希望将公司业务迅速扩展到外国市场。为此，她计划投入大量资金开发新产品，并在海外建立生产和销售子公司。玛丽特能做些什么来为这些项目筹集资金呢？玛丽特可以采用哪些不同的方法来为她的公司筹集资金？这些方法各自的优点和缺点是什么？

10-17. 迈克尔·诺顿（Michael Norton）是一家总部设在新加坡的大型跨国企业的总裁。该跨国企业主要生产计算机和相关周边设备，在世界各地设有许多子公司。亚洲和欧洲，特别是印度尼西亚、日本、法国和西班牙这些国家，对其产品的需求一直在增长。迈克尔一直使用外部资源来满足企业对营运资金的需求。目前，随着业务的快速扩张，他需要获得更多的营运资金。通过企业内部渠道筹集资金可行吗？迈克尔可以采用什么方法在公司内部转移资金？关于多边净额核算，迈克尔应该了解些什么？

10-18. 道德困境：假设你是西特纳银行（West Turner Bank，WTB）的行长。WTB向东欧和北非国家的大型建设项目提供了贷款。然而，WTB的财富近年来有所减少，现在还面临着财务破产。WTB的高层管理者决定收回向这些国家提供的贷款，以改善该行不断恶化的财务状况。也就是说，管理者决定强制要求这些大型建设项目的借款人立即偿还贷款。你知道，收回贷款会导致受影响国家成千上万名工人失去工作。你应该怎么办？利用第4章中的道德行为框架来分析这种情况。你能找到解决这个困境的创造性办法吗？

网络练习

10-19. 世界交易所联合会（World Federation of Exchanges）是代表全球主要证券交易所的组织。请访问世界交易所联合会的门户网站，查询其详细统计数据，包括各交易所的数据，回答以下问题：

a. 前十大交易所占全球资本市场总额的比例是多少？

b. 最近一年，哪些交易所的市值增长得最多？

c. 哪些交易所最近上市公司数量增加得最多？

第 10 章

d. 总结一下近年来全球股市活动的亮点。

10-20. 假设你的工作是确保你的公司手头有足够的外汇来支付未偿还的应付账款。假设你的公司欠一家日本供应商 100 万日元，从现在起正好 60 天后到期。你的任务是用美元换成适量的日元。为此，你可以在今天与银行签订合同，提前 60 天购买 100 万日元，或者等 60 天后按照当时的即期汇率购买 100 万日元。你更喜欢哪一种选择？为什么？如果你预计 60 天后的即期利率将与今天相同，那么 60 天后在现货市场购买 100 万日元的预期美元成本是多少？如果你签订了远期合约，那么你需要花费多少美元才能获得 100 万日元？要获得即期汇率，请转到 www.ft.com，单击"市场"，然后选择"货币"。

10-21. 许多公司网站会提供财务信息，包括财务报表以及其他关于公司状况和进展的信息。作为一名机构投资者，你正在考虑投资以下公司中的一家：高档饮料公司帝亚吉欧（www.diageo.com）；法国电信威望迪（www.vivendi.com）；墨西哥大型零售集团（www.gcarso.com.mx）；韩国最大的无线通信服务提供商 SK 电讯（www.sktelecom.com）。访问每家公司的网站，然后根据网站所提供的信息回答以下问题：

a. 你如何评价每家公司的透明度？

b. 根据所提供的信息，你对每家公司的投资倾向如何？解释你的答案。

c. 就透明度和面向投资者的信息而言，哪个网站是做得最好的？

d. 基于做得最好的网站，你会对网站做得最差的公司提出什么建议，以帮助其提高透明度并吸引投资者？

10-22. 国际财务管理的主要任务是什么？

10-23. 总结一下跨国企业的财务经理可以为企业筹集资金的各种市场和来源。

CKR 有形流程工具™练习

为国外分行寻找最佳地点

银行是世界经济的关键参与者。它们为国家经济提供资本、外汇和其他形式的货币。银行正在将其业务扩展到世界各地的新市场。开设分行是进入外国市场的一种方式。银行会根据有关开设分行的模型在目标国家开设分行。

如何选择开设海外银行分行的最佳市场？这一问题十分复杂。什么地点是好地点？应该考虑哪些类型的指标？在海外开设新的分行之前，管理者要确定最合适的地点，以实现银行业绩最大化。成功的国际管理者会提前调查最佳地点。考虑到潜在地点的数量和需要考虑的变量，决定最佳地点是具有挑战性的。

在本练习中，您将学习如何研究国际市场的货币和金融统计数据、了解在海外开设分行时需要考虑的因素，以及理解这些因素与银行业绩和海外竞争优势的关系。

假设你是巴克莱银行、花旗银行或其他大型银行的管理者。银行管理层希望在国外增设分行。您的任务是确定国外最适合开设分行的地点。请你根据分析，就哪个国家最有前景提出建议。

背景

银行业是一个重要的行业，它已经真正实现国际化，其原因包括：各国之间在经济上日益相互依赖、世界贸易规模持续扩大、对金融服务的管制放松以及通信和信息技术的进步。

大型银行通常会在国外开设分行。最好的做法是在国外客户所在的地点设立银行分行。分行提供的金融服务与国外的本地银行大致相同。进行国际扩张的银行可以创造就业机会，为当地经济提供资本，并为税基做贡献。

　　然而，国际环境中存在各种风险。当银行在国外开设分行时，它们希望最大限度地获得成功，并使风险最小化。银行往往会寻找最好的市场和最有效的地点来发展，并为现有客户和新客户提供服务。

本章附录：货币交易中的数学

　　《金融时报》（*Financial Times*）和《华尔街日报》（*Wall Street Journal*）等新闻媒体以及网络媒体都会公布双边汇率表，上面会列出某些货币以其他货币表示的价值。这些表中列出的汇率通常是买入价和卖出价的中间值。下面是一个例子：

	£	€	¥	$
英镑（£）	1	0.878 6	0.006 803	0.714 3
欧元（€）	1.138 2	1	0.007 743	0.813 0
日元（¥）	147.00	129.15	1	105.00
美元（$）	1.400 0	1.230 0	0.009 524	1

　　表中所列出的值表示多少单位最左边那一列中的货币等于 1 单位表格顶行中的货币（例如，0.878 6 英镑/1 欧元）。与其试图记住这一惯例，不如根据本国货币的价值推断出这些表格遵循的惯例。在前面的例子中，日本和美国居民可能知道美元/日元＝105.00，这反映的是日元兑美元汇率为 105.00 日元/1 美元，而不是美元兑日元的汇率。这是日本居民的直接汇率和美国居民的间接汇率。因此，美元兑日元的汇率是日元兑美元的汇率的倒数：

$$1/(¥147.00/\$) = \$ 0.009\ 524/¥$$

　　请注意，此表中的值在内部是一致的。因此，日元兑英镑的汇率必定等于日元兑美元的汇率乘以美元兑英镑的汇率：

$$¥147.00/£ = (¥105.00/\$) \times (\$ 1.400\ 0/£)$$

或者，每英镑的日元价格可以用每美元的日元价格除以每美元的英镑价格来计算：

$$¥147.00/£ = (¥105.00/\$)/(£0.714\ 3/\$)$$

带上货币单位可确保答案的单位是正确的。

　　不涉及本国货币的汇率称为套汇汇率。不经常交易的货币的套汇汇率可以通过将其与交易活跃的货币（如美元）进行比较来计算。例如，智利比索（CLP）和日元之间的套汇汇率可以通过将每美元的智利比索价格与每美元的日元价格相结合来计算。如果 1 美元可以兑 607.75 智利比索，那么智利比索兑日元的汇率必定是：

$$(CLP607.75/\$)/(¥105.00/\$) = CLP\ 5.788\ 1/¥$$

再一次，重要的是要带上货币单位，以确保结果是正确的。

战 略 和 机 会 评 估

第11章 国际企业的战略与组织

本章学习目标:

1. 描述国际商务中的战略

2. 理解如何创建全球企业

3. 描述整合-回应框架

4. 识别基于整合-回应框架的战略

5. 理解国际商务中的组织结构

6. 理解外国市场进入战略

篇首案例　　　　　　　**宜家：全球零售方面的成功典范**

　　宜家最初是瑞典的一个小型家具零售商，现已发展为一个全球性的行业巨头。1943年，英瓦尔·坎普拉德（Ingvar Kamprad）在瑞典创立了宜家。在创立之初，宜家销售任何能以低价出售的产品，例如相框、钢笔、珠宝、尼龙袜子等。宜家从1950年开始销售家具和家居用品。20世纪70年代，该企业的业务拓展到了欧洲和北美地区并迅速增长。2017年，宜家的销售额超过了400亿欧元，成为全球最大的家具零售商。宜家的门店通常设立在一些大城市，这些巨型仓库式经销店中的商品多达约12 000种。你可以在宜家的门店买到任何一种家居用品，从沙发、花草用具到厨房用具等。

　　宜家的理念是以实惠的价格向消费者提供用心设计的高质量家具。其功能性强、实用且节省空间的家具不仅具有独特的斯堪的纳维亚风格，还是消费者能够在家中自行组装的可拆卸产品。

　　宜家的办事处位于荷兰和瑞典，该企业采取了很多有助于其获得成功的全球战略。企业总部的工作人员设计并开发宜家全球品牌和生产线，并经常与外部供应商保持密切合作。企业大约50%的货物在欧洲生产、1/3在亚洲生产，其余的在美国生产。宜家大约90%的生产线在全世界都是一致的。各宜家门店的管理人员会及时将当地销售情况和消费者偏好等相关信息反馈给瑞典总部。

宜家主要面向收入中等、居住空间有限的家庭。这一全球细分市场以受过良好教育的白领一族（包括大学生）为目标人群，他们思想开放，并不太在意社会地位。通过锁定全球细分市场，宜家提供价格一致的标准化产品，这一做法降低了企业的国际经营成本。宜家强调全球化的设计、采购和生产，以实现规模经济。

每个宜家门店都采用集中推广战略，产品目录是其最重要的营销工具。2017 年，宜家的产品目录被印刷成 32 种语言，数量超过 2 亿册，是世界上发行量最大的免费印刷品。所有的产品目录都在瑞典制作，以确保符合宜家的风格，该目录也可以在宜家官网上查阅到。宜家的每件产品都有唯一的专有名称。宜家以斯堪的纳维亚的河流或城市来命名其沙发，如汉里克斯贝里（Henriksbery）、法尔肯贝里（Falkenbery），以女性的名字来命名纤维制品，如林奈（Linne）、米米（Mimmi）、安德尔（Adel），以男性的名字来命名墙壁装饰物，如比利（Billy）、尼可拉斯（Niklas）、伊法尔（Lvar）等。

大家一致认为，宜家遍布全球的员工（"合作伙伴"）是其成功的基础。宜家采用扁平化的组织结构。管理人员几乎没有头衔，无管理人员专用停车位，无企业餐厅。管理人员出差一般坐经济舱、住经济型宾馆。瑞典宜家总部研发大部分产品并与全球各地的门店保持直接联系。较快的决策速度确保了宜家的企业文化易于在全球推行。宜家要求每个门店的管理者都说英语或瑞典语，以确保与总部的高效沟通。

宜家每年都会组织"去官僚化周"，在这一周，管理人员都要穿上销售人员的制服，做从收银到开叉车的一系列工作。这一制度使得宜家的管理者们可以接触到宜家经营的各个方面，并与销售人员、供应商和消费者保持密切的关系。宜家的企业文化强调基于共识的决策，管理人员会与合作伙伴分享知识和技能，这可以让员工和供应商感觉到自己是这个全球化组织中重要的一部分。这种具有强烈吸引力的全球文化支撑着宜家的持续发展。

2017 年，宜家在 49 个国家拥有约 390 家专卖店、20 家特许经营店、194 000 名员工、47 个配送中心和 1 002 个供应商。宜家会战略性地选择目标市场。例如，由于俄罗斯政府的过多干预，宜家终止了在俄罗斯的进一步投资。宜家在中国的重点城市开设了多家分店，管理层也打算向印度市场扩张，但是必须应对印度政府的官僚作风。此外，宜家在适应全球市场的过程中，也面临就业、经营、供应商、政府部门、客户关系等方面的挑战。在面对其他挑战时，宜家必须搞清楚：

- 如何整合不同市场客户的反馈和对设计的偏好；
- 如何根据不同的国情和商业惯例奖励员工以及激励供应商。
- 如何获得国际化经营的真正好处——提高全球经营效率，同时保持对当地需求的及时回应；
- 如何在保持各市场的设计标准化的同时，对当地偏好做出回应；
- 如何在保留总部控制权的同时，赋予当地门店经理充分的自主权。

虽然最近全球经济陷入了衰退，但宜家依然保持良好的业绩，其以价值为导向的家具和家居用品在经济低迷时期依然能吸引消费者。

案例问题：

11-1. 宜家采取了哪些战略或方法来帮助自己成为世界领先的家具零售商？

11-2. 描述宜家的组织文化。它是怎么帮助企业取得成功的？

11-3. 宜家未来面临哪些战略挑战？

资料来源："IKEA's Russian Saga," *Business Eastern Europe*, January 17, 2011, p. 2; IKEA, *IKEA Group FY2017 Yearly Summary*, www.ikea.com; "IKEA: How the Swedish Retailer Became a Global Cult Brand," *Business Week*, November 14, 2005, www.businessweek.com; Michael Jarrett and Quy Nguyen Huy, "IKEA's Success Can't Be Attributed to One Charismatic Leader," *Harvard Business Review*, February 2, 2018, www.hbr.org; Beth Kowitt, "It's IKEA's World," *Fortune*, March 15, 2015, pp. 166-175; M. Lloyd, "IKEA Sees Opportunity During Hard Times," *Wall Street Journal*, February 18, 2009, p. B1; Carol Matlack, Sam Chambers, and Anna Molin, "Ikea Tries Breaking Out of the Big Box," *Bloomberg Businessweek*, January 15, 2018, pp. 20-21; 宜家的网址, www.IKEA-group.IKEA.com; 宜家的简介, www.hoovers.com; Amol Sharma, "IKEA Wary of Entering India," *Wall Street Journal*, January 24, 2012, p. B4.

正如篇首案例中的宜家所做的，跨国企业的管理者正努力在全世界协调采购、生产、营销以及其他价值增值活动。它们在组织范围内采用统一的标准和通用的流程，试图开发最能吸引全球客户的产品。在全球范围内组织企业是富有挑战性的，因为这需要在不同条件下有技巧地安排各项活动，整合与协调这些活动，并按照通用的流程来实施这些活动，以确保这些活动取得最佳成效。此外，企业必须对其独立经营区域的具体需求迅速做出回应。本章我们将讨论战略和组织在创建成功的国际企业方面所发挥的作用，以及支持这些战略和组织的各种企业特性。我们还将讨论国际企业的外国市场进入战略，如全球采购、出口、许可贸易、建立合作企业和FDI。我们首先来研究战略在国际商务中的作用。

11.1　国际商务中的战略

战略（strategy）是管理者利用企业的资源和核心竞争力来获得竞争优势的一系列有计划的行动。在制定战略时，管理者首先会考察组织特有的优势和弱点，随后将分析组织面临的机会和威胁（SWOT分析）。一旦了解了企业的优势、弱点、机会和威胁，他们就可以对以下事项做出决策：

- 以哪些客户为目标；
- 提供什么产品；
- 如何最好地应对竞争对手；
- 如何安排和协调企业在世界各地的活动。

国际化战略是在两个或两个以上的国家执行的战略。跨国企业管理者要制定国际化战略，分配稀缺的企业资源，在全球范围内安排增值活动，参与主要市场，在国外建立有价值的合作伙伴关系，并参与竞争行动，以应对外国竞争对手。[1]

管理者应设计能帮助企业建立和维持竞争优势的战略。戈沙尔（Ghoshal）和巴特利特（Bartlett）有关在国际商务中建立和维持竞争优势的观点被广泛接受。[2]他们认为，企业应该致力于：

- 提高其价值链活动在全球范围内的效率；
- 提高在管理多样化的国家层面的风险和机会方面的灵活性；
- 提高从全球经营中学习并将学习到的知识运用到全世界的能力。[3]

因此，一家企业要成为具有全球竞争力的企业，必须同时达到三个战略目标：效率、灵活性和学习能力。[4] 下面我们对这三个目标逐一进行分析。

11.1.1 效率

企业必须建立高效的国际价值链。效率是指企业降低在全球范围内的经营和活动成本。在全世界拥有多条价值链的跨国企业必须特别注意如何组织生产、研发、销售和售后服务等活动。例如，汽车企业应尽可能将生产和采购集中在少数几个地区，以实现规模经济。对于丰田来说，这意味着应在中国等低成本国家或美国等主要市场进行生产，并与供应商合作以确保供应商提供价格实惠、质量上乘的原材料。丰田的物流体系（在世界范围内运输汽车）是高效且低成本的。

11.1.2 灵活性

企业必须灵活应对各国所存在的不同风险并抓住各种机遇。多样化且多变的国际经营环境对于管理者来说尤其具有挑战性，成功的企业善于在其开展业务的市场上开发当地资源并利用当地机会。企业可以与某些国家自主经营的供应商和分销商进行合作，也可以进行 FDI。此外，企业可能还会调整营销与人力资源管理的方式，以适应所在国特有的环境。汇率波动等环境条件的变化也会使管理者转向本地采购或调整产品价格。企业常常需要调整运营结构以对细分市场的特定用户需求，

---

[1] Pankaj Ghemawat, *Redefining Global Strategy*（Brighton，MA：Harvard Business Review Press，2018）；G. T. Hult，S. Deligonul，and S. Tamer Cavusgil，"The Hexagon of Market-Based Globalization：An Empirical Approach Towards Delineating the Extent of Globalization in Companies，" in *New Perspectives in International Business Thought*，A. Lewin，ed.（London：Palgrave，2006）；George Yip and G. T. Hult，*Total Global Strategy*（Upper Saddle River，NJ：Pearson Education，2013）.

[2] Christopher A. Bartlett and Sumantra Ghoshal，*Managing Across Borders：The Transnational Solution*（Boston，MA：Harvard Business School Press，2002）；Christopher A. Bartlett，Sumantra Ghoshal，and Paul Beamish，*Transnational Management*（New York：McGraw-Hill Education，2013）.

[3] Bartlett and Ghoshal，2002；Bartlett，Ghoshal and Beamish，2013，p. 273.

[4] Bartlett and Ghoshal，2002；Bartlett，Ghoshal and Beamish，2013，p. 273.

特别是那些对企业业绩至关重要的需求做出回应。[①]

11.1.3　学习能力

企业必须具备从国际经营中学习并将学到的知识运用到全球的能力。国际环境的多样性为追求国际化的企业提供了独特的学习机会。通过在不同国家开展业务，跨国企业可以学习各种新知识，并获得各种新能力。例如，企业可以获得：

- 新的技术和管理技能；
- 有关新产品的创意；
- 更强的研发能力；
- 与合作伙伴相处的技能；
- 在不熟悉的环境中生存的能力。

企业的合作伙伴和/或子公司掌握这些知识和技能后，可以将它们传播至企业的整个经营网络。例如，宝洁虽然是一家美国企业，但该企业在比利时的研发中心研发出了一种软化水质的技术以解决欧洲的硬水问题。宝洁的日本子公司研发出了能在冷水中使用的洗涤剂，以适应日本消费者用冷水洗衣服的偏好。宝洁将这些发明纳入了企业知识库，并利用它们为世界上其他市场开发产品。

国际商务活动的成功与否最终取决于企业的效率、灵活性和学习能力。然而，同时在这三方面都做得很出色通常很困难。实际情况往往是：一家企业可能效率比较高，另一家企业可能更灵活，而第三家企业可能学习能力比较突出。许多日本跨国企业通过建立高效集中的生产体系在国际市场上取得了成功。很多欧洲跨国企业尽管未能达到最佳效率或获得技术方面的领先地位，但因能够迅速对本土需求做出回应而取得了成功。而美国的许多跨国企业一直在努力适应各国多元的文化和政治环境，却不善于利用规模经济提高效率。在市场动荡或经济不稳定时期，效率和灵活性对国际企业能否成功尤为重要。[②]

11.2　如何创建全球企业

图 11.1 展示了决定国际企业成功与否的五个关键维度。真正的全球企业往往具有如下特点：有远见的领导者、强大的组织文化和卓越的组织流程。它们会采用

---

① Bruce Kogut，"Designing Global Strategies：Profiting from Operational Flexibility," *Strategic Management Journal* 27 (1985)，pp. 27 - 38；M. K. Nandakumar, Sanjay Jharkharia, and Abhilash Nai, *Organisational Flexibility and Competitiveness* (New York：Springer，2014).

② L. Bryan and D. Farrell，"Leading Through Uncertainty," *McKinsey Quarterly*，December 2008，www.mckinseyquarterly.com；Chris Bradley，Martin Hirt，and Sven Smit，"Strategy to Beat the Odds," *McKinsey Quarterly*，February 2018，www.mckinseyquarterly.com.

合适的组织结构和战略来优化国际经营活动。① 下面我们来逐一探讨这五个关键维度。

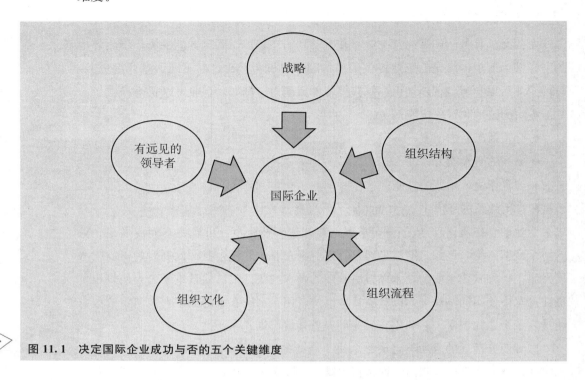

图 11.1 决定国际企业成功与否的五个关键维度

11.2.1 有远见的领导者

成功企业的高级管理者（领导者）会对企业的未来发展有一个愿景。这类企业往往会发布一份有关企业使命的宣言，表明企业的发展宗旨。这份宣言可以指导员工对不同事项的优先级进行排序，以及实现企业目标。这类企业还会设定一个近期愿景，即企业在未来某个时间节点要达到的目标。

有远见的领导者（visionary leadership）会为员工提供指导和激励，带领企业走向更美好的未来。有远见的领导者在带领他人实现目标的过程中往往会表现出非凡的创造力、严格的纪律性和澎湃的激情。② 国际企业领导者的任务更复杂，也更具挑战性，因为生产能力、品牌和人力资源等有价值的组织资产可能分布在不同国家和多样化的商务环境中。在复杂的国际经营环境中，拥有有远见的领导者对于企业的成功至关重要。

领导者和管理者有什么不同？二者的主要区别是：管理者专注于企业的日常经

---

① Hult，Deligonul and Cavusgil，2006；Yip and Hult，2013.

② David Day，*The Oxford Handbook of Leadership and Organizations*（New York：Oxford University Press，2014）；Hult，Deligonul，and Cavusgil，2006；Ben L. Kedia and Akuro Mukherji，"Global Managers：Developing a Mindset for Global Competitiveness，"*Journal of World Business* 34（1999），pp. 230 - 251.

营活动，即负责管理和控制企业的具体活动；相比之下，领导者更有远见，对于企业面临的挑战和机会有着长远的考虑。领导者会投入大量精力来培养管理者的技能和员工的敬业程度。领导者非常善于激励员工，并为如何达成企业目标而定下基调。①

以联合利华的首席执行官保罗·波尔曼（Paul Polman）为例。波尔曼从荷兰总部出发，为联合利华开创了一条可持续发展且乐意承担企业社会责任的道路。波尔曼认为，在这个资源有限的世界，可持续发展对企业取得长久的成功至关重要。他将联合利华的产品定位为卫生和健康的支持品。波尔曼的可持续发展倡议是减少制造业废物以及温室气体排放。他正在努力改善联合利华供应链中 50 多万个小农户和分销商的生活水平。以上种种举措为联合利华在新兴市场的发展奠定了基础，同时也减少了企业的环境足迹，并为全球员工和供应商营造了一个安全、公平的工作环境。②

在国际商务中，有远见的领导者有四个特征：

● 国际化的思维模式和世界观。有远见的领导者要求管理者具有国际化的思维模式，即对多元文化持开放态度。教条主义的管理者通常观念保守、缺乏远见且难以适应其他文化，因此，他们很有可能会遭遇失败。而那些思想开放、致力于国际化经营并能适应其他文化的管理者所管理的企业则很有可能会取得成功。

● 乐于贡献资源。外国市场的复杂性意味着国际企业需要花费比国内企业更多的时间才能盈利。这就要求有远见的领导者具有更强烈的使命感和更坚定的信念，相信企业最终会取得成功。使命感会激励管理者努力获取金融资源、人力资源和其他资源，以达到企业的国际目标。具有高度使命感的企业会系统性地进行国际扩张。它们会进行必要的资源配置，并赋予组织机构一定的权力，以确保企业最终取得成功。

● 具有战略眼光。有远见的领导者会对企业未来要达到什么目标，以及怎样才能达到有着独特的战略眼光。随着高层管理者逐渐具备这种战略眼光，他们会专心制定企业理想的发展蓝图。企业所有的计划、员工安排和员工行动都将围绕这个蓝图进行。

● 乐意对人力资源进行投资。有远见的领导者必须培育对于任何组织来说都最关键的资产——人力资源。在全球企业里，高层领导者往往会采用雇用外国人、鼓励跨国工作、进行跨文化培训和语言培训等方式来培养国际管理人员。

---

① Vikram Balla, J. Caye, P. Haen, D. Lovich, C. Ong, M. Rajagopalan, and S. Sharda, *The Global Leadership and Talent Index* (Boston: Boston Consulting Group, 2015); Arturo Bris, Christos Cabolis, and José Caballero, "Talent Competitiveness and Leadership Quality," IMD, January 2017, www.imd.edu; Day, 2014.

② Leonie Roderick, "Unilever's Sustainable Brands Grow 50% Faster Than the Rest of the Business," *Marketing Week*, May 18, 2017, www.marketingweek.com; Unilever, "Sustainability Living," 联合利华网站, www.unilever.com; Vivienne Walt, "Unilever CEO Paul Polman's Plan to Save the World," *Fortune*, February 17, 2017, www.fortune.com.

爱知电子公司（Synclayer）是日本一家有着清晰的战略愿景的中小企业。在日本，每 4 个人中就有一个年龄超过 65 岁，即 65 岁以上的日本人已经超过 3 000 万。爱知电子公司的高级管理层认为，这个老年人市场十分巨大且仍在不断增长。爱知电子公司的愿景是在这个市场上取得全球领先地位。爱知电子公司专为老年人开发各种产品，其中包括一款能够帮助老年人居家测量血压、体温和其他生命体征的系统。系统把这些数据发送给医疗服务机构，如果发现问题，医疗服务机构会立刻派来救护车。爱知电子公司的目标不仅仅是在日本开发产品，还要将这些产品推广到其他老龄化较为严重的国家。[①]

纳塔拉詹·钱德拉塞卡兰（Natarajan Chandrasekaran）是印度塔塔集团的首席执行官，他拥有一个资产超过 1 000 亿美元的家族集团，该集团销售大至汽车小至手表的一系列产品。塔塔集团已经跨国收购了许多企业，如英国泰特莱茶叶公司（Tetley Tea）和康力斯钢铁公司，这说明塔塔集团的战略视野已从本国转向国际。塔塔汽车公司在 2018 年推出了 E-Vision 电动汽车，并计划将其打造为印度的旗舰款电动汽车。另一个有远见的领导者是丰田的首席执行官张富士夫（Fujio Cho），他带领丰田在竞争激烈的全球汽车行业创下了最高的销售纪录。他强调创新、精益求精和捕捉产品未来机遇的洞察力。现在，丰田的主要销售市场转向了新兴经济体，尤其是中国和印度。在他的领导下，丰田成为第一家年产量超过 1 000 万辆的汽车制造商。[②]

11.2.2　组织文化

组织文化（organizational culture）是指员工学习并采用的一套共同模式，包括价值观、行为规范、制度、政策和程序等。企业文化为员工提供了在面临新问题和新机会时正确认识、思考和行动的方式。[③] 正如本章篇首案例中所介绍的宜家的例子，组织文化通常受到创始人、有远见的领导者或企业独特的历史的影响。组织文化有时也被称为企业文化。

韩国电子巨头三星形成了一种以科学技术为核心的组织文化。三星在研发方面投入了数十亿美元，是全球第二大专利持有者。从产品被开发出来一直到产品在工厂生产，三星都会对其中的技术保持高度关注。这使得三星成为智能手机、电视、

[①] "Chasing the Grey Yen," *Economist*, April 11, 2015, pp. 60 - 61; "The Grey Market: Hey, Big Spender," *Economist*, December 3, 2005, pp. 59 - 60.

[②] *Economist*, "What Natarajan Chandrasekaran Must Do Next at Tata," February 8, 2018, www. economist. com; Jeffrey Liker, *The Toyota Way* (New York: McGraw-Hill, 2017); B. Shafiulla, "Tata Nano to Tata No-No," *IUP Journal of Marketing Management* 13, No. 1 (2014), pp. 78 - 86; Alex Taylor, "Tata Takes on the World Building an Auto Empire in India," May 2, 2011, pp. 86 - 92.

[③] Joel Nicholson and Yim-Yu Wong, "Culturally Based Differences in Work Beliefs," *Management Research News* 24, No. 5 (2001), pp. 1 - 10; Edgar H. Schein, *Organizational Culture and Leadership* (Hoboken, NJ: Wiley, 2017); David C. Thomas and Mark F. Peterson, *Cross-Cultural Management* (Thousand Oaks, CA, 2018).

半导体和芯片领域的全球引领者。三星是全球收入最高的信息技术企业之一。它常常被誉为世界上最具创新精神的企业之一。[①] 它最近的创新大大缩短了其产品的生产时间，降低了生产成本。

类似地，重视产品质量同样也是韩国现代的组织文化的支柱。现代的领导者确立了成为汽车产业质量领先者的目标，在价值链的每个环节，包括采购、制造、营销和销售，都制定了严格的质量认证体系。该企业的高级管理层每两周召开一次质量监督会议。一项对 60 000 名新车购买者所做的调查显示，现代汽车的总体质量排名第三，仅次于保时捷和雷克萨斯。[②]

当今，像佳能和现代等企业的管理者都在试图建立一种全球组织文化，即一种在企业全球战略的制定和执行中起关键作用的组织环境。

希望成为真正的全球企业的企业会在其开展业务的市场坚持既定的原则。归根结底，管理层应该培养一种可持续发展且承担企业社会责任的文化，并努力践行这种文化。

积极建立全球组织文化的企业需要做到如下几点：

- 从全球视角看待所有重大举措；
- 重视提高员工的全球竞争力和跨文化技能；
- 采用单一的企业语言进行业务沟通；
- 增强总部和子公司之间的相互依赖性；
- 遵守全球公认的道德标准。

第 11 章

道德联系

世界前五大企业的年收入超过了世界上最贫穷的 100 个国家的 GDP 之和。跨国企业在帮助减贫方面可以大有所为。例如，有全球制药企业正在以成本价向非洲的穷人提供治疗艾滋病的药物；有全球零售商正在建立分销体系，从而以较低的成本向他们出售生活必需品；还有些跨国企业正在参与大型慈善活动。批评人士认为，企业应该对股东负责，而不是对社会负责。然而，许多企业并不赞成这一观点。例如，宾堡、辉瑞和联合利华等许多企业在为世界贫困人口提供帮助的同时也实现了盈利。

除了有远见的领导者与组织文化这两方面之外，还需要结合组织流程。组织流程

---

① Kim Jae-Heun, "Samsung's Culture Revolution," *The Korea Times*, March 20, 2018, www. koreatimes. co. kr; Mohd Nor Shahar Rani et al., "Managing Cross-Cultural Environment in Samsung Company: Strategy in Global Business," *International Journal of Academic Research in Business and Social Sciences* 6, No. 11 (2016), pp. 605 - 614.

② David Aaker, "Remove Negatives to Remain Relevant," *Marketing News*, January 31, 2012, p. 14; Paul A. Eisenstein, "Who Knew? Hyundai Makes a Luxury Car That Gets Better Ratings Than BMW or Porsche," *NBC News*, July 28, 2017, www. nbcnews. com; Alex Taylor Ⅲ, "Hyundai Smokes the Competition," *Fortune*, January 18, 2010, pp. 62 - 71.

刻画了管理者将如何开展日常活动以实现企业目标。下面，我们一起考察这些组织流程。

11.2.3 组织流程

组织流程（organizational process）是指导企业按计划开展活动的管理路径、管理行为和管理制度。典型的组织流程包括收集战略性市场信息、确保生产制造过程的质量控制和维护国际销售的高效的支付体系。通用电气通过开发和改进价值链上的无数流程而获得了巨大的竞争优势。例如，通用电气将所有核心文件数字化，并利用内部网络和互联网把许多活动自动化，以降低经营成本。

管理者不仅要采用特定的组织设计，而且要实施共同的组织流程或全球化机制，以实现全球范围内的协调和统一。共同的组织流程增强了跨国企业内部网络的相互联系，并促进了它们之间的相互交流和知识共享。全球化机制包括全球团队、全球信息系统。

全球团队负责解决问题并在企业内部进行最佳业务实践。[1] **全球团队**（global team）是指遍布于不同国家的一组员工，他们的任务是为影响企业经营，或影响企业经营的某个主要方面的具体问题提供解决方案或最佳业务实践。[2] 全球团队的成员来自跨国企业不同地区子公司的多元化单元，彼此之间可以通过面谈、企业内部网络和视频会议等进行交流。通过这种方式，全球团队将经验丰富、知识渊博、技术娴熟的员工聚集起来，以应对企业共同的挑战。

不同的全球团队的任务各不相同。全球战略团队负责确定或落实可改善企业在全球性产业中的长期发展方向的举措。全球经营团队专注于整个企业业务的高效开展。[3] 最成功的团队往往是灵活、反应迅速并富有创新性的。为了制定全球战略，团队成员应具有不同的文化背景，且在全球开展商务活动。全球多元文化团队承担了以下几项任务：

- 在熟悉当地实际情况的同时，培养企业内部员工的全球视野；
- 提出富有创新性的点子；
- 在充分掌握了有关企业全球经营的信息的情况下制定决策；
- 确保在企业的全球经营中落实团队决策。

然而，全球团队项目的结果往往达不到最初的预期。采取适当的步骤来对这些

---

[1] Sharon Hill and Kathryn M. Bartol，"Empowering Leadership and Effective Collaboration in Geographically Dispersed Teams," *Personnel Psychology* 69，No. 1（2016），pp. 159‑198；Mary Maloney and Mary Zellmer‑Bruhn，"Building Bridges，Windows and Cultures," *Management International Review* 46（2006），pp. 697‑720.

[2] Hill and Bartol，2016；Martha L. Maznevski and Nicholas A. Athanassiou，"Guest Editors' Introduction to the Focused Issue：A New Direction for Global Teams Research," *Management International Review* 46（2006），pp. 631‑646；Thomas and Peterson，2018.

[3] Terence Brake，*Managing Globally*（New York：Dorling Kindersley，2002）；Thomas and Peterson，2018.

全球团队项目进行计划和落实有助于确保结果符合预期。项目规划、技术项目管理、团队有效性、跨文化能力和与利益相关者的沟通是项目取得成功需要满足的关键条件。[①]

项目规划有助于确保项目取得合适的结果。事先规划有助于明确项目的性质和持续时间，以及需要管理哪些风险、面临哪些挑战。项目规划的内容包括：选择合适的人、开展必要的培训，并营造一个追求高绩效的团队环境。例如，波音开发787 商用飞机时，成立了一个由澳大利亚、意大利、日本、韩国、英国和美国成员组成的团队。该团队在项目规划方面做出了巨大的努力，目的是监督飞机在世界各国工厂中的研发和生产活动。

技术项目管理对应全球团队项目的实践和战术维度，通常需要确定客户需求、预算、时间表和团队成员的职责。团队应该充分利用通信技术，尤其是当团队成员所在地比较分散时。过去，地理距离和跨文化差异是一种障碍。但如今，随着全球信息系统——全球 IT 基础设施和工具（如内部网络、互联网和电子数据交换）——的发展，即便全球网络中的各个部分相距遥远，它们也可以共享知识并相互学习。波音 787 客机的开发和生产涉及各个位于不同地区的团队成员，它就是利用计算机辅助设计和全球 IT 系统来管理生产的。

要实现团队有效性，就必须组建一个具有合适的技能和动机的团队。因此，可能需要对团队成员进行培训，以确保他们能够胜任预期任务。团队负责人应制定团队目标和可实现的目标，确保团队成员之间建立信任，并能够高效地沟通（尤其是对于跨文化团队来说）。

跨文化能力强调要减少多文化团队环境中的误解。这些误解是由国家、专业、企业和团队层面的文化差异引起的。团队成员应避免跨文化引起的偏见，相互学习并尊重沟通方式和内容的差异。因此，在项目开始前，可能需要对团队成员进行跨文化能力培训。在开发 787 客机时，波音曾训练团队成员用英语、意大利语、日语、韩语等语言进行交流。

与利益相关者的沟通对团队取得成功至关重要。利益相关者包括影响项目结果或受项目结果影响的所有个人，如经理、客户、专家以及政府等其他会对项目产生影响的外部人员。团队需要确保适当的信息被及时、有技巧地传达给利益相关者。波音 787 客机的利益相关者包括全球航空公司、乘客、投资者、供应商和政府机构。[②]

高层管理者们出于对全球范围内的效率和最小化库存的需求，希望创建一家能在全球范围内协调的企业。例如，当通用汽车决定开发一款叫 "Equinox" 的运动

[①]　John R. Riesenberger, "Global Project Teams: A Practitioner's Guide to the 5 Competencies Needed for Success," *Rutgers Business Review* 1, No. 1 (Fall 2016).

[②]　Paul Eden, *The World's Greatest Civil Aircraft*: *An Illustrated History* (London: Amber Books, 2015); Coco Masters, "How Boeing Got Going," *Time International*, September 10, 2007, pp. 45 – 48; Riesenberger, 2016.

型多功能越野车与丰田 RAV4、本田 CR-V 竞争时，它就是利用全球信息系统来组织其在世界各地的技术人员，从而实现这一构想的。这款运动型多功能越野车的 V6 发动机是在中国制造的，并由来自加拿大、中国、日本和美国的工程师合作完成。在一间位于多伦多的办公室里，工程师几乎每天都要与上海、东京和俄亥俄州的同事召开电话会议。他们通过交换汽车的电脑设计图，共同设计汽车的外观和零部件。

在下一节，我们将介绍国际企业两个至关重要的维度：战略和组织结构。然而，我们首先要分析和区别两个基础性的关键概念：跨国本土化产业和全球性产业，并介绍全球整合-当地回应框架（以下简称整合-回应框架）。

11.2.4　跨国本土化产业和全球性产业的区别

专业从事食品加工、饮料、消费品、时装、零售和出版等行业的企业经常要根据各国独特的需求和口味，在不同国家的市场采用不同的营销方式。例如，英国出版商布卢姆斯伯里（Bloomsbury）的哈利·波特系列图书要被翻译成图书销售所在国的语言后才可销售，麦当劳根据不同国家的人的口味提供菜单。像这样的产业，即企业必须根据各国不同的文化、法律、收入水平和其他具体特征等来调整其提供的产品的产业，称为**跨国本土化产业**（multidomestic industry）。对于这样的产业来说，其在各国的市场上通常都有特定的竞争者。因此，跨国本土化产业面临的竞争在每个销售市场都不同。

与此相比，在飞机制造、汽车、钢铁、计算机、化工和工业设备等其他类型的行业中，企业通常会根据区域或全球消费者的需求和喜好开展国际商务活动。不同国家和地区对这类产品的需求往往高度标准化。例如，杜邦（DuPont）在全世界销售基本相同的化学药品，斯巴鲁（Subaru）在其开展业务的大多数国家销售几乎同样的汽车。这类在区域或全球范围内参与竞争的产业被称为**全球性产业**（global industry）。大多数全球性产业的特点是，有几家大型企业在多个市场激烈竞争。例如，不论在世界上哪个地方，柯达（Kodak）都要与相同的竞争对手竞争，如日本的富士（Fuji）、欧洲跨国胶卷生产商爱克发-吉华（Agfa Gevaert）等；挖掘设备生产商卡特彼勒和小松在世界主要市场上都会展开正面竞争。

11.3　整合-回应框架

全球整合（global integration）是指通过充分利用国家之间的相似性，协调企业价值链上的各种跨国活动，实现全球协调统一和互惠互利。强调全球整合的企业所销售的产品和提供的服务相对标准化，即统一或只做最小限度的调整，以满足全球消费者一致的需求和偏好。这样的企业在区域或世界层面面临激烈竞争。它们通过集中价值链活动和强调规模经济来实现营运成本最小化。[①]

　　相比之下，也有许多企业对单个国家的特定需求做出回应，它们的这种做法被称为本土化回应（local responsiveness），即以不同国家为基础管理企业的价值链活动，以应对各国市场上存在的不同机会和风险。本土化回应强调满足特定市场消费者的独特需求。

　　在开展国际经营活动时，企业试图在全球整合和本土化回应的双重目标之间取得平衡。整合-回应框架（如图 11.2 所示）展示了企业在尝试达到这两个通常相互冲突的目标时所面临的压力。[②] 整合-回应框架有助于管理者更好地理解在国际商务中全球整合与本土化回应之间此消彼长的关系。

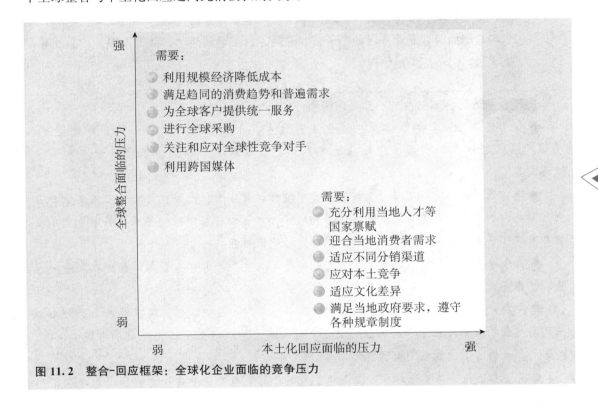

图 11.2　整合-回应框架：全球化企业面临的竞争压力

　　① Torben Andersen and Ulf Andersson, "Multinational Corporate Strategy-Making: Integrating International Business and Strategic Management," in Torben Juul Andersen (ed.), *The Responsive Global Organization* (Emerald Studies in Global Strategic Responsiveness; Emerald Publishing Limited, www. emeraldinsight. com, 2017), pp. 13 – 34; Bartlett and Ghoshal, 2002; T. Hout, Michael Porter, and E. Rudden, "How Global Companies Win Out," *Harvard Business Review* 60 (September-October 1982), pp. 98 – 105; Robert T. Moran and John R. Riesenberger, *The Global Challenge* (London: McGraw-Hill, 1994); Kenichi Ohmae, "Planning for a Global Harvest," *Harvard Business Review* 67 (July-August 1989), pp. 136 – 145.

　　② Andersen and Andersson, 2017; Bartlett and Ghoshal, 2002; Timothy Devinney, David Midgley, and Sunil Venaik, "The Optimal Performance and the Global Firm: Formalizing and Extending the Integration-Responsiveness Framework," *Organization Science* 11 (2000), pp. 674 – 695; Yadong Luo, "Determinants of Local Responsiveness: Perspectives from Foreign Subsidiaries in an Emerging Market," *Journal of Management* 26 (2001), pp. 451 – 477.

　　强调全球整合的企业的首要目标是在全世界范围内最大化其价值链活动的效率。它们在经营过程中努力精简机构，减少冗余，认为根据不同细分市场来设计不同版本的同种产品是成本高昂的，因此会最大限度地减少这种产品调整。企业鼓励在全球的内部网络范围内相互学习并互利互惠，以激发创新和获得竞争优势。高层管理者通过列举全球趋同的需求模式、全球品牌的传播、统一技术的推广、跨区域媒体的形成，以及在全球范围内关注竞争对手的需求，证实了全球整合的必要性。全球性产业中的企业通常会强调全球整合。

　　相反，强调本土化回应的企业，其管理者需要对企业活动进行调整以适应每个国家特有的市场需求和环境，例如，要适应当地消费者需求、语言、文化、规章制度、竞争环境和分销系统。在跨国本土化产业中通常能找到这样的企业。例如，沃尔玛在墨西哥开展业务时调整了营业时间、员工培训活动、员工薪酬、产品线和促销手段，以适应当地情况。

促使企业进行全球整合的一些具体因素：

● 利用规模经济节约成本。一些企业通过在几个地区集中生产形成了规模经济，从而可以获取更多的利润。此外，集中生产更容易控制产品质量、生产速度和制造成本。

● 适应趋同的消费者趋势和普遍需求。制造和销售标准化产品比为各个市场定制产品更有效率。例如，一般来说，计算机芯片和电子元件可以在全球统一销售。随着全球消费者的需求和喜好变得更加相似，销售标准化产品成为可能。

● 为全球客户提供统一服务。服务是最容易标准化生产的，企业可以集中提供统一服务。从事多国经营的跨国企业尤为重视为客户提供全球一致的服务。

● 实现对原材料、零部件、能源和劳动的全球采购。企业一直面临以低成本高效率地采购高质量的原材料的压力。集中从供应商处采购大量原材料可以使企业获得规模经济、提高产品质量、降低成本、提高经营效率。

● 关注和回应全球竞争对手。在全球经营的外国竞争对手带来的威胁要比单纯在国内经营的竞争对手更大。因此，最好的做法是制定一种整合性的全球战略来回应竞争对手的挑战。

● 利用多国市场上可接触到消费者的媒体。低成本高效率的全球媒体的存在使得企业能设计同时针对多个市场的广告和其他促销活动。

资料来源：Christopher A. Bartlett and Sumantra Ghoshal, *Managing Across Borders：The Transnational Solution*（Boston：Harvard Business School Press，1989）；Pankaj Ghemawat, "The Cosmopolitan Corporation," *Harvard Business Review*，May 2011，pp. 92－99；Pankaj Ghemawat, *Redefining Global Strategy*（Brighton，MA：Harvard Business Review Press，2018）.

第11章

促使企业进行本地化回应的一些具体因素：

● 企业可以利用特有的自然资源禀赋。每个国家都会有像原材料、熟练的技术工人这样的特有资源，这些资源能为国际企业提供竞争优势。

● 迎合当地消费者的需求。对于跨国本土化行业的产品来说，消费者的需求因国家而异。因此，这些行业的国际企业的产品必须能满足当地消费者的需求。

● 适应分销渠道的差异。分销渠道因市场而异，而且可能会增加对本土化回应的需求。在拉丁美洲，小商店是最常见的零售渠道，那些原本通过大商店销售产品的国际企业如果要来这儿开展业务，就必须调整它们的分销策略。

● 应对当地竞争。国际企业在当地竞争者众多的市场中处于劣势。为了超越当地竞争对手，成功的跨国企业必须设计出能最好地满足当地消费者需求的产品。

● 适应文化差异。文化对于商务活动的影响因市场和产品类型的不同而存在很大差异。例如，对于食品和服装行业来说，文化差异就很重要，因此企业必须调整其产品和营销策略以适应文化差异。

● 遵守东道国政府的要求和规章制度。为保护本地企业，政府有时会通过设置贸易壁垒或制定其他限制措施来阻碍外国企业。跨国企业可以通过在当地建立本地化经营企业获得本地企业的身份，从而克服这些障碍。

资料来源：Christopher A. Bartlett and Sumantra Ghoshal, *Managing Across Borders: The Transnational Solution* (Boston: Harvard Business School Press, 1989); Pankaj Ghemawat, *Redefining Global Strategy: Crossing Borders in a World Where Differences Still Matter* (Boston: Harvard Business School Press, 2007).

11.4　基于整合-回应框架的战略

整合-回应框架与四种不同战略相联系。图 11.3 总结了这四种战略。进行国际化的企业往往会选择实施其中一种战略，或将这些战略组合起来实施。

实施本土复制战略（home replication strategy）的企业认为，国际业务与国内业务是分开的，而且国际业务的重要性次于国内业务。企业将国际业务作为增加国内产品销量的机会。因此，企业以国内消费者需求为导向设计产品，国际业务则被视为一种延长产品生命周期和在外国市场复制国内市场成功的方式。这样的企业也没有期望从国际经营中获得多少有用的知识。[①] 那些制造和销售原材料以及基础元件的企业通常会实施本土复制战略，因为这样的产品通常不需要采用复杂的国际化方式。当企业的目标市场与母国市场相似时，采用本土复制战略也能获得成功。

① Bartlett and Ghoshal, 2002; Anna Jonsson and Nicola Foss, "International Expansion Through Flexible Replication: Learning from the Internationalization Experience of IKEA," *Journal of International Business Studies* 42, No. 9 (2011), pp. 1079-1102.

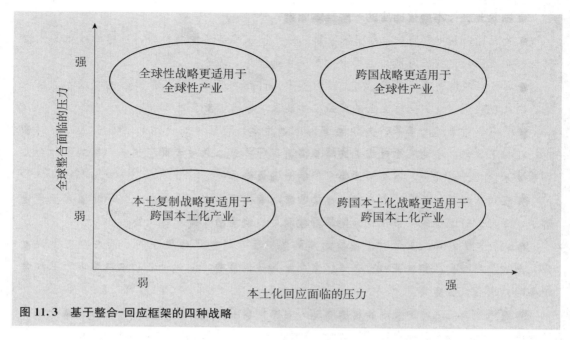

图 11.3　基于整合-回应框架的四种战略

本土复制战略通常被较小的企业采用。这些企业希望通过将产品销往国外来获得额外的销售额，它们往往会与几个国外中间商签订合同，以进口和分销其产品，通常不会去主动适应外国市场。因为管理者对国际商务知之甚少，并且人力和财务资源有限，企业无法控制其产品在国外的销售，所以非常依赖国外中间商。在国外复制国内的战略几乎无法让企业在外国市场上获得竞争优势。所以对于大多数国际企业来说，本土复制战略通常只是一种初期的临时方法，而不是一种长期的战略。采取本土复制战略的往往是缺乏经验或对国际经营的目标较低的企业。

第二个较为先进的战略是**跨国本土化战略**（multidomestic strategy）。跨国本土化战略有时也称为多国本土化战略（multilocal strategy）。实施该战略的企业往往会在众多外国市场建立子公司或加盟企业，同时给予各国子公司的管理者很大的自主权，允许他们独立经营和做出本土化回应。采用跨国本土化战略的企业其总部管理者强调和重视各国市场的差异性。因此，正在进行国际化的企业允许其子公司根据所在国家的特点更改产品的生产和销售方式及企业管理模式。各国子公司通常雇用该国公民作为管理者并独立经营，很少与其他国家的子公司分享知识和经验。企业的产品和服务则经过精心改造，以满足当地的独特需求。①

食品和饮料业巨头雀巢一直采用跨国本土化战略。雀巢雇用本地人作为各个国家子公司的管理者，并赋予了他们高度的自主权，以满足当地的具体需求。正是因

① Bartlett and Ghoshal，2002；Helen Deresky，*International Management：Managing Across Borders and Cultures*（New York：Pearson Education，2017）；G. Ghislanzoni，R. Penttinen，and D. Turnbull，"The Multilocal Challenge：Managing CrossBorder Functions，"*McKinsey Quarterly*，2008，www.mckinseyquarterly.com.

为采用了这样的战略，所以雀巢在各个国家的市场经常被当作本土化企业。例如，雀巢根据各国消费者的喜好调整了在不同国家销售的速溶咖啡的味道：在西班牙销售的速溶咖啡的味道是强烈、浓郁的；而在北欧，它的味道是温和、带着芳香的。此外，雀巢在不同国家通过不同渠道（包括超市、小商店、市场摊位、自动售货机、手机供应商，甚至上门销售）销售其产品。在尼日利亚，雀巢建立了小型仓库网络，用皮卡车运输产品。在中国，雀巢在村庄之间建立了一个简易分销系统，便于当地供应商用自行车运输货物。在俄罗斯，雀巢同样调整了其营销计划，采用了强调俄罗斯的历史和文化的广告；在非洲，企业雇用当地歌手走访村庄，把产品推广植入到娱乐节目中。雀巢还在像巴西这样的市场制定较低的产品价格，以适应当地较低的购买力。[①]

采用跨国本土化战略有以下优势：（1）假如国外子公司有一家工厂，那么在当地生产的产品可能会更适应当地市场的需求；（2）因为企业将经营管理权下放给了各国的具体管理者，所以企业总部员工的压力减轻了。国际化经营经验不足的企业通常选择较容易实行的跨国本土化战略，因为这样可以将许多任务分派给各国子公司的管理者（或者国外分销商、被特许人或被许可人）。

跨国本土化战略也存在一些劣势：（1）国外子公司的管理者倾向于制定本土化的战略，而且往往与企业总部管理者有着极为不同的战略观点、组织文化和商业流程。（2）他们很少有动力与其他国家的子公司管理者分享知识和经验，这会降低企业的规模经济效益。有限的信息共享也降低了发展以知识为基础的竞争优势的可能性。[②] 虽然跨国本土化战略使企业具有很强的本土化回应能力，但该战略会导致企业生产效率低下、经营机构臃肿、迎合当地需求的产品激增，国际经营成本过高。[③]

这些劣势可能最终会导致企业管理者放弃跨国本土化战略而采用第三种战略——**全球性战略**（global strategy）。总部试图通过采用全球性战略加强对各国子公司的控制，努力使经营冗余最小化，从而实现全球范围内经营效率、学习能力和整合能力的最大化。在极端的情形下，全球性战略会提出这样的问题：为何不在各地以同样的方式生产相同的东西？因此，全球性战略更强调国际经营活动的总部协

① G. Chazan，"Foreign Products Get Russian Makeovers，" *Wall Street Journal*，January 16，2001，p. A23；Nestlé Corporation，"Key Facts and History，" 2009，www. nestle. com；Marielle Payaud，"Marketing Strategies at the Bottom of the Pyramid：Examples from Nestlé，Danone，and Procter & Gamble，" *Global Business & Organizational Excellence* 33，No. 2 (2014)，pp. 51 – 63；Greg Steinmetz and Tara Parker-Pope，"All Over the Map：At a Time When Companies Are Scrambling to Go Global，Nestlé Has Long Been There，" *Wall Street Journal*，September 26，1996，p. R4.

② Deresky，2017；Moran and Riesenberger，1994.

③ Bartlett and Ghoshal，2002；Janell Townsend，S. Tamer Cavusgil，and Marietta Baba，"Global Integration of Brands and New Product Development at General Motors，" *Journal of Product Innovation Management* 27，No. 1 (2010)，pp. 49 – 65.

调与控制，并要求总部管理者对企业在全球范围内的经营活动负责。研发、生产等活动都集中在企业总部，而管理者倾向于将全球视为一个大市场。[①]

三星是采用全球性战略的一个典型例子。该企业曾是韩国的一家家用电器制造商，而现在其业务版图扩展到了全球各个行业。三星通过整合价值链帮助全球各业务部门之间共享消费电子、技术、生产和分销方面的最先进的专业知识。三星的工程师不断寻找最节省成本的方法，来生产基于通用零部件的尖端产品。来自亚洲、欧洲和美洲的研发人员组成全球团队，开发基于标准化平台的半导体、平板电视、智能手机和其他电子产品，这些产品几乎不存在国家差异。例如，三星开发的Galaxy智能手机在全球销售了数亿部。对于大部分三星智能手机来说，无论它们会被销往何处，其内部电子设备都是相同的，而内部软件是多种多样的，以适应不同国家的偏好。三星的内部网络可以帮助研发团队获得可以整合到三星产品（无论这些产品在哪里制造）中的创意和想法。

三星的零部件来源于数量有限的世界顶级供应商，这些供应商在全球开展业务，为尽可能多的三星工厂提供零部件。为了保持低成本，三星将大部分制造业务安排在中国、巴西和其他新兴市场。三星在120多个国家销售智能手机。三星的营销活动是标准化的，因为三星希望将自己打造成全球公认的品牌。通过强调全球战略，三星优化了其价值链，并享誉全球。[②]

全球性战略有许多优势：（1）增强了企业抓住机会的能力，增加了子公司间跨国学习知识并实现互利互惠的可能性，实现了规模经济，从而降低了经营成本；（2）通过简化生产和其他程序提高了产品质量，而高质量的产品提高了国际市场对企业品牌的认知度、提高了消费者对产品的喜爱程度以及国际营销活动的效率。

有许多因素为企业实施全球性战略提供了便利，包括全世界消费者需求和偏好的趋同、对于全球品牌认可度的提高、统一技术的不断推广（特别是在工业市场）、国际合作项目的开展、全球化和通信技术进步所产生的整合效应等。

和其他战略一样，全球性战略也有其局限性。对于管理者来说，密切协调广泛分散的国际经营活动是一项挑战。企业必须保持总部与子公司之间、子公司与子公司之间的持续沟通。在极端情况下，全球性战略会导致子公司在对市场做出本土化回应方面丧失灵活性。

---

① Bartlett and Ghoshal，2002；Bartlett，Ghoshal and Beamish，2013；Ohmae，1989；Deresky，2017；Yip and Hult，2013.

② Bong Choi，Jongweon Kim，Byung-hak Leem，Chang-Yeol Lee，and Han-kuk Hong，"Empirical Analysis of the Relationship Between Six Sigma Management Activities and Corporate Competitiveness：Focusing on Samsung Group in Korea," *International Journal of Operations & Production Management* 32，No. 5（2012），pp. 528－550；John Dudovskiy，"Samsung Business Strategy and Competitive Advantage," *Nikkei Asian Review*，November 6，2017，www. research-methodology. net；Kim Jae-Heun，"Samsung's Culture Revolution," *The Korea Times*，March 20，2018，www. koreatimes. co. kr；Evan Ramstad and Jung-Ah Lee，"Samsung's Profit Hits Fast Track," *Wall Street Journal*，April 9，2012，p. B6.

最后一种战略是**跨国战略**（transnational strategy）。跨国战略与国际化相联系，实施该战略的企业在保留对子公司的足够的控制权以确保提高效率和学习能力的同时，努力对当地需求更快地做出回应。跨国战略在结合跨国本土化战略和全球性战略的优点的同时，尽可能克服了二者的缺点。[①] 跨国战略是一种灵活的战略：在可行的情况下实现标准化；在适当的情况下进行调整。

管理者通过下述几种方式实施跨国战略：

● 通过减少全球供应商的数量，将产品生产集中在相对较少且竞争优势最明显的地方，以实现规模经济；

● 在全球范围内组织生产、营销和其他价值链活动；

● 提高本土化回应的灵活性；

● 为在全球范围内学习和传播知识提供便利；

● 在全球范围内协调竞争行动，即企业以一种全球整合的方式，而非各个击破的方式应对竞争对手的挑战。

采用跨国战略的一个例子是联想。联想是一家来自中国的个人电脑和笔记本电脑制造商。联想在并购 IBM 的个人电脑业务后开始全球扩张。通过这次并购，联想获得了全球营销队伍和 Thinkpad 系列的全球品牌。联想的总部在美国和中国之间不断轮换，其产品的规划和设计工作在美国完成，亚洲市场的生产主要在中国，美洲市场的生产主要在墨西哥，欧洲市场的生产则在波兰。联想通过将生产集中于低成本国家获得了最大的成本效益和规模经济。

联想的电脑主体都是相同的，但它的键盘和内置软件是与各个国家的语言相适应的。企业在全世界的零售网站的内容大都是一样的，但使用了不同的语言。其营销业务（包括为了在全球 60 多个国家售卖电脑而设计的全球活动——可以在多个地区播放的广告）集中在印度班加罗尔。总之，联想在实施跨国战略和根据需要调整其产品营销战略以适应个别市场之间取得了平衡。[②]

考虑到平衡全球整合和本土化回应的困难，大部分企业认为跨国战略很难实施。长期看来，几乎所有企业都会认识到它们还需要制定一些本土化的决策，以适应不同的细分市场。

讨论完企业在国际扩张过程中所实施的不同战略后，我们再来讨论另一个相关

---

① Ceren Altuntas and Duygu Turker, "Local or Global," *International Marketing Review* 32, No. 5（2015），pp. 540 – 575；Bartlett and Ghoshal，2002；Bartlett，Ghoshal，and Beamish，2013.

② Roland Bel，"Innovating in China: Lessons for Global Companies," *Global Business & Organizational Excellence* 34，No. 2（2015），pp. 34 – 50；Kathy Chu，"China's Lenovo to Reboot After Losing PC Crown to HP," *Wall Street Journal*，May 26，2017，www.wsj.com；Sarah Vizard，"Lenovo，Huawei，Alibaba: The Chinese Brands Best at Building Global Brand Awareness," *Marketing Week*，February 6，2018，www.marketing-week.com；Elizabeth Woyke，"Lenovo CEO Keeps Focus on Hardware，Eyes PC Market Crown," *Forbes*，January 10，2012，p. 34.

话题：组织结构。如果说战略是行动的蓝图的话，那么企业还需要一个由员工、资源和流程构成的组织结构来完成这个蓝图。

11.5 国际商务中的组织结构

组织结构（organizational structure）是指企业内部的汇报关系，或是指企业为了开展经营活动而形成的员工、部门职能和生产销售过程之间的特定联系。组织结构根据企业采用什么样的目标和战略来决定汇报关系。总体上看，在经验丰富的跨国企业中，这些联系涉及的范围更广，涵盖了企业的子公司和附属分支机构。组织结构方面的一个基本问题是：企业应该保留或下放多少决策权给国外子公司和附属分支机构？这需要企业在集中权力和下放权力之间做出选择。下面我们更详细地分析这个问题。

11.5.1 是采用集中式结构还是分散式结构

在集中式结构下，母公司对于子公司在世界范围内的经营活动保留相当大的自主权和控制权。下放权力是指母公司将大量自主权和决策权授予各国的子公司。企业管理层都倾向于设计与企业愿景和战略相匹配的组织结构。因此，强调全球整合的跨国企业倾向于集中权力，而强调本土化回应的企业倾向于下放权力。

表 11.1 展示了母公司和子公司对企业所做的典型贡献。企业的价值链活动是由总部决策还是由子公司决策，取决于产品性质、市场规模、竞争对手的经营特点、国外经营规模和战略的重要程度。一般地，财务支出越多或预期风险越高，总部对决策的参与程度也越高。例如，开发新产品或在国外建厂的决策通常是由总部做出的。涉及两个或更多国家的经营战略最好由总部管理者制定，因为他们能从区域或全球角度更好地考虑问题。[①] 然而，对于只在某一个国家销售的区域性产品的相关决策一般是由总部和各国子公司的管理者共同做出的，其中子公司的管理者发挥主导作用。子公司的日常人力资源决策也通常由当地经理做出。

表 11.1 总部与子公司的职责

子公司主要负责以下活动：	总部主要负责以下活动：	总部与子公司的共同职责：子公司发挥主导作用的活动：
• 销售 • 市场营销 • 本地市场调研 • 人力资源管理 • 遵守当地的法律与法规	• 资本规划 • 转移定价 • 在全球获取利润	• 制定区域性战略 • 开发当地产品和服务 • 技术支持和客户服务 • 本地采购

---

① Bartlett, Ghoshal, and Beamish, 2013；Ohmae, 1989；Deresky, 2017；Pankaj Ghemawat, "Regional Strategies for Global Leadership," *Harvard Business Review* 83 (December 2005)，pp. 98-106.

续表

		总部发挥主导作用的活动： ● 制定全局性战略 ● 全球产品开发 ● 基础研究与开发 ● 全球产品采购 ● 培养全球管理者

第 11 章

　　一般来说，企业集中所有的业务是既不可行也没有好处的。保留一部分自主权是可取的，也是必要的。事实上，子公司管理者往往希望有较大的决策权，因为他们更了解当地的需求，对这些需求也更敏感。相比之下，总部管理者更关注全球竞争战略，并注重这些战略的跨境协调和集中。不同层级的管理者面对不同的状况会进行不同的分析，并提出不同的战略性解决方案。在任何组织中，每个部门的价值链活动往往都需要不同程度的集中和分散。

　　最后，企业必须在总部集权、总部与子公司共同决策和子公司自治之间找到一个合适的平衡点。管理者面临同时实现这些目标的挑战。企业高级管理层应仔细研究影响每项业务集中和分散的因素，并确定所需的最适当的组织结构、战略和流程。①"放眼全球、立足本土"这句话过分简化了当今全球竞争的复杂性；"放眼全球、立足本土、适当行动"才能更准确地描述跨国企业今天的处境。②

　　总部和子公司的管理者共同制订计划、相互协作和交换意见是制定有效战略的关键。高度集权、自上而下的决策方式忽略了子公司管理者对其所在国的深入了解。相反，高度分权、由自主的子公司管理者自下而上进行决策的方式则忽视了母公司管理者的大局观，而且很难有效整合各国或各地区的战略。然而，大部分决策最终都需要得到总部的同意。企业高层管理者应该努力与各国子公司管理者建立积极、开明的合作关系。具体来说，他们应该：

- 鼓励区域管理者认同企业的整体目标；
- 定期走访子公司，并向其灌输企业的价值观和对各项事务的优先次序；
- 在企业内部实行员工轮岗制，以培养员工的全球视角；
- 鼓励设在各国的子公司管理者通过区域和全球会议相互联系、分享经验；
- 提供经济方面的激励和惩罚措施，促使子公司的目标与总部的目标保持

一致。

11.5.2　国际经营中的组织结构

　　一般来说，组织结构是由战略决定的。也就是说，组织结构是实施战略和实现

---

　　①　Deresky，2017；Moran and Riesenberger，1994；Franklin Root，*Entry Strategies for International Markets* (San Francisco：Jossey-Bass，1998).

　　②　Moran and Riesenberger（1994）.

企业目标的工具。[①] 更进一步说，企业选择何种组织结构很大程度上取决于管理者对国际业务的重视程度，以及他们倾向于集中决策、共同决策还是分散决策。企业的组织结构类型随着时间的推移而变化。随着国际业务的增多，企业会采用更加复杂的组织结构。

表 11.2 总结了几种主要的组织结构的优点和缺点，后文将详细探讨。

表 11.2　几种主要的组织结构的优点和缺点

组织结构	优点	缺点
出口部组织结构 企业内部负责管理企业出口事务的一个部门	• 出口事务集中在一个部门 • 销售、分销和运输效率较高 • 需要的资源少	• 企业的主要目标是国内市场 • 对外国市场了解很少 • 对国际经营活动的控制力弱，过度依赖国外中间商
国际分部组织结构 企业负责集中管理所有国际经营活动的部门，与国内部门分开	• 较为关注国际化 • 可以集中并发展国际化的专业知识 • 对协调和管理国际经营活动的要求变高了	• 国内部门和国际分部可能会激烈争夺企业资源 • 国外各经营单元之间以及它们与企业总部之间的知识共享有限 • 国外各经营单元的研发和以未来为导向的计划活动与企业总部的这类活动是分开的 • 由于许多经营活动都是通过国内部门开展和推动的，所以企业管理层可能会偏重国内部门而不是国际分部
区域型组织结构 管理权和控制权下放至各个地理区域，由区域分部的管理者负责其所在区域的经营活动	• 可以更迅速地对各个区域/本土市场客户的需求做出回应 • 可以更好地平衡全球整合与本土化回应 • 可以促进同一个地理区域分部内更好地沟通和协作	• 区域分部的管理者一般缺乏开发和管理面向全球的产品的能力 • 与其他地理区域分部及总部之间的沟通、协作和知识共享有限 • 相距较远的地理区域分部之间不能实现规模经济
产品型组织结构 对国际经营活动的管理是按照主要的产品线来划分的	• 可在全球范围内开发某个具体产品的相关知识和技术 • 每条产品线都可以在全球范围内进行协调和管理 • 可以在全球各经营单位间实现范围经济和产品知识共享	• 企业对每个产品部门的支持功能重复 • 总部可能会偏好那些能快速获利的产品部门 • 可能过于关注产品而不注重开发市场
职能型组织结构 对国际经营活动的管理是按照职能来划分的	• 总部员工少，但对子公司的控制力强，对它们的协调也比较多 • 可以制定高度职能化的、统一的、目标明确的全球战略	• 总部可能缺乏协调不同地理区域职能的专业知识 • 当企业的产品线很多时，协调会变得难以操作 • 可能无法对细分市场具体的客户需求做出回应

[①]　Alfred D. Chandler，*Strategy and Structure*（Cambridge，MA：MIT Press，1962）.

续表

组织结构	优点	缺点
全球矩阵式组织结构 区域型组织结构、产品型组织结构和职能型组织结构的综合，目的是利用全球性战略和本土化回应的优点	• 可以利用全球性战略的优点，同时对当地需求做出回应 • 致力于结合区域型组织结构、产品型组织结构和职能型组织结构的优点 • 强调组织间学习和全球各子公司之间的知识共享	• 双重汇报关系可能会导致员工从不同管理者那儿得到相互矛盾的指令 • 可能会导致冲突 • 难以管理多个外国市场上数量众多的子公司、产品和经营活动

（1）出口部组织结构。

对于制造业企业来说，出口通常是进入外国市场的第一步。企业在出口销售额达到临界点前很少会考虑组织结构问题。最初，企业会通过国外中间商，例如国外分销商来出口产品。当出口销售额占企业总销售额的比例很大时，企业的高级管理层通常会组建独立的**出口部**（export department）来负责管理出口业务。这种做法与复制国内战略的联系最为紧密。图 11.4 刻画了出口部组织结构。

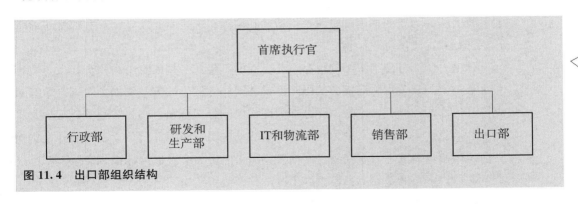

图 11.4　出口部组织结构

（2）国际分部组织结构。

随着企业在国际市场开展的活动日益增多，企业管理层会组建**国际分部组织结构**（international division structure），即在企业内部成立一个专门负责管理国际业务的独立部门。图 11.5 刻画了这种组织结构。企业在决定建立一个独立的国际分部的同时一般会对资源配置进行重大调整，并更加重视国际市场。[①] 通常灰说，企业会任命一个直接向首席执行官报告的副总经理来负责国际经营业务。国际分部的负责人要监督企业与国外供应商、分销商和其他价值链合作伙伴之间关系的建立与维持情况。随着时间的推移，国际分部通常会从事国际化程度更高的经营活动，如特许经营、小规模 FDI 等。在早期，国际分部组织结构与复制国内战略联系最为紧密，然而随着时间的推移，企业会逐渐转向跨国本土化战略或全球性战略。

① Deresky，2017；Moran and Riesenberger，1994；Herman Vantrappen and Frederic Wirtz，"Making Matrix Organizations Actually Work," *Harvard Business Review*，March 1，2016，www.hbr.org.

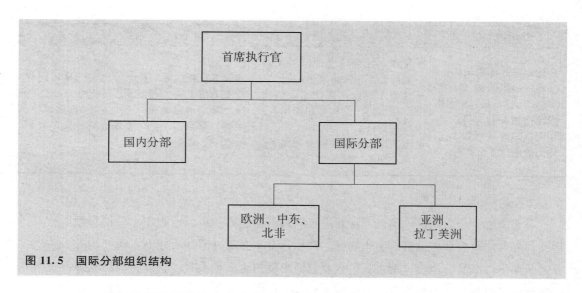

图 11.5　国际分部组织结构

国际分部组织结构有几个优点：一是国际分部组织结构能集中管理并协调国际经营活动。二是国际分部的员工一般都是国际业务专家，他们专注于开发新的国外业务机会，并为企业在国外经营提供帮助和培训。三是企业设立国际分部标志着管理层开始致力于国际化经营。

但是，国际分部组织结构也存在几方面的不足：一是该组织结构会导致负责国内事务的部门和负责国际事务的国际分部之间经常发生冲突，例如，双方会争夺对财务和人事的控制权。二是国际分部内部或国际分部与国内部门之间可能很少共享知识和信息。研发和以未来为导向的计划活动主要由国内部门负责，产品开发仍然针对国内市场需求，只有在满足国内市场需求之后才会考虑国际市场需求。基于这些问题，许多企业最终不得不放弃了国际分部组织结构。①

进入国际化更高阶段的企业会建立更复杂的组织结构。企业选择更复杂的组织结构主要是为了实现规模经济和范围经济——生产更多数量的产品，在更多种类的产品上和更广阔的市场范围内更有效地利用企业的营销资源和其他战略资源。采取复杂的组织结构的企业更强调学习效应、汇集资源和挖掘创新潜力。

更先进的组织结构包括根据地理区域设置的分权式组织结构以及根据产品线或职能设置的集权式组织结构。下面我们就来介绍这些组织结构。

（3）区域型组织结构。

区域型组织结构（geographic area division）是将控制权和决策权下放到各个区域，并由该区域分部的管理者负责其所在区域的经营活动的组织结构。图 11.6 刻画了这种类型的组织结构。采用区域型组织结构的企业倾向于在整个区域内销售相对标准化的商品。这种结构之所以被称为区域型组织结构，是因为国际业务管理权

① Deresky, 2017；Moran and Riesenberger, 1994；Herman Vantrappen and Frederic Wirtz, "Making Matrix Organizations Actually Work," *Harvard Business Review*, March 1, 2016, www.hbr.org.

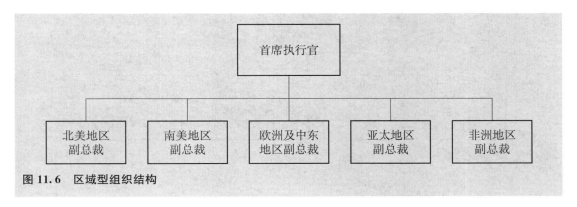

限很大程度上被下放给了各地理区域分部的管理者。这样的组织结构通常与跨国本土化战略匹配。

图 11.6　区域型组织结构

采用区域型组织结构的企业往往处于产品范围狭窄的成熟产业，例如制药、食品、汽车、化妆品、饮料等行业。雀巢就是采用这种组织结构，它已经在南美洲、北美洲、亚洲等地区设立了分部，并对所有区域，包括国内市场一视同仁。所有区域分部都朝着共同的全球战略目标努力。包括资本在内的所有资产都是基于企业目标而非区域目标的最优回报进行分配。各区域分部通常生产和销售适合本区域的产品。

区域型组织结构的主要优势是能在全球整合和本土化回应之间保持平衡。区域分部的管理者有权改变产品和经营战略。同一区域分部内的沟通和协调可能会增强，但与其他区域分部之间以及与总部之间的沟通和协调还是比较少。区域分部的管理者在开发和管理产品及其他问题时通常缺乏全球视野。[①]

（4）产品型组织结构。

采用产品型组织结构（product structure）的企业的管理层会以企业生产经营范围内的主要产品种类为基础建立组织结构，每个产品部门负责某种特定产品在全世界的生产和销售。例如，摩托罗拉全球经营的产品种类包括手机和网络解决方案。苹果的产品种类包括 iPad、iPod、iPhone 和个人电脑。

图 11.7 刻画了产品型组织结构。每个产品部门都作为一个独立的盈利中心开展业务，并拥有很大的自主权。各产品部门的目标是对各自管理的产品实现高度的全球协调，从而既增强规模经济效应，又改善产品知识和技术的跨国流动。因此，产品型组织结构是高度集权的，通常与全球性战略相联系。

产品型组织结构的优点是所有的支持性功能，如研发、市场营销和生产都聚焦于产品。同时，企业更容易对产品进行改进，以满足具体消费者的需求。然而，产品型组织结构会导致各产品部门重复企业的支持性职能，也会导致管理者将主要精

① Deresky，2017；Moran and Riesenberger，1994；Herman Vantrappen and Frederic Wirtz，"Making Matrix Organizations Actually Work，" *Harvard Business Review*，March 1，2016，www.hbr.org.

力放在能快速获利的产品上。①

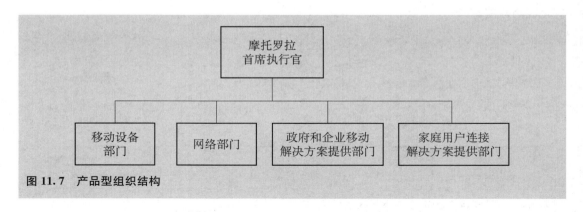

图 11.7 产品型组织结构

（5）职能型组织结构。

采用**职能型组织结构**（functional structure）的企业的国际业务管理和决策围绕职能活动（如生产和营销）进行。图 11.8 刻画了这种组织结构。例如，石油公司倾向于围绕两种职能——石油的生产和销售——来组织其国际经营活动。一些邮轮公司既造船，又从事客运营销，这两种独立的职能需要由不同的部门负责。职能型组织结构的优点是总部员工较少，但可以对子公司进行强有力的集中控制和协调，以及具有高度职能化的、统一的、目标明确的全球战略。然而，职能型组织结构在不同地理区域协调生产、市场营销和其他职能时可能会效果不佳，因为总部缺乏有关这些地理区域的专业知识。而且，当企业有多个产品系列时，职能型组织结构的协调职能可能难以发挥。②

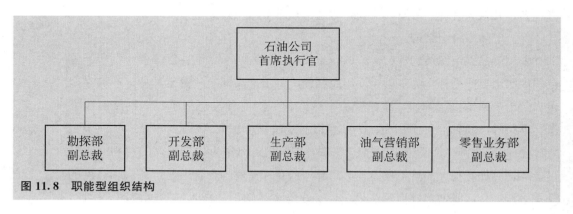

图 11.8 职能型组织结构

（6）全球矩阵式组织结构。

跨国企业在 20 世纪 70 年代和 80 年代的经验突出了上述组织结构的优点和缺

① Deresky，2017；Moran and Riesenberger，1994；Herman Vantrappen and Frederic Wirtz，"Making Matrix Organizations Actually Work，" *Harvard Business Review*，March 1，2016，www. hbr. org.

② Deresky，2017；Moran and Riesenberger，1994；Herman Vantrappen and Frederic Wirtz，"Making Matrix Organizations Actually Work，" *Harvard Business Review*，March 1，2016，www. hbr. org.

点。区域型组织结构有利于企业做出本土化回应，但限制了全球规模经济效应的发挥和区域间知识及核心竞争力的共享。产品型组织结构能够克服这些缺陷，但在本土化回应方面很薄弱。到了 20 世纪 80 年代，全球化趋势开始加速。与此同时，在一些市场，消费者又重新表现出对本土品牌的偏好。企业逐渐开始认识到这些经济力量要求它们同时满足全球和当地的需求。

这些新的认识促使管理者创建**全球矩阵式组织结构**（global matrix structure）。这种组织结构试图结合全球性战略和本土化回应的优点。具体来说，全球矩阵式组织结构是区域型组织结构、产品型组织结构和职能型组织结构的综合，它旨在同时利用区域型组织结构、产品型组织结构和职能型组织结构的优点，并尽可能避开其缺点。图 11.9 刻画了这种组织结构。为了使全球矩阵式组织结构顺利发挥作用，总部管理者必须同时做到：

- 协调和控制企业的国际经营活动；
- 对本土需求做出回应；
- 最大限度地促进企业在全球的各个分部间的相互学习和知识共享。[①]

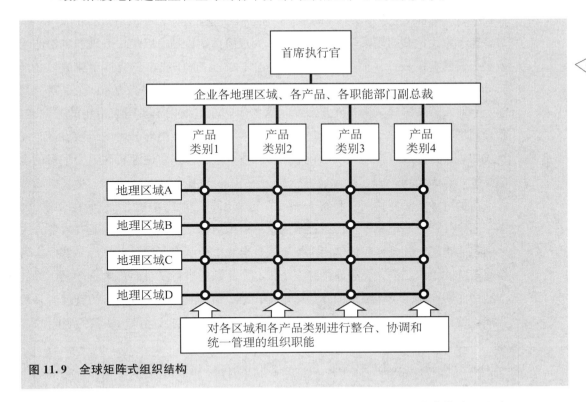

图 11.9　全球矩阵式组织结构

全球矩阵式组织结构与跨国战略联系最为密切。每种产品的经营决策由企业相应的产品部门和区域分部共同制定。企业采用双重汇报制度。例如，国外子公司的

---

① Bartlett and Ghoshal，1989；Moran and Riesenberger，1994；Hult，Deligonul and Cavusgil，2006.

员工需要同时向两个经理汇报工作，即当地子公司的总经理和总部产品部门的经理，通常来说，前者的权力大于后者。全球矩阵式组织结构认识到了灵活的、可以及时对本土化需求做出回应的区域性经营的重要性，并告诉了企业如何将这几者联系起来，以提高经营效率和竞争力。采用全球矩阵式组织结构的企业的管理者会与企业其他区域分部的管理者共同制定决策，以确保企业在全球的经营活动达到最佳水平。

联合利华是一家产品涵盖食品、饮料、洗涤用品和个人护理用品等的巨大的欧洲生产商，它成功采用了全球矩阵式组织结构。联合利华最初是由一家英国企业和一家荷兰企业合并而来，在国际经营中曾长期采用跨国本土化战略。例如，在 20 世纪 90 年代，联合利华采购了 30 多种香草原料用于生产冰激凌，它生产的舒耐牌香体露有 30 种不同的包装和 48 种配方。其广告和品牌促销活动由当地企业自己负责，而它们往往表现得不太专业。相比之下，采用集权式组织结构的竞争者能对消费者不断变化的偏好更快地做出回应，更好地协调各国子公司的经营管理活动，并与供应商签订合同，同时为多国供货，从而提高经营效率。尽管联合利华的销售总额与宝洁很接近，但其员工数量是宝洁的两倍。此外，联合利华在国际化经营中采用的分权式组织结构不仅造成了不必要的重复，还妨碍了企业全球战略的有效实施。

为了解决这些问题，联合利华实施了大规模重组计划，以集中管理权、削弱当地子公司的自主权，从而创建全球化的组织文化。企业放弃了数百项业务，裁员 55 000 人，并关闭了 145 家工厂，舍弃了 1 200 个品牌，保留了约 400 个品牌。目前，企业采用跨国团队来开发新产品，这些团队注重挖掘主要国家市场的共同点。联合利华规定，当地子公司的管理者不得对多芬香皂这类全球品牌的包装设计、配料或广告进行修改。目前，联合利华在国际业务经营中正在逐渐转向更为平衡的全球矩阵式组织结构。[1]

荷兰电子产品制造商飞利浦也采用了全球矩阵式组织结构。飞利浦在全球 100 多个国家开展业务，其管理层通过采用这一组织结构，使各产品部门能有效整合主要国家的市场，并且各职能部门也能有效整合和协调所有区域分部和产品部门。为精简矩阵式组织结构，飞利浦围绕三个核心产品部门进行了重组：电子产品、保健产品和照明产品。飞利浦借助其全球矩阵式组织结构赋予了区域分部的管理者多种职能：他们对其所在区域的核心产品部门负责，并承担与产品部门协调的职能。[2]

① Deborah Ball, "Despite Revamp, Unwieldy Unilever Falls Behind Rivals," *Wall Street Journal*, January 3, 2005, pp. A1, A5；联合利华公司的简介，www. hoovers. com；"Unilever's Vital Shift in Direction," *Strategic Direction* 28, No. 2 (2012), pp. 6 - 8; Leonie Roderick, "The Reasons Behind Unilever's Marketing Cuts," *Marketing Week*, April 13, 2017, www. marketingweek. com; Joan Voight, "Unilever's Keith Weed: Saving the World at Scale," *Adweek*, March 23, 2015, pp. 24 - 27.

② Wouter Aghina, Aaron De Smet, and Suzanne Heywood, "The Past and Future of Global Organizations," *McKinsey Quarterly*, No. 3 (2014), pp. 97 - 106; Philip Atkinson, "Managing Chaos in a Matrix World," *Management Services*, November 2003, p. 8; Jennifer Pellet, "Fine-Tuning Philips," *Chief Executive*, March/April 2009, pp. 12 - 13.

第11章

和其他组织结构一样，全球矩阵式组织结构也有缺点。首先，它会使上级对下级的指挥变得复杂。员工可能会从距离遥远、来自不同文化、具有不同工作经验的多个经理那里收到相互矛盾的指示。其次，它会浪费时间并引起冲突，从而降低组织的有效性。随着企业的国际运营活动变得日益复杂，全球矩阵式组织结构的潜在局限性也开始显现出来。因此，许多采用全球矩阵式组织结构的企业最终又恢复了比较简单的组织结构。[①]

11.6　外国市场进入战略

外国市场进入战略的选择是管理层在国际经营中做出的关键决定之一。外国市场进入战略可以分为三类：

● 产品和服务贸易。这通常是指以本国为基地的国际交换活动，例如全球采购、出口和对销贸易。**进口**（importing）或**全球采购**（global sourcing），也称为国际采购，是指购买来源于国外的产品和服务并将其引入本国或第三国。进口和采购代表入境的国际业务。出口代表出境的国际业务。因此，**出口**（exporting）是指在一个国家（通常是生产者的母国）生产产品或服务，然后将其销售和分销给其他国家/地区的客户的外国市场进入战略。对于出口和全球采购这类国际业务，企业主要在本国对其进行管理。我们将在第 13 章研究出口和全球采购。**对销贸易**（countertrade）是指全部或部分以实物而非现金支付的国际商务交易。也就是说，企业不接受以货币作为出口产品货款，而只接受以其他产品作为出口产品货款。

● 基于股权或所有权的国际商务活动。这通常是指 FDI 和建立基于股权的合作企业。与以本国为基地的国际业务不同，选择外国市场进入战略的企业在外国市场上建立了实体商业存在。建立实体商业存在的方式通常包括在外国市场投资并获得工厂、子公司或其他设施的所有权。合作企业包括企业在国外进行类似的股权投资但与另一家企业合作建立的合资企业。我们将在第 14 章讨论 FDI 和合作企业。

● 合同关系。合同关系通常采取许可贸易和特许经营的形式，即企业允许外国合作伙伴有偿使用其知识资产，由此获取特许权使用费或其他补偿。麦当劳（McDonald's）、唐恩都乐（Dunkin Donuts）和 21 世纪不动产（Century 21 Real Estate）等企业都通过特许经营为国外客户提供服务。我们在第 15 章讨论外国市场进入的合同战略。

每种外国市场进入战略都有其优点和缺点。每一种战略都对企业的管理和财务资源提出了特定要求。出口、许可贸易和特许经营对管理投入和专用资源的要求相对较低。相比之下，FDI 和基于股权的合作企业需要投入很多资源。

①　Deresky，2017；Moran and Riesenberger，1994；Vantrappen and Wirtz，2016。

在进行国际扩张时，采用哪种进入战略最好？对此企业往往很难做出决定。经验丰富的企业管理者会考虑以下因素：

- 企业的目标和目的，如对利润率、市场份额或竞争地位的期望。
- 企业希望对合作企业具有多大的控制力。
- 可使用的具体的财务、组织和技术资源，以及企业可获得的能力（例如，资本、管理人员、技术）。
- 对于每一个与企业的目标相关的外国投资项目，管理层可以承受的风险。
- 所提供的产品或服务的特点。
- 目标国家的情况，如法律环境、文化环境和经济环境，以及商业基础设施的性质，如分销和运输系统。
- 来自现有竞争对手和以后可能进入市场的企业的竞争的性质及程度。
- 市场上合作伙伴的可获得性及其能力。
- 企业愿意在市场上开展哪些增值活动，以及愿意将哪些增值活动留给合作伙伴。
- 市场的长期战略的重要性。

第11章

尽管所有这些因素都相关，但也许没有什么比第二点（即企业希望对合作企业具有多大的控制力）更重要。控制力是影响位于外国的合作企业的决策、运营和战略资源的能力。对合作企业没有控制力，焦点公司就难以执行战略、协调行动，以及解决在两家企业追求自身利益时经常出现的纠纷。[1]

图 11.10 说明了另一种选择外国市场进入战略的方法。该方法基于每种战略下焦点公司对外国业务的控制力、资源投入、灵活性和风险对外国市场进入战略进行了分类。

在图 11.10 所示的轴中，最左端的出口和对销贸易是控制力最弱的外国市场进入战略，而最右端的成立全资子公司（FDI）是控制力最强的外国市场进入战略。

- 控制力弱的战略包括出口、对销贸易和全球采购。焦点公司采用这类外国市场进入战略时，对外国业务的控制力很弱，因为它将大部分任务委托给了外国合作伙伴，如分销商或供应商。
- 控制力适中的战略主要是合同关系战略，如许可贸易、特许经营以及基于项目的（非股权）合作企业。
- 控制力强的战略包括股权合资企业和 FDI。焦点公司采用这类外国市场进入战略时，会通过在外国市场建立实体商业存在和获得关键资产所有权来实现对国外业务的最大控制。

① William H. Davidson, *Global Strategic Management* (New York：Wiley, 1982)；Dirk Morschett, Hanna Schramm-Klein, and Joachim Zentes, *Strategic International Management* (New York：Springer, 2015).

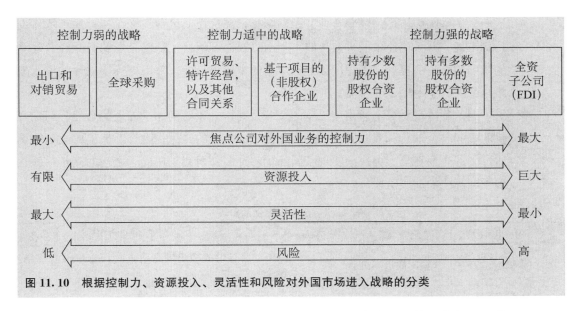

图 11.10　根据控制力、资源投入、灵活性和风险对外国市场进入战略的分类

图 11.10 中对外国市场进入战略的安排也突出了焦点公司进入外国市场时面临的权衡。特别是，选择 FDI 等控制力强的战略意味着企业必须：

● 投入大量资源，因为 FDI 的成本高昂；

● 在目标市场建立相对永久的设施，但这限制了企业根据市场和自身情况的变化重新配置业务的灵活性；

● 政治和客户环境中的不确定性增加了风险，特别是我们之前讨论过的政治风险、文化风险和货币风险。

除了控制力之外，产品或服务的具体特征，如脆弱性、易腐性和价值重量比，也会在很大程度上影响外国市场进入战略的选择。例如，价值重量比低的产品（如轮胎和饮料）的长途运输成本高，因此生产此类产品的企业应选择出口以外的战略实现国际化。同样，易碎（如玻璃）或易腐货物（如新鲜水果）长途运输昂贵或不切实际，因为它们需要经过特殊处理或冷藏。复杂产品（如复印机和工业机械）需要提供大量的技术支持和售后服务，这要求在外国市场上有重要的实体存在（通常通过 FDI 来实现）。

随着企业在外国市场上开展经营活动，经理们会在潜在的利润、收入和国际化目标的实现与资金、时间和其他企业资源的投入之间进行权衡。由于成本更高，环境更复杂，国际企业往往需要很长时间才能盈利。企业管理者的风险偏好决定了企业的初始投资和其对延迟获得回报的容忍度。风险厌恶型企业管理者更愿意采用保守的战略来进入安全的市场。他们通常以文化和语言与本国相似的市场作为目标市场。例如，一家风险厌恶型美国企业会青睐加拿大而不是墨西哥。一家风险厌恶型英国企业会选择澳大利亚而不是沙特阿拉伯。从历史上看，大多数企业都会循序渐进地进行国际扩张。即使在今天，大多数企业也是分阶段进行国际化。这一点在表 11.3 中得到了说明。该表总结了企业在每个阶段的相关情况。最初，企业的管理活动只关注国内市场。随着企业开始国际化，其选择低风险、文化接近的市场作为目标市场，并采用简单的进入战略，如出口或许可贸易。随着企业的国际经营经验的增加和能力的提升，管理层以更加复杂的市场为目标，采用更具挑战性的进入战略，如 FDI 和建立合作企业。

但这种阶段划分不适用于天生的全球公司这个重要例外。天生的全球公司在当代的崛起与全球化和互联网等便利国际业务的技术的传播相吻合。天生的全球公司比过去的企业更早、更快地实现了国际化。许多公司甚至在成立之初的几年内就达到了国际化的高级阶段。[①]

表 11.3　企业国际化的阶段

国际化的阶段	关键的管理活动或发展方向	企业的行为
关注国内市场阶段	开拓国内市场机会	由于资源有限或缺乏动力，企业只能在国内市场经营
出口准备阶段	研究和评估开展国际业务的可行性	来自企业外部的典型触发因素： • 企业收到外国客户主动提交的订单； • 变革者（例如分销商）与企业联系，希望在国外代表该企业 来自企业内部的典型触发因素： • 管理者努力增加企业利润或建立其他优势； • 管理者对开展国际业务持积极态度
试验性参与阶段	通常是通过出口开展有限的国际商务活动	• 管理者认为外国市场机会具有吸引力
活跃参与阶段	探索国际扩张，尝试出口以外的外国市场进入战略	• 管理者积累了一定的经验，于是提高了对国际商业利益的期望； • 管理者为国际扩张投入更多资源； • 管理者将更多资源用于拓展新的外国市场
稳定参与阶段	根据国际机会分配资源	• 企业从各种国际投资中获得了良好业绩； • 企业克服了开展国际业务的障碍

资料来源：Based on S. Tamer Cavusgil, "On the Internationalization Process of Firms," *European Research* 8, No. 6 (1980), pp. 273 - 281.

篇尾案例　　　　　　　　**联想的全球化战略**

世界顶级的个人电脑（PC）生产商有联想、惠普、戴尔等。联想的总部位于中国，年总销售额超过 450 亿美元。大约 30% 的销售额在中国，15% 来自欧洲和北美，40% 来自世界其他地区，包括众多新兴市场。即使在全球需求低迷的时期，联想也实现了快速增长。联想成立于 1984 年，但是当时的情况并不理想，没有人想到它会成长为一家在 160 个国家开展业务的《财富》全球 500 强企业。如今，联想位于北京、巴黎和北卡罗来纳州罗利的

---

① S. Tamer Cavusgil and Gary Knight, "The Born-Global Firm: An Entrepreneurial and Capabilities Perspective on Early and Rapid Internationalization," *Journal of International Business Studies* 46, No. 1 (2015), pp. 3 - 16.

第 11 章

区域总部为全球客户提供台式机、笔记本电脑、平板电脑、工作站、服务器和手机。

企业战略

个人电脑产业已经进入成熟阶段，尤其是在发达经济体。计算机已成为利润很低的商品。这是一个全球性产业，这意味着企业将相互竞争并在全球范围内满足客户需求。促使联想取得成功的关键是研发、创新、组织学习、低成本生产和有技巧的营销。

联想利用兼并收购从合作伙伴企业获取知识和其他资产，并扩张到全球市场。2005年，联想收购了 IBM 的个人电脑业务，成为全球三大 PC 制造商之一。2011 年，联想与日本最大的个人电脑供应商日本电气（NEC）合并，以更好地进入日本市场。此次合并增大了联想在制造和营销方面的规模经济效应。2014 年，联想收购了摩托罗拉移动，在智能手机领域获得了全球影响力。

联想采用了一种"保护和进攻"策略，即在保护其核心业务，尤其是中国市场业务的同时，积极扩大其在新兴市场和发达经济体的市场份额。它正在快速开发新的产品类别，如平板电脑和智能手机。联想在中国开展业务时所积累的经验为其瞄准新兴市场提供了竞争优势。联想目前约 25% 的销售额来自中国以外的新兴市场。

联想的国际化战略强调全球创新、全球产品和品牌、全球人力资源、全球文化以及卓越的制造和价值链管理。我们来详细研究一下。

全球创新

收购 IBM 的个人电脑业务后，联想获得了世界一流的技术知识。联想是一家领先的个人电脑开发商，并且正在迅速扩大其在平板电脑和智能手机领域的市场份额。它在北京、罗利和日本横滨的研发基地具有一流的创新能力。每个研发基地都有自己独特的技术专长。联想拥有 6 500 多项国际专利。《商业周刊》将联想评为全球最具创新力的企业之一。它不断投资于突破性技术和创新产品的研发。联想还可以依赖中国政府的资本注入，中国政府对其拥有部分所有权。

在拉斯维加斯举行的年度消费电子展上，联想推出了许多产品，包括基于 Windows 的智能电话、半平板电脑、半笔记本电脑、智能电视和轻薄的超笔记本电脑。强大的市场调研能力使联想可以预见到消费者对信息技术产品的需求。例如，联想的 Yoga 是一款可兼作平板电脑的超薄 PC。此外，联想在绿色技术方面也处于领先地位。联想的 ThinkPad 个人电脑有高达 30% 的材料是源自废旧物品，比如旧水壶等可回收物品，符合最新的高能效标准，在环保方面表现出色。

全球产品和品牌

联想在开发其产品时强调模块化结构——供应商制造出可互换的组件和模块，然后这些组件和模块被安装到组装线上滚动的 PC 机箱中。同样的部件——电源装置、处理器、显卡、硬盘驱动器等——可用于生产各种型号的个人电脑。接口是标准化的，便于同时生产不同型号但使用标准零部件的个人电脑。这最大限度地降低了制造和设计电脑的成本。产品在全球范围内实现了标准化，但键盘和软件等元件则根据当地语言进行定制，以满足当地消费者的需求。

通过收购 IBM 的 PC 业务，联想获得了 ThinkPad 这一品牌，以及使用 IBM 的名称的权利。联想利用 IBM 的名称在全球范围内树立了品牌知名度。联想发起的"为了行动派"全球品牌活动正在吸引全球用户。联想还利用全球社交媒体的力量，针对年轻人开展营销活动。它的零售网站在全球看起来相同，但根据各地的语言差异进行了调整。

营销也要因地制宜。例如，联想是中国农村地区最受欢迎的 PC 品牌，它在那里建立了一个延伸到小城市和城镇的复杂的分销网络，并调整了价格，以适应低收入消费者的购买力。针对在高科技产品方面经验较少的买家，联想投放的广告以教育为导向，比较简单。联想还根据当地传统调整营销方式。例如，企业销售的婚礼电脑是红色的，因为红色被中国人认为是最幸运的颜色。农村家庭经常集资给新婚夫妇购买他们的第一台电脑作为结婚礼物。

全球人力资源

联想努力将中国的商业模式与 52 000 名国际雇员整合到一起。要整合 IBM 独特的国家和组织文化，需要招聘具有全球化思维和国际化背景的管理人员。联想从其他高科技企业挖来了具有全球经验的高管，并培养所招聘的顶尖大学的优秀毕业生成为未来的领导者。

联想的高级管理层致力于帮助员工规划自己的职业生涯。它制定了一个全球培训计划，为员工提供加速发展的机会。人力资源部会为潜力特别大的员工制定个性化培训计划和职业发展规划。联想要求所有员工审视自己的职业目标以及实现目标所需的培训。

职业地图与联想遍布世界各地的工作岗位紧密相连。员工有很大的自由度在公司内部追求自己的职业目标。

全球文化

1994 年，联想创始人柳传志预测，联想将成为一家伟大的全球企业。当时，中国的全球企业寥寥无几，可见柳传志的战略眼光十分突出。如今，联想的战略愿景吸引了众多有才华的管理人员加入。如果员工能力出色、有远见，就有可能快速获得晋升。为了培养全球文化，高管团队会议在北京、香港、新加坡、巴黎和北卡罗来纳州轮流举行。联想通过企业内部项目帮助年轻管理人员融入企业的组织文化。对于联想来说，员工的国籍并不重要。联想的管理层重视全球文化的多样性，以及从外国商业环境中汲取经验。

社会化为各级管理人员的适当行动创造了广泛、默契的规则。联想的管理人员对企业的文化和目标非常熟悉。无论他们在世界上哪个地方开展业务，都会感觉到自己与企业有着紧密的联系。这为有关企业活动的决策提供了指导，并促进了全球知识和信息的交流。联系和交流有助于建立信任与合作关系。联想鼓励互联互通，这有利于整合和吸收新知识及新能力。

卓越的制造和价值链管理

联想将制造业务集中于中国、阿根廷、印度、墨西哥和波兰这些低成本国家，不仅提

第 11 章

高了生产效率，而且实现了规模经济。在美国的地区总部和在低成本国家的经营使联想的销售市场变得多样化，既有发达经济体，又有新兴市场。在研发和创新产品功能方面投入巨资的同时，联想的管理层仍高度关注保持较低的制造成本。联想的零部件采购是在全球范围内进行的。联想的优质供应商达数百家，这确保了物流和生产的灵活性。

合作伙伴和国际环境的多样性有助于联想获得新的技术和管理知识、新的产品理念、改进的研发和更好的合作技能。联想利用内联网和全球信息系统，在全球子公司之间分享重要知识。

联想的目标是在其开展业务的每个市场都获得两位数的份额。它将保持对客户的高度关注，并为他们提供全球最具创新性的产品。

案例问题：

11-4. 什么是战略？联想如何运用战略在全球市场上取得成功？联想采用了哪些战略来最大限度地提高企业的效率和灵活性？联想的管理层是如何促进组织学习的？

11-5. 描述联想的组织文化。联想的组织文化有什么特色？组织文化如何帮助联想实现其国际化目标？

11-6. 联想的国际化战略的本质是什么？是跨国本土化战略还是全球性战略？阐述您的答案。联想从其追求的这种国际化战略中获得了哪些优势？

11-7. 从整合-回应框架的角度考察联想。联想在本土化回应方面面临哪些压力？联想在全球整合方面面临哪些压力？本土化回应能力和全球整合能力分别使联想获得了哪些优势？

资料来源：Kathy Chu, "China's Lenovo to Reboot After Losing PC Crown to HP," *Wall Street Journal*, May 26, 2017, www.wsj.com; Eva Dou, "Lenovo Expects Motorola Will Give a Big Boost to Smartphone Shipments," *Wall Street Journal*, January 9, 2015, p. B4; A. Gong, "Lenovo Shrugs Off Weak Results with $1.35bn Comeback." *GlobalCapital*, March 27, 2017, p. 120; Adi Ignatius, "I Came Back Because the Company Needed Me," *Harvard Business Review*, July/August 2014, pp. 104-108; Lucy Handley, "Lenovo Plots Global Push to Vie with Dell and Apple," *Marketing Week*, March 31, 2011, p. 4; Leslie Norton, "Protect and Attack," *Barron's*, February 6, 2012, p. 17; Chuck Salter, "Protect and Attack: Lenovo's New Strategy," *Fast Company*, November 22, 2011, www.factcompany.com; Elizabeth Woyke, "Lenovo CEO Keeps Focus on Hardware, Eyes PC Market Crown," *Forbes*, January 10, 2012, p. 34.

本章要点

关键术语

对销贸易（countertrade）　　　　　　　　出口部（export department）

第 11 章

出口（exporting）

职能型组织结构（functional structure）

全球采购（global sourcing）

进口（importing）

区域型组织结构（geographic area structure）

产品结构（product structure）

全球性产业（global industry）

全球整合（global integration）

全球性战略（global strategy）

全球矩阵式组织结构（global matrix structure）

本土复制战略（home replication strategy）

全球团队（global team）

国际分部组织结构（international division structure）

组织流程（organizational process）

本土化回应（local responsiveness）

跨国战略（transnational strategy）

跨国本土化产业（multidomestic industry）

有远见的领导者（visionary leadership）

组织文化（organizational culture）

跨国本土化战略（multidomestic strategy）

战略（strategy）

组织结构（organizational structure）

本章小结

在本章中，你学习了：

1. 国际商务中的战略

战略是管理人员为充分利用企业的资源和核心竞争力以获得竞争优势而采取的一系列有计划的行动。要成为具有全球竞争力的企业，必须同时追求三个关键的战略目标——效率、灵活性和学习能力。

2. 如何创建全球企业

有远见的领导者会激励和带领公司员工实现重要的组织目标，投入资源以实现全球化经营。先进的国际企业重视全球化能力和跨文化技能，一般采用单一语言，而且会促进总部与子公司之间的相互依存。它们遵守全球公认的道德标准和负责任的公民意识。国际组织流程包括全球团队和全球信息系统。

3. 整合-回应框架

整合-回应框架描述了国际企业在同时追求全球整合能力和本土化回应能力时的权衡取舍。本土化回应是指管理企业的价值链活动，并应对各国不同的机会和风险。全球整合指努力协调企业的跨国价值链活动，以提高全球效率并实现协同效应，从而最大限度地利用国家间的相似性。

4. 基于整合-回应框架的战略

整合-回应框架提出了四种可供选择的战略。采用本土复制战略的企业将国际业务视为独立于国内业务的次要业务，设计产品时主要考虑的是国内消费者的需求。这类企业本质上是国内企业，但也参加一些国外活动。采用跨国本土化战略的企业的管理者认识到了并强调各国市场之间的差异。他们以独立的方式对待单个市场，很少进行跨国整合。全球性战略旨在将企业的主要目标、政策和活动整合成一个紧密结合的整体，并主要以全球市场为目标市场。采用全球性战略的企业的高级管理人员会在全球范围内进行采购、分配资源、参与市场、与对手展开竞争。使用跨国战略的企业会努力提高对本地需求做出回应的速度，在全球范围内保持高效率，并强调在全球范围内的学习和知识转移。该战略旨在结合跨国本土化战略和全球性战略的主要优势，同时最大限度地减少其劣势。

5. 国际商务中的组织结构

组织结构由公司内部人员、职能和开展国际业务的流程之间的汇报关系组成。它决定了关键决策在哪里做出、总部与子公司之间的关系，以及国际人员配置的性质。企业建立组织结构是为了管理国际业务。出口部是最简单的组织结构，由公司内部的一个部门管理所有出口业务。稍先进的组织结构是国际分部组织结构。在这种组织结构中，所有国际活动都集中在一个组织单位，即国际分部内，国际分部与国内部门是分开的。

区域型组织结构的特点是控制权和决策权被下放到各个地理区域。采用产品型组织结构时，国际业务的决策和管理都按主要产品线组织。采用职能型组织结构时，企业会按职能活动，如生产和营销组织决策。全球矩阵式组织结构融合了区域型组织结构、产品型组织结构和职能型组织结构，试图利用纯粹的全球化战略的优势，并在保持企业对本地需求的回应能力的同时最大限度地提高企业的全球组织学习能力。

检验你的理解

11-8. 阐述有远见的领导者的定义。有远见的领导者有哪些特点？

11-9. 描述跨国本土化产业和全球性产业的区别。

11-10. 描述整合-回应框架。国际企业在本土化回应和全球整合方面面临的具体压力分别是什么？

11-11. 全球战略与跨国战略的区别是什么？访问戴尔的网站（www.dell.com），回答以下问题：戴尔通常采用全球性战略还是跨国战略？你的依据是什么？

运用你的理解

11-17. AlumCo 是一家大型铝制品生产商，目前通过其出口部处理国际业务。但是，管理层认为这种组织结构已不再适应企业日益增多的国际活动，并希望采用更复杂的组织结构。企业应该考虑哪些可供选择的组织结构（国际分部组织结构、区域型组织结构等）？请你向管理层建议最适合 AlumCo 的组织结构。如需参考，请访问加拿大著名的铝制品企业（Alcan）的网站（www.riotintoalcan.com）。

11-18. 芭比娃娃是最畅销的玩偶之一，由美国企业美泰（Mattel）生产。美泰将芭比娃娃瞄准外国市场，但是因为文化差异很难找到合适的战略。在伊斯兰国家，芭比娃娃面临着来自玩偶生产商的竞争，这些生产商提供以保守风格为特色

6. 外国市场进入战略

外国市场进入战略包括出口、全球采购、FDI、许可贸易、特许经营和非股权合作等。每种战略都有优点和缺点。管理者必须根据企业的资源和能力、目标国家的条件、每家企业固有的风险、现有对手和潜在对手的竞争，以及市场上提供的产品或服务的特点来选择合适的战略。进口是指从国外购买产品和服务供国内使用。它也被称为国际采购。

11-12. 定义跨国战略。举例说明采用跨国战略的企业。

11-13. 集中式组织结构和分散式组织结构有什么区别？为什么企业往往喜欢集中式组织结构？

11-14. 在国际经营中存在哪些不同的组织结构？哪种结构与全球性战略的联系最为紧密？

11-15. 什么是全球矩阵式组织结构？这种组织结构的优点和缺点分别是什么？

11-16. 主要有哪几种外国市场进入战略？每种战略各有什么特点？

的伊斯兰替代品。在拉丁美洲，竞争对手提供皮肤黝黑、头发乌黑的玩偶。在亚洲，很多女孩喜欢具有亚洲特色的洋娃娃。美国市场上外形有趣的芭比娃娃往往是不适合外国市场的。在芭比娃娃的外国市场营销中，美泰的管理层应采用全球性战略还是跨国战略？每种战略的优势和弊端分别是什么？是否可以达成妥协？请详细阐述你的答案。

11-19. 道德困境：您最近被聘为一家名为 Despoyle 的化学品公司的国际业务经理。该公司主要生产染料、肥料和其他工业化学品。Despoyle 在 28 个国家，包括许多发展中经济体拥有化工厂。它具有分散的组织结构，各个国家/地区的经理独立经营他们的工厂。在参观了 Despoyle 的各

个工厂后，您发现该公司在不同国家都遵守当地的环保标准：在印度，Despoyle 的工厂产生的污染物可以自由地排入当地河流；在墨西哥，Despoyle 的工厂的排放物被拉到了当地的垃圾填埋场并产生了污染；在尼日利亚，Despoyle 的工厂排放的空气污染物超过了较先进国家可接受的水平。作

为新任经理，你对企业在全球范围内按照当地宽松的环保标准排放废弃物的做法感到惊讶。你该怎么办？你会冒着激怒上级的风险向他们提出建议吗？你是否会尝试修改 Despoyle 在不同国家的环境标准？如果会的话，你将提出什么解决方案？使用第 4 章中的道德行为框架来阐述你的答案。

网络练习

11-20. 访问丰田（www.toyota.com）和宝洁（www.pg.com）的网站。从你所能收集到的信息来看，这两家企业是如何组织其国际业务活动的？它们在采购、制造、产品开发和营销活动中是否采用了跨国战略或全球性战略？随着时间的推移，国际化企业会如何改变以及为什么会改变其国际化战略？

11-21. 跨国企业在全球化中起着关键作用。有各种媒体定期对跨国企业进行分类和排名，例如《金融时报》《彭博商业周刊》《福布斯》《财富》。找到两个这样的排名，并确定对全球顶级企业进行排名的标准。这些名单中的大多数跨国企业都来自哪些国家？在每个榜单中，排名前三的企业的全球化程度如何？也就是说，它们在哪些国家开展业务？

11-22. 您在一家制造和销售智能手机的跨国企业工作。企业的高级管理人员想开始在拉丁美洲销售手机。为了实施跨国战略，他们想最大限度地减少对手机的调整。他们要求您提交一份简短的报告。以三个拉丁美洲国家为重点，准备一份简短的报告，确定拉丁美洲市场的共同特征（这些特征是在那里销售智能手机时应考虑的）。例如，手机应使用哪种语言？应该怎么定价？您可以通过互联网搜索引擎查阅各国商业指南、国家介绍和市场研究报告。此外，美国商务部网站（www.export.gov）也是一个有用的资源。

11-23. 国际商务的主要战略目标是什么？

11-24. 描述当代国际企业要取得成功必须具备哪些条件。

CKR 有形流程工具™练习

为国际谈判做准备

谈判在国际商务中通常很棘手，因为它们依赖于跨文化交流与互动。文化差异决定了谈判者如何思考和行动。沟通不畅的原因多种多样，也许最重要的是无法理解谈判方的思维模式和动机。在许多文化中，相互熟悉并建立令人舒适的关系是很有用的。为了提高谈判的成功率，谈判者应提前深入研究，了解对方的国家和文化背景。

在本练习中，您将学习：

● 在开始国际谈判之前先了解对方文化的重要性；
● 如何识别国际谈判中重要的文化维度、谈判风格和其他因素；
● 获得研究技能，从而为国际谈判做准备并优化国际谈判。

为了完成此练习，假设您是一家国际企业的团队负责人，将与来自墨西哥和沙特阿拉伯的商人进行谈判。例如，在石油产业就很可能会出现这种情况，因为两国都是最大的石油生产国。为确保成功，您要预先对将和您谈判的人的文化特征进行研究。

第 11 章

背景

  谈判是国际商务交易（无论是销售商品、组建合资企业还是许可知识产权）的重要组成部分。沟通是谈判成功的基础。跨文化误解的可能性一直存在。各方的目标可能有所不同，甚至可能截然相反。各方会使用许多技巧，如说服、强迫甚至操纵。培养国际谈判技巧有助于国际商务中的合作、合同关系和日常交往取得成功。

  谈判风格的差异是由文化因素造成的。例如，在谈判时，美国人往往急于开始讨论，很少花时间进行社交活动；德国人倾向于强调合同的清晰度、准确度和字面解释，他们可能会强调个人利益，很少让步；西班牙人倾向于强调社会层面的因素，对于他们来说，选择合适的餐厅或葡萄酒胜于雄辩，此外，他们还会讨价还价，可能会通过非语言暗示进行交流；英国人往往会反感激进的直接要求，因此敏感问题最好在非正式晚宴上或通过中间人提出。

第12章 全球市场机会评估

本章学习目标：

1. 分析企业对国际化的准备程度
2. 评估产品及服务对外国市场的适应程度
3. 筛选国家以确定具有吸引力的目标市场
4. 评估行业市场潜力
5. 选择合格的外国商业合作伙伴
6. 评估企业在每个目标市场的销售潜力

篇首案例   **评估新兴市场的需求**

对于管理者来说，对新兴市场及发展中经济体的产品或服务需求进行评估是一项非常具有挑战性的任务。首先，这些国家具有独特的商业环境；其次，这些国家还可能缺乏可靠的商业数据；再次，这些国家中市场调查企业和训练有素的调查员也非常有限；最后，一些国家的消费者可能认为调查活动侵犯了他们的隐私权，甚至可能会为了取悦调研人员而告诉调研人员他们想要听到的答案，而不是诚实地回答。

中国、印度和巴西是三个最大的新兴市场，它们的 GDP 总和超过了 15 万亿美元。2018 年，超过三分之一的非洲居民（超过 4.5 亿人）是互联网活跃用户，约 1.8 亿非洲人是脸书的用户。中东和非洲是最大的手机市场之一，估计有近 2 亿用户。而汽车厂商在拉丁美洲、南亚以及东欧地区的经济型轿车销量巨大。简言之，新兴市场和发展中国家对产品和服务有着巨大需求。

所以，在评估这些国家的市场需求时，管理者需要运用具有创造性的调研方法来获得见解和相关数据。我们来看一下这个案例：两家企业分别设法评估摩洛哥对壁纸和创可贴的市场需求。

在摩洛哥，富人倾向于住在别墅或者公寓，因此他们是壁纸销售的潜在目标人群。由于政府通常用壁纸的重量来记录壁纸的进口量，但企业在销售壁纸时是以卷为单位的，而壁纸品质和设计的不同都会导致壁纸的重量有所不同，所以这样的进口统计数据往往帮助不大。因此，在评估可能购买壁纸的现代家庭的数量时，这样的资料基本上没有任何价值。

　　壁纸企业只能转而使用来自不同渠道的调查数据来评估壁纸的市场需求。第一，使用摩洛哥最近一项有关热水器购买量的调查结果，因为从过去的经验看，如果一个家庭要购买这种现代化的、方便的电器，那么他们也很有可能会购买壁纸。第二，获取并利用政府的统计数据，因为这些数据反映了摩洛哥国内壁纸的销售水平、不同类型家庭的可支配收入以及住房建筑情况。第三，对当地消费者的生活方式进行抽样调查。调查结果显示，摩洛哥人通常把壁纸当作一种辅助装饰品，用来与铺满地面的地毯搭配。在已婚夫妇家庭里，通常是由妻子决定装修风格和选择装饰品。另外，壁纸的潜在消费者往往是比较富裕的人群，包括专业人士、商人以及高层管理者。由于壁纸企业对这三种来源的数据都进行了交叉研究，并在此基础上做出了自己的判断，所以壁纸企业最终可以合理可靠地评估壁纸的市场需求量。

　　资料显示，在摩洛哥，70%的药品（包括创可贴）由批发商提供，这些批发商大都集中在摩洛哥的首都卡萨布兰卡。摩洛哥所有创可贴都是进口的。由于人口迅速增长、贫困者可享受免费住院治疗及药物治疗这一政策的实施、国家实施医疗及药品支出返还项目等原因，摩洛哥的药品需求量迅速增加。虽然政府公布了进口商品统计数据，但是由于创可贴的进口数据不完整且与其他类型的胶粘剂混在一起，所以这些进口商品信息非常混乱。最后，通过非官方分销渠道广泛进行的创可贴私和灰色营销活动，使得对创可贴市场需求量的评估工作更加复杂。

　　为了搜集更多信息，调研人员采访了强生、Curad 等企业的创可贴销售人员，并走访了大量的零售店，询问创可贴的销售量、普遍零售价格、竞争性品牌以及消费者对于价格和品牌的态度。调查结果显示，消费者在购买创可贴时对价格很敏感，而且通常会选择医生和药剂师推荐的知名品牌。调研人员还分析了联合国开发计划署（United Nations Development Program）和其他为发展中国家捐赠医疗用品的援助机构提供的统计数据。通过采集、利用从各种渠道获得的数据，调研人员最终对创可贴的销量进行了合理评估。

案例问题：

12-1. 为什么估计新兴市场的需求具有挑战性？

12-2. 新兴市场对哪些产品的需求最大？

12-3. 为什么研究人员经常需要使用创新的方法来估计新兴市场的需求？

资料来源：Nicolas Hamelin, Meriam Ellouzi, and Andrew Canterbury, "Consumer Ethnocentrism and Country-of-Origin Effects in the Moroccan Market," *Journal of Global Marketing* 24, No. 3 (2011), pp. 228-244; Lyn Amine and S. Tamer Cavusgil, "Demand Estimation in a Developing Country Environment: Difficulties, Techniques, and Examples," *Journal of the Market Research Society* 28, No. 1 (1986), pp. 43-65; Internet World Stats, "Internet Users Statistics for Africa," 2018, www.internetworldstats.com; Erik Simanis and Duncan Duke, "Profits at the Bottom of the Pyramid," *Harvard Business Review*, October 2014, pp. 86-93; U. S. Department of Commerce, *Doing Business in Morocco: Country Commercial Guide 2017*, www.export.gov; World Bank, *Global Economic Prospects* (Washington, DC: World Bank, January 2018).

　　管理者的选择决定着企业的发展，好的选择取决于有关提供何种产品和服务以及在何处提供这些产品和服务的客观证据和可靠数据。管理者对一个机会了解得越多，就能准备得越充分，从而能把这个机会利用得越好。在国际商务活动中尤其如此，因为与国内商务活动相比，国际商务活动通常具有更大的不确定性和更多的未知因素。[①] 想要在国际市场上游刃有余，管理者就必须充分了解外国市场上潜在的威胁和机会以及如何在国外经营业务这类信息，分析市场上存在哪些尚未得到满足或尚未完全得到满足的显性或隐性的需求，以便企业能根据自己的实际情况，找到内外结合的最佳点，组织和配置资源，有效地提供相应的产品或服务，从而达到企业的营销目的。[②] 管理者制定各种策略，并将其作为行动计划的一部分，以最大化企业的竞争优势。在做计划时，管理者需要进行事前估计，预测以及想到可能出现的问题及其解决办法，这就要求获得大量的信息。

　　企业研究的核心是确定全球市场中的最佳商业机会。**全球市场机会**（global market opportunity）是显示出在出口、投资、采购或在外国市场的合作方面具有美好前景的环境、地点和时机的有利组合。根据这些条件，企业可能会存在以下机会：

- 销售其产品和服务。
- 建立工厂或其他生产设施，以更便宜或更适合的方式生产产品。
- 采购成本更低或质量更高的原材料、零部件或服务。
- 与外国合作伙伴进行有益的合作。

全球市场机会对企业业绩的提高往往远远超过国内市场。

　　在本章，我们将讨论管理者为确定和抓住全球市场机会而应该完成的六项主要任务。表12.1说明了每项任务的具体内容、目标和程序。它非常适用于那些在国外寻找销售机会或者合作机会的企业。这六项任务分别是：

- 分析企业对国际化的准备程度；
- 评估产品及服务对外国市场的适应程度；
- 筛选国家以确定具有吸引力的目标市场；
- 评估行业市场潜力，或评估产品或服务在选定的目标市场的需求；
- 选择合格的外国商业合作伙伴，如经销商或供应商；
- 评估企业在每个目标市场的销售潜力。

　　在执行这一系统化过程时，管理者需要采用客观的选择标准（selection criteria）来做出抉择（如表12.1中最后一列所示）。现在，我们逐一详细地研究这些任务。

---

　　① Jeen-Su Lim，Thomas Sharkey，and Ken Kim，"Competitive Environmental Scanning and Export Involvement：An Initial Inquiry," *International Marketing Review* 13（1996）：65－80.

　　② L. Bryan and D. Farrell，"Leading through Uncertainty," *The McKinsey Quarterly*，December 2008，retrieved from http://www.mckinseyquarterly.com.

表 12.1　全球市场机会评估的主要任务

任务	目标	程序
1. 分析企业对国际化的准备程度	对企业是否准备好从事国际化商业活动做出客观评估	● 通过评估企业对以下关键要素的获得性，分析企业的优势和弱点： ——适当的资金和有形资源 ——相关技能和能力 ——高级管理者对国际化扩张的决心 ● 采取行动消除企业中阻碍目标实现的缺陷
2. 评估产品及服务对外国市场的适应程度	对企业产品及服务对国际消费者的适应程度进行系统评估；评估企业产品或服务对顾客需求的适应程度	● 在每个可能的目标市场，确定可能削弱产品或服务的市场潜力的因素；确定需要针对每个市场对产品和服务做何种适应程度改进；具体来说，针对每个潜在市场，根据以下方面评估企业的产品和服务： ——国外消费者的特点和偏好 ——相关法律法规 ——渠道中间商的要求 ——竞争对手提供的产品的特点
3. 筛选国家以确定具有吸引力的目标市场	将需要进行深入调查才能作为潜在目标市场的国家数量减少到可以控制的范围内	● 从以下几个方面对企业可能进入的候选国家进行评估，确定 5~6 个对企业来说最具有发展潜力的国家市场： ——市场规模及增长速度 ——市场强度（即消费者的购买力） ——消费能力（即该国家中产阶级的规模及增长速度） ——对进口产品的接受能力 ——商业基础设施 ——经济自由度 ——国家风险
4. 评估行业市场潜力	评估在每个目标国家最有可能占有的行业产品销售份额；调查和评估进入市场的任何潜在障碍	● 为每个目标市场做 3~5 年的行业销售预测，通过以下方式评估每个市场的销售潜力： ——市场规模和增长率 ——行业的相关趋势 ——竞争强度 ——关税及非关税壁垒 ——相关的标准和规章制度 ——当地分销渠道的可用性和先进程度 ——独特的客户需求及偏好 ——特定行业的市场潜力 ——特定行业的市场进入壁垒
5. 选择合格的外国商业合作伙伴	确定所需要的外国商业合作伙伴的类型，阐明理想的合作伙伴需要具备的资质，并制定市场进入战略	● 确定外国商业合作伙伴必须进行的附加值活动 ● 列出理想的外国商业合作伙伴的特征 ● 根据以下几个方面评估和选择中间商及协助者： ——特定行业的专业知识 ——对国际风险的承受能力 ——市场分销渠道的便利程度 ——融资能力 ——技术方面的专业知识 ——员工的素质 ——适合市场的环境辅助设施和基础设施

续表

任务	目标	程序
6. 评估企业在每个目标市场的销售潜力	评估一段时间内企业在每个目标市场最有可能实现的行业销售份额	● 为每个目标市场做 3～5 年的企业销售预测，从以下几个方面评估企业销售产品或服务的潜力： ——合作伙伴的能力 ——分销的便利程度 ——竞争强度 ——定价及融资 ——企业进行市场渗透的时间表 ——高级管理者的风险承受能力 ● 确定会影响企业销售潜力的因素

12.1　分析企业对国际化的准备程度

在向国际业务进行大量投资（无论是在外国投产一种新产品，还是从外国供应商处采购）之前，企业都应该正式评估自身对国际化的准备程度。不管是对于那些在国际商务中刚刚起步的企业，还是对于那些国际商务经验丰富的企业，对组织能力进行一次全面评估都是有好处的。这种自我审视与 SWOT 分析（指对企业的优势、弱点、机会以及威胁进行评估）法相似。

管理者在分析企业对国际化的准备程度时，需要弄清楚企业进行国际化经营的动力、所拥有的资源，以及成功进行国际化经营所必需的技术。在这个过程中，一般需要评估企业的以下方面：

● 国际经验；

● 国际化的短期目标和最终目标；

● 国际化过程中可用的技术、能力和资源的数量及质量；

● 企业关系网所能提供的实际的和潜在的支持。

如果发现企业缺乏一种或多种关键资源，那么管理者就需要尽快获得或者开发这些资源，以避免其他虎视眈眈的企业捷足先登。因为核心雇员应该具有将企业业务推广到国际市场的动力和决心，所以企业文化就起着非常重要的作用。

通过研究目标市场上的机会和威胁，管理者也可以考察外部经营环境。管理者应该研究目标市场上购买者的特定要求和偏好、其他竞争性产品的性质以及这些市场的内在风险。

要正式分析企业对国际化的准备程度，管理人员必须解决以下问题：

● 企业希望从国际商务中获得什么？目标可能包括：增加销量或利润；追随位于外国的主要客户；挑战外国市场上的本土竞争对手；追求在全球各地建立生产和营销业务的全球性战略。

● 国际扩张是否与现在或未来的其他坚定目标一致？企业应根据自己的目标和商业计划，评估和管理自己的国际化进程，以确保它实现了对企业资源的最佳利用。

● 国际化对企业资源，如管理、人力资源、财务以及生产和营销能力有什么要求？企业将如何满足这些要求？管理者必须确保它有足够的生产和销售能力来服务于外国市场。当规模不足使企业无法完成外国客户的订单时，其渠道上成员的业务就会备受影响。

● 企业的竞争优势的基础是什么？企业通过比竞争对手做得更好来获得竞争优势。竞争优势可以基于强大的研发能力、优质的投入品、具有成本效益或创新性的制造能力、熟练的市场营销、高效的分销渠道或其他能力。

诊断工具可以帮助管理者审视企业对国际化的准备程度。最著名的诊断工具之一是塔默·卡瓦斯基尔教授在 20 世纪 90 年代发明的 CORE（国内企业出口准备程度评估）。CORE 已经被众多企业、咨询公司以及美国商务部广泛使用。由于 CORE 得益于对促进企业成功出口的各种因素的广泛研究，因此它也可以作为一种理想的自我学习和培训的辅助工具。

CORE 通过就组织资源、技能和动机等方面向管理者提问，得到关于企业是否已经准备好开展出口业务的一个客观的评估结果。它还能对组织准备程度和产品准备程度两方面进行评估。这种自我评估工具可以帮助管理者认识到他们所拥有的有用资产以及企业成功走向国际市场所需要的额外资源。这种评估方式强调出口，因为出口是大多数刚刚开始国际化的企业进入国际市场时所采取的典型方式。

12.2　评估产品及服务对外国市场的适应程度

管理者一旦确定了企业对国际化的准备程度，接下来就会确定其产品和服务对外国市场的适应程度。大多数企业生产组合产品，这些组合产品的一部分甚至全部都具有在国际市场上销售的潜力。

探寻一种产品或服务在国际市场上的销售前景的最简单的方法之一就是询问目标市场上潜在的中间商此产品在当地市场上可能的需求。另外一种方法是在目标市场或目标区域内参加贸易展览会，与潜在的客户或分销商面谈。由于贸易展览会会吸引遍布整个地区，如亚洲或欧洲的参与者，因此，这种做法可以高效率、低成本地同时了解几个国家的市场潜力。大型企业通常会聘请全球市场研究公司来评估其产品或服务是否适合在国际市场上销售。大型跨国企业往往是通过系统研究来评估其产品在特定外国市场的销售潜力的。

在国际市场上具有良好的销售前景的产品或服务往往具有以下一个或多个特点：

● 在国内市场销售良好。在国内受到好评的产品很可能在外国市场，特别是在存在类似需求和条件的地方取得成功。

● 迎合大众需求。例如，全世界的买家都需要个人护理产品、医疗设备和银行服务。如果企业的产品或服务是独特的，或具有吸引外国客户且外国企业难以复制的重要特征，那么国际销售可能是有希望的。

● 满足了特定的外国市场上未得到满足的需求。那些目前市场上没有相关产品或服务，或需求刚刚出现的国家可能存在潜力。

● 满足了外国市场上新出现的或紧急的需求。突然发生的灾难或紧急事件可能会催生对一些产品和服务的需求。例如，海地发生地震后，迫切需要简易房。在新兴市场，日益富裕的生活刺激了消费者对餐馆和酒店服务的需求。

第12章

为了加深对某种产品或服务的国际市场潜力的认识，管理者应得出以下问题的答案：

● 谁在购买该产品或服务？家庭主妇通常是家庭产品的主要购买者。代表企业进行购买的一般是专业买家。

● 谁在使用该产品或服务？虽然是孩子们在消费各种产品，但他们的父母可能才是真正的买家。员工有时候会消费由他们工作的企业所购买的产品。

● 人们为什么要购买该产品或服务？它满足了什么具体需求？这种需求在世界范围内各不相同。例如，在发达经济体，消费者将本田的燃气发电机用于娱乐目的；在发展中经济体，家庭购买它们用于日常取暖和照明。

● 人们从哪里购买该产品或服务？一旦调研人员了解了这些产品通常是从哪里购买的，那么他们就可以通过拜访可能的供应商来评估该产品或服务的销售潜力，是否应该将它进行改进以更好地适应市场，以及如何更好地对它进行定价、推广和分销。

● 目标市场中的哪些经济、文化、地理和其他因素可能会限制销售？各国在买家收入水平、偏好、气候和其他可能抑制或促进购买行为的因素方面存在很大差异。

在中国，许多企业都希望从新兴的医疗保健市场上分一杯羹。人口老龄化、更多的中产阶级负担得起治疗，以及对现有医疗保健方案的不满，导致人们对药物、医疗器械和医疗保健服务的需求激增。制药企业，比如拜耳医疗和诺和诺德（Novo Nordisk）将中国列为最具增长潜力的市场之一。通用医疗（GE Healthcare）和飞利浦等医疗设备企业也将自身定位为中国急诊市场的服务提供者。强生和美敦力（Medtronic）已经建立了研发中心和生产基地，以便更好地了解和利用中国医疗保健市场蓬勃发展的机会。预计到2020年，中国医疗支出总额将达到1万亿美元。

12.3　筛选国家以确定具有吸引力的目标市场

对国家进行筛选以将最适合的国家作为目标市场是最基本的任务，尤其对于那些处于国际化进程的初级阶段的企业来说更是如此。而对于大多数企业，这也是机会评估中最耗费时间的一环。但是，如果没有选对市场，那么不仅会给企业造成经济损失，而且会产生机会成本。也就是说，由于选错了市场，企业会占用一些资源，而如果企业将这些资源用在其他地方，那么可能会带来更多利润。

表 12.2 描述了麦肯锡全球研究院（McKinsey Global Institute）的全球连通性指数（global connectedness index）。该表根据货物、服务、金融、人口以及数据和通信对国家进行排名。例如，新加坡是世界上货物贸易联系最紧密的国家。爱尔兰在服务贸易和金融方面排名最靠前。荷兰是世界上跨境数据和通信联系最紧密的国家。美国是世界上国际人口（包括学生、旅行者和移民）流动最频繁的国家。全球连通性指数揭示了数字平台是如何改变国际商务活动的。紧密联系的国家提供了具有全球规模、能为企业提供庞大的潜在客户群体的有效的联系方式。数字技术降低了国际化的复杂性和成本。通过该方式，高度互联的国家也成为在世界各地寻找机会创办本土跨国企业和其他初创企业的平台。数字平台支持发展中经济体的小企业国际化。小企业接触全球受众的能力促进了国民经济增长。

第 12 章

表 12.2　全球连通性指数排名

排名	国家	每个具体的连通性标准的排名				
		货物	服务	金融	人口	数据和通信
1	新加坡	1	2	2	12	6
2	荷兰	3	3	6	21	1
3	美国	7	7	3	1	7
4	德国	2	4	8	3	2
5	爱尔兰	32	1	1	28	9
6	英国	13	5	5	6	3
7	中国	4	16	4	82	38
8	法国	11	8	9	7	4
9	比利时	5	6	33	33	8
10	沙特阿拉伯	20	28	27	2	53
11	阿拉伯联合酋长国	6	23	17	4	46
12	瑞士	12	11	10	17	13
13	加拿大	16	22	11	11	18
14	俄罗斯	21	25	18	5	25

续表

排名	国家	每个具体的连通性标准的排名				
		货物	服务	金融	人口	数据和通信
15	西班牙	25	13	19	14	16
16	韩国	8	12	28	50	44

说明：数字越小，指数的排名越靠前。

资料来源：Based on McKinsey Global Institute, *Digital Globalization*：*The New Era of Global Flows*，2016，www. mckinsey. com；Laura D'Andrea Tyson and Susan Lund, "Globalization Isn't in Retreat. It's Just Gone Digital," *World Economic Forum*，February 21，2017，www. weforum. org.

对于出口、FDI 和采购，企业各需要一套不同的筛选标准，下面我们分析其原因。

12.3.1 筛选出口目标国家

出口企业首先会研究一些标准，如一个国家的人口数量、收入、地理特点、政府稳定性和一般的商业环境等。通过对一段时间内的统计数据的研究，出口企业的管理者能够确定哪些市场正在增长，而哪些市场正在萎缩。出口企业可以从专业从事市场调研的咨询公司那里购买调研报告，这些调研报告往往会对特定市场进行描述、评估，并提供关键的统计数据。各国政府也会提供许多有价值的信息，而且通常并不会收取费用。例如，美国商务部进行了许多市场调研，并将结果公开出版，如《中国供水与废水处理市场》（*The Water Supply and Wastewater Treatment Market in China*）、《法国汽车零部件及设备制造业指南》（*Automotive Parts and Equipment Industry Guide in France*）和《巴西商业指南》（*Country Commercial Guide for Brazil*）等。

一些企业会将与本国基本要素相似的国家（比如，这些国家在语言、文化、法律制度和其他方面与本国相似，能够让管理者感觉很适应、很舒服）作为目标市场。例如，澳大利亚的企业常常会选择英国、新西兰或美国作为它们在国外的第一目标市场。随着管理经验、知识以及信心的增加，这些企业会扩展到更为复杂、文化差异更大的市场，例如中国或者日本。

不过，也有一些企业愿意冒险，它们会将目光锁定在那些非传统的风险较大的国家。天生的全球公司的存在及发展证实了这一趋势。正在进行的全球化以及通信和运输技术的进步有助于弱化绝大部分国家的异域性，降低进入文化差异较大的国家从事商业活动的成本和风险。即使小企业目前也会经常接触文化差异较大的国家，包括新兴市场以及发展中国家。

筛选目标国家所需要的资料往往会随着产品类型或行业的不同而不同。例如，在销售消费电子类产品时，调研者会着重调查那些人口众多、可支配收入充足且能源生产量大的国家；在销售农业设备时，最佳目标国家是那些拥有大量农业用地和农民的国家；而在销售医疗保险时，调研者则会将目标锁定在医院和医生众多的国家。

通常，企业会瞄准一个地区或一组国家，而不是单个国家。与每次只瞄准一个国家相比，将一组国家作为目标市场的成本较低，尤其是当这些市场的特点很相似时，成本就更低。欧盟有 27 个成员国，这些国家的收入水平、法规和基础设施都很相似。在进入欧洲市场时，企业通常会制定一个泛欧洲战略，即同时考虑许多欧盟成员国，而不是计划在单个国家做不同努力。

在其他情况下，企业可能会瞄准一些所谓的门户国家（gateway country）、门户城市或区域中心（regional hub）作为目标市场，因为这些地方都是进入临近市场或者附属市场的入口。例如，新加坡一直是东南亚的门户国家，中国香港是中国的一个重要门户城市，土耳其是进入中亚各国的一个很好的平台，巴拿马是进入拉丁美洲的一个友好的门户国家，而芬兰则为进入苏联市场提供了便利。企业如果以门户国家为基础开展业务，那么就可以在临近区域拥有更大的市场。

GDP 的增长是衡量购买产品和服务的能力的最重要指标之一。图 12.1 列示了世界上最有前景的出口市场，重点展示了 2015—2020 年 GDP 最有希望增长的国家及其对世界 GDP 的预期增量的贡献。其中，中国领先于全球其他国家，预计到 2020 年，中国对世界 GDP 增长的贡献将达到 143 370 亿美元，占全球 GDP 增长的 15％ 以上。图中展示的国家中有好几个都是新兴市场国家。金砖四国（BRIC），即巴西、俄罗斯、印度、中国显示出未来几年巨大的潜力。预计到 2020 年，它们对世界 GDP 增长的贡献将占到四分之一左右。

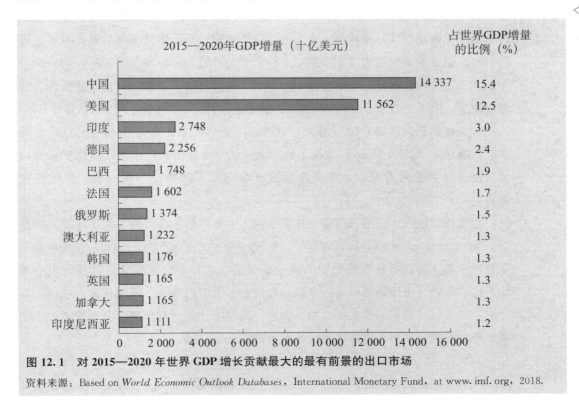

图 12.1　对 2015—2020 年世界 GDP 增长贡献最大的最有前景的出口市场

资料来源：Based on *World Economic Outlook Databases*，International Monetary Fund，at www.imf.org，2018.

（1）筛选潜在目标国家的方法。将全世界 200 多个国家都作为目标市场既昂贵，又不切实际。因此，管理者必须选择发展前景最佳的市场。完成这一任务有两种基本方法：逐步排除法和指数排序法。

A. 逐步排除法（gradual elimination）。企业运用逐步排除法，从大量有潜力的目标国家开始，然后通过研究更加具体的信息逐步缩小选择范围。正如表 12.1 所示，企业的目标是将需要进行深入调研才能作为潜在目标市场的国家数量减少到可以控制的 5～6 个的范围内。但是，这样做的费用可能相当高，所以尽快排除那些没有吸引力的市场是非常重要的。而将消费范围还比较小的产品引入发展中国家，比引入欧洲、日本和北美这些市场近乎饱和、竞争更为激烈的国家赚取的利润会更高一些。

在早期阶段，调研者在深入研究具体信息之前，最先获取诸如人口、收入或经济增长这类宏观层面的市场潜力指标的一般信息。这些广义的筛选数据都有现成的来源。之后，他们会使用更具体、更精确的指标，如进口统计数据，来缩小选择范围。进口统计数据可以帮助管理者了解目标市场的潜在需求、竞争对手的数量以及市场对于新产品的接受度。调研者也应该调查目标市场国家的出口量，这是因为一些国家，如巴拿马和新加坡，在国际货运中起着中转站的作用，可能并不是真正的产品使用者。通过分析调研数据，逐渐缩小选择范围，调研者可以确定 1～2 个发展前景最好的市场，以便进行进一步开发。

B. 指数排序法（indexing and ranking）。选择发展前景最好的外国市场的第二种方法是指数排序法。采用这一方法的调研者需要对目标国家市场的整体吸引力进行打分。调研者首先要为每个国家确定一套全面、综合的市场潜力指标，然后用一个或多个这样的指标代表一个变量，并给每个变量赋权，以确定其相对重要性。变量越重要，赋予的权重就应越大。最后，调研者根据加权结果对国家进行排序。

（2）评估新兴市场的出口潜力。中国、印度和许多国家的市场潜力巨大。例如，约翰迪尔（John Deere）发现了向印度 3 亿个小规模农户出售小型拖拉机的商机。在进行全面的研究后，该企业为该市场开发了四种小型拖拉机，目前正在销售。

指数排序法可以用本书的第一作者塔默·卡瓦斯基尔博士提出的市场潜力指数（market potential index）加以解释。[①] 表 12.3 中展示了该指数的结果，它是根据一系列用于描述潜在目标市场吸引力的变量所得出的排名。管理者可以从该表中得出，中国大陆、中国香港以及印度都是非常有吸引力的市场。近些年来，中国、匈牙利、波兰以及捷克的排名都在稳步提升。这些统计数据对于决定是否要通过 FDI 或全球采购的方式进入国际市场也是有帮助的。

---

① S. Tamer Cavusgil，"Measuring the Potential of Emerging Markets：An Indexing Approach," *Business Horizons* 40 （January-February 1997）：87 - 91.

表 12.3　部分国家和地区 2017 年的市场潜力指数

国家/地区	排名	总分	市场规模	市场增长率	市场强度	市场消费能力	商业基础设施	市场对于进口产品的接受度	经济自由度	国家/地区风险
中国	1	100	100	78	1	100	98	5	26	65
中国香港	2	51	2	40	95	45	100	100	100	82
印度	3	48	37	68	33	69	52	4	42	62
加拿大	4	44	8	46	68	73	46	68	75	86
日本	5	44	18	31	63	100	69	7	66	92
新加坡	6	43	2	59	68	46	74	89	69	86
德国	7	39	10	36	64	90	63	16	70	97
英国	8	37	7	34	76	85	67	13	73	84
卡塔尔	9	36	1	85	100	56	48	30	46	62
瑞士	10	35	2	34	78	73	54	38	78	100
韩国	11	35	9	50	46	80	50	18	65	86
比利时	12	33	2	30	57	76	60	47	64	92
荷兰	13	33	3	31	50	74	63	41	72	92
阿拉伯联合酋长国	14	33	2	59	71	57	58	46	47	65
法国	15	32	9	31	60	83	57	11	57	92
澳大利亚	16	31	5	43	67	68	51	12	77	92
爱尔兰	17	31	1	52	29	65	46	49	73	86
挪威	18	29	2	37	69	74	43	15	70	97
奥地利	19	29	2	34	61	73	53	17	69	97
瑞典	20	29	3	40	51	71	50	14	71	97

说明：表中只列出了排名前 20 的国家/地区。

资料来源：Market Potential Index（MPI）－2017，www. globalEDGE. msu. edu.

第 12 章

表 12.4 对用到的变量和相关权重做了说明。当然，针对每个行业的特点，权重可以调大或调小。例如，对于食品行业，市场规模的权重比较大；而对于经营电信设备的行业，商业基础设施和国家/地区风险的权重比较大。调研者可以增加变量或者国家数量来优化这个工具，以提高准确度。

表 12.4　市场潜力指数中所用到的变量及权重

变量	定义	权重（%）	所用的指标
市场规模	国家或地区的人口	25	城市人口； 用电量
市场强度	该国或地区居民的购买力	15	基于购买力平价的人均国民收入； 私人消费在 GDP 中所占的百分比
市场增长率	工业化和经济发展的速度	12.5	初级能源使用量的复合年增长率； 实际 GDP 增长率
市场消费能力	中产阶级的规模和增长率	12.5	消费者支出； 中产阶级的收入占比； 中产阶级家庭的年均可支配收入
商业基础设施	进入市场营销、分销和沟通渠道的便捷程度	10	航空座位数； 移动网络用户数量； 宽带接入户数； 物流绩效指数； 铺设的道路密度； 光顾每家零售店的人数
市场对于进口产品的接受度	当局对进口的开放程度	10	人均进口量（从美国）； 贸易占 GDP 的百分比
经济自由度	经济的自由化程度	7.5	经济自由度指数； 政治自由度指数
国家/地区风险	政治风险水平	7.5	商业风险等级； 国家/地区风险等级； 政治风险等级

资料来源：Market Potential Index—2017，www. globaledge. msu. edu/mpi.

判断目标市场是否具有发展前景时，中产阶级的规模和增长率通常是至关重要的指标。我们是通过中产阶级家庭收入占国民收入的比例来衡量中产阶级的。这些中产阶级家庭通常是市场营销人员最好的营销对象，因为在大多数新兴市场中，富裕阶级相对较少，而最贫困的消费者的消费能力又很低。随着新兴市场和发展中国家财富的增长，中产阶级占世界人口的比例持续增加。近期的研究表明，全球中产阶级的规模持续扩大。全球中产阶级规模的扩大主要发生在亚太地区，尤其是在中国。[①] 然而，需要注意的是，由于不精确的统计方法和许多国家存在大规模的地下

[①]　"Burgeoning Bourgeoisie：A Special Report on the New Middle Classes in Emerging Markets," *The Economist*，February 14，2009，Special Section.

经济，这种用人均收入衡量的办法也许会低估新兴市场的真实潜力。

中产阶级的相对规模与增长速度也表明了该国国民收入是如何分配的。如果收入分配极其不公平，那么中产阶级的规模就会很小，而这样的市场也不太具有吸引力。

通过对表 12.3 中每个方面的排名进行分析，我们可以发现一些有趣的现象。中国在市场规模方面得分最高，但在市场强度和市场接受度方面得分就低得多。这一现象说明了一点：在确定目标市场时，总要做一些权衡取舍，没有一个国家在所有方面都具有吸引力。在利用这些国家的较多有利因素的同时，调研者还必须接受这些国家存在的一些不利因素。例如，从商业基础设施方面来看，新加坡和中国香港都是很有吸引力的目标市场，但是二者因为人口较少，所以市场规模较小。

根据表 12.3，市场潜力指数排名靠前的国家和地区都位于亚洲。近几年来，东亚国家在市场自由化、工业化和现代化方面都取得了巨大进步。韩国是经济增长最快的国家，人均 GDP 的年增长率超过了 5%。在过去的 40 年里，人均 GDP 增长了 10 倍。韩国在许多领域，如造船、移动通信和平板电视领域都位居世界领先水平。而且，韩国企业使用的首创技术比竞争对手先进好几年，并准备在宽带和手机技术领域超越其他国家。亚洲经济的快速发展是现阶段全球化的一个主要特征。[①]

表 12.3 中所示的国家/地区排名不是固定不变的。随着时间的推移，有些国家/地区可能会发生一些宏观经济事件，或取得一定发展，于是这个排名也会随之改变。例如，尽管印度排名相对靠前，但如果新政权颠覆了市场自由化进程，则其排名就会急速下滑；引进现代银行体系和法律基础设施可能会增强俄罗斯作为出口目标市场的吸引力；日本曾是亚洲最大的经济体，但近年来经济一直处于停滞状态。

指数排序法是早期对国家进行评估和排名时使用的。指数中所用的变量只是为识别有潜力的目标市场提供一般性指导。一旦企业确定了几个目标市场，就需要对这些市场做更详细的分析。调研者最后还需要补充具体行业的指标。例如，研究医疗器械行业时，调研者还应该搜集关于人均医疗保健支出、人均医生数量和人均病床数量等信息。从事金融服务业的企业则需要获得有关商业风险、利率和银行密集度等方面的具体数据。此外，调研者可能还应根据行业的需要，赋予各市场潜力指标不同的权重。例如，相对于鞋类企业来说，人口规模这一指标对销售游艇的企业来说就没有那么重要。

---

① Moon Ihlwan and Amey Stone, "Special Report: Emerging Tech Markets: South Korea: Tech's Test Market," *Business Week*, March 4, 2003; Evan Ramstad, "South Korea Surges towards a Recovery," *Wall Street Journal*, August 3, 2009, p. A7.

12.3.2　筛选 FDI 的目标国家

企业进行 FDI 时，需要在外国进行有形资产投资，如在国外购买土地、建立工厂、购买仪器设备。这种投资的金额非常巨大，且通常是长期的。因此，选择正确的市场非常关键，需要考虑的变量类型也不同于以出口方式进入市场的情形。例如，与出口相比，对 FDI 而言，目标市场熟练劳动力和管理人才的可得性就比较重要。

调研者在确定 FDI 的最佳地点时通常会考虑以下因素：
- 国家风险，包括规制、政治和制度方面的壁垒，以及知识产权保护程度；
- 增长和回报的长期前景；
- 从事商业活动的成本（基于商业基础设施的成本和可得性、税率和当地的工资水平）；
- 竞争环境及与当地企业竞争的激烈程度；
- 政府激励措施，如免税期、培训补贴、补助金或低息贷款。

在筛选 FDI 的目标国家时，有大量公开的资料来源能提供有用的信息，如联合国贸易和发展会议及世界银行。科尔尼管理咨询公司（A. T. Kearney）发布的《FDI 信心指数》（*Foreign Direct Investment Confidence Index*）追踪了影响世界排名前 1 000 的企业的 FDI 偏好的政治、经济和规制方面的变化。通过对这些企业的管理者的调查，该指数找到了对于接受了全球 FDI 投资额的 90% 以上的 65 个国家来说最重要的变量。另一家咨询公司德勤发布的《全球制造业竞争力指数》（Global Manufacturing Competitiveness Index）追踪了那些在生产和经营方面拥有最具竞争力的商业环境的国家。其目前的报告指出：根据劳动力成本、税收、制造业密度等标准，中国、德国和美国在制造业领域是最具竞争力的国家。

12.3.3　筛选全球采购的目标国家

跨国企业倾向于在有比较优势和竞争优势的国家建立工厂。全球采购和离岸外包描述了从国外供应商那里采购成品、中间品和服务的做法。当从国外采购投入品时，无论来源是企业自有业务还是外部供应商，管理者都需要考察一些因素，如投入品的成本和质量、汇率的稳定性、供应商的可靠性以及具有较高技能的劳动力的可得性等。

为了获得各种优势，越来越多的企业从国外采购服务。科尔尼管理咨询公司对比了那些使一国在成为潜在的服务（如信息技术、业务处理和呼叫中心等）外包地区方面具有吸引力的因素，包括：
- 财务结构。主要涉及薪酬成本（如平均工资）、基础设施成本（电力和电信系统费用）、税收及规制成本（如税负、腐败和汇率波动）。

● 劳动力技能及其可用性。主要涉及供应商的经验和技能，劳动力的可得性、受教育程度、语言能力，以及员工流失率。

● 商业环境。它主要评估国家的经济和政治状况、商业基础设施、文化适应度和知识产权保护情况。

12.4　评估行业市场潜力

到目前为止，我们所探讨的筛选国家的方法对于深入了解单个市场和降低选择合适的国外地点的复杂性来说都是非常有用的。一旦筛选出来的潜在国家的数量减少到可管理的水平，接下来就应该深入分析每个国家。在早期阶段，调研者研究的是一些宏观层面的指标。但是，由于市场潜力是针对具体行业的，所以调研者必须把研究重点缩小到行业层面的指标。

在一定时期内，某一特定行业所有企业预计可能实现的销售额被称为行业市场潜力（industry market potential）。行业市场潜力不同于企业销售潜力，企业销售潜力是指在指定年度焦点公司本身预期所能实现的销售份额（其销售额占行业销售额的比例）。大多数企业会根据行业市场潜力和企业销售潜力两方面来预测至少未来三年的销售情况。

评估行业市场潜力可以使管理者的分析更加全面、具体，有利于确定对于企业销售产品或服务来说最有吸引力的国家。同时，它还可以帮助管理者深入了解特定行业的具体情况，以及企业需要怎样调整其产品和营销方式。

为对行业市场潜力进行评估，管理者需要获得并深入理解每个国家下列变量的相关数据：

● 某一行业的市场规模、增长速度及发展趋势；

● 进入市场的关税和非关税壁垒；

● 影响行业的标准和规定；

● 当地市场分销渠道的可用性和先进性；

● 特殊的客户需求与偏好；

● 特定行业市场潜力指标。

除了需求的普遍决定性因素外，各行业——从空调生产到拉链生产——都有其特定的行业市场潜力指标或特有的需求驱动力。例如，照相机的销售商会研究与气候相关的因素，如具有代表性的一年中的平均晴天数，因为大多数照片都是在户外拍摄的。在销售实验室设备时，调研者会研究有关医院、诊所、医院床位、医生数量以及政府医疗保健支出水平等的数据。发电机制造商会研究工业化率和水力发电依赖度。制冷设备和工业过滤器的销售商则会考虑机构型购买者，如酒店和宾馆的数量。这些都是各行业特定的行业市场潜力指标。

管理者也会评估那些影响市场销售和产品使用情况的因素，如消费者特点、文化、分销渠道和商业活动等。由于知识产权保护情况在世界各地有所不同，所以对各国的法规、商标规则和产品责任进行评估以保护企业的重要资产是非常重要的。此外，调研者还应该调查本国和外国政府提供的补助和激励措施，因为这些措施可以降低企业进入外国市场的成本。

新行业或正在快速创新的行业的增长率通常要比其他行业高出许多。调研者应谨记：同种产品在不同的国家可能处于产品生命周期的不同阶段。如果调研者所在企业生产的产品在某个国家市场上尚未有同类产品出售，或者竞争对手最近才将产品引进该国，则这个国家很有可能会是发展前景很好的目标市场。

管理者可以采用多种实用方法来评估行业市场潜力：

● 简单的趋势分析。这种方法是对行业市场潜力进行量化，具体做法是：用整个行业的总产量加上进口，扣除出口，粗略估计出目前该国这一行业的销售情况。

● 监测关键的行业特定指标。管理者通过不同渠道搜集数据，研究提高该行业市场需求的特有因素。例如，挖土设备制造商卡特彼勒对已经公布的建筑项目数量、颁发的建筑许可证数量、家庭增长率、基础设施开发情况以及其他相关的重要指标进行研究，以此来预测其在全国建筑领域的销售额。

● 监测主要竞争对手。要深入了解某一特定国家的行业市场潜力，管理者还要对自身主要竞争对手在该国的利益进行调研。例如，如果卡特彼勒的管理者认为智利是一个潜在的市场，那么其就要对卡特彼勒的第一大竞争对手日本的小松公司目前在智利市场的销售情况进行调研，搜集有关小松公司的情报来预测小松公司未来在智利可能采取的行动。

● 追随全球主要客户。汽车配件供应商通过监测国际客户，如本田或奔驰的扩张，就能够预测接下来它们需要在哪里为这些企业提供服务。与此类似，当卡特彼勒的现有客户在特定的外国市场竞标或开展业务时，卡特彼勒也应跟随这些客户进入这些国家。

● 利用供应商网络。许多供应商会为多个客户提供服务，因此，它们也可以成为企业获取竞争对手信息的主要来源。只要所询问的问题是合乎道德的，且不会泄露竞争对手的商业秘密和其他专有信息，企业就可以通过向现有供应商询问竞争对手的相关情况获得有价值的信息。

● 参加国际贸易展览会。通过参加目标国家的贸易展览会，管理者可以了解该国市场的特点，从而更准确地评估该国的行业销售潜力。此外，参加贸易展览会还有助于确定潜在的分销商和其他外国商业合作伙伴。

12.4.1　评估行业市场潜力的数据来源

对于每个目标国家，管理者都应努力获取能够直接或间接反映行业销售情况和生产水平的相关数据，以及企业感兴趣的产品的进出口情况的相关资料。表 12.5 列出了一些对估计行业市场潜力有用的网站，并简要介绍了这些网站上可用于进行市场机会评估和其他研究的各种统计数据。

表 12.5　进行国际商务研究的信息来源举例

信息来源	网址	简要介绍
"全球视角"知识门户网站	globalEDGE.msu.edu	与国际商务有关的一系列数据、信息、搜索引擎和诊断工具
美国贸易数据库	www.export.gov	国家商业指南；旨在支持出口和其他国际商务活动的其他美国政府资源
英国贸易投资总署	www.uktradeinvest.gov.uk	旨在支持国际商务的英国数据和资源
加拿大工业部	www.ic.gc.ca	旨在支持国际商务的有关加拿大的数据和资源
联合国贸易和发展会议	www.unctad.org	分析国际贸易、FDI 与经济发展趋势所需的国家概况介绍和数据
世界贸易组织	www.wto.org	关税、政府干预与世界经济状况的相关数据
世界银行	www.woroldbank.org	各国的以及国际的数据、金融和科技信息、行业数据以及世界经济发展趋势
世界银行全球营商环境报告	www.doingbusiness.org	各国的营商环境报告
国际货币基金组织	www.imf.org	各国的数据与统计，以及各种经济指标和金融指标
科尔尼管理咨询公司	www.atkearney.com	包括 FDI 信心指数在内的各种指数

许多国家会为国际市场调研提供有用的信息。例如，在美国，美国贸易数据库（www.export.gov）会提供具体的市场研究报告，包括：

● 介绍顶级市场的报告。该类报告提供广泛的行业、国家和市场研究结果，可以帮助企业确定最佳的出口市场，并制定相应的出口战略。

● 国家商业指南。该类报告全面分析大约 150 个国家的政治、经济和商业环境。

● 国际企业简介。该类报告主要提供特定外国企业的信息。

● 国际合作伙伴搜索。该类报告可以帮助企业寻找潜在的国外代理商、分销商或其他战略合作伙伴。

在寻找和咨询任何有助于市场评估的资源时，管理者必须具有创新性。关于国际市场的数据和资源很少是完整、精确的。以美国 Teltone 为例，该企业希望借助价位较低的品牌手机打入墨西哥市场，对此需要评估墨西哥该行业的市场需求。企业参考了许多信息，包括国际电信联盟（总部位于瑞士日内瓦）的报告、美国贸易数据库和联合国几份出版物。管理者调研了墨西哥上层阶级人数和平均收入情况、墨西哥手机系统支持设施的类型，以及可以销售手机的零售店的类型和数量。Teltone 的管理者还从国家电信贸易协会（National Telecommunication Trade Association）搜集到了目前正活跃在墨西哥市场上的竞争对手的数量以及这些竞争对手大概的销量。有了这些信息，企业对墨西哥手机市场的规模和普遍价格有了一个大概的估计。

专栏"从事国际商务相关工作的新近毕业生"介绍了娜塔莎·布朗（Natasha Brown）的经历。娜塔莎在做了一个关于匈牙利和土耳其这两个国外市场的研究项目之后，对于国际机会产生了强烈的渴望。

专栏　　　　　　　　　　**从事国际商务相关工作的新近毕业生**

姓名： 娜塔莎·布朗

专业： 计算机信息系统

目标： 幸福、个人和职业成长、旅行和回馈机会

大学期间的实习经历： 美国电话电报公司（AT&T）的网络运营

毕业后的工作经历：

- 惠普（Hewlett Packard，HP）的技术顾问［佐治亚州阿尔法瑞塔（Alpharetta）］
- 惠普的售前解决方案架构师（纽约）
- 惠普的咨询常驻工程师（纽约）

娜塔莎·布朗一直对科技和旅行有着浓厚的兴趣。她热衷于解决问题和帮助他人。在大学时，娜塔莎向导师、高管和同学们寻求建议。她投入大量精力建立了一个由联系人和顾问组成的网络。最终，她对她所在大学的"全球商业和媒体"项目——一个在匈牙利和土耳其进行的为期一个月的研究项目——产生了兴趣。在那里，她参观了美国有线电视新闻网（CNN）、可口可乐和土耳其移动运营商 Turkcell 等企业的当地业务。在去国外开展研究之前，她已经知道了理解国际文化的重要性。

娜塔莎认为，她在匈牙利和土耳其的经历让她在学校期间获得了最快速的成长。娜塔莎觉得这次旅行很鼓舞人心。目睹国外文化和商业的差异后，她意识到了无穷无尽的可能性。她说："当国际高管们不仅花时间与你见面，而且还询问你的生活时，这是一种特殊的感觉。我也用同样的行为做出回应——对当前的客户和他们的背景表示出真正的兴趣。我的做法使得他们把我视为一个值得信赖的顾问，并最终成为一个他们想要一起与之工作的人。我在这个项目中获得的所有机会都让我对学习更有信心，也让我得以成为一名专业人士。"

娜塔莎的建议

毕业后，娜塔莎接受了惠普的一份工作。作为一名常驻工程师，她咨询了客户关于其网络基础设施和设计的有关情况。娜塔莎发现，在各个层面上建立人际关系和开展团队合作时需要非常有信心。她的全球商务课程揭示了世界各地的技术有何不同，但技术也将世界各地的人联系了起来。"全球商务课程和国际旅行使我获得了亲身体验。它激发了我的好奇心，拓宽了我思考世界的维度。这也引出了另一个话题：有了目睹国内外大企业多样化、多元文化的工作环境的经验，你的故事和知识会变得更令人信服。不久之后，您的客户群体就可以从国内合作伙伴扩展到国际合作伙伴。考虑到所有的好处，出国留学和参加国际商务课程都是非常值得投资的。每个学生都应该考虑一下。"娜塔莎说，她简历上的国际经验增大了她在惠普谋得工作的可能性。

资料来源：Courtesy of Natasha Brown.

12.5　选择合格的外国商业合作伙伴

要在国际商务中取得成功，选择合格的外国商业合作伙伴是至关重要的。关键的商业合作伙伴包括分销渠道中间商、协助者、供应商和包括合资伙伴、被许可人和被特许人等在内的合作企业伙伴。一旦选定了目标市场，企业就需要确定其在外国市场上投资所需的合作伙伴的类型，并且与选定的合作伙伴就合作条件进行谈判，还需支持并监督合作伙伴的行为。

出口企业往往与外国市场的中间商，如分销商和代理商进行合作。决定出售知识资产（如专有技术、商标、版权）的企业往往通过被许可人开展业务。这些**许可贸易**（licensing）合作伙伴是自主经营的企业，它们利用被许可的知识资产在自己的国家生产产品。如果企业是通过**特许经营**（franchising）进行国际化，那么该企业的外国商业合作伙伴就是被特许人，即从焦点公司获得相关权利和技术，并在本国市场上经营的国外自主经营企业（如快餐业或汽车租赁业的企业）。焦点公司还可以通过创办**国际合作企业**（international collaborative venture）来进行国际化，这种方式要求企业与其他合作伙伴共同创建企业。这种合作可能是基于某个项目或要求进行股权投资。其他类型的国际合作伙伴关系还包括全球采购、合同制造和供应商合作伙伴关系。我们会在接下来的章节中详细阐述相关内容。

12.5.1　选择合作伙伴的标准

对于焦点公司来说，最重要的决策之一是确定潜在外国伙伴需要具备的资质。企业应该从战略（共同的短期目标和长期目标）和资源（互补的核心竞争力和价值链活动）这两方面寻找合适的切入点。这有助于企业预测与未来的合作伙伴进行中长期（比如未来 3～6 年）合作的潜力。

设计及制造娱乐产品，包括船用发动机、游艇、健身器材、保龄球和台球设备的宾士域（Brunswick）在筛选潜在的国外分销商时会遵循以下几个标准：

● 财务状况稳定且资金充裕，以确保企业在最初和长期中都能获得适当的支持；

● 管理得力且专业，拥有合格的技术人员和销售人员；

● 对行业非常了解，能进入销售渠道，并接触到产品的最终消费者；

● 在市场上拥有一定知名度，并与当地政府关系密切（因为一定的政治影响力对企业来说是很有帮助的，尤其是在新兴市场）；

● 有投资于企业并促进企业成长的决心、忠诚度和意愿。

企业也在寻找与自己的专业技能互补的合作伙伴。例如，焦点公司可能会借合作关系提供设计和制造方面的专业知识，而当地分销商可能会提供有关当地客户和分销渠道的信息。

未来的合作伙伴并不都具有这些理想的特质。如果一家企业进入国外市场较晚，它可能就不得不退而求其次，选择一个并非最好的合作伙伴，甚至一个不太符合标准的合作伙伴。这就意味着企业要准备在今后通过转移合适的管理知识、专业技术以及其他资源来增强合作伙伴的能力。

12.5.2 寻找潜在的合作伙伴

对外国商业合作伙伴进行筛选与评估的过程可能会非常费力。商业银行、咨询公司、贸易期刊以及国家和地区的企业名录，如康帕斯（Kompass）和邓白氏（Dun&Bradstreet）的企业名录，对得到合作伙伴候选人名单非常有帮助。许多国家的政府也会提供一些廉价服务，帮助企业在某外国市场寻找合作伙伴。

在评估合作伙伴的初期阶段，通过独立渠道和展销会进行的实地考察与研究至关重要。许多企业还会在达成协议之前要求未来的合作伙伴准备一份正式的商业计划书。商业计划书的质量就反映了潜在合作伙伴的能力和决心。

12.6 评估企业在每个目标市场的销售潜力

管理者一旦确定了几个有发展前景的国家市场，认可了行业市场潜力，评估了与合格的商业合作伙伴合作的可能性之后，就要对企业在每个国家的销售潜力进行评估。**企业销售潜力**（company sales potential）是企业预计在某一目标市场实现的销售份额。与早期工作相比，评估企业销售潜力通常更有挑战性，因为它要求调研者从市场上获取更加准确、全面的信息。调研者需要对市场做出某些基本假设，并规划企业未来 3～5 年的收入和支出。评估向来不完全准确，且需要进行相当多的判断性分析和创造性思考。

　　为了对企业在外国市场的销售潜力进行评估，管理者要搜集和研究各种调研结果，还要评估以下几个方面：

● 竞争强度。当遇到新的加入者时，当地竞争者或第三国竞争者有可能加大对自家产品的营销力度。它们的行动通常难以预测，并且不容易观察。

● 产品定价方法与销售融资情况。对客户和渠道成员都具有吸引力的产品定价方法和销售融资情况对企业初入市场和最终取得成功都是至关重要的。

● 财务资源。对于任何项目来说，充足的资金都是一个前提条件。国际企业通常会有大量的财务支出。

● 人力资源。管理者必须确保其员工在语言、文化和其他方面具有足够的能力，可以在目标市场处理业务。

● 合作伙伴的能力。外国合作伙伴的能力以及资源，包括渠道中间商和协助者，往往会决定企业进入目标市场的速度以及在目标市场开展销售活动的速度。

● 进入分销渠道的难易程度。建立并充分利用目标市场上的渠道中间商和分销基础设施的能力将决定企业的销量。

● 市场渗透的时间表。逐步进入市场还是快速进入市场是管理者要做的一个关键决策。如果选择逐步进入市场，那么企业就会有时间制定合适的战略并利用适当的资源，但可能会导致竞争者抢占一定的市场份额；如果选择快速进入市场，那么企业可能会超越竞争对手，获得先发优势，但也可能增加企业在资源和能力方面的压力。

● 高级管理者对市场风险的承受能力。企业的销售结果取决于高级管理者所愿意投入的资源数量，而高级管理者所愿意投入的资源数量反过来又取决于管理者对市场风险的承受能力。

● 企业的特殊关系和能力。焦点公司的市场关系，即与现有客户、渠道成员和供应商的关系，对企业的成功都有重大影响。

● 企业产品的知名度。如果目标客户已经熟悉企业的产品、品牌和声誉，那么企业在目标市场上会很快获得成功。

　　因此，评估企业销售潜力的过程更像一个从多角度出发，然后做出大量判断，最终综合得出评估结果的过程。图 12.2 提供了一个评估企业销售潜力的框架。管理者可以将客户、中间商和竞争情况的相关信息结合起来，观察能否通过对它们的分析得出一个合理的评估结果。通常情况下，管理者会根据最好的、最坏的和最可能出现的这几种情况来分别得出评估结果。为了得出这几种情况下的评估结果，管理者需要进行多种假设，包括企业的努力程度、降价幅度、竞争对手可能的反应、中间商的努力程度等。还需指出的是，企业的销售前景还取决于管理者可以控制的因素（如向中间商和客户收取的价格）和无法控制的因素（如竞争强度）。归根结底，对销售的评估与其说是一门科学，还不如说是一门艺术。

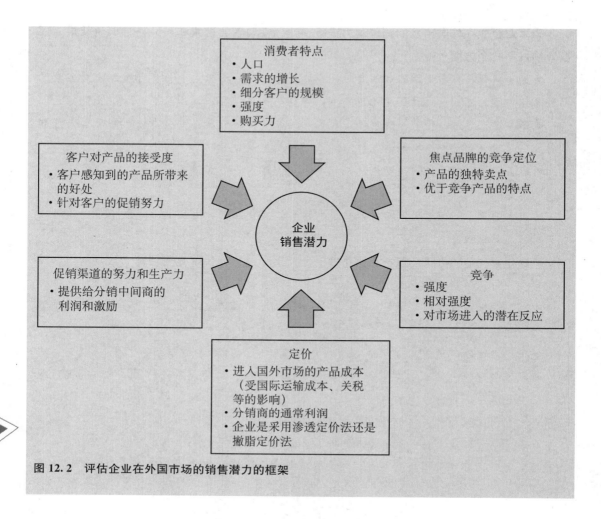

图 12.2　评估企业在外国市场的销售潜力的框架

12.6.1　评估企业销售潜力的实用方法

　　管理者首先应该根据图 12.2 中建议的因素评估企业的销售潜力。

　　除了以上这些方法外，在信息来源尤为有限的发展中国家和新兴市场，另外两种方法，即类比法和替代指标法对评估企业销售潜力也是很有用的。我们在本章的篇首案例中已经对这些方法进行了阐述。

　　● 类比法。在使用类比法时，调研者根据一国已知的统计数据来评估类似国家的相同现象。例如，如果调研者知道匈牙利橙汁饮料的总消费量，并假设其邻国罗马尼亚对橙汁饮料的消费模式与匈牙利相比变化不大，那么调研者就可以对罗马尼亚橙汁饮料的消费量进行粗略的评估，当然，这一评估结果要根据人口数量的差异进行调整。销售抗生素的例子也可以用来说明此方法。如果企业根据经验得知在每 1 000 人拥有 Y 名医生的国家里可以销售 X 瓶抗生素的话，那么我们就可以假设，同样的比率（每 1 000 名医生使用的抗生素瓶数）在类似的国家也是适用的。

　　● 替代指标法。通过使用替代指标，调研者可利用已知的某类产品的信息来推断另一类产品的销售潜力。尤其当两种产品的需求互补时，这一简单方法可以得出很有现实意义的结果。例如，一国对专业手工工具的需求的替代指标可能会反映出该国的建筑水平；而市场上某台手术设备的需求替代指标可能会反映出利用该设备进行的手术总量。

考虑通过 FDI 方式进入一个主要市场的企业应该进行特别全面的市场调研。当德国的流行鞋业企业彪马瞄准印度时，其市场调研人员研究了该国店内商品和鞋类购买者行为的每一个细节，对印度消费者进行了广泛的市场调查。市场调研人员进行了调查、小组访谈和存货审计，以了解买家的特征和需求。随后，彪马聚焦于印度消费者的鲜明特征，开始创造并提供相应的产品，以生产出符合当地人喜好的鞋子。一个关键的目标是了解如何通过让客户满意来获得并保持品牌忠诚度。彪马利用信息技术、互联网和社交媒体来获取关于买家好恶的反馈，持续监测市场趋势和客户喜好的变化。这样的研究帮助彪马超越竞争对手阿迪达斯和耐克成为印度最大的运动鞋销售商。[①]

下面这些活动对企业评估外国市场的销售潜力也是非常有帮助的：

● 调查最终消费者和中间商。企业可以通过对顾客和分销商进行抽样调查来确定自身的销售潜力。

● 交易审计。管理者可以通过访问零售店或直接询问渠道成员来评估竞争产品的相对价格，并获得有关竞争对手实力的信息。通过这种方法，管理者可以从经营市场产品的中间商（分销商）的视角来对市场潜力进行评估。交易审计还可以帮助企业发掘使用新的分销方式的机会，以确定其他经销类型，并明确企业相对于竞争对手的地位。

● 评估竞争对手。企业可以将市场上的主要竞争对手作为自身的参照，评估自身可能从竞争对手那儿抢到的市场份额。如果在某一市场中，主要竞争对手的规模很大、实力很强，与其正面交锋就会花费高昂的成本，甚至会以失败告终。但是，即使是在那些市场被大企业控制的国家，调研结果也会揭示出那些需求没有被完全满足或没能很好地满足的细分市场。这样的细分市场可能会很有吸引力，尤其对那些销售目标不大、规模较小的企业来说。

● 从当地合作伙伴那儿获得评估结果。在市场上已经很有经验的合作伙伴，如分销商、被特许人或被许可人，通常是评估企业市场份额与销售潜力时的最佳咨询对象。

● 进行限制性营销以测试市场。一些企业可能会选择限制性地进入外国市场——一种市场测试，以衡量企业的长期销售潜力或更好地了解市场。根据这些早期测试结果，企业就可能预测出长期销售潜力。

① C. Morency, "Inside India's Booming Sportswear Market," *BOF*, February 15, 2017, www.businessoffashion.com; Singh, R., "Smart Marketing and Prudent Attitude Took Puma to the Top of the Sports Shoe Heap," *Economic Times*, June 10, 2015, http://economictimes.indiatimes.com; Taruka Srivastav, "How Puma Entered India as a Latecomer and Still Became a Leading Sportswear Brand," *The Drum*, December 5, 2017, www.thedrum.com.

12.6.2 总结

企业进行国际化的原因各不相同：一些企业被在外国市场可能获得的收入和利润吸引；一些企业是被提高生产效率的前景吸引；而另一些企业则是因为本国市场竞争压力过大或者想与竞争对手保持同步。不管企业是出于什么原因进行国际化，但只要企业的国际化经营失败了，就都是由于它们没能对全球市场机会进行系统、全面的评估。[①]

尽管我们在讲述全球市场机会评估的六项任务时是按顺序进行的，但企业不一定要按照这个顺序执行这六项任务。事实上，企业常常是同时进行两项或者两项以上的任务。另外，这个流程也不是一成不变的。市场条件会变化，合作伙伴的执行情况会发生波动，竞争也会越来越激烈。这些变化都要求管理者不断评估自己的决策和相关工作，并根据变化对经营过程进行修正。

管理者对这六项主要任务做出的选择有些是相互关联的。例如，对合作伙伴的选择往往因国家而异。所用分销商的类型可能会因市场的不同而不同，例如，在荷兰使用的分销商类型就和在尼日利亚使用的分销商类型不同。企业预测尼日利亚的政治风险相对较大，这意味着企业需要一个与政府关系较好的合作伙伴。与之相似，在像越南那样的非传统市场，企业会选择一个既可以扮演分销商角色又可以扮演文化顾问角色的合作伙伴。

经验丰富的管理者认为，即使是最具有吸引力的国家也无法弥补很差的合作伙伴的不足。尽管有关各国的市场信息数量和质量有了很大幅度的提高，但大多数管理者往往还会费尽心思努力寻找并确定他们感兴趣的合格的外国商业合作伙伴。在进入新兴市场时，管理者尤为如此。最适合的合作伙伴可能已经与他人合作并作为其他外国企业的代理。这时企业就只能与排名第二甚至第三的候选企业进行合作，然后为其提供足够的资源以确保成功。

篇尾案例   **高级生物医疗器械公司：评估出口准备程度**

英国著名外科医生理查德·本特利博士（Dr. Richard Bentley）开发了一款有助于伤口愈合的医疗设备。本特利博士对这一新技术非常投入，因此最终决定离开手术室，并创建了总部设在美国东部的高级生物医疗器械公司（Advanced Biomedical Devices Inc.，ABD）。该公司计划开展出口业务，并已经利用公司出口准备程度（Company Readiness to Export，CORE）这一工具完成了出口准备程度的评估工作。

ABD 生产的产品包括几款名为 Speedheal 的创新设备。这些设备可以加速手术之后的

---

① Alvin Burns, Ann Veeck, and Ronald Bush, *Marketing Research* (New York: Pearson, 2017); Peter Enderwick, "The Imperative of Global Environmental Scanning," *Insights* 11, No. 1 (2011), pp. 12 – 15.

伤口愈合以及通过防止伤口区域肿胀来减轻手术之后的疼痛。Speedheal 用电子脉冲透过伤口上所缠裹的绷带增氧，具有非常小巧、便于携带的特点。针对不同类型的手术，如手部手术、脸部手术、腹部手术等，该设备会有不同的款式。

本特利博士创建的 ABD 拥有一个经验丰富的管理团队。团队中的一些成员在欧洲市场、环太平洋地区和拉丁美洲都工作过多年。另外，ABD 制造部负责人是德国人，而另一位管理团队成员在法国和马来西亚居住过几年。

由于对 Speedheal 的需求很大，公司销售额快速提高，而这主要是通过医疗产品分销商将产品销往全美的医院和诊所实现的。公司的年销售额增长率在一些年份达到了 20%，公司的员工人数已增至 85 人。公司的成功吸引了经营类似产品的竞争对手的加入，但竞争对手的产品无法做到像 ABD 的产品那样小巧。小型化仍然是 Speedheal 的一大竞争优势。ABD 的管理团队对公司未来的发展规划仍然大有可为。

国际扩张的梦想

ABD 已经收到了一些国外客户主动上门订货的订单，并掌握了大量有关国际贸易的知识，包括外汇、信用证和国际物流方面的知识。尽管 ABD 的国际化进程还仅处于初级阶段，但管理团队计划的业务扩张不是偶尔进行出口，而是要瞄准世界主要市场。虽然管理团队偏好在自己熟悉其文化、商业惯例、法律和银行体系的市场上开展业务，但是他们也愿意考虑其他市场，且他们更加愿意进入那些规模大、发展迅速、有巨大盈利可能性的市场。

对 ABD 来说，国际化可预见的好处之一就是可以向全球竞争对手和全球市场学习。许多兴起于外国市场的趋势最终都会在本国市场流行起来，通常来说，跟踪这些趋势的最好办法就是开展国际业务。ABD 的管理团队也认为，向国外不同市场分散销售产品可以降低公司的整体风险。最终，国际化可以使公司先于经营同类产品的竞争对手进入某些外国市场。

国际战略意图

为阐明 ABD 的国际化目标，本特利博士和他的管理团队提出了一些问题。他们知道这些问题的答案将反映出公司走向国际市场的战略意图。管理团队想制定一个全面的战略，为公司成功实现国际化奠定基础。在召开了一系列会议之后，ABD 的管理团队就影响公司最初的战略方向的关键要素达成了共识：

● 高层管理团队将全心全意致力于国际化。ABD 会积极在外国市场开展业务，来年公司还会聘请一位副总裁负责国际业务。

● ABD 会将公司收入的 20% 投资于出口业务。

● ABD 将在许多国家建立分销网络。

● ABD 将于 3～5 年内在国外建立至少一家营销子公司，并聘请销售人员，由他们选择并管理负责当地市场的分销商。

● 管理团队将采取措施确保所有国际合作公司在成立两年之内盈利。

- 管理团队将为每个目标市场制订国际营销计划，每份计划都有独立预算。
- 计划要求国际销售额在 4 年内达到总销售额的 35％。
- 在前 3 年，ABD 将每年留出 22 万美元的预算，专门为国际业务融资。预算中大约有 6 万美元专门用于市场调研，以确定最佳目标市场及了解竞争对手。

产品的出口准备程度

在战略意图上达成一致之后，本特利博士和他的管理团队开始应对国际化过程中所面临的挑战。第一个挑战是对外国市场的销售代表进行培训，以提升他们将医疗设备销售给医院和诊所（ABD 产品的主要终端市场）的能力。由于医生、护士和其他专业人士会参与并影响医院设备的购买决策，所以需要培训销售代表与他们打交道的技能。由于在外国市场培训的成本很高，因此，本特利博士想确保 ABD 已为此项投资做好了充足的准备。

本特利博士还提出了在外国市场比较棘手的售后服务问题。这是第二个挑战。ABD 的产品缺陷率很低，因而一旦客户发现产品有质量问题，通常的解决办法是给客户换货，而不是进行维修。公司为美国客户准备了备份产品以在产品出现缺陷时为客户换货。ABD 计划在外国市场经营时也采用相同的解决办法。管理团队认为，这样公司就不需要向外国市场另派工作人员提供售后服务了，因为 Speedheal 虽然价格高，但其体积小、重量轻，因此单位运输成本很低。事实上，在外国市场出现紧急情况时，ABD 常常是通过空运换货来解决问题。

虽然公司管理团队对美国市场上相关产品的行情非常了解，但对外国市场的行情还是知之甚少。本特利博士与公司几名管理团队成员参加了欧洲的贸易展览会并得出结论：ABD 的价格在国际市场上并不算很昂贵，这主要是因为在国际上还没有其他公司能够提供类似促进伤口愈合的产品。事实上，ABD 已经完成了来自欧洲的主动订单，而客户从未对价格提出过质疑。不过，管理团队还是认为他们有必要做一些调研，以进一步完善公司的定价方法。

接下来，团队讨论了外国市场库存的管理。因为 Speedheal 的单位空运成本很低，所以分销商可以低成本地迅速补充库存，这对分销商来说大有好处：一方面，它们不需要维持库存以满足销售需要；另一方面，Speedheal 对温度和湿度的变化都很敏感，只有保存在装有温度和湿度控制设备的仓库才能保持功能不受影响。现在满足这种仓储条件的仓库越来越多，因此，ABD 在欧洲和其他地方选择仓库也应该是没有问题的。

ABD 的管理团队意识到，灵活的包装有助于 ABD 在进入外国市场时处于有利地位。他们准备按外国市场的不同要求对产品进行修改，以满足世界各地的标准和规制要求，尤其是以下两个：一个是 CE 标志。这是一种要求贴在玩具、机械和低压设备上的标志，表明产品符合强制性的安全要求。另一个是国际标准化组织（International Organization for Standardization, ISO）标准，该标准的目的是确保产品的生产高效、安全、卫生。

知识、技能和资源

在随后的一次会议上，ABD 的管理团队考虑了影响公司对国际化的准备程度的无形方面。管理团队知道，严谨的自我评估对公司取得长期成功至关重要。他们逐渐意识到，国际化会给公司带来许多额外费用。例如，他们需要为国外仓储、较长的运输时间和在国外维持较大的库存量另行准备运营资金。对于 ABD 进入某外国市场会产生的成本，管理团队需要了解的还有很多。这些成本包括法律援助费、货物运输费、国际运输费以及关税，还有银行手续费、建立国外办事处的租金成本以及为了让某些受到规制的项目获得批准而支出的费用。ABD 的管理团队对这些成本的数额并不完全清楚，但他们愿意去了解。尽管在刚开发新市场时，公司会使用信用证方式，但管理团队最终还是会选择赊账的付款方式（根据市场行情，采用 30 天或 60 天延期付款的方式）。

　　本特利博士还考虑了适合公司的增长率。在一些情况下，公司业务可能会急剧增加，导致需要供应的产品数量大大超出了公司的生产能力。而在另一些情况下，公司的国内销售额大幅下降，这时就要求管理团队将所有精力转移到挽回国内市场上来，因而会扰乱出口战略的实施。

　　获得竞争对手的信息是另一个需要关注的问题。事实上，公司实施国际化的另一个主要原因就是想更多地了解全球竞争对手。尽管一些大型医疗设备制造商都在美国销售，但其他制造商则坚守外国市场。ABD 必须通过调查研究了解主要竞争对手的战略和市场营销活动。本特利博士认识到在世界各地就其发明申请专利、保护公司知识产权的重要性。他计划在国内外保留法律顾问，以避免公司的重要专利资产被侵权。ABD 还计划聘请律师拟定合适的分销代理协议、销售协议和许可贸易协议，并解决与当地劳动法发生冲突的问题。

　　ABD 的管理团队认为，公司最先进入的市场应该是澳大利亚、加拿大、西欧和日本，因为这些国家的富裕消费者人数最多，这些人有能力购买精密的医疗保健器械。因此，ABD 的管理团队搜集了许多有关这些国家的市场和竞争对手的信息，但同时他们也认识到，公司需要做的工作还有很多。

长期国际化的管理能力

　　一个颇受关注的问题是：管理团队是否能够驾驭日益深化的国际化进程？ABD 的管理团队最后还认识到，他们至少要尽力明确公司的出口准备程度。管理团队召开的多次会议和所进行的初步调研为制定初步战略及行动计划奠定了基础，同时也确定了公司需要改进的方面，这些都有利于公司未来变得更强大。

案例问题：

12-4. 你认为 ABD 的产品已经准备好出口到欧洲了吗？你为什么这么认为或者为什么不这么认为？你认为 ABD 的产品已经准备好出口到新兴市场（如中国、墨西哥、俄罗斯）了吗？你为什么这么认为或者为什么不这么认为？哪些因素表明 ABD 的产品可能会在所有类型的外国市场上存在需求？

12-5. ABD 的管理团队是否具备国际化所需的相应知识、技能和能力？证明你的答案。管理团队应该采取什么步骤来让公司、经理及员工更好地为国际化做准备？

12-6. ABD 在全球市场机会评估中的关键任务完成得如何？评估它对每项任务的完成情况。ABD 是否实现了这些任务所规定的每一项目标？

12-7. 如果你是 ABD 的管理团队的一员，你会建议首先瞄准哪些国家？作为一名经理，你需要证明你的建议是对的。有个好方法是通过网络搜索了解特定国家的关键特征。

12-8. ABD 可以采用什么方法来评估公司在欧洲和其他富裕经济体市场的销售潜力？证明你的答案。

说明：本案例是由密歇根州立大学退休教授麦伦·M. 米勒（Myron M. Miller）与 S. 塔默·卡瓦斯基尔合作撰写的。ABD 是一家虚构的公司。

本章要点

关键术语

企业销售潜力（company sales potential）

行业市场潜力（industry market potential）

许可贸易（licensing）

特许经营（franchising）

国际合作企业（international collaborative venture）

全球市场机会（global market opportunity）

本章小结

在本章中，你学习了：

1. 分析企业对国际化的准备程度

全球市场机会（global market opportunity）是指为出口、投资、采购或者在外国市场寻找合作伙伴提供了良好的发展前景的环境、时间或者地点的有利组合。企业可能会发现销售、建厂、获得低成本或高质量的投入品，或者与有助于企业实现目标的外国商业合作伙伴建立合作关系的机会。全球市场机会可以帮助企业提高绩效。管理者不断搜集与本企业关系最密切的数据和信息，以充分利用全球市场机会。本章讨论了管理者在确定和抓住全球市场机会时应该完成的六项主要任务。

管理者应该完成的首要任务是分析企业对国际化的准备程度。管理者需要对企业开展国际商务活动的优势和弱点进行评估，并通过调查企业面临的机会和威胁，对企业所处的外部商业环境进行研究。企业必须想办法获得自身不足的资源。CORE 等诊断工具便利了企业对自身的国际化准备程度进行评估。

2. 评估产品及服务对外国市场的适应程度

能在外国市场上成功销售的产品和服务一般是那些在国内市场畅销、迎合普遍需求、能够满足在国外一些特定市场上无法得到很好的满足或国外新兴的需求的产品和服务。为了确定产品或服务的国际市场潜力，管理者需要问一些具体的问题，例如，谁在承担市场采购任务？谁使用这些产品或服务？人们为什么要购买这些产品或服务？消费者在哪里购买这些产品或服务？哪些经济因素、文化因素、地理因素以及其他因素会限制产品的销售？

3. 筛选国家以确定具有吸引力的目标市场

无论企业是从事进口业务（从国外采购）、投资还是出口业务，对目标国家进行筛选都是非常重要的，尤其是在国际化初级阶段。最好的市场是那些快速增长的大市场。筛选国家所需要的资料会随着产品类型或行业的不同而不同。筛选目标国家有两种基本方法：逐步排除法和指数排序法。

4. 评估行业市场潜力

一旦企业将潜在国家的数量减少到可管理的水平，比如 5～6 个，那么接下来就可以深入分析每个国家的市场了。调研者应该从行业入手研究市场潜力。行业市场潜力（industry market potential）是指在一定时期内，某一特定行业内所有企业预计可能实现的销售额。对行业市场潜力的评估能够帮助管理者确定少数发展前景最佳的国家。除了需求的普遍决定性因素外，各行业都有其特定的潜力指标。评估行业市场潜力的方法有：简单的趋势分析；监测关键的行业特定指标；监测主要竞争对手；追随全球主要客户；利用供应商网络；参加国际贸易展览会。

5. 选择合格的外国商业合作伙伴

外国商业合作伙伴包括分销渠道中间商、协助者、外国市场供应商和合资企业伙伴、被许可人和被特许人。一些外国商业合作伙伴会采取许

可贸易（licensing）、特许经营（franchising）和国际合作企业（international collaborative venture）的方式与焦点公司合作。焦点公司的管理者必须确定其在外国市场上投资所需的合作伙伴的类型，并且与选定的合作伙伴就合作条件进行谈判，还需支持并监督合作伙伴的行为。

6. 评估企业在每个目标市场的销售潜力

企业销售潜力（company sales potential）是指企业在目标市场实际实现的销售份额（其年销售额占目标市场该行业年销售总额的比例）。要评估企业销售潜力，调研人员就必须从市场上获取更加准确、全面的信息。对企业销售潜力影响最大的因素包括：竞争强度；产品定价方法与销售融资情况；财务资源；人力资源；合作伙伴的能力；进入分销渠道的难易程度；市场渗透的时间表；高级管理者对市场风险的承受能力；企业的特殊关系和能力；企业产品的知名度。

检验你的理解

12-9. 什么是全球市场机会？企业会从国外市场寻求哪些类型的机会？

12-10. 列出并解释对全球市场机会进行评估时需要完成的六项任务。

12-11. 管理者在分析企业对国际化的准备程度时应该考虑哪些问题？

12-12. 描述最有可能在外国市场上畅销的产品或服务的特点。

12-13. 采用指数排序法时，所用到的典型变量是什么？

12-14. 调研者在筛选出口市场、FDI 和全球采购相关信息时应考虑哪些类型的变量？

12-15. 评估行业市场潜力需要采取哪些步骤？

12-16. 在选择外国商业合作伙伴时需要考虑哪些主要问题？

运用你的理解

12-17. 塔吉特（Target）是一家大型零售商，在美国拥有大约 1 800 家门店，但它在其他国家拥有的门店数量却很少。它以销售数以千计的时尚而廉价的家居产品（包括服装、家具、电子产品、玩具和体育用品）闻名。塔吉特的管理者希望在欧洲主要城市开店，但那里的店铺面积有限。塔吉特请你作为顾问，帮助确定在欧洲提供哪些产品。请写一份简短的报告，阐述你将按照哪些标准来筛选产品，并提供例证支持你的想

法。请务必使用本章中包含的建议和其他信息来证明你的答案。

12-18. 你毕业后被豪华汽车配件制造商普尔曼（Pullman）录用。该公司管理者希望你通过调研找出最有销售潜力的外国市场。你发现发达经济体的市场已经相当饱和，而许多新兴市场被忽视了。利用你对表 12.3 中所列出的部分国家/地区的市场潜力指数的了解，确定普尔曼应该瞄准的五大新兴市场。请务必参考本章的指标，如市

场规模、市场增长率、市场强度和市场消费能力。证明你的选择是正确的。

12-19. 道德困境：史蒂文·桑切斯（Steven Sanchez）是办公家具制造商利昂工业公司（Leon Industries）的出口经理。他认为俄罗斯的市场很有前景，并决定参加在莫斯科举办的家具展览会。在他为展览会做准备时，一位顾问建议雇用两名衣着暴露的女模特站在公司的展位附近。这位顾问认为，这样做将会在拥挤的展览会上引起轰动，从而提高公司的知名度。桑切斯对此持怀疑态度，于是向两名同事寻求建议。一位同事指出，这个想法"相当于剥削女性，可能招致性骚扰指控，会让人认为性别和美貌是展台工作人员就业的条件，从而有性别歧视之嫌。"另一位同事则告诉桑切斯，雇用模特没有问题。他说，反对这种做法的那些人"带有偏见地认为女性是脆弱的，不能决定什么是对自己最好的"。此外，他还说："俄罗斯是一个男性主导的社会，人们不会被这种行为冒犯。"对这个问题，你怎么看？运用第4章介绍的道德行为框架分析这一问题并提出建议。

网络练习

12-20. 中国是一个巨大、有吸引力且富裕程度不断提升的市场。在向中国出口产品之前，大多数企业都会进行市场调研，以便更好地了解中国市场。有两个有用的研究网站，分别是中国商务信息中心（China Business Information Center, CBIC, www. export. gov/china）以及英国国际贸易部（UK Department for International Trade, www. gov. uk/government/organisations/department-for-international trade）。例如，企业可以通过 CBIC 了解它们是否准备好了进入中国市场；可以获得贸易信息，阅读有关中国的最新商业新闻。假设你受雇于一家公司，该公司希望开始向中国出口三种产品：（a）早餐麦片；（b）流行音乐光盘；（c）笔记本电脑。根据这些产品的类别，使用前述网站及互联网搜索引擎，准备一份企业在决定出口中国之前应该搜集的信息清单。

12-21. 沃尔玛是一家大型零售商，但它只有大约四分之一的销售额来自美国以外的地区。科尔斯迈尔（Coles Myer）是澳大利亚最大的零售商之一，其在澳大利亚以外地区的销售额很少。使用互联网搜索引擎、科尔尼管理咨询公司的网站等网络资源评估国际零售业，并基于你的研究回答以下问题：（a）这些顶级零售商在选择其开展国际化经营的目标国家时应考虑哪些因素？（b）这些企业进行国际化扩张的最佳目标市场有哪些？（c）各企业的管理者在评估其对国际化的准备程度时应关注哪些类型的问题？

12-22. 美国商务部普查局（The U. S. Bureau of the Census）会跟踪外贸统计数据。请访问网站 www. census. gov/foreign-trade，并通过在搜索引擎中输入"美国出口企业概况"（Profile of U. S. Exporting Companies）这个标题找到对应报告的最新版本。细读这份报告并回答以下问题：

（a）美国的出口企业有哪些类型？即，美国出口企业是如何按企业类型进行细分的？例如，出口企业主要是大企业还是小企业？它们主要属于制造业、农业还是服务业？

（b）中小型出口企业在美国贸易中的作用是什么？这类企业在美国出口企业中所占的比例是多少？它们的出口额在出口总额中所占的比例是多少？

（c）哪三个国家是美国出口企业最青睐的出口目标国家？根据这份报告，是哪些因素让这些国家成为美国企业的最大出口市场？

12-23. 为什么对于企业来说，评估自身对国际化的准备程度十分重要？

12-24. 总结对国家进行筛选，进而识别出有潜力的市场的方法。

CKR 有形流程工具™练习

癌症保险市场评估

癌症是一种危及生命的疾病，其难以治疗且费用高昂。癌症相关的药物和治疗都很昂贵。在世界范围内，人们往往通过购买健康保险来支付医疗费用。在其他情况下，政府会提供由税收收入支持的健康保险。然而，一份典型的保单可能不足以完全支付治疗癌症的高额费用。美国国际集团（AIG）和美国家庭人寿保险公司（AFLAC）等保险公司专门提供补充保险，以覆盖专门的癌症护理费用。当这些公司在外国市场推销健康保险时，它们会寻找最有销售前景的市场。其管理者会对可行的选择进行研究。

在本练习中，假设你在像 AIG 或 AFLAC 这样的健康保险公司工作。你的任务是对不同的国家进行评估，以确定最有希望作为补充癌症保险销售的目标市场的国家。你将研究有助于估计三个可能的目标国家/地区的行业销售潜力的变量。你的评估将基于特定行业的癌症保险需求指标。

背景

全球很少有人有足够覆盖癌症的治疗及护理费用的健康保险。因此，人们经常购买补充健康保险。全球癌症保险市场非常大。

健康保险公司，如 AIG 和 AFLAC 等专门提供覆盖专门的癌症治疗及护理费用的补充保险。癌症补充保险通常由保险代理人和保险经纪人销售。典型的保险代理人会设立一个方便客户访问的销售办公室，偶尔也会直接打电话或上门向潜在客户推销保险。保险有时也在互联网上销售。

第 12 章

第 4 部分

进入国际市场并在
国际市场经营

第 13 章 出口与全球采购

本章学习目标：

1. 理解外国市场进入战略之出口

2. 了解进出口交易管理

3. 理解如何识别国外中间商并与其合作

4. 了解外包、全球采购和离岸外包

5. 了解全球采购的利益、风险与责任

6. 了解全球采购战略与供应链管理

篇首案例   **出口商对国际客户的不懈追求**

你的宠物是否蓬头垢面了一整天？你的爱驹是否因鬃毛无光而显得无精打采？华丽丝产品公司（Vellus Products, Inc.，以下简称华丽丝）总裁莎伦·多尔蒂（Sharon Doherty）能够帮助你解决这些问题。华丽丝是美国一家小型企业，专门生产宠物美容产品，如洗发香波、毛发刷子、护发素。多尔蒂说，供人类使用的洗发液用在宠物身上效果不佳，因为动物的毛皮比人类更敏感，更易受到刺激。

华丽丝第一笔出口生意的买家是中国台湾的一位进口商，他购置了价值 25 000 美元的产品，准备在台湾犬展上销售。从此，华丽丝便声名在外了。"我开始接到世界各地的客户打来的电话，他们声称听说过我们的产品，向我询问购买这些产品的途径，"多尔蒂回忆说，"但是我需要先去做市场调查，然后了解更多关于如何在这些国家做生意的方式。"当时，华丽丝必须针对各个外国市场的具体情况，对营销方式进行调整，以便适应当地的市场状况。

对于华丽丝和无数其他企业而言，出口能够增加销售额和利润、扩大客户类别。作为一种外国市场进入战略，出口的成本低、风险小且较为简单。对于像华丽丝这类缺乏充足的财力和人力的小型企业而言，出口的这几个特点都是巨大的优势。此外，出口还有助于减少销售量的波动。比如，由于世界各地的犬展在每年的不同月份举办，所以出口有助于稳定华丽丝的销售量。

华丽丝这类企业利用了国外中间商提供的业务支持。多尔蒂经常向她的国外分销商提供建议和指导，与他们分享她在进口以及在犬展网络营销方面的知识和见解。她说，这类建议广受好评，对建立长期的业务联系大有裨益。多尔蒂也在物色潜在分销商方面做足了功课，她说："要尽可能多地收集资料，不要自以为是。错误的选择会耗费你宝贵的时间和金钱。"

华丽丝等出口商运用各种方法寻找国外分销商。其中一种方法就是到目标国家参加商品交易会。华丽丝的管理者通过到国外参加犬展而发现了潜在分销商。而其他企业则通过查询各国或各地区的企业目录、黄页、贸易协会和政府网站等方式来寻找国外分销商。

迄今为止，华丽丝已将其产品销往了 30 多个国家，其中包括澳大利亚、加拿大、中国、英国、芬兰、新西兰、挪威、新加坡、南非及瑞典。企业约有一半的收入来自出口。总而言之，有 300 多种宠物狗正在华丽丝产品的帮助下尽展风姿。华丽丝的管理者已在 15 个国家注册了企业商标，并致力于扩大其出口销售量。

案例问题：

13-1. 如案例所述，出口有哪些好处？

13-2. 出口商如何寻找国外分销商？

13-3. 多尔蒂的案例对新出口商有什么启发？

资料来源：Thomas Cook and Kelly Raia, *Mastering Import and Export Management*（New York：AMACOM, 2017）；C. Cultice, "Best in Show：Vellus Products," *World Trade*，January 2007，p. 70；Sharon Doherty, "Greetings from Vellus U.S.A," *Sharon Kay's Notes*，Winter 2011-2012，www.vellus. com；International Trade Administration, "Vellus Products, Inc.," www. trade. gov, accessed April 7, 2018；Vellus company website at http://www. vellus. com, accessed April 5, 2018.

大多数经济活动发生在本国以外，因此企业从事国际业务是有意义的，国际化有助于企业成长并增强竞争力。篇首案例中的华丽丝是一家欲进行海外扩张的典型的年轻企业。当华丽丝和其他企业的管理者决定进行国际化时，他们必须选择最合适的外国市场进入战略。回想一下，这些战略包括全球采购、出口、许可贸易、建立合作企业和 FDI。华丽丝这类年轻企业更偏好出口，因为其通常是能提供许多优势的最简单的方法。

本章中，我们将对出口战略进行详细介绍。我们将研究出口的优势和劣势，以及经验丰富的企业为确保成功所采取的步骤。我们将探讨出口中间商的性质，并研究买家对进口商品的各种支付方式。我们还将研究与出口相对的进口和全球采购。通过从世界各地供应商处采购零件、成品和服务，企业将获得巨大优势。接下来让我们从出口开始探讨。

13.1 外国市场进入战略之出口

出口（exporting）指的是将一国境内（通常为生产者母国）生产的产品或服务

出售、分销给他国消费者的战略。

　　由于出口战略风险小、成本低，且不需要对外国市场和交易过程非常了解，因而多数企业都将出口作为进入外国市场的初级战略。通常，焦点公司会将生产活动保留在国内市场完成，而将营销、分销和客户服务等活动放在出口市场完成。如今，许多总部位于发达经济体的跨国企业将制造环节安排在其他国家——通常是中国、墨西哥或波兰等新兴市场，然后将产品出口至目标市场。至于后面的营销、分销和客户服务等业务，焦点公司既可以自己来做，也可以承包给独立分销商或代理来做。

　　出口这种外国市场进入战略引起了资金和货物的大规模流入与流出，而这种资金和货物的大规模流入与流出就构成了全球贸易。出口通常能为国家赚取大量外汇收入。例如，大量的出口收入多年来一直使日本受益匪浅；中国的很多产业也已然成为出口领军者，进而为中国经济注入了巨大财力；比利时、芬兰等小型经济体也通过出口贸易大大增加了自己的外汇储备，从而可以支付从国外进口的大量商品。

　　出口战略并不仅仅限于首次进入外国市场时采用，即使对于拥有广泛的国际业务的企业来说，出口也是一种常见的外国市场进入战略。世界上最大的出口企业就包括空客和波音等大型飞机制造商。美国嘉吉（Cargill）和日本丸红株式会社（Marubeni）等从事大宗商品交易的大型贸易公司也都是大型出口企业。通常情况下，大型制造企业为出口总额贡献了最大的份额，例如，美国大型制造企业的出口额约占美国出口总额的四分之三。然而，绝大多数出口企业还是那些职工人数少于500人的中小企业（在大多数国家，它们的占比超过90%）。

　　出口作为一种外国市场进入战略，灵活性极强。出口商进入市场和退出市场都相当容易，承担的风险和投入的成本也都是最低的。企业也可以在国外建立生产基地，并将产品出口至其他国家。

　　近年来，世界出口额大幅增长。表13.1列出了美国各制造行业的国际贸易依存度，不过其分析仅限于美国大型制造业的上市公司。表中数据是企业总部和国外各子公司共同实现的国际销售额。正如表中所反映的那样，许多行业的总销售额中有一半及以上来自外国市场。除了埃克森美孚（Exxon Mobil）、超微设备（Advanced Micro Devices）、康宁（Corning）和雅培（Abbott Laboratories）外，苹果、阿斯利康（AstraZeneca）、必和必拓（BHP Billiton）、庞巴迪（Bombardier）、戴姆勒（Daimler）、伊莱克斯（Electrolux）和力拓（Rio Tinto）等企业的外国市场销售额也占到了其总销售额的三分之二以上。[1]

① International Trade Administration，"Trade Statistics," 2018，www.trade.gov；The Times，"Exploring Global Export Markets," www.thetimes.co.uk，accessed April 7，2018；UNCTAD，*Handbook of Statistics 2017*（New York：United Nations，2018）.

表 13.1 美国各制造行业的国际贸易依存度

行业	国际销售额占总销售额的比例（行业平均值，%）	行业中的代表性企业	代表性企业的国际销售额占总销售额的比例（%）
能源	59	埃克森美孚	66
信息技术	57	超微设备	78
材料	53	康宁	72
工业	45	卡特彼勒	59
医疗保健	37	雅培	69
非必需消费品	35	美泰	40
必需消费品	34	通用磨坊	28

资料来源：Patti Domm，"Shrinking Dollar Could Boost the Market and Make These Stocks Big Winners," *CNBC*, July 24, 2017, www.cnbc.com; *Forbes*, "The Global 2000," 2017, www.forbes.com; Hoovers corporate profiles, 2018, www.hoovers.com.

13.1.1 服务业出口

在多数发达经济体中，服务业在经济活动中所占份额最大。在外国市场销售的服务业包括旅游业、建筑施工业、工程业、教育业、银行业、保险业和娱乐业。好莱坞电影制片厂的数十亿美元收入来源于电影与录像出口。建筑企业将员工派往海外，完成重大工程项目的施工任务。会计师、工程师等专业人士经常通过互联网、电话、邮件提供远程服务，也会亲自前往用户所在国提供上门服务。保险业在伦敦等中心区位创建套餐服务，然后通过邮件和互联网向其他国家的客户出口。

然而，许多纯服务（pure service）因为无法运输而无法出口。例如，你无法将一次理发服务打包装箱运往国外。家得宝（Home Depot）、玛莎百货（Marks & Spencer）等多数零售业企业是通过在目标市场兴建零售店来提供服务的——也就是说，它们的国际化是通过 FDI 完成的，因为零售业需要与客户进行直接接触。此外，许多服务业企业能够出口一部分服务，但是需要依靠其他外国市场进入战略来完成另一部分向外国市场提供的服务。例如，安永通过向外国派遣员工能够出口一部分会计服务，但是它还可以在外国开设办事处，然后雇用当地人员就地提供会计服务。

国际旅行通常被视为一种服务出口。当加拿大公民在巴西入住酒店时，该酒店就是在向外国人提供服务。澳大利亚公民在印度做白内障手术——这种趋势被称为医疗旅游——在印度的国民账户中被视为出口。在中国、法国、西班牙和美国，旅游业产生的外汇收入甚至超过了大多数商品出口。[1]

---

[1] Anne Smith，"Health Care Bargains Abroad," *Kiplinger's Personal Finance*, January 2012, pp. 65–68; Oliver Smith, "The 51 Destinations Where Tourists Outnumber Locals," *The Telegraph*, September 27, 2017, www.telegraph.co.uk.

总的来说，通过当地代表或代理，或者结合 FDI、特许经营、许可贸易等其他外国市场进入战略，多数服务是可以被提供给外国客户的。互联网为从航空票务到建筑设计等服务的出口提供了媒介。在互联网的帮助下，服务业正在成为国际商务中出口增长最快的领域之一。[①]

出口的优势

- 提高总销售量，增加市场份额，通常能获得比国内市场更大的利润。
- 实现规模经济效应，降低生产成本。
- 实现客户群体的多样化，减少对国内市场的依赖。
- 减少因经济周期或需求的季节性变化引起的销售量波动。
- 降低外国市场进入成本，可以在以 FDI 方式投入更多的资源之前，对新市场进行试探。
- 同其他外国市场进入战略相比，可以实现风险最小化和灵活性最大化。
- 可以利用国外分销商和外国商业合作伙伴的能力与技术。

出口的劣势

- 由于出口并不要求企业在外国市场建立实体存在（与 FDI 相比），因此企业管理者了解客户、竞争对手和市场其他特点的机会也相对较少。
- 企业必须有开展复杂交易的能力，而这势必会挤占企业资源。此外，出口商还必须精通国际销售合同与交易、新的融资方式、物流和单证方面的知识。
- 从事出口的企业会面临关税等贸易壁垒及汇率波动。如果汇率波动导致出口产品价格过高，超出国外买方的支付能力，那么出口商便要承担因价位被迫抬高而失去市场的风险。例如，在 2017—2018 年间，由于欧元相对美元升值，美国减少了对欧洲商品的进口。

13.1.2　系统性的出口方案

经验丰富的企业管理者会通过制订一套有计划有步骤的方案来增加企业出口成功的砝码。图 13.1 直观地列示了出口过程中的各个步骤。我们一起对这些步骤进行详细的研究。

第一步：评估全球市场机会。

首先，管理者要评估企业可以利用的各种全球市场机会，并分析企业及其产品是否已经做好了出口准备。管理者要能筛选出最具吸引力的出口市场，识别出合格的分销商及其他外国商业合作伙伴，评估行业市场潜力和企业销售潜力。参加商品交易会和商贸访问团是评估市场潜力、识别国外中间商的切实可行的方法。我们在第 12 章已经详细介绍了评估全球市场机会的程序。

---

① UNCTAD，2018.

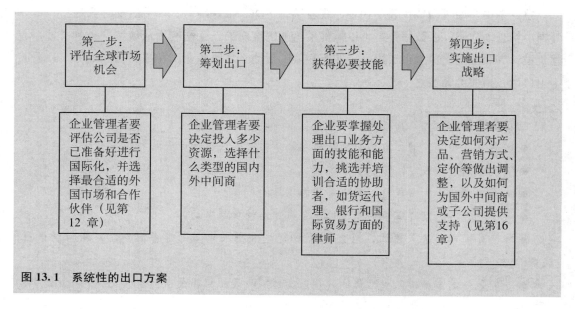

图 13.1 系统性的出口方案

第二步：筹划出口。

接下来，管理者需要解决以下问题：企业应该将什么类型的管理资源、财务资源和生产资源投入到出口中去？企业应该遵循什么类型的时间表以实现出口的短期目的与长期目标？企业应该在多大程度上依赖国内外中间商实施出口战略？

图 13.2 列出了企业实施出口战略时可以选择的组织结构。**间接出口**（indirect exporting）是指企业通过与国内中间商签订合同完成的产品出口。小型出口企业或者刚刚涉足国际业务的企业通常会寻找国内的出口管理公司或贸易公司等中间商，由它们负责寻找国外买方、运输产品、收取货款。对多数企业而言，间接出口与直接出口相比的主要优势在于：企业能以低风险、低成本较为便利地实现国际化。

相比较而言，**直接出口**（direct exporting）则主要是指通过与国外中间商签订合同完成的产品出口。外国市场当地的中间商相当于出口企业的延伸，代表出口企业进行谈判，承担当地供应链管理、定价、客户服务等职责。与间接出口相比，直接出口的主要优势在于：企业对出口流程的控制力更强，利润空间更大，与国外客户和外国市场的关系更加密切。然而，与间接出口相比，选择直接出口的企业必须在出口业务的开发与管理上投入更多的时间、更多的人力和更多的资源。

管理者在决定是采用间接出口还是采用直接出口时，往往需要考虑以下几个关键因素：

● 企业管理者愿意投入到国际扩张和个别市场上的资源（主要指时间、资本和管理技能）；

● 外国市场在战略上的重要性；

● 企业产品的性质，包括是否需要在售后服务方面提供支持；

● 目标市场中合格中间商的可获得性。

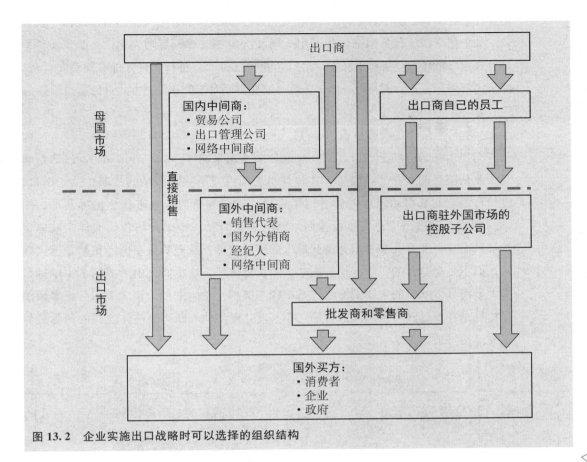

图 13.2　企业实施出口战略时可以选择的组织结构

需要注意的是，许多企业会同时进行直接出口和间接出口。

对于企业来说，还有一种出口方案，即在外国市场建立销售办事处或**控股子公司**（company-owned subsidiary），专门处理在那里进行的营销、实体分销、促销和客户服务等活动。这种方案要求企业亲自在外国市场承担一些重要任务，如参加商品交易会、进行市场调研、物色分销商、寻找并服务客户。如果外国市场可能创造高销售额或具有重要战略意义，那么企业管理者可能会采取这种方案。企业管理者甚至可能会在那里建立分销中心、仓库和一家职能健全的营销子公司，并为其配备一支销售队伍。

第三步：获得必要技能。

出口交易要求企业掌握产品开发、分销、物流、融资、合同法、货币管理等方面的专业技能。企业管理者可能还需要熟练掌握外语并具备跨文化交流能力。幸运的是，包括银行、货运代理和国际贸易顾问等在内的协助者可以帮助缺乏上述专业技能的企业。

第四步：实施出口战略。

在最后一步，企业管理者要实施并管理其出口战略，这通常要求企业管理者改良其出口方案以适应各个市场的环境。产品改良即对产品进行改进，使其适应目标市场买方的需求。例如，如果微软想在日本销售电脑软件，它就必须用日文编写软件。甚至连我们在篇首案例中讨论过的华丽丝也必须对其销往国外的犬类美容产品做一番改良。如果把华丽丝在美国销售的犬用毛刷和洗发香波拿到英国去卖，可能就卖得不好。在出口市场，竞争对手林立，出口企业只有对产品进行改良才能获得竞争优势。除了需要对产品进行调整外，出口企业可能还需要对定价和营销方式进行适当调整。

13.1.3 进口

与出口相对应的是**进口**（importing）或**全球采购**（global sourcing）。进口指的是企业从国外购买产品和服务，并将其引入国内或第三国市场的战略。关于出口、支付与融资的基本知识也同样适用于进口。进口和出口合起来称为国际贸易。图 13.3 根据商品进出口总额进行排名，列出了几个经济体最大的贸易伙伴。就单个经济体而言，加拿大和美国是彼此最大的贸易伙伴，这表明很多国际贸易是区域性的，而不是全球性的。中国是美国最大的贸易伙伴，这主要是由于美国从中国进口了大量商品。欧盟的主要贸易伙伴是中国与美国。总的来说，该图表明，大多数国际贸易是在发达经济体之间进行的，而且发达经济体与新兴经济体之间的国际贸易正在迅速增加。

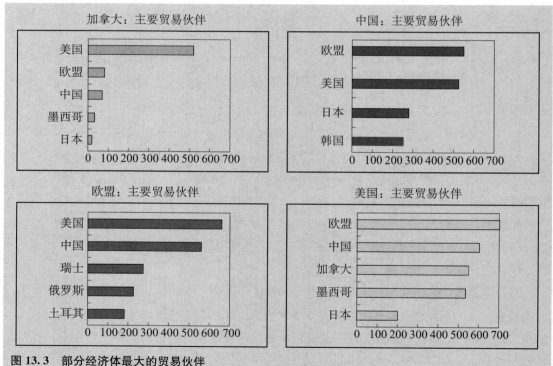

图 13.3 部分经济体最大的贸易伙伴

说明：图中所示数值是 2017 年商品进出口总额，单位为 10 亿美元。

资料来源：European Commission at http://ec. europa. eu；Statistics Canada at www. statcan. gc. ca/tables-tableaux/sum-som/l01/cst01/gblec02a-eng. htm；U. S. Department of Commerce at www. census. gov/foreign-trade；U. S. -China Business Council at www. uschina. org；World Trade Organization，at http://stat. wto. org.

13.2 进出口交易管理

国内业务与国际业务最大的不同之处在于单证和运输。

13.2.1 单证

单证（documentation）指的是出口交易中运输程序和报关程序所要求的各种正式表格和其他文件。首先，出口商通常应潜在客户的要求，出具报价单（quotation）或形式发票（pro forma invoice）。这种单据的作用是向潜在买方介绍出口商品或服务的价格，并对商品或服务进行描述。商业发票是出口商发货后签发的有约束力的要求付款的凭证。

企业通常通过海运方式向进口商发送出口商品，有些企业也采取空运方式。提单（bill of lading）是出口商和承运人之间签订的基本合同。它授权运输企业承运商品至买方目的地。提单也用作进口商购买商品后获得的收据和提取进口货物的物权凭证。原产地证明（certificate of origin）是发运商品的"出生证明"，它表明了产品的原产国。此外，出口商通常必须提供对所运输的商品的全面描述。政府机关通过这些信息来确定货物内容、控制出口量和编纂有关进出口的统计资料。出口商通常需要通过购买保险凭证（insurance certificate），来转移出口商品可能遇到的各种风险，如损毁、丢失、偷窃，甚至延误。出口商通常把单据的准备工作委托给国际货运代理来做。货运代理是一个重要的国际贸易协助者，就像货物的旅行代理一样。

13.2.2 装运与《国际贸易术语解释通则》

出口时，需要将货物从出口商的工厂送达临近的海港或机场，再由轮船或飞机运抵国外港口，然后经由陆路运输转运至客户的最终目的地。一些要运往邻国出口的产品可以完全借由陆路交通工具，如铁路或卡车，运达客户目的地。在整个交付过程中，出口商会发生各种运输费用，并且要为出口商品办理保险，以解决运输途中可能发生的货损及货失问题。

过去，在国际贸易中发生的运费和保险费应该由谁来支付这一问题上，卖方（即出口方）和国外买方往往会发生争议。为了解决这些争议，国际商会（International Chamber of Commerce）已经针对销售与交付制定了一套通用的标准术语。这套术语常被称作《国际贸易术语解释通则》（International Commerce Terms, Incoterms）。《国际贸易术语解释通则》常被用于国际销售合同中，它明确了买卖双方应如何分摊运费和保险费，也明确了从哪一点开始买方取得货物所有权。

例如，EXW（Ex works）这一贸易术语指的是工厂（指定地点）交货。这意味着交货发生在卖方的经营场所或其他指定地点（如工厂、制造场所或仓库）。采用 EXW 这一贸易术语时，卖方的责任最小，买方承担自卖方交货后的一切费用和风险，并且由买方安排装运。

FOB（free on board）这一贸易术语指的是装运港（指定装运港）船上交货。这意味着交货发生于货物在指定的装运港越过船舷时。采用 FOB 这一贸易术语时，买方承担交货后的一切费用和货物损失的风险，卖方负责办理出口清关手续，但由买方安排装运。

CIF（cost，insurance and freight）这一贸易术语指的是成本加保险费和运费（指定目的港）。这意味着卖方必须支付将货物运至指定目的港所需要的保险费和运费；交货发生时，货物损失的风险即从卖方转移至买方；买方负责清关和其他费用及风险。

13.2.3　进出口支付方式

与国内贸易相比，国际贸易的货款收取更加复杂。外国货币可能处于不稳定状态，或外国政府可能阻挠资金离开本国。一旦在支付问题上发生争端，当地法律和执行机制可能偏袒本国企业，而置国外企业于不利地位。

在发达国家和许多新兴市场，企业常常只有在有把握收回货款的情况下向买方（进口商）提供信用。出口商给予发达国家进口商几个月的付款融通时间，或者按照赊账方式安排支付都是常有的事情。然而，在与一些发展中经济体的贸易中，由于部分进口商可能无法完成付款，出口商在向它们提供商业信用时则很谨慎。

国际贸易中存在几种收取货款的惯常做法。下面从出口商角度按照安全度从高到低的大致顺序，将它们依次列出：现金预付、信用证、赊账和对销贸易。接下来我们逐个解释这些付款方式。

（1）现金预付。出口商提前收到预付的现金，说明货款在货物运达客户之前就已经收讫完毕。这种方式的主要好处在于出口商不必为货款收取问题而担忧，几乎是交易一经达成便收到货款。然而，从买方的角度，现金预付这种方式不仅风险大，而且可能造成资金周转问题。尤其是在进口商不太了解出口商的情况下，由于担心出口商不履行交货义务，进口商可能不愿意提前付款。基于这些原因，现金预付这种方式并不受国外进口商的欢迎，往往会阻碍交易的达成。坚持现金预付的出口商往往会把生意拱手让给愿意接受更为灵活的支付方式的竞争对手。

（2）信用证。跟单信用证简称信用证，它解决了现金预付存在的一些问题。由于同时保护了进出口双方的利益，信用证已经成为出口业务中最受欢迎的货款收取方式。从本质上说，**信用证**（letter of credit）是进口方银行与出口方达成的一份合同，用于确保进口方一收到出口货物便向出口方支付货款，相当于以银行的名义和信用取代进出口双方的名义和信用。由于几乎所有银行在世界范围内都与代理行有业务往来，因此这一支付体系得以有效运行。

不可撤销信用证（irrevocable letter of credit）一旦开出，没有进出口双方的许可，便不得撤销。出口企业只要履行了合同规定的义务便可获得支付。信用证有如一座桥梁，在进出口双方之间建立起了信任关系。信用证同时也明确了出口方需要提交的单证，如提单、商业发票和保险凭证等。进口方银行在支付之前，首先要核实所有单据是否已满足进出口双方在信用证中约定的要求。如果没有，则其间的差距必须在银行付款之前得到弥合。

图 13.4 表示的是以信用证为国际交易支付方式的典型流程：

①出口商与国外买方（即进口商）签订销售某产品的合同。

②进口商请求其银行（即进口方银行）开立以出口商为受益人的信用证。

③进口方银行通知出口方银行信用证已经开出。

④出口方银行确认信用证的有效性。

⑤出口商按信用证的规定准备货物，并将货物运抵进口商处。

⑥出口商向其银行，即出口方银行出示装运单据，出口方银行审查这些单据，以确保它们完全符合信用证条款。这些单据通常包括信用证规定的单据、提单和保险凭证。

⑦出口方银行将单据发送给进口方银行，进口方银行审查单据以确保它们完全符合信用证的规定。

⑧一经确认无误后，进口方银行即通过出口方银行向出口商全额付款。

⑨进口商在规定的期限内向进口方银行全额付款。在许多国家，进口商的付款期限可以延长至几个月。

第13章

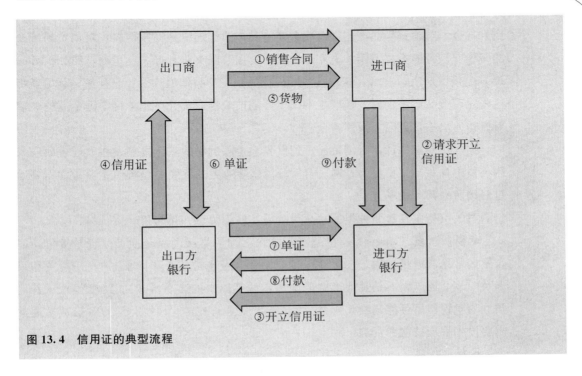

图 13.4　信用证的典型流程

与信用证相联系的一个支付工具是汇票（draft）。汇票类似于支票，是一种金融工具。汇票指示银行于见票日或指定到期日向持票人支付一定数额的某种货币。在"信用证＋汇票"这一付款方式下，进口方银行必须在出口方银行提交转移所购货物的所有权以及证实出口商已经采取特定步骤使进口商所购货物备妥待运的单证时即付款。当然，进口商可以立即付款，也可以日后付款。另外，出口商可以将手中持有的汇票和信用证出售，以避免需要等待若干周甚至若干月才能收到货款的情况。

（3）赊账。当出口商采用赊账方式收取货款时，进口商可以在收到货物后未来某个时间才向出口商支付货款，这与零买客户以记账方式向百货商店购买商品如出一辙。由于存在风险，出口商一般只有在与老客户或信誉卓著的业务伙伴或隶属于自己的分公司进行交易时，才使用这种方式。赊账交易时，出口商仅向客户开出账单，期望它们在未来某日按照双方商定的条件支付货款。然而，在国际交易中，赊账是一种有风险的支付方式，所以企业在采取这种方式时应小心谨慎。

（4）对销贸易。**对销贸易**（countertrade）是指当传统支付手段难以采纳或不可用时，以商品和服务来换取其他商品和服务的贸易形式，类似于以物易物。与新兴市场和发展中国家政府进行交易时，对销贸易尤为盛行。焦点公司通常为某西方企业，如通用电气〔它希望向发展中国家出售自己的产品或技术（如喷气式发动机）〕。在某笔交易中，发展中国家政府由于缺乏硬通货，可能会请求通用电气接受一些当地产品作为部分货款。

通常，发展中国家提供的产品均为初级产品（例如，谷物、矿石或者国际销售潜力有限的制成品）。企业如果同意接受这些产品，那就必须筹划销售并将货物转换为现金。对销贸易往往比"以现金换商品"的传统贸易复杂得多，对销贸易涉及的多项交易可能需要多年才能完成。比如，烟草巨头菲利普·莫里斯（Philip Morris）向俄罗斯出口香烟，获得俄罗斯提供的化工产品作为补偿。菲利普·莫里斯将这些化工产品运往中国并换取了中国生产的玻璃器皿，又在北美将中国生产的玻璃器皿销售出去，最后才换回现金。

据一些专家估计，对销贸易占到世界上全部贸易的三分之一。在大规模政府采购项目中，对销贸易更为普遍。希望开展国际业务的发展中经济体企业通常需要通过对销贸易拓宽市场。

对销贸易主要有四种类型：易货贸易、补偿贸易、互购和产品回购协议。

● **易货贸易**（barter）指的是没有货币参与的直接商品交换。尽管易货贸易如今不太常见，但仍被用于一次性直接交易（甚至也被用于国内贸易）。易货贸易只涉及一笔交易（而不是其他形式的两笔或两笔以上的交易），时间跨度很短（其他类型的对销贸易可能延续几年之久），复杂程度也不高（其他类型的对销贸易通常需要投入管理技能和资源）。

● **补偿贸易**（compensation deal）既涉及商品形式的支付，也涉及现金形式的支付。例如，一家企业向巴西政府出售设备，巴西政府以硬通货支付一半货款，以巴西商品支付另一半货款。

● **互购**（counterpurchase）也称为背靠背交易（back-to-back transaction）或抵消协议（offset agreement），涉及两笔不同的交易。在第一笔交易中，卖方同意按某一价格出售自己的产品，并获得买方的现金支付。不过，这第一笔交易能否最终实现还要取决于第二笔交易。在第二笔交易中，卖方同意向买方购买与前一笔交易的金额相等或为其一定比例的商品（或在买方国家生产/组装一定比例的商品）。如果两笔交易的金额不等，则要以现金形式支付差额部分。互购在国防工业的军事装备销售中应用广泛。

● **产品回购协议**（buy-back agreement）又称返销，是指卖方同意向买方提供技术或设备，为买方建立一个经营场所，买方以该经营场所生产的产品作为补偿。例如，卖方可能在买方国家设计并建设一家生产拖拉机的工厂。卖方得到的补偿是自己承建的工厂生产出来的拖拉机，卖方获得这些拖拉机后再将其销往国际市场，以取得货款。实际上，在产品回购协议这种贸易方式下，第一笔交易涉及的商品和服务能够生产其他商品和服务，而这些被生产出来的商品和服务又被作为对第一笔交易的偿付。产品回购协议可能需要几年时间才能完成，因此风险很大。

在对销贸易中，企业可能会遇到以下问题：

● 客户提供的商品可能质量低劣，因而在国际市场上的销售潜力有限。

● 通常很难评估客户提供的商品的市场价值，特别是当这些商品属于初级产品或者低劣制成品时。另外，对于这些商品，买方并非总有机会进行检验或总有时间做市场分析。

● 交易双方都会倾向于虚报价格。因此，卖方出售货物后实际获得的现金可能会少于预期。

● 对销贸易其实是一种复杂度高、程序烦琐、旷日持久的交易。因此，企业最终能够做成并产生效益的对销贸易常常只占很小的比例。

● 政府制定的规则常常会导致对销贸易具有浓重的官僚色彩。这些规则本身加剧了对销贸易的烦琐程度，使出口企业望而却步。

既然对销贸易的风险如此之大，那么为什么还有许多企业进行对销贸易呢？首先，对于有些企业来说，如果不接受对销贸易，那就无贸易可言。比如，一些国家政府要求以对销贸易作为获得所需商品的条件。其次，一些企业利用对销贸易在新市场站稳脚跟或发展新供应商。例如，在采矿业，某些矿种只有发展中国家才有，而在这些地区采矿的权利可能只会被授予愿意进行对销贸易的企业。最后，许多企业以对销贸易为手段，收回国外子公司被冻结在账户中的利润。企业会探查子公司所在地的市场，寻找可以成功出口到世界市场的产品。如果不进行这种对销贸易，

企业就无法收回这些利润。通用电气以前的汽车贸易子公司就是为了提供贸易信贷而创建的——也就是说，在一国市场上出售汽车，作为回报，要为原产于该国的商品的出口做出贡献。

13.2.4　进出口融资

出口商通常需要获得融资以支持国际销售。融资是指买方或卖方通过获得短期贷款来完成交易。能否提供具有吸引力的支付条件往往决定了交易的成败。如果中小企业接到了来自国外的大订单，那么融资能力往往决定了企业完成该笔订单的能力。

出口商通常从商业银行、分销渠道中间商、进口商和供应商处获得融资。某些情况下，出口商可以将其应收账款出售给专业金融机构，这类业务称为福费廷（forfaiting）。

在国外设有子公司的大型跨国企业通常采用企业内部融资（intra-corporate financing）。它们允许子公司保留大大超过其自身盈利水平的利润，从而为出口提供融资。母公司可以向子公司提供贷款、股权投资、商业信用（如延长应收贷款的付款期限）等融资服务，支持子公司完成出口交易。母公司还可以为子公司从境外银行获得贷款提供担保。最后，大型跨国企业常常能够通过在股票市场上出售企业债券或股票获得股权融资。

多数政府机构会为有融资需求的出口商设立一些扶持项目。一些项目是政府直接向出口商拨款，另一些则是由银行等获得授权的贷款方提供融资，政府只提供担保，保证在进口商无力支付货款的情况下由政府向放贷的商业银行进行偿付。

美国的进出口银行（Ex-Im Bank）就是这样一个政府机构，它为出口商提供信用保险，保证偿付出口商在以短期信贷方式出口时因进口商不履约而遭受的损失。加拿大出口发展公司（Canada's Export Development Corporation）、巴西国家经济和社会发展银行（Brazil's Banco Nacional de Desenvolvimento Economico e Social）、印度出口信贷与担保公司（India's Export Credit & Guarantee Corporation）均提供与进出口银行职能相当的服务。政府援助计划对中小企业尤其有用，因为中小企业往往无法从其他来源获得融资。例如，美国小企业管理局（U. S. Small Business Administration）专门帮助小型出口企业获得贸易融资。

进出口商的出口融资能力取决于四个关键因素：

● 出口商的信誉。小型企业或没有经验的企业在获得银行融资方面可能会遇到困难，尤其是难以获得大额贷款。

● 进口商的信誉。一些进口商，尤其是那些来自发展中经济体或货币管制国家的进口商可能无法获得融资。

● 交易的风险。国际贸易的风险通常大于国内贸易，而银行并不愿意为存在风险的交易提供贷款。风险的大小取决于出口商品的价值和适销性、销售环节的不确定性程度、进口国政治与经济的稳定程度，以及贷款得到偿还的可能性。

● 交易的时间安排。交易的时间安排会影响融资成本。在国际贸易中，出口商通常希望早日得到偿付，而进口商希望延期付款。在某些行业里，完成一笔交易所耗用的时间相当长，银行可能会犹豫是否为该交易提供融资。

信誉、风险和时机也会影响融资成本，进而影响商品的定价和利润空间以及出口商可接受的付款条件。

13.3　识别国外中间商并与其合作

如篇首案例中所强调的那样，企业要在出口业务上取得成功，通常需要与国外分销商、销售代理及其他中间商建立深厚、密切的联系。分销渠道中间商是焦点公司价值链中的物流和销售服务供应商。它们向国内外市场输送产品和服务，并在目标市场执行关键的下游功能。对于大多数出口商来说，依靠独立的国外中间商是低成本进入外国市场的方式。特别是对于规模小或缺乏经验的出口商来说，中间商是必不可少的，因为中间商对当地市场有深入了解，而且一般有着比较广泛的关系网，可以为出口商提供强大的支持。中间商可以位于外国目标市场，也可以位于本国，还可以通过互联网运营。

大多数中间商位于出口商的外国目标市场。它们能提供许多服务，包括市场调查、任命当地制造商代表、在展览会或商品交易会上展示产品、安排货物在当地的运输以及清关等。中间商还能组织当地的营销活动，包括产品推广、广告、促销和售后服务。许多中间商还能为销售提供融资和信贷等。简言之，位于外国市场的中间商可以像出口商的当地合作伙伴一样处理当地所有业务。

国外分销商（foreign distributor）是位于外国市场的中间商，它们根据合同为出口商提供服务。国外分销商在其国内市场或领土上拥有出口商的产品所有权和分销权，通常具有销售、促销和售后服务等营销职能。国外分销商本质上是独立的批发商，它们以折扣价从出口商处购买商品，并加上一定利润率后将商品转售出去。它们在外国市场推广、营销并管理库存。它们通常还拥有大量的实体资源，并为产品提供融资、技术支持和售后服务，为出口商分担部分国外经营职能。

制造商代表（manufacturer's representative）是与出口商签约的中间商，它们在指定国家或地区代表出口商销售其商品或服务。制造商代表有多种名称——代理商、销售代表或服务代表。本质上，它们代表出口商在指定目标市场充当签约销售人员，通常被赋予广泛自主权。制造商代表对其所代表的商品不享有所有权，并且通常以佣金的形式获得补偿。它们不具有提供实体设施、营销或客户支持等职能，因此出口商必须自行解决这些问题。

一些中间商设在国内。对进口批发商来说，它们从国外进口商品，在国内市场销售、再出口或用于制造成品。对制造商来说，它们还进口一系列用于生产高附加值产品的原材料、零件和组件，以及一系列互补的产品和服务，以补充或扩大自己的产品范围。对零售商（如百货公司、专卖店）来说，需要进口所销售的商品。对百思买集团（Best Buy）、嘉纳泰尔（Canadian Tire）和玛莎百货等零售商的调查表明，它们的大部分产品都来自国外，特别是劳动力成本低的国家。

贸易公司（trading company）作为中间商，从事各种商品、产品和服务的进出口业务，它代表生产者履行国际营销职能。国际业务经验有限的生产者往往缺乏在国际市场上销售产品的意愿或资源，因此通常会通过贸易公司来开展进出口业务。在具体的经营过程中，大型贸易公司与代理类似，负责协调全球市场上无数商品的销售。它们通常是采取薄利多销策略的经销商，通过在商品原有价格的基础上加一定比例作为售价获取利润。在日本，大型贸易公司被称为 sogo shosha。在日本和中国，贸易公司通常从事进出口业务，而且擅长采用薄利多销的贸易策略。

位于国内的中间商是**出口管理公司**（exporting management company，EMC），它们为（通常缺乏经验的）客户企业充当出口代理，代表客户企业寻找出口客户、协商销售条款并安排国际运输。EMC 以佣金形式获得回报。尽管 EMC 通常比贸易公司小得多，但一些 EMC 拥有完善的海外分销网络，能帮助出口商快速进入外国市场。但由于通过 EMC 出口具有间接性，所以制造商面临着对国外销售失去控制力的风险，其国际形象可能会受到负面影响。

一些焦点公司通过互联网，而非通过传统的批发和零售渠道向客户销售商品。不通过传统中间商的话，企业能以更低的价格更快地销售商品，这种方法尤其对中小企业有利，因为中小企业通常缺乏开展传统的国际业务所需的大量资源。

无数网络中间商在全球范围内为买家和卖家之间的交易提供支持。新兴技术创造了中间商以前没有扮演过却时常需要扮演的新角色。许多传统零售商通过建立网站或与网络服务供应商合作构建了网络销售渠道。例如，乐购（Tesco）和沃尔玛（Walmart）等零售商的购物网站对现有实体分销基础设施进行了补充，并为实体店带来了更多客户。

13.3.1 寻找国外中间商

直接出口商通常很难在目标国家找到合适的中间商。为了找到合适的国外中间商，出口商还可以参考以下信息来源：

● 国家和地区的企业名录，如康帕斯全球企业名录（欧洲）、Bottin International（全世界）和日本贸易商名录（Japanese Trade Directory）。

● 为特定行业提供支持的贸易协会，如美国家具制造业协会（National Furniture Manufacturers Association）、美国国家汽车配件制造业协会（National Association of Automotive Parts manufacturers）。

● 政府负责支持经贸发展的部、委、署，如澳大利亚贸易委员会、加拿大出口发展公司和美国商务部国际贸易管理署（International Trade Administration of the U. S. Department of Commerce）。

● 境外使领馆的商务专员。

● 对出口商目标市场具有特定知识的货运代理和贸易顾问。

出口商应考虑参加目标市场国的商品交易会。商品交易会是结识潜在中间商、熟悉业内要员和向资深人士（即有外国市场经验的其他出口商）请教的有效途径。实地参观能够让企业管理者身临其境，获得结识潜在中间商的机会。企业管理者还可以查看潜在中间商的设施情况，以评估其能力、技术和销售潜力。候选的中间商减少至一两个时，有经验的出口商通常会要求它们为协议项目起草一份商业计划书。这份商业计划书的水平和周密程度为判断潜在中间商的真实能力提供了基础。

13.3.2 与国外中间商合作

在出口领域，最典型的中间商是国外独立的分销商。出口商要依赖分销商完成出口市场上大量的营销、传统物流和客户服务工作。经验丰富的企业管理者会竭尽全力建立关系资产，即与能够提供竞争优势的国外重要中间商和协助者建立起来的高质量的、持久的业务关系和社会关系。例如，（篇首案例中提及的）莎伦·多尔蒂正是通过与称职的国外分销商建立了紧密关系而取得了出口业务上的成功。尽管竞争对手通常能够复制出口商的其他竞争优势，如产品特征或营销技巧，但是与称职的国外中间商的深厚关系是经过长时间建立起来的，不易复制，这种关系为出口商提供了持久的竞争优势。

出口商应建立与中间商互利互依的关系纽带。为了创建积极的业务关系，出口商应该善于体察中间商的目标和志向。具体来说，出口商可以对中间商的需求做出真诚的回应，恪守自己的承诺，保持自己的可靠形象，创造与中间商团结一致、精诚合作的局面。这要求出口商真正了解中间商的各种需求，并真心实意地满足这些需求。一般而言，国外中间商希望出口商提供：

● 优质、可靠且畅销的产品；

● 利润丰厚的产品；

● 经营其他产品系列的机会；

● 对营销沟通、广告和产品保证的支持；

● 不过度加重中间商负担的支付方法；

● 对中间商业务人员的培训，参观出口商经营场所的机会（费用由出口商承担），以便获得关于出口商经营的第一手资料；

● 帮助建立售后服务体系，包括培训当地的技术代表、确定更换残次部件的方式、随时供应用于产品维护或维修的备用件。

换个角度说，出口商对中间商也有一些期望，中间商应该努力去满足中间商的这种期望。表 13.2 归纳了有经验的出口商在指定潜在中间商时使用的筛选标准。

表 13.2 评估出口中间商的标准

中间商各方面的能力	评估标准
组织优势	• 为市场销售和增长融资的能力； • 向客户提供融资的能力； • 管理团队的素质； • 在新老客户中的声誉； • 与市场上有影响力的人士或政府机构的联系。
与产品有关的要素	• 对出口商产品的熟悉程度； • 中间商经营过的所有产品系列的质量和相比其他产品的优越性； • 确保专利和其他知识产权安全的能力； • 中间商对竞争产品系列的处理。
营销能力	• 产品系列和目标客户方面的经验； • 对目标市场的地理覆盖范围； • 销售人员的素质和数量； • 制订和执行营销计划的能力。
管理承诺	• 中间商的业务（包括一个单一的供应商）所占的百分比； • 维持足以全面服务市场所必需的库存的意愿； • 完成最低销售目标的承诺。

资料来源：Based on Davide Papa and Lorna Elliott，*International Trade and the Successful Intermediary*（New York：Routledge，2016）；International Trade Administration，*Basic Guide to Exporting：The Official Government Resource for Small and Medium-Sized Businesses*（Washington，DC：International Trade Administration，2016）；International Trade Administration，"Finding Foreign Buyers：Choosing a Sales Channel，" March 16，2018，www. export. gov.

13.3.3 当与中间商的关系破裂时如何处理

尽管双方的目的都是善意的，但出口商与其中间商之间仍可能会在以下问题上产生纠纷：补偿、营销方式、售后服务、库存水平以及根据当地客户的需求调整产品。考虑到会出现这种分歧，出口商一般会与合作伙伴建立基于合同的法律关系。有些公司给候选中间商安排了试用期，在此期间对其绩效进行评估。如果绩效不佳或可能引发争端，那么出口商可能会提出特殊要求，甚至终止合作关系。

出口商与其中间商之间的合同包含各种要素。典型的合同一般会规定以下事项：

● 出口商与中间商之间关系的持续时间。

● 中间商可以销售的产品的范围。

● 中间商可以处理产品的方式（例如，对产品的调整、对产品的定价、广告）。

● 希望中间商完成的任务和绩效目标。

● 希望出口商完成的任务和履行的责任。

● 解决争议应遵循的程序。

● 可终止与中间商的关系的条件。

出口商要提前摸清终止合同的法律要求，要在合同中加列补偿条款，明确中间商获得补偿的条件。在许多国家，商业法规会偏袒本地中间商，可能会一味要求出口商对分销商进行补偿——也就是说，即使出口商有终止合同的正当理由，也依然要对中间商进行补偿。在一些国家，法律合同并不足以保证出口商的利益。例如，非洲和拉丁美洲的许多国家都缺乏强有力的法律制度框架，这会造成合同难以执行。

和在国内经营时一样，在进入外国市场时，出口商有时也会遇到进口商或中间商不履行支付义务的情况。从支付方式的角度来看，预付现金或信用证通常是最佳选择。出口商还可以向专门经营国际贸易中的保险业务的公司购买保险，以转移商业信用风险。如果发生违约，那么对出口商来说最好的办法就是与过错方磋商。最坏的情况可能是，出口商被迫采取诉讼、仲裁等法律手段，强制过错方履行支付义务。

13.4　外包、全球采购和离岸外包

当企业进口所需的商品或服务时，就是在参与全球采购。在深入研究这个重要话题之前，让我们先回顾一下外包。具体而言，**外包**（outsourcing）是指从外部独立供应商那里采购某些选定的增值活动，包括中间品或成品的生产。[①] 企业进行外包的原因是它们不可能精通价值链上所有环节的活动，将这些活动外包从成本角度来看更有效率。例如，哈雷-戴维森从中国供应商那儿采购摩托车头盔。

业务流程外包（business process outsourcing，BPO）是指服务采购。当企业进行 BPO 时，常常会从外部供应商那儿采购会计、薪资发放和一些人力资源职能，以及差旅服务、IT 服务、客户服务和技术支持等服务。也就是说，它是指企业通过签订合同将一些服务承包给第三方服务供应商以降低成本的行为。通常来说，被外包出去的业务不是企业具有核心竞争力的部分，或对企业维持市场竞争地位不是很重要。业务流程外包可以分为两类：后向活动，包括企业内部上游的一些职能，如薪金发放；前向活动，包括企业下游的一些与客户相关的服务，如营销、技术支持。

在进行外包的过程中，企业管理者面临两个关键决策：一是将价值链上哪些活动外包出去（如果有的话）？二是将这些价值链活动外包给世界上哪些地方？

让我们一起来考虑这些选择。

13.4.1　决策 1：将价值链上哪些活动外包出去（如果有的话）？

企业管理者必须在内部化（internalization）和外部化（externalization），也就是每项增值活动应该在企业内部完成还是交由外部的独立供应商完成之间进行权

---

① Matthew Alexander，*Outsourcing 365*（Amazon Digital Services，2017，www.amazon.com）；"Outsourcing：Time to Bring It Back Home？" *Economist*，March 5，2005，p. 63.

衡。在商业领域，这个问题就相当于是选择传统制造还是选择采购："我们应自主制造一种产品或自主完成价值链上的某一活动，还是应向外部合同商采购？"

企业通常将它们认为构成其核心竞争力的一部分的增值活动和它们希望加以控制的涉及专业知识和商业秘密的活动内部化。例如，佳能将其精密机械、精密光学和微电子学方面的核心竞争力用于生产世界一流的照相机、打印机和复印机。佳能一般自主完成研发和产品设计，以降低专有知识被外泄给竞争对手的风险并在竞争中持续进步。相比之下，企业常常向外部供应商采购那些成本更低廉的非核心产品和服务，或由专业供应商提供的产品和服务。

13.4.2 决策 2：将这些价值链活动外包给世界上哪些地方？

企业面临的第二个关键决策是让每一项增值活动在母国完成还是在国外完成。**增值活动布局**（configuration of value-adding activity）是指企业开展增值活动的区位分布或地理安排。[①] 很多企业并不会将增值活动集中于母国，而是会将这些活动分散到全世界。这么做可以降低成本、缩短商品交付时间、靠近生产要素所在地，并能获取相对于竞争对手而言最大的优势。

这有助于解释为什么制造业从欧洲、日本、美国转移到了亚洲、拉丁美洲和东欧等新兴市场。根据企业和行业的特点，企业管理者可能会决定将某些特定的增值活动集中在仅仅一个或者少数几个地点，同时将另一些分散到许多国家。国外的供应商通常位于那些拥有低成本劳动力、有竞争力的生产流程和与工程及研发活动相关的专业知识的国家。[②]

德国汽车制造商宝马（BMW）在 6 个国家经营着 17 家工厂，生产轿车、双门跑车和敞篷车。位于慕尼黑的工厂不仅生产宝马 3 系轿车，而且向位于国外的其他宝马工厂供应发动机和其他关键零部件。宝马在美国、中国和印度均设有工厂，宝马在这些国家的工厂使用进口零部件生产汽车。宝马的管理者必须在全球布局最佳采购地点以最小化成本（例如，通过在中国生产），雇用技术人员（通过在德国生产），靠近重要市场（通过在中国、印度和美国生产），从而在全球汽车行业激烈的竞争中取得成功。[③]

---

① Oystein Fjeldstad and Charles Snow, "Business Models and Organization Design," *Long Range Planning* 51, No. 1（2018），pp. 32-39；Michael E. Porter, *Competition in Global Industries*（Boston：Harvard Business School Press，1986）.

② Benito Arrunada and Xose H. Vazquez, "When Your Contract Manufacturer Becomes Your Competitor," *Harvard Business Review*，September 2006，pp. 135-145；Peter J. Buckley, *The Global Factory：Networked Multinatio in the Modern Global Economy*（Northampton，MA：Edward Elgar，2018）；McKinsey & Co.，"The Great Re-make：Manufacturing for Modern Times," June 2017，www.mckinsey.com.

③ Neal Boudette and William Boston, "BMW Readies U.S. Factory Expansion," *Wall Street Journal*，March 25，2014，www.wsj.com；BMW Group, *Locations：The BMW Group—A Global Company*，www.bmw.com，April 8，2018.

13.4.3 全球采购

全球采购（global sourcing），也称为进口（importing）、全球订购（global procurement）或全球购买（global purchasing），它依赖于买方（焦点公司）和某一国外独立供应商之间的合同关系。全球采购就是一种外国市场进入战略。戴尔广泛地依靠由分布在全球的无数独立供应商组成的复杂的制造网络。图13.5详细地刻画了智能手机所需零部件的全球采购情况。[①]

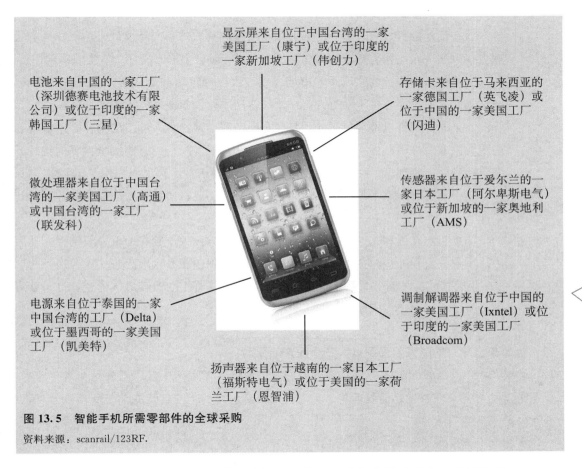

显示屏来自位于中国台湾的一家美国工厂（康宁）或位于印度的一家新加坡工厂（伟创力）

电池来自中国的一家工厂（深圳德赛电池技术有限公司）或位于印度的一家韩国工厂（三星）

存储卡来自位于马来西亚的一家德国工厂（英飞凌）或位于中国的一家美国工厂（闪迪）

微处理器来自位于中国台湾的一家美国工厂（高通）或中国台湾的一家工厂（联发科）

传感器来自位于爱尔兰的一家日本工厂（阿尔卑斯电气）或位于新加坡的一家奥地利工厂（AMS）

电源来自位于泰国的一家中国台湾的工厂（Delta）或位于墨西哥的一家美国工厂（凯美特）

调制解调器来自位于中国的一家美国工厂（Ixntel）或位于印度的一家美国工厂（Broadcom）

扬声器来自位于越南的一家日本工厂（福斯特电气）或位于美国的一家荷兰工厂（恩智浦）

图 13.5 智能手机所需零部件的全球采购

资料来源：scanrail/123RF.

全球采购是一种控制力较弱的外国市场进入战略，采取此战略的焦点公司通过合同约定向独立供应商采购。这与向自己的子公司采购这种控制力强的战略恰恰相反。频繁的全球采购意味着企业开始参与国际商务。对于许多企业而言，其管理者需要加强对国际上其他机会的认识。[②] 零售商通常从国外供应商处获得大部分商

① *China Daily*，"Top 10 Global Smartphone Suppliers," June 30，2017，www. usa. chinadaily. com. cn；Geoffrey Fowler，"How Was Your Smartphone Made? Nobody Really Knows,"*Wall Street Journal*，July 8，2016，www. wsj. com；Wilhelm Kohler and Erdal Yalcin，*Developments in Global Sourcing* (Cambridge，MA：MIT Press，2018).

② Kohler and Yalcin，2018；UNCTAD，2017.

品，家乐福（Carrefour）、嘉纳泰尔（Canadian Tire）和家得宝（Home Depot）等零售商均为大型进口商。沃尔玛占美国从中国的进口额的很大部分，每年超过 300 亿美元。施坦威（Steinway）从十几个国家采购零部件制造三角钢琴。惠普（HP）通过位于印度的呼叫中心为其客户提供技术支持。

在很多情况下，企业会将其价值链的一整个部分，例如研发、制造或技术支持转移到国外。在运动服饰行业，耐克和锐步等企业几乎将所有运动鞋生产业务外包给了成本较低的国外制造商。服装零售商盖璞 80% 以上的服装来自亚洲供应商。盖璞、耐克和锐步的主要角色为品牌所有者和运营商，而非制造商。苹果将约 70% 的生产放在国外进行，同时集中内部资源不断改进其软件和产品设计，这使苹果的管理者得以实现企业内部资源的最优化配置，并专注于其核心竞争力。

商品制造和服务的全球采购市场规模庞大，每年达数万亿美元。仅在菲律宾，全球采购就雇用了超过 100 万人。在全球范围内，最常被外包出去的业务流程包括物流、采购、销售以及客户服务，其次是财务和会计。私人部门的全球采购额现在占主要国家总进口额的一半以上。墨西哥的萨孚凯（Softtek）帮助全世界的银行开发定制软件、管理 IT 系统、支持和维护商业金融运营。萨孚凯雇用了 12 000 名员工，其中大部分为工程师。该公司在巴西、哥伦比亚、秘鲁和委内瑞拉都建有外包基地。

印度目前在处理先进经济体的异地商业服务方面处于领先地位。印度有 250 万人从事业务流程外包相关工作。印度的业务流程外包服务供应商与 75% 的《财富》500 强公司建立了业务关系。全球竞争和经济动荡迫使发达经济体的企业进一步寻求降低成本的途径，而印度的服务供应商则从中受益。

近年来全球采购的兴起受到以下三个因素的驱动：

● 通信特别是互联网和国际电信技术的进步。能够从互联网上获得大量的信息意味着世界各地的焦点公司都能迅速发现能满足它们的独特需求的供应商。企业能够不断地以低成本与外国供应商合作。

● 国际商务成本的降低。关税大幅下降，其他非关税贸易壁垒也大幅减少。高效的通信和交通系统不仅使得国际采购更加高效，而且使得每家企业都有能力进行国际采购。

● 新兴市场企业家精神的涌现和经济的快速转型。中国、印度和其他新兴市场国家迅速发展成为多种产品和服务的重要供应商。具有企业家精神的供应商积极寻求与外国购买者形成采购伙伴关系。

表 13.3 总结了关于是否进行外包以及外包给何处的决策。焦点公司的采购对象可以是独立供应商（活动被外部化），也可以是自己的子公司或联营公司（活动被内部化），或两者兼而有之。表 13.3 中的单元格 C 和单元格 D 代表进行全球采购的两种方案。尽管全球采购意味着向国外采购，但在一些情况下，焦点公司也可能

第 13 章

会向其全资控股的子公司或与其他企业共有的联营公司采购（单元格 C）。这就是**专属采购**（captive sourcing）。简伯特（Genpact）是通用电气（GE）的一个专属采购单位，其年收益超过 10 亿美元，在世界各地雇用了超过 37 000 名员工。现在简伯特作为一家位于印度的独立的企业，是最大的业务流程外包服务供应商之一。[①]

表 13.3　外包和全球采购的本质

	增值活动内部化	增值活动外部化（外包）
保留位于母国的增值活动	A 保留母公司内部的生产活动	B 将生产环节外包给位于母国的第三方供应商
在国外开展增值活动（全球采购）	C 将生产环节委托给其国外子公司或联营公司（专属采购）	D 将生产环节外包给外国第三方供应商（合同制造或向独立供应商进行全球采购）

资料来源：B. Kedia and D. Mukherjee, "Understanding Offshoring: A Research Framework Based on Disintegration, Location and Externalization Advantages," *Journal of World Business* 44, No. 3 (2009), pp. 250 - 261; *Information Economy Report 2009* (New York: United Naotions, 2009); *World Investment Report 2004* (New York: UNCTAD, 2004).

焦点公司和其国外供应商（表 13.3 的单元格 D）之间的关系可能是以**合同制造**（contract manufacturing）的形式建立的。合同制造指焦点公司将按照明确的说明书制造产品的工作承包给某一独立供应商的一种制度安排。一旦产品或零部件被制造出来，供应商便将其交付给焦点公司，焦点公司进而对其进行营销、销售和分销。本质上，焦点公司"租用"了国外承包商的生产能力。在玩具、体育用品、消费电子和汽车等行业，合同制造占所有生产的一半以上。合同制造在制药、家具、半导体、服装和鞋类等行业也很普遍。[②]

你是否曾听说过中国台湾的鸿海精密工业公司？该公司也称为富士康集团（Foxconn），是全球电子行业一家领先的合同制造商，年产值超过 1 300 亿美元。该公司按照合同约定为许多知名公司制造产品，例如，为索尼生产游戏机，为苹果生产 iPod、iPhone 和 iPad，为惠普生产打印机和个人电脑，此外还生产数以千计的其他产品。该公司拥有超过 100 万名员工，经营的合同工厂几乎遍布全世界，从马来西亚到墨西哥。[③]

离岸外包（offshoring）是指将某一业务流程或全部生产设施被重新配置到国

---

① Andrew Baxter, "GE Unit Plugs into the Outside World," *Financial Times*, September 28, 2005, p. 8; Marketline, Genpact Limited, August 30, 2017, www. marketline. com; Don Lee, "The Philippines Has Become the Call-Center Capital of the World," *Lost Angeles Times*, February 1, 2015, www. latimes. com; Angelika Zimmermann, Ilan Oshri, Eleni Lioliou, and Alexandra Gerbasi, "Sourcing In or Out: Implications for Social Capital and Knowledge Sharing," *The Journal of Strategic Information Systems* 27 No. 1 (2018), pp. 82 - 100.

② McKinsey &. Co., 2017; UNCTAD, 2017.

③ Ruth Alexander, "Which Is the World's Biggest Employer?" *BBC News Magazine*, March 19, 2012, www. bbc. co. uk; Lorraine Luk, "Hon Hai Shifts Its Chinese Work Force," *Wall Street Journal*, August 19, 2010, p. B8.

外。离岸外包在服务业（包括银行业、软件业、法律服务和客户服务）中非常普遍。[①] 印度已经出现一些大型法律中心，这些法律中心提供合同起草、专利申请、研究与谈判以及法律辅助工作等服务，其客户主要来自西方。北美和欧洲的律师每小时收费 300 美元甚至更多，而印度外包商能让西方企业在法律方面的开支大大减少，减少的幅度最高可达 75％。[②]

从数量来看，总部设在发达经济体的企业离岸外包的服务最多。新兴市场和发展中经济体是目前最受欢迎的离岸外包目的地，特别是印度、中国、墨西哥、印度尼西亚、埃及、智利和菲律宾。评估目的地的主要标准包括劳动力、工资水平、工人技能水平、语言和文化兼容性、基础设施质量、国家的法律制度、经济环境、税率和监管成本。全球外包不仅为大企业，也为中小企业提供了巨大的利益。从汽车经销商到房地产企业，越来越多的中小企业将审计、支持服务和设计工作外包给世界各地的供应商。[③]

从全球采购中受益最多的行业一般具有以下特征：
- 大规模制造业，其竞争优势主要在于高效率和低成本。
- 劳动密集型行业，比如服装业和呼叫中心。
- 客户需求一致，同时技术、生产环节及其他价值链活动实现了标准化的行业，比如汽车和机械零部件行业。
- 产品定型并且产品销售模式可预测的行业，比如消费电子行业。
- 信息密集，同时其功能和活动可以较为容易地通过互联网传递的行业，比如会计、薪金发放。
- 产品易于编码并可以较为容易地通过互联网和电话传递的行业，比如软件开发、技术支持和客户服务。

表 13.4 解释了有关外包和地理布局的决策的战略意义。该表展示了一条从研发和设计到客户服务的典型价值链。第一行指出了企业管理者认为每一项价值链活动作为战略资产对企业的重要性。第二行指出了这项活动是倾向于由焦点公司内部

① Masaaki Kotabe, Janet Murray, and Rajshekhar Javalgi, "Global Sourcing of Services and Market Performance: An Empirical Investigation," *Journal of International Marketing* 6 (1998), pp. 10-31; Masaaki Kotabe and Janet Murray, "Outsourcing Service Activities," *Marketing Management* 10 (2001), pp. 40-46.

② Joshua Freedman, "Distance Earning," *Lawyer*, November 21, 2011, pp. 14-16; Amy Kazmin, "Outsourcing: Law Firms Fuel the Demand for Offshore Services," *Financial Times*, January 30, 2009, www.ft.com; Jan Stentoft et al., "Performance Outcomes of Offshoring, Backshoring and Staying at Home Manufacturing," *International Journal of Production Economics* 199 (May 2018), pp. 199-208.

③ Alexander, 2017; Richard Frasch and Charlotte Westfall, "Sourcing Goods and Suppliers in China: A How-To Guide for Small Businesses," *Forbes*, January 26, 2014, www.forbes.com; Kohler and Yalcin, 2018; Poh-Lin Yeoh, "Internationalization and Performance Outcomes of Entrepreneurial Family SMEs," *Thunderbird International Business Review* 56, No. 1 (2014), pp. 77-96.

化，还是外包给国外供应商。第三行指出了企业管理者通常会把某项活动安排在哪里完成。

表 13.4　关于企业价值链活动外包与地理布局的典型选择

	研发设计	零部件制造	成品制造或组装	营销和品牌建设	销售与分销	客户服务
这项活动作为战略资产对企业的重要性	高	低	低到中等	高	中等	中等
内部化这项活动而非外包它的可能性	大	小	小到中等	大	小到中等	小到中等
地理布局：将这一活动设在母国还是国外的总体倾向	一般集中在国内	一般分散到多个市场	一般集中在几个市场	品牌建设集中在国内，而营销集中或分散到单个市场	分散到单个市场	除了呼叫中心常常集中配置外，其他活动分散到单个市场

13.5　全球采购的利益、风险与责任

全球采购给企业带来了巨大的利益，主要是提高了企业的业绩，增强了企业的竞争优势。然而，全球采购也伴随着各种风险。从事全球采购的企业面临着企业社会责任带来的挑战和机遇。

13.5.1　全球采购的利益

全球采购的主要利益在于成本效率和实现战略目标的能力。我们一起来进行详细研究。

（1）成本效率。全球采购的基本原理是降低企业的投入和运营成本。图 13.6 列出了典型的低劳动力成本国家制造业工人的每小时工资。通过比较可知，2017 年，欧盟和美国的制造业平均工资分别为每小时 34 美元和 22 美元。如图 13.6 所示，2017 年新兴市场的平均工资从越南的每小时 1.2 美元到波兰的每小时 7.5 美元不等，远低于发达经济体。这种工资差异解释了为什么跨国企业从新兴市场采购投入品。请注意，中国、波兰和土耳其的工资增长相当迅速。工资增长提高了这些国家的生活水平，但也降低了它们作为采购目的地的吸引力。跨国企业正将大部分制造业务转移到印度尼西亚、越南和其他劳动力成本非常低的国家。[①]

---

① International Labour Organization, *Global Wage Report 2016/17* (Geneva: International Labour Organization, 2015); Sophia Yan, "'Made in China' Isn't So Cheap Anymore, and That Could Spell Headache for Beijing," *CNBC*, February 27, 2017, www.cnbc.com.

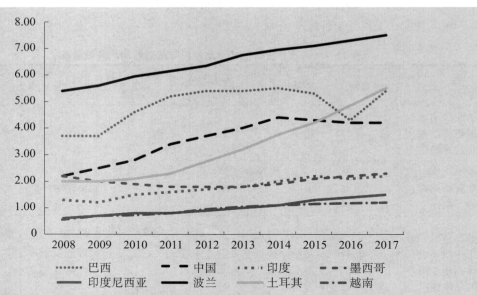

图 13.6 制造业工人每小时平均工资（美元）

资料来源：Sharon Chen，"U. S. Wages Will Be 58 Times Indonesia's By 2019，" *Bloomberg*，April 5，2015，www. bloomberg. com；"Eurostat：Hourly Labour Costs，" 2018，ec. europa. eu；International Labour Organisation，"Statistics and Databases，" 2018，www. ilo. org；Labour Bureau，Government of India，2018，http：//labourbu-reau. nic. in；*The Economist Intelligence Unit*，"Still Making It：An Analysis of Manufacturing Labour Costs in Chi-na，" 2014，www. eiu. com.

（2）实现战略目标的能力。从战略视角来看，全球采购被称作"转型外包"（transformational outsourcing），采用这种战略的企业能够通过利用离岸人才，提高效率、生产率、质量和收益。与此同时，全球采购还能让快要亏损的业务好转，提升企业创新能力，使业务得以重组，为原本无力负担的开发项目获得资金。[1] 全球采购使企业能够将以高昂的成本雇用的分析师、工程师和销售人员从日常工作中解脱出来，从而能够将更多的时间投入到研究、创新、管理等工作上面，并逐渐从事高增值活动，以更高效地提升企业业绩。[2] 就这样，全球采购成了催化剂，促使企业改变了组织流程和运营方式，增强了企业的总体竞争力，使企业能够取得重大的长期战略性成果。

许多时尚品牌——例如盖璞、H&M、耐克、优衣库——将服装生产外包给位于孟加拉国、中国和印度等国家的专业的独立供应商，于是得以将注意力集中于其

---

[1] Alexander，2017；Fu Jia，Guido Orzes，Marco Sartor，and Guido Nassimbeni，"Global Sourcing Strategy and Structure：Towards a Conceptual Framework，" *International Journal of Operations & Production Management* 37，No. 7（2017），pp. 840 - 864；Kohler and Yalcin，2018.

[2] Alexander，2017；Fu Jia，Guido Orzes，Marco Sartor，and Guido Nassimbeni，"Global Sourcing Strategy and Structure：Towards a Conceptual Framework，" *International Journal of Operations & Production Management* 37，No. 7（2017），pp. 840 - 864；Kohler and Yalcin，2018.

核心竞争力（如设计、营销和分销）。①

成本效率和实现战略目标的能力二者常常在一项具体的全球采购活动中同时存在。全球采购还能带来一系列其他好处，包括：

● 可以实现更快的发展。企业能将其资源集中于开展收益更高的活动，如研发和与客户建立关系。例如，企业能够在扩大工程师和研究人员队伍的同时，保持产品开发成本占销售额的比例恒定。

● 可以雇用到高质量的国外员工。中国、印度、菲律宾和爱尔兰等国家都拥有充裕的受过教育的工程师、企业管理者和其他能够帮助企业实现目标的专业人士。例如，迪士尼（Disney）的很多动画制作工作就是在日本完成的，因为那里有一些世界顶级的漫画家。

● 可以提高生产率并改善服务。企业可以将生产制造和其他价值链活动外包给专业从事这些活动的供应商，从而提高生产率并改善服务。例如，潘世奇卡车租赁公司（Penske Truck Leasing）通过将数十个业务流程外包到墨西哥和印度，提高了效率，改善了客户服务。另外，全球采购还使企业能够一周 7 天、每天 24 小时不间断地提供客户服务。

● 可以重新设计业务流程。通过对价值链活动的重新配置或对业务流程的改造，企业能够提高其生产效率和资源利用率。跨国企业视离岸外包为推翻企业旧有运营模式的催化剂。②

● 可以加快产品进入市场的速度。通过将软件开发和编辑工作转移到印度和菲律宾，荷兰出版商威科集团（Wolters Kluwer）能够以更快的速度出版更多种类的书籍。通过全球采购临床药物试验，大型制药企业的新药能够更快地进入市场。

● 增加了企业进入新市场的途径。采购提供了一条进入市场、了解当地客户以及在那里开展营销活动的途径。通过将许多研发机构转移到俄罗斯，电信企业北电网络（Nortel）在一个急需电话交换设备和其他通信基础设施的市场站稳了脚跟。③

● 可以增强技术上的灵活性。利用全球采购，企业可以采用任何能提供最先进的技术的供应商，增强了技术上的灵活性，以及对不断变化的客户需求更快地做出反应的能力。④

总之，这些好处激励着企业不断更新它们的战略立场。例如，埃森哲（Accenture）和简伯特等专业外包企业能够细致分解其他企业的人力资源部门、财务部门和 IT 部门的工作流程，为它们构建新的 IT 平台、重新设计全部流程并管理计划方

① Jung Ha-Brookshire, *Global Sourcing in the Textile and Apparel Industry* (New York: Fairchild Books, 2017).

② Alexander, 2017; Jia, Orzes, Sartor, and Nassimbeni, 2017; Kohler and Yalcin, 2018.

③ Alexander, 2017; Jia, Orzes, Sartor, and Nassimbeni, 2017; Kohler and Yalcin, 2018.

④ Alexander, 2017; Kohler and Yalcin, 2018; Hokey Min, *The Essentials of Supply Chain Management* (Upper Saddle River, NJ: Pearson FT Press, 2015).

案，就好像客户公司的虚拟子公司一般。接下来，专业外包企业就可以通过从亚洲到东欧及任何其他地区的全球员工网络分配工作了。[1]

13.5.2 全球采购的风险

全球采购除了会带来潜在的收益外，也存在无法预期的风险。研究显示，多达一半的外包安排比计划时间提前终止。全球采购主要存在以下风险[2]：

● 成本节约低于预期。国际交易往往比预期的更复杂，成本也更高。焦点公司与外国供应商在国家文化和企业文化上存在差异，两者可能会因此产生冲突和误解。因为需要升级或更新破旧的基础设施，以及需要将外包机构设置在大城市以吸引足够多的熟练劳动力，建设外包设施的成本可能出人意料地大。[3]

● 环境因素风险。环境因素带来的挑战包括汇率波动、关税及其他非关税贸易壁垒、高能源成本和运输成本、负面的宏观经济事件、工人罢工及自然灾害。从货币正在升值的国家采购的企业会增加成本。很多国家饱受停电、糟糕的公路和铁路等破旧公共基础设施的困扰。印度工人偶尔会发动暴力运动。2012年，印度发生大规模停电，导致数亿人处于用不上电的状态，商业和交通系统一度中断。

● 法律制度薄弱。许多受欢迎的全球采购目的地（如印度和俄罗斯）有关知识产权的立法薄弱，执法也不严，这可能会侵蚀企业关键的战略资产。许多国家的法律体系不完善，行政程序烦琐，税收体系令人费解，商业规则相当复杂，这些都导致企业在当地的经营变得复杂。

● 员工数量不足或技术水平低。一些国外供应商的员工可能对委派给他们的任务缺乏一定的了解。另一些供应商则遭受技术员工流动性过大的困扰。在许多发展中国家，工人的平均受教育水平有时不足以支持高科技企业的制造需求。许多国家缺乏教育机构，可能无法培养出足够数量的具有高级技能的工人。这些问题都会影响到它们的生产力发展和经济增长。[4]

● 过度依赖供应商。一些不可靠的供应商一旦获得一个更为重要的客户，可能就会把先前的工作搁置一边。供应商还可能会遇到财务困难，或被其他优先级排序和工作程序不同的企业收购。当这样的事件发生时，焦点公司的管理者可能只能仓促寻找其他供应商。过度依赖供应商还会导致焦点公司将关键活动的控制权过多地向供应商方面转移，从而削弱对重要价值链活动的控制力。

[1] Alexander, 2017；Jia, Orzes, Sartor, and Nassimbeni, 2017；Kohler and Yalcin, 2018.

[2] John Fernie and Leigh Sparks, *Logistics and Retail Management：Emerging Issues and New Challenges in the Retail Supply Chain* (London：Chartered Institute of Logistics and Transport, 2018)；Masaaki Kotabe and Janet Murray, "Global Sourcing Strategy and Sustainable Competitive Advantage," *Industrial Marketing Management* 33 (2004), pp. 7-14；Min, 2015.

[3] Harold Sirkin, Michael Zinser, and Douglas Hohner, *Made in America, Again* (Boston：Boston Consulting Group, August 2011).

[4] Deloitte, "2018 Global Manufacturing Competitiveness Index," 2018, www.deloitte.com.

● 可能会给自己培养竞争对手。由于焦点公司需要与国外供应商分享其知识产权和业务流程知识，所以它面临着为自己培养未来的竞争对手的风险。全球自行车领域的长期领军者施文（Schwinn）因为将其许多生产环节和核心技术转移给了低成本国外供应商，最终被迫破产（不过后来又起死回生了）。

● 母国员工的士气低落、责任感减弱。全球采购使雇员深陷雇主和雇主的客户之间。在极端情况下，员工会发现自己处于一种心理上的困境中，不清楚其雇主到底是谁。当外包致使原有员工和离岸员工一起工作时，紧张感和不确定感可能会演化成"我们和他们"的综合征，导致员工的责任感和士气下降。

13.5.3 回流与近岸外包

在欧洲和美国，许多企业已经将以前主要放在外国的制造环节重新迁回了本国，这就是所谓的**回流**（reshoring）。回流与离岸外包相反，指的是将一个业务流程或全部制造设施迁回本国。从历史上看，许多发达经济体的企业将制造业务安排在新兴市场或发展中经济体中，以获得成本更低的劳动力。但是，跨国企业的管理者在安排生产设施时，除了考虑劳动力成本之外，还需要考虑一系列因素，包括产品质量、劳动生产率、关键投入品的可获得性，以及与关键市场的距离。在将生产业务外包出去之后，欧洲和美国的许多企业发现外包目的国在这些方面是不满足要求的，于是这些企业又将生产业务迁回了本国。例如，波音、福特和通用电气近年来将数千个工作岗位迁回了美国。阿迪达斯、英国电信（British Telecom）和桑坦德银行（Santander）都是将生产业务迁回欧洲的跨国企业的例子。

促使跨国企业将生产迁回本国的其他原因还包括中国和其他新兴市场劳动力成本上升、发达经济体劳动力成本保持稳定以及自动化程度的提高。例如，汽车、电子和机械行业的企业在制造过程中大大增加了机器人的使用，这降低了单位生产成本。考虑到这些因素，在决定生产地点时，发达经济体较高的劳动力成本的影响就没那么大了。回流通过创造就业机会、产业升级和改善贸易平衡使本国经济受益。

许多跨国企业低估了在海外生产所需的成本和物流规划难度。回流现象的出现凸显了仔细权衡全球采购的利弊的重要性，也强调了对全球采购制定战略方针的重要性。[1]

---

[1] Leigh Buchanan, "Why U. S. Manufacturers Are Turning Their Attention to 'Reshoring,'" Inc., October 26, 2017, www.inc.com; James Hagerty and Mark Magnier, "Companies Tiptoe Back Toward 'Made in the U. S. A.,'" Wall Street Journal, January 13, 2015, www.wsj.com; IndustryWeek, "Reshoring: By the Numbers," March 20, 2017, www.industryweek.com; International Labour Organization, "Re-Shoring in Europe: Trends and Policy Issues," September 23, 2015, www.ilo.org; McKinsey & Co., 2017; Michele Nash-Hoff, "Reshoring Has Become an Economic Development Strategy," Industry Week, May 19, 2016, www.industryweek.com; Alessandra Vecchi, Reshoring of Manufacturing: Drivers, Opportunities, and Challenges (New York: Springer, 2017).

近岸外包（nearshoring）指的是将业务流程或制造设施转移到与母国接壤的邻近国家。近岸外包之所以受到欢迎，是因为生产地点靠近国内市场，同时还获得了成本较低和其他优势。例如，西欧的许多跨国企业为了利用市场邻近和劳动力成本低等优势，现在在波兰、罗马尼亚和其他东欧国家建立生产设施。对于加拿大和美国来说，墨西哥和中美洲是不错的近岸外包目的地。[①]

13.5.4　企业社会责任

商业人士将全球采购视为维持或增强企业竞争力的一种途径，而其他人则持消极观念，将矛头直指全球采购引发的当地就业岗位减少。例如，在 IBM 的欧洲员工举行罢工抗议离岸外包后，IBM 的股东在年会上围绕一项反离岸外包的决议争论不休。美国威瑞森电信公司（Verizon）45 000 名工人举行了罢工，抗议这家企业将支持服务工作外包给墨西哥和菲律宾的决策。在爱尔兰，吉百利（Cadbury）的工人举行罢工，抗议将当地工厂的糖果制造外包到全球。[②]

全球采购的批评者指出，全球采购会导致以下三个潜在问题：

● 母国工作岗位流失；

● 国家竞争力下降；

● 生活水平下降。

对于后两项顾虑，批评人士担心，随着更多的工作在同质量但低成本的其他国家完成，高工资国家最终将丧失其国家竞争力。他们还担心其长期拥有的知识和技能最终流失到其他国家，以及国外更低的工资水平最终会引起高工资国家的工资水平下降，导致这些国家的生活水平持续下降。

对于全球采购，人们最担心的问题是它会造成工作岗位流失。过去 10 年间，发达经济体将数百万个工作岗位外包给了新兴市场。当企业提高其从海外采购的投入品和制成品的比例时，本国的工作岗位就会流失。沃尔玛多达 70% 的制成品是从国外采购的，这使得充满担忧的公民们组建了一个名为"沃尔玛观察网"的抗议组织。该组织宣称：美国因沃尔玛的全球采购而流失了数百万个工作岗位。[③] 发展中国家也会出现工作岗位流失的情况。例如，萨尔瓦多、洪都拉斯、印度尼西亚和土

---

① Paul Hartman, Jeffrey Ogden, Joseph Wirthlin, and Benjamin Hazen, "Nearshoring, Reshoring, and Insourcing: Moving beyond the Total Cost of Ownership Conversation," *Business Horizons* 60, No. 3 (2017), pp. 363-373; Ilan Oshri and Julia Kotlarsky, *The Handbook of Global Outsourcing and Offshoring* (Basingstoke, UK: Palgrave Macmillan, 2015); Luca Ventura, "Nearshoring Tide Rises," *Global Finance*, September 2016, p. 65; *Wall Street Journal*, "Why 'Nearshoring' Is Replacing 'Outsourcing'," June 4, 2014, www.wsj.com.

② David Goldman and Aaron Smith, "36,000 Verizon Workers Go on Strike," *CNN tech*, April 13, 2016, www.money.cnn.com; Dan Griffin and Mark Hilliard, "Cadbury's Staff in Dublin Go on Indefinite Strike," *Irish Times*, March 3, 2016, www.irishtimes.com.

③ "To Start Up Here, Companies Hire Over There," *USAToday*, February 11, 2005, pp. 1B-2B; Gilly Wright, "Will Reshoring Production Reverse Job Losses?," *Global Finance*, January 2017, p. 56.

耳其的纺织行业的工作岗位渐渐转移到了印度和巴基斯坦等国。[①]

离岸外包是一个"创造性毁灭"的过程。"创造性毁灭"这一概念首先是由奥地利经济学家约瑟夫·熊彼特（Joseph Schumpeter）提出的。[②] 根据他的观点，从长远来看，企业的不断创新往往会导致成熟的产品被淘汰：个人电脑的推出本质上毁灭了打字机行业，DVD播放机的出现毁灭了VCR行业等。当离岸外包对某些群体和经济部门产生负面效应，或导致其工作岗位流失的时候，它也为企业和消费者创造了新的有利条件和机遇。在旧产品和旧行业被"创造性毁灭"后，所涌现出的新行业又会创造出新产品和新的工作岗位。

13.6 全球采购战略与供应链管理

企业可以通过采用适当的战略来降低全球采购的风险。熟练的供应链管理可以帮助企业降低成本，增强全球采购的优势。

全球采购的管理指南

● 基于正确的理由进行离岸外包。最好的理由应该是出于战略方面的考虑。绝大多数企业进行全球采购的主要动机是削减成本。然而，第一年过后，大部分企业会面临资金节省引发的收益减少。相比提升产品质量、提高整体生产效率、解放知识工人和其他通过重新配置核心资源以改善长期绩效等更具收益性的长期目标，成本节约往往无关紧要。为了最大化收益，企业管理者应分析企业价值链上的每项任务和增值活动，将企业相对薄弱的活动，或对企业总体价值的贡献相对较少的活动，或由其他人完成更有效且不会影响企业核心竞争力的活动外包出去。

● 让员工参与进来。全球采购会打击员工和其他利益相关者的士气。企业的高级管理层应通过以下方式寻求员工的支持：与管理人员和工人达成共识，制定重新部署下岗工人的替代方案，并在选择外国合作伙伴时寻求员工的帮助。

● 谨慎选择是专属采购还是与外部供应商签订合同。企业有一些活动要留在内部完成，有一些活动则要通过向外部采购完成。企业应谨慎地在这两种活动之间实现适当的平衡。许多企业将自己的采购部门设置在国外，以维持对外包活动和技术的控制力。

● 谨慎选择供应商。寻找和管理国外供应商是一件很复杂的事。焦点公司对供应商的

① Grace Kunz, Elena Karpova, and Myrna Garner, *Going Global：The Textile and Apparel Industry*（New York：Fairchild Books, 2016）；John Thoburn, Kirsten Sutherland, and Thi Hoa Nguyen, "Globalization and Poverty：Impacts on Households of Employment and Restructuring in the Textiles Industry of Vietnam," *Journal of the Asia Pacific Economy* 12, No. 3（2007）, pp. 345 – 362.

② Leonid Kogan, Dimitris Papanikolaou, Amit Seru, and Noah Stoffman, "Technological Innovation, Resource Allocation, and Growth," *The Quarterly Journal of Economics* 132, No. 2（2017）, pp. 665 – 712；Joseph A. Schumpeter, *Capitalism, Socialism, and Democracy*（New York：Harper, 1942）.

制造流程的影响可能很有限。供应商可能会采取投机主义行为或恶意行为。为了保证采购活动的成功，焦点公司必须非常小心地确认和鉴别潜在的供应商，然后监督它们的活动。

● 强调与供应商的有效沟通。全球采购失败的一个常见原因是：买方和供应商没有花费充足的时间来相互了解。它们往往在还没有搞清楚彼此的期望时便匆匆达成协议，从而引起误解或导致不令人满意的结果。新兴市场供应商生产的产品的质量可能不稳定，因此企业管理者可能需要对制造过程进行全面的监督。为了避免误解和挫折，合作伙伴必须相互分享必要的信息。[①] 在产品开发活动中与供应商密切合作能激发焦点公司对新产品、新技术或有关对现有产品和技术进行改进的灵感。努力与供应商建立牢固的关系可以强化焦点公司和供应商之间的道德契约，这往往比正式的法律契约更有效。

● 保护好自身利益。焦点公司在与供应商打交道的过程中应采取具体行动来保护自身利益。第一，它可以建议供应商不要参与会损害其声誉的具有潜在破坏性的行动。第二，考虑到需要不断地进行复审、学习和调整，焦点公司可以通过持续增加对合作伙伴的专项投资（如与供应商共享知识）来升级承诺。第三，焦点公司可以通过与供应商建立股权关系来分担成本和分享收益，这样，万一未能成功实现预期，也可以让供应商分担成本或放弃收益。第四，焦点公司可以通过保留必要时选择其他合作伙伴的权利来维持灵活性。第五，焦点公司可以通过限制合作伙伴获取知识产权和关键资产，对其加以牵制。如果与供应商的冲突无法通过谈判解决，那么企业可以选择收购供应商的全部或部分股份。

公共政策应努力减轻全球采购可能会造成的潜在危害。[②] 政府可以运用经济和财政政策，帮助企业家获得其自己的劳动所创造的经济收益，或将研发所需的资本成本保持在较低水平，以鼓励企业开发新技术。另一个有用的政策是确保国家拥有一个强有力的教育体系，其中包括能培养工程师、科学家和技术工人的技术学校，以及资金充足的大学。强有力的教育体系可以为企业培养大量高素质劳动力。

13.6.1 全球供应链管理

从遥远的市场采购产品成为当前一种常见商业现象的关键原因是：现在商品可以高效地从全球的一个地区运往另一个地区。

全球供应链（global supply chain）是指企业在全球范围内组织起来的综合性采购、生产和分销网络，其中每一项活动都位于全球范围内竞争优势最大的国家/地区。全球供应链管理包括上游（供应商）流程管理和下游（客户）流程管理。

供应链和价值链这两个概念既相互联系又相互区别。回忆一下，价值链是对产品或服务进行的设计、生产、营销、支付和支持等活动的集合，而供应链是向制造

---

① Alexander，2017；Kohler and Yalcin，2018；Nada R. Sanders，*Supply Chain Management：A Global Perspective*（Hoboken，NJ：Wiley，2017）.

② Kohler and Yalcin（2018）.

商或零售商提供投入品的物流专家和物流活动的集合。

灵活的供应链管理能够优化价值链活动。若没有一个有效的供应链体系，只是向分散在世界各地的大量供应商采购，那么既不经济也不可行。即使漫不经心的观察者在看到超市里或百货商店里来自数十个国家的琳琅满目的产品后，也会感到惊叹不已。这些产品交付到最终用户手中的速度也同样令人印象深刻。

请思考加拿大消费者订购戴尔笔记本电脑这个例子。消费者下单后，该订单通常会被发送到戴尔位于马来西亚的工厂，于是该工厂的工人必须向分散在全世界的戴尔的供应商采购 30 个不同组件。实际上，生产一台常规款戴尔电脑的总供应链涉及多个层面的供应商，通常包括在亚洲、欧洲和美洲的大约 400 家企业。戴尔管理这一复杂的供应链的技术十分高超，消费者提交订单后一般能在两周内收到电脑。

供应链中枢网络和全球快递服务供应商是全球供应链必不可少的部分。许多焦点公司将其供应链活动委托给那些独立的物流服务供应商，如中外运敦豪、联邦快递等。管理其他企业的物流业务的咨询公司被称为第三方物流服务供应商（3PL）。利用第三方物流服务供应商通常是国际物流的最佳方案，尤其适合于生产总量小或缺乏创建自己的物流网络所需的资源和专门技术的企业。

表 13.5 总结了供应链的阶段、主要功能和典型活动。该表揭示了供应商是怎样与焦点公司互动，这些焦点公司又是怎样与经销商和零售商互动的。

表 13.5 全球供应链的阶段、功能和活动

	供应商	焦点公司	中间商和/或零售商
供应链的阶段	从母国和国外采购	原材料流入，产品和服务流出	分销给国内外客户（出口）
主要功能	向焦点公司提供原材料、零部件、补给以及业务流程和其他服务	生产或组装零部件/制成品，提供服务	分销和出售产品/服务
典型活动	维持库存，处理订单，运输商品，提供服务	管理库存，处理订单，生产或组装产品，提供和交付服务，向客户、零售商或中间商分销产品	管理库存，下订单或处理订单，提供服务，管理物资调运，提供售后服务

将产品实体交付给某一出口市场的物流成本占总成本的比重可能高达 40%。高超的供应链管理能同时增强客户满意度和降低成本。经验丰富的企业能够利用信息与通信技术（ICT）来简化供应链，从而降低成本并提升配送效率。例如，电子数据交换（EDI）借助先进的信息与通信技术平台，自动将订单从客户处直接传递给供应商。英国乐购（一家连锁超市）使用 EDI 系统将销售点的数据与物流经理联系到一起，大幅降低了库存成本。借助 EDI 系统，乐购得以实时跟踪商品的购买量，例如，过去要在该企业的仓库里存放数日或数周的罐装食品如今能够直接从供应商处运往乐购的门店。

第 13 章

　　物流是商品通过供应链进行实体转移的过程。它集信息、运输、库存、仓储、物料处理及与之相似的有关原材料、零部件和制成品的交付活动于一体。企业管理者可以利用实时库存系统来减少转移成本和储存成本。在国际上，由于地理距离更为遥远，法律环境多种多样，加之个别国家的配送基础设施往往不足且成本高昂，物流变得更为复杂。企业的全球供应链越多变，物流成本就越高。

　　灵活、高效的物流管理至关重要，尤其是涉及实时库存系统时。美国进口的货物中 40% 以上需要在加利福尼亚州的洛杉矶港和长滩港清关，这两个港口每天需要处理的集装箱超过 24 000 个。由于需求日益增长，而基础设施相对缺乏，于是进口商品清关时就会长时间延误。这使得美国进口商品的运输时间变长了，并且进口商的成本更高了。由于延误，美国玩具反斗城公司的供应链所耗费的时间被迫增加了 10 天。[①] 由于无法将其畅销产品按时运送至零售商那儿，巴西 MGA 娱乐公司损失了 4 000 万美元。由于供应链规划不善，微软（Microsoft）的 Xbox360 游戏机一上市就销售一空，导致该产品的非官方渠道价格飙升。Xbox360 在亿贝上的售价高达 1 000 美元，相比之下，官方定价仅为约 400 美元。[②]

　　国际物流一般会采用多种运输方式，包括陆路运输、海路运输和航空运输。陆路运输借助公路和铁路，海路运输借助集装箱船，航空运输借助商务飞机或客机。选择运输方式时需要多方权衡。需要考虑的因素主要有以下三个：成本、交付货物所用的运输时间、预期运输时间相对于实际运输时间的可预测性。

海路运输、陆路运输和航空运输的比较

● 经海路运输的货物约占国际运输总量的 90%。海路运输虽然比航空运输慢，但比航空运输便宜很多。可放置于远洋船舶上的大型货柜（20 英尺或 40 英尺的海运集装箱）的发明使海路运输发生了革命性变化。一艘现代船舶一次能够搭载数千个集装箱，从而形成了规模经济。因此，海路运输的成本往往不会超过产品最终售价的 1%，十分有竞争力。

● 陆路运输的价格一般比海路运输高，但比航空运输低。即使陆路运输可行，出口商也经常会选择海路运输。例如，一些墨西哥企业会用船舶将货物运往加拿大。

● 航空运输速度快、可预测性很强，但非常昂贵。由于成本太高，一般只有易腐产品（如食品和鲜花）、价值重量比高的产品（如名贵珠宝和笔记本电脑）和紧急货物（如药品和紧急救援物资）会采用航空运输。不过，随着航空运输成本的日益下降，航空运输的使用也在快速增加，但其运输量还是仅占国际运输总量的 1%。

---

　　① Jeffrey Sparshott, "Trade Gap Shrinks by Most in 6 Years," *Wall Street Journal*, June 4, 2015, p. A2; Laura Stevens, Suzanne Kapner and Leslie Josephs, "Port Delays Starting to Damage Businesses," *Wall Street Journal*, www. wsj. com.

　　② Alison Maitland, "Make Sure You Have Your Christmas Stock In," *Financial Times*, December 19, 2005, p. 11; Sanders, 2017.

篇尾案例　　　　　　**巴雷特农场食品公司：小公司的国际化探索**

巴雷特农场食品公司（Barrett Farm Foods，以下简称巴雷特）总经理菲利普·奥斯丁（Philip Austin）刚刚参加完在德国科隆举行的食品行业商品交易会（世界最大的食品和饮料交易会，以下简称科隆交易会）返回国内，他激动不已。巴雷特位于维多利亚州首府墨尔本，是澳大利亚第六大食品公司。公司既经销大宗农产品，也经销加工食品，其中澳洲坚果、麦片、大蒜、生姜、干果和蜂蜜行销整个澳大利亚。在过去 10 年间，巴雷特实现了稳健增长，去年的销售额大约为 2.15 亿美元。尽管巴雷特的国内知名度很高，但是其国际业务却一直限于接受并完成偶尔主动送上门的国外订单。为了完成这些出口订单，巴雷特一直依靠澳大利亚中间商来提供国际物流和国际支付方面的帮助。不过，奥斯丁对于在未来几年大幅扩大出口业务充满了激情。

发现机会

促使奥斯丁去参加科隆交易会的是近期来自澳大利亚政府贸易促进部门，即澳大利亚贸易委员会的一份报告。该报告强调了澳大利亚食品出口的巨大潜力。例如，据澳大利亚贸易委员会称，去年澳大利亚食品出口额超过 300 亿澳大利亚元。澳大利亚贸易委员会相信深加工食品的潮流正在到来，因此希望提高澳大利亚的食品出口额。

这就造成了一个两难的境地。澳大利亚目前出口的食品大部分是生鲜食品，而不是加工食品。哪怕仅 10% 的加工食品增值是在澳大利亚完成的，那么澳大利亚的国际收支也将得到改善。例如，澳大利亚贸易委员会希望澳大利亚生产商将谷物加工成面包或其他烘烤食品，然后再出口到欧洲，而不是单纯出口谷物，从而为澳大利亚人创造工作机会。澳大利亚贸易委员会相信肉类、谷物、糖类、奶制品和水产品最具食品加工潜力。

在科隆交易会上结识潜在出口客户

在科隆交易会上，巴雷特的坚果蜂蜜麦片和奶油状涂抹食品大获成功。意大利连锁超市斯坦达（Standa）的一位高级业务主管路易吉·凯拉蒂（Luigi Cairati）十分热衷于与巴雷特建立业务往来。他指出，过去 10 年间，欧洲超市对异域食品和异域蔬菜的兴趣陡增，各家零售店争相展示来自世界各地的农产品。斯坦达也正在从其他国家物色新产品，其中部分原因是为了满足对非应季水果和蔬菜的需求。法国馥颂食品集团（Fauchon）的采购经理加布里埃尔·马丁（Gabrielle Martin）也表达了在馥颂美食店展示高品质异域食品的想法。她补充说，欧洲人视澳大利亚为异域、无污染、高质量产品的原产国。另外，随着欧洲水果产量的日趋减少，水果罐头市场也已经成形。

奥斯丁先生还遇到了来自英国的一位代理人彼得·泰尔福特（Peter Telford），泰尔福特先生向奥斯丁表示了成为巴雷特的欧洲代理人的兴趣，并介绍了自己所掌握的有关市场的知识、广泛的门路和丰富的业务经验，还指出其他澳大利亚公司，如伯恩斯·菲利普公司（Burns Philip）、Elders-IXL 公司和 Southern Farmers 公司都已经在该地区开展业务。他也列举了几个成功的案例，其中一家是悉尼的糕点制造商 C&M Antoniou，该公司目前

第 13 章

已经在英国建立了一家小型工厂，从而绕过了欧盟市场的农业关税，现已成为英国几家大型连锁超市，包括玛莎百货、乐购和桑斯博里（Sainsbury's）的供应商。另一家是澳大利亚的 Buderim Ginger，该公司近期在德国开设了一家办事处，从而把经营活动从英国扩展到了欧洲大陆腹地。

创建特别工作组

科隆交易会后，奥斯丁先生从公司的高级管理层中选择了三位，创立了一个三人特别工作组，委托他们开展出口业务。他认为出口额达到 3 000 万美元的目标是合理的。至于向欧洲出口什么产品是最具潜力的，巴雷特还需考察公司目前所能提供的产品。公司将委任一位代理，如彼得·泰尔福特，帮助公司向欧洲客户出口。菲利普·奥斯丁先生在科隆交易会上结识的人士都是可以立即成交的潜在客户。公司也可以向欧洲进口商寄送一些有关产品和公司的资料，或者可以在欧洲寻找并指定一个或一个以上能够联系上超市等大批量买方的分销商，还可以改造自己的网页，以吸引出口业务。

虽然巴雷特的高级管理层对于向欧洲市场扩张有着与奥斯丁先生同样的热情，但是他们并没有抱着与奥斯丁先生同样乐观的态度。巴雷特内部几乎没有人具有处理国际运输、出口单证和收取货款等复杂业务的经验。另外，他们深知出口业务的完成旷日持久，公司将不得不对出口交易进行融资。最重要的是，高级管理层认为他们必须创建一个专门负责出口的小组，雇用或培训出精通出口业务的员工。

食品贸易是一项复杂的业务，其中一部分原因在于食品具有易腐性，因此常常需要采用特殊设备进行分销。此外，欧洲在国民口味、规章制度和市场结构方面与澳大利亚存在许多不同之处，而食品又易受当地偏好的影响。例如，深褐色的咸味发酵早餐酱料 Vegemite 是澳大利亚人的最爱，但是这种东西在世界其他地方却很少被人接受。由于欧美对巴雷特一无所知，所以巴雷特恐怕还需要通过品牌建设来提高自己的知名度，而这无疑又会缩小利润空间。

巴雷特将不得不依靠一些国外中间商，这些国外中间商能够与重要连锁超市建立联系以分销公司的商品。彼得·泰尔福特是合适的人选吗？必须向这些中间商提供多高的佣金？由于欧盟市场存在众多更有经验、更强大的竞争对手，因此巴雷特必须保持自己的定价优势。定价的复杂性会令没有经验的公司管理者手足无措，巴雷特的高级管理层也意识到价格会对销售量和利润产生重大影响。欧洲统一货币——欧元——的流通简化了定价策略，但是挑战依旧，而且数不胜数，因为价格还要受到运输成本、买方需求、汇率、关税、竞争者定价、规制和营销与分销成本的影响。

案例问题：

13-4. 你认为菲利普·奥斯丁的欧洲扩张计划存在什么问题？你支持他为公司所选择的出口战略吗？更系统的出口方法应具有哪些特点？

13-5. 为什么巴雷特选择出口作为其进入欧洲市场的战略，而不是通过 FDI 或许可贸易？出口对巴雷特有什么好处？对巴雷特来说，出口的潜在缺点是什么？

13-6. 巴雷特的出口计划将面临哪些挑战？公司需要获得什么样的新能力来管理其出口交易？

13-7. 巴雷特应该如何在直接出口和间接出口中选择？巴雷特认为欧洲中间商的理想特征是什么？巴雷特从哪里筹措出口销售的资金呢？

13-8. 已经有许多公司在欧洲销售加工食品。巴雷特怎样才能成功地与这些公司竞争呢？

13-9. 为什么澳大利亚贸易委员会希望澳大利亚公司专注于出口加工食品？为什么出口高附加值产品对澳大利亚有好处？

说明：巴雷特是一家虚构的公司。

本章要点

关键术语

易货贸易（barter）

业务流程外包（business process outsourcing，BPO）

回购协议（buy-back agreement）

专属采购（captive sourcing）

控股子公司（company-owned subsidiary）

补偿贸易（compensation deal）

增值活动布局（configuration of value-adding activity）

合同制造（contract manufacturing）

互购（counterpurchase）

对销贸易（countertrade）

直接出口（direct exporting）

单证（documentation）

出口（exporting）

出口管理公司（exporting management company，EMC）

国外分销商（foreign distributor）

全球采购（global sourcing）

全球供应链（global supply chain）

进口（importing）

《国际贸易术语解释通则》（Incoterms）

间接出口（indirect exporting）

信用证（letter of credit，L/C）

制造商代表（manufacturer's representative）

近岸外包（nearshoring）

离岸外包（offshoring）

外包（outsourcing）

回流（reshoring）

贸易公司（trading company）

本章小结

在本章中，我们学习了：

1. 外国市场进入战略之出口

出口相当于在本国进行产品生产，然后将产品运输到国外，通过中间商销售并交付给国外客户。这种战略受大多数首次开展国际经营的企业的偏爱。出口也是一种相对灵活的进入战略，它允许企业在外国市场问题丛生的时候迅速抽身。有计划又有步骤的出口方案要求企业管理者对全球市场机会进行评估、为出口做出组织安排、获得必需的技能、设计并实施出口战略。出口的组织安排包括间接出口、直接出口和建立控股子公司。

2. 进出口交易管理

企业管理者必须熟练掌握清关、国际货物运输和单证业务，熟悉这些业务所要求的表格和其他用于完成国际交易的文件。出口商通常将单证的缮制工作委托给货运代理。《国际贸易术语解释通则》是被普遍接受的交易条件，它有效地明确了销往国际市场的商品的价格之内包括什么、不包括什么。采取出口战略的企业还要了解各种支付方式，如现金预付、信用证、赊账和对销贸易。对于多数企业来说，信用证是最佳支付方式，因为它为进出口双方直接建立了互信，同时保护了买卖双方的利益。出口市场的激烈竞争迫使出口商向客户提供具有吸引力的支付条件。

3. 识别国外中间商并与其合作

企业管理者可以通过各种公开与非公开信息源寻找销售代表、分销商等中间商。这些商业伙伴能够代表出口商在国外履行各种职能，出口商最好能与它们建立长期关系。它们之间建立良好关系的关键在于创建互利的关系纽带，企业管理者要真诚地回应分销商的需求，对分销商的诚实守信行为加以鼓励。

4. 外包、全球采购和离岸外包

全球采购是指向位于国外的独立供应商或企业控股的子公司购买产品或服务，以供母国或第三国消费。外包指从外部独立供应商那里采购某

些增值活动，包括中间品或制成品的生产。业务流程外包指将财务、会计和人力资源等业务职能外包出去。采购既可以通过独立供应商完成，也可以通过企业控股的子公司或联营公司完成。离岸外包指将某一业务流程或全部生产设施重新配置到国外。关于增值活动，企业管理者必须做出两个战略决策：制造还是采购投入品？在哪里配置增值活动（即增值活动在地理上的布局）？

5. 全球采购的利益、风险与责任

全球采购旨在降低经营成本或实现其他战略目标。对于一些企业家来说，全球采购能扭转快要失败的业务的恶化趋势，加速创新，以及为本来无力承担的开发项目筹集资金。全球采购面临的风险包括未能实现预期的成本节约、需要面对环境上的不确定性、可能会给自己培养竞争对手、参与全球采购的供应商没有得到足够的培训、过度依赖供应商以及影响现有员工的士气。许多跨国企业已经开始回流和近岸外包。

6. 全球采购战略与供应链管理

企业在做出全球采购决策的过程中，应该对其战略远景进行规划。尽管成本削减往往是进行全球采购的首要原因，但是全球采购还能为客户创造价值、增强企业竞争优势。当商品得以高效地从地球上某一个地方运往另一个地方后，全球采购就变得可行了。全球供应链指企业在世界范围内组织起来的综合性采购、生产和经销网络，并且网络中的每一个环节都会被配置到竞争优势最大的国家。

检验你的理解

13-10. 出口的含义是什么？出口有什么优点和缺点？

13-11. 描述出口的组织结构。企业应该遵循哪些步骤来确保成功出口？

13-12. 管理出口交易涉及哪些主要任务？

13-13. 解释出口商通常使用的支付方式。最可靠的支付方式是什么？出口商如何进行支付？

13-14. 解释对销贸易的性质、作用和风险。

13-15. 出口商应采取哪些步骤以确保与中间商成功合作？

13-16. 识别企业从全球采购中获得的好处。为什么企业要将业务外包给外国供应商？

13-17. 业务流程外包对企业战略和绩效的影响是什么？

13-18. 企业在全球采购中面临哪些风险？

13-19. 管理人员可以采取哪些步骤将全球采

购的风险降至最低？

13-20. 战略性全球采购可以遵循什么指南？

运用你的理解

13-22. Moose & Walrus（M&W）是一家为年轻人设计流行服装的制造商。M&W 已经在国内市场站稳了脚跟，但国内市场已相对饱和，未来的销售增长前景不大。公司的高级管理层决定将 M&W 的服装生产线出口到日本、土耳其和欧洲各国。假设 M&W 雇用你来协助其国际化进程。请你为公司的高级管理层准备一份简报，说明以下几点：

- 出口的利与弊。
- 出口的系统化步骤。
- 进出口交易管理的系统方法。
- 出口的支付方式。

为了适应目标市场，M&W 需要考虑哪些因素，以对服装风格做出相应的调整？

13-23. ACT 是一家小型卫星技术通信公司。该公司的产品是一种多波束天线，可以让广播行业的客户同时接收多达 35 颗卫星的信号。这家公司几乎没有国际贸易经验。ACT 最近聘请您担任其出口经理。基于广泛的调查，您发现该产品在非洲、中国、俄罗斯和沙特阿拉伯有大量需求。在遵循了出口组织结构中的大部分步骤后，你得出结论——直接出口是 ACT 的最佳外国市场进入

战略。接下来你要在目标市场找到分销商。你将如何完成这项任务？你需要获得哪些资源以便在这些市场中找到分销商？与国外分销商建立商业关系后，怎样维护好这一关系？最后，ACT 在其大部分的潜在市场应该采用什么支付方式？

13-24. 道德困境：假设你受雇于一家生产混合动力汽车零部件的环保工业企业（EcoPure）。EcoPure 在经营中强调社会责任，并采用三种外国市场进入战略：出口、建立合作企业和 FDI。出口指的是向国外客户销售产品，通常与在当地市场组织营销和分销活动的外国中间商签订合同。通过与外国企业建立合作企业，EcoPure 可以获取它们的技术、专业知识、生产要素或其他资产。此外，EcoPure 还利用 FDI 资金在海外设立工厂或其他子公司。每一种战略——出口、建立合作企业和 FDI——都容易受到特定类型的道德困境的影响，EcoPure 的最高管理层要求你找出并描述三种战略各自最典型的困境。根据第 4 章的道德行为框架和其他材料，回答以下问题：各种市场进入战略可能会引发哪些问题？哪种市场进入战略最有可能引发道德问题？证明你的答案。

网络练习

13-25. 您在一家生产儿童玩具的公司工作。尽管几乎没有国际销售经验，但企业管理者还是希望开始拓展出口业务。你的老板了解到，找到国外分销商至关重要，但对如何找到它们知之甚少。您知道许多国家政府都会为新出口商寻找国外分销商提供帮助。例如，政府会开展包括贸易代表团、贸易展览会和中间商计划（出口商与国外分销商的"双选会"）在内的项目。例如，美国商务部国际贸易署（ITA）就会提供各种服务来帮助出口商找到国外分销商。请访问互联网，然

后为老板准备一份备忘录，在其中描述关于寻找国外分销商的具体步骤，以帮助您的公司开始拓展出口业务。

13-26. 假设您在一家大型贸易公司工作，该公司出口加拿大的木材、英国的石油、美国的加工食品。为了有更好的职业前景，您想了解更多关于各国出口的这些商品的信息。访问互联网，并研究有关国家/地区的这些行业的当前国际新闻。根据您的结论，准备一份简要的报告，说明您的公司从事出口业务的这些行业的现状。

13-27. 假设您的雇主希望出口其产品并通过信用证（L/C）付款。您自愿成为公司的信用证专家。实现此目的的一种方法是访问互联网并搜索关键词"信用证"。另一种方法是访问大型银行的网站，了解通过信用证收付款的程序。访问加拿大帝国商业银行（CIBC，wwcibc.com）、澳大利亚国民银行（National Australia Bank，www.nab.com.au）和汇丰银行（HSBC，www.hsbc.com）的网站，找到您想要了解的有关信用证的信息。对于每家银行，获得信用证的要求是什么？银行提供哪些关于信用证的服务？您能从这些银行获得有关信用证方面的培训吗？

13-28. 国际劳工标准很复杂，与全球采购密切相关。特别是血汗工厂这种经营模式的存在引起了人们的广泛关注。血汗工厂的特点是工资极低、劳动时间很长、工作条件恶劣。一些血汗工厂在不安全的条件下雇用童工。支持劳工的团体主张在外国工厂实行最低劳动条件。假设你未来的雇主希望将部分生产业务外包给某些发展中国家，但又担心它们可能会雇用劳工在血汗工厂生产。请访问鼓励最低劳动条件的团体的网站（例如，www.workersrights.org、www.usas.org 或 www.corpwatch.org），或在互联网搜索引擎中输入关键词"劳动条件"，并给你的雇主写一份备忘录，讨论主张最低劳动条件的人所关注的主要问题。

13-29. 分销渠道中间商在出口中扮演什么角色？

13-30. 描述信用证作为出口支付方式的特点和优势。

CKR 有形流程工具练习

识别有吸引力的出口市场

出口商要为其产品和服务寻找最佳市场。其管理者通过进行市场调查以确定潜在的出口市场。他们需要考察市场规模、增长率、经济地位、竞争和政治稳定程度等因素。选择最佳出口市场的任务很复杂。什么是理想的市场？应考虑哪些市场潜力指标？许多公司遵循系统的国际市场研究过程。在本练习中，您将学习用于评估潜在出口市场的重要指标。获取制订国际商业计划所需的信息，并研究公司在出口中所面临的国家层面的障碍。

背景

出口是使用最广泛的外国市场进入战略。对于较小的公司或刚接触国际业务的公司来说尤其如此。调查对中小企业至关重要，它们通常缺乏资源来承受出口尝试失败所造成的严重损失。

企业要在出口业务上取得成功，其管理者就需要具备有关合适的目标市场的知识并不断更新，要能识别市场机会并了解目标市场的特征和条件。管理者可以通过调研获得有关客户需求、竞争对手的活动以及合适的业务方式等方面的信息。

出口商需要了解潜在目标市场的技术水平。在技术知识较少的国家/地区，分销商或客户可能需要接受产品功能和使用方面的培训。如果需要对分销商和客户进行广泛的培训，那么一个国家作为目标市场的吸引力将会降低。

在本练习中，假设您在一家制造和销售微波炉的公司工作。最初，该公司希望销售紧凑型微波炉。假设它们的零售价约为 50 美元/台。您的任务是进行调查以找到有吸引力的出口市场。

第 13 章

第14章 外国直接投资与合作企业

本章学习目标：

1. 理解国际投资与合作
2. 描述外国直接投资的特点
3. 解释外国直接投资与合作企业的动机
4. 识别外国直接投资的类型
5. 理解国际合作企业
6. 讨论零售商在外国市场上的经验

篇首案例   **华为投资非洲**

非洲是世界上人口第二多的洲，其人口总量超过 10 亿。非洲大部分地区经济状况恶劣，撒哈拉以南非洲地区的大多数人每天的生活费不足 4 美元。最近，非洲经济有所增长，部分原因是来自国外的投资增加。

中国在非洲投资了数十亿美元。这些资金主要投向了石油和采矿等采掘业，以及纺织和电信等高价值产业。非洲对移动通信的需求正在迅速增长。例如，虽然美国有 90% 的公民拥有手机，但加纳、肯尼亚和南非也有大约 85% 的公民拥有手机。

华为是中国最大的电信设备制造商，年收入超过 900 亿美元。该企业约 60% 的销售额来自中国境外，是非洲发展过程中的关键角色。华为拥有超过 180 000 名员工，其中包括非洲的 10 000 多名员工。华为于 20 世纪 90 年代在非洲建立了据点，并且已经在整个非洲大陆建立起了手机网络。在过去的 10 年中，华为在非洲的投资超过 20 亿美元。目前，该地区贡献了华为年收入的 15%。

华为采用外国直接投资和建立合作企业的外国市场进入战略，在非洲建立了 2 个研发机构、4 个地区总部、6 个培训中心和 20 个代表处。虽然面临各种挑战，但华为在那里的运营却被证明是十分有利可图的。该企业利用规模经济、廉价劳动力和众多其他优势来保持低成本。高效的运营使华为的手机能够以低于爱立信（Ericsson）、诺基亚（Nokia）和其他竞争对手的价格出售。中国企业在贫困国家中盈利的能力是其在非洲扩张业务方面超过欧洲、日本和北美企业的主要原因。

华为在乌干达开发了一个政府数据中心和几个大型项目，这些项目将机构连接到中央网络。在加纳，华为投资了超过 1 亿美元用于建立电信设施。在北非，华为与中兴通讯（ZTE）成立了一家合资企业，以扩展 9 个城市的移动网络，建设 80 万条电话线。华为在阿尔及利亚建立了移动网络，以补充中兴通讯建设的蜂窝网络。最近，华为与 Global Marine Systems 成立了一家合资企业，在非洲建立电信基础设施。

除了建立电信基础设施外，华为的投资也直接促进了非洲的经济发展。蜂窝网络的扩展使许多生活在偏远地区的非洲人能够找到工作并与重要联系人互动。网络连接进一步促进了商业增长。中国在非洲的投资不仅使非洲人受益了，也使欧洲企业和美国企业受益了。这些企业得益于中国企业帮助非洲建设起来的道路、铁路、电话、能源系统和其他基础设施。

随着中国制造成本的上升和非洲中产阶级的扩大，中国企业可能会在非洲投资更多。中国正在通过提供资金和所需的专业技术来发挥关键作用。非洲各个国家和地区正在简化法规，并创造有利于商业发展的环境，从而增强了对 FDI 的吸引力。

案例问题：

14-1. 非洲作为移动电话市场有什么特点？

14-2. 外国投资给非洲带来了哪些好处？

14-3. 描述华为在非洲进行投资的各种方式。

资料来源：*Africa Research Bulletin*, "Telecommunications: Africa," January 16, 2013, pp. p19850C-19851C; *China Daily*, "Huawei Promotes Digital Transformation in Egypt, North Africa," December 8, 2017, www.chinadaily.cn; Huawei, "Africa Fact Sheet," December 10, 2011, www.huawei.com; Huawei, *2017 Annual Report*, www.huawei.com; Olusegun Ogundeji, "Huawei Leads New Efforts to Develop Cable Infrastructure in Africa," *PCWorld*, March 19, 2015, www.pcworld.com; Pew Research Center, "Cell Phones in Africa: Communication Lifeline," April 15, 2015, www.pewglobal.org; Claire Van Den Heever, "Huawei's Quest for Hearts and Minds in Africa," October 16, 2016, www.atimes.com; Hejuan Zhao and Zhang Yuzhe, "China's Telecoms and Wireless Drums for Africa," *Caixin Online*, February 22, 2012, http://english.caixin.com.

第14章

篇首案例强调了外国直接投资（FDI）和合作企业给企业和国家带来的好处。通过 FDI 使资本和所有权扩展到全球是全球化的重要方式之一。

考虑一下印度最大的汽车制造商塔塔汽车公司（Tata Motors）。塔塔汽车公司大约 65% 的销售额来自国外。塔塔汽车公司斥资 23 亿美元收购了福特旗下的捷豹和路虎，从而拥有了亚洲和欧洲多家捷豹和路虎汽车的制造厂。塔塔汽车公司开发了世界上最便宜的汽车 Nano，并与雷诺和日产合作，在欧洲分销 Nano。塔塔汽车公司还收购了挪威电动汽车制造商 Miljo 50% 的股份。在韩国，塔塔汽车公司收购了卡车和拖拉机的领先制造商大宇商用车公司（Daewoo Commercial Vehicle

Company)。[1]

通过 FDI 进行国际化的企业会在关键市场上建立实体存在，以确保与客户和合作伙伴的直接接触，并且能够在市场上进行关键的价值链活动。FDI 是进入外国市场的一种股权或所有权形式，一般被那些在全球范围内开展广泛的业务活动的大型跨国企业（如庞巴迪、福特和联合利华）采用。当它们在国外投资时，专注于生产的企业通常会建立制造工厂，专注于提供服务的企业（如银行、连锁饭店）通常会建立代理关系和零售设施。

在本章，我们将研究 FDI 与合作企业的性质，解释企业采用这些外国市场进入战略的动机，并着重介绍众多从事 FDI 的企业以及在投资和合作方面取得成功的最佳实践。我们还将研究零售商，这是服务业中一类特殊的外国投资者。

14.1　国际投资与合作

外国直接投资（FDI）是一种国际化战略，采用该战略的企业通过直接拥有生产性资产（如资本、技术、劳动力、土地、工厂和设备）来建立海外实体存在。FDI 是最先进、最复杂的外国市场进入战略。采用该战略时，企业要在目标国家或地区建立制造工厂、销售子公司或其他设施，而这涉及投入大量资源在国外建立实体存在，所以该战略的风险比其他进入战略大。

不要将 FDI 与**国际证券投资**（international portfolio investment）混为一谈，后者是指能带来财务回报的外国证券（例如股票和债券）的被动所有权。国际证券投资是国际投资的一种形式，但不是 FDI。FDI 寻求的是对海外企业的所有权控制，是一项长期承诺。联合国区分 FDI 与证券投资的标准是企业至少拥有 10% 的所有权，但是该百分比可能会产生误导作用，因为除非投资者至少拥有外国投资企业 50% 的所有权，否则通常无法实现控制。

国际合作企业（international collaborative venture）是一种跨境业务合作伙伴关系。合作的企业会汇集资源，并分担新企业的成本和风险。焦点公司通过这种形式与一家或多家企业合作，建立一个合资项目或机构。国际企业合作有时也可以叫作"国际伙伴关系"或者"国际战略联盟"。

合资企业（joint venture）是合作的一种形式，是指两家或多家企业合作创建一家新的由各方共同拥有的企业。与没有创建新的实体存在的合作安排不同，合资

---

[1]　Company profile of Tata at www. hoovers. com；Peter Harrop，"India Buys More of the UK Electric Vehicle Industry Cambridge，UK，" *Automotive Industries*，January 2012，www. dallasnews. com；Andrew Saunders，"Jaguar Land Rover's Indian Adventure，" *Management Today*，February 2014，pp. 30 - 34；Ketan Thakar，"Tata Motors Crosses 1 - million Sales Mark in FY18，" *The Economic Times*，April 13，2018，www. economictimes. indiatimes. com.

企业的合作伙伴通常会投入资金来创建新企业。合资企业可能会持续多年，各合资方可以享有少数、均等或多数所有权。

思考下面这个来自啤酒行业的案例。2004 年，巴西私人股权公司 3G 资本（3G Capital）在比利时建立了啤酒制造商英博（Inbev）。英博于 2008 年以 520 亿美元的价格收购了安海斯-布希（Anheuser-Busch），从而在美国啤酒市场上占据了重要的地位。新企业百威英博（Anheuser-Busch InBev）于 2016 年收购了位于伦敦的南非米勒酿酒公司（SABMiller），而后者是南非酿酒厂收购美国米勒啤酒公司（Miller Brewing）后成立的。2013 年，百威英博还收购了墨西哥最大的啤酒厂莫德罗集团（Grupo Modelo），该企业以"科罗娜"（Corona）和"莫德洛特酿"（Modelo Especial）这两个品牌的啤酒而闻名。2017 年，百威英博与土耳其啤酒厂纳多卢艾菲斯集团（Anadolu Efes）成立了一家合资企业，目的是在俄罗斯营销啤酒。[①] 通过多次 FDI 和成立多家合作企业，百威英博已成为世界上最大的啤酒生产商，经营着亚洲、欧洲以及北美洲和南美洲的 140 家啤酒厂，巴西投资者 3G 资本持有该企业 23% 的股份。[②]

14.1.1　FDI 与合作企业的规模

每年都会发生数百起进行 FDI 和建立合作企业的投资。2017 年，全球此类投资或收购的价值超过 1.5 万亿美元。获得 FDI 最多的五个国家分别是中国、美国、荷兰、爱尔兰和澳大利亚。[③] 跨境投资的最新例子包括：

- 大众汽车斥资 10 亿美元在波兰建立工厂生产货车。
- 英国制药企业葛兰素史克以 52.5 亿美元的价格收购了瑞士诺华（Novartis）的全球疫苗业务。
- 丹麦的乐高集团（LEGO Group）斥资 1 亿多欧元在中国建立玩具厂。
- 中国的海尔集团以 54 亿美元的价格收购了通用电气（General Electric）的家电业务。
- 美国汽车电池以及供暖和通风设备制造商江森自控（Johnson Controls）以 165 亿美元的价格收购了爱尔兰同行泰科国际（Tyco International），这笔交易使江森自控得以迁至爱尔兰并大幅减少了所得税。
- 日本东芝与美国联合技术公司（United Technologies）成立了合资企业，以

①　Hoovers, profile on Anheuser-Busch InBev, 2018, www.hoovers.com.

②　Lisa Brown, "A-B InBev Finalizes $100 Billion Acquisition of SABMiller, Creating World's Largest Beer Company," *Chicago Tribune*, October 11, 2016, www.chicagotribune.com; Geoff Colvin, "The Brazilian Investors Who Control Kraft Heinz Are Applying Their Proven Formula to Construct a New Global Food Colossus. What Will They Buy Next?," *Fortune*, January 19, 2017, www.fortune.com; Hoovers, 2018.

③　UNCTAD, "Global FDI Flows Slipped Further in 2017," *Investment Trends Monitor*, January 2018, www.unctad.org.

在欧洲和印度建立研发中心，支持供暖和空调行业的联合创新。

这些以及其他例子反映了以下几种趋势：

- 发达经济体和新兴经济体都在积极进行 FDI 活动。
- 此类投资的目的地或接受国既有发达经济体也有新兴经济体。
- 企业采用各种战略进入外国市场，包括收购和建立合作企业。
- 各个行业（包括服务业）的企业都参与到 FDI 和合作企业中。零售商于 20 世纪 70 年代开始向海外扩张，包括德国的麦德龙（Metro AG）、荷兰的皇家阿霍德集团（Royal Ahold）、英国的乐购和美国的沃尔玛。
- 外国企业的直接投资有时会激发公民的爱国情绪。例如，中国的石油企业中海油（CNOOC）曾计划收购美国的优尼科（Unocal），但此举引发了美国人对一家中国国有企业获得美国能源行业关键控制权的担忧，强烈的反对意见迫使美国国会禁止了该项交易。

14.1.2　FDI 最活跃的企业

表 14.1 提供了从事 FDI 的领先跨国企业的样本。该表中的荷兰皇家壳牌、丰田和其他企业的数据是根据它们在国外拥有的工厂、子公司和其他资产的价值计算出来的。例如，丰田在全球拥有众多子公司，各子公司又从事各种价值链活动，包括研发、制造、营销、销售和客户服务。国际上活跃度最高的跨国企业大多来自汽车和石油行业。

表 14.1　世界上 FDI 最活跃的非金融跨国企业（按照国外资产价值）

跨国企业	母国	所属行业	销售额估计（十亿美元）		资产估计（十亿美元）	
			国外	总计	国外	总计
荷兰皇家壳牌	英国	石油	349	411	152	233
丰田	日本	汽车	303	436	173	255
英国石油公司	英国	石油	235	263	141	183
道达尔（Total）	法国	石油	233	243	110	141
百威英博	比利时	食品饮料	208	258	39	45
大众集团	德国	汽车	197	432	192	240
雪佛龙（Chevron）	美国	石油	189	260	54	110
通用电气	美国	电子设备	178	365	70	124
埃克森美孚	美国	石油	165	330	122	219
软银（Softbank）	日本	通信	145	220	45	82

资料来源：Based on Hoovers company database at www.hoovers.com，2018；UNCTAD，"Annex Table 24. The World's Top 100 Non-Financial TNCs，Ranked by Foreign Assets," in *World Investment Report 2017*（New York：United Nations，2017），accessed April 12，2018，at www.unctad.org.

14.1.3 服务企业与FDI

由于服务行业（如零售业、建筑业和个人护理业）中的大多数企业必须在消费的地方提供服务，所以它们通常需要通过FDI建立永久性存在（如零售业）或临时调动服务人员（如建筑业）。[①] 管理咨询是一种专业服务，主要是通过与客户直接互动来提供专家建议。为了吸引客户，麦肯锡和埃森哲等管理咨询企业在主要的国际市场上设立了办事处。许多支持服务，例如广告、保险、会计、法律咨询和包裹递送等服务最好在客户所在地提供。因此，FDI对服务国际化至关重要。[②]

例如，内西度假村控股公司（Intrawest，Inc.）在中国建立了办事处和其他设施，旨在打造滑雪胜地。汇丰银行已在全球建立分支机构，因为银行通常是直接向客户提供服务。表14.2列出了服务业中全球最大的跨国企业，这些企业大都集中在零售业、银行业和金融服务业。

表14.2 服务业中全球最大的跨国企业
（按照年收入）

跨国企业	母国	所在行业	收入（十亿美元）
沃尔玛	美国	零售	486
美国电话电报公司	美国	通信、传媒	164
EXOR集团（EXOR Group）	意大利	投资	155
中国工商银行	中国	银行、金融服务	148
美源伯根（AmerisourceBergen）	美国	药品批发	147
中国建筑集团有限公司（简称中建集团）	中国	建筑	145
安盛（AXA）	法国	金融服务	144
亚马逊	美国	网络零售	136
中国建设银行	中国	银行、金融服务	135
安联保险（Allianz）	德国	保险	122
好市多（Costco）	美国	零售	119
沃博联（Walgreens Boots Alliance）	美国	零售	117
中国农业银行	中国	银行、金融服务	117
平安保险	中国	保险	117
中国银行	中国	银行、金融服务	114

资料来源：*Forbes*，"Global 2000，" 2017，www.forbes.com；*Fortune*，"Global 500，" 2017，www.fortune.com；Hoovers company database at www.hoovers.com，2018；UNCTAD，"Annex Table 24. The World's Top 100 Non-Financial TNCs，Ranked by Foreign Assets，" in *World Investment Report 2017*（New York：United Nations，2017），accessed April 12，2018，at www.unctad.org.

[①] UNCTAD，*World Investment Report*（Geneva：UNCTAD，2018，www.unctad.org）；M. S. Castaño，M. T. Méndez，and M. Á. Galindo，"Innovation，Internationalization and Business-Growth Expectations Among Entrepreneurs in the Services Sector，" *Journal of Business Research* 69，No. 5（2016），pp. 1690 – 1695.

[②] Rajshekhar Javalgi，David A. Griffith，and D. Steven White，"An Empirical Examination of Factors Influencing the Internationalization of Service Firms，" *Journal of Services Marketing* 17（2003），pp. 185 – 201；UNCTAD，2018.

14.1.4　FDI 的主要目的地

长期以来，澳大利亚、加拿大、日本、荷兰、英国和美国等先进经济体一直是 FDI 的热门目的地。这些国家的人均 GDP 高，GDP 增长强劲，知识工人的密度大，并且有电话系统和能源资源等优越的商业基础设施。[①] 然而，近年来，发展中经济体和新兴市场已成为吸引 FDI 的目的地，联合国贸易和发展会议的数据对此进行了说明。数据表明，在 2005—2017 年间，流入新兴市场和发展中经济体的 FDI 总体上有所增加。同时，自 2005 年以来，流入发达经济体的 FDI 大都下降了。这种持续的趋势对于欠发达经济体来说是个好兆头，因为 FDI 是经济发展程度和生活水平的一个关键性决定因素。[②]

根据科尔尼咨询公司（A. T. Kearney）发布的 FDI 信心指数，中国是外匿投资的最佳目的地之一。中国之所以受欢迎是因为其规模大、增长速度快、劳动力成本低，这是跨国企业生产产品并将其出口到亚洲和其他地区等重要市场的重要平台。[③] 因为中国拥有长期潜力，所以它作为目标市场和竞争优势来源也具有战略重要性。

14.1.5　选择 FDI 的目的地时要考虑的因素

图 14.1 列出了企业用来评估国家作为 FDI 项目的潜在目标的标准。假设总部位于中国台湾的宏碁想要建立一家新的计算机工厂，其管理者将研究建立工厂的最佳目的地，并关注市场因素、政治因素、法律和规制因素、经济因素、利润留存因素、基础设施因素和人力资源因素。

例如，考虑东欧国家作为 FDI 的目的地的吸引力。图 14.1 中提到的几种选择标准吸引了外国企业进入这些国家。在捷克，中国电子产品制造巨头四川长虹耗资 3 000 万美元建了一座每年可生产多达 100 万台平板电视的工厂。从福特到日产，无数汽车制造商都在该地区建立了工厂。东欧的工资相对较低；斯洛伐克的工程师赚的是西方工程师的一半，而流水线工人的收入则是其三分之一到五分之一。此外，东欧国家的政府也提供从融资便利到低税率等激励措施，就像斯洛伐克一样，那里的所得税加起来只有 19%。相比之下，德国的个人所得税税率通常超过 30%。东欧也为进入巨大的欧盟市场提供了便利。[④] 管理人员在决定在世界何处通过 FDI

第 14 章

---

① Paul Laudicina and Erik Peterson, *The 2017 A. T. Kearney Foreign Direct Investment Confidence Index* (A. T. Kearney, 2018), www. atkearney. com; UNCTAD, 2018.

② UNCTAD, "Global FDI Flows Slipped Further in 2017," *Investment Trends Monitor*, January 2018, www. unctad. org.

③ Laudicina and Peterson, 2018.

④ Neil Buckley, "Opportunities and Risks for Investors in Central and East Europe," May 7, 2017, www. ft. com; Federation of European Employers, *Pay in Europe* (London: Federation of European Employers, 2013), www. fedee. com.

开展业务时，应考虑多方面的因素。

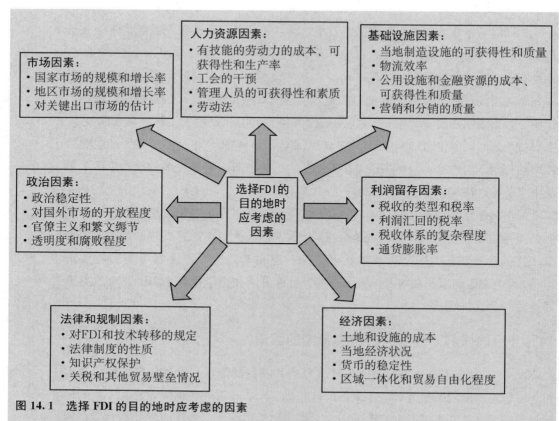

图 14.1　选择 FDI 的目的地时应考虑的因素

资料来源：John H. Dunning, *Explaining International Production*（New York：Routledge，2015）；Daniel Hoi Ki Ho and Peter Tze Yiu Lau, "Perspectives on Foreign Direct Investment Location Decisions：What Do We Know and Where Do We Go from Here?," *International Tax Journal* 33 No. 3（2007），pp. 39-48；Robert Green and William Cunningham, "The Determinants of US Foreign Investment：An Empirical Examination," *Management International Review*, 15 No. 2-3（1975），pp. 113-120；Franklin Root, *Entry Strategies for International Markets*（Hoboken, NJ：John Wiley & Sons，1994）.

第14章

14.2　FDI 的特点

FDI 是一种具有独特特征的外国市场进入战略。FDI 的主要特点包括：

● 要投入大量的资源。与其他进入战略相比，FDI 作为最高级阶段的国际化战略，给企业造成的资源和能力方面的负担要大得多。例如，美国通用电气在美国以外的工厂、子公司和其他业务中拥有超过 3 000 亿美元的资产。[1]

● 要在本地建立实体存在并经营。借助 FDI，企业可以直接在市场中建立实体

① UNCTAD, *World Investment Report*（Geneva：UNCTAD，2018，www. unctad. org）.

存在，从而可以直接与客户、中间商、协助者和政府建立联系。一些企业将业务集中在一个或几个地方，其他企业则将 FDI 分散到了许多国家。跨国企业的经营网络可能横跨多个国家，以至于难以界定其国籍。例如，雀巢（Nestlé）的总部位于瑞士，但其 90％以上的销售额来自国外。印度的跨国企业塔塔咨询服务公司（Tata Consultancy Services）在北美的收入大部分来自美国，而其竞争对手——美国的IBM 公司——则从国外获得了近三分之二的销售收入。[①]

● 在提供特定比较优势的国家进行投资。管理者根据其所具有的不同优势在这些国家或地区进行投资。因此，企业倾向于在具有行业领先知识的国家或地区进行研发，从提供优质商品的供应商所在国采购，在劳动力成本较低的地区建立工厂，并在具有良好销售潜力的国家或地区建立销售子公司。

● 在东道国市场上密集交易。通过 FDI 进入外国市场的企业必须更加谨慎地处理东道国的文化和其他方面的问题。那些大名鼎鼎的跨国企业尤其容易受到公众对其行动的严格监督。为了最大限度地减少潜在问题，管理人员通常倾向于在文化和语言为他们所熟悉的国家或地区进行投资。例如，在欧洲大陆开设商店时，美国企业经常选择荷兰，因为英语在荷兰使用得较为广泛。[②]

● 面临重大风险和不确定性。在国外建立永久、固定的商业存在会使跨国企业面临国家风险，并且容易受到地方政府干预的影响。除了当地的劳动法以外，直接投资者还必须应对当地的经济状况，例如通货膨胀和经济衰退。法国汽车制造商雷诺（Renault）最近收购了俄罗斯汽车制造商 AvtoVAZ 25％的股份，以在俄罗斯生产拉达（Lada）品牌的汽车。但是，已有 40 年历史的 AvtoVAZ 工厂遇到了经营效率低下、员工懒散等问题。[③] 此外，在俄罗斯开展业务通常需要行贿，而且该国出现过高通胀和其他宏观经济问题，俄罗斯政府也经常干预私人企业。

甚至迪士尼这样的大型知名企业在 FDI 方面也经历了几次失败。[④] 在建立东京迪士尼乐园时，迪士尼的管理层认为迪士尼乐园的经验无法成功地复制到日本，因此没有在日本进行直接投资，而是选择以许可方式在日本获取名义利润。出乎他们意料的是，东京迪士尼乐园取得了巨大的成功。由于不想重复同样的错误，迪士尼的管理层选择通过 FDI 方式建造下一个主题公园——位于巴黎的迪士尼乐园。但

① Steve Hamm, "IBM vs. Tata: Which Is More American?" *BusinessWeek*, May 5, 2008, p. 28; *The Economic Times*, "Tata Consultancy Says It Plans to Step Up Local Hiring in US," March 23, 2017, www. economictimes. indiatimes. com.

② *EY Attractiveness Survey: The Netherlands 2017*, May 2017, www. ey. com; Thomas C. Head and P. Sorensen, "Attracting Foreign Direct Investment: The Potential Role of National Culture," *Journal of American Academy of Business* 6 (2005), pp. 305 – 309.

③ *Automotive News Europe*, "AvtoVAZ's New Boss Faces a Tough Job at Russian Carmaker," March 16, 2016, www. europeautonews. com; *Business Eastern Europe*, "Russia: The Joke Misfires," March 14, 2011, p. 9.

④ Clay Chandler, "Mickey Mao," *Fortune*, April 18, 2005, pp. 170 – 178; Denise Tsang and Cannix Yau, "Hong Kong Disneyland Falls Further into Red as Losses Double in 2017 to Hit HK＄345 Million," *South China Morning Post*, February 20, 2018, www. scmp. com.

是，事实证明这是一个错误。迪士尼从这些经验中不断学习，后来投资的香港迪士尼乐园取得了很大的成功。迪士尼邀请香港政府成为主要合作伙伴，它自身在合资企业中占有 47% 的股份。迪士尼的管理层希望扩建香港迪士尼乐园的园区，但与香港特别行政区政府的谈判却十分紧张和复杂。后来，在获得中国政府的许可后，迪士尼于 2016 年启动了其最新的主题公园——上海迪士尼乐园——的建设。[1]

14.2.1 道德、企业社会责任、可持续性和 FDI

采用 FDI 方式进行国际化的企业经常因不道德和不负责任的行为而受到批评，因为这类企业可以在投资最多的市场上产生巨大的影响力。例如，一些跨国企业在外国经营的工厂工作条件非常恶劣；一些跨国企业则通过行贿获得利益；还有一些跨国企业通过其外国子公司销售劣质产品或采用备受质疑的营销方式。

同时，FDI 对当地的巨大影响力也给企业按照符合高道德标准和践行企业社会责任的方式开展业务提供了一些机会。许多跨国企业对当地社区进行了投资，并致力于建立公平对待工人的全球标准。例如，消费品生产巨头联合利华通过以下方式践行了其企业社会责任：

- 在巴西圣保罗的贫民窟经营免费的社区洗衣房；
- 在孟加拉国建立了为有需要的人提供免费医疗服务的医院；
- 指导加纳的棕榈油生产商对植物废料进行再次利用；
- 提供小额贷款以帮助印度偏远村庄的妇女开展小规模业务。[2]

许多跨国企业正在响应全球可持续发展议程。例如，丰田、雷诺和大众汽车等汽车制造商正在投资省油和清洁技术；诺基亚在逐步淘汰有毒材料方面是领导者；戴尔是最早接受消费者使用过的旧 PC 硬件并免费回收利用的跨国企业之一；森科尔能源公司（Suncor Energy）协助美洲原住民解决加拿大最北部的社会和生态问题。

道德联系

FDI 为东道国带来了许多好处。但是，FDI 可能会产生损害自然环境的副作用，特别是在环境法律法规薄弱的国家。它们的经济快速增长的代价可能是污染和生态破坏。一家跨国食品添加剂制造商将未经处理的废水排入越南的锡韦河（ThiVai），造成的污染几乎破坏了成千上万下游农民的生计。企业必须在国际交易中负责任，政府决不能允许发展损害公民的福祉。

---

① Thomas Burrows, "How's This for a Magic Kingdom?" *Daily Mail*, February 8, 2015, www.dailymail.co.uk; Kimburley Choi, "Disneyfication and Localisation: The Cultural Globalisation Process of Hong Kong Disneyland," *Urban Studies* 49, No. 2 (2012), pp. 383–397; Tsang and Yau, 2018.

② "Beyond the Green Corporation," *BusinessWeek*, January 29, 2007, pp. 50–64; Deroy Murdock, "For Corporate Social Hypocrisy, See Unilever's CEO," *National Review*, April 1, 2017, www.nationalreview.com; Vivienne Walt, "Unilever CEO Paul Polman's Plan to Save the World," *Fortune*, February 17, 2017, www.fortune.com.

14.3　FDI 和建立合作企业的动机

FDI 和国际合作企业的最终目标是增强企业在全球市场上的竞争力。企业采用这些进入战略往往是出于各种动机。在图 14.2 中，我们将 FDI 和合作企业的动机分为三类：市场寻求型动机、资源或资产寻求型动机，以及效率寻求型动机。[①] 在许多情况下，企业旨在同时满足多种动机。让我们更详细地研究这些动机。

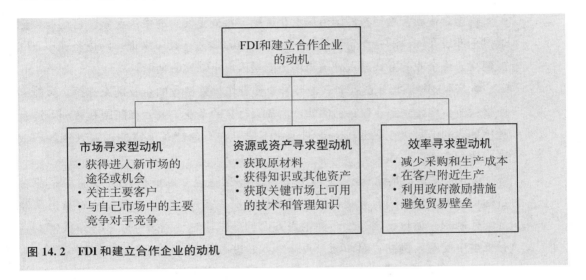

图 14.2　FDI 和建立合作企业的动机

14.3.1　市场寻求型动机

企业管理者可能由于其国内市场发展不利（它们可能被推向国际市场）或国外出现有吸引力的机会（它们可能被拉向国际市场）而想通过 FDI 和建立合作企业的方式进入外国市场。市场寻求型动机主要有以下三种：

● 获得进入新市场的途径或机会。大量市场的存在促使许多企业在客户所在地或其附近提供产品。本地生产改善了客户服务，并降低了将货物运输到买方所在地的成本。可口可乐、IBM、三星和西门子在国外的销售额都超过了本国市场。篇首案例中介绍的华为已在非洲投资数十亿美元，以进入当地快速增长的手机市场。

● 关注主要客户。企业经常跟随其主要国外客户，防止其他供应商为这些客户提供服务。在当地建立商业存在还可以帮助企业更好地满足客户需求。例如，Tradegar 为宝洁提供生产尿不湿所用的塑料。宝洁在中国建厂时，Tradegar 也跟

---

① John Dunning, *International Production and the Multinational Enterprise* (London: Allen and Unwin, 1981); Pavida Pananond, "Motives for Foreign Direct Investment: A View from Emerging Market Multinationals," *Multinational Business Review* 23, No. 1 (2015), pp. 77 – 86.

随宝洁在中国建立了生产基地。

● 与自己市场中的主要竞争对手竞争。一些跨国企业可能会选择在竞争对手的国内市场与其正面竞争，战略目的是通过迫使竞争对手消耗资源捍卫其市场来削弱竞争对手的实力。例如，在挖土设备行业，卡特彼勒与三菱（Mitsubishi）成立了一家合资企业，以挤占其共同竞争对手小松的市场份额，并削弱其盈利能力。它们之所以花费大量资源捍卫其国内市场是因为这样做可以削弱小松的海外扩张能力。[①]

14.3.2 资源或资产寻求型动机

跨国企业通常希望在外国市场上获得更丰富或更便宜的生产要素。它们还可能通过总部设在国外的合作企业补充自身的资源和能力。具体来说，跨国企业以 FDI 或建立合作企业的方式进入外国市场可能是由以下动机驱使的：

● 获取原材料。采矿业、石油开采业和农作物种植业的企业别无选择，只能到原材料所在地建立商业存在。例如，葡萄酒行业的企业一般会在法国和智利等适合种植葡萄的国家建立酿酒厂。石油企业一般会在石油储备丰富的国家（例如科威特）建立炼油厂。

● 获得知识或其他资产。[②] 以 FDI 方式在当地建立商业存在可以加深企业对目标市场的了解，为企业提供更多的市场知识、客户、分销渠道以及对东道国经营的控制权。通过研发、生产和销售方面的合作，焦点公司可以从合作伙伴的专有技术中受益。例如，惠而浦（Whirlpool）进入欧洲时，选择与飞利浦合作，从飞利浦的品牌知名度和分销网络中受益。荷兰皇家壳牌石油公司与中石油建立了一家价值 13 亿美元的合资企业，在中国的长北气田开采天然气和石油。通过这次合资，中石油将获得荷兰皇家壳牌石油公司关于从深页岩矿床中提取化石燃料的先进技术和知识，荷兰皇家壳牌石油公司也正在向中石油学习如何驾驭复杂的中国能源市场。[③]

● 获取关键市场上可用的技术和管理知识。[④] 通过在关键产业（例如日本的机

---

① Farok Contractor and Peter Lorange，eds.，*Cooperative Strategies in International Markets*（Lexington，MA：Lexington Books，1988）；Gary Hamel，Yves Doz，and C. K. Prahalad，"Collaborate with Your Competitors—and Win," *Harvard Business Review* 67（January-February 1989），pp. 133－139；*International Construction*，"Equipment Revenues Down－2.6% in 2014," April 2015，p. 6；Luiz F. Mesquita and Roberto Ragozzino，*Collaborative Strategy：Critical Issues for Alliances and Networks*（Cheltenham，UK：Edward Elgar，2017）.

② Peter Buckley，Peter Enderwick，and Adam Cross，*International Business*（Oxford，UK：Oxford University Press，2018）；Caf Dowlah，*Transformations of Global Prosperity：How Foreign Investment，Multinationals，and Value Chains Are Remaking Modern Economy*（London：Palgrave Macmillan，2018）；Lilach Nachum and Srilata Zaheer，"The Persistence of Distance? The Impact of Technology on MNE Motivations for Foreign Investment," *Strategic Management Journal* 26（2005），pp. 747－767.

③ *Europetrole*，"CNPC Takes Over Changbei Phase I Project from Shell as the Operator," January 22，2016，www. euro-petrole. com；Stanley Reed and Dexter Roberts，"What's Shell Doing in China?" *Bloomberg Businessweek*，November 21－27，2011，pp. 88－93.

④ Buckley，Enderwick，and Cross，2018；Dowlah，2018.

器人产业、德国的化学制品业、意大利的时装业和美国的软件业）集群中建立据点，企业可能会受益。企业可以通过位于某行业的知识开发和创新中心来获得许多优势。例如，丹麦、芬兰、以色列、新西兰、瑞典和美国被认为是生物技术行业研发的理想之选，因为它们拥有丰富的生物技术知识工作者。[①] 对很多企业来说，在国外建立合作企业是独资进行 FDI 的前奏。它们通过与东道国当地合作伙伴的合作降低了进入东道国市场的风险，并于在市场上开展业务之前获得了关于该市场的专业知识。

14.3.3 效率寻求型动机

国际扩张能够帮助企业实现规模经济。通过国际扩张，企业可以提高销售量，并在更多的产品和市场上使用企业资产。随着产量的增加，单位生产成本趋于下降。反过来，利润随着企业平均运营成本的下降而增加。同样，随着产量的增加，其他生产活动，包括研发、营销、分销和客户支持的单位成本也在下降。

当企业将业务扩展到国际市场时，它们便能获得规模经济。发生这种情况的原因多种多样，包括：

- 固定成本下降。许多行业和生产性任务的单位固定成本较高，随着执行的任务增多，成本就会下降。例如，想象一下装配第一辆线下汽车的单位成本，除非企业建立工厂，否则无法进行生产。为了增加国际销量，该企业必须生产更多的汽车。随着更多的汽车被生产出来，工厂的建立成本由许多汽车分摊，于是每辆汽车的平均成本下降。
- 管理资源得到更高效的利用。国际扩张意味着企业必须建立更多的子公司和分支机构，而雇用的总部员工数量相对固定，这样可以更有效地利用管理资源。
- 劳动力的专业化程度提高。当生产性产出增加时，企业会雇用更多的工人，这些工人在工作中会变得更加专业。由于这些劳动力的专业化程度提高，他们的工作变得更有效率，每小时的产出更多。
- 批量折扣。供应商通常会为大批量采购提供折扣。随着企业购买更多零件、部件和其他投入品，其单位采购成本将下降。
- 融资成本下降。与小企业相比，大企业通常能以较低的成本获得融资。之所以会出现这种情况，是因为大企业的实力相对较强，往往会借入大量资金，且信誉一般较好。

国际化也有利于范围经济的实现。范围经济是指在较大的市场中使用相对固定的管理人才、设施和其他企业资产所带来的成本节省。例如，联合利华在荷兰总部使用相同的管理人员和市场营销专家，为分布在欧洲许多国家的众多产品线开发广

---

① Ernst & Young, *Biotechnology Report 2017：Beyond Borders：Staying the Course*，2017，www.ey.com.

告，这比将任务委派给每个欧洲国家或地区的管理者更有效率，同时在多个国家开展业务所带来的成本节省是很可观的。跨国企业经常只在少数几个地方集中生产以提高制造效率。[①] 许多企业会开发全球品牌，以提高营销活动的效率。

除了实现规模经济和范围经济之外，企业参与国际商务还受到以下四个效率寻求型动机的驱动：

- 减少采购和生产成本。[②] 这是外国企业对中国、墨西哥、东欧和印度的工厂和服务生产设施进行巨额投资的原因。跨国企业在这些地方建立工厂以降低生产成本。

- 在客户附近生产。在客户需求特别敏感或客户喜好变化迅速的行业中，企业通常将工厂或装配厂设在重要客户附近。例如，H&M 和 Zara 的大部分服装生产工厂都位于欧洲客户附近。虽然与中国或拉丁美洲相比，在欧洲生产服装的成本更高，但是服装进入商店的速度更快，并且更能代表最新的流行趋势。[③]

- 利用政府激励措施。除了限制进口外，政府还经常向外国企业提供补贴和税收减免，以鼓励它们在本地投资。各国政府之所以鼓励 FDI，是因为它为当地提供了就业机会和资本，增加了当地税收，并向当地转移了技能和技术。[④]

- 避免贸易壁垒。企业通常会为了避免关税和其他贸易壁垒而通过 FDI 方式进入外国市场，因为关税和其他贸易壁垒一般仅适用于出口。通过在国家或经济集团内部建立实体存在，外国企业可以获得与当地企业相同的优势。与当地企业合作还有助于避开法规或贸易壁垒，并满足当地要求。避免贸易壁垒的愿望有助于解释为什么众多日本汽车制造商在美国设立工厂。但是，这种动机的重要性正在下降，因为许多国家的贸易壁垒已大大降低。

14.4　FDI 的类型

描述全球 FDI 相关情况的一种方法是统计 FDI 存量。FDI 存量是指跨国企业在国外拥有的资产总值。一国的 FDI 存量大表明该国是受欢迎的投资目的地，跨国企业的管理者对该国的经济健康状况和前景充满信心。我们可以按形式（绿地投资还是并购）、所有权性质（独资还是合资）和一体化情况（横向还是纵向）对 FDI 活动进行分类。

[①] Buckley, Enderwick, and Cross, 2018; Dowlah, 2018; Lilach Nachum and Cliff Wymbs, "Product Differentiation, External Economies and MNE Location Choices: M&As in Global Cities," *Journal of International Business Studies* 36 (2005), pp. 415–423.

[②] Buckley, Enderwick, and Cross, 2018; Dowlah, 2018; Nachum and Zaheer, 2005.

[③] Martin Christopher, *Logistics & Supply Chain Management* (London: Financial Times Publishing, 2016).

[④] Mariasole Bannò, Lucia Piscitello, and Celeste Varum, "Determinants of the Internationalization of Regions: The Role and Effectiveness of Public Policy Measures," *Regional Studies* 49, No. 7 (2015), pp. 1208–1222; Theodore H. Moran, "How to Encourage Foreign Investment," *World Economic Forum*, January 30, 2015, www.weforum.org.

14.4.1 绿地投资与并购

绿地投资（greenfield investment）是指当企业投资建立新的制造、销售或管理设施而不是购买现有设施时所发生的投资。顾名思义，进行绿地投资的企业通常会购买一块空地，并在那里建造生产工厂、销售子公司或其他设施供自己使用。例如，福特在泰国罗勇（Rayong）建立了为新兴市场生产小型汽车的大型工厂。

收购（acquisition）是指购买现有企业或设施。例如，巴西的自然化妆品公司（Natura Cosmeticos）收购了英国化妆品和皮肤护理产品零售商美体小铺（Body Shop），目的是将自然化妆品公司的业务拓展到发达经济体市场。[①] 中国个人电脑制造商联想雄心勃勃地收购了 IBM 的 PC 业务，现在 IBM 的 PC 业务约占联想年收入的三分之二。该交易为联想提供了宝贵的战略资产，例如品牌和分销网络，并帮助联想迅速扩大了市场范围，进而成为全球市场的参与者。[②]

兼并（merger）是一种特殊的收购形式，指两家企业合并成一家更大的企业。像合资企业一样，合并可以给企业带来许多好处，包括伙伴之间的学习和资源共享、规模经济效应的增大、因避免重复活动而节省的成本、种类繁多的产品和服务的出售以及更大的市场力量。由于不同国家在文化、竞争政策、企业价值和经营方式方面存在差异，跨国合并面临许多挑战，要想取得成功，需要提前做大量研究和计划，并投入很多资源。**并购**（即兼并与收购的合称，M&A）活动在国际业务中意义重大。近年来最大的国际并购案例包括：美国卡夫食品（Kraft Foods）与英国吉百利（Cadbury）的合并；日本三得利（Suntory's）收购美国 Beam；西班牙电信公司（Telefonica）收购巴西电信公司（Brasilcel）。[③]

跨国企业可能会青睐并购而不是绿地投资，因为通过收购现有企业，它们可以获得对现有资产，例如工厂、设备和人力资源的所有权，以及与现有供应商和客户的关系。与绿地型 FDI 不同，收购可以立即带来收入，并帮助跨国企业更快地获得投资回报。但是，东道国政府经常向跨国企业施压，要求它们进行绿地投资，因为绿地投资可以创造新的就业机会和生产能力，促进技术和知识向当地转移，并改善东道国与全球市场的联系。许多政府提供激励措施以鼓励绿地投资，这些措施可能足以抵消通过收购方式进入东道国市场的优势。

14.4.2 FDI 的所有权性质

进行 FDI 的企业还可以选择它们对合资企业的控制程度（从而对有关产品开

---

① Andres Schipani，"Body Shop Owner Natura Targets Global Growth," *Financial Times*，February 4，2018，www. ftu. com.

② Eva Dou，"Lenovo to Focus on Integrating Acquisitions," January 7，2015，*Wall Street Journal*，www. wsj. com.

③ UNCTAD，*World Investment Report*（Geneva：UNCTAD，2018，www. unctad. org).

发、扩张和利润分配等问题的决策的控制程度），这可以通过全部或部分所有权来实现。企业可以选择独资或合资，这也决定了其财务承诺的程度。如果焦点公司只拥有目前企业的部分所有权，则称为**股权参与**或**股权所有**（equity participation or equity ownership）。

　　独资直接投资（wholly owned direct investment）是一种 FDI 方式，其中投资者拥有企业 100% 的所有权，并对其业务进行完全控制。例如，外国汽车制造商通常在美国建立独资制造工厂，并通过这些工厂为美国的大型市场提供服务。[①]

　　与独资直接投资相比，**股权合资企业**（equity joint venture）是一种合伙形式，通常是由两家或两家以上的母公司通过投资或汇集资产创建的一家独立的企业（一个新的法律实体），其所有权归这些母公司共同所有。[②] 合资企业的合伙人可能拥有多数、均等（50—50）或少数所有权。少数所有权几乎无法控制企业经营。

　　建立合资企业是一种有吸引力的进入战略，因为许多外国市场都很复杂，与本地合作伙伴合作可增强外国进入者驾驭本地市场的能力。合作企业通过向中小企业提供所需的资本和其他资产而使它们受益。例如，上海的三星国际公司（Tri Star International）收购了位于伊利诺伊州的亚当斯冲压金属公司（Adams Pressed Metals）的多数股权，后者是拖拉机和其他挖土设备的零件制造商。现金注入挽救了亚当斯的 40 个工作岗位，并使三星国际公司拥有了进入美国市场和获得营销专业知识的渠道。[③]

　　与本地合作伙伴成立合资企业有时可能是焦点公司唯一可用的进入战略。当目标国家的政府试图通过禁止外资在本地企业中拥有 100% 所有权来保护其重要产业时，就会发生这种情况。例如，墨西哥政府要求来自外国的跨国企业在进入该国的石油行业时，必须与当地的墨西哥企业建立合资企业，这对墨西哥的经济安全来说是至关重要的。但是，政府对大多数行业放宽了此类规定，也就是说，大多数行业都可以采用 FDI 这种进入方式。

14.4.3　纵向一体化与横向一体化

　　对 FDI 的第三种分类方式是根据一体化是纵向的还是横向的。纵向一体化（vertical integration）是企业试图拥有生产、销售和交付产品或服务等多个价值链环节的一种安排。企业可能获得：

---

　　① Brent Snavely，"Foreign Automakers Vie to Appear More American," *USA Today*，July 12，2017，www.usatoday.com.

　　② 在本书中，我们采用了"合资企业"（joint venture）的习惯定义，即假定创立该企业的母公司拥有股权。也就是说，合资企业总是股权企业。然而，在流行的文献中，"合资企业"一词错误地指代了所有类型的合作企业（collaborative venture），包括基于项目的合作企业（project-based collaboration）。因此，我们将使用"股权合资企业"（equity joint venture）一词，而不是简单的"合资企业"一词，以避免引起误解。

　　③ Paul Kaihla，"Why China Wants to Scoop Up Your Company," *Business 2.0*，June 2005，pp. 29–30.

● 下游价值链设施，例如市场营销和销售业务；

● 上游价值链设施，例如工厂或装配厂。

横向一体化（horizontal integration）是企业试图在单个价值链环节开展活动的一种安排。微软的主要业务是开发计算机软件，除了生产文字处理和电子表格软件外，它还建立了生产其他类型的软件的外国子公司，例如蒙特利尔的一家子公司生产用于制作电影动画的软件。横向一体化意味着企业投资于自己所在的行业，以扩大自己的活动范围。

我们来说明一下纵向一体化和横向一体化之间的区别。2014 年，韩国家电制造商三星电子（Samsung Electronics）收购了北美领先的空调分销商奎尔特塞得（Quietside）。三星收购奎尔特塞得的目的是增强其在国外主要市场上销售空调的能力。此次收购体现了下游的纵向一体化，因为家电分销不在三星的正常经营范围之内。随后，三星收购了波兰一家家用电器公司阿米卡（Amica）的制造工厂。此次收购体现了横向一体化，因为三星的核心业务是制造电器和电子产品，通过购买阿米卡的制造工厂，三星对自己所在的行业进行了投资，扩大了自己的生产能力。①

本章的专栏"从事国际商务相关工作的新近毕业生"介绍了詹妮弗·克尼彭（Jennifer Knippen）的经历。她在本国一家外资企业工作，在那儿获得了宝贵的国际业务经验。

专栏　　　　　　　**从事国际商务相关工作的新近毕业生**

姓名：詹妮弗·克尼彭

专业：经济学和国际商务

毕业后从事的工作：通力的销售工程师

詹妮弗在参加西班牙巴伦西亚的留学计划后受到鼓舞，开始了国际职业生涯。在修完经济学和国际商务双学位课程并毕业后，她回到西班牙，接受了为期五个月的西班牙语强化培训，并游历了各个地区以开阔眼界。

詹妮弗回到家后，参加了一次招聘会，并在通力（KONE）的美国子公司担任销售工程师。通力是芬兰领先的电梯和自动扶梯制造商。她在通力的经历既充满挑战又鼓舞人心。詹妮弗必须深入了解要求苛刻的建筑行业中的技术产品。

作为销售工程师，她在项目的设计阶段咨询了建筑师一些问题，包括成本分析、设备规格、建筑一体化和合规性。接下来，她向项目总承包商提交了一份建议书。她要管理上述知识在整个项目过程中（时间长达一年以上）的应用。

---

① *Air Conditioning Heating & Refrigeration News*，"Samsung Electronics America to Acquire Quietside，" September 8，2014，pp. 1 - 14；*Appliance Design*，"News Watch，" February 2010，pp. 4 - 10.

詹妮弗在完成年度和季度销售预算的同时，还管理多个项目。

通力的管理人员对詹妮弗良好的人际关系和团队合作能力表示赞赏。她开始参与和建筑公司合作的高层建筑项目。通过预售，并借助通力的全球支持和资源，詹妮弗扩大了电梯的销量。最终，她获得了最佳销售奖。

詹妮弗体验到了在一家跨国企业的本地子公司工作时，多元化且跨文化的工作环境所带来的好处和挑战。通力在欧洲和世界其他地区取得了巨大成功，并在美国采用了类似的方法。詹妮弗面临的挑战之一是美国严格的建筑法规。

此外，她还必须关注欧元兑美元汇率的波动，因为这会在很大程度上影响进口设备的销售价格。

未来的前景

珍妮弗重返校园，获得了国际商务工商管理硕士（MBA）学位。她认为自己的经验加上国际商务方面的高级学位能帮助她在令人兴奋的国际商务职业生涯中游刃有余。

在国际商务领域取得成功的要素

国外旅行和大学期间的海外学习项目激发了詹妮弗追求国际职业生涯的热情。学习西班牙语提高了她获得国际商务相关工作的成功率。珍妮弗设定了职业目标，并为实现目标而努力奋斗。

14.5 国际合作企业

合作企业，有时也称为国际伙伴关系或国际战略联盟，实质上是两家或多家企业之间建立的伙伴关系。[1] 在这种伙伴关系下，由多家企业共同分担国际项目通常所面临的巨大风险和成本（这些风险和成本可能不是任何一家单独经营的企业所能承受的）。因此，企业集团有时会结成伙伴关系，以完成大项目，例如开发新技术或建设大工程（如建设一家发电厂）。通过合作，焦点公司可以利用一系列只能从其他企业获得的与自家互补的技术来创新和开发新产品。这些优势帮助解释了为什么这样的伙伴关系在最近几十年变得非常受欢迎。[2]

尽管合作可以在价值链的相似或不同层次上进行，但通常将重点放在研发、制造或营销上。建立国际合作企业极大地提高了机器人、半导体、飞机制造、医疗器械和药品等高科技领域的研发效率。

合作企业的两种基本类型是股权合资企业和基于项目的非股权合作企业。股权

① Mesquita and Ragozzino，2017；Janell Townsend，"Understanding Alliances：A Review of International Aspects in Strategic Marketing," *Marketing Intelligence & Planning* 21（2003），pp. 143-158.

② Mesquita and Ragozzino，2017；Aimin Yan and Yadong Luo, *International Joint Ventures：Theory and Practice*（New York：Routledge，2016）.

合资企业是已经存在了数十年的传统合作形式。

近年来，基于项目的非股权合作企业激增。让我们详细研究这些合作企业。

14.5.1 股权合资企业

通常，当没有哪一家企业拥有开发可用机会所需的全部资产时，这些企业就会建立股权合资企业。在典型的国际交易中，外国合作伙伴提供资金、技术、管理技能、培训或某种产品，当地合作伙伴利用其工厂或其他设施、当地语言和文化知识、市场专门知识，与东道国政府进行有效联系，或贡献劳动力或原材料之类的低成本生产要素。西方企业经常通过与东道国的本土企业建立股权合资企业来进入亚洲市场，通过这种合作关系，它们可以获取关键的市场知识，立即利用分销系统并接触客户，从而可以更好地控制东道国的业务经营。

星巴克与印度的茶和咖啡生产商塔塔全球饮料公司（Tata Global Beverages）建立了股权合资企业。根据二者签署的协议，塔塔全球饮料公司利用其在当地的品牌优势和对印度饮料零售方面的深入了解，在印度各地开设了 100 多家星巴克商店。[①] 这次合作使两家企业在创新、品牌推广、分销方面都获得了对方的战略资产优势以及市场知识。

韩国三星于 20 世纪 70 年代开始通过与日本电气、日本三洋和美国康宁等外国技术供应商建立股权合资企业进行国外扩张。借助这种合作关系，三星获得了产品设计和营销网点，其管理层对国外业务的信心日益增强。随着自身能力的提高，三星开始涉足国际生产。它于 1982 年在葡萄牙成立合资企业，由此开始了国外制造业务。20 世纪 90 年代，三星与英国乐购成立了一家股权合资企业，在韩国开设了大卖场。2013 年，三星与美国康宁成立的股权合资企业生产了电视玻璃显示器。2017 年，三星与嘉里物流（Kerry Logistic）成立了一家股权合资企业，以利用三星软件和其他在中国提供物流服务的技术平台。[②]

14.5.2 基于项目的非股权合作企业

基于项目的非股权合作企业（project-based，nonequity venture）在跨境业务中越来越普遍，它是指合作伙伴在不创建新的法人实体的情况下创建范围相对狭窄且时间表明确的项目。合作伙伴将员工、资源和能力结合在一起，在新技术或产品

---

① Piyush Pandey, "Tata, Starbucks to Extend Their Partnership Beyond India," *The Hindu*, June 27, 2016, www. thehindu. com; *The Economic Times*, "Starbucks Expects India to Be Among Its Top 5 Markets Globally," October 25, 2017, www. economictimes. com.

② "Business Digest," *Chemistry & Industry*, January 2012, p. 14; Y. Kim and K. Ahn, "Samsung Tesco Homeplus and Corporate Social Responsibility," *Richard Ivey School of Business Case Collection*, July 29, 2009; Tess Stynes, "Corning and Samsung in Accord," *Wall Street Journal*, October 23, 2013, p. B7; *Yonhap News*, "Samsung SDS Establishes Joint Venture with Chinese Firm," May 16, 2017, www. yonhapnews. co. kr.

的基础上进行合作，直到合作企业取得成果或它们认为合作不再有价值为止。尤其是在技术和知识密集型行业中，这种合作减少了研发的巨大固定成本，并帮助企业赶上了竞争对手。例如，俄罗斯的 Rusnano 公司与美国的 Crocus Technology 公司合作研究并生产先进的 MRAM 芯片。这些芯片被用作数码相机和智能手机等智能电子产品的内存芯片。[①]

惠普与中国台湾的制造商富士康成立了一家非股权合作企业，以对超大规模的计算和存储技术进行研究。该合作企业的成立反映了惠普渴望在大型数据中心市场占有一席之地的愿望。该合作企业基于一项战略性商业协议，旨在为诸如亚马逊、谷歌和脸书之类的客户生产先进的计算机服务器。这些互联网服务公司都有大型数据中心，以运行其网络销售、搜索服务、云存储和社交网络应用程序。例如，脸书使用超大规模存储技术将图像存储在其庞大的照片库中，亚马逊使用该技术存储数百万客户的信息。这家非股权合作企业将利用惠普在计算和品牌方面的领先优势，以及富士康在大批量设计和低成本制造方面的专长，研发超大规模存储技术。2016年，惠普与富士康成立了一家新的合作企业，生产支持云计算服务的计算机服务器。[②]

14.5.3 股权合资企业与基于项目的非股权合作企业之间的差异

与传统的股权合资企业相比，基于项目的非股权合作企业具有以下鲜明特征：

● 没有创建新的法人实体。合作伙伴按照合同开展活动。

● 母公司不一定需要拥有一家正在经营的企业的所有权。相反，它们贡献自己的知识、技能、员工和财务资源，以获取知识或其他收益。

● 合作往往有明确的时间表和结束日期。合作伙伴一旦完成目标或不再有继续合作的理由，就会分道扬镳。

● 合作的范围比股权合资的范围要窄，合作通常强调单个项目，例如新产品的开发、制造、营销或分销。

● 表 14.3 重点介绍了两种国际合作企业的优缺点。

表 14.3　两种国际合作企业的优缺点

	优点	缺点
股权合资企业	● 对未来的发展方向有更强的控制力 ● 可以促进知识在合作伙伴之间的转移 ● 可以受到共同目标的激励	● 管理结构复杂 ● 合作各方之间的协调可能较为麻烦 ● 难以终止 ● 面临的政治风险较大

① Don Clark, "Chip Start-Up Joins with Russia in Memory Deal," *Wall Street Journal*, May 17, 2011, p. B7.
② Eva Dou, "H-P, Foxconn Start Server Joint Venture," *Wall Street Journal*, May 1, 2014, p. B5; *Fox Business*, "HP, Foxconn Launch Cloud Server Joint Venture," January 8, 2016, www.foxbusiness.com.

续表

	优点	缺点
基于项目的非股权合作企业	• 易于建立 • 管理结构简单，易于调整 • 可以利用合作伙伴各自的优势 • 能够迅速对技术和市场变化做出反应 • 易于终止	• 在合作伙伴之间的知识转移可能不够直接 • 不涉及股权，因此更强调相互信任、充分沟通和建立关系 • 冲突可能难以解决 • 成本和收益的分配容易导致关系紧张

14.5.4　联合体

联合体（consortium）是指为完成一个大型项目而与多个合作者联合成立的一家基于项目的非股权企业。联合体通常以合同方式组建，合同规定了联合体各方成员的权利与义务。工作按照与利润同样的方式被分配给各成员方。因此，在由三个合作伙伴组成的联合体里，如果每个成员各负责三分之一的工作，那么每个成员也将各获得三分之一的利润。在商用飞机、计算机、制药、电信等行业，由于开发和营销一种新产品往往需要耗费上亿美元的成本，同时还需要广泛的专业技术，因此这些行业在创新的过程中，非常喜欢采用联合体这种形式。例如，波音、富士、川崎和三菱通过联合各方力量完成波音 767 飞机关键部件的设计和制造。又如，韩国斗山集团（Doosan Group）、美国西屋电气（Westinghouse）与中国国家核电技术公司合作，在中国共同建设核电站。而西屋电气的主要持股人是日本东芝。[①]

几家企业通常会为一个大型项目（如建设发电厂）共同出资。每家企业都会为这一项目贡献自己的专长，因为仅靠一己之力无法中标。在这个过程中并不会产生正式的法人实体，因为各家企业仍然保留了各自的独立身份。这样的话，即使一家企业退出了，该联合体剩余的参与者还可以继续合作。例如，欧洲几家企业联合组建了 iNavSat 联合体，旨在开发、管理欧洲全球卫星导航系统。

14.5.5　交叉许可协议

交叉许可协议（cross-licensing agreement）是一种基于项目的非股权合作企业，其中合作各方达成一致，任何一方均能够以优惠条件使用其他方开发的授权技术。例如，微软（Microsoft）与日本胜利（JVC）达成了共享软件和其他产品专利技术知识的协议。同样，两家企业也可以签订交叉经销协议，规定任何一方都有权以优惠的条件经销另一方生产的产品和服务。例如，星空联盟（Star Alliance）就是由超过 25 家航空公司［包括加拿大航空公司（Air Canada）、美国联合航空公司

[①] Suresh Kotha and Kannan Srikanth，"Managing a Global Partnership Model: Lessons from the Boeing 787 'Dreamliner' Program," *Global Strategy Journal* 3，No. 1 (2013)，pp. 41-66; Sonal Patel，"New Construction Milestones for AP1000 Units," *Power*，March 1，2017，www.powermag.com; *Power Engineering*，"Pressure Vessel for AP1000 Nuclear Reactor in China Put in Place," November 2011，Special section p. 6.

(United)、德国汉莎航空公司（Lufthansa）、北欧航空公司（SAS）、新加坡航空公司（Singapore Airlines）、新西兰航空公司（Air New Zealand）等］所达成的协议，以共享彼此的航线资源。

14.5.6　合作中的潜在风险

建立合作企业意味着各方都决定要合作而不是单干。简单来说，就是合作所带来的潜在收益高于潜在风险。在分析可能达成的合作时，企业管理者需要考虑以下问题：

- 作为一家企业，我们是否越来越依赖我们的合作伙伴？
- 合作是否会扼杀我们自己的发展和创新？
- 我们是否会过度分享企业资源，以至于自身的利益受到威胁？我们怎样才能保住我们的核心竞争力？
- 我们是否暴露于重大的商业、政治、文化和外汇风险中？
- 我们是否能有效整合合作伙伴的文化和经营？
- 我们是否会因参与这项合作而错失一些增长机会？
- 管理这家新企业是否会使我们的管理、财务、技术等资源承受过重的负担？

潜在的合作伙伴可能是当前或未来的竞争者，可能有自己的日程安排，还可能通过这一合作关系赢得重要的竞争优势。[1] 因此，企业管理者必须保护来之不易的能力和其他企业资产，以维持自己在竞争中的讨价还价能力。和谐未必是最重要的目标，相比交出自己掌握的核心技术，合作伙伴之间某种程度的冲突和紧张有时是更可取的。企业并不想过多依赖自己的合伙人。例如，西屋电气在与中国企业合作建设核反应堆的过程中，分享了数千份技术文件和其他知识产权。由于中国的知识产权保护水平还不够高，加之中国希望成为核能的主要开发者，所以这些知识可能会渗透给潜在的竞争对手，而这不利于西屋电气未来的发展。[2]

14.5.7　管理合作企业

在国际化过程中，企业要做的第一个决策是选择合适的目标市场，因为目标市场决定了商业伙伴应该具备的特征。例如，如果某家企业计划进入一个新兴市场，那么它会希望找一个有一定政治影响力或关系的合作伙伴。因此，确定目标国家和挑选商业伙伴是两个会相互影响的选择。

---

[1]　Gang Li, Huan Fan, Peter Lee, and T. Cheng, "Joint Supply Chain Risk Management: An Agency and Collaboration Perspective," *International Journal of Production Economics* 164 (June 2015), pp. 83 - 94; Mesquita and Ragozzino, 2017.

[2]　*Economist*, "A Glowing Future: China Wants Its Nuclear Industry to Grow Dauntingly Fast," September 22, 2016, www.economist.com; Dexter Roberts and Stanley Reed, "China Wants Nuclear Reactors—Fast," *Bloomberg Businessweek*, December 6 - 12, 2010, pp. 15 - 17.

　　图 14.3 概括了识别合适的合作伙伴并与之合作的流程。从这个流程中可以看出，企业管理者需要利用自己的跨文化沟通能力、法律专长和财务规划技巧。①

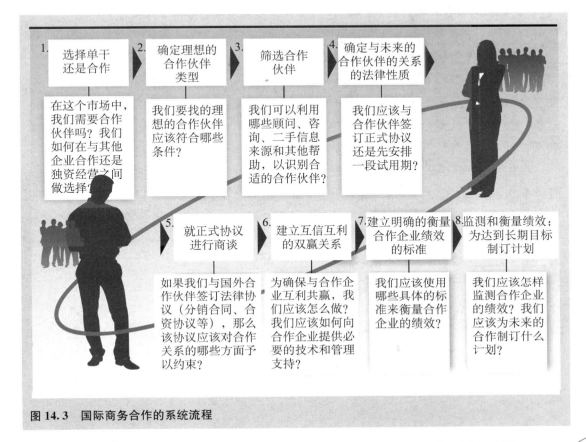

1. 选择单干还是合作

在这个市场中，我们需要合作伙伴吗？我们如何在与其他企业合作还是独资经营之间做选择？

2. 确定理想的合作伙伴类型

我们要找的理想的合作伙伴应该符合哪些条件？

3. 筛选合作伙伴

我们可以利用哪些顾问、咨询、二手信息来源和其他帮助，以识别合适的合作伙伴？

4. 确定与未来的合作伙伴的关系的法律性质

我们应该与合作伙伴签订正式协议还是先安排一段试用期？

5. 就正式协议进行商谈

如果我们与国外合作伙伴签订法律协议（分销合同、合资协议等），那么该协议应该对合作关系的哪些方面予以约束？

6. 建立互信互利的双赢关系

为确保与合作企业互利共赢，我们应该怎么做？我们应该如何向合作企业提供必要的技术和管理支持？

7. 建立明确的衡量合作企业绩效的标准

我们应该使用哪些具体的标准来衡量合作企业的绩效？

8. 监测和衡量绩效：为达到长期目标制订计划

我们应该怎样监测合作企业的绩效？我们应该为未来的合作制订什么计划？

图 14.3　国际商务合作的系统流程

　　当企业首次通过 FDI 进行国际化运营的时候，通常会考虑独资经营，因为习惯了控制企业 100% 的所有权以及随之而来的利润。企业所属行业或所生产的产品的性质也可能使合作成为一种不太令人满意的战略。但是，管理者还是应该将合作视为一种备选方案。通常，当企业确定自己在价值链上的某个环节比较薄弱或存在缺失的时候，便会选择设立合作企业。例如，在全球网络服务供应行业，中国日益成为受欢迎的目标国家。微软和谷歌都通过与当地企业成立合作企业的形式进入这个潜力巨大的市场，但是亿贝和雅虎却主要是以独资的形式进入的。每家企业选择的进入战略都是最适合自己的特定情况的。②

　　合作企业中约有一半会在业务开始后的五年内遭遇失败，失败的原因包括分歧得不到解决、对合作目标有不同的理解等。建立国际合作企业特别具有挑战性，因

---

　　① S. Tamer Cavusgil，"International Partnering：A Systematic Framework for Collaborating with Foreign Business Partners," *Journal of International Marketing* 6 (1998)：91-107.

　　② "Asian Alliances：New Ties for VW，GM and Peugeot Citroen," *Economist*，December 12，2009，p. 72；"China：The Great Internet Race," *BusinessWeek*，June 13，2005，pp. 54-55；Nikolaus Lang et al，"How to Successfully Manage Joint Ventures in China," *BCG*，March 1，2016，www.bcg.com.

为企业管理者不仅要处理纷繁复杂的商务事宜，还要面对文化、语言、政治、法律和经济制度的差异。在发展中经济体建立的合作企业的失败率远高于在发达经济体建立的合作企业。大宇、通用汽车、维珍等都有过失败的合作经历。[1]

要想让合作企业取得成功，应遵循以下五条指引：

● 了解文化差异。国际合作要求合作各方通过相互学习理解各自企业和国家的文化。文化对立会导致合作的效率低下，给合作各方带来挫败感。合作各方可能永远也无法形成一套一致的价值观和组织程序。尤其是当合作各方的文化背景大相径庭的时候，比如挪威和尼日利亚。因此，了解文化差异是必须完成的任务。

● 追求共同的目标。当合作各方设定的目标不同或者目标随着时间的推移而变化时，经营者就会发现它们的经营目标存在对立之处。例如，日本企业往往看重市场份额而不是利润率，美国企业则恰好相反，比较看重利润率而不是市场份额。由于最大化这两个绩效指标需要采取不同的战略，所以由日本企业和美国企业共同建立的合作企业很可能会失败。为了应对这些挑战，合作各方需要在三个组织层面上进行定期的联系与交流，这三个组织层面分别是：高级管理层面、营销管理层面、员工层面。

● 适当关注合作企业的计划与管理。如果企业没有在管理、决策和控制权方面达成一致，那么每个合伙人都可能会试图控制合作企业的所有经营活动，从而导致合作各方的管理资源、财务资源和技术资源陷入紧张状态。在某些情况下，平均分配管理权和树立"共同的企业"这一理念是最佳做法，因为这有助于合作各方平等相待，达成共识。但在另一些情况下，由合作关系中的某一方居于主导地位更有助于成功。当合作伙伴中有一方是明显的推动者或者领导者的时候，合作关系就不太可能陷入僵局，谈判也不太可能被拖延。

● 保护核心竞争力。合作可能发生在现有或潜在的竞争者之间。因此，合作的各方必须把握好合作与竞争的尺度。例如，大众汽车与通用汽车通过与上海汽车集团的合作，在中国获得了巨大成功。这些西方企业向中方的合作伙伴转移了许多技术与专有技能。上海汽车集团通过向大众汽车和通用汽车学习，现已成为全球汽车行业的主要参与者，甚至成为大众汽车和通用汽车这两个最初的合作者的有力竞争对手。[2]

● 适应不断变化的环境。当环境发生变化时，创立合作企业的动机可能会变弱或消失。例如，行业不景气或者经济衰退可能会使一方或者双方对于各事项的优先级发生变动；成本超出预算可能会导致合作企业无法维持下去；政府新发布的政策或规定可能会增加合作成本或减少其收益。因此，企业管理者应该时刻保持灵活性，以适应不断变化的环境。

---

[1] Cavusgil，1998；Kandemir，Yaprak，and Cavusgil，2006；Patrick Hatch，"Virgin Samoa Closure Puts Nonstop Flights from Australia in Doubt，" *Sydney Morning Herald*，May 24，2017，www.smh.com；Brian Tjemkes，Pepijn Vos，and Koen Burgers，*Strategic Alliance Management* (London：Routledge，2017).

[2] Charles Clover，"Foreign Carmakers on Edge Despite China Tech Transfer Assurances，" *Financial Times*，March 29，2017，www.ft.com；*Reuters*，"Volkswagen Won't Make Audi Cars with SAIC in China Before 2018，" January 17，2017，www.reuters.com.

第14章

14.6　零售商在外国市场上的经验

零售商代表了通过大量 FDI 和企业合作进行国际化的国际服务业企业的一种特殊情况。零售的形式多种多样，包括百货商场（如玛莎百货）、专卖店（如美体小铺、盖璞）、超市［如桑斯博里（Sainsbury）、西夫韦（Safeway）］、便利店（如 7 - 11）、折扣店［如泽勒斯（Zellers）、塔吉特（Target）］和大卖场（如家得宝、宜家）。目前，沃尔玛在中国有超过 425 家零售店和数万名员工，几乎所有商品都从中国采购，为当地创造了数以千计的工作岗位。[1]

零售商国际化的主要原因包括：母国市场已经饱和、国际投资规制放松，以及国外存在低成本获益机会。例如，家得宝之所以进行国外扩张是因为加拿大和美国的家庭装修市场已经趋于饱和。[2] 而大多数新兴市场却呈现出以下特征：压抑已久的需求被释放、经济增长快、中产阶级规模日益壮大以及消费者日趋成熟。在人口密度较大的发展中国家，消费者如潮水般涌入那些商品种类繁多、价格实惠的折扣店。

零售商通常在 FDI 和特许经营这两种外国市场进入战略之间做选择。家乐福、皇家阿霍德（Royal Ahold）、沃尔玛等规模较大、经验较丰富的企业倾向于通过 FDI 进行国际化。它们通常拥有自己的门店，保持对经营机构和专有资产的直接控制。而 Anytime Fitness 等规模较小、国际化经验较少的企业则倾向于依赖独立的特许经营网络。在特许经营过程中，零售商使用特许经营者的商业系统并向其持续支付使用费。其他一些企业可能会采取双重战略——在一些市场采取 FDI 战略，而在另一些市场采取特许经营战略。特许经营提供了一条快速国际化的途径。然而，和 FDI 相比，采取特许经营战略的企业对国外经营机构的控制力较弱，因此，如果国外的政治和经济局势不稳定或知识产权保护法律不健全，那么采取该战略的企业将会面临较大风险。

许多零售商在外国市场上碰了壁。[3] 例如，当法国的老佛爷百货（Galleries Lafayette）进入美国纽约市场后，无法与纽约当地众多的竞争者抗衡；英国的玛莎百货把食品和服装一起放在较小的商店销售的模式在母国市场大获成功，但当该企

① Laurie Burkitt and Sarah Nassauer, "Wal-Mart Says It Will Go Slow in China," *Wall Street Journal*, April 30, 2015, p. B3; Rachel Change, "Wal-Mart Already Has a Thriving Online Grocery Business—in China," *Bloomberg Businessweek*, November 30, 2017, www.bloomberg.com; Mei Fong, "Retailers Still Expanding in China," *Wall Street Journal*, January 22, 2009, p. B1.

② *Floor Daily*, "Home Depot Looking at Europe, Asia," September 2, 2017, www.floordaily.net; Andrew Ward, "Home Depot in Mexico," *Financial Times*, April 6, 2006, p. 8.

③ Bryan Pearson, "Expanding Retail Overseas: 3 Lessons from Best Buy, Walmart and Home Depot," *Forbes*, June 10, 2016, www.forbes.com; Andrew Roberts and Carol Matlack, "Once Wal-Mart's Equal, Carrefour Falls Behind," *Bloomberg Businessweek*, October 24 - 30, 2011, pp. 22 - 23.

业将这种模式迁移到加拿大和美国时，却水土不服；宜家在日本也遇到了难题——日本的消费者偏好高品质家具，而不是宜家的低成本家具；最近，家得宝在中国经营了几年后，也放弃了中国市场。

在德国，沃尔玛这个全球最大的零售商也竞争不过当地的对手，最后不得不退出市场；在墨西哥，沃尔玛在新建超级市场的同时也建立了大型的美式停车场，但是大多数墨西哥人没有汽车，而城市公交车站又离得很远，所以购物者无法方便地把他们购买的商品带回家；在巴西，大多数家庭都在发工资那天进行每月一次的大采购，而沃尔玛的过道显得太过狭窄和拥挤，无法容纳购物高峰期的人流，圣保罗市区的货架又堆满了当地人不需要的叶片式风扇；在阿根廷，沃尔玛的红白蓝旗帜使人联想到美国国旗，冒犯了当地人民。山姆会员店（Sam's Club）、沃尔玛食品折扣店也在拉丁美洲遭遇了失败，一部分原因是其出售的大包装商品对于收入低、住房小的当地购物者来说太大了。但如今，沃尔玛已是拉丁美洲最成功的零售商之一。沃尔玛花了很多年才学会如何适应当地市场的需求。[1]

那么，当零售企业去海外扩张时会面临哪些挑战呢？

国际零售业面临的挑战

● 文化与语言障碍。文化与语言障碍是零售业面临的一个重大障碍。与其他多数行业相比，零售商与消费者的关系尤为密切。它们必须及时回应当地市场的需求，提供顾客定制的产品和服务组合、调整营业时间、调整店面规模和布局，还要满足当地工会的要求。

● 消费者更加青睐本土零售商。正如百思买在土耳其、家得宝在中国、沃尔玛在德国的失败经历所证明的那样，顾客往往对本土企业有较高的忠诚度。

● 法律和制度障碍。零售企业的管理者必须克服一些特殊的法律和制度障碍。例如，德国限制商店的经营时间，要求大部分商店在周日停止营业；印度对外国零售商做出了大量限制，故宜家对进入印度市场一直持谨慎态度；中国对网络出版发布了新规定，这对外国供应商的部分业务产生了一定影响，如苹果终止了 iBooks 和 iTunes 电影在中国市场的网络销售。[2]

● 寻找当地进货渠道。在进入新市场时，零售商必须为数以千计的商品找到当地的进货渠道，而当地的供应商可能不愿意或者无法提供某些商品。例如，当玩具反斗城公司进入日本市场时，当地的玩具制造商就不愿意与这家美国企业合作。最终，一些零售商不得不建立复杂且高成本的国际供应链，通过进口获得商品供应。

① *Agence French Press*, "Walmart Is Closing 269 Stores, Including 115 in Latin America," January 15, 2016, www.pri.org; David Agren, Thierry Ogier, and Joachim Bamrud, "Walmart: Latin American Success," *Latin Trade*, July/August, 2011, pp. 24-27; Pearson (2016); *WWD: Women's Wear Daily*, "Wal-Mart Alters Course in Latin America," April 21, 2014, p. 2.

② *BMI Research*, "Challenges Persist in Walmart's International Operations," June 21, 2017, www.bmiresearch.com; Amol Sharma, "IKEA Wary of Entering India," *Wall Street Journal*, January 24, 2012, p. B4.

14.6.1　零售商如何在外国市场上取得成功

沃尔玛在拉丁美洲遭遇多次失败后，调整了经营方式，并最终取得了巨大成功。沃尔玛等零售商之所以能在海外市场取得成功，是因为其采用了系统化的方法。让我们来看看零售商如何在国际市场上取得成功。

● 提前调研与计划。深刻理解目标市场，制订周密、翔实的商业计划，都可以帮助企业预估潜在问题并做好预案，为取得成功做好准备。法国零售业巨头家乐福在中国大陆开店之前，其管理层先花了 12 年时间在中国台湾经营业务，以加深对中国文化的理解，并学到了如何与当地政府建立友好关系。这些准备工作帮助家乐福成为中国大陆最大的外国零售商，在 25 个城市迅速建立起大型超市网络。[①]

● 建立高效的物流与采购网络。对于采购业务来说，规模经济尤其关键。零售商需要组建采购与物流机构，以维持充足的库存，同时最小化经营成本。沃尔玛对墨西哥的供应链进行了重大调整，并建立了高效的本地化采购网络。如今，沃尔玛在墨西哥销售的产品有 80% 以上是从当地供应商那儿采购的。由此带来的低成本，再加上规模经济，使得沃尔玛能以较低的价格提供丰富多样的产品。

● 采用具有开创性的方法。最成功的零售商会想出令人耳目一新的方法。维珍就是一个很好的例子。其创始人理查德·布兰森（Richard Branson）于 1975 年在伦敦开了第一家维珍唱片店，此后将业务扩展到欧洲、北美洲和亚洲的众多市场。维珍的店面大、光线好，并按照逻辑顺序来摆放唱片，这些在当时都是具有开创性的。因此，维珍的销售额增长远胜于一般的小型唱片零售商。另一个例子是 Zara。Zara 采用了多种具有开创性的方法以满足跨国需求，包括快速地捕捉时尚新趋势，及时对本土市场有关情况（如天气、流行文化）的变化做出反应，以及快速推出新产品，从而吸引客户不断光顾，购买新品。

● 根据本土环境调整商业模式。例如，家得宝在墨西哥的商店有专门为预算少，因而打算自己动手建造房屋的人提供的产品。在一个大多数人都请不起专业建筑师的国家里，家得宝推出了相应的付款计划并推广了 DIY 理念。[②] 零售商在国外经营时，需要调整的方面主要包括选址、定价、营销、店面设计和商品摆放格局。

---

① Ming-Ling Chuang, James Donegan, Michele Ganon, and Kan Wei, "Walmart and Carrefour Experiences in China: Resolving the Structural Paradox," *Cross Cultural Management* 18, No. 4 (2011), pp. 443 - 463; Dominique Vidalon, "Auchan/Alibaba Deal Turns Up the Heat on Carrefour in China," *Reuters*, November 21, 2017, www. reuters. com.

② David Agren, Thierry Ogier, and Joachim Bamrud, "Walmart: Latin American Success," *Latin Trade* 19, No. 4 (July/August 2011), pp. 24 - 27; *Forbes*, "Home Depot invertirá 1, 700 mdp en abrir nuevas unidades en México," January 16, 2018, www. forbes. com. mx; *MarketLine*, "Wal-Mart Stores Inc. ," August 18, 2017, pp. 1 - 26; Mallory Schlossberg, "While the Rest of the Industry Struggles, This Store Has Created the 'Best Business Model in Apparel' — and Millennials Are Flocking to It," *Business Insider*, June 16, 2016, www. businessinsider. com; Ward (2006).

在根据当地情况对这些方面进行调整的过程中，零售商必须谨慎行事，以避免帮助自己最初取得成功的优势被削弱或者被完全破坏。

全球最大的家具零售商宜家在数十个国家开设了 200 多个家居卖场，在国际市场上取得了巨大成功。宜家的成功源于其管理层强有力的领导、高超的人力资源管理水平以及在全球整合和本土化回应之间取得的平衡。在每一家店铺里，宜家都提供尽可能标准化的产品，同时也维持足够的灵活性来适应当地的特殊环境。例如，在美国，宜家增大了床的尺寸，以更好地满足美国人的偏好；在中国，宜家降低了价格，以更好地适应顾客的收入水平。宜家在进入大市场之前会先在小市场试水。例如，宜家在进入德国市场前，先进入以德语为母语的瑞士市场，以完善其零售模式。[①]

篇尾案例　　　　　戴姆勒-克莱斯勒：一场失败的国际兼并

戴姆勒（Daimler AG）是德国知名的高档汽车制造商，尤以梅赛德斯-奔驰而闻名。克莱斯勒（Chrysler）长期以来一直是美国三大汽车巨头之一，其代表性产品有轿车、货车和 SUV（运动型多用途汽车）。1998 年这两家企业兼并时，超过 300 名记者参加了新闻发布会，甚至两家企业的股价均上涨了 10%。

戴姆勒和克莱斯勒都是汽车业巨头，那么两家成功的企业为什么会选择兼并呢？其实这主要是因为当时全球的汽车产能已经超过了需求，竞争加剧，汽车制造商都在挣扎，以求得生存。戴姆勒的高管认为，对此的解决方案是：扩大产品供应，将销售扩大到全球更多市场。戴姆勒试图收购克莱斯勒，以获得后者在美国的互补产品线和客户群。

不过，戴姆勒认为，敌意收购反而会使克莱斯勒本土市场的客户、员工和其他成员对其产生距离感。因此，就有了双方这场被称为对等兼并（merger of equals）的友好的兼并。这两大巨头的联姻成为汽车业历史上最大的兼并案例。通过股票互换的方式，戴姆勒-克莱斯勒于 1998 年正式成立。

对等兼并

这笔 370 亿美元的交易使得戴姆勒-克莱斯勒成为全球汽车制造业新的领军企业。其员工人数超过 44.2 万，市值接近 1 000 亿美元，日产 11 000 辆汽车，年收入接近 1 500 亿美元。戴姆勒-克莱斯勒也给全球汽车行业造成了巨大冲击。看起来两家企业的优势非常互补，故被视为近乎完美的结合。这与传统的收购形成了鲜明的对比。传统的收购一般是一家大企业吞并一家小企业，例如宝马收购路虎、福特收购捷豹。

① Valerie Chu, Alka Girdhar, and Rajal Sood, "Couching Tiger Tames the Dragon," *Business Today*, July 21, 2013, p. 92-96; Michael Jarrett and Quy Nguyen Huy, "IKEA's Success Can't Be Attributed to One Charismatic Leader," *Harvard Business Review*, February 2, 2018, www.hbr.org; Beth Kowitt, "It's IKEA's World," *Fortune*, March 15, 2015, pp. 166-175; Carol Matlack, Sam Chambers, and Anna Molin, "IKEA Tries Breaking Out of the Big Box," *Bloomberg Businessweek*, January 15, 2018, pp. 20-21; Hilary Potkewitz, "Can Your Relationship Handle IKEA?" *Wall Street Journal*, April 23, 2015, pp. D1-D2.

戴姆勒-克莱斯勒原本的目标是：利用整合研发、采购、分销和销售等活动所产生的规模经济效应，实现全球增长。管理层预期两家企业兼并后每年可以节省 30 亿美元的成本。这次兼并给企业带来了巨大的财务利益，同时打造出了一系列畅销车型。新的合资企业结合梅赛德斯-奔驰的品牌形象（速度、奢华和卓越性能）与克莱斯勒的品牌形象（符合美国主流价值观的高质量的小型货车与 SUV 制造商），在 34 个国家生产，销往近 200 个国家，而且产品几乎没有重叠。克莱斯勒的主要市场在北美（占其销售额的 93%），梅赛德斯则主导欧洲市场（占其销售额的 63%）。两家企业都希望在国际销售和价值链活动中产生协同效应。

具体来说，在此次兼并中，戴姆勒的目标是：

● 扩大市场。在兼并前，戴姆勒只在约占全球 20% 的市场上竞争，难以接触到剩余 80% 的市场。

● 接触更多中产阶级买家，不再局限于梅赛德斯以往的目标客户。

● 打造具有多个品牌、创新文化以及可持续的成本结构的全球企业形象。

● 通过在全球范围内对产品种类与价格进行多种组合，实现跳跃式发展，超越竞争对手（如丰田的雷克萨斯、大众的奥迪）。

● 利用克莱斯勒的零部件供应链，以降低成本。

克莱斯勒的目标是：

● 通过与强大的合作伙伴进行业务整合，应对产能过剩的挑战。

● 成为全球首屈一指的汽车企业。

● 通过戴姆勒广泛的分销网络来扩大销售（尤其是欧洲市场）。

● 在戴姆勒工程师的帮助下，进一步提高产品质量。

冲突

然而，兼并后不久，问题就出现了。在兼并两年后，克莱斯勒亏损了 12 亿美元，关闭了 6 家工厂，解雇了 26 000 名员工，不满情绪开始在工会蔓延。大部分美国高管选择退休、辞职或被解雇，德国高管接替了他们的职位。由此产生的人才流失也阻碍了戴姆勒部分目标的实现。而克莱斯勒的资产之所以减少，主要是由于市场竞争激烈、经济环境不景气、燃料成本不断上升，以及与戴姆勒兼并所带来的挑战。

渐渐地，许多问题开始出现：

● 对等兼并。戴姆勒关于对等兼并的表态从一开始就不太明朗，虽然嘴上坚持说两个合作伙伴之间是平等的，但行为上却将自己定位为克莱斯勒的上级。这场兼并在决策、控制和运营管理等多个方面缺乏足够清晰的方向感。并不平等的管理地位使双方难以达成共识，也助长了双方的怨恨，加剧了混乱。

● 风险识别。德国企业和美国企业有着截然不同的历史与个性。因此，各方对新企业的身份存在许多困惑：这是一家美国企业、德国企业，还是全球企业？总部是设在德国还是美国？应该叫克莱斯勒-戴姆勒，还是戴姆勒-克莱斯勒，或是别的名字？最终，这家合资企业的身份被假定为德国企业。这些问题不仅让员工、客户以及其他群体感到混乱，也影响了企业的管理质量和融资能力。

● 文化冲突。戴姆勒是一家层级相对分明、保守、决策权集中的企业，而克莱斯勒是一家较为扁平、权力分散、持有美国中西部平民主义观念的企业。戴姆勒拒绝了克莱斯勒的大部分要求，这为克莱斯勒的经营蒙上了阴影。此外，两者对雇员薪酬的计算方法存在巨大差异，这一点更是激起了各方的强烈不满。这种文化冲突甚至延伸到了日常经营中，例如，在底特律召开的股东大会上提供的却是德国菜品。

● 整合问题。两者的生产线和分销渠道难以整合：梅赛德斯无法在克莱斯勒的生产线上生产，克莱斯勒的小型货车也不适合在梅赛德斯的工厂生产。同时，也有人质疑客户是否会认可在美国中西部地区由克莱斯勒员工生产出来的戴姆勒汽车。而克莱斯勒的小型货车和轿车也很难通过梅赛德斯的经销商进入市场。因此，两家企业都不愿意使用对方的分销渠道。

● 缺乏协同。克莱斯勒和戴姆勒的产品几乎没有重叠，这一度被视为资产，但事实证明并非如此。梅赛德斯的高端定位和克莱斯勒的主流形象存在鸿沟，这阻碍了两者在研发、生产和其他价值链活动中发挥协同效应。两者都未能巩固与供应商和经销商的关系。最终，戴姆勒和克莱斯勒的目标大相径庭，协同效应的缺乏导致双方的管理资源和财务资源都变得非常紧张。

● 市场雄心。高管设想将新企业打造为全球最大的汽车制造商，将业务范围扩大至亚洲和拉丁美洲市场，但戴姆勒-克莱斯勒缺乏适合这些市场的小型汽车。这家企业发展得太快，以至于没有能力去应对这个庞大组织的巨大变化。

双方分道扬镳

从一开始，兼并中的问题就是真实可见的。德方主导的管理模式更是增加了双方的不信任与怨恨。甚至最初满怀热忱的那部分人也对克莱斯勒身份的丧失感到失望。德国和美国的管理层在许多问题上都无法达成足够的共识。双方从未建立完全的信任，只有混乱充斥其间。随着双方的关系恶化，合资企业摇摇欲坠，人们也变得悲观起来。

本想体现善意的"对等兼并"不过是一个幌子。克莱斯勒的经理们对这样的虚假前提十分不满。戴姆勒的许多人则认为这种合作关系本来就是暂时的，也确实是抱着这样的心态在做的。缺乏双方的承诺和战略眼光，新的合资企业就难以完成使命、达成战略目标，而这本是一家企业取得成功所必需的。在克莱斯勒早期亏损后，德国高管认为克莱斯勒消耗了戴姆勒的资源，也不再看好这起兼并。文化差异又阻碍了双方就这些问题进行交流和沟通。

在经历了 9 年的失望之后，戴姆勒于 2007 年将克莱斯勒以约 80 亿美元的价格出售给瑟伯罗斯资本管理公司（Cerberus Capital Management）。显然，戴姆勒遭受了巨大的损失。2009 年，克莱斯勒申请破产，并利用数十亿美元的政府贷款进行了重组。2012 年，克莱斯勒通过重组重获生机，重新成为三大巨头之一。而戴姆勒也回到它原来的位置，并且仍然是一家成功的全球企业。

之后，意大利汽车制造商菲亚特购买了克莱斯勒的股份，并在 2014 年获得这家美国企业 100% 的所有权。同年年底，克莱斯勒成为菲亚特的子公司。这是当年最大的 FDI 交易之一。这起交易使得菲亚特能在美国销售其品牌，如阿尔法·罗密欧（Alfa Romeo），也使得克莱斯勒可以更高效地在欧洲销售汽车。

案例问题：

14-4. 广义而言，克莱斯勒和戴姆勒在兼并中各有什么目标？两家企业在多大程度上实现了这些目标？

14-5. 戴姆勒与克莱斯勒的兼并如何帮助两家企业实现规模经济和范围经济？新的合资企业在这些方面表现如何？

14-6. 请详述克莱斯勒和戴姆勒分别希望从兼并中获得什么优势，以及它们为新的合资企业引入了哪些不利因素。

14-7. 本章指出了管理者在组建国际合作企业之前应该解决的一系列问题。对于合作中的潜在风险，有哪些戴姆勒-克莱斯勒的高管没有充分考虑到？请详细阐述。

14-8. 请举例说明戴姆勒可以遵循一种怎样的系统化流程来提高兼并的成功率。

说明： 本案例是艾榭·奥兹图尔克（Ayse Ozturk）在加里·奈特的指导下撰写的。

资料来源： Jayanth-Reddy Alluru and Mark Thomas，"Can a Merger of Equals Truly Exist?," *Strategic Direction* 32，No. 6 (2016)，pp. 40-42; J. Badrtalei, and D. Bates, "Effect of Organizational Cultures on Mergers and Acquisitions," *International Journal of Management* 24 No. 2 (2007)，pp. 300-317; M. Blaško, J. M. Netter, and J. F. Sinkey, "Value Creation and Challenges of an International Transaction: The DaimlerChrysler Merger," *International Review of Financial Analysis* 9，No. 1 (2000)，pp. 77-102; "Divorced: What the Sale of Chrysler to a Private-Equity Firm Means for America's Car Industry," *Economist*，May 19，2007，pp. 67-68; S. Finkelstein, "The DaimlerChrysler Merger," *Tuck School of Business*，Dartmouth，No. 1-0071 (2002); Harald Hamprecht, "Clash of the Titans," *Automotive News*，September 12，2011，pp. 3-17; L. Iacocca, "Iacocca: 'Daimler Screwed Chrysler,'" *Business Week Online*，May 18，2007，p. 14; J. Mateja, "DaimlerChrysler Talks Shop," *Chicago Tribune*，March 12，2001; J. Snyder and B. Wernle, "Chrysler Shriveled Under Schrempp," *Automotive News*，February 16，2009，p. 23; Eric Sylvers and Christina Rogers, "Merged Fiat Chrysler Begins New Era," *Wall Street Journal*，October 10，2014，p. B5.

第 14 章

本章要点

关键术语

收购（acquisition）

联合体（consortium）

交叉许可协议（cross-licensing agreement）

股权合资企业（equity joint venture）

股权参与或股权所有（equity participation or equity ownership）

外国直接投资（foreign direct investment，FDI）

绿地投资（greenfield investment）

横向一体化（horizontal integration）

国际合作企业（international collaborative venture）

国际证券投资（international portfolio investment）

合资企业（joint venture）

兼并（merger）

基于项目的非股权合作企业（project-based, nonequity venture）

纵向一体化（vertical integration）

独资直接投资（wholly owned direct investment）

本章小结

在本章中，我们学习了：

1. 国际投资与合作

FDI 是一种国际化战略，企业通过在国外直接拥有生产性资产（如资本、技术、劳动力、土地、工厂和设备）来建立实体存在。国际合作企业是一种跨境业务合作伙伴关系，合作企业在其中汇集资源，并分担新企业的成本和风险。合资企业是两家或多家企业创建新的归大家共同所有的企业的一种合作形式。

2. FDI 的特点

FDI 是最深入、最复杂的市场进入战略，它涉及在国外建立生产工厂、销售子公司或者其他机构。对于企业而言，FDI 需要投入大量资源，在目标国家建立实体存在和经营机构，从而获得竞争优势，但相较于其他进入战略，FDI 也会让企业面临更大的风险。FDI 最常被跨国企业（拥有许多国际经营机构的大型企业）采用。服务是一种无形资产，一般不能出口，因此服务业的企业通常需要通过 FDI 在国外建立实体存在，以靠近客户所在地。国际有价证券投资是指通过股票或债券等外国有价证券而被动地拥有企业所有权。

3. FDI 与合作企业的动机

企业进行 FDI 的动机有很多，其中包括：为了进入新市场、争取新顾客的市场寻求型动机；为了获得外国市场更便宜或更充裕的生产要素的资源/资产寻求型动机；为了提高企业增值活动的效率的效率寻求型动机。建立国际合作企业的动机包括：进入新市场、抓住新机遇和学到新知识；

承担由一家企业单独开展时成本和风险过大的国际活动；减少成本；满足政府要求；防范或减少竞争。

4. FDI 的类型

FDI 既可以是企业拥有国外经营机构 100% 所有权的独资直接投资，也可以是由一个或多个合作伙伴共同成立的股权合资企业。企业可以进行绿地投资，即从零开始建立一个实体存在，也可以进行收购，即直接购买其他企业现有的机构。纵向一体化是指企业试图拥有价值链上多个环节的经营活动。横向一体化是指企业试图拥有价值链上某个环节的经营活动。兼并是一种特殊的收购，两家企业可以通过兼并形成一家规模更大的新企业。

5. 国际合作企业

在面对一个市场机会时，如果合作伙伴中的任何一方都没有抓住该机会所必需的全部资产，那么通常就需要建立合资企业。合资企业是一种基于所有权的合作。基于项目的非股权合作企业强调的是合伙人之间的契约关系，它的成立是为了达到某一特定目标或满足某一重要的商业需求，同时合伙人之间仍旧保持独立的身份。联合体是指为了从事靠一己之力无法完成的大规模经营活动而由多家企业成立的基于项目的非股权合作企业。合作要取得成功，企业管理者就要能够清晰地定义自己的目标和战略，这就要求预先做大量的调研与分析工作，并拥有高超的谈判技巧。管理者需要做出的决策包括：合作企业的管理、生产、财务、营销方面的责任分配，日常经营活动的开展以及企业未来规划的制订。许多合作企业过早地失败了，因此，企业应谨慎地选择合作伙伴，并遵循一套系统的管理流程。

6. 零售商在外国市场上的经验

由于零售业涉及较多的客户互动，因此极易受到文化、收入水平等因素的影响。零售商需要在适应当地环境的同时，保持自身特点和价值定位。国际零售商面临各种各样的挑战，包括：文化与语言障碍；消费者更加青睐本土零售商；法律和制度障碍；寻找当地进货渠道。零售商要在外国市场上取得成功，还需要做到以下几点：提前调研与计划；建立高效的物流与采购网络；采用具有开创性的方法；根据本土环境调整商业模式。

检验你的理解

14-9. FDI 有哪些类型？请区分收购和绿地投资。

14-10. FDI 的主要动机有哪些？

14-11. 请描述 FDI 涉及的企业类型，并详述是否存在只能通过 FDI 实现国际化的企业类型。

14-12. 请说明合作企业有哪些类型。如果要进入一个文化差异与母国较大的市场（如马来西亚、乌兹别克斯坦），那么建立哪类合作企业最适合？哪类企业最适合开发本行业的下一代新品？哪类企业最适合承担一个短期项目，例如在国外新建基础设施（如公路、大坝）？

14-13. 请分别说明对于下列企业而言，进行 FDI 的主要动机可能会是什么：

a. 在本国市场销售量下滑的小企业；

b. 想进入有着较高的贸易壁垒的市场的企业；

c. 本国生产成本高的企业；

d. 连锁酒店；

e. 寻求全球多种市场的大型多元化企业。

14-14. 请说明跨国企业在以下不同情况下选址时，应考虑的因素有哪些：

a. 新建工厂；

b. 建立营销子公司；

c. 建立地区总部。

14-15. 企业应采取哪些措施来提高国际合作项目的成功率？

14-16. 国际零售业面临哪些风险？百货商场、餐馆等零售商可以采取怎样的措施来最大限度地提高海外市场成功率？

运用你的理解

14-17. 假设你在一家小型生产商 MobileTV 工作。该企业负责生产汽车和船上的电视机。近期企业销售量下滑，因为随着来自新兴市场的企业进入市场，竞争变得日益激烈。管理层对此非常担忧。因为 MobileTV 都在加拿大和英国生产，所以缺乏成本优势，价格相对较高。你在研究该问题后，认为企业应将其大部分生产转移到墨西哥，但高管对 FDI 知之甚少。请你为管理层准备一份报告，详细说明在墨西哥建立生产基地的优势，以及企业为什么必须在国外建立生产基地；应采用哪种类型的 FDI 来进入墨西哥；预计合资企业将通过在墨西哥生产获得哪些优势和劣势。

14-18. 假设你在一家食品加工公司 Aoki 工作。你的老板听说加工食品在欧洲有很大的市场，但不知如何进入欧洲市场开展业务。你认为可以与欧洲当地的企业建立合资企业。请为你的老板准备一份备忘录，说明通过合作企业进行国际化的目标和风险，并解释为什么与东道国本土企业建立合作企业可能是比建立独资企业更好的进入战略，以及你所在的公司应该寻找什么类型的欧洲合作伙伴。请注意：加工食品是一种对文化敏感的产品，在营销和分销方面也较为复杂。

网络练习

14-19. 假设你所在的企业想在拉丁美洲建立一家工厂，在该地区生产并销售产品。目前候选国家的范围已缩小到阿根廷、巴西和智利。请写一份报告，比较这些国家的FDI环境。一种办法是从联合国贸易和发展会议的官网（www.unctad.org）获取每个国家的概况。请针对阿根廷、巴西和智利这三个国家，分别回答以下问题：

a. 哪些国家是该地区的主要贸易伙伴？（根据双方现有贸易的规模和贸易关系的稳定性。）

b. 该国正在开展FDI活动的领先企业有哪些？（识别关键竞争对手。）

c. 该国FDI绩效指数的评级是多少？（了解在该国投资的企业的一般绩效水平。）

d. 该国的兼并与收购活动处于怎样的水平？（反映该国收购型FDI的成熟度。）

请详述你的结论，并给出证明。

14-20. 假设你所在的企业想确定潜在的FDI目的地。请你根据FDI的潜在收益，比较备选地点的投资吸引力。"FDI信心指数"（FDI Confidence Index）是一个不错的工具，其是由科尔尼管理咨询公司根据对全球顶级跨国企业CEO的年度调查得出的。你可以在互联网或科尔尼管理咨询公司的网站（www.atkearney.com）上搜索"FDI信心指数"，得到相关资料。在了解FDI信心指数的构成指标后，请根据该指数筛选出若干个最优的FDI目的地。

14-21. 假设你拥有一家生产医疗产品的企业（属于生物技术行业）。你想在知识工人密集的国家建立一个海外生产基地，因此需要收集有关各国知识经济的信息。世界银行研究了各国知识经济的发展状况。你可以在世界银行网站（www.worldbank.org）上搜索"知识经济指数"（Knowledge Economy Index），找到相关文章和具体国家或地区的信息。请根据以上数据，比较新加坡、韩国和西班牙这三个国家的知识经济状况。

14-22. 政府通常会提供一些激励，以鼓励外国企业来本国境内投资。为什么政府要鼓励FDI流入呢？

14-23. 请阐述与外国合作伙伴建立一家合作企业需要经过哪些步骤。

CKR 有形流程工具练习

为制造业工厂选址

制造涉及各种活动，包括开发产品、管理零部件和其他投入品的采购、安排物流、保持质量标准，以及实际的制造等。为了获得比较优势，企业通常会在国外的合适地点生产它们提供给客户的产品。对于那些在国外自有工厂生产产品的企业来说，最重要的第一步是找到合适的地点建厂。

关于工厂选址的决定是复杂的。对于大型生产项目的选址，决策者一般要进行复杂的分析。在外国建立或收购工厂涉及FDI，这通常是最昂贵的外国市场进入战略。在资源有限的情况下，管理者会选择能使组织利益最大化的地点建厂。选址的最佳方法是通过系统的研究过程来缩小可能的国家范围。

在本练习中，假设您在一家生产浴室设备（例如水槽、浴缸和淋浴系统）的公司工作。你所在的公司想扩大产品在巨大的欧洲市场的占有率。欧盟很有吸引力，因为它集中了5亿富裕的消费者。为了更好地服务该地区，公司通过FDI在欧洲建立制造工厂。

然而，西欧的生产成本很高，于是许多公司选择在东欧建厂，因为那里有成本更低、质量更高的劳动力。你的任务是找出最适合建立制造厂的东欧国家。

背景

要找到一个最好的地点来建立一家外国工厂，需要进行大量的研究和规划。公司在国外设立工厂的最初目标往往是最大限度地降低生产成本。其他目标包括：提高产品附加值；接近国外主要客户；获得国内无法获得的生产要素；等等。在一个竞争激烈的世界里，在提供低成本、高质量劳动力的国家从事制造活动，可以增强企业竞争力，有利于企业生存和发展。

企业管理者希望获得具有足够的知识和技能的低成本劳动力，以满足质量标准和绩效目标的方式进行制造。在国外建立制造工厂时，考虑的最重要的因素往往是劳动力生产率。生产率高意味着企业能够以较小的成本生产出较多的产品。生产率取决于各种因素，包括工人的技术水平。

在研究阶段，管理者考虑了许多因素，包括每个国家的经济状况、政治制度、政府干预水平、法律保护、劳动力质量和成本、工会以及基础设施水平等。一般来说，企业希望将其制造工厂建立在各要素综合起来最优的国家。

第 14 章

第15章　许可贸易、特许经营和其他契约式进入战略

本章学习目标：

1. 解释契约式进入战略
2. 理解许可贸易
3. 描述许可贸易的优缺点
4. 理解特许经营
5. 描述特许经营的优缺点
6. 了解其他契约式进入战略
7. 了解知识产权侵权这一全球性问题

篇首案例　　　　　　　哈利·波特：许可贸易的魔力

在商品许可贸易中，最炙手可热的便是哈利·波特（Harry Potter）。到目前为止，它所产生的全球零售总价值已经达数十亿美元，这对于一个仅有11岁的戴眼镜的小男孩来说已经很不错了。自从1998年在当时还默默无闻的作家 J. K. 罗琳（J. K. Rowling）的儿童读物里以7岁的年纪首次露面以来，小说中虚构的哈利·波特已经走过了漫长的道路。不论大人还是小孩都被这部小说吸引了。在这部小说里，哈利·波特已经从一个不幸的孤儿成长为一个充满自信的年轻魔法师。哈利·波特系列丛书已经在全球200多个国家和地区被译成80多种语言，销量超过5亿本。

华纳兄弟（Warner Brothers，以下简称华纳）购买了哈利·波特系列的独家许可权，制作并发行了8部哈利·波特电影，这些电影都跻身史上最卖座的30部电影之列。这些电影在全球的总票房超过80亿美元，是史上票房第二高的系列电影。

华纳允许全世界的企业在其制成品（例如游戏软件、儿童家具、学习用品、玩具、服装等）上使用哈利·波特的形象，同时作为许可方按照被许可产品销售额收取一定百分比的版权费。将哈利·波特的形象与制造的产品相结合，不仅能够增加被许可商品的销量，

而且能够将它们卖出高价。这种许可贸易也使得罗琳成为英国最富有的女性之一。

华纳还采用契约式进入战略，将哈利·波特授权给了许多生产相关衍生商品（即影片中出现过，但不带有哈利·波特的名字的其他产品）的企业。例如，加利福尼亚的吉利贝利糖果公司（Jelly Belly）创造了波特最爱吃的糖果——伯蒂全口味豆，有沙丁鱼味等口味。丹麦的乐高生产的积木可以让孩子们动手搭建自己的霍格沃茨学院城堡。美国的美泰生产了哈利·波特系列玩具，如游戏卡片、玩具套装、棋牌和人偶等。

著名的软件游戏制造商美国艺电公司（Electronic Arts，EA）向华纳购买了开发销售"哈利·波特"电子游戏的许可证，其范围覆盖网络游戏、视频游戏（如索尼的 PS）和手机游戏等。游戏玩家可以玩虚拟版的"魁地奇"（Quidditch）：选手们坐在扫把上比赛，就像打空中马球一般。艺电公司一共发布了 8 款基于该电影和书籍的游戏。2018 年，《霍格沃茨之谜》（Hogwarts Mystery）和《巫师联盟》（Wizards Unite）面向 iOS 和 Android 智能手机平台发布。

生产家具用品的古德温织布公司（Goodwin Weavers）也取得了哈利·波特的许可权，生产带有哈利·波特形象的壁挂毯、装饰枕头、抱枕和毛绒织物等。美国 P.J. 儿童用品公司生产的哈利·波特系列儿童床虽然标价接近 2 000 美元，但销售量却非常大，这反映了一个流行品牌的许可贸易的神奇魔力。华纳也向服务企业销售许可证，例如，哈利·波特魔法世界主题公园是佛罗里达州奥兰多环球影城度假区的主要景点。

许可贸易是一个自发的过程，每一部新的《哈利·波特》小说都催生了一部电影，电影又反过来推动了小说的销售，进而提升了授权产品与服务的销量。根据华纳公布的消息，哈利·波特授权产品的最主要市场是美国、英国、德国、日本、法国、韩国、俄罗斯和中国。

同时，罗琳和华纳已经采取了限制措施，不随便把哈利·波特许可给任何一个人，尽管专家预计凭借哈利·波特的热度，仅在美国就能产生 300 种授权产品。

华纳等许可人面临的风险之一是知识产权侵权。知识产权侵权是指企业或个人未经知识产权所有人许可便擅自使用该知识产权谋取利益。例如，在有些国家，有很大比例的 CD 和商业软件都是盗版产品，《哈利·波特》的盗版 DVD 影片在公映之前便传遍了大街小巷，售价仅 1 美元。小说正式出版前，未经许可的译本就已经出现在网上，这势必影响其未来的销量。为了抵制盗版，《哈利·波特》系列小说的出版机构在印刷时选用了特殊的纸张，并教当地报纸、杂志、电视等媒体如何识别正版。

案例问题：

15-1. 华纳是如何通过使用契约式进入策略来获得特许权使用费的？

15-2. 如案例所述，许可贸易的好处是什么？

15-3. 在向其他企业授予关于哈利·波特的许可的过程中，华纳面临什么风险？

资料来源：Brian Bethune, "The Afterlife of Harry Potter," *Maclean's*, July 18, 2011, pp. 52-54; Ben Charny, "EA Bets on Harry Potter to Help Sell More Games," *Wall Street Journal*, May 13,

2009，p. B1；Carter Dougherty，"One Hot List You Don't Want to Be On," *BloombergBusiness*，March 5，2015，www. bloomberg. com；"Harry Potter and the Publishing Goldmine," *Economist. com/ Global Agenda*，June 23，2003，p. 1；Tony Lisanti，"Warner Bros. and the Magic World of Harry Potter," *License！Global*，June 2009，pp. 66 – 70；Liam Martin，"Forget Pokemon Go，Niantic Drops HUGE Harry Potter Wizards Unite Release Date Update," *Sunday Express*，January 5，2018，www. express. co. uk；Lauren Parker，"Not Just for Kids：Harry Potter Rolls Out New Licenses and a Retail Concept," *Accessories*，October 12，2017，www. accessoriesmagazine. com；Lauren Schuker，"Second 'Harry Potter' Park Planned," *Wall Street Journal*，December 1，2011，p. B6；Tom Stieghorst，"Harry Potter's Popularity Key to Universal Orlando's Plans," *Travel Weekly*，January 27，2014，pp. 6 – 38.

　　许可——授予他人合法使用某种受法律保护的产品/所有物（如名称、商标、标志、设计等）的权利——在国际商务中取得了极大的发展。在篇首案例中，《哈利·波特》系列小说的作者 J. K. 罗琳允许各种产品和服务的制造商将哈利·波特的形象作为产品的一部分，从而赚取了数百万美元。这样的交易反映了拥有所有物的人和被许可使用该产品/所有物的人之间存在一种契约关系。对于拥有技术、艺术作品、徽标和商业系统等可许可产品/所有物的企业来说，许可贸易在世界范围内都是一项非常有利可图的生意。

　　本章我们将阐述各种类型的跨国契约式合作关系，包括许可贸易和特许经营。**国际商务领域的契约式进入战略**（contractual entry strategies in international business）是指焦点公司与其外国合作伙伴之间存在明晰的契约关系的跨国交易。**知识资产**（intellectual property）指个人或企业创造的想法或作品，包括发现与发明，艺术、音乐、文学作品，单词、短语、符号和图案。哈利·波特就是一个典型的例子。**知识产权**（intellectual property rights）能够保护知识资产不被其他人在未经授权的情况下使用。①

15.1　契约式进入战略

　　契约式进入战略的两种常见类型是许可贸易和特许经营。**许可贸易**（licensing）是指知识资产所有者授权另一企业在一定时期内使用该知识资产，以获得特许权使用费或者其他补偿的一种贸易方式。**特许权使用费**（royalty）是指定

① Frontier Economics，*The Economic Impacts of Counterfeiting and Piracy*，2017，https://cdn. iccwbo. org；International Centre for Trade and Sustainable Development（ICTSD），*Property Rights：Implications for Development Policy*，*Policy Discussion Paper*，Intellectual Property Rights & Sustainable Development Series（Geneva，Switzerland：ICTSD，and New York：UNCTAD，2003）；Peter Menell，Mark Lemley，and Robert P. Merges，*Intellectual Property in the New Technological Age 2017：Vol. I Perspectives*，*Trade Secrets and Patents*（Berkeley，CA：Clause 8 Publishing，2017）.

期支付的，因暂时使用知识资产而补偿给许可人的费用，通常按特许商品的销售额的百分比计算。作为一项市场进入战略，许可贸易既不需要大量的资本投入，也不需要许可人在外国市场上广泛参与。许可贸易对企业来说是在外国市场上获得实体存在的一种相对廉价的方式，而 FDI 则是一种昂贵的方式。

特许经营（franchising）是许可贸易的一种高级形式，它是指企业授权另一企业使用其整个商业体系以换取酬金、特许权使用费或其他补偿的一种贸易协议。

上述类型的契约式合作关系在国际商务领域相当普遍。它允许企业定期将企业的知识资产转移给国外的合作伙伴。从事建筑、工程、广告、咨询等服务行业的企业经常通过与外国合作伙伴签订契约来扩大其国际影响力。类似地，从事零售、快餐、汽车租赁、电视节目和动画制作等行业的企业也可以进行许可贸易和特许经营。例如，7-11 便利店是世界上最大的连锁便利店，在 18 个国家拥有超过 61 000 家店铺，其中数千家店铺是通过特许经营的方式经营的。

15.1.1　契约式合作关系的独特方面

跨境契约式合作关系有以下几个共同特点：

● 受契约的约束。该契约赋予了焦点公司对外国合作伙伴的适度控制力。控制力是指焦点公司影响国外合作企业的决策、经营和战略资源，并确保合作伙伴执行指定的业务和流程的能力。在这种安排中，焦点公司主要或完全依赖国外的独立代理人代表其开展业务活动。因此，与 FDI 相比，采用契约式外国市场进入战略的话，焦点公司对其外国业务的控制力较弱。

● 通常伴有无形资产和服务的交换。企业交换的无形资产一般包括各种知识资产、生产流程、技术支持和技术诀窍。企业还会通过提供有形资产和设备来支持外国合作伙伴。

● 可以独立实施，也可与其他外国市场进入战略协同实施。在寻求国际机会时，企业可以单独采用契约式进入战略，也可以将其与 FDI 或出口结合。契约式进入战略的使用要具体情况具体分析，也就是说，焦点公司可能只与特定客户、国家或产品建立契约关系，而不与其他客户建立契约关系。例如，许可贸易对某些类型的产品来说很普遍，但对另一些产品却不适用。

● 提供了一种动态、灵活的选择。一些焦点公司在首次进入外国市场时会采用契约式进入战略。随后，它们会根据条件的变化改变战略——通常是采用更高级的市场进入战略。例如，麦当劳和可口可乐等授权方偶尔会收购自己的特许经销商和灌装商，这样一来，它们就从契约式进入战略转向了 FDI 战略。

● 通常能够扭转当地人将焦点公司视为国外企业的印象。与当地企业建立契约关系能够帮助焦点公司融入当地市场，从而减少当地民众的关注与反对（相对于采用其他更为明显的进入战略，如 FDI 来说）。

● 可以从国外经营机构获取较为稳定的收益。与 FDI 相比，契约式合作关系受经济波动与风险的影响较小，能给合作双方均带来更容易预测的收益流。

契约关系强调知识资产的交换。知识资产包括以下类型：

● 专利。专利是指提供给发明人的在一定期限（通常为 20 年）内阻止他人使用或买卖自己的发明的权利。[①] 任何企业或个人发明或发现了有用的新工艺、新装置、新产品，或者对其进行了改进，都可以被授予专利。

● 商标。商标是置于产品标签之上的一个独特的图案、符号、标志、单词或字群。借助它能够识别来源于相同供应商、具有一定品质的产品或服务。世界上的著名商标包括本田的 H 形图案、麦当劳的金色 M 形图案等。

● 版权。版权保护的是作者的原创作品，它授予创作者对自己的作品进行复制、公开展示及授权他人进行上述活动的专有权。版权覆盖音乐、艺术、文学、影视作品和计算机软件。

● 工业设计。工业设计指的是产品的外观或特色。设计是指从美学角度和实用性角度对产品加以改进，以提高产品的生产效率、性能和适销性。苹果的 iPod 就是一款著名的工业设计。

● 商业机密。商业机密指的是机密的专有技术或具有商业价值的信息。商业机密包括生产方法、商业计划、客户名单等方面的内容。例如，可口可乐的生产配方就是一项商业机密。

● 集体商标。集体商标指的是协会或组织的标志。协会或组织成员用集体商标来表明自己的身份，并将其产品与质量、地理来源或其他积极的特征联系起来。例如，"DIN" 就是德国标准化协会的集体商标，常见于欧洲家电产品上。

知识产权指保护企业或个人的专有资产不会被他人未经许可擅自使用的合法权利。它是从专利、商标、版权和其他与知识产权有关的保护措施衍生而来的。知识产权为发明人提供了在一定时期内的垄断优势，这样不仅可以使发明人利用自己的发明收回投资成本、创造商业利益，还可以使他们避免对手的直接竞争，从而获得市场权力和支配地位。这种权利的获得与实施因国而异。如果没有法律的保护和商业回报的保证，那么大多数企业与个人就几乎没有进行发明创造的动力。[②]

15.2 许可贸易

许可贸易协议明确了许可人（知识产权所有人）和被许可人（知识产权用户）两者间关系的性质。高科技企业通常会按照惯例将自己的专利或专有技术许可给国

[①] Menell，Lemley，and Merges，2017.

[②] International Chamber of Commerce，*Roles and Responsibilities of Intermediaries：Fighting Counterfeiting and Piracy in the Supply Chain*（Paris：International Chamber of Commerce，April 2015）；Menell，Lemley，and Merges，2017.

外企业。例如，德国的 Cognitec 公司授权美国芯片制造商英特尔使用其人脸识别技术，英特尔将使用该技术控制对笔记本电脑、平板电脑和类似设备的访问。[1]

在篇首案例中，华纳将《哈利·波特》小说和电影中的形象授权给世界各地的企业使用。迪士尼将使用其卡通人物形象的权利许可给中国的衣帽服装制造商。迪士尼还将其商标名字及标志授权给全球的服装、玩具、手表制造商。许可贸易使得迪士尼能够与国外合作伙伴产生协同效应，这些合作伙伴在目标市场上生产和销售迪士尼在母国市场上可能已经生产出来的产品，同时又对材料、颜色等设计元素进行了一定的改造，使得其更适应当地市场的喜好。

图 15.1 反映了许可人与被许可人之间的许可协议的性质。[2] 一旦签订了一项许可协议，被许可人便要向许可人支付一笔固定数额的预付款，后面再持续支付特许权使用费（通常为使用被许可资产创造的销售额的 2%～5%）。固定数额的预付款补偿了许可人将许可资产转移给被许可人的初始成本，包括咨询费、资产配置培训费、工程费或调试费。不过，对于某些类型的许可资产，如版权和商标来说，其转让成本相当低。特许权使用费会随着销售额的增加而增加。

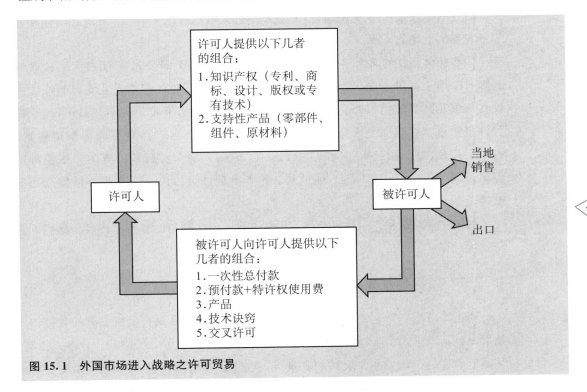

图 15.1　外国市场进入战略之许可贸易

① *Marketwatch*，"Intel Licenses Cognitec's Face Recognition Technology for Device Access," December 3，2014，www. mar-ketwatch. com.

② Bettig，2018；Daniel Gervais，*International Intellectual Property：A Handbook of Contemporary Research* (Northampton，MA：Edward Elgar，2015)；Menell，Lemley，and Merges，2017.

许可协议的期限通常为 5～7 年，可任由双方续签。一开始许可方向被许可人提供技术信息和支持，但是待双方关系确立，被许可人完全理解了自己的身份后，许可人通常只扮演咨询顾问的角色，并不直接参与其市场经营，也不继续提供后续的管理指导。多数企业签订的是独家许可协议，这意味着在规定的区域内不允许其他企业分享被许可的资产。被许可人除了可在国内市场经营外，也可以向其他国家出口。

假如许可人是一家跨国企业，那么它可能与其全资拥有的子公司或部分拥有的联营企业签订许可协议。在这种情况下，许可贸易就成为对国外分支机构进行补偿（尤其当国外分支机构是独立的法律实体时）和合法转移知识产权的一种有效途径。

在时尚领域，拥有雨果博斯（Hugo Boss）、皮尔卡丹（Pierre Cardin）等强势品牌的企业均通过牛仔裤、香水、首饰的许可贸易获得了丰厚的利润。

美国萨克斯（Saks）就是通过将萨克斯第五大道（Saks Fifth Avenue）的名称授权给上海的一家旗舰店进军中国市场的。萨克斯除了根据协议取得回报，同时控制哪些商品可供出售外，并不参与合作者的其他经营活动。借助许可贸易这种形式，萨克斯无须亲自经营便提高了萨克斯第五大道百货在亚洲的知名度，因而降低了进入外国市场的风险。①

一些知名品牌的原产国可能会让你大吃一惊。由美国公司拥有的食品和饮料品牌——绅士（Planters）和新奇士（Sunkist）——通过与当地企业签订的许可协议在英国和新加坡销售产品。瑞士的雀巢通过与其竞争对手好时（Hershey）签订许可协议，在美国销售自己的奇巧巧克力棒（Kit Kat）。拥有《价格猜猜猜》（*Price Is Right*）和《家庭问答》（*Family Feud*）等节目版权的英国弗里曼特尔媒体公司（Fremantle Media）通过与合作者签订许可协议，使这些节目得以在全球播放。

许可主要有两种：一种是商标和版权许可；另一种是专有技术许可。我们下面分别进行详述。

15.2.1 商标和版权许可

商标许可指一家企业授权另一家企业在一定期限内使用自己所专有的名称、人物形象或标识，以换取特许权使用费。商标可以出现在服装、游戏、食品、饮料、礼品、新奇的小玩意儿、玩具和家具等商品上。拥有迪士尼、尼克国际儿童频道（Nickelodeon）、国际足联（FIFA）、哈雷-戴维森（Harley-Davidson）、勒布朗·詹姆斯（LeBron James）甚至你最喜欢的大学等称得上是著名品牌的企业都能从许可

---

① *Euromonitor International*，"Licensed to Wear: Licensed Fashion Is Exploding," August 10, 2017, www.euromonitor.com; Vanessa O'Connell and Mei Fong, "Saks to Follow Luxury Brands into China," *Wall Street Journal*, April 18, 2006, p. B1.

贸易中获得巨大利益。"哈利·波特"等著名商标的拥有者不费吹灰之力便能获得数百万美元的收益。全球许可商品的零售额每年超过 2 600 亿美元。[①]

在加拿大、美国和许多其他国家，企业通过最先并持续使用某一商标而获得其所有权。然而，在其他一些国家，对商标的所有权是通过向政府当局注册或申请获得的。当一家企业注册某个商标时，就相当于它正式告知政府当局它拥有该商标，因而有权获得对该知识产权的法律保护。为了维护注册制度，许多国家要求注册的商标只能在本地使用。

仅仅通过注册便能获得商标所有权已经引起众多企业的担忧。例如，当麦当劳进入南非市场时，它发现自己的商标已经被南非的一个商人抢先注册并使用。而当麦当劳为了确立自己的所有权而将此上诉到法院时，南非最高法院做出了有利于本土企业的裁决。麦当劳在付出了一大笔法律费用后才最终赢得了上诉。

小熊维尼（Winnie the Pooh）是最成功的商标许可的例子之一。维尼最初是于 1926 年被创作出来的一种儿童读物里的角色，但后来却成为一项价值达数百亿美元的许可资产。1961 年，迪士尼买下了维尼的形象权。从此以后，维尼的身价仅次于米老鼠，稳居虚构人物收入排行榜的第二位。维尼的形象被许可给许多生产商，用于从婴儿用品到纺织品再到园艺用品等许多产品系列上。单单在欧洲，维尼的被许可人就有近 1 000 个。[②]

在许多国家，版权赋予了创作者复制自己的作品、制作衍生作品、散播作品副本和公开展演的独占权。原创作品包括艺术、音乐、文学以及计算机软件等方面的成果。对版权的保护时间因国而异，通常是版权所有者的有生之年再加上 50 年。然而，也有许多国家对版权保护较弱甚至没有保护，因此在国外发行作品之前了解当地有关版权的法律是十分有必要的。[③]

15.2.2　专有技术许可

获得使用技术的机会是进行许可贸易的一个重要理由。**专有技术许可协议**（know-how agreement）是焦点公司签署的一项为被许可人提供关于如何进行设计、生产，或交付某产品或服务的技术知识和管理知识，以换取特许权使用费的办议。特许权使用费可以一次性汇总清算，也可以按用该专有技术生产出来的产品数量的一定比例计算，还可以将两种方式结合起来。

第 15 章

[①]　Marc Lieberstein, Stephen Feingold, Christine James, and Paul Rosenblatt, "Current Developments and Best Practices in Trademark Licensing (Part I)," *Licensing Journal*, February 2011, pp. 20 - 28; LIMA, "LIMA Study: Global Retail Sales of Licensed Goods and Services Hit US $ 262. 9 Billion in 2016," May 22, 2017, www. licensing. org.

[②]　"History of Merchandising," *Licensing Journal*, April 2009, p. 23; Matt Reimann, "The Big Business of Winnie-the-Pooh," Jan 6, 2016, www. bookstellyouwhy. com; U. S. Department of Commerce, *A Basic Guide to Exporting* (Washington, DC: U. S. Government Printing Office, 2016).

[③]　Bettig, 2018; Menell, Lemley, and Merges, 2017.

　　在制药和半导体等行业，发明和其他知识产权的获取是通过相同或相似行业的企业之间签订双向许可协议实现的。这种做法被称为交叉许可，在技术进步迅速的行业中非常普遍。由于这些技术往往是建立在彼此的基础上的，所以获得竞争对手的技术许可既能避免重复研究，也能减少将任何一家企业排除在技术进步之外的风险，从而降低了创新成本。

　　美国电话电报公司一度掌握了半导体行业大部分的关键专利。随着越来越多的企业进入这个领域以及整个领域研发步伐的加快，美国电话电报公司面临着被来自欧洲、日本和美国的竞争对手超越的风险，因为在这些地区，有数千项半导体方面的专利被授予。在这样一个复杂的专利网络里，只有极少数企业不通过从竞争者处得到技术许可就能成功。因此，美国电话电报公司、英特尔、西门子和其他大批竞争者开始相互许可自己的专有技术，由此产生的协同效应极大地促进了半导体行业的改革和创新。

　　在制药行业，为新药投入的研发费用可能达数十亿美元。制药企业为了收回成本、加快产品研发，都想尽快把新药投入市场。因此，企业通常会交叉许可技术，交换关于生产某种具体药品的科技知识和在特定地理区域分销这些产品的权利。[①] 在其他行业，企业可能会从竞争者那里获得专有技术许可，以弥补自身知识的不足和产品线的空白，从而更容易地进入新的商业领域或者节约时间和资金。

15.2.3　世界顶级许可企业

　　许可贸易是一种潜在的有利可图的外国市场进入战略，为企业开展国际业务提供了许多好处。表15.1列出了按许可贸易收入排序的世界顶级许可企业。其中服装业、游戏业和玩具业的许可企业数量最多。家乐福、沃尔玛、亚马逊等大型零售商的出现使得很多企业从许可贸易中获益匪浅，因为这些零售商在世界各地都有很强的影响力。

表 15.1　世界顶级许可企业（按许可贸易收入排序）

排名	企业	年均许可贸易收入（十亿美元）	典型交易
1	迪士尼	56.6	迪士尼电影（例如《小美人鱼》和《玩具总动员》）以及小熊维尼和冰雪公主等角色的玩具与服装许可
2	Meredith	22.8	床上用品、家具和其他与《美好家园》（*Better Homes and Gardens*）的品牌相关的产品

① IFPMA，*The Pharmaceutical Industry and Global Health*（Geneva：International Federation of Pharmaceutical Manufacturers & Associations，2017）；PhRMA，*2016 Profile：Biopharmaceutical Research Industry*（Washington，DC：Pharmaceutical Research and Manufacturers of America，2017），www.phrma.org；Edward Safarian and Gilles Bertin，Multinationals，*Governments and International Technology Transfer*（New York：Routledge，2014）.

续表

排名	企业	年均许可贸易收入（十亿美元）	典型交易
3	PVH	18.0	汤美费格和卡尔文·克莱恩（Calvin Klein，CK）等品牌的服装许可
4	ICONIX	12.0	太平洋（OP）、茵宝（Umbro）和丹斯金（Danskin）等品牌的服装许可
5	华纳兄弟消费品公司（Warner Bros. Consumer Products）	6.5	电影（例如《蝙蝠侠》《哈利·波特》《霍比特人》）中的玩具和服装许可
6	孩之宝（Hasbro）	6.2	电视节目和电影（例如《小马宝莉》和《变形金刚》）中的玩具和服装许可
7	Universal Brand Development	6.1	电影（例如《爱宠大机密》和《神偷奶爸》）中的玩具和数字产品许可
8	尼克国际儿童频道	5.5	电视节目（如《海绵宝宝》和《忍者神龟》）中的玩具和服装许可
9	美国职业棒球大联盟（Major League Baseball）	5.5	与棒球相关的视频游戏、服装、玩具许可
10	IMG College Licensing	4.5	与热门大学相关的游戏、服装和配件许可

资料来源：Based on annual reports of the individual firms; company profiles at www. hoovers. com; UBM, *License Global*，"The Top 150 Global Licensors," April 1，2017，www. licensemag. com/license-global/top-150-global-licensors-3.

15.3 许可贸易的优缺点

表 15.2 总结了从许可人角度看许可贸易的优点和缺点。我们突出了其中的一些要点。

表 15.2 许可贸易的优缺点（从许可人的角度）

优点	缺点
• 许可人无须在外国市场上进行资本投资或建立实体存在 • 可以利用现有的知识产权获得特许权使用费 • 适合进入国家风险较大的市场 • 当贸易壁垒的存在使得出口不太可行，或者政府限制国外企业收购当地企业时，是一种十分有效的外国市场进入战略 • 有助于在 FDI 前进行市场测试 • 作为一种先发制人的战略（赶在竞争对手之前进入市场）十分有用	• 回报通常少于其他进入战略 • 难以控制对许可资产的使用 • 存在失去对知识产权的控制或者将知识产权泄露给竞争者的风险 • 被许可人可能会侵占许可人的知识产权，从而成为其竞争对手 • 无法为未来在市场上扩张奠定基础 • 不适用于复杂性高的产品、服务或知识 • 争端的解决过程复杂并且未必能获得令人满意的结果

第 15 章

15.3.1 许可贸易的优点

许可贸易既不要求许可人进行大量的资本投资，也不要求许可人直接参与外国市场经营。与其他的外国市场进入战略不同，采用许可贸易这种战略时，许可人不需要在市场上建立实体存在或者维持一定的存货。同时，被许可人也因为能以较小的成本（若选择自己研发该技术，则所占用的时间很长）获得核心技术的使用权而获益。[1] 许可贸易也使得进入国防与能源等国家严格限制国外势力取得所有权、对安全的敏感性较高的行业成为可能。许可贸易也便利了企业进入一些平时难以进入的市场，这些市场因为贸易壁垒、关税和政府的烦琐要求而通常只能采取出口战略和 FDI 战略进入。

许可贸易还可以作为一种低成本的对进入外国市场的可行性进行测试的战略。通过与当地被许可人合作，外国企业能够更好地了解目标市场并为将来在那里建立长久的实体存在制定最佳的战略。例如，瑞士制药企业罗氏（Roche）要想在日本市场上获得成功，就需要掌握大量关于本地市场和药品审批程序的信息，于是它与日本的中外制药株式会社（Chugai Pharmaceuticals）签订了许可协议，这一合作关系的建立加速了罗氏对日本这个巨大市场的渗透。[2] 许可贸易也帮助企业在目标市场打响了企业品牌，相比后来的竞争者抢占了先机。

15.3.2 许可贸易的缺点

从许可人的角度来看，许可贸易是一种相当被动的进入战略。采用许可贸易这种外国市场进入战略所获得的利润会比采用其他进入战略如出口和 FDI 低，也不能为未来进行市场扩张打下基础。许可人必须采取措施来执行许可协议，其能获得的特许权使用费取决于被许可人的销量和市场实力，如果合作伙伴的实力较弱，那么许可人只能得到微薄的特许权使用费。此外，许可人对被许可人的控制力非常弱，如果被许可人生产的是次品，那么许可人的声誉就会受损。为避免此等问题，有经验的企业都会要求国外的被许可人生产的产品满足最低的质量要求和性能标准。例如，百威啤酒通过与麒麟签订许可协议，在日本生产和销售啤酒。麒麟是在日本享有盛名的啤酒厂家之一，其啤酒生产严格按照百威的标准。

如果被许可人大获成功，那么许可人可能就会后悔当初没有采用更加有利可图的进入战略。迪士尼就发生过此种情况。日本的合作伙伴与迪士尼签订许可协议，建立了东京迪士尼乐园。当迪士尼乐园发展得比原先预想的更加成功时，迪士尼乐

[1] Jay Dratler Jr. and Stephen McJohn, *Licensing of Intellectual Property* (Newark, NJ: Law Journal Press, 2017); Noni Symeonidou and Johan Bruneel, "Determinants, Causal Connections and Outcomes of Corporate Technology Licensing: A Systematic Review and Research Agenda," *R&D Management* 47, No. 4 (2017), pp. 620–636.

[2] Chugai Pharmaceutical Co., Ltd., "Strategic Alliance with Roche," 2018, www.chugai-pharm.co.jp; "Roche Gains a Stronghold in Elusive Japanese Market," *Chemical Market Reporter*, December 17, 2001, p. 2.

园的管理层就后悔当初自己没有采用 FDI 战略来建立东京迪士尼乐园。墨西哥最大的西班牙语电视节目制片商 Televisa 通过与加利福尼亚的 Univision 签订许可协议进入美国市场，尽管 Televisa 在美国有超过 4 000 万的西班牙语使用者，但它还是只能得到 Univision 在西班牙语市场的广告收益的一小部分。

由于采取许可贸易这一战略时，许可人要与其他企业共享知识产权，所以给自己培养出一个未来的竞争对手的风险很大。[①] 竞争对手可以通过进入第三国市场或者创造出以在合作关系中获得的知识为基础的产品来继续开发和利用许可人的知识产权。这一场景已经在西方企业将汽车、计算机芯片和消费电子行业的工艺及技术转移给中国、日本、韩国等亚洲国家的企业的时候上演。日本的索尼原本从美国的贝尔实验室（Bell Laboratories）许可引进的是用来制造助听器的晶体管技术，但是索尼却用它制造出了小型晶体管电池收音机，并迅速成长为该领域的全球领军企业。[②]

美国玩具制造商美泰为了在巴西出售芭比娃娃与巴西的 Estrela 签订了许可协议。结果协议期一满，Estrela 就推出了自己的类似产品苏茜娃娃，苏茜娃娃的销售量超过了芭比娃娃在巴西的销售量。Estrela 随后又将苏茜娃娃推广到了南美洲，而且也获得了巨大的成功。在日本，美泰与当地玩具制造商 Takara 签订了许可协议。在协议到期后，Takara 对芭比娃娃进行了改良，使其更符合日本女孩的审美，然后以"珍妮"的名字销售。于是，Takara 成了美泰在世界第二大玩具市场上的竞争对手。[③]

15.4　特许经营

特许经营是许可贸易的一种高级形式，指的是焦点公司（特许人）通过允许某一企业（被特许人）使用其整个商业系统以获取补偿。和许可贸易一样，这种合作关系受到明确的契约条款的限制。麦当劳、赛百味（Subway）、联邦快递（FedEx）等都是知名的特许经营企业。其他通过特许经营来进行国外扩张的企业包括贝纳通（Benetton）、美体小铺、伊芙黎雪（Yves Rocher）和玛莎百货等。特许经营在国际零售行业中很普遍。然而，一些零售企业，如宜家和星巴克还是更倾向于通过控股子公司进行国际扩张。拥有所有权使得企业能够更有效地控制国外经营机构，但同

第 15 章

---

① Ray-Yun Chang, Hong Hwang, and Cheng-Hau Peng. "Competition, Product Innovation and Licensing," *B. E. Journal of Economic Analysis & Policy* 17, No. 1 (2017), pp. 23 – 36; Safarian and Bertin, 2014.

② Bettig, 2017; Menell, Lemley, and Merges, 2017; Akio Morita, Edwin Reingold, and Mitsuko Shimomura, *Made in Japan: Akio Morita and Sony* (New York: EP Dutton, 1986).

③ Mattel, Inc., annual reports (various years); Helen Wang, "Why Barbie Stumbled in China and How She Could Re-invent Herself," *Forbes*, October 24, 2012, www.forbes.com; Yoshika Uematsu, "Licca-chan, Japan's Answer to Barbie, Still in Style 50 Years On," *Asahi Shimbun*, May 25, 2017, www.asahi.com.

时也限制了企业快速进行海外扩张的能力。

特许经营在美国、欧洲和日本等发达经济体中创造了最大的销售额。然而，亚洲经济较不发达的国家却拥有大量的特许经营权，其中许多是由一两个人经营的微型特许经营。特许经营在亚洲和拉丁美洲的发展中经济体中创造了大量就业，因而有助于提高当地生活水平。非洲和亚洲欠发达地区的特许经营有很大一部分是国际性的。[1]

图 15.2 反映了特许协议的性质。大多数企业采用商业模式特许经营（有时也称为系统特许经营）。[2] 采用特许经营战略的企业（特许人）将自己的一整套商业运作方法（包括生产和营销方式、销售系统、流程、管理技能等），连同名称、产品、专利和商标的使用一同转移给了被特许人。[3] 特许人还为被特许人提供培训、持续的支持、激励计划和参与合作营销项目的权利。

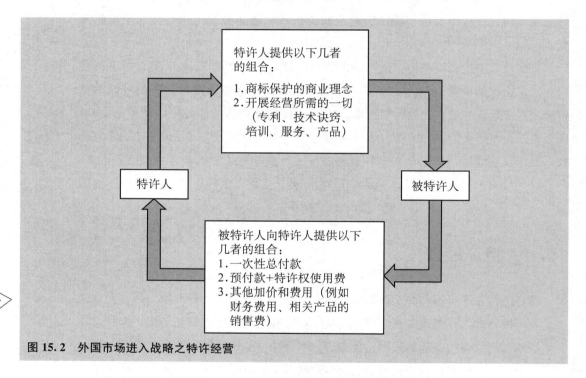

图 15.2　外国市场进入战略之特许经营

作为回报，被特许人会向特许人支付各种形式的补偿，一般是一笔占被特许人收益的一定百分比的特许权使用费。为了确保产品的标准化和一致性，被特许人可

① Sharon Thiruchelvam, "Micro-Franchising: Helping the World's Poor Climb out of Poverty," *Raconteur*, September 5, 2017, www. raconteur. net; UNCTAD, *World Investment Report* (New York: United Nations, 2012).

② F. Burton and A. Cross, "International Franchising: Market Versus Hierarchy," in *Internationalisation Strategies*, G. Chryssochoidis, C. Millar, and J. Clegg, eds., pp. 135 – 152 (New York: St. Martin's Press, 2001); Icon Group International, *The 2019 – 2024 World Outlook for Franchising* (San Diego, CA: Icon Group International, 2018).

③ Hachemi Aliouche and Udo Schlentrich, "Towards a Strategic Model of Global Franchise Expansion," *Journal of Retailing* 87, No. 3 (2011), pp. 345 – 365; Lionel Bently, Brad Sherman, Dev Gangjee, and Phillip Johnson, *Intellectual Property Law* (Oxford, UK: Oxford University Press, 2018); Bill Merrilees, "International Franchising: Evolution of Theory and Practice," *Journal of Marketing Channels* 21, No. 3 (2014), pp. 133 – 142.

能会被要求从特许人处购买设备和原材料。例如，汉堡王和赛百味都要求被特许人从特定的供应商处购买食品加工设备。

采取许可贸易战略时，双方所形成的合作关系常常是短期的，而特许经营各方通常会建立一种持续多年的关系，因此特许经营战略是一种更加稳定的长期进入战略。此外，特许人经常会将特许经营战略与其他进入战略一起使用。例如，美体小铺在全球 65 个国家拥有约 3 000 家门店，其中 70% 是由被特许人经营的，剩下的由美体小铺总部所有。家乐福等大型零售商进行对外扩张时经常同时使用特许经营和 FDI 这两种进入战略。

特许经营要比许可贸易更加全面，因为特许人要对被特许人的几乎所有商业活动做出指示。特许人需要严格控制商业系统，以确保产品标准始终如一。国际特许人往往会运用全球公认的商标，以保证消费者获得统一的体验和质量始终如一的产品。

然而，完全标准化的商业活动在不同市场上是难以复制的。由于当地口味、可用材料和物理空间方面存在差异，特许方案可能需要做出改变。例如。麦当劳在日本提供照烧汉堡，在法国提供葡萄酒，在西班牙提供麦克猪肉三明治。在中国，肯德基提供胡萝卜丝、木耳和竹笋，而不是提供与在西方国家一样的沙拉。[①] 为了适应日本狭小的空间，肯德基重新改装了自己的烹饪设备，从原来较宽的水平设计改成了狭窄的垂直设计，以节省空间。由于日本的土地价格高昂，日本的肯德基为了节省成本，倾向于建立多层餐厅。特许经营的挑战在于达成一种平衡，即在不影响特许经营的整体形象和服务的前提下改变形式以适应本地市场。[②]

一些焦点公司在特定的国家和地区可能会选择只与一个被特许人合作。在这种**主特许经营**（master franchise）协议下，一家独立企业会被许可建立、发展、管理市场上的整个特许经营网络。主被特许人有权特许其他企业的运营，这样主被特许人就成为当地的特许人。麦当劳在日本就是采用这种模式。通过将识别被特许人并与之一起合作的责任直接下放，焦点公司放弃了对外国市场价格的重要控制权。从焦点公司的角度来看，这样的协议最省时省钱。

主被特许人会更偏爱这样的安排，因为它可以获得独有的、广大的、预先规定的经营地域（通常是整个国家），以及同时经营大批店面带来的规模经济效应。被特许人获得了成熟的零售和营销理念，并与主被特许人和其他领域的企业高层建立伙伴关系。主被特许人通常还会为这一地域内的其他被特许人提供支持、专有技术、创新成果。主特许经营占到国际特许经营交易的 80%。比萨连锁店陛百诺（Sbarro）就是采用主特许经营战略在比利时、英国、加拿大、危地马拉、科威特

①　Carlye Adler，"How China Eats a Sandwich，" *Fortune*，March 21，2005，pp. F210；*The Telegraph*，"Weird McDonald's Food You Can Order Around the World，" March 3，2016，www. telegraph. co. uk.

②　K. Fladmoe-Lindquist，"International Franchising，" in *Globalization of Services*，Y. Aharoni and L. Nachum，eds.，pp. 197 - 216 （London：Routledge，2000）；Icon Group International，2018；Merrilees，2014.

第 15 章

和菲律宾经营。[①]

15.4.1 全球顶级特许人

特许经营是一种全球现象，它在国际服务贸易中占了较大的比重，尤其是在快餐、专业商业服务、家庭装修和各种类型的零售业领域。百胜餐饮集团（Yum! Brands, Inc.）拥有肯德基、必胜客等品牌的特许经营餐厅。在中国，肯德基约有5 100家门店，必胜客约有1 900家门店，百胜餐饮集团自然也就成了中国最大的零售商之一。[②] 表15.3列出了一些全球顶级特许人。

表 15.3　全球顶级特许人

特许人	商业类型	特许经营店总数（家）	国际特许经营店	主要市场
7-11	便利店	61 086	18个国家的54 061家特许经营店	日本、泰国、墨西哥、美国
麦当劳	汉堡餐厅	34 279	120个国家的18 827家特许经营店	法国、英国、澳大利亚、中国
赛百味	潜艇三明治、贝果、沙拉餐厅	44 608	113个国家的17 950家特许经营店	澳大利亚、巴西、加拿大、墨西哥
肯德基	炸鸡、三明治、肉馅饼餐厅	19 463	119个国家的15 537家特许经营店	巴西、加拿大、日本、法国
必胜客	比萨、意面、鸡翅餐厅	14 645	102个国家的8 760家特许经营店	中国、巴西、加拿大、日本
库蒙数学和阅读中心（Kumon Math & Reading Centers）	学习中心	25 811	60个国家的8 400家特许经营店	加拿大、爱尔兰、泰国、美国
汉堡王	汉堡餐厅	15 700	98个国家的8 240家特许经营店	丹麦、厄瓜多尔、南非、泰国
31冰激凌（Baskin-Robbins）	冰激凌商店	7 982	70个国家的5 422家特许经营店	澳大利亚、中国、日本、俄罗斯
瑞麦地产（RE/MAX）	地产经纪门店	7 560	103个国家的3 831家特许经营店	加拿大、德国、意大利、西班牙
唐恩都乐	咖啡和甜甜圈店	12 538	60个国家的3 397家特许经营店	中国、德国、印度、南非

资料来源：Based on *Entrepreneur*, "2017 Top Global Ranking: Top Global Franchises," 2018, www.entrepreneur.com; *Franchise Direct*, "Top 100 Global Franchises—Rankings, 2018," 2018, www.franchisedirect.com; company profiles from Hoovers.com; company websites and reports.

[①] Icon Group International, 2018; Merrilees, 2014; *Entrepreneur*, "2017 Top Global Ranking: Top Global Franchises," 2018, www.entrepreneur.com; *Franchise Direct*, "Top 100 Global Franchises-Rankings, 2018," 2018, www.franchisedirect.com.

[②] Robin Blumenthal, "At Yum China, Growth Is on the Menu" *Barron's*, August 26, 2017, pp. 36-37; Lauric Burkitt and Ilan Brat, "Yum's Novelty Fades in China," *Wall Street Journal*, April 22, 2015, p. B4.

美国拥有世界上最多数量的特许人，在国际特许经营领域占主导地位。美国的特许人及其被特许人共雇用了约 2 100 万人，创造了 2.3 万亿美元的零售额，占美国零售总额的近 50%。欧洲也有许多本土特许人，如荷兰的 Spar、意大利的 Benetton 和英国的马斯顿酒吧（Marston's Pub）。在英国，快餐的年度特许销售额被认为占了所有在外就餐食物销售额的 30%。[①]

通过互联网实时交流信息加强了特许人对国际经营机构的控制力，也节约了时间和资金。一些被特许人利用电子销售设备将自己的销售和存货数据与特许人的中心仓库和营销网点联系起来。信息技术还使得特许经营人可以通过中央会计和其他业务流程功能为客户或被特许经营人提供服务。

随着欧洲和其他发达经济体的市场趋于饱和，特许人正在向新兴市场扩张。例如，赛百味正在东欧市场大规模扩张。安飞士汽车租赁公司（Avis）在拉丁美洲市场取得了很大的成功。本杰瑞（Ben & Jerry's）的冰激凌在泰国和土耳其很受欢迎。在肯德基开展经营活动的国家中，约有 70% 是发展中国家。

据估计，国际特许经营企业在发展中国家提供了 300 多万个工作岗位。特许经营有助于提供所需的现代化经营方式、分销网络和商业基础设施。它们通过引进外籍员工和培训当地人员帮助当地培养能力和技能。因为特许经营风险较小，所以在进入发展中经济体时，往往比 FDI 更受青睐。[②]

15.5 特许经营的优缺点

在理想的合作关系里，特许人和被特许人是能够互补的。特许人拥有规模经济效应、知识产权和本行业的专有技术，同时被特许人拥有创业精神、有关当地市场以及如何在那里经营的大量知识。大量精心挑选出的被特许人能极大地提升特许人在国外的业绩增长的速度与质量。[③] 例如，31 冰激凌的国际化步伐非常快，在 70 多个国家布局了 5 422 家特许经营店，每天服务近 100 万名顾客，在全球范围内获得了良好的经营业绩。

15.5.1 从特许人的角度

表 15.4 强调了从特许人的角度看特许经营的优缺点。当企业缺乏通过 FDI 在

---

① Franchise Direct，"Franchising in Europe-Introduction to the Top 500," 2018, www.franchisedirect.co.uk; David Kaufmann，"The Big Bang: How Franchising Became an Economic Powerhouse the World Over-Franchise 500®," *Entrepreneur*, January 2004, www.entrepreneur.com; Melih Madanoglu, Kyuho Lee, and Gary Castrogiovanni, "Franchising and Firm Financial Performance Among U.S. Restaurants," *Journal of Retailing* 87, No.3 (2011), pp.406–417.

② Kate Rogers, "The Franchise Industry Has Gotten More Good News," *CNBC*, March 15, 2016, www.cnbc.com; UNCTAD, 2012.

③ Frank Hoy, Rozenn Perrigot, and Andrew Terry, *Handbook of Research on Franchising* (Northampton, MA: Edward Elgar, 2017).

国外建立商业存在的资金或者国际经验时，或者采用出口和许可贸易战略无效的时候，它们就会倾向于采取特许经营战略。在外国市场获得盈利的可能性通常比国内市场大。例如，北京的肯德基门店比世界上其他任何一家肯德基门店的销售额都要多，部分原因是产品新颖、受欢迎，以及缺少直接的竞争。东道国政府通常会鼓励外国企业进行特许经营，因为这样做的话大部分利润和投资依旧会留在当地的经济体系中。

表 15.4　特许经营的优缺点（从特许人的角度）

优点	缺点
• 可以快速且低成本地进入众多外国市场 • 无须投入大量资金 • 已建立的知名品牌能够激发外国市场早期和后续的销售潜力 • 企业能够利用被特许人的知识有效地驾驭和开发当地市场	• 难以持续控制被特许人 • 可能与被特许人发生冲突，包括法律纠纷 • 维护特许人在国外的形象是一个巨大的挑战 • 必须对被特许人的表现进行监控和评价，并提供持续的支持 • 被特许人可能会利用已取得的知识成为特许人未来的竞争对手

对于特许人来说，特许经营是一种低风险、低成本的进入战略。与大多数非特许经营企业相比，它提供了相对快速地进入国际市场的途径。特许人只需在资本、人员、生产和分销方面进行少量投资，就能获得利润。

特许经营的主要缺点在于需要持续地对全世界可能超过数千家分店进行控制，并且存在被特许人未来成为特许人的竞争对手的风险。当特许经营协议终止后，一些被特许人会通过对特许人的品牌名称或商标做出微小的修改，利用在合作关系中新得到的知识继续经营。如果被特许人在经营中没有达到特许人规定的标准，就会损害特许人的形象。唐恩都乐在俄罗斯就遇到了类似问题，它发现一些被特许人在销售油炸圈饼的同时搭售伏特加酒。

当特许人严重依赖国外的主被特许人时，建立友好、持久的合作关系就显得特别重要。然而，即使是经验丰富的特许人也会面临巨大的挑战。2010 年，距离在日本开出第一家分店近 30 年后，Wendy's 无法与其日本主被特许人 Zensho 达成新的协议，因而选择关闭其在日本的门店。这一举动使得无数日本食客非常失望，在Wendy's 的店面尚未关闭的日子里，他们在这家连锁店门前排起了长队。直到 2013年，Wendy's 才通过与 Higa 建立合资企业重新在日本立足。[①]

特许人面临的另一个巨大挑战是要熟悉国外的法律与法规。欧盟有着严格的有利于被特许人的法律，这有时候可能会影响到特许人对经营机构的控制力。法律的变动和汇率的波动还会影响特许权使用费的支付。

① "Wendy's Shuts Doors in Japan," *New York Times*，January 2，2010，p. B3；Brian Mertens，"Hawaiian Ernie Higa Reintroduces Wendy's Hamburgers to Japan，"*Forbes Asia*，December 10，2012，p. 11；*Nikkei Asian Review*，"Wendy's Japan Eyes Rebound Under McDonald's Alumnus，" August 30，2016，www. asia. nikkei. com.

第15章

15.5.2　从被特许人的角度

表 15.5 总结了从被特许人的角度看特许经营的优缺点。开设特许经营店的创业者能够从特许人既定的商业模式中获利。消费者更有可能光顾知名的特许经营店，这有助于被特许人快速地获得成功。特许经营特别有利于中小企业，因为许多中小企业缺乏丰富的资源和熟练的管理技巧。特许经营的一个巨大优点在于通过经受过考验的商业模式来开展商业活动。从本质上说，特许经营就是复制最佳的商业模式。通过复制一种久经考验的商业模式，特许经营极大地提升了小企业成功的概率。[①]

表 15.5　特许经营的优缺点（从被特许人的角度）

优点	缺点
• 获得一个知名品牌 • 获得培训和技术诀窍，从特许人处获得持续的支持 • 经营独立的业务 • 增加商业成功的可能性 • 成为已建立的国际业务网络的一部分	• 初始投资或特许权使用费的金额会很大 • 只能从特许人处购买原材料、设备和产品 • 特许人的权力较大，比如有很强的议价能力 • 特许人的分店可能会在该地区扩张，从而成为被特许人的竞争对手 • 特许人可能会强迫被特许人采用不适合的技术或管理系统

然而，特许经营通常是昂贵的，可能需要被特许人投资建立一家实体商店或投资昂贵的设备。与独立的商店所有者不同，被特许人必须满足特许人的要求。当特许人对外国市场以及如何在那里做生意知之甚少时，这就会给被特许人造成问题。

15.5.3　管理许可贸易和特许经营的指导方针

许可贸易和特许经营都是复杂的商业活动，都要求企业熟练地进行研究、制订计划并执行计划。焦点公司必须预先对东道国有关知识产权、特许权使用费汇回、与当地合作伙伴签订契约的法律进行研究。焦点公司面临的主要挑战包括：确定在解释和执行契约时，哪个国家的法律优先；决定是授予被特许人排他性权利还是非排他性权利；确定授予被特许人相关权利的地域范围。

与其他进入战略一样，成功的关键往往在于找到合适的外国合作伙伴。焦点公司必须仔细地识别、筛选和培训潜在的合作者，并防止这些合作者未来成为自己的竞争对手。最理想的被特许人往往具有创业精神、拥有资本和优质房地产、有成功的商业经营记录、与国家和地方政府的关系良好、与其他企业（包括协助者）建立了牢固的联系、有一批积极上进的雇员，以及接受监督和遵守企业流程的意愿。在新兴市场，一个知识丰富、与当地联系紧密的合作伙伴能够帮助解决经营中的各种问题。例如，在俄罗斯，要获取重要资源、适应法律和政治环境，可能需要与国有企业合作。

对于特许人来说，发展当地供应链上有能力的合作伙伴也是一个先决条件。为了

---

① Hoy，Perrigot，and Terry，2017；Merrilees，2014.

获得生产所需的投入品和原材料，被特许人需要拥有一条可靠的供应链。在发展中经济体和新兴市场，东道国供应商可能无法提供数量充裕或足够优质的投入品。在土耳其，小恺撒（Little Caesars）比萨的被特许人发现很难找到能生产它们所需的奶酪品种的乳制品公司。在其他国家，肯德基建立了自己的供应网络，以确保鸡肉和其他重要原料的可靠供应。在俄罗斯和泰国，麦当劳不得不建立自己的土豆供应链以保证薯条的质量。麦当劳第一次进入印度市场时，遭到了印度政府的拒绝。后来，麦当劳让印度政府意识到，它可以与印度的农民合作，从而促进印度的农业发展，并且保证做一个良好的企业公民，这时两者的关系才得到了改善。

15.6 其他契约式进入战略

许可贸易和特许经营是特别典型的契约式进入战略。此外，企业还会采取一些其他契约式进入战略去开拓外国市场。全球采购是一种特殊的国际契约，我们在第13章中讨论过。其他类型的契约包括建设重大工程的协议、产品承包协议、提供管理与营销服务的协议或者重要资产租赁协议。接下来，我们将讨论交钥匙承包、建设-经营-转让、管理承包和租赁。

15.6.1 交钥匙承包

交钥匙承包（turnkey contracting）是指焦点公司或者联合体负责计划、融资、组织、管理和实施国外项目的全过程，并在对当地工人进行培训后将项目移交给国外客户的一种安排。

承包人通常是建筑、工程、设计和建筑服务领域内的企业。在一个典型的交钥匙承包项目中，承包人建立一项重大设施（例如核电站和地铁），待设施投入运营后将其移交给项目发起人（一般是国家或地方政府）。承包人可能会提供后续的服务（如测试和运营支持）。

地铁的扩建和升级是最常见的交钥匙承包，还有桥梁、公路、铁路以及机场、港口和医院的建设也基本上是采取这种模式。这些项目主要是利用公共预算资金进行建设的。大多数大型基础设施项目都在中东和东亚地区。这些地区的工业化和日益富裕的生活推动了需求的增长。在阿布扎比，一系列公司获得了一份价值达数十亿美元的合同——建造一座天然气综合加工厂。这些公司包括日本的 JGC、意大利的 Tecnimont 以及韩国现代工程建设公司（HDEC）。HDEC 已在约 50 个国家建设了工业、基础设施、商业和多户住宅项目。[1]

---

① "Abu Dhabi Awards $9 Billion in Gas Project Contracts," *Oil & Gas Journal*, July 27, 2009, pp. 32-33; Lukas Klee, *International Construction Contract Law* (Chichester, UK: John Wiley, 2018); Caroline Winter, "Who's Building the Big Projects," *Bloomberg Businessweek*, May 31-June 6, 2010, p. 12.

其他例子还有德国的 Hochtief AG 和瑞典的 Skanska AB。这些顶级建筑企业承担了世界上最重要的基础设施项目，如中国的三峡大坝和连接英国与法国的海底隧道。总部位于加利福尼亚州的 Bechtel 公司参与了伦敦有 140 年历史的地铁的翻新项目、俄罗斯切尔诺贝利核电站的清理工作，以及韩国核电站的建设工作。在俄罗斯，一个由多家企业组成的联合体正在俄罗斯的阿尔汉格尔斯克地区建造一座大型发电厂，以支持当地蓬勃发展的采矿业。[①]

15.6.2　建设-经营-转让

在建设-经营-转让（BOT）这种模式下，一家企业或一个联合体在国外承包一项重要设施如大坝或水处理厂的建设，运营一段特定时间后将所有权移交给项目发起人（一般是东道国的政府或公共部门）。BOT 与交钥匙承包的唯一不同是，在 BOT 模式下，承包人不是将完成的设施交给项目发起人，而是先自己运营一段时间（可能是数年）。

虽然是由联合体负责经营建设完的项目，但它能够通过收取使用费、通行费和租赁费来收回投资成本并获得利润。或者，东道国政府也可以用建设好的设施所提供的服务来向 BOT 合作伙伴支付，价格按合同期计算，以此来弥补 BOT 合作伙伴的建设和运营成本，并为其提供合理的回报。

政府经常会给予 BOT 项目优惠，从而以低成本的方式建立所需的基础设施，如污水处理厂、高速公路、飞机场、地铁和电子通信网络。在巴基斯坦，随着人口的不断增长和经济的不断发展，对交通基础设施的需求增加了。于是，巴基斯坦政府委托合作伙伴修建一条高速公路，从北向南连接卡拉奇和伊斯兰堡附近的居民区。这条高速公路的建设成本将超过 17 亿美元。该 BOT 项目是由世界各地的建筑企业组成的联合体建设的。[②]

15.6.3　管理承包

在管理承包（management contract）这一模式下，承包人通过提供管理技能来经营酒店、医院、机场或其他设施，以换取补偿。客户组织在管理本地经营机构方面获得了帮助，同时管理企业也无须对外输出资本就能获得回报。迪士尼乐园的收入中就有很大一部分来自为乐园（主要由其他利益集团所有）提供的管理服务。BAA 有限公司负责管理欧洲和美国多个机场的零售和餐饮业务。万豪集团（Mar-

① "MAN Power for a Diamond Project," *Modern Power Systems*, February 2012, p. 24; UNCTAD, *World Investment Report 2017* (Geneva: United Nations Conference on Trade and Development, 2017).

② *Pakistan Defence*, "M-6—Sukkur—Hyderabad Motorway," April 23, 2018, www.defence.pk; *PPPIRC*, "Concessions, Build-Operate–Transfer (BOT) and Design-Build-Operate (DBO) Projects," World Bank Group, February 8, 2018, www.ppp.worldbank.org; Amin Yusufzai, "Hyderabad-Sukkur Motorway to Cost an Estimated Rs. 163 Billion," *Propakistani*, April, 2017, www.propakistani.pk.

riott）和四季酒店集团（Four Seasons）都通过管理承包经营着世界上许许多多的豪华酒店，但它们并不拥有这些酒店。

管理承包能够帮助管理政府的基础设施项目，尤其是当这个国家的当地人缺乏经营技巧的时候。有时在采用其他类型的进入战略（如 BOT 和交钥匙工程）时，提供管理合同是中标的关键因素。管理合同的一个主要缺点是需要培训外国企业，因而可能会培养自己未来的竞争对手。[①]

15.6.4 租赁

国际租赁是另一种契约式进入战略，指的是焦点公司（出租人）把机器或设备出租给国外的企业或政府（承租人），租期通常为几年。出租人在租赁期内保持对出租财产的所有权并定期获得承租人的支付。从承租人的角度来看，租赁帮助减少了所需机器和设备的使用成本。从出租人的角度来看，租赁的主要优点在于能够迅速进入目标市场，同时利用资产来创造利润。在一些国家，企业会选择租赁而不是购买所需设备，因为这样可以享受税收优惠。国际租赁有利于可能缺乏购买所需设备的资金的发展中经济体。

总部位于阿姆斯特丹的荷兰国际集团（ING）向巴西 Varig 航空公司等客户出租它所拥有的波音商用飞机。总部位于迪拜的 Oasis 租赁公司向新西兰航空公司、维珍快运和马其顿航空公司出租飞机。日本的欧力士集团（ORIX，www. orix. co. jp）是顶级租赁公司之一。从计算机、测量设备到飞机和轮船，该公司的租赁业务无所不包。该公司在全球设有 2 200 个办事处，2018 年的销售额超过 230 亿美元。

15.6.5 专业服务企业的国际化案例

专业服务包括会计、广告、市场研究、咨询、工程、法律顾问和信息技术服务。在过去的 30 年里，这些行业的企业的国际化步伐非常快。其中有些企业只是简单地跟随它们的客户。互联网大大促进了一些商业流程服务（如软件服务业）的国际扩张。如今，软件服务业日益向印度和东欧等成本效益高的地方集中。

专业服务企业在国际化的过程中面临三个独特的挑战：

● 允许企业在母国从事法律、牙科、医疗或会计的专业资格在别国很少得到承认。比如，如果你在美国获得了注册会计师许可，但想在阿根廷从事会计工作，那么你必须取得阿根廷当地的会计资格。

● 长期在国外工作的专家一般必须获得工作所在地国家的工作签证。

---

① Richard Clough，Glenn Sears，S. Keoki Sears，Robert Segner，and Jerald Rounds，*Construction Contracting: A Practical Guide to Company Management* (Hoboken，NJ：Wiley，2015)；V. Panvisavas and J. S. Taylor，"The Use of Management Contracts by International Hotel Firms in Thailand，" *International Journal of Contemporary Hospitality Management* 18（2006），pp. 231 - 240；PPPIRC，"Management/Operation and Maintenance Contracts，" World Bank Group，September 7，2016，www. ppp. worldbank. org.

● 专业服务通常需要与当地公众进行广泛交流，因此必须具备语言和跨文化沟通技巧。[①]

专业服务企业一般采用 FDI 和契约式战略相结合的方式进入外国市场。阳狮集团（Publicis Groupe）是一家总部设在法国的广告企业。它拥有一个由企业所有的分支机构组成的网络，并与世界各地独立的本地企业建立契约关系。专业服务企业可能通过 FDI 服务于主要市场，并在那里经营企业所有的办事处。然而，在小型市场中，它们将与同一行业的独立合作伙伴（通常称为代理商、联营企业或代表）建立契约关系。普华永道（PwC）是一家领先的会计师事务所，在较小的市场上，它会选择与本土会计师事务所签订契约，而不是设立自己的办事处。国际经验有限的焦点公司往往更偏好能够提供国际商业知识的外国合作伙伴。

企业要在国际经营中获得成功，往往需要跨文化管理者的支持。阅读专栏"从事国际商务相关工作的新近毕业生"中介绍的来自哥伦比亚的年轻专业人士胡安妮塔·韦莱兹（Juanita Velez）的经历。她在国际商务工作中取得了很大的成功。

专栏　　　　**从事国际商务相关工作的新近毕业生**

姓名： 胡安妮塔·韦莱兹

教育背景： 心理学学士、国际商务硕士

大学期间的实习经历： 亚特兰大会议及旅游局的国际营销实习生

毕业后的工作经历：

● 佐治亚州西班牙裔商会数字营销总监（美国亚特兰大）

● UPS 的国际数字整合传播主管（美国佐治亚州）

● 达美航空公司国际社交媒体策略分析师（美国亚特兰大）

胡安妮塔·韦莱兹在获得心理学学士学位时，从未想过自己会投身商界。然而，胡安妮塔在佛罗里达州迈阿密市与人共同创办了一家分销和出口公司，从此作为一名拉丁裔企业家开始了她的从商生涯。后来，她离开迈阿密，去一所州立大学攻读国际商务硕士学位。在深入参与亚特兰大商界活动的同时，胡安妮塔对国际商务产生了浓厚的兴趣。胡安妮塔对人与人之间的联系、沟通和全球化有着很大的热情，而这些帮助她在一家大型全球物流公司 UPS 谋得了一个职位。

在 UPS 工作期间，胡安妮塔担任全球品牌及赞助方面的专家，负责为多家跨国公司提供客户接待计划。晋升为 UPS 数字营销团队成员后，胡安妮塔帮助 UPS 管理在全世界

[①]　Geoffrey Jones and Alexis Lefort，"McKinsey and the Globalization of Consultancy，" Ha-vard Business School case study 9 - 806 - 035（Cambridge，MA：Harvard Business School，2006）；Tale Skjølsvik，Frida Pemer，and Bente Løwendahl，"Strategic Management of Professional Service Firms，" *Journal of Professions and Organization* 4，No. 2（2017），pp. 203 - 239.

各地区的国际营销和商业计划之中的综合数字通信的开发和实施。之后，胡安妮塔又在达美航空公司担任国际社交媒体策略分析师。她推动该公司制定了国际社交媒体战略，以及在全球重点市场建立了商业存在。

成功的要素

20 世纪 90 年代，胡安妮塔与家人从哥伦比亚移民到美国。她作为移民所经历的艰辛使得她对国际文化感同身受。在大学期间，胡安妮塔经常向导师请教，并充分利用她与生俱来的沟通技能和建立关系的能力。每当商界领袖前来，胡安妮塔都会与他们建立联系。到毕业的时候，她已经建立了一个由 30 多位商界专业人士组成的关系网。她还阅读励志和自助书籍，以更好地理解如何实现自己的目标。胡安妮塔认为，她在事业上的成功得益于激情、与生俱来的天赋以及她在学校和通过实习获得的技能。

胡安妮塔对国际商务从业人员的建议

胡安妮塔认为，国际商务正在使各国融为一体，让世界变得更小。国内市场与其他市场相互关联，为业务增长提供了无限机遇。胡安妮塔的移民经历和教育背景使得她熟练掌握了国际市场营销技能。她说："你必须从一开始就把自己融入你所看到的任何角色中去，这样你才能成为专业人士。你的职业生涯只掌握在你自己手里。"胡安妮塔希望继续攀登自己职业生涯的高峰，同时通过为多元文化社区搭建桥梁来回馈社会。

15.7　知识产权侵权：一个全球性问题

我们可以看到，通过契约安排和与外国合作伙伴合作进入外国市场时，焦点公司对外国合作伙伴的控制力只是中等水平。因此，保护知识产权和国外经营机构也就成了一个挑战。管理契约义务的法律未必清晰；文化和语言差异也会导致冲突；在外国市场上，履行契约的成本通常十分高昂，有时契约甚至根本无法履行。要保证外国合作伙伴履行契约条款，从而获得令人满意的结果，最好的办法是保证他们对合作关系的满意度。因此，焦点公司的管理层应该通过提供强力的支持和充分的资源与外国合作伙伴建立可靠的合作关系。

知识产权侵权（infringement of intellectual property）是指未经授权使用、出版或复制受专利、版权、商标或其他知识产权保护的产品和服务。这种违法行为相当于盗版生产和销售假冒商品。在新兴市场和发展中经济体，假冒和盗版尤为泛滥，因为这些国家的知识产权法往往薄弱或执行不力。[1]

---

① Carter Dougherty, "One Hot List You Don't Want to Be On," *Bloomberg Business*, March 5, 2015, www. bloomberg. com; CBP Office of International Trade, *Intellectual Property Rights: Fiscal Year 2016 Seizure Statistics* (Washington, DC: U. S. Immigration and Customs Enforcement, 2017), www. cbp. gov; Mike Peng, David Ahlstrom, Shawn Carraher, and Weilei (Stone) Shi, "History and the Debate Over Intellectual Property," *Management and Organization Review* 13, No. 1, pp. 15 – 38.

　　到 2022 年，假冒和盗版产品的年总价值预计将达到 2 万亿美元左右，其中很大一部分是通过网络销售实现的。[①] 最常见的假冒商品包括珠宝和配件、服装、消费电子产品、药品以及光盘和 DVD 等光学媒体。例如，在巴西，CD 和音乐因盗版而遭受的损失每年超过 1 亿美元；在俄罗斯，商业软件因盗版而遭受的损失超过 10 亿美元。[②] 造假者可能会使用与知名品牌稍有不同的产品名称，这样买家很容易将它们混淆，但假冒产品与正品实际上又有一定的区别，以至于难以起诉假冒产品的生产者和销售者。劳力士（Rolex）和汤美费格（Tommy Hilfiger）等企业是众所周知的假冒产品受害者，但实际上，在医疗器械和汽车零部件等工业领域，造假也很常见。造假者甚至伪造了整辆汽车。

　　苹果曾起诉三星涉嫌侵犯智能手机专利。这起诉讼持续了好几年，最终苹果获得了 1.2 亿美元的赔偿。尽管 Windows 和 Office 产品在软件市场占据主导地位，但未经授权的人在复制和分发这些软件时，并不会向它们所属的公司微软付款。在俄罗斯，可能有 90% 的电脑软件是盗版的。因此，微软主要向企业客户销售产品。微软甚至需要绞尽脑汁防止其俄罗斯子公司的员工出售盗版软件。[③]

道德联系

　　造假不仅限于低收入国家。美国对零售店的突击检查每年都会查获价值数百万美元的假冒产品。例如，纽约市和联邦当局逮捕了许多人，他们被指控拥有价值数百万美元的假冒时装，包括古驰（Gucci）手表、路易威登（Louis Vuitton）手袋、北面（North Face）夹克等。

　　资料来源：CBP Office of International Trade, "Intellectual Property Rights," 2017, www.cbp. gov; *WWD*: *Women's Wear Daily*, "Raid by N. Y. Police and Feds Nets $2 Million in Fakes," December 10, 2014, p. 1.

第 15 章

　　互联网为国际假冒行为增加了一条新的途径。在俄罗斯，从网站上下载一首流行音乐只要 5 美分，只需要花 1 美元就能下载整张 CD。世界各地（包括那些拥有完善的知识产权法律的国家）的购物者都可以很容易地访问这些网站。在网上销售

---

　　① CBP Office of International Trade, 2017; International Chamber of Commerce, "Global Impacts of Counterfeiting and Piracy to Reach US$4.2 Trillion by 2022," June 2, 2017, www.iccwbo.org.

　　② CBP Office of International Trade, 2017; Frontier Economics, *The Economic Impacts of Counterfeiting and Piracy*, 2017, https://cdn.iccwbo.org; P. B. Jayakumar, "Patently Justified," *Business Today*, March 15, 2015, pp. 58-64.

　　③ David Aylen and Maria Aronikova, "Procedures and Strategies for Anti-Counterfeiting: Russia," *World Trademark Review*, May 18, 2017, www.worldtrademarkreview.com; BBC, "Russia Beefs Up Antipiracy Laws," May 1, 2015, www.bbc.com; B. Cassell, "Microsoft Battles Piracy in Developing Markets," *Wall Street Journal*, December 23, 2004, p. B4; Richard Lardner, "Microsoft Struggles with Viruses, Counterfeit Software," *USA Today*, September 13, 2012.

的处方药中，假药占了相当大的比例。曾有消费者因服用假药而死亡。[①]

当消费者购买假冒商品时，不是在向发明该产品的企业，而是在向非法企业支付。假冒商品会影响消费者对正品品牌及其质量的印象，因为假冒商品的质量几乎总是低于它们所复制的原版正品。假冒和盗版从各个方面侵蚀了企业的品牌资产和竞争优势。在假冒和盗版横行的地方，企业不愿意发明、创造和销售合法产品，这减少了消费者的选择，最终降低了他们的生活水平。

15.7.1　知识产权保护指南

在发达国家，由于有完善的法律体系和成熟的追索流程，知识产权能够得到有效保护。企业能够对侵犯其知识产权的人或企业采取法律行为，并且通常能够得到令自己满意的补偿。发达国家在通过签署公约来保护国际知识产权方面已经走在了前面，这些公约包括《保护工业产权巴黎公约》（Paris Convention for the Protection of Industrial Property）、《保护文学和艺术作品伯尔尼公约》（Berne Convention for the Protection of Literary and Artistic Works）、《保护表演者、录音制品制作者和广播组织罗马公约》（Rome Convention for the Protection of Performers, Producers of Phonograms and Broadcasting Organizations）等。世界知识产权组织（WIPO, www.wipo.int）作为联合国的一个机构，负责管理这些多边公约。

最近，世界贸易组织签署了《与贸易有关的知识产权协定》（TRIPS），这是一个全面的国际公约，对补救措施、争议解决流程、保护知识产权的强制措施等方面都做出了规定。世界贸易组织正在对成员施压，以促使它们遵守这个协定。对违反该协定者，世界贸易组织会通过争议解决机制予以惩治。同时，这个协定还做出了一些有利于发展中国家的例外规定，例如，有些规定让它们有机会获得治疗某些疾病（如艾滋病）所需的专利药品。

虽然一些国家已经是国际知识产权组织、《与贸易有关的知识产权协定》和各种其他公约的签署国，但这些国家的企业仍然面临着知识产权侵权风险。通过专利、商标、注册或者版权授予的权利只在授予国内部有效，在国外无法得到保护。强制措施的效力也取决于当地官方的态度、法律的实质性要求和法院的流程。因此，之前的被许可人能够使用其未被再次授予的专有知识进行非法交易。

在知识产权意识薄弱的国家，有经验的企业会设计复杂的策略来减少知识产权侵权的可能性，避免其带来的不利结果。[②]

[①] Kate Baggaley, "Counterfeit Drugs Are Putting the Whole World at Risk," *Popular Science*, March 2, 2017, www.popsci.com; Jack Goldsmith and Tim Wu, *Who Controls the Internet: Illusions of a Borderless World* (Oxford, UK: Oxford University Press, 2006); World Health Organization, "Counterfeit and Falsified Medical Products," *Fact Sheet*, January 2018, www.wto.int.

[②] OECD, *Annual Report on the OECD Guidelines for Multinational Enterprises 2016* (Paris: Organisation for Economic Co-operation and Development, 2017).

保护知识产权（IP）

为保护知识产权，企业应该：

● 通过研究了解目标国家的知识产权法律和保护措施。

● 在每个开展业务的国家注册核心知识产权。

● 将价值链活动分开，以对知识产权保密。例如，将研发和生产分开，防止供应商了解整个生产过程。

● 发展前沿的或难度高的技术。最新的技术诀窍通常比旧的更难模仿。

● 雇用道德标准高的员工。

● 与道德标准高的伙伴合作。选择没有做出过知识产权侵权行为、信誉良好的供应商。

● 定期向员工和合作伙伴传达知识产权侵权的危害。

● 在与合作伙伴的契约中纳入保护知识产权的条款。

● 与合作伙伴建立信任关系。

● 进行审计，以确保合作伙伴履行保护企业知识产权的责任。

● 通过起诉和其他法律手段追究知识产权侵权者的责任。

● 向客户传达知识产权侵权的危害。

● 与参与制定知识产权法律及政策的国家和地方政府建立联系。

● 游说政府加强知识产权保护。

让我们详细说明一些关键策略。在采用契约式进入战略之前，管理层需要了解当地的知识产权法律和执行程序，尤其是当暴露的资产价值很高时。企业应该向地方政府注册专利、商标、商业秘密和版权，尤其是在反盗版法律薄弱的国家。尽管成效有限，但一些企业还是在游说各国政府和国际组织加强知识产权保护及对知识产权法律的执行力度。

企业管理者必须确保许可协议和特许经营协议能起到监督作用，以保证知识产权被外国合作伙伴按预期使用。许可协议应包括要求被许可人与许可人分享许可资产的改进或技术开发的条款。[①] 与员工签订的契约中的竞业禁止条款有助于防止员工在离开企业后的几年内为竞争对手服务。[②]

监督加盟商、分销和营销渠道的资产侵权行为有助于避免问题。企业应监督当

---

① Kathy Caprino, "How to Protect Your Intellectual Property the Right Way," *Forbes*, February 25, 2017, www. forbes. com; OECD, *World Corporate Top R&D Investors: Industrial Property Strategies in the Digital Economy* (Paris: Organisation for Economic Co-operation and Development, 2017).

② Caprino, 2017; International Chamber of Commerce, 2015; Millonzi and Passannante, 1996; OECD, *Annual Report on the OECD Guidelines for Multinational Enterprises 2016* (Paris: Organisation for Economic Co-operation and Development, 2017).

地商业伙伴的活动，以防重要信息和资产被泄露出去。[①] 必须严守商业秘密，使用基于密码的安全系统、监控系统和防火墙，以限制对知识产权的访问。例如，英特尔和微软只向合作伙伴发布有限的关键技术信息。它们还通过积极地对那些盗用其商标、专有流程和其他关键资产的人提起刑事诉讼来阻止可能的盗版行为。米德数据中心公司（Mead Data Central，以下简称米德）是 Lexis-Nexis 计算机化法律研究服务品牌的所有者。在丰田公司开始以 Lexus（雷克萨斯）的名义销售其新的豪华汽车时，米德将丰田告上了法庭。虽然诉讼最终失败了，但它表明了米德保护其资产的决心。[②]

企业应该利用技术手段尽量减少假冒产品。许多企业在产品中植入生物技术标签、电子签名或全息图像，以将其与假冒产品区别开来。从长远来看，应对侵权的最好办法是不断更新技术和产品。定期更新技术的企业可以通过销售假冒者无法快速模仿的产品而始终走在假冒者的前面。即使发生违反许可协议的情况，企业也会受到保护，因为被侵犯的知识产权很快就会过时。

最终，当契约式进入战略被证明不可取或无效时，企业管理者可能会选择通过 FDI 进入目标市场。通过 FDI，企业可以获得所有权，进而对重要资产拥有更大的控制权。

篇尾案例　　　　　赛百味和特许经营在中国遇到的挑战

赛百味是一家三明治和沙拉快餐连锁店，在大约 110 个国家经营着 44 000 多家分店。该企业拥有约 2 500 万脸书的粉丝，年收入超过 170 亿美元。

这家特许经营的连锁店于 1984 年在巴林开设了第一家国际餐厅，之后在全球范围内扩张，年销售额中有一半左右来自国际市场。由于快餐零售业在美国本土市场相对饱和，所以赛百味的高级管理层预计，外国市场将为企业未来的增长做出大部分贡献。

赛百味在中国经营着大约 600 家分店，取得了巨大的成功。在中国市场上，鱼和金枪鱼沙拉三明治是最畅销的。赛百味最初在中国推出特许经营模式时也曾经历过挫折——赛百味在北京的特许经营大师吉姆·布莱恩特（Jim Bryant）不得不将特许经营理念传授给一个从未听说过它的国家。

文化问题一直是一个挑战。当布莱恩特的第一家店开张时，顾客在其门口观望了好几天。当他们最终尝试买一块三明治时，很多人对如何订购疑惑不解，于是布莱恩特不得不印刷了关于如何订购的说明。有些人不相信金枪鱼沙拉是由鱼做的，因为他们看不到鱼头或鱼尾。另一些人不喜欢用手触碰食物，因此他们会慢慢剥开包装纸，就像吃香蕉一样吃三明治。更糟的是，很少有人喜欢吃三明治。

---

① Caprino，2017；International Chamber of Commerce，2017；OECD，2017.
② Caprino，2017；International Chamber of Commerce，2017；OECD，2017.

但是，赛百味（在中文里的意思是"比其他味道更好"）正在迎头赶上。布莱恩特设法招揽了一些高度尽责的被特许人，对他们进行严格监管以保证质量。他招揽了一些当地的企业家，将他们培训成被特许人。可以说，布莱恩特扮演了他们和赛百味总部之间的联络人的角色。这项工作让布莱恩特获得了被特许人10 000美元初始费用的一半以及8%的特许权使用费的三分之一。

为什么选择在中国开展特许经营？

特许经营是一种高级的许可形式。特许经营在中国很有吸引力，因为中国有着巨大的市场、长期的增长潜力，城市居民的可支配收入也急剧上升。中国有超过13亿人口（美国只有3.3亿），四分之一的人口的年均收入超过1万美元。中国的快餐销售额每年约为1 500亿美元。随着中国城市人口的增加，休闲餐饮的目标市场迅速扩大，且这一趋势有望延续。每年都有数以百万计的消费者的收入上升，从而支付得起更高的价格。日益繁忙的生活方式导致在外就餐的中国人大幅增加。调查显示，中国消费者对非中国食品很感兴趣。

市场研究者已经确认了在中国开展特许经营的几大好处：

● 可以实现双赢。餐饮业是中国政府在20世纪80年代早期就向私人开放的几个产业之一。在中国开展特许经营可以结合特许人所在的西方国家的专有技术和被特许人掌握的当地市场知识。许多中国人有着强烈的进取心，渴望开创自己的事业。

● 可以实现进入成本最小化。由于开店的成本许多是由当地企业家承担的，所以特许经营实现了特许人进入市场的成本最小化。

● 可以实现快速扩张。利用众多当地企业家所拥有的资源，特许经营能够迅速开展起来。特许经营优于其他进入战略之处就在于能够在整个市场上迅速开设多家店铺。

● 可以维持品牌的一致性。由于被特许人被严格要求遵循特许人的经营程序和政策，所以采用特许经营战略很容易维持品牌的一致性。

● 可以规避法律限制。特许经营可以帮助焦点公司避开与出口和FDI相关的贸易壁垒。

在中国开展特许经营面临的挑战

在中国市场开展特许经营的特许人也面临很多挑战：

● 知识鸿沟。尽管潜在的被特许人很多，但实际上，具备有关如何开展经营业务的重要知识的被特许人并不多。在法律制定者、企业家和消费者中，依然有很多人对于特许经营存有疑虑。焦点公司必须向政府官员、潜在被特许人和债权人普及有关特许经营的基本知识，而这是一个耗费精力、时间和金钱的过程。

● 开店成本日益上升。在通常情况下，通过特许经营进入市场是具有成本效益的。然而，各种挑战加上语言和文化障碍会增加中国新进入者的前期投资和资源需求，并延迟盈利。特许人可能需要投资店铺设备并将其租赁给被特许人，至少在被特许人买得起之前是这样。在中国开办一家新餐馆的初始费用、设备和改造费用加起来可能超过10万美元，而这笔费用通常由特许人承担。

● 竞争日益激烈。随着 4 500 多家加盟店和连锁店进入中国市场，中国市场上餐饮行业的竞争日益激烈。肯德基、麦当劳和必胜客已经在中国经营了几十年，并在中国建立了大量的业务。特许经营企业主要在中国一线城市运营。赛百味已经在北京、上海和其他大城市建立了各种基础设施，现在正试图向更小的二线城市扩张。

也许中国的特许经营面临的最大挑战是寻找合适的合作伙伴。事情似乎总是这样难以两全：拥有足够的资本开餐馆的企业家往往缺乏经营经验和足够的创业动力，而有足够的经验和技术专长的企业家又往往缺少初始资本。此外，中国缺乏适合于小企业的银行系统和资本来源，因此企业家通常会向家人和朋友借钱来建立企业。幸运的是，中国的银行正逐渐对由大型组织支持的特许经营开放。

其他考虑因素包括合适的铺面和融资，特别是对于最初的展示店来说，位置至关重要。随着越来越多的中国人迁移到城市地区，优质房地产的价格也在不断上涨。幸运的是，越来越多的商场和购物中心成为特许经营餐厅的好地点。

中国当局不鼓励将初始投资汇回本国，导致这些资本缺乏流动性。为避免这一问题，企业分阶段进行初始资本投资，以尽量减少无法将超额资本汇回本国的风险。幸运的是，中国正在逐步放宽限制。特许人现在可以将利润再投资于中国，从而继续为其业务增长提供资金。利润再投资还能自然对冲汇率波动。

学习其他企业的成功经验

赛百味在中国的成功来得相对较慢。麦当劳和肯德基在中国分别拥有 2 500 多家和 5 000 多家餐厅。一些观察家指出，赛百味发展太慢，无法开发出更适合中国人口味的菜单。例如，麦当劳在菜单上添加了米饭、油条（中国甜甜圈）等。中国人更喜欢热的食物，大多数人不喜欢冷三明治，因为他们发现冷三明治和传统的食物有很大的不同。此外，大多数中国人在赛百味的店铺吃东西时会感到不舒服。他们不太习惯独立决策，当不得不在不同的面包、肉类、蔬菜和酱汁之间做选择，尤其是当他们不熟悉这些配料时，他们会觉得很不自然。

在中国，特许经营者通常必须调整产品以适应当地人的口味。赛百味在中国市场的扩张仍面临着各种挑战。

案例问题：

15-4. 赛百味以商标、专利和整个商业体系的形式为中国带来了各种知识产权。赛百味在中国的知识产权面临哪些具体威胁？赛百味在中国能做些什么来保护它的知识产权？

15-5. 在中国市场开展特许经营的优势和劣势是什么？赛百味该如何利用这些优势以及如何弥补这些劣势？从赛百味的角度来看，特许经营是进入中国市场的最好战略吗？

15-6. 赛百味在中国面临哪些文化挑战？赛百味和它的主被特许人能通过做些什么来应对这些挑战？

15-7. 赛百味的管理层应该采取哪些措施，以更好地追求在中国开展特许经营的机会？

说明：本案例由密歇根大学弗林特分校（University of Michigan Flint）的艾琳·卡瓦斯基尔（Erin Cavusgil）教授编写，并由威拉米特大学的傅波华更新，供课堂讨论使用。

资料来源：Carlye Adler，"How China Eats a Sandwich，" *Fortune*，March 21，2005，pp. F210B - F210D；Laurie Burkitt，Loretta Chao，Melissa Powers，and Yoli Zhang，"Made in China：Fake Stores，" *Wall Street Journal*，August 3，2011，pp. B1 - B2；William Edwards，"The Pros and Consequences of Franchising in China，" Chinabusinessreview. com，July-September，2011，pp. 41 - 43；Richard Gibson，"Foreign Flavors：When Going Abroad，You Should Think of Franchising as a Cookie-Cutter Business；Unless，of Course，You Want to Succeed，" *Wall Street Journal*，September 25，2006，p. R8；Kristy Guo，"Franchising in China：An Excellent Business Opportunity but One Not to Take Lightly，" *IP Pang Xingpu*，February 3，2017，www. ipopang. com；Emily Guzman，"This Month in History：KFC Opens First Restaurant in China，" *That's*，November 28，2017，www. thatsmag. com；International Trade Administration，"China—Franchising Industry Sector，" January 10，2017，www. export. gov；Leslie Patton，"Subway's DeLuca Sees Sandwich Chain Expanding to 50，000 Shops，" *Bloomberg Business*，February 27，2013，www. bloomberg. com；*Reuters*，"Subway Says It Shut Hundreds of U. S. Restaurants Last Year，" April 20，2017，www. reuters. com；Subway corporate website at www. subway. com；Kit Tang，"Time for Chinese Fast Food Chains to Shine？" *CNBC*，July 27，2014，www. cnbc. com；The Franchise King，"Subway Franchises Are on Fire in Asia，" 2018，www. thefranchiseking. com；"Understanding The Challenges of Franchising in China，" *Marketing to China*，January 16 2018 www. marketingtochina. com.

本章要点

关键术语

建设-经营-转让（build-operate-transfer，BOT）

国际商务领域的契约式进入战略（contractual entry strategies in international business）

特许经营（franchising）

知识产权侵权（infringement of intellectual property）

知识资产（intellectual property）

知识产权（intellectual property rights）

专有技术许可协议（know-how agreement）

许可贸易（licensing）

管理承包（management contract）

主特许经营（master franchise）

特许权使用费（royalty）

交钥匙承包（turnkey contracting）

第 15 章

本章小结

在本章中，你学习了：

1. 契约式进入战略

国际商务领域的契约式进入战略是一种从外国合作伙伴处获得授权，使用外国企业的知识产权，并持续向其支付一定数额的现金流的外国市场进入战略。知识产权是指企业或个人享有的对自己的专有资产的权利，未经授权他人不得擅自使用。企业承担着向外界合作者泄露自己的知识产权的风险。许可贸易是指拥有知识产权的企业将知识产权授予另一家企业在一定时期内使用，以获取特许权使用费或其他补偿。特许经营是指允许一家企业使用另一家企业的整个商业体系，以换取特许权使用费或其他补偿。特许权使用费是指定期支付给许可人的作为对临时使用知识产权的补偿的费用。在专有技术许可协议下，焦点公司负责提供关于如何设计、制造、销售产品或服务的技术和管理知识。

2. 许可贸易

许可人和被许可人之间的协议是限于特定时间和特定地区内的。许可人可以和被许可人签订独占许可协议，从而最小化与相同地域内的其他被许可人之间的竞争。一旦协议生效并且被许可人完全了解了自己的角色定位，许可人就几乎不需要进行额外的投入。许可贸易在时尚和玩具行业被广泛采用。

3. 许可贸易的优缺点

对许可人来说，许可贸易的主要优点在于：不需要投入大量资本或在外国市场建立实体存在；能够避免政治风险、政府规章制度和其他与 FDI 有关的风险。然而，许可贸易带来的利润比较低，许可人对其知识产权的控制力也比较弱。一旦协议终止，被许可人就可能会成为许可人的竞争对手。

4. 特许经营

特许人广泛使用知名商标，力图保证客户得到一致的零售体验和产品质量。采取主特许经营战略时，特许人授权被特许人为在某一国家或地区建立特许专营店尽责尽力地安排。特许经营在国际零售业很常见，但是在不同市场难以复制成功的模式。

5. 特许经营的优缺点

特许经营允许被特许人获得知名品牌的名称和商业体系，从而在面临的风险最小的情况下成功地开展经营业务。特许人通过利用当地被特许人的进取心和掌握的知识迅速实现国际化，但同时也要冒着知识产权被泄露给未授权方的风险。

6. 其他契约式进入战略

在建设-经营-转让协议下，企业通过承包建设一项大型设施（如发电站），并在经营一段时间后将其移交给东道国政府或其他公共部门。在交钥匙承包中，由一家或数家企业规划、融资、组织和管理一项工程的所有方面，工程一旦完成，就会被交付给东道国客户。管理承包指一家企业与另一家企业签订契约，为其在经营工厂或服务设施（如酒店）的过程中提供专业管理技术。租赁指企业将机器或设备租给外国客户一段较长的时间。

7. 知识产权侵权：一个全球性问题

知识产权侵权是通过仿冒和盗版等行为发生的，每年会给企业造成数十亿美元的损失。企业必须在每个国家注册专利、商标和其他资产，以主动保护其知识产权。在仿冒活动较为猖獗和知识产权保护法尚不完善的国家，企业应尽量减少经营机构。此外，许可人还必须对雇员和被特许人进行培训，监督其合理、合法地使用知识产权，谨慎地追查并起诉侵权者。

检验你的理解

15-8. 区分知识产权的主要类型：商标、版权、专利、工业设计和商业秘密。

15-9. 许可证的主要特点是什么？特许经营的主要特点是什么？

15-10. 从特许人和被特许人的角度来看，特许经营的优势和劣势分别是什么？

15-11. 说出最依赖特许经营开拓外国市场的行业。

15-12. 定义并区分以下契约式进入战略：建造-经营-转让、交钥匙工程、管理承包和租赁。

15-13. 管理国际契约关系的最佳做法是什么？

运用你的理解

15 - 14. 华纳通过对哈利·波特人物形象的授权赚得盆满钵满。一些开发软件和游戏的企业，以及生产服装和其他产品的企业与华纳签订了许可协议，持续向华纳支付报酬，以生产带有哈利·波特人物形象的产品。然而，还是有一些企业在未与华纳签订许可协议的情况下非法生产以波特的形象为特征的产品。华纳可以采取什么措施来解决这个问题呢？一些国家缺乏实质性的知识产权保护，导致假冒产品横行。华纳能做些什么来保护哈利·波特的知识产权不受这些国家的非法生产者的侵犯？

15 - 15. 假设你毕业后在日立的美国子公司找到了一份工作。日立在国际化过程中采用了多种契约式进入战略，其中包括基础设施建设领域的建设-经营-转让和交钥匙工程、核电站管理协议以及向外国政府租赁重型挖土设备。日立的美国子公司希望将业务拓展到拉丁美洲。请为你所在公司的高级管理者准备一份简短的报告，说明在该地区实施现有的进入战略的各种方法。

15 - 16. 道德困境：你是出版教科书的 Dynamic 出版公司（以下简称 Dynamic）的总裁。在一次海外旅行中，你评估了在国外推销 Dynamic 的教科书的前景。在一个发展中国家的大学里，你发现许多学生使用的是 Dynamic 的教科书的影印版或本地付印版。经调查后你发现：如果要支付全额学费，大多数学生就上不起大学。你对这种明目张胆的知识产权侵权感到沮丧。你认为，如果 Dynamic 的知识产权受到侵犯，那么它将无法保持盈利能力，而且你觉得有义务保护 Dynamic 的教科书的作者的正当权利。但同时，你也同情学生所处的困境。运用第 4 章介绍的道德行为框架，分析这里提到的道德困境。你是应该强制性保护 Dynamic 的知识产权，还是应该从另一个角度考虑，对非法复印睁一只眼闭一只眼？这个问题有没有创造性解决办法？

网络练习

15 - 17. 假设你在国际知识产权联盟（International Intellectual Property Alliance，IIPA，www.iipa.org）或世界知识产权组织办公室找到了一份工作。你知道世界范围内的盗版活动非常猖獗。你的上级让你起草一份简短的政策备忘录，并在备忘录中回答以下问题：

● 全球范围内的盗版情况如何？哪些行业受盗版活动的影响最大？盗版活动给这些行业造成的经济损失有多大？

● 盗版活动最猖獗的国家有哪些？

● 您建议采取什么策略打击盗版活动？

15 - 18. 假设你是一名国际企业家，想在欧洲某地开展自己的特许经营业务。你决定进行研究，以确定最有前途的特许人，并学习如何成为一个被特许人。Entrepreneur.com 每年会公布前 200 名国际特许人的名单。访问 www.entrepreneur.com，或在互联网上搜索"特许经营"。选择您最感兴趣的特许人（例如，贝纳通、21 世纪地产）并访问其官方网站。根据其官方网站以及互联网提供的信息，回答以下问题：

● 这家企业在国外有多少特许经营业务？

● 企业主要在哪些国家有业务？这些国家有什么特点？

● 根据企业网站提供的申请信息，成为企业的被特许人需要具备哪些条件？

● 企业会为其被特许人提供哪些类型的培训和支持？

15 - 19. 国际特许行业商人协会（International Licensing Industry Merchandisers' Association，LIMA，www.licensing.org）是一个在世界各地设有办事处的组织。它通过教育、网络和专业标准开发来支持商品许可。假设你为一家动画公司工作，该公司开发了几种流行的卡通人物，这些卡通人物具有许可的潜力，就像迪士尼许可其卡通人物一样。你所在的公司想了解更多关于如何许可卡通人物的知识。访问 LIMA 的网站并撰写一份备忘录，说明以下内容：

● LIMA 的主要成员有哪些？

● 在你的公司所能参加的主要贸易展览会中，有哪些可供你的公司展示可授权产品并了解关于许可的更多信息？

● 有哪些类型的研讨会和培训可供你的公司了解有关成为许可人的更多信息？

● 根据现场提供的信息，你能了解到防伪活动和许可方面的挑战吗？

15-20. 许可贸易有什么优缺点？

15-21. 如何区分许可贸易和特许经营？特许经营主要有哪些类型？

第 5 部分

国际市场营销和国际人力资源管理

第16章 全球企业的市场营销

本章学习目标：

1. 解释全球细分市场
2. 理解国际营销的标准化与本土化
3. 描述全球品牌建设和产品开发
4. 解释国际定价
5. 理解国际营销传播
6. 描述国际分销

篇首案例　　　　　迈克高仕：全球平价奢侈品市场

迈克高仕（Michael Kors，以下简称高仕）在纽约成立了一家设计和销售时尚服装及配饰的企业，其瞄准平价奢侈品市场。如今，高仕的年总销售额超过 50 亿美元，其中大约 15％来自欧洲和亚洲，而亚洲市场主要是中国和日本。在 2013—2017 年，不断增长的全球业务使得该企业的销售额翻了一番，其中部分增长是通过与手表企业 Fossil 和雅诗兰黛（Estee Lauder）等合作伙伴的许可协议实现的。2017 年，高仕收购了英国一家生产奢侈鞋履的企业 Jimmy Choo，进一步提升了企业品牌。

由于品牌价值的加成，香水、手表、手袋和其他配饰的利润率远高于服装。高仕的消费者认知度在美国约为 75％，欧洲约为 50％，日本约为 30％。最大的时尚和奢侈品市场是美国，其次是中国、法国、意大利和日本。时尚产业强调全球营销战略的部分原因是：国际游客消费在总销售额中占很大比例，非标准化营销容易让全球消费者感到迷惑，从而难以对品牌留下清晰、深刻的印象。

担任电视真人秀节目《天桥骄子》（*Project Runway*）的评委让高仕的市场营销活动如虎添翼。高仕在制作和营销与众不同的款式方面展现出了巨大的创造性才能。女性是奢侈品的主要目标人群，而高仕手提包特别受少女的欢迎，其主要竞争对手包括蔻驰（Coach）、唐娜·卡兰（Donna Karan）和拉夫劳伦。

除了吸引发达经济体的消费者外，平价奢侈品也吸引了新兴市场日益壮大的中产阶级。

中国人每年在奢侈品上的花费约为 500 亿美元，快赶上美国 600 亿美元的消费规模了。为了适应中国消费者的消费能力和精致程度的变化，高仕在大城市将其产品定位为奢侈品，在小城市将其产品定位为时尚品。在许多国家，高仕吸引了渴望拥有新品牌的消费者。在经济不景气的情况下，高仕正在吸引曾经只忠于法国和意大利高端品牌的欧洲消费者。

高仕的服装强调一丝不苟的剪裁和奢华的面料。它吸引了从青少年到老年人等各年龄段的人群。高仕大多数产品（比如手袋和夹克）的价格为 200～300 美元，而普拉达（Prada）和路易威登（Louis Vuitton）等其他奢侈品牌的产品价格要比它高得多。

高仕通过其旗舰店、在杂志和报纸上刊登传统广告、开展公开活动、电子商务网站以及社交媒体进行营销推广。在一些国家，大多数消费者偏爱从网上购买衣服，比如，社交媒体营销在亚洲尤其受欢迎。

高仕也在向电子商务模式转变，其在脸书、照片墙和其他社交网站上拥有超过 4 000 万粉丝。高仕还建立了一个强大的"全渠道"平台，该平台可以让客户将网络体验与店内购物无缝结合起来。市场调查显示，典型的高仕客户只有从企业网站和其他网络平台了解了其衣服、鞋子、手袋和其他配饰后才会在店内购买。

高仕每年在全球的广告投入超过 6 500 万美元。高仕的广告突出了奢华的生活方式，主角一般是乘坐邮轮或飞机的名人。高仕与安吉丽娜·朱莉（Angelina Jolie）、詹妮弗·洛佩兹（Jennifer Lopez）和乌玛·瑟曼（Uma Thurman）等名人合作，这有助于它在全球消费者眼中保持良好形象。同时，高仕承诺不在其产品中使用动物毛皮。

高仕的分销策略多种多样。目前，高仕的产品在 85 个国家/地区（包括许可地点）的约 3 700 家门店有售。高仕在欧洲拥有 133 家直营店，在中国和日本各有约 50 家门店，最近又在伦敦、米兰、慕尼黑、巴黎、首尔、上海和东京等全球时尚中心开设了新的门店或扩大了原有的门店，并且其企业管理者正在扩大对中国和日本的 100 家门店的分销。

案例问题：

16-1. 什么国际营销战略是高仕成功的关键？

16-2. 描述品牌在全球奢侈品市场中的定位？

16-3. 高仕能做些什么来提高国际销售量？

说明：本案例是由瓦尔达斯塔州立大学（Valdosta State University）的伊尔克·卡德斯（Ilke Kardes）博士撰写的。

资料来源：Matthew Cochrane, "The Secret to Michael Kors' Success," *The Motley Fool*, March 3, 2018, www.fool.com; Hoovers.com, company profile of Michael Kors, www.hoovers.com; Suzanne Kapner, "The Kors Brand of Luxury Populism," *Wall Street Journal*, August 4, 2014, pp. B1-B2; Nancy Kross, "10 Reasons Why Everyone Loves Michael Kors," *Bidness Etc.*, July 10, 2014, www.bidnessetc.com; Andrew Roberts and Liza Lin, "Born-in-the-USA Luxury Gains in China," *Business Week*, March 3, 2014, pp. 24-25; Carol Ryan, "Michael Kors Pays a Lot to See If the Jimmy Choo Fits," *New York Times*, July 25, 2017, www.nytimes.com; Kyle Stock, "Michael Kors Seeks

'Jet-Set' Status Despite All-American Customers," *Bloomberg Business*，May 28，2014，www. bloomberg. com; Lauren Thomas, "Michael Kors Shares Pop on Earnings Beat," *CNBC*，February 7，2018， www.cnbc.com; Cotten Timberlake, "Michael Kors Wins Over Europe's Fashionistas," *Bloomberg*，May 5，2014， pp. 27 - 28; *WWD*: *Women's Wear Daily*，"A Trip with Michael to the Mainland," May 9，2014，p. 10.

在国际商务中，市场营销涉及识别、衡量海外市场机会并对这些机会做出回应。[①] 在本章中，我们研究旨在满足国际客户需求的企业营销活动。营销是一项重要的活动，因为它是企业寻找国外客户并与之互动的主要渠道。

图 16.1 提供了营销活动的框架并预览了本章的主题。外环代表外国市场的文化、社会、政治、法律和监管环境，这些环境影响企业的发展和产品的调整，重点影响产品定价、分销和促销活动。例如，在高通胀国家，企业管理者必须经常审查价格。企业必须调整其产品的定位或销售建议，以适应不同文化背景下客户的需求，且必须确保其产品符合当地政府法规。

图 16.1 中间的环代表全球营销战略（global marketing strategy）——企业为外国市场制订的行动计划，以指导企业管理者就以下方面做出决策：

● 如何定位自身及其产品；

● 以哪些客户群体为目标；

● 是采用标准化营销方案还是根据具体情况对营销方案进行调整（即采用本土化营销方案）。[②]

我们还将研究标准化营销方案和本土化营销方案与全球品牌建设之间的平衡，以及营销组合中各元素发挥的关键作用。我们从研究全球细分市场开始。

16.1　全球细分市场

市场细分（market segmentation）是指将企业所有客户划分成多个同质群体，以便管理者能够为每一个群体制定特定的营销战略的过程。在每个市场细分组中，客户在收入水平、生活方式、人口概况和产品期望收益这几个方面都具有相似的特征。

[①] 讲师和经理们经常交替使用国际营销（international marketing）和全球营销（global marketing）这两个术语。然而，一些专家对这两个术语进行了区分。他们认为，规模较小或缺乏经验的跨国企业倾向于强调国际营销，而规模较大的跨国企业倾向于全球营销。根据这种观点，国际营销指的是企业在相对较少的国家或地区开展的跨境营销活动。这些企业逐个国家管理定价、沟通、分销和其他营销活动，即采取跨境本土化战略，按照每个市场的独特条件开展业务。采用全球营销的跨国企业往往同时面向许多国家，有意识地以一种系统化的、协调的方式在多个市场设计并实施产品开发、投放、定价、沟通和分销活动。管理者通常采用标准化的方法——在所有市场上销售相同或相对相似的产品，并努力实现协同效应、规模效应，打造一致的形象。这种协调的营销活动通常强调全球品牌，这是跨国企业的一个显著特点。

[②] Cem Bahadir, Sundar Bharadwaj, Rajendra Srivastava, "Marketing Mix and Brand Sales in Global Markets: Examining the Contingent Role of Country-Market Characteristics," *Journal of International Business Studies* 46，No. 5 (2015)，pp. 596 - 619; Johny K. Johansson and Michael T. Furick, *The New Global Marketing*（San Diego, CA: Cognella Academic Publishing）.

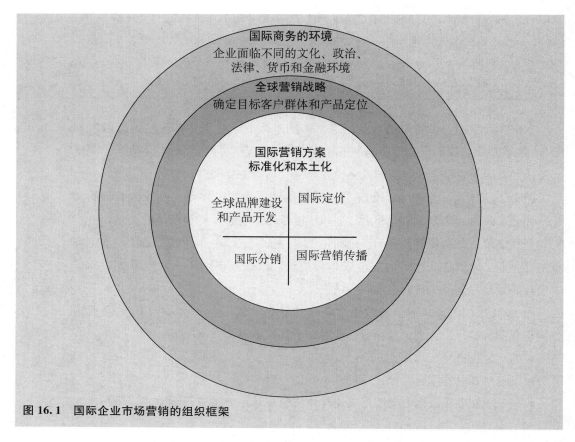

图 16.1　国际企业市场营销的组织框架

例如，为了销售更多的挖掘设备，卡特彼勒针对建筑企业、农场主和军队等几大客户群体制订了不同的营销方案。该企业在对产品进行定价时，为农场主设计出了物美价廉的拖拉机，为建筑企业设计出了价位适中的挖掘设备，为军队设计出了高价的重型卡车和其他车辆。卡特彼勒也为每个细分市场制定了相对独特的广告营销和分销方法。

　　在国际商务中，企业常常基于经济发展水平或文化维度等宏观层面的变量，将各个国家分组，进而构建市场细分组。很多跨国企业基于共同语言（西班牙语）把拉丁美洲国家分为一组，基于经济一体化把欧洲国家分为一组。实践证明，这一方法对于以下两种产品类别最为有效：一类是政府作为主要监管者（如电信基础设施、医疗产品、加工食品）的产品；另一类是由国家特征决定其接受程度和用法的产品。路易威登是奢侈时尚产品，尤其是手袋和行李箱的主要销售商。该企业的主要细分市场是全球按收入划分的中产阶层和上层消费者。该企业通过在伦敦、纽约、巴黎、悉尼、东京和其他全球热点地区开设的门店吸引奢侈品消费者。①

---

　　①　Andrea Felsted，"The World Just Can't Get Enough Louis Vuitton Handbags，" *Bloomberg*，April 10，2018，www. bloomberg. com；Salah Hassan and Stephen Craft，"Examining World Market Segmentation and Brand Positioning Strategies，" *Journal of Consumer Marketing* 29，No. 5（2012），pp. 344 - 356.

现在，企业逐渐以全球细分市场组为目标市场。**全球细分市场**（global market segment）是指跨越多国市场且具有共同特征的一组客户。对于这些客户，企业常常会制订相对统一的营销方案。例如，音乐电视网（MTV）以世界上大多数地区高度同质化的年轻人市场为目标市场。这一市场细分组往往紧跟全球媒体，迅速接受最新的时尚潮流，并且拥有不少可支配收入。另一个全球细分市场组是经常出差的商务人士，他们更富裕，渴望享受高档酒店、服装、珠宝和其他代表奢华、时尚的产品。

企业追求全球细分市场组的一个关键目的是在目标客户心目中留下独特的产品定位。定位（positioning）指一种营销战略，企业根据这一战略开发产品和制订营销方案，其目标是在客户心中留下独特的印象，并强调其产品与竞争产品的差异。在主题公园行业，迪士尼对自己的定位为拥护家庭价值观和"享受美好而健康的乐趣"，以吸引全世界的家庭前往其主题公园游玩。[①] 星巴克旨在为那些高品位、不介意为一杯咖啡支付高价的客户服务。

在汽车行业，宝马对自己生产的汽车的定位为"豪华、大气、质量卓越"。沃尔沃对自己生产的汽车的定位为"优质、安全、面向家庭、精致"。本田对自己生产的汽车的定位为"质量好、价格合理、省油且环境友好"。韩国现代对自己生产的汽车的定位为"价格实惠、物超所值、可靠且时尚"。

产品定位也可能会使消费者将某一产品与其某种具体特征联系到一起。例如，健怡可乐（Diet Coke）给人们的印象是提供给需要减轻或维持体重的人群的饮料。当可口可乐首次进入日本市场时，其管理者通过研究发现日本女性不喜欢带有"节食"字样的产品，她们也不认为自己超重。因此，企业管理者通过将节食可乐更名为"轻可乐"，改变了其产品在日本市场的定位。

国际企业的目标是制定全球定位战略（global positioning），从而让全球目标消费者认定自己的产品与其定位类似。星巴克、沃尔沃和索尼都是成功运用这一战略的企业。世界各地的消费者都以同样的态度看待这些强势品牌。全球定位战略通过满足全球消费者市场细分组的共同期望来减少国际营销成本。[②]

16.2　国际营销的标准化与本土化

全球营销战略除了能够指导企业对目标市场的选取和定位外，还说明了面对不同外国市场企业应该对营销方案进行调整的程度。企业通过本土化（adaptation）

---

① Kimburley Choi，"Disneyfication and Localisation：The Cultural Globalisation Process of Hong Kong Disneyland，" *Urban Studies* 49 No. 2（2012），pp. 383 - 397；The Walt Disney Company，"About the Walt Disney Company，" 2018，www.thewaltdisneycompany.com.

② Peter J. Buckley，Peter Enderwick，and Adam Cross，*International Business*（Oxford，UK：Oxford University Press，2018）；George Yip，*Total Global Strategy II*（Upper Saddle River，NJ：Prentice Hall，2003）.

调整其国际营销方案中的一个或几个要素，以满足特定市场中特定客户的需求，通过标准化（standardization）将其国际营销方案的各个要素统一，从而可以将整个地区甚至全球市场作为目标市场，为其提供相同的产品或服务。

在图 16.1 的最内层，我们可以看出营销方案（有时也被称为营销组合）中受标准化和本土化影响的关键构成要素。这些要素分别为：

- 全球品牌建设
- 产品开发
- 国际定价
- 国际营销传播
- 国际分销

在国际背景下，由于同时面临全球竞争对手和本土竞争对手的竞争，加之不同国家的文化、语言、生活水平、经济状况、规章制度和商务基础设施的质量存在差异，所以企业在制定营销战略时需要处理这些复杂情况。企业面临的一个重大挑战是如何在标准化和本土化之间进行权衡。

当企业进入国际市场时，企业管理者往往会采取宽泛的企业战略，试图在全球整合和本土化回应之间找到理想的平衡点。正如我们在第 11 章中讨论的一样，全球整合战略谋求的是通过协调跨国企业的价值链活动来最大限度地利用各国的相似点，并通过本土化回应满足各个国家消费者的特定需求。企业如何处理全球整合与本土化回应这两种战略之间的平衡问题，也会影响它对营销方案要素做出有关标准化或本土化的决策。

图 16.2 突出了在国际生产营销领域企业对标准化与本土化的权衡。现在，我们来考察它们各自的优势。

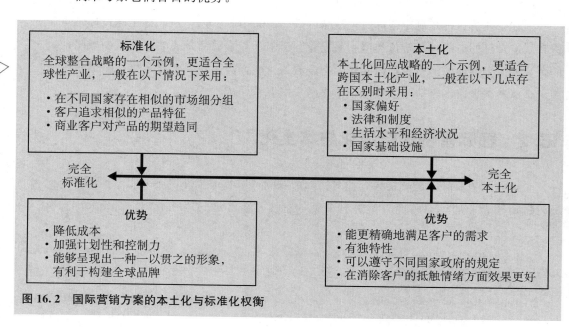

图 16.2　国际营销方案的本土化与标准化权衡

16.2.1　标准化

标准化代表了实施全球整合战略的趋势，航空制造业、医药行业和信用卡行业更可能采用标准化营销方案。波音、辉瑞制药和万事达（MasterCard）都是因采用标准化营销方案而大获成功的企业。当许多国家在细分市场和消费者需求方面都一致的时候，采用标准化营销方案是最有效率的。在销售具有通用规格的产品时，也适合采用标准化营销方案。在工业品销售中，企业往往更喜欢具有相似规格、质量和性能以及其他相似产品属性的零部件。

标准化营销方案的可行性在不同行业和产品类别中有所不同。商品、工业设备和技术产品都适合采用高度标准化的营销方案。流行的消费电子产品（比如苹果手机、三星的 Galaxy 智能手机和佳能的数码相机）、著名的时尚配件（比如劳力士手表和高仕手提包）已经在全球范围内基本实现标准化。而汽车零部件、建筑材料、餐具和基本的食品原料则几乎不需要标准化。

广告也可以标准化。在一则电视广告中，一位迷人的 25 岁英国女子热切期待着一勺哈根达斯冰激凌。同样的广告配上法语、葡萄牙语、西班牙语和中文后，在世界各地播放。[①] 吉列（Gillette）销售剃须产品，在所有开展业务的国家采用统一的营销方案，并经常与弗森（Fusion）等通用品牌同时在全球推出剃须产品。吉列的全球化战略帮助它取得了 70% 的全球市场份额，同时将营销和分销成本降到了最低。[②]

当企业管理者试图找到消费者偏好方面的共性并着力标准化其国际营销方案时，他们至少可以获得以下三种好处：

● 降低成本。标准化战略通过在设计、采购、制造和营销环节实现潜在的规模经济而降低成本。在全球市场或整个区域采取类似的营销方案比针对无数不同市场对产品进行本土化改造更加有效。伊莱克斯（Electrolux，总部位于瑞典）生产的冰箱型号曾达到数百种，以满足欧洲各国不同的偏好和不同的规制要求。随着欧盟消费者偏好和产品标准的逐渐趋同，该企业的冰箱型号减少到了十几种，这使得它能够在欧盟合并生产设施、简化营销活动，从而节省了数百万欧元。随着提供的产品型号减少，该企业得以集中精力研发性能更好、技术更先进的产品。

● 增强计划性和控制力。标准化战略能够增强增值活动的计划性和控制力。随着产品型号的减少，伊莱克斯的质量控制简化了，需要储备的零部件数量减少了，营销活动也简化了。企业不用再针对欧洲的每一个国家分别制订营销方案，而是可

① David Kaplan and Bill Powell, "General Mills' Global Sweet Spot," *Fortune*, May 23, 2011, pp. 23 – 25.

② Ellen Byron, "Gillette Sharpens Its Pitch for Expensive Razor," *Wall Street Journal*, October 6, 2008, p. B9；Françoise Hovivian, "Globalization: Apple's One-Size-Fits-All Approach," *Brand Quarterly*, December 19, 2017, www.brandquarterly.com；Yip, 2003.

以针对多个国家制订一种高度标准化的营销方案。

● 能够呈现出一种一以贯之的形象，有利于构建全球品牌。品牌是能用于确认本企业的产品，并将其与竞争对手的产品区别开来的名字、标志、符号或设计。**全球品牌**（global brand）是一种在全球范围内采用标准化的定位、广告策略和外观的品牌。全球品牌有助于提高客户兴趣，减少因企业提供多种经过本土化改造的产品和营销方案而引发的混乱。①

阅读专栏"从事国际商务相关工作的新近毕业生"中介绍的关于约翰·戴克豪斯（John Dykhouse）的故事，了解品牌战略和营销工作是如何为令人兴奋的国际商务职业奠定基础的。

专栏　　　　　　　　从事国际商务相关工作的新近毕业生

姓名：约翰·戴克豪斯

专业：工商管理硕士（国际商务、市场营销）

目标：有激情、在商业领域获得成功、有激动人心的经历、在生活中保持国际视野、参与社区活动并帮助其他人实现目标

大学期间的实习经历：非营利营销；帮助一家大型快速消费品公司进行业务创新

毕业后的工作：

● 安利公司（Amway）营销部门纽崔莱品牌的助理品牌经理

● 安利公司营销部门纽崔莱品牌的品牌经理

● 安利公司 Health 品牌的业务发展经理

● 惠而浦公司高级全球产品营销经理

眨眼间做出的决定往往会影响一个人的一生。作为一个本科毕业生，约翰·戴克豪斯决定在法国格勒诺布尔（Grenoble）留学一年。约翰指出："我第一次认识到，学习一种新文化和新语言不仅在沟通方面，而且在思维方式方面打开了一扇新的大门。"

在毕业后，凭借国际经历和一些营销相关的实习，约翰在安利公司获得了一个职位。随着时间的推移，他成了纽崔莱品牌的助理品牌经理，该品牌在世界很多国家出售维生素、矿物质和膳食补充剂。他的工作职责包括管理该品牌的多个产品类别、管理全球产品组合、沟通、定价和命名新产品。

两年内，约翰晋升为品牌经理。这个新角色使他进入了体育赞助的世界。这个职位为约翰提供了与专业运动员和他们的经纪人一起工作，通过在全世界赞助各种体育赛事以进一步强化品牌建设的机会。由于工作需要，约翰往返欧洲、韩国和日本多次，以落实他所提

---

① Jan-Benedict Steenkamp, *Global Brand Strategy* (London: Palgrave Macmillan, 2017); Berk Talay, Janell Townsend, and Sengun Yeniyurt, "Global Brand Architecture Position and Market-Based Performance: The Moderating Role of Culture," *Journal of International Marketing* 23, No. 2 (2015), pp. 55-72.

出的公司战略。约翰的最新职位是在业务发展部门担任高级全球产品营销经理，负责产品创新和营销。

约翰给毕业生提供的职业建议

第一，成为一个优秀的沟通者很重要。在国际工作中要思考什么时候使用简化的英语，干任何事情的时候都要理解简洁的重要性。

第二，坚持不懈。很多人在第一次、第二次甚至第三次尝试时就放弃了。你在国际生涯中至少会犯一些错误，这其实是很好的机会，你可以接受这些错误，并把它们当成学习经验，继续前进——只要不再犯同样的错误。

第三，寻找一个伟大的导师，向他或她学习。

第四，成为某个团队的成员。你可能会与一些来自你不完全了解的社会的人一起工作。要了解他们真正的想法，但在了解时要确保是有礼貌的，有时候还要保持谨慎。

第五，保持求知欲。最成功的国际商务人士总是对他们到过的地方，以及他们看到的、听到的甚至他们闻到的事物充满求知欲。

第六，不要错过午餐。中午坐在桌子前工作是很有诱惑力的，但请考虑把这段时间用来与导师或同事共进午餐——你们可能会进行富有成效的讨论，而这可以帮助你应对职业生涯中的挑战。

16.2.2　本土化

尽管企业通常更愿意将其产品标准化，但由于各国在语言、文化、法规、经济状况和其他方面存在差异，因此在通常情况下，对产品进行改造是必要的。本土化往往适用于跨国本土化产业，例如，出版业和软件业等跨国本土化产业往往需要对产品进行改造以适应不同市场。本土化可能十分简单，仅仅将标签、说明书和书籍翻译成外国语言即可，也可能十分复杂，需要彻底改变产品以适应特定市场状况。本土化能够为企业提供重要优势，如能更精确地满足客户的需求；有独特性；可以遵守不同国家政府的规定；在消除客户的抵触情绪方面效果更好。众多竞争对手的存在以及遵守当地法规的需要可能都会迫使企业更好地满足本地消费者的需求。让我们来更深入地了解促使企业采用本土化营销方案的具体原因：

● 不同国家消费者的偏好存在差异。企业需要调整它们的产品，以满足特定市场中客户的独特偏好。例如，哈根达斯在 50 个国家/地区经营着 900 多家冰激凌店。在日本，客户青睐绿茶味冰激凌；在拉丁美洲，牛奶甜味是当地客户的首选；法国消费者喜欢吃巧克力味冰激凌；在中国，商店借助冰激凌和月饼来庆祝中国传统农历节日。[①]

[①]　Tanya Dua，"Ice-Cream Maker Häagen-Dazs Scoops Out Its Biggest Ever Rebrand," *Business Insider*，July 13，2017，www.businessinsider.com；Kaplan and Powell，2011.

考虑到语言问题和当地伊斯兰教徒的感情，卡通系列片《辛普森一家》（*The Simpsons*）在沙特阿拉伯播出前进行了大幅改编。例如，名称被改为《本·山姆顺一家》（*Al Shamshoon*），主人公"霍墨·辛普森"（Homer Simpson）被改名为"奥马"（Omar），儿子"巴特·辛普森"（Bart Simpson）被改名为"巴德尔"（Badr）。这部片子旨在吸引构成阿拉伯世界人口很大一部分的年轻观众。制片人除了要把对白译成阿拉伯语外，还需要对辛普森家女儿和妈妈的穿着打扮做一番处理。制片人删除了片子中出现的《古兰经》禁止的或被认为可能冒犯阿拉伯人的镜头，如吃猪肉、喝啤酒。《辛普森一家》在世界各地播出，并以多种语言配音，包括捷克语、意大利语、葡萄牙语和西班牙语。在法国版片子中，所有角色都说标准的法语，还插入了一些体现法国的文化习惯的镜头，包括霍墨吃蜗牛和巴特试图通过手掐一只活鹅来做鹅肝酱等情景。[①]

麦当劳能在世界上大部分市场而不是所有市场出售标准化汉堡。一些社会或地区不吃牛肉，例如，在印度等国家，麦当劳用羊肉汉堡或鸡肉汉堡代替牛肉汉堡。在土耳其，麦当劳增加了一些新品种，如柯夫塔汉堡（以特殊香料调味的汉堡）。在中国香港，麦当劳提供一种用糯米饼做成的三明治。在挪威，麦当劳提供McLaks汉堡，这是一种抹有萝卜酱的烤鲑鱼三明治。在柏林，消费者在品尝双层吉士汉堡和炸薯条的同时，还可以品尝啤酒。在阿拉伯国家，扁面包夹麦辣鸡腿的"麦香阿拉伯"汉堡大获成功。在法国，消费者可以享用法式长棍面包做的汉堡。[②]

● 生活水平和经济状况存在差异。由于世界各国的收入水平差别很大，企业常常试图调整其在不同市场上提供的产品的定价和复杂程度。例如，宜家在中国降低其产品价格以使低收入阶层也买得起它的产品；微软在泰国、马来西亚和印度尼西亚降低其软件的售价，使其产品售价与当地购买力一致；戴尔在发展中经济体出售简化版电脑。此外，通货膨胀和经济衰退也会影响企业的定价策略。衰退预示着消费者信心会下降，企业可能需要通过降价来增加销售量。在通货膨胀率高企时，即使企业提高产品价格，利润也会被迅速侵蚀。汇率波动也会迫使企业做出调整。比如，当进口国的货币疲软时，该国消费者的购买力会下降。[③]

---

① Helier Cheung，"China's On-Off Relationship with *The Simpsons*，" *BBC News*，January 26，2016，www.bbc.com；*Medium*，"The Globalization of *The Simpsons*：A Study of Satire in International Media，" August 17，2016，www.medium.com；J. Tapper and A. Miller，" 'The Simpsons' Exported to Middle East，" October 18，2005，*ABC News*，abcnews.go.com/wnt.

② Marion Issard，"To Tailor Burgers for France，McDonald's Enlists Baguette，" *Wall Street Journal*，February 24，2012，p.B4；Mallory Schlossberg and Emily Cohn，"26 Crazy McDonald's Items You Can't Get in America，" *Business Insider*，September 3，2016，www.businessinsider.com.

③ Trent Gillies，"IKEA's Strategy：Stick to the Basics，and Expand in the US，" *CNBC*，January 16，2017，www.cnbc.com；Richard Hutchinson et al.，"A Pricing Playbook for Emerging Markets，" March 7，2017，BCG，www.bcg.com；Beth Kowitt，"It's IKEA'S World* ，" *Fortune*，March 15，2015，pp.166–175.

- 法律和规章存在差异。在一些国家，包括德国、挪威和瑞士，针对儿童的广告受到限制。欧洲要求在食品包装上同时用多种文字（包括英语、法语、德语和西班牙语）做标识。加拿大的魁北克省是法语省，当地法律要求产品包装同时使用英语和法语两种语言。在一些市场，优惠券和销售竞赛等促销活动受到限制。

- 国家基础设施存在差异。运输网络、营销渠道中间商和总体商业基础设施的质量及可获得性会影响企业在国外使用的营销传播和分销系统。发展中国家农村地区的基础设施尤其薄弱，这就迫使企业采用创新的方法将产品交付给顾客。例如，有些国家的公路和铁路建设落后，企业需要使用小型卡车将产品运到边远地区的零售商那儿。有些国家的媒体资源不足，这就要求企业大幅调整营销传播策略。例如，在越南农村地区，大部分消费者看不了电视、杂志，也上不了网，所以收音机、广告牌和宣传册很受以低收入消费者为目标的企业的青睐。

本土化还能为企业管理者提供探索产品或服务的其他销售途径的机会。企业管理者在本土化过程中学到的经验能够指导其研发工作，从而推动企业向国内外市场提供更好的产品。有时候，针对外国市场进行开发或改造的产品证明是非常成功的，以至于它们又作为新产品被投放到母国市场。比如，通用电气为中国和印度的医生开发了一款不昂贵且使用电池供电的心电图仪，后来该公司发现了这一设备在发达经济体市场上的销售潜力，开始将其出售给美国的农村诊所和家庭病房护士。[①]

16.2.3　标准化与本土化的平衡

对于标准化和本土化，企业管理者不是要做出一个非此即彼的决策，而是要在二者之间达到平衡。许多论据和事实支持企业同时采用标准化营销方案和本土化营销方案。高级营销经理和全球新产品计划团队需要做的是，基于企业面临的特定经营环境，找出标准化营销方案和本土化营销方案的平衡点。

标准化和本土化之间最重要的差异也许是：标准化能够帮助企业减少成本，而本土化能够帮助企业更精准地迎合当地需求。采用本土化营销方案一般会增加当地子公司的营销支出。这既耗时，又增加了成本。本土化营销方案可能会要求子公司重新设计产品，大幅调整其生产经营、定价、分销和营销传播。因此，企业管理者更愿意采用标准化营销方案，因为它比本土化营销方案更容易实施，成本更低。很多企业只有在需要满足当地消费者的偏好和应对强制性规章制度时，才会采用本土化营销方案，调整其营销方案中的各要素。例如，联合利华将其品牌数量从超过1 600 个压缩至大约 400 个，并将精力集中于十几个全球品牌上。然而，企业有时

第 16 章

---

① Ruby Dholakia, Nikhilesh Dholakia, and Atish Chattopadhyay, "Indigenous Marketing Practices and Theories in Emerging Economies: Consumer Behavior and Retail Transformations in India," *Journal of Business Research* 86 (May 2018), pp. 406 - 415; Reena Jana, "Inspiration from Emerging Economies," *BusinessWeek*, March 23, 2009, p. 38.

候不得不保留许多本土化品牌，以满足个别市场的需求。在注重营养结构的国家，联合利华通过降低其产品中糖、盐、反式脂肪和饱和脂肪的含量，来满足其消费者的特殊需求。[1]

通常，对于某一特定的产品或服务，企业管理者需要共同但有区别地采用标准化营销方案和本土化营销方案。营销方案中的一些组合要素需要予以标准化，一些组合要素需要予以本土化，其他要素的处理需要折中企业整体的、区域的和当地的管理者的观点。例如，企业可能在全球提供一种标准化的产品，但在不同市场调整价格和修改广告。企业管理者不仅要决定调整哪个要素，还要决定在多大程度上调整它。例如，宜家在所有市场维持产品设计统一的同时，也调整了一些要素，如在个别国家出售的床的尺寸。类似地，宜家在以产品目录作为其全球首要促销工具的同时，在美国等以大众传媒为导向的市场上也会投放电视广告。

就各个层面而言，企业很难发现一个可行或实用的万能营销方案。多年来，汽车企业一直试图销售一款既能满足各地消费者偏好，又能符合不同国家政府的安全标准的"世界汽车"。福特的蒙迪欧这款汽车就做了这样一个雄心勃勃的试验，但未能成功获得全世界消费者和规制机构的认可。于是，福特不得不修改这款车的设计，以适应各国不同的气候、地形（影响发动机规格）、政府排放标准、天然气价格、消费者的装饰品偏好（如杯架）。

企业一般会采取一种折中的做法，即努力使标准化营销方案成为区域性战略的一部分，根据地理区域的共性而非全球的共性配置其国际营销方案的要素。比如，通用汽车在中国、欧洲和北美均销售独特的车型。区域偏好的趋同、区域经济一体化、产品标准的统一、区域性媒体和分销渠道的成长，都使得区域性营销方案比全球性营销方案更为可行。

- 消费者偏好和产品标准在区域水平上趋同。
- 媒体和分销渠道是在区域层面上组织的。
- 目标区域的国家已形成区域经济一体化集团。[2]

16.3 全球品牌建设和产品开发

全球营销战略向企业管理者提出了独特的挑战和机遇，这些挑战和机遇尤其表

---

[1] Leonie Roderick, "The Reasons behind Unilever's Marketing Cuts," *Marketing Week*, April 13, 2017, p. 1; Gabriele Suder and David Suder, "Strategic Megabrand Management: Does Global Uncertainty Affect Brands?" *The Journal of Product and Brand Management* 17, No. 7 (2008), pp. 436–445.

[2] Patrick Regnér and Udo Zander, "International Strategy and Knowledge Creation: The Advantage of Foreignness and Liability of Concentration," *British Journal of Management* 25, No. 3 (2014), pp. 551–569; Alain Verbeke and Christian Asmussen, "Global, Local, or Regional? The Locus of MNE Strategies," *Journal of Management Studies* 53, No. 6 (2016), pp. 1051–1075.

现在品牌建设和产品开发上。让我们一起来探究这些主题。

16.3.1　全球品牌建设

全球定位战略的一个关键成果是打造出全球品牌。好莱坞电影（如《蜘蛛侠》）、流行巨星（如 Lady Gaga）、个人护理用品（如吉列剃须刀）、玩具（如芭比娃娃）、信用卡（如维萨卡）、食品（如吉百利巧克力）、饮料（如可口可乐）、家具（如宜家）和电子产品（如 iPad）等行业都有知名全球品牌。[①] 消费者青睐全球品牌产品，因为品牌能够让消费者产生信任，充满信心，从而做出购买决策。[②]

强势的全球品牌能够：

- 提升营销方案的效率和效果。
- 提高消费者对品牌的忠诚度。
- 允许企业制定高价。
- 扩大企业对中间商和零售商的影响力。
- 增强企业在全球市场上的竞争优势。[③]

企业通过集中建设单一的全球品牌，而非很多国家品牌，能够降低营销成本。一个全球品牌的实力可以由其品牌权益——品牌的市场价值（简称品牌价值）——很好地衡量。表 16.1 列出了一些全球品牌的市场价值。

表 16.1　顶级全球品牌（按地区划分）

企业	品牌价值（十亿美元）	原产国	主要产品或服务
亚洲品牌			
丰田	41	日本	汽车
本田	24	日本	汽车
三星	38	韩国	消费电子产品
雷克萨斯	9	日本	汽车
日产	9	日本	汽车
欧洲品牌			
梅赛德斯-奔驰	29	德国	汽车

① Interbrand，"Best Global Brands 2017 Rankings," 2018，www. interbrand. com；Jennifer Rooney，"Forbes Corporate Approval Ratings," *Forbes*，October 24，2011，pp. 30 - 32.

② Larry Percy，*Strategic Integrated Marketing Communications*（New York：Routledge，2018）；Rajshekhar Javalgi，Virginie Pioche Khare，Andrew Gross，and Robert Scherer，"An Application of the Consumer Ethnocentrism Model to French Consumers," *International Business Review* 14（2005），pp. 325 - 344；Plavini Punyatoya，Ashish Sadh，Sushanta Mishra，"Role of Brand Globalness in Consumer Evaluation of New Product Branding Strategy," *Journal of Brand Management* 21，No. 2（2014），pp. 171 - 188.

③ David Aaker，*Aaker on Branding*（New York：Morgan James，2014）；Cheng Lu Wang and Jiaxun He，*Brand Management in Emerging Markets：Theories and Practices*（Hershey，PA：IGI Global，2014）；Yen-Tsung Huang and Ya-Ting Tsai，"Antecedents and Consequences of Brand-Oriented Companies," *European Journal of Marketing* 47，No. 11/12（2013），pp. 2020 - 2041

续表

企业	品牌价值（十亿美元）	原产国	主要产品或服务
路易威登	29	法国	时尚配饰
宝马	29	德国	汽车
SAP	24	德国	软件
雀巢	17	瑞士	饮料
欧莱雅	16	法国	化妆品
美国品牌			
苹果	170	美国	科技
谷歌	102	美国	互联网服务
微软	87	美国	软件
脸书	74	美国	科技
可口可乐	68.7	美国	软饮料

资料来源：*Forbes*，"The World's Most Valuable Brands: 2017 Ranking," www.forbes.com; Interbrand, www.interbrand.com; and Hoovers.com company profiles, www.hoovers.com.

最成功的全球品牌往往有以下几个特点：

● 醒目、能见度高，如消费电子产品和牛仔裤。

● 可以象征身份和地位，如汽车和珠宝。

● 其功能几乎适合每个人的生活方式，因而具有广泛的吸引力，例如手机、信用卡和化妆品。

● 与特定国家的风格密切相关，因而获得了消费者的认同，如李维斯牛仔裤（美国风格）和宜家家具（斯堪的纳维亚风格）。

然而，在一些其他案例中，全球品牌受益于在提供新奇的产品或服务方面具备的先发优势。例如，1971年，第一家星巴克咖啡店在美国华盛顿州西雅图开业，星巴克提倡在舒适的环境中坐下来放松，享用现煮咖啡。1865年诺基亚成立时，只是芬兰的一家木材加工厂，而在20世纪90年代，诺基亚完成了企业重组，成为一家世界领先的移动电话企业。通过投资新技术和新设计，诺基亚将其竞争对手远远地甩在了身后。全球的时尚购物者都喜欢路易威登独特的手袋和配饰。韩国的三星以其独特的设计和先进的技术挺进消费电子行业。

打造并维持一个全球品牌是企业建立全球知名度的最佳途径之一。永备电池公司（Eveready Battery Co.）将其多个全国品牌——如Ucar、Wonder和Mazda——合并成一个全球品牌劲量（Energizer）。这一行动大大提高了该企业在全世界开展营销活动的效率。多数企业管理者首先为一个国家市场创建一些全国品牌，再将这些品牌国际化，但更可取的做法是：从一开始就创建一个在所有主要市场通行的全球品牌。一些企业采取了这种方法并大获成功，其中包括日本的索尼（Sony）。"Sony"来自拉丁文，其含义是"声音"。日本达特桑汽车公司（Datsun）更名为日产公司（Nissan），以期创建一个世界统一的全球品牌。[①]

全球品牌建设还能帮助跨国企业更有效地与那些因迎合了客户对当地传统、本土自豪感和当地偏好的需求而受欢迎的本土品牌竞争。市场领导者可口可乐和百事可乐在全世界都面临许多本土品牌的竞争。在欧洲，备受欢迎的本土品牌有维珍可乐（英国）、Afri 可乐（德国）、Kofola 可乐（捷克）和 Cuba 可乐（瑞典）。在土耳其，本土企业专门开发出 Turka 可乐，以挑战可口可乐和百事可乐在本土市场的支配地位。Inca 可乐是秘鲁一个历史悠久的本土品牌，它被打造成"秘鲁的国家饮料"。然而，该可乐品牌的经历也证明了在对抗强势全球品牌时，本土品牌是多么软弱无力。1999 年，可口可乐收购了 Inca 可乐 50% 的股权。现在，可口可乐和 Inca 可乐各占秘鲁市场约 30% 的份额。可口可乐自从拥有了本土品牌的一半股份后，就扭转了在秘鲁的不利局面。

16.3.2　全球产品开发

在开发适用于多国市场的产品时，企业管理者强调产品在各个国家的共性而非差异性。[②] 基础产品只包含核心属性，企业可以针对个别市场，以低成本调整这些核心属性。例如，戴尔在全世界出售的基础款计算机基本上相同，只有键盘上的字母和软件使用的语言因国家或区域而异。许多企业在设计产品时运用模块架构（modular architecture）——能够以不同的配置迅速组装起来以满足个别市场需求的一批标准化组件和次级系统。本田和丰田利用可以添加模块组件、零部件和装置的标准化平台，分别设计出雅阁和卡罗拉等多款车型，以适应特定市场消费者的需求和品味。

化妆品企业欧莱雅通过位于巴黎总部的研发创新中心开发新产品。每年，该研发创新中心的 80 名员工为兰蔻（Lancôme）、阿玛尼（Armani）、美宝莲（Maybelline）等欧莱雅旗下品牌研发 1 000 多种新产品。欧莱雅系统地招募和组建经验丰富、了解多种文化的传统和偏好的管理者团队。例如，一个由三名研究女性护发产品的研究人员组成的团队可能包括一名负责头发颜色的黎巴嫩-西班牙裔美国经理和一名负责头发护理的法国-爱尔兰裔柬埔寨人。团队成员共用办公室，这样他们就可以很方便地交换意见。通过集中研发和利用企业所掌握的六个重点区域（欧洲、美国、日本、中国、巴西和印度）的有关知识，欧莱雅研发出了反映主要市场偏好、便于全球营销的新产品。欧莱雅的集中式多元文化研发团队通过持续的知识互动，每年研发出一系列新产品。[③]

[①] Percy, 2018; Yip, 2003.

[②] Percy, 2018; Yip, 2003.

[③] Hae-Jung Hong and Yves Doz, "L'Oréal Masters Multiculturalism," *Harvard Business Review* 91, No. 6 (2013), pp. 114 – 119; L'Oréal company website, www.loreal.com, accessed May 2, 2018; Matthew Waksman, "Lessons from L'Oréal: The Rewards and Responsibilities of Brand Diversity Strategy," *Campaign*, September 27, 2017, www.campaignlive.com.

全球新产品规划团队是由代表企业主要市场的国家的产品经理组成的。产品的某些元素，以及市场营销和广告计划都是集中在企业层面决定的。其他元素则根据经济、法律、文化或是否需要获得批准等制度性问题进行本地化改造。有些元素是由企业品牌团队和当地国家的品牌经理共同决定的。产品的发布可能是在多个国家同时进行的，也可能是按顺序依次进行的。序贯发布意味着一次在一个国家发布一种产品，并且通常会把适应当地的产品作为首选。部分企业会首先在高价位市场推出新产品，然后逐渐进入低价位市场，这有助于减轻潜在消费者对高价位的不满。

全球新产品规划团队还负责制定企业在全球所有部门实施的最佳实践。这些团队汇集了来自不同地理区域的跨国企业各单位的具有专业知识和专业技能的员工，然后通过合作开发满足企业主要国际市场共同需求或能解决企业主要国际市场共同问题的产品。例如，iXi 自行车是由成员来自法国、英国和美国的全球新产品规划团队为法国 iXi 自行车公司设计的。这款自行车很容易被装进小汽车的后备箱里。Logiq & Vivid E9 是由成员来自法国、日本和美国的全球新产品规划团队开发的一款用于医疗检查的移动超声波设备。该设备非常高效且对环境的影响很小。一个成员来自荷兰和美国的全球新产品规划团队发明了一种用于修复牙齿的电子针头。[①]

16.4　国际定价

给产品定价是一件很复杂的事。在国际业务中，给产品定价更为困难，原因包括：各国货币不同、存在贸易壁垒、需要考虑的成本因素增多、存在潜在的政府规制、分销渠道往往更长。定价决策往往会招致竞争性反应，而竞争性反应会引起价格下降。相反，若存在关税、税收和国外中间商抬价，则价格会上升到不合理的水平。不同市场的价格差可能会导致灰色市场行为（gray market activity）——由授权分销商以外的中间商将正品合法进口到某一国家的行为（也称为平行进口）。稍后，我们将讨论灰色市场。[②]

价格会影响消费者对价值的认知度，决定国外中间商的积极性，影响促销成本和促销策略，弥补营销组合中其他要素的不足。让我们来一起探究国际定价的独特方面。

①　Alexander Brem and Florian Freitag, "Internationalisation of New Product Development and Research & Development," *International Journal of Innovation Management* 19, No. 1 (2015), pp. 1 – 32; Miriam Muethel and Martin Hoegl, "Expertise Coordination over Distance: Shared Leadership in Dispersed New Product Development Teams," in C. Peus, S. Braun, and B. Schyns (eds.). *Leadership Lessons from Compelling Contexts* (Bingley, UK: Emerald Group, 2016), pp. 327 – 348; Helen Walters, "IDEA 2009: Designing a Better World," *BusinessWeek*, July 29, 2009, www.businessweek.com.

②　Deepa Chandrasekaran, Joep Arts, Gerard Tellis, and Ruud Frambach, "Pricing in the International Takeoff of New Products," *International Journal of Research in Marketing* 30, No. 3 (2013), pp. 249 – 264; International Trade Administration, "Make the Export Sale: Export Pricing Strategy," March 14, 2018, www.export.gov.

16.4.1　国际定价的影响要素

国际定价的影响要素可以分为以下四类：

● 市场的性质。购买者的收入水平和人口状况影响他们对产品和服务的支付能力。大部分国家是新兴市场国家或发展中国家，而这些国家的消费者的可支配收入较低。因此，价格必须设低一点。规制、气候、基础设施和其他外国市场因素也可能会要求企业投入资金改造产品或改变产品的分销方式。例如，销往炎热地区的食品需要冷藏，而这增加了成本。在农村人口很多或分销基础设施薄弱的国家，将产品送达广泛分布的客户手中需要付出更高的运输成本，企业也必然要索取更高的价格。外国政府的干预也是一个要考虑的因素，如政府征收关税会导致价格上升。政府一般还会发布健康规定、安全标准和其他规制，这些也会增加企业在当地的经营成本。例如，加拿大和欧洲许多国家的联邦政府对处方药实施的价格管制降低了制药企业的定价灵活性。

● 产品或行业的性质。增加值较大的产品——如汽车或高端电脑——有必要制定较高的价格。对于专业化产品或具有技术优势的产品，企业在定价时可以更为灵活。当企业在某种产品（如微软的操作系统软件）上具有相对垄断地位时，一般能对该产品制定高价。

● 分销体系的类型。出口企业往往依赖于独立的国外分销商。一些分销商有时会通过改变出口价格来满足它们自己的目标。一些分销商会大幅提高价格——在一些国家价格的上升幅度高达 200%，这可能会损害出口企业的形象并影响其定价策略。相比之下，若企业是通过以 FDI 方式建立自己控股的海外营销子公司来进行国际化的，那么企业就可以维持对定价策略的控制力。将产品直接卖给最终用户的方式也有助于企业控制产品定价，这样的话企业能够根据不断变化的市场条件迅速调整定价。

● 生产机构的位置。企业如果把生产环节配置在劳动力成本低廉的国家，那么就能对产品制定低价。企业如果把工厂设在主要市场或临近主要市场的地方，那么既能够降低运输成本，又可以减少由外国汇率波动带来的风险。例如，戴姆勒在匈牙利设立工厂生产梅赛德斯-奔驰汽车，这里的工资水平仅为戴姆勒的母国——德国——的五分之一，且距离西欧主要市场只有几个小时的车程。降低生产成本有助于戴姆勒与宝马更有效地竞争。[①]

图 16.3 全面地列出了影响国际定价的内部因素与外部因素。内部因素方面，企业管理者需要确定企业在利润和市场份额、产品成本、对外国市场定价的控制力等方面的目标或期望。外部因素方面，企业管理者必须了解客户（消费者）特征

---

① International Trade Administration，2018；Thomas T. Nagle and Georg Müller，*The Strategy and Tactics of Pricing*（New York：Routledge，2018）；Chris Reiter and Edith Balazs，"Daimler's Billion-Dollar Bet on Hungary，" *Bloomberg Businessweek*，April 9，2012，pp. 29 – 30.

（如期望、购买力和对涨价的敏感度）、竞争者价格、汇率、关税、税收和与国际销售有关的成本，以及运输、分销商品的方式。在欧洲和其他地区，有很多国家对进口商品征收增值税。增值税与营业税不同，营业税是根据零售价计算出来的税负，而增值税是根据毛利率（毛利等于商品的销售价格与成本之间的差额）计算出来的。例如，欧盟的增值税税率为 15％～25％，对增值税的征收大大提高了当地价格。

内部因素
- 企业管理者对利润和市场份额的期望
- 制造、营销和其他价值链活动的成本
- 企业管理者希望对外国市场定价所拥有的控制力

外部因素
- 客户的期望、购买力和对涨价的敏感度
- 竞争者的产品的性质、价格和所采用的战略
- 国际客户成本
  - 改变产品/包装、满足标签和市场要求的成本
  - 单证成本（原产地证、发票、银行等方面的费用）
  - 融资成本
  - 包装费和集装箱费
  - 运输成本（检验、仓储、货运代理方面的费用）
  - 保险费
- 落地成本
  - 关税（海关费用、进口税、清关费）
  - 进口港的仓储费、当地运输费
- 进口商成本
  - 增值税和其他由进口商支付的税
  - 当地中间商（分销商、批发商、零售商）的利润
  - 资金持有成本
- 货币汇率的预期波动

图 16.3　影响国际定价的内部因素与外部因素

16.4.2　国际定价的框架结构

企业管理者需要审查国际分销渠道各个层次——进口商、批发商、零售商和最终用户——的价格是否合适，再据此确定最终的价格。图 16.4 列出了企业管理者在进行国际定价时可以使用的系统方案。①

---

① S. Tamer CavusgilS. "Pricing for Global Markets," *Columbia Journal of World Business*（Winter 1996），pp. 66-78；International Trade Administration，2018；Nagle and Müller，2018.

第一步：通过加总所有与将产品运达客户所在地有关的成本，估算出产品在外国市场的落地价。

第二步：估算出进口商或分销商在考虑自己的利润后索要的价格。

第三步：估算出最终用户的目标价格范围，确定：
- 最低限价（基于成本考虑，是企业能够接受的最低价格）；
- 最高限价（基于客户购买力、对价格的敏感度和竞争因素，是企业可以设定的最高价格）。

第四步：根据企业最可能索取的价格（介于最低限价和最高限价之间）估算企业的销售潜力。

第五步：基于企业的目标和倾向，选择一种合适的定价策略，如：
- 硬性成本加成定价；
- 灵活成本加成定价；
- 增量定价。

第六步：核对各产品系列的当前价格以及主要客户和外国市场的连贯性（以制止潜在的灰色市场行为）。

第七步：实施定价战略和策略，分别设定出售给中间商和最终用户的价格。然后，不断地监督市场绩效，并在必要时调整定价，以适应不断变化的市场环境。

图 16.4　国际定价的关键步骤

　　下面我们通过一个例子来说明国际定价的框架结构。假设乐器制造行业的领军企业麦乐迪（Melody）计划开始向日本出口电吉他，因而需要为这些电吉他定价。麦乐迪决定出口"约翰·梅尔"（John Mayer）牌吉他，该吉他在美国的零售价大约为2 000美元。最初的调查显示，加上运费、保险费和日本5%的关税后，每把吉他的价格会提高300美元，即吉他的落地价会上升为2 300美元。麦乐迪找到了一家日本进口商青木，该企业要在每把进口吉他的成本的基础上提价10%作为其利润。这样的话，一把吉他离开青木在日本的仓库后，总售价变为2 530美元。这是麦乐迪可以接受的最低价格，即最低限价，因为企业管理者不希望其每把吉他在日本的利润不及美国。

　　接着，麦乐迪对日本的收入水平和竞争对手的价位进行了调查，结果显示：日本音乐家愿意以高于美国通行价格约30%的价位购买高品质乐器。根据这一信息，麦乐迪的管理者认为，日本市场的客户能够接受的最高价位是每把吉他2 600美元。而另一份研究估算了吉他分别在最低限价和最高限价下的销售潜力。因比，麦乐迪的管理者最终决定将建议零售价定为2 560美元。研究显示，考虑到日本的一些因素，如当地购买力、市场规模、市场的成长性、竞争者的价格和日本人对产品性价比的态度，这一价格最合适。根据麦乐迪在夏威夷和澳大利亚等市场的定位，企业管理者也认为这一价格比较合理。于是，该企业对其最终用户制定了这一价格，对进口商青木也制定了相应价格。麦乐迪开始向日本运输吉他并对日本的市场环境进行监控，密切关注实际需求状况以及根据需求、经济状况和其他突发因素调整价格的必要性。

　　我们来一起探究图16.4第五步中的三种定价策略。

● 硬性成本加成定价（rigid cost-plus pricing）。它是指对所有出口市场制定一个固定价格。缺乏经验的出口企业倾向于使用这一方法。多数情况下，企业管理者仅仅在国内售价的基础上增加一定比例，以弥补其在国外开展业务时增加的成本。即，外国市场最终客户面临的价格是在国内售价的基础上加上对产品运输成本和营销成本的补偿，以及中间商和制造商的利润。这种定价策略的一个主要劣势在于往往没有考虑当地市场环境，如客户的需求状况、收入水平和竞争态势等。

● 灵活成本加成定价（flexible cost-plus pricing）。它是指企业管理者将所有在国外开展业务时增加的成本都包含到最终售价中。同时，企业管理者还需要考虑当地市场环境和竞争状况，如客户的购买力、需求状况、竞争对手的价位和图 16.3 中提到的其他外部因素等。这一定价策略比硬性成本加成定价更为复杂，因为它要考虑目标市场的特定情况。例如，时尚零售商 Zara 就采取了这一方法，该企业在其开展业务的每个国家都会对价格进行调整以适应当地状况。

● 增量定价（incremental pricing）。它是指企业设定的价格仅能补偿可变成本，而不能补偿固定成本。这是因为：企业管理者认为，固定成本已从企业的母国市场或其他市场的产品销售中得到补偿。采用这一定价策略的话，企业能够提供有竞争力的价格，但获得的利润可能并不理想。如果企业将这一定价策略利用到极致，那么其竞争对手可能会指控它倾销——对出口产品制定低价（有时候甚至低于制造成本），从而可能将当地同类产品供应商挤出该行业。倾销被许多国家的政府视为不正当竞争的一种形式，可能招致世界贸易组织的制裁。

16.4.3 对国际价格升级的管理

国际价格升级（international price escalation）是指由于存在多层分销渠道、中间商利润、关税和其他国际客户成本（见图 16.4），所以通过出口出售给最终用户的价格过高。国际价格升级意味着产品在出口市场上的零售价可能比国内价格高得多，从而导致出口商处于不利的竞争地位。企业可以采取五种策略来应对国际价格升级这一问题。接下来我们将探讨这五种策略。[1]

● 绕过渠道中的一些中间商，缩短分销渠道，建立一条更直接地联系最终客户的途径。渠道越短，需要补偿的中间商越少，产品的最终售价就越低。

● 重新设计产品，去掉高成本的部分。例如，惠而浦开发了一款无附加功能的简化版洗衣机。这款洗衣机造价较低，能够以低价在发展中经济体销售。

● 将产品以未组装的零部件的形式运输，使其满足缴纳较低进口关税的标准。然后，在外国市场将零部件组装成成品，而这一般是由低成本劳动力完成的。一些企业在对外贸易区组装产品，因为对外贸易区进口成本较低，并且政府还可能会采

① S. Tamer Cavusgil，"Unraveling the Mystique of Export Pricing," *Business Horizons* 31 (1988)，pp. 54 - 63；Cavusgil，1996；International Trade Administration，2018；Nagle and Müller，2018.

取激励措施。

● 重新对出口产品进行归类，使其满足缴纳较低关税的条件。例如，假设摩托罗拉在向玻利维亚出口"电信设备"时面临高关税。摩托罗拉可以将该产品重新归入"计算机设备"这一类，从而以较低关税出口该产品。这种做法是可行的，因为进口产品常常可以归入多个产品类别，而不同类别的产品的关税可能不同。

● 转移生产场所或将生产活动外包到其他国家，以便利用较低的生产成本或有利的汇率。[①]

16.4.4　在不断变化的货币条件下进行定价管理

在出口市场上，坚挺的本国货币会降低企业竞争力，而疲软的本国货币会使企业产品在外国市场上的定价更有竞争力。表 16.2 列出了本国货币贬值或升值时企业可以采取的不同应对策略。[②]

表 16.2　应对不断变化的货币条件的策略

当出口商因母国货币相对于客户货币贬值而获得价格优势时，它应该： 强调本企业低廉的价格能为国外客户带来的利益； 维持正常的价位，同时扩大产品线或增加高成本的部分； 在汇率有利的市场，寻找更多出口机会； 加速汇回在国外获得的收入，加速收回应收账款； 最小化以客户货币计价的支出（例如，广告费和当地运输费）。	当出口商因母国货币相对于客户货币升值而遭遇价格劣势时，它应该： 强调营销方案中非价格要素的竞争优势，如产品质量、交货和售后服务； 考虑通过提高生产率降低生产成本，或重新设计产品并去掉其中高成本的部分； 将出口集中于那些相对于出口商没有出现货币贬值的国家； 保留在国外获得的以客户货币计价的收入，推迟收回国外应收账款（如果预期客户货币在合理期限内将会升值的话）； 最大化以客户货币计价的支出。

16.4.5　转移定价

转移定价（transfer pricing）亦称企业内定价，指为分布在不同国家但同属于一个企业大家庭的子公司或联营企业之间交换的中间品或成品定价的做法。[③] 例如，当福特位于南非的零部件制造厂向其位于西班牙的制造厂出售零部件时，福特

① International Trade Administration，2018；Nagle and Müller，2018.

② Keith Bradsher，"For China's Factories，a Weaker Currency Is a Double-Edged Sword," *New York Times*，March 1，2017，www.nytimes.com；Cavusgil，1988；Nergiz Dincer and Magda Kandil，"The Effects of Exchange Rate Fluctuations on Exports," *Journal of International Trade & Economic Development* 20，No. 6 (2011)，pp. 809 - 837；Nagle and Müller，2018.

③ Alan Rugman and Lorraine Eden，*Multinationals and Transfer Pricing* (New York：Routledge，2017)；Nilufer Usmen，"Transfer Prices：A Financial Perspective," *Journal of International Financial Management & Accounting* 23，No. 1 (2012)，pp. 1 - 22.

会为这一企业内交易设定转移定价。而这一定价往往与福特向外部客户索要的市场价格不同。

福特等跨国企业制定转移定价的原因主要有两个。[①] 首先，通过转移定价，跨国企业可以将利润汇回国内，即将利润从限制跨国企业将收入转出的国家转移回母国。通过向其国外联营企业索取高价，跨国企业可以另辟蹊径将资金转移出联营企业所在国。这一策略行之有效，因为对以这种方式转移资金的管制往往没有对直接汇回利润的管制那么严格。

其次，通过转移定价，跨国企业可以将利润从企业所得税税率高的国家转移到企业所得税税率低的国家，从而增强企业整体的盈利能力。在这种情况下，跨国企业可能会通过向出售给联营企业的商品索取高价，最大化国外联营企业的支出（从而最小化其利润）。跨国企业一般会将转移定价的权力集中交给总部的财务总监。

考虑图 16.5 对转移定价的简要说明。子公司可能会以低于成本、等于成本或高于成本的价格向另一家联营企业购买或出售成品或中间品。假设跨国企业将子公司 A 确定为受优待的单位。也就是说，允许子公司 A 在与其他子公司交易时，以等于或低于成本的价格买进，并以相当高的价格卖出。久而久之，子公司 A 将以子公司 B、子公司 C 和子公司 D 的付出为代价，取得更好的财务绩效。为什么跨国企业总部会允许这样做？通常，这样做的目的是最大化企业的总利润。受优待的子公司一般位于具有以下特征的国家：

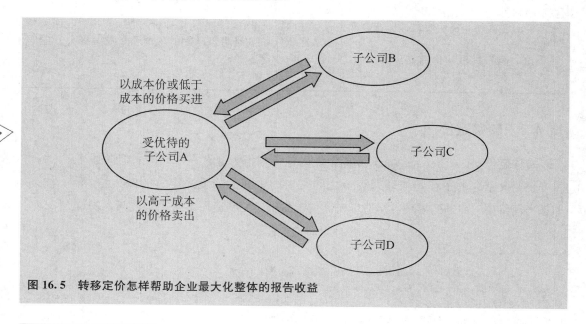

图 16.5 转移定价怎样帮助企业最大化整体的报告收益

---

① Ralph Drtina and Jane Reimers, "Global Transfer Pricing: A Practical Guide for Managers," *S. A. M. Advanced Management Journal* 74, No. 2 (2009), pp. 4-12; John Henshall, *Global Transfer Pricing: Principles and Practice*, 2016; Rugman and Eden, 2017.

- 企业所得税税率较低；

- 对相关产品征收高额关税；

- 会计准则在计算企业收入方面有利；

- 政治稳定；

- 对利润汇出的限制较少或没有；

- 对跨国企业有战略意义。

在子公司的财务绩效被人为提高的同时，跨国企业的整体收益也被优化。当然，这种收益的获得常需要付出代价：第一，内部控制手段变得复杂，对转移定价的操纵可能会使企业更难确定其子公司创造的真实利润。第二，若人为改变子公司的财务绩效，使其看起来低于实际，则该子公司往往会出现员工士气低落的问题。第三，一些子公司的管理者可能会对价格操纵持消极态度。第四，子公司必须遵守当地的会计准则，如果子公司采用了东道国政府不认可的会计标准，那么容易引起法律问题。实际上，政府常常会对转移定价行为进行严格的监督，以确保跨国企业准确报告其收益，足额缴纳税款。

16.4.6　灰色市场行为（平行进口）

诸如卡特彼勒、金霸王、古驰和索尼这类企业有何共同特点？它们都是因为拥有知名品牌而成为灰色市场行为的目标的跨国企业。图 16.6 描述了灰色市场行为——由授权分销商以外的中间商将正品合法进口到某个国家——的流程和关系的性质。[①]

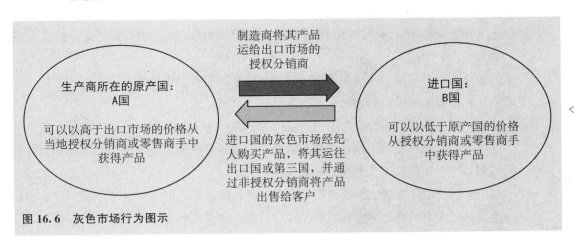

图 16.6　灰色市场行为图示

考虑某个制造商在某个国家生产产品，并向另一个国家出口这些产品，如图

①　Chun-Hsiung Liao and I. Hsieh,"Determinants of Consumer's Willingness to Purchase Gray-Market Smartphones," *Journal of Business Ethics* 114，No. 3（2013），pp. 409 - 424；Kexin Zhao，Xia Zhao，and Jing Deng,"An Empirical Investigation of Online Gray Markets," *Journal of Retailing* 92，No. 4（2016），pp. 397 - 410.

16.6 中 A、B 两国之间的深色箭头所示。如果 B 国该产品的现行价格正好非常低，那么灰色市场经纪人就可以发掘套利机会——在 B 国以低价购入产品，并将其进口回原产国（即 A 国），然后在那儿以高价出售，如图中浅色箭头所示。

在这种情况下，以深色箭头表示的第一笔交易是由授权渠道中间商进行的。而以浅色箭头表示的第二笔交易是由非授权中间商进行的。这些非授权中间商通常被称为灰色市场经纪人（gray marketer），一般是独立企业家。他们开展的交易与授权分销商开展的交易平行，因此灰色市场行为也被称为平行进口（parallel importation）。

在加拿大，药物价格是由政府决定的，这实际上就是强制实行的价格管制。因此，加拿大的药物价格常常比美国低。尽管个人进口处方药到美国的行为是违法的，但由于存在价格差，美国仍有一些消费者从加拿大的网上药店购买处方药以节省开支。放眼全球，在制药、相机、手表、计算机、香水甚至一些建筑设备领域，灰色市场行为也很常见。[①]

出现灰色市场行为的根本原因是同一产品在不同国家间存在足够大的价格差。这种价格差是由以下三个原因造成的：（ⅰ）制造商协调各个市场价格的能力不足；（ⅱ）在竞争条件允许时，企业会有意在一些国家制定更高的价格；（ⅲ）汇率波动会导致以两种不同货币定价的产品出现价格差。

品牌产品制造商也为灰色市场行为担忧，因为它会导致以下问题：

● 当客户意识到可以通过其他渠道（尤其是不太有名的网点）以更低的价格购买该品牌的产品时，该品牌的形象会染上污点。

● 当平行进口造成授权分销商销售额减少时，制造商和分销商的关系会变得紧张。

● 扰乱企业关于地区销售额预测、定价策略、销售规划和一般营销成果的规划。

企业管理者至少可以采取以下四种策略来抵制灰色市场进口[②]：

● 在灰色市场经纪人的目标国家和地区大幅降价。

● 限制灰色市场经纪人采购产品的市场的产品流入数量。例如，面对加拿大和美国之间的灰色制药市场，美国辉瑞制药可以将运往加拿大的降胆固醇药物立普妥的数量减少至仅够加拿大当地病人使用。

● 设计能深深吸引消费者的具有专有特色的产品。可以为每个市场的产品添加有区别的专有特色，从而降低产品经由其他渠道流通的可能性。

● 宣传灰色市场这一渠道的局限性。例如，商标所有者可以向其潜在买家宣传购买灰色市场商品的弊端。

① Margaret Kyle, "Strategic Responses to Parallel Trade," *Journal of Economic Analysis & Policy* 11, No. 2 (2011), pp. 1–32; Mike Magee, "The U. S. Pharmaceutical Supply Chain—The Gray and Black Market," *HealthCommentary*, May 30, 2017, www. healthcommentary. org; Nagle and Müller, 2018.

② Cavusgil and Sikora, 1988; Liao and Hsieh, 2013; Zhao, Zhao, and Deng, 2016.

16.5　国际营销传播

企业运用营销传播［marketing communication，也称营销推广（marketing promotion）］向现有客户和潜在客户提供信息并与其沟通，其最终目的是刺激需求。国际营销传播在全世界天差地别。让我们一起来进行更详细的探究。

16.5.1　国际广告宣传

企业通过媒体进行广告宣传，媒体包括直接邮递、广播、电视、电影、广告牌、交通广告、印刷媒体和互联网。交通广告指设置于公共汽车、火车和地铁上的广告，更适用于大城市。印刷媒体指报纸、杂志和商贸期刊。通过考察各个市场过去的广告支出的数额和类型，企业管理者可以评估媒体的可利用性和可行性。2017 年，全球各企业在全球主要媒体上的广告支出超过 5 750 亿美元。分区域来看，美国的广告支出约为 2 200 亿美元，西欧约为 1 200 亿美元，亚太地区约为 1 400 亿美元。全球数字广告支出超过 2 200 亿美元，几乎占全球各企业在付费媒体上的总支出的 40%。移动广告占数字广告的 60% 以上，约占全球各企业在付费媒体上的广告总支出的四分之一。宝洁、三星、雀巢、联合利华和欧莱雅五家企业在广告上花费最多，这五家企业每年在全球范围内的广告投入总计超过 450 亿美元。美国是世界上最大的广告市场，其次是中国、日本、英国和德国。例如，阿里巴巴、雅芳（Avon）、高露洁、宝洁和百胜餐饮等企业在中国的广告投入巨大。[①]

媒体的可获得性和质量基本上决定了企业营销传播的可行性和性质。表 16.3 提供了不同国家关于媒体的统计数据。识字率是指有阅读能力的人占总人口的比重，而阅读能力对理解多数广告十分重要。其他数据则反映出表中所选国家营销传播媒体的多样性。在发展中经济体，互联网等传播媒介常常是相当有限的。企业在识字率低、媒体基础设施受限的国家必须采用创造性途径进行广告宣传。某些特定的媒体选择方案在一些国家行得通，但在另一些国家却行不通。在墨西哥和秘鲁，电视广告较为重要；在科威特和印度，印刷媒体更受重视；在中国、日本和美国，户外广告最为普遍；挪威、澳大利亚和英国则是数字广告的领导者。随着数字技术的普及，广播、电视和印刷媒体的可获得性增强。近年来，越来越多的人接触到了互联网。在肯尼亚，互联网和智能手机的普及使得看电视的居民增加。肯尼亚现在有超过 400 万家庭拥有电视机，较几年前大幅增加。随着消费者从网络获取新闻的

① *eMarketer*，"Worldwide Ad Spending," April 12, 2017, www.emarketer.com；*eMarketer*，"Top 10 Countries, Ranked by Total Media Ad Spending, 2016 & 2019 (billions)," April 27, 2017, www.emarketer.com；Bradley Johnson，"World's Largest Advertisers: Spending Is Growing (and Surging in China)," *Ad Age*，December 5, 2017, www.adage.com.

倾向增强，传统报纸的读者数量持续下降。全球的报纸广告收入从 2012 年的 870 亿美元下降到 2017 年的不足 680 亿美元，减少了 23%。[①]

表 16.3　部分国家的媒体特征

	识字率（有阅读能力的人占总人口的比重，%）	拥有电视的家庭占家庭总数的比重（%）	每百万人拥有广播电台数量（个）	每百万人移动电话服务订阅数量（户）	互联网用户占总人口的比重（%）
阿根廷	99	97	29.4	1 440 000	93
澳大利亚	99	99	112.1	1 140 000	88
中国	96	99	2.3	990 000	55
埃塞俄比亚	49	5	0.3	490 000	15
印度	71	66	0.4	880 000	34
日本	99	100	2.4	1 320 000	93
墨西哥	94	95	14.1	900 000	65
荷兰	99	99	32.2	1 220 000	96
尼日利亚	60	43	2.4	810 000	50
沙特阿拉伯	95	98	2.7	1 680 000	90
英国	99	99	14.5	1 220 000	95
美国	99	98	42.3	1 210 000	88

说明：图中为最近一年可获得的数据。
资料来源：*CIA World Factbook* at www.cia.gov；World Bank at www.worldbank.org；Internet World Stats, "Internet Usage Statistics," www.internetworldstats.com；*World Press Trends 2017*（Paris：WAN-IFRA，2017）.

　　国际广告支出随着企业的国际经营规模的变化而变化。小企业往往缺乏在电视上做广告或组建一支国外销售队伍的资源。外国市场和母国市场在文化、法律和媒体可获得性上存在差异，这就意味着企业基本上不可能在外国市场复制其在母国市场使用的广告类型和广告组合。例如，意大利政府限制其国家电视台的广告播出时间——广告时间每小时最多占电视节目播出时间的 12%，每周最多占 4%；墨西哥和秘鲁要求企业使用当地演员为本土观众拍摄商业广告。

　　文化决定了买家对广告的作用和功能、幽默性、人物刻画（如男女角色）和得体与否的态度。广告传达的信息以语言、符号、颜色和其他属性编码，每种编码都可能具有独特的含义。买家的文化和语言不同，其对广告的接受程度也会不同。在

第16章

[①]　Jeff Dunn，"The Difference Between How Millennials and Baby Boomers Consume News，in One Chart，" *Business Insider*，June 25，2017，www.businessinsider.com；*eMarketer*，2017；Johnson，2017；Teemu Henriksson，World Press Trends 2017：The Audience-Focused Era Arrives，" *WAN-IFRA*，August 6，2017，www.blog.wan-ifra.org；Outdoor Advertising Association of America，"Special Issue：OOH Around the Globe，" August 14，2017，www.magnaglobal.com；Bedah Mengo，"More Households in Kenya Acquire TV Sets amid Digital Migration，" Xinhuanet，April 4，2017，www.xinhuanet.com；Charles R. Taylor and Shintaro Okazaki，"Do Global Brands Use Similar Executional Styles Across Cultures?" *Journal of Advertising* 44，No. 3（2015），pp. 276-288；Shashi Tharoor，"There's One Country in the World Where the Newspaper Industry Is Still Thriving，" May 24，2017，www.weforum.org.

中国，耐克发布过这样一则广告，广告中 NBA 球星勒布朗·詹姆斯（LeBron James）与一名用计算机合成的中国功夫大师进行了对决并取得了胜利，这一广告激怒了中国消费者。贝纳通（Benetton）也犯了类似错误，其因在印刷广告中画出两国总统接吻的场景而惹上麻烦。[①]

很多跨国企业在全球采用相对标准化的广告方案，这一做法能够简化营销传播并节省开支。意大利服装制造企业贝纳通通过在全球市场投放基本上相同的名为"世界之色彩"的广告而大获全胜。李维斯在全世界采用的广告方案大体上相同，均强调牛仔裤的标准美式形象。该企业在印度尼西亚播出过这样一则电视广告，广告中展示了一些年轻人驾驶着 20 世纪 60 年代的敞篷车在一个美国小镇上漫游的情景。在日本，李维斯常常选择 20 世纪 50 年代美国的影星詹姆斯·迪恩（James Dean）来饰演广告的主角。同时，李维斯在全世界的广告中往往都使用英语对白。[②]

多数跨国企业聘请广告代理机构为其设计促销活动，并为其外国市场选择合适的媒体。跨国企业通常要么选择位于母国但具有国际业务能力的广告代理机构，要么选择位于目标市场的本土广告代理机构，要么选择在目标市场设有办事处的国际广告代理机构。表 16.4 列出了一些世界领先的广告代理机构，这些机构通过在外国市场建立由联营企业和当地办事处组成的分支机构，将业务拓展到了全世界。它们能设计出既适用于全球又可以及时回应当地情况的广告。同时，它们还能提供一系列其他服务，如市场调研、宣传推广和包装设计等。

表 16.4　全球最大的广告代理机构

排名	广告代理机构	总部所在地	全球年总收入（百万美元）
1	WPP 集团	英国	19.4
2	宏盟集团（Omnicom Group）	美国	15.5
3	博报堂（Hakuhodo）	日本	11.4
4	阳狮集团（Publicis）	法国	10.6
5	埃培智集团（Interpublic Group）	美国	7.8
6	电通（Dentsu）	日本	7.7
7	哈瓦斯（Havas）	法国	2.5
8	扬罗必凯广告公司（Young & Rubicam）	美国	1.3

16.5.2　国际促销活动

促销活动是一种短期的营销活动，旨在刺激消费者初次购买和立即购买以增加

[①] F. Balfour and D. Kiley, "Ad Agencies Unchained," *BusinessWeek*, April 25, 2005, pp. 50 - 51; Leisha Chi, "From Pepsi to Nivea: Some of the Worst Advertising Fails," *BBC News*, April 6, 2017, www.bbc.com.

[②] Mahdi Rajabi, Nathalie Dens, Patrick De Pelsmacker, and Peter Goos, "Consumer Responses to Different Degrees of Advertising Adaptation: The Moderating Role of National Openness to Foreign Markets," *International Journal of Advertising* 36, No. 2, pp. 293 - 313; Percy, 2018; Yip, 2003.

产品销量。促销活动的工具包括优惠券、销售现场展示、产品演示、样品、竞赛、礼品和互联网界面。

希腊、葡萄牙和西班牙几乎允许所有类型的促销活动，而德国、挪威和瑞士则禁止或限制某些促销活动。在部分国家，优惠券是不合法或是受到限制的。还有一些促销活动，如派送赠品，可能会被视为不道德或令人反感。在世界许多地方，此类促销活动并不常见，很可能会引起误解。因此，促销活动往往需要高水平的中间商或零售商进行缜密的安排，才能取得成功。

16.6　国际分销

分销指将产品或服务从原产地送到客户手中的过程。其是营销方案各要素中最不灵活的，一旦企业建立起分销渠道，就很难再改变它。国际分销最常见的方式包括利用独立中间商（基于出口），或直接在目标市场建立营销和销售子公司（基于FDI）。出口企业将商品运送给中间商，再由中间商通过海关和国外分销渠道将产品交付给零售经销店或最终用户。

道德联系

沃尔玛为了获得建设许可、审批便利和优惠待遇，以便加快在墨西哥的门店建设，向墨西哥的市长、城市规划官员和其他公职人员行贿了约 2 400 万美元。面对墨西哥子公司腐败的新闻，沃尔玛高层管理人员仅着力于最大限度地减少其对企业形象的损害，忽视了如何根除不法行为。丑闻曝光后，沃尔玛股价下跌，企业面临政府官员的起诉。

资料来源：Jef Feeley，"Wal-Mart Beats Back Suits Against Directors over Bribes，" *Bloomberg*，January 25，2018，www. bloomberg. com.

相比之下，进行 FDI 的企业会在东道国市场建立自己的办事处，办事处直接面向消费者和零售商，企业则通过办事处这条渠道交付产品。采用这一方式意味着企业要直接在目标市场租赁、收购或建立销售办事处、批发店或完整的分销渠道。FDI 具有多种优势：

- 可以控制目标市场的营销和分销活动；
- 可以更有效地监督当地市场员工和其他参与者的业绩；
- 更接近市场，这在复杂或易变的市场中尤为有益。

一些企业越过传统的分销体系，采取直接面向最终用户的直销（direct marketing）模式，在这种情况下，企业会利用互联网向国外消费者提供详细的产品信息和购买方法。例如，亚马逊（Amazon）等企业完全依靠互联网销售商品，连一家零售店也没有。乐购和家得宝等企业则将直接营销与传统零售相结合。

渠道长度（channel length）是指产品从制造商转移到市场所经历的分销商或

其他中间商的数量。渠道越长，企业必须补偿的中间商就越多，渠道成本也就越高。例如，日本企业的特点是拥有包含大量中间商的长分销渠道。高渠道成本会促使国际价格升级，而这会成为企业的一个竞争劣势。

在新兴市场和发展中经济体，分销尤其具有挑战性，因为它们的运输基础设施往往很差。以雀巢为例，预计到 2020 年，该企业近一半的销售额将来自新兴市场。在南非，雀巢雇用了 80 名销售人员，专门在贫困地区和小规模零售地区销售婴儿食品和其他产品。雀巢在非洲投资了近 10 亿美元以建立供应链和分销渠道，通常通过出租车、自行车或步行送货。小规模零售约占雀巢在非洲的销售额的三分之一。[①]

16.6.1　全球客户管理

随着全球化程度的日益加深，外国客户越来越追求统一的价格、质量和客户服务。**全球客户管理**（global account management，GAM）是指不论企业在世界何处经营，都要为全球核心客户提供始终如一的标准化服务。沃尔玛是宝洁在全球的核心客户之一，它向宝洁采购大量产品。沃尔玛希望从宝洁那儿获得始终如一的标准化服务，即无论产品将被交付到世界何处，同种产品的定价都是统一的。

全球核心客户如沃尔玛等一般会向符合其要求的一组首选供应商进行采购。供应商为了更好地服务这些核心客户，将资源从以往基于国家、区域或职能的经营管理转移到全球客户管理上来。全球客户管理方案由专门的跨职能团队针对特定客户专门制订，具有正式的结构和流程。基于信息技术的非公开门户网站为此类系统的实施提供了便利。企业会为每个全球客户配备一名全球客户经理或一个全球客户团队，这名经理或这个团队负责为该客户提供在不同国家都协调一致的营销支持和服务。[②]

篇尾案例　　　　　H&M：互联网营销的成功案例

H&M 是一家瑞典的服装零售商，它专门为男女消费者和儿童提供"快时尚"和"平价设计"的服装。该企业是世界上最大的时尚零售商之一，其主要竞争对手是盖璞和 Zara。H&M 每次开新店时，都会吸引公众的大量关注。从纽约到柏林再到东京，新店开

① Marketline, Nestle SA, company profile, March 22, 2017, pp. 1-53; Devon Maylie, "By Foot, by Bike, by Taxi, Nestlé Expands in Africa," *Wall Street Journal*, December 1, 2011, pp. B1, B16.

② Linda Shi, Shaoming Zou, J. Chris White, Regina McNally, and S. Tamer Cavusgil, "Executive Insights: Global Account Management Capability," *Journal of International Marketing* 13 (2005), pp. 93-113; Sengun Yeniyurt, S. Tamer Cavusgil, and Tomas Hult, "A Global Market Advantage Framework: The Role of Global Market Knowledge Competencies," *International Business Review* 14 (2005), pp. 1-19; George Yip and Audrey Bink, "Global Account Managers: The Linchpins of GAM Programmes," *Journal of Brand Strategy* 6, No. 2 (2017), pp. 147-160.

张往往会被大量媒体报道。在加利福尼亚州（California）的帕萨迪纳（Pasadena）新店的开业被媒体铺天盖地地报道，许多人甚至在开业前一晚睡在店外等待。2015 年，H&M 在纽约市开设了其最大的旗舰店，格莱美奖得主约翰·传奇（John Legend）为其进行了开业表演。H&M 在全世界开店时常会引起诸如此类的轰动。

H&M 刚成立时，是一家名为"海恩斯"（Hennes）的女装零售店，随后合并了一家名为"莫里斯"（Mauritz）的男装零售店。企业管理者把企业名称简化为 H&M。

起初，H&M 在国际扩张方面很谨慎，把扩张地点限制为附近的欧洲国家，德国、法国和英国成为最主要的市场。2000 年，H&M 在美国纽约第五大道开设了其在美国的第一家店。最近，H&M 扩张到中国、日本、俄罗斯、韩国和中东。如今，H&M 在全球 60 个国家拥有超过 17 万名员工，经营着约 4 000 家门店。其中，大约 65% 的门店位于欧洲，20% 的门店位于亚洲，剩下的 15% 的门店位于北美洲和南美洲。另外，H&M 还利用电子商务覆盖了 35 个未开设实体店的国家。

在国际化过程中，企业不可能不犯错。在第五大道的门店开张后，H&M 紧接着在美国开设了很多家门店。然而，曼哈顿门店的成功没有延续到其他地区。一些门店太大了，企业管理者不得不缩小其规模。H&M 的管理者发现，在美国，城市和郊区的流行款式是不同的。于是，管理者决定将城市门店的重点集中于时尚服装，而郊区门店则保留更多保守的服装。H&M 尝试推出丰富多彩的系列时装，但这一决策没能成功，其不得不改回柔和色调这一传统风格。H&M 的高层管理者指出，与欧洲相比，美国的门店必须有更强的吸引力才能招揽到客户，且美国的销售人员更倾向于关注童装或男装等单一细分市场。

快速做出反应

H&M 强调快速周转，能在三个星期内完成从设计到上架的整个流程。尽管 H&M 的周转速度没有竞争对手 Zara（能在两个星期内完成从设计到上架的整个流程）那么快，但 H&M 的价格通常更低。H&M 因灵活性而闻名，它一直监控着自己的销售业绩，其门店每天进货一次，以便于迅速补足流行产品。

另一项节约成本的措施是通过 20 个生产办公室把服装生产外包给 700 个独立供应商，这些生产办公室基本上位于亚洲和欧洲。供应商需要大量的原材料，企业也由此实现了规模经济，并将获得的效益传递给消费者。

在这种快速做出反应的零售模式下，H&M 能在准确的时间将正确的产品交付给正确的门店。这需要 H&M 慎重地控制成本和精心管理供应商、工厂和分销商的交货时间。这一经营方式使 H&M 的价格比竞争对手低得多。

品牌建设和形象

H&M 品牌的定位是"以最好的价格提供时尚与品质"。H&M 的男装系列和女装系列重视为全年龄段的时尚消费者提供新款服装。强势的品牌增强了营销的效果，提高了消费者对品牌的忠诚度，并增强了消费者在做出购买决定时的信心。H&M 通过品牌建设让消费者了解了 H&M 的象征意义——以平价提供简朴而雅致的时装。品牌影响企业管理者在怎样设计产品和何时何地开设新店方面的决策。

大部分 H&M 的门店位于欧洲，那里的人和企业的品牌意识很强。然而，世界上其他地区的人和企业的品牌意识仍然有限。在一些国家，建立一个强势的品牌仍然很具有挑战性。薄弱的品牌形象限制了 H&M 的销售潜力，也限制了它招募和留住员工的能力，而这一能力对于企业的长期成功来说很关键。

各国的社会和环境法规各不相同，H&M 的目标是在其全球业务中始终如一地践行高标准的企业社会责任（CSR）。管理者强调雇用有道德的供应商，支付公平的工资，并确保公平的工作条件。该企业的网站上写道："我们一直致力于以最可持续的方式为客户提供最好的服务。"例如，H&M 服装中约 43% 的棉花是永续采购的。该企业推出的"Conscious Exclusive"系列服装以仿生面料为特色，这种面料是由回收塑料制成的聚酯纤维。除面料之外，管理者还强调在其供应链中，水、化学品和能源的来源也是可靠的。H&M 希望通过使用替代能源和减少碳排放，到 2040 年将化石燃料从供应链中彻底移除。

营销

H&M 内部有 100 多位设计师，这些设计师负责诠释服装潮流并设计每个人都有能力获得的时尚服装。H&M 还与一些著名设计师合作，在一些门店提供限量版服装系列。例如，H&M 与香奈儿（Chanel）的首席设计师卡尔·拉格斐（Karl Lagerfeld）的合作为 H&M 吸引了大量客户，仅仅三天就卖完了专属服装系列。其他合作伙伴包括斯特拉·麦卡托尼（Stella McCartney）、麦当娜（Madonna）和范思哲（Versace）。东京门店开业时，H&M 引进了日本最受敬重的时尚品牌之一川久保玲（Comme des Garçons）的系列时装，其市场反响超出预期，消费者在门店开张前 3 天就开始排队等待。

H&M 采取了独一无二的策略来赢得目标市场并吸引消费者前往新店。企业管理者精心挑选每个城市的门店的位置，他们偏好那些人气旺的高档购物区。门店的宗旨是有趣、激发灵感和吸引人，其产品、内部设计和陈列品共同传递了 H&M 的品牌理念。

H&M 既采用了印刷广告和商品目录等传统的促销策略，也采用了一些新策略。例如，《H&M 杂志》（H&M Magazine）为读者介绍了时尚趋势和最新的生活方式。H&M 在脸书上有自己的页面，并在推特上发布信息，与世界各地的粉丝保持联系和沟通。H&M 还在油管上发布时尚电视节目和励志电影，以维持自己的知名度。

H&M 通过本尼休·德·托罗（Benicio Del Toro）和莫莉·西姆斯（Molly Sims）等名人来帮助维持时髦的形象，并尝试使用非传统方法与客户交流。H&M 与 Mobiento 和 Adiento 两个营销代理机构合作，针对 20~40 岁的妇女开展了一项移动电子营销活动。这项活动的内容包括把横幅广告放置在运营商的门户网站、媒体网站和一个带有 H&M 最新设计的点击进入的幻灯片和动画图像的网站。这项活动除提升了 H&M 的时尚服装系列的销量外，还吸引了客户加入 H&M 俱乐部，并推动了它的客户回馈计划（客户会收到提醒和可在附近门店兑换的手机优惠券）的实施。

最近，H&M 已将自己的经营范围从传统服装业务扩大到家用纺织品业务。H&M 通过互联网和邮件出售包括枕头、毛巾、窗帘和其他纺织品在内的家居产品。随着这项新业务的开展，H&M 与西班牙零售商 Zara 在家用纺织品市场上展开了竞争。为了弥补实体店的不足，H&M 在部分国家开展了网络销售业务。同时，它还推出了一条覆盖化妆品、护发产品和护肤品的新产品线。

全球性战略和本土化

H&M 的管理者采取全球性战略，强调统一的全球品牌和在所有门店出售相似的服装。企业总部的设计师从关键市场汲取灵感，从而在服装设计中融合不同区域的风格。在所有市场中，80% 的产品种类是相同的，剩下的 20% 由当地企业管理者自由调整，以适应本土风格。在东京门店提供的服装与在欧洲提供的基本相同，只是展示服装的方式不同。

总部办公室提出了大量关于全球性战略的建议，而门店经理则结合当地市场对全球性战略进行本土化调整。在单独的门店里，当地经理能通过调整定价、广告和产品范围来适应当地情况。H&M 在亚洲提供尺码更小的服装，在伊斯兰国家提供保守的服装，并且为南北半球提供适合不同季节的服装。

在服装这个快速变化的行业，H&M 取得了巨大的成功。然而，就像许多零售商一样，该企业也需要设法应对消费者日益增强的网上购物偏好。仅在 2018 年，H&M 就关闭了 150 多家门店，企业管理者正在竭力适应这个客户逐渐从实体店转移到网络上的数字化世界。

案例问题：

16-4. 访问 H&M 的网站（www.hm.com），总结 H&M 全球细分市场的特征。分析 H&M 如何通过自身定位来获取世界各地的目标客户。

16-5. H&M 的管理者如何利用全球品牌建设和产品开发来创造和输出它的时尚观念？企业如何使用营销组合要素在全球范围内营销其产品？

16-6. H&M 的营销战略的关键之一是通过最大化可感知的产品利益、最小化价格或两者兼具来为客户提供价值。鉴于此，H&M 如何才能进一步增加其提供给客户的产品价值？也就是说，企业管理者可以采取哪些措施来提高效益并降低客户的购买价格？

16-7. H&M 的市场营销如何在标准化和本土化之间取得平衡？H&M 从标准化中获得了哪些好处？从本土化中获得了哪些好处？什么因素驱使企业管理者在特定市场上调整产品？

16-8. H&M 瞄准了中国、俄罗斯和沙特阿拉伯等新兴经济体，这些经济体往往具有鲜明的文化特征，国民的收入水平不高并且缺乏时尚相关经验。就营销方案要素而言，企业管理者可以做些什么来确保 H&M 在这些市场取得成功？

16-9. H&M 正在努力践行企业社会责任和实现可持续发展目标。你认为消费者将如何看待这些举措？这些举措将如何为企业创造价值？请详细说明。

说明：本案例由密歇根大学弗林特分校的艾琳·卡瓦斯基尔教授和佐治亚州立大学博士生伊丽莎白·纳皮尔（Elizabeth Napier）编写，供课堂讨论使用。

资料来源：Dan Butcher，"Retail Giant H&M Runs Multifaceted Mobile Marketing Campaign," 2009，http://www. mobilemarketer. com；H&M corporate website at www. hm. com；Andrea Felsted，"Desperate H&M Hits the Bargain Bin to Solve Its Problems," *Bloomberg*，January 31，2018，www. bloomberg. com；Ingrid Giertz-Mårtenson，"H&M：Documenting the Story of One of the World's Largest Fashion Retailers," *Business History* 54，No. 1（2012），pp. 108 – 115；Jens Hansegard，"H&M Expansion Pushes Sales Higher," *Wall Street Journal*，January 29，2015，www. wsj. com；Ans Kolk，"The Social Responsibility of International Business：From Ethics and the Environment to CSR and Sustainable Development," *Journal of World Business* 51，No. 1，pp. 23 – 34；Niklas Magnusson，"H&M Is Closing the Most Stores in Two Decades," *Bloomberg*，January 31，2018，www. bloomberg. com；Katie Smith，"The 5 Things Making Zara and H&M Successful," *New Zealand Apparel*，April 2015，p. 28；Marina Strauss，"H&M's Next Move：Taking It to the Streets," *Globe and Mail*，May 22，2009，www. theglobeandmail. com；WWD：Women's Wear Daily，"Versace's H&M Invasion," *November* 18，2011，p. 4；*WWD：Women's Wear Daily*，"H&M Eyes Expansion with More U. S. Stores," April 16，2015，p. 1.

本章要点

关键术语

本土化（adaptation）
标准化（standardization）
国际价格升级（international price escalation）
灰色市场行为（gray market activity）
全球品牌（global brand）

全球客户管理（global account management，GAM）
全球细分市场（global market segment）
全球营销战略（global marketing strategy）
转移定价（transfer pricing）

本章小结

1. 全球细分市场

制定营销战略需要管理者评估独特的外国市场环境，然后对市场细分、目标和定位做出选择。全球营销战略是一个行动计划，用于指导企业如何在外国市场进行自我定位和产品定位，哪些客户是企业应该追求的细分目标人群，以及应该在多大程度上将其营销方案中的每个要素标准化和本土化。全球细分市场是指跨越多国市场但有共同特征的客户群体。

2. 国际营销方案的标准化与本土化

企业管理者如何权衡本土化与标准化决定了企业必须在多大程度上调整产品及其营销方案以适应外国市场。总的来看，企业倾向于将其产品标准化，以实现规模经济并最大限度地降低复杂程度。全球细分市场是指跨越多国市场但有共同特征的客户群体。定位战略是指企业通过营销，使其产品或服务在全球客户心目中留下一个特定的、不同于竞争对手的产品或服务的印象的战略。

3. 全球品牌建设和产品开发

全球品牌在企业的所有市场被同等对待，有

助于企业高效地与渠道成员和竞争对手打交道，从而提升营销战略的有效性。此外，企业还能够对形成了全球品牌的产品索要高价。在开发有可能适用于多国市场的产品时，企业管理者强调产品在各国间的共性而非差异性。全球产品开发有利于企业在研发、生产和营销方面实现规模经济。国际产品开发过程中的创新和设计越来越多地由全球团队——由分布在世界各地的员工组成，其具体任务是制定或执行国际范围内的决策——完成。

4. 国际定价

产品的国际售价由企业的内部因素和外部因素共同决定，这些因素经常会导致产品在外国市场上的价格升高。出口商在定价时面临一个特殊的挑战，即国际价格升级——由于存在多层分销渠道、中间商利润、关税和其他国际客户成本，所以出售给出口市场最终用户的价格过高。转移定价指为分布在不同国家但隶属于同一个企业大家庭的子公司或联营企业之间交换的中间品或成品定价的做法。灰色市场行为，也称平行进口，指授权分销商以外的中间商将正品合法进口到某一国家的行为。

5. 国际营销传播

国际营销传播包括国际广告宣传和国际促销活动。外国市场独特的法律、文化和社会经济因素经常迫使企业管理者对国际沟通方案进行本土化改造。企业还必须考虑外国市场的识字率、语言和媒体的可获得性。

6. 国际分销

企业一般通过国外中间商或国外子公司将产品交付给外国市场的客户。一些企业采取直销模式，即绕过传统的分销体系，直接面向最终客户销售。渠道长度指将产品从制造商转移到市场所经历的分销商或其他中间商的数量。渠道越长，成本相对来说越高。在与全球核心客户合作时，企业会进行全球客户管理（GAM）——不论全球核心客户在世界何处经营，都要为其提供始终如一的标准化服务。

检验你的理解

16-10. 描述市场营销方案的要素，以及每个要素如何影响国际商务中的销量和业绩。

16-11. 历史上，Audrey 公司一直对产品进行调整以适应其所有外国市场，于是产品种类激增。解释为什么 Audrey 公司会采用全球营销战略。全球营销战略有哪些好处？

16-12. 辨析国际营销中的本土化和标准化。

16-13. 想想你最喜欢的笔记本电脑品牌。就营销方案的各要素而言，企业需要对笔记本电脑的哪些属性进行本土化调整，将哪些属性标准化？

16-14. 市场细分和定位在国际营销中的作用是什么？什么是全球细分市场？

16-15. 在制定国际定价策略时需要考虑的最重要的因素是什么？进行国际定价时需要采取哪些步骤？

16-16. 假设某消费品的出口客户对价格高度敏感。但是，该企业正面临国际价格大幅升级的问题。是什么因素导致了这种局面？企业管理者可以做些什么来减少国际价格升级的不利影响？

16-17. 描述分销在国际商务中的作用。

运用你的理解

16-18. 产品必须适应各国在客户偏好、经济状况、气候、文化和语言方面的差异。想想以下产品：袋装面粉、泳衣、教科书和汽车。描述一家企业需要如何对这些产品的营销方案进行本土化调整以适应中国、德国和沙特阿拉伯的情况。尤其要考虑产品的性质、定价和分销，以及与之相关的营销传播。中国是一个人均收入正在快速上升的新兴市场，沙特阿拉伯是一个植根于伊斯兰教保守文化的新兴市场，德国是一个拥有自由文化的发达经济体。你可以访问互联网，以了解更多关于这些特定市场的信息。

16-19. 欧迪办公（Office Depot）是一家办公用品和设备供应商，它在日本、墨西哥和波兰都开设了门店。假设欧迪办公的管理者决定推出一系列笔记本电脑，并想知道如何在这些市场上定价。在设定每个市场的价格时应该考虑哪些因素？企业是应该统一定价，还是应该根据不同国家调整价格？假设欧迪办公的最终价格对墨西哥来说太高了，企业管理者可以采取什么措施在降低价格的同时从中获利？分步骤描述你的定价方法。

网络练习

16-21. 全球品牌建设是国际营销成功的关键。每年，Interbrand 都会在其网站（www.Interbrand.com）上发布一个全球百强品牌排行榜。这个排行榜也可以通过在 Google 中输入"最佳全球品牌"（Best Global Brands）查询到。在本练习中，请搜索最新的排名并回答以下问题：

a. 在你看来，Interbrand 评估品牌资产的方法有哪些优点和缺点？

b. 在排行榜的前 100 名中，你发现哪些国家和行业最具有代表性？

c. 根据 Interbrand 的研究，哪些管理准则有助于一家企业建立一个强大的全球品牌？

16-22. 宝洁和联合利华是消费品行业的两家领头企业，主要生产肥皂、洗发水和洗衣粉等产品。宝洁的总部位于美国，联合利华的总部位于欧洲。两家企业的主要区域市场分别在哪里？它们分别通过全球营销战略提供什么产品？也就是说，它们在产品、定价、营销传播和分销方面分别采用了什么全球战略方法？根据营销方案的各

16-20. 道德困境：假设你刚刚在香烟制造商菲利普-莫里斯国际集团公司（Philip Morris International，PMI）任职高级经理。随着发达经济体的香烟销量下降，PMI 加大了在发展中经济体和新兴市场的营销力度，在这些市场中，消费者对香烟的需求依然强劲。例如，印度尼西亚、菲律宾、俄罗斯和乌克兰的吸烟率都很高。由于这些国家人口众多，PMI 有望实现巨额销量。但是，这些国家民众的受教育水平较低，不太清楚吸烟对健康的有害影响，许多人对吸烟上瘾。考虑到这些因素，以这些国家为目标市场合乎道德吗？运用第 4 章中的道德行为框架，分别讨论支持和反对向发展中经济体和新兴市场销售香烟的依据。作为一个高级经理，你应该采取哪些措施来解决这个困境？

要素来构思你的答案。

16-23. 第三方物流供应商（3PL），比如中外运敦豪、联邦快递为企业的部分或全部分销活动提供外包或第三方物流服务。你的企业需要找一家第三方物流企业来处理在匡外的分销业务。你需要在网上找到两家第三方物流企业，并搞清楚以下问题：

a. 两家企业各提供什么样的物流服务？

b. 两家企业各服务于什么类型的客户？

c. 两家企业的总部和分支机构分别设在哪里？

d. 根据以上信息，你最有可能选择这两家企业中的哪一家？为什么？

16-24. 企业需要经常调整它们的产品，以适应外国市场的不同情况。企业为了适应国际市场还需要调整营销方案中的哪些要素？

16-25. 威廉是一家生产高质量的男性和女性时尚品的制造商。你应该采取什么步骤将威廉打造为一个公认的全球品牌？

CKR 有形流程工具™练习

在日本建立分销渠道

发展出口业务的一个关键步骤是在外国市场建立分销渠道。分销渠道提供了将产品（和许多服务）从其生产地运送到方便客户购买的地点的手段。如果没有一条完善的分销渠道，那么营销和销售可能事倍功半。

直接出口企业应从开展出口业务开始就在外国市场建立可靠的分销渠道。分销渠道的建立成本往往很高，而且一旦建立就很难改变。因为买家可能认为分销商是产品或服务的生产者，所以出口商必须选择一个好的分销商。在这个练习中，你的挑战是为一家制造医疗设备的企业调查日本分销渠道的性质。决定在有前途的外国市场上建立分销渠道时，企业管理者通常会进行这样的调查。

背景

日本的医疗产品市场非常有前景，在世界上排名第二，近年来实现了稳步增长。日本的分销渠道通常是复杂的、多层次的，而且一般效率低下。日本的医疗产品市场规模每年超过 100 亿美元，其中进口约占 40%。由于存在潜在的健康风险，日本政府会对许多医疗产品进行监管，还制订了压低医疗产品价格的计划。日本在医疗技术研发方面不占优势，所以外国企业看好心脏起搏器、人工植入物和介入心脏病学设备在日本市场销售的光明前景。医疗信息和通信系统中使用的软件以及其他产品在日本市场的销售也很有前景。

在日本市场，有各种类型的中间商，包括商业分销商、代理商、贸易公司和出口管理公司参与分销活动。贸易公司在日本很常见。然而，由于大型贸易公司经营着成千上万种进口产品，所以它们往往不会单独关注某产品。直接出口商通常会在市场上雇用一个或多个独立的中间商。

第 16 章

第17章 全球企业的人力资源管理

本章学习目标：

1. 理解人力资源在国际商务中的战略作用

2. 解释国际员工配备政策

3. 描述建立培训需求和项目的过程

4. 讨论国际员工的绩效评价和薪酬方案制订

5. 了解国际劳动关系

6. 描述国际劳动力的多样性

篇首案例　　　　　　　**谷歌的国际人力资源管理**

"跨国企业的人力资源管理工作从未像现在这样有趣过，"一位高级人力资源经理最近评价道："想象一下，在一个代表着几十种文化的人才库中工作。这个人才库分布在世界各地的办公室里，受所在国劳工标准和法规的约束。以什么方式招聘、激励和评估这些全球员工？如何保持激励机制的一致性？如何向员工灌输不变的企业文化，让他们坚持同样的诚信原则和道德操守？"可以想象，对许多国家来说接受这些挑战有多困难。

无论是在总部还是在国外的子公司，人力资源经理都对公司经营所在地的人民和社区有着重大责任。所有员工在工作中都必须得到尊严、尊重和保障。报酬必须公平，工作环境必须安全。合格者必须有平等的就业、发展和晋升机会。管理者必须有能力、公正之心和道德感。

以谷歌为例，这是一家提供互联网相关服务和产品的跨国科技公司，在近 40 个国家设有 70 多个办事处，被员工一致认为是一个很好的工作场所。公司保持扁平化的组织结构和协作环境，为员工提供了丰厚的报酬和退休储蓄计划。该公司专注于提供平等的机会和雇用多样化的员工。谷歌希望能确保员工在工作中成长并做到最好，鼓励员工保持工作与生活的平衡。谷歌的员工享有充足的假期和良好的福利。公司内部的咖啡店和免费的自助餐厅营造了一个宽松、便利的工作环境。谷歌的一些网站上还展示了公司的健身房。

人力资源经理协助高级管理人员为全球业务培养经理。谷歌的人力资源经理和高管试图招聘"最优秀和最聪明的人"来填补领导层的空缺。他们花费大量时间寻找和培养人才。作为培养过程的一部分，员工也需要学习新的技能来提升职业能力和接受新的国际任务。谷歌通过拥有一票否决权的招聘委员会来招聘新员工。该公司通过视频课程、实验和评估提供众多培训服务，客户可以从中学习服务、操作系统、系统管理、安全性和其他关键主题。综合项目提供超过300小时的培训服务，学习者可以按照自己的节奏学习。

一些跨国企业采用"全面奖励"的薪酬计算方法。根据这种方法，管理层会考虑公司在全球范围内的所有奖励和机会。这些机会包括学习和发展的机会，比如参加在线培训项目或领导力发展项目，学习者借助课堂和在职培训在公司各个业务板块轮岗。谷歌提供关于各种主题的持续演示和讲座，员工可以参加或远程观看。谷歌还邀请各个领域的顶尖专家到谷歌校园里做免费演讲，并为员工提供丰厚的教育补贴且报销学费。

今天，跨国企业的人力资源经理也强调招聘的多样性。这些经理的目标是雇用少数族裔、女性和具有不同文化背景的人，这对拓展公司的全球市场至关重要。许多公司已经在其国际部门建立了女性领导计划。谷歌每年都会发布多元化就业数据，并且成立了各种项目，以发展和保持其员工的多样性。

案例问题：

17-1. 跨国企业应该如何指导全球员工的行为？

17-2. 跨国企业应该如何培养国际业务经理？

17-3. 跨国企业应该为员工提供什么培训项目？

资料来源：Lydia Belanger, "Google Opens Up Its Tech Training Program to All, Giving You a Reason to Learn New Skills," *Entrepreneur*, January 18, 2018, www. entrepreneur. com; Jillian D'Onfro and Lucy England, "An Inside Look at Google's Best Employee Perks," *Inc.*, September 21, 2015, www. inc. com; Hoovers. com, company profile of Google, 2018; Ellen McGirt, "Inside the Search Giant's Effort to Get More Diverse—and to Change the Way We All See the World," *Fortune*, February 1, 2017, www. fortune. com; Desda Moss, "The Value of Giving," *HRMagazine*, December 2009, pp. 22-26; Ruth Umoh, "Top Google Recruiter: Google Uses This 'Shocking' Strategy to Hire the Best Employees," *CNBC*, January 10, 2018, www. cnbc. com; Peter Vermeulen, "The Power of Co-Creation," *People & Strategy* 37, No. 1 (2014), p. 8; Lucy Yang, "13 Incredible Perks of Working at Google, According to Employees," *Insider*, July 11, 2017, www. thisisinsider. com.

第17章

人力资源是指构成一家企业或其他组织的劳动力的员工。监督人力资源的组织职能的过程被称为人力资源管理（HRM，或简称HR）。当今社会，领先的企业常常视员工为"人才""人力资本"或"无形资产"，这表明企业把员工看作一项战略投资，而非成本。这一点在那些技术密集型行业，如管理咨询业、银行业、广告业、工程和建筑设计业表现得尤为明显。可想而知，如果没有问题解决者、知识工作者和其他创造性人才，麦肯锡、皮克斯（Pixar）、古驰、诺基亚等公司就很难在全球竞争中立于不败之地。

跨国企业的人力资源经理认识到，员工及其掌握的知识已成为企业最重要的战略资产。对于在全球开展业务的企业来说，招聘、管理和培训人力资源尤其富有挑战性。

以德国的跨国企业西门子为例。2018 年，西门子在约 200 个国家雇用了超过 37 万名员工，其中欧洲地区 19 万人，北美洲和南美洲地区 10 万人，亚太地区 7 万人，非洲、中东和俄罗斯地区 1 万人。和西门子一样，和记黄埔（Hutchison Whampoa）、IBM、雀巢、松下（Panasonic）、麦当劳、塔塔咨询服务公司、联合利华、大众汽车和沃尔玛都有超过 10 万名员工在国外工作。

在本章中，我们研究了人力资源在跨国企业中发挥的关键作用。我们描述了企业如何为招聘和培训员工从事国际业务而制订计划，解释了在国外工作的经理的薪酬制定和国际劳动关系的复杂性，以及保持全球劳动力多样化的价值。我们首先考察管理者和员工在全球企业经营中扮演的战略角色。

17.1　人力资源在国际商务中的战略作用

国际人力资源管理（international human resource management，IHRM）是指企业在国际经营中招聘、挑选、培训、雇用员工并对其进行绩效评价的过程。[①] 由于世界各地的文化和管理员工行为的法律框架多种多样，因此，跨国企业管理层要克服在雇用和管理员工的过程中面临的一系列挑战。那些驻扎在公司总部或地区总部的国际人力资源经理们一般通过提供国际人力资源管理指南以及雇用、培训和评价员工，为分公司经理提供支持。

一家在多国开展业务的企业一般有三种员工：

● **母国员工**（parent-country nationals，PCN）。这些员工是跨国企业总部所在国的公民，因而也被称为本国员工。

● **东道国员工**（host-country nationals，HCN）。这些员工是跨国企业子公司或联营企业所在国的公民。跨国企业在外国招聘的员工中，东道国员工通常占比最大，他们在企业基本上从事制造、装配、基础服务、文案工作以及承担其他非管理职能。

● **第三国员工**（third-country nationals，TCN）。这些员工是母国和东道国以外的国家的公民。大多数第三国员工由于拥有特殊知识或技能而就职于管理层。

例如，加拿大的跨国企业可能在其意大利子公司雇用意大利公民（HCN），或

---

① Peter Dowling and Marion Festing, *International Human Resource Management*（Boston：Cengage Learning，2017）；Bruno Lanvin and Paul Evans, *Global Talent Competitiveness Index 2017*（Fontainebleau，France：INSEAD，2017），www.gtci2017.com.

派遣加拿大公民到亚太地区工作（PCN），或派遣瑞士员工到其土耳其子公司工作（TCN）。

三种类型中的任何一种员工如果被委派了国际性任务并在国外居住较长时间（通常是一年或更长时间）就称为**外派员工**（expatriate）。例如，一家美国公司可能在其法国子公司雇用一名德国籍经理，或者将其日本籍经理转派到美国总部。[①]这两种经理都被称为外派员工。在多数跨国企业中，尽管外派员工仅占员工队伍的很小比例，但是他们却承担着重要职能。

对于国际人力资源经理来说，最大的挑战在于：要确保将合适的人选置于合适的地区的合适的岗位，并制定合适的薪酬。在一些国家，那些拥有特殊技能的雇员很容易获得工作签证。例如，中国的高技术行业一直存在着中高级管理人才短缺的问题，所以来自世界各地的专业人士可以在中国获得工作签证、职位与按先进经济体标准制定的有竞争力的薪酬待遇。[②]

17.1.1 国内人力资源管理与国际人力资源管理的差异

与国内人力资源管理相比，国际人力资源管理更为复杂。图17.1阐明了造成这种复杂性的六大因素。[③] 下面我们一一加以阐述。

● 人力资源管理的新责任。国际人力资源管理经理会遇到无数在国内市场上未必会遇到的事，包括：外派员工在国外的税务问题、外派员工的安置与入职培训、外派员工的行政服务、与东道国政府的关系、语言翻译服务、外派员工的回任等。

● 要求更广阔的国际视角。管理层必须将其所有员工，包括PCN、HCN和TCN都纳入考虑，而这些员工可能是不同国家的公民。例如，在越南等新兴市场上，薪酬可能需要包括住房津贴、教育津贴以及对当地难以获得的其他设施的津贴。在大型跨国企业中，建立一个无关乎员工国籍的公平、有可比性的薪酬标准是一项巨大的挑战。例如，澳大利亚籍员工被派驻到巴西时，很可能需要向澳、巴两国政府缴纳所得税，从而引发双重征税问题。因此，税收平衡——确保员工不会因为被外派而承担额外的税收支出——是增加国际人力资源管理复杂性的因素之一。

● 对员工个人生活的关注度提升。人力资源专家不仅要根据外派地区越来越高的生活成本给予员工适当的薪酬补偿，还需要帮助外派员工及其家属解决居住、医疗保健、子女教育、安全保障等问题。一些外派员工可能会要求额外的临时补偿，

---

① Peter Dowling and Marion Festing, *International Human Resource Management*（Boston：Cengage Learning，2017）；Bruno Lanvin and Paul Evans, *Global Talent Competitiveness Index 2017*（Fontainebleau，France：INSEAD，2017），www.gtci2017.com.

② Sidney Leng, "Could You Be a 'High-End' Foreigner? China Offers 10-Year Free Visa to Top Talent," *South China Morning Post*，April 24，2018，www.scmp.com；*Reuters*，"Chinese Capital Dangles Carrots to Lure Foreign Talent to Its Silicon Valley," February 27，2018，www.reuters.com.

③ Dowling and Festing，2017.

因为国外有些地区的生活成本较高。

● 外派员工与当地员工的融合。国外分支机构经常配有来自母国、东道国或第三国的员工，但外派员工是否能与当地员工很好地融合还要取决于若干因素，其中包括企业的国际经验、外派地的生活成本、当地合格员工的可获得性。

● 面临的风险增大。在跨国企业中，如果员工的生产效率降到合格水平之下，或工人举行罢工，或者重要经理离开公司，那么影响往往会更加明显。政治风险和恐怖主义也是人力资源专家的一大顾虑，因为这些风险的存在使得企业需要为外派员工及其家属提供更高的薪酬待遇及更高标准的安全措施。

● 受到政府及民族文化的外部影响。跨国企业必须用一种与其地区风俗和规定相一致的方式雇用和评价员工，并向其支付薪酬。大部分国家的法律都规定了工作时长、企业在哪些情况下可以解雇员工以及如何为解雇支付补偿等方面。例如，在许多国家，工会积极参与企业管理；在法国、德国和西班牙，员工每周的工作时间不得超过规定时间（有时只有 35 小时）；意大利的劳动法规非常复杂，以至于许多公司推迟招聘新员工。①

图 17.1　国际商务中增加人力资源管理复杂性的因素

资料来源：Peter Dowling and Marion Festing, *International Human Resource Management* (Boston: Cengage Learning, 2017).

第 17 章

17.1.2　国际人力资源管理的主要任务

表 17.1 概括了国际人力资源经理需要完成的六大主要任务：

● 制定国际员工配备（针对员工的招聘、选拔、岗位安置等活动）政策；

---

① *Economist*, "Workers in Southern Europe are Stuck in Lousy Jobs," April 20, 2017, www. economist. com; International Trade Administration, "Italy—9.2 - Labor Policies & Practices," August 24, 2017, www. export. gov; *Wall Street Journal*, "Italy's Economic Suicide Movement," October 27, 2014, p. A18.

- 开展国际员工的准备和培训工作；
- 对国际员工进行绩效评价，为员工的职业发展提供必要的反馈；
- 对国际员工制订薪酬方案，在不同地区工作的员工的薪酬可能相差悬殊；
- 维护国际劳资关系，包括与工会进行互动和集体谈判；
- 实现国际员工的多样化。

本章的其余部分将专门研究这些任务。

表 17.1　国际人力资源管理的主要任务和挑战

主要任务	战略目标	面临的挑战
制定国际员工配备政策	• 从母国、东道国、第三国挑选员工； • 培养全球管理者； • 招聘和选拔外派员工。	• 避免国家偏见、任人唯亲及其他狭隘的做法； • 培养全球心态。
开展国际员工的准备和培训工作	• 提高国际员工的效率，进而提高公司绩效； • 重点对员工进行区域研究、实用信息和跨文化意识方面的培训。	• 最大限度地减轻文化冲击，降低外派员工无功而返的发生率。
对国际员工进行绩效评价	• 在一段时间后，对经理和其他员工在国外工作时的效率进行评价。	• 在标准化的和本土化的员工绩效基准之间取得适当的平衡。
对国际员工制订薪酬方案	• 制定指导方针并提供薪酬，如基本工资、福利、津贴和激励。	• 避免员工被双重征税。
维护国际劳资关系	• 管理工会并与其互动，参与集体谈判，处理罢工和其他劳动争议、工资及可能的人员流失等问题。	• 减少旷工、由疏忽引起的工伤和罢工。
实现国际员工的多样化	• 招聘具有不同背景的人才，利用他们的经验和知识，帮助企业解决问题、抓住机遇。	• 实现性别多样化。

17.2　国际人力资源政策

　　跨国企业需要完成的一项重要任务是确定企业在各国的子公司和联营公司的最优员工构成。最优员工构成因地区、产业、所处价值链的环节以及合格员工的可获得性的不同而不同。有些国家的法律可能会规定多少比例的员工可以来自外地。

　　表 17.2 列出了雇用每种类型的员工的标准和理由。[①] 跨国企业将 PCN 派驻国外通常是为了发挥他们的专业特长，尤其是某价值链环节上的业务专长，或者是为了维持对外国经营机构的牢固的控制权。外派 PCN 还可以帮助培养当地管理人员。

　　① Dowling and Festing，2017；Anne-Wil Harzing，"Of Bears，Bumble-Bees，and Spiders：The Role of Expatriates in Controlling Foreign Subsidiaries," *Journal of World Business* 36，No. 4（2008），pp. 366-379；Arno Haslberger and Chris Brewster，*Managing Performance Abroad*（New York：Routledge，2018）.

表 17.2　为国外业务选拔员工的标准

配备 PCN 的情况	配备 HCN 的情况	配备 TCN 的情况
总部希望维持对外国经营机构的牢固控制权； 总部希望维持对重要知识产权的控制权，因为这些资产在被 HCN 或 TCN 使用时很容易泄露； 总部与子公司之间的知识分享是令人满意的，尤其是在培养当地管理人员或建立东道国组织方面； 外国经营机构重视研发与制造，因为 PCN 通常对这种价值链上游活动更在行。	东道国（如日本）在文化或语言上与母国迥异，或当地经营活动主要处于价值链下游，如营销，而 HCN 通常最了解当地的经营环境； 当地的关系网对运营的成功起至关重要的作用（如在俄罗斯，企业和政府的关系非常重要）； 当地政府要求跨国企业至少雇用一定比例的当地人员，或者严格的移民政策阻碍了对外派员工的长期雇用； 成本是重要的考虑因素，有时 PCN，特别是有家庭的 PCN 的薪酬达 HCN 的 4 倍。	高级管理层希望在企业遍布世界各地的经营机构中创造一种全球文化； 高级管理层寻求管理东道国经营机构的独特视角； 总部希望将知识和技术从第三国转移到东道国经营机构； 企业负担不起 PCN 的高薪酬。

当东道国环境复杂，且在当地市场经营需要用到专业知识或当地关系时，企业更偏好 HCN。HCN 通常从事下游的价值链活动，如市场营销和销售，因为这些活动需要有广泛的当地知识。与 PCN 或 TCN 相比，HCN 的薪酬通常较低。

当高级管理层希望将特定的知识或企业文化从第三国转移到东道国时，往往更偏好 TCN。纳入了 TCN 的全球员工团队可以帮助跨国企业发展成为一家一体化的全球企业。

17.2.1　招聘、挑选和培养人才

招聘（recruitment）是指物色潜在的岗位人选，以满足企业的需要。挑选（selection）是指通过搜集信息，评估并确定应该为某个具体岗位招聘的人选。对大多数跨国企业来说，一个巨大的挑战是找到愿意在国外工作并且能胜任这一工作的有才华的管理人员。斯伦贝谢（Schlumberger）是得克萨斯州一家油田技术服务公司，在全球各地拥有经营机构。斯伦贝谢的人力资源部是该公司的一项战略性资产，负责在世界各地寻找和培养人才，尤其是工程师。此外，斯伦贝谢还将其高级管理人员分派到 44 所重点工程大学担任"大使"，其中包括哈萨克斯坦科技大学（Kazakh National Technical University）、北京大学（Beijing University）、麻省理工学院（Massachusetts Institute of Technology）、墨西哥国立自治大学（Universidad Nacional Autónoma de México）。积极发掘并培养国际性人才的跨国企业还有 IBM、诺基亚和联合利华等。[1]

人才培养是一个包括多个环节的系列过程，所以人力资源管理经理在与行政部

① Tamer Darwish et al.，"Can HRM Alleviate the Negative Effects of the Resource Curse on Firms?，"*Personnel Review* 46，No. 8（2017），pp. 1931 – 1947；Wayne Finger，"The 'Crew Change' Challenge Facing Us All，"*World Oil*，September 2012，pp. R139 – R141；Jean-Marie Rousset and Pierre Bismuth，"Learning HR Lessons from the Past，"*Petroleum Economist*，April 13，2015，p. 6.

门合作的过程中需要做到以下几点：

- 分析公司的发展战略和实现这些战略所需的关键岗位。
- 确定每个岗位必须具备的无形软技能、经验以及需要完成的工作职责。
- 检查公司当前的人才供应情况，并制订获取所需人才的计划。
- 在公司内部培养人才，并从公司外部获取现有人才或潜在人才。
- 根据每个人在一段时间内的表现、学习意愿、学习能力以及对职业发展的决心，评估现有人才和潜在人才。[1]

17.2.2　培养全球思维

一些跨国企业总部的员工往往具有种族优越感，他们认为自己的经营方式是最好的，可以很容易地复制到其他国家。[2] 更成熟的跨国企业往往坚持地理中心导向（geocentric orientation）——为总部和子公司配备最有能力的人员，而不太在意他们来自哪个国家。地理中心导向是全球思维的同义词。具有全球思维的管理人员对全球和区域层面的多样化及多文化工作环境持开放态度。他们不会将总部的经营方式强加给国外子公司。[3] 然而，许多员工缺乏外派职位所需要的无形软技能、素质或全球思维。许多管理人员不愿意被外派出去。

最适合在外国环境中工作的管理人员通常有以下特点：

- 掌握了丰富的与岗位工作相关的知识。在遥远的异国他乡，管理人员需具备高超的管理能力和较高的技术水平，以完成企业的目标。

- 自力更生。外派员工应当具备企业家魄力、积极的心态和强烈的创新意识，因为他们在国外常常必须独立开展工作，很少能够获得总部的支持。

- 适应能力强。外派员工需要在多元化及多文化工作环境中开展业务，所以其必须具有较强的适应能力，具有文化同理心、灵活性、外交手腕和克服压力的积极态度。

- 善于维持人际关系和开展团队合作。外派员工应当能够与他人和谐相处，建立和维持人际关系。对于那些需要与众多同事、雇员、当地合作者和政府官员打交道的外派岗位来说，这种能力尤为重要。

---

[1]　Bhalla et al.，2015；Deloitte，*The Rise of the Social Enterprise：2018 Global Human Capital Trends*（Deloitte，2018），www. deloitte. com；Dowling and Festing，2017；Haslberger and Chris Brewster，2018.

[2]　Jaap Paauwe and Elaine Farndale，*Strategy，HRM，and Performance：A Contextual Approach*（Oxford，UK：Oxford University Press，2018）；Robert T. Moran and John R. Riesenberger，*The Global Challenge*（London：McGraw-Hill，1994）.

[3]　Deloitte，2018；Orly Levy，Schon Beechler，Sully Taylor，and Nakiye Boyacigiller，"What We Talk About When We Talk About 'Global Mindset'—Managerial Cognition in Multinational Corporations," *Journal of International Business Studies* 38，No. 2（2007），pp. 231－258；Chengguang Li，Felix Brodbeck，Oded Shenkar，Leonard Ponzi，and Jan Hendrick Fisch，"Embracing the Foreign：Cultural Attractiveness and International Strategy," *Strategic Management Journal* 38，No. 4（2017），pp. 950－971.

第17章

● 有较强的领导能力。成功的外派员工能够积极地看待变化，从容地应对企业面临的威胁和机遇，能够与员工精诚合作，落实各项战略，促进成功的变革。

● 身体健康、情绪稳定。在国外生活可能会面临压力，比如在有些国家可能难以获得像母国那样高水平的医疗保健服务，所以移居国外的人必须学会保持身体健康和情绪稳定。

● 配偶和子女已准备好在国外生活。候选人的配偶和其他家庭成员需要有适应陌生环境和文化的愿望及能力。

具有全球思维的员工会努力了解组织和团体的动态，以便在团队中达成共识。全球团队成员需要接受专门培训，以便与来自不同文化、具有不同生活经历的人高效地合作。

17.2.3　文化智力

为了能让外派员工及其家属在一个全新的文化环境中正常生活，人力资源经理需要为此做准备，如对外派员工进行培训，帮助其理解当地政府的规定、文化传统以及语言差别，以便员工能够适应当地习俗，例如送礼和商务宴会方面的习俗。

文化智力（cultural intelligence）是指员工与具有不同文化背景的人有效相处的能力。[1] 这种能力包含四个方面：

● 战略。战略描述了员工如何根据自己的判断来理解跨文化经历。

● 知识。知识是指员工对价值观、社会规范、宗教信仰和语言等文化因素的理解。

● 动机。动机衡量了员工对与具有不同文化背景的人进行互动的兴趣以及与他们有效交往的信心。

● 行为灵活性。行为灵活性是指员工采用适合不同文化的语言和非语言行为的能力。[2]

17.2.4　外派任务失败与文化冲击

外派员工在执行国际性任务时，如果进展不顺利，会出现什么情况呢？外派任

① Ilan Alon, Michele Boulanger, Julie Ann Elston, Eleanna Galanaki, Carlos Martínez de Ibarreta, Judith Meyers, Marta Muñiz-Ferrer, and Andres Vélez-Calle, "Business Cultural Intelligence Quotient: A Five-Country Study," *Thunderbird International Business Review* 60, No. 3 (2018), pp. 237–250; Philip Clark, Develop Your Cross Cultural Intelligence (Amazon Digital Services, 2018), www.amazon.com; Brent MacNab, Richard Brislin, and Reginald Worthley, "Experiential Cultural Intelligence Development: Context and Individual Attributes," *International Journal of Human Resource Management* 23, No. 7 (2012), pp. 1320–1341.

② Ilan Alon, Michele Boulanger, Julie Ann Elston, Eleanna Galanaki, Carlos Martinez de Ibarreta, Judith Meyers, Marta Muñiz-Ferrer, and Andres Vélez-Calle, "Business Cultural Intelligence Quotient: A Five-Country Study," *Thunderbird International Business Review* 60, No. 3 (2018), pp. 237–250; Philip Clark, Develop Your Cross Cultural Intelligence (Amazon Digital Services, 2018), www.amazon.com; Brent MacNab, Richard Brislin, and Reginald Worthley, "Experiential Cultural Intelligence Development: Context and Individual Attributes," *International Journal of Human Resource Management* 23, No. 7 (2012), pp. 1320–1341.

务失败（expatriate assignment failure）是指员工未完成国际性任务而提前回国的情况。这种情况的发生可能是因为员工不能够很好地完成任务，也可能是因为员工的家属很难适应新环境。外派任务失败的代价是十分高昂的，因为它会造成生产效率损失、公司目标无法实现，还会增加重新外派员工的成本。外派任务失败也会对外派员工本人产生不利影响，导致他们事业退步，或是引发家庭内部矛盾。有多达三分之一的外派因为未完成任务而提前结束，而那些被外派到文化和语言差异大的国家工作的员工，其外派任务失败的比例尤其高。

外派任务失败的一个主要原因是文化冲击（culture shock），即因长期在异域文化中生活而产生的混乱和焦虑。[1] 文化冲击对外派员工本人及其家人都会有一定影响。语言能力或跨文化交际能力欠缺往往会增大外派任务失败的概率。大多数外派员工及其家属能够在受到文化冲击后的几个月内顺利克服，但是有少数外派员工可能最终无法在陌生环境中完成任务，或是无法与当地人员顺利沟通，因而只能放弃外派任务并提前回国。[2]

17.3 国际员工的准备和培训

准备工作对于帮助员工更好地理解、适应国外环境，并在国外环境中取得良好业绩至关重要。国际人力资源经理必须帮助子公司的管理者评估东道国工人的需求，并制订培训计划，使工人能够顺利履行其工作职责。这些职责包括制造、营销、销售、售后服务以及业务流程处理，如会计。

图 17.2 列出了国际员工的准备和培训的关键特征。培训一般包括三个组成部分：

- **区域研究**（area study）——了解东道国历史、政治和经济方面的实际情况；
- **实用信息**（practical information）——掌握在异国有效工作、生活所必需的知识和技能，涉及居住、卫生保健、教育和日常生活等方面；
- **跨文化意识**（cross-cultural awareness）——培养与使用不同语言、具有不同文化背景的人员进行有效交往的能力；掌握跨文化沟通能力和谈判技巧；减轻种族中心导向和自我参照标准；提高外语能力。[3]

[1] Dowling and Festing, 2017；B. Sebastian Reiche, Anne-Wil Harzing, and Helene Tenzer, *International Human Resource Management* (Thousand Oaks, CA: Sage, 2018).

[2] Frank Fitzpatrick, "Taking the 'Culture' out of 'Culture Shock'—a Critical Review of Literature on Cross-Cultural Adjustment in International Relocation," *Critical Perspectives on International Business* 13, No.4 (2017), pp.278–296；Ann Murdoch and Eugene Kaciak, "Culture Shock Re-Visited: What Features of the Polish Culture Most Bother Expatriates in Poland?," *Journal of Applied Business Research* 27, No.2 (2011), pp.87–104.

[3] Priscilla Cuevas et al., "Lessons from Fred Bailey's Expatriate Experience in Japan: Proactively Preparing Employees for International Assignments," *Journal of Business Studies Quarterly* 2, No.4 (2011), pp.40–52；Fitzpatrick, 2017.

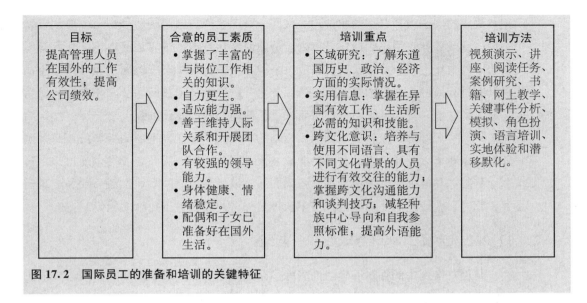

图 17.2　国际员工的准备和培训的关键特征

外派员工可以从东道国语言培训中受益，并学会与当地同事、工人、供应商和客户更有效地沟通。语言技能可以帮助他们关注竞争对手的动态，招聘当地人才，并改善与东道国官员和组织的关系。语言技能还能帮助他们更好地理解当地员工及当地文化。

跨文化意识培训提高了外派员工的跨文化敏感性和有效性。管理人员需要深入了解如何在多元化及多文化工作环境下最好地行动，例如与客户和供应商谈判。培训的目标是帮助员工避免自我参照标准（self-reference criterion）——以自己的眼光看待异域文化的倾向。

培训方法多种多样，它们包括：视频演示、讲座、阅读任务、案例研究、书籍、网上教学、关键事件分析、模拟、角色扮演、语言培训、实地体验和潜移默化。通过角色扮演和模拟，外派员工可以将与外国人邂逅的典型情景生动地表演出来。关键事件分析研究的是员工与外国同行之间因跨文化误解而产生矛盾的事件。实地体验包括对东道国的访问，通常为期 1～2 周。潜移默化则是让员工在东道国停留数月或更长时间，通常是进行语言和文化培训。在选择培训方法时，公司必须在严谨性和在国外工作所需的互动程度之间达到平衡。①

17.3.1　使员工为回任做好准备

回任（repatriation）指外派员工在国外完成一项耗时颇长的任务后回到自己的母国。和外派一样，回任也需要提前准备，如果处理不当，外派员工回到母国后便会出现许多问题：一些回任员工发现自己的国际经历得不到重视，因而可能被置于

① Dowling and Festing，2017；Hong Ren，Dilek Yunlu，Margaret Shaffer，and Katherine Fodchuk，"Expatriate Success and Thriving：The Influence of Job Deprivation and Emotional Stability，" *Journal of World Business* 50，No. 1 (2015)，pp. 69 – 78；Fitzpatrick，2017；Reiche，Harzing，and Tenzer，2018；Rosalie Tung，"Expatriate Assignments：Enhancing Success and Minimizing Failure，" *Academy of Management Executive* 1 (1987)，pp. 117 – 126.

第 17 章

相对次要的职位或不合适的职位；一些回任员工发现自己回国后遇到财务麻烦，如房价高涨或降薪；另一些回任员工则经历逆向文化冲击，难以适应本国文化。对于旅居国外数年之久的员工及其家庭成员来说，调整心理状态、重新适应母国的生活是具有挑战性的。有趣的是，有多达四分之一的外派员工在回国后一年内会离开自己就职的企业，其余的则拒绝接受后来委任给他们的国际任务。[①]

人力资源经理可以就员工回国后面临的种种问题提供咨询：当外派员工身处国外时，企业可以关注员工的薪酬和职业发展；当他们回国后，企业可以通过提供过渡性贷款、其他临时性财务支援和咨询服务，以满足他们的事业发展需要和心理需要。此外，企业还需要确保回任员工获得与外派前相当甚至更高的职位。

17.3.2　为员工绘制全球性事业蓝图

与篇首案例中的谷歌一样，许多跨国企业创建了职业发展项目，为潜力大的员工提供机会，让他们获得在总部和公司在世界各地的经营机构工作的经验。企业之所以这样做是因为随着企业在外国市场的销售份额和收益占比的提升，企业需要具有全球管理经验的员工对其国际业务进行管理。这种方法能够增加全球人才储备，还体现了高级管理人员对企业采取全球性战略的决心。

例如，在联合利华，如果员工没有跨国工作的经验，就很难有晋升为高级管理人员的机会。为此，联合利华创建了众多国际领导技能开发项目，管理人员可以在全球不同岗位、不同地点进行岗位轮换，尤其在其事业的初级阶段。联合利华还建立了一个全球人才储备库（global talent pool）—— 一个可查询员工资料的数据库，其中列出了员工的国际技能类型，以及为企业全球化目标服务的潜力。无论他/她在联合利华全球网络的哪个部门工作，人力资源经理都可以通过这个数据库寻找到具备资格的合适的招聘对象。他们会初步筛选出全球最优秀的人才，然后将候选人介绍给合适的业务经理，由业务经理进行最终选择。[②]

根据对员工所做的调查，表 17.3 列出了部分最适合为之工作的全球企业（按照执行团队的效率、工作环境以及对员工发展的支持等标准）。这类企业在培养精通全球业务的员工方面往往特别有经验。

表 17.3　部分最适合为之工作的全球企业

公司名称	总部所在地	行业	员工人数
谷歌（Google）	美国	信息技术	57 000
SAS 研究所（SAS Institute）	美国	信息技术	14 000

①　Haslberger and Brewster，2018；Andy Molinsky and Melissa Hahn，"How to Return Home After an Assignment Abroad，" *Harvard Business Review*，October 24，2017，www.hbr.org.

②　Sushman Biswas，"Winning the Global War for Talent with Technology，" *HR Technologist*，March 30，2018，www.hrtechnologist.com；George Yip，*Total Global Strategy II*（Upper Saddle River，NJ：Prentice Hall，2003）.

续表

公司名称	总部所在地	行业	员工人数
戈尔公司（W. L. Gore & Associates）	美国	纺织产品	11 000
戴尔 EMC（Dell EMC）	美国	存储和数据管理	70 000
戴姆勒金融服务（Daimler Financial Services）	美国	金融服务及保险	9 000
NetApp	美国	存储和数据维护	13 000
德科（Adecco）	瑞士	专业服务	35 000
欧特克（Adecco）	美国	信息技术	9 000
Belcorp	秘鲁	零售	9 000
Falabella	智利	零售	103 000
凯悦酒店（Hyatt）	美国	酒店	97 000
玛氏公司（Mars）	美国	加工食品	75 000
雅高酒店（Accor）	法国	酒店	144 000
思科（Cisco）	美国	信息技术	70 000
楷登电子（Cadence Design Systems）	美国	软件公司	7 000
Atento	西班牙	业务流程外包	15 000
希尔顿（Hilton）	美国	酒店	149 000
加拿大丰业银行（Scotiabank）	加拿大	银行及金融服务	87 000
帝亚吉欧（Diageo）	英国	饮料公司	33 000
S. C. Johnson	美国	消费品公司	13 000

资料来源：*Fortune*，"The 25 Best Global Companies to Work For," October 26, 2016, www. fortune. com; Hoover's, Inc.（2017），profiles of various companies, www. hoovers. com; Andrea Willege, "The Best Companies to Work For in 2017," *World Economic Forum*，February 6, 2017, www. weforum. com.

17.4　国际员工的绩效评价与薪酬

绩效评价（performance appraisal）是评价员工完成本职工作的有效程度的正式过程。进行绩效评价有助于管理人员识别出员工是否有需要改进之处和有必要进行额外培训之处。绩效评价通常每年进行一次。

在进行绩效评价的过程中，管理人员通常要将预期绩效和实际绩效进行比较。跨国企业通常会设计一些判断程序，以评价员工个人绩效，查明问题是否归因于技能水平欠缺，然后按照需要提供额外的培训和资源，或解雇屡次不能完成规定目标的员工。

企业分配给员工的职责或目标因业务单元而异。一家新的国外子公司可能要负责与关键客户建立关系，并迅速增加销售额。制造工厂的任务可能是确保高生产率或保持高质量的产出。当子公司业绩不佳时，当地经理必须解决问题，让其重回正轨。

在国际背景下，由于存在以下因素，绩效评价往往更加复杂[1]：

● 由于经济、政治、法律和文化存在差异，所以就产生了非可比绩效（non-comparable outcome）问题。例如，由于墨西哥工人的生产率是母国的一半，所以墨西哥子公司的经理不应受到处罚。企业在进行绩效评价时，需要将墨西哥的工人条件及造成墨西哥子公司生产率低下的其他因素考虑在内。[2] 遵循的会计准则不同也会造成非可比绩效问题，如果东道国的会计准则较为宽松，而母国的会计准则较为严格，那么东道国的子公司的财务绩效表面上就会优于母国。

● 由于总部与国外分支机构被时间和空间分割，所以就产生了不完全信息（incomplete information）问题。总部的高级管理人员无法直接观察到员工在东道国的工作情况，因而绩效评价便无法达到预期的效果。为了解决这个问题，可由两个人对员工绩效进行评价，其中一个来自总部，另一个来自国外子公司。企业也可以派管理人员亲临子公司，与当地员工见面，视察当地情况，获取第一手资料。

● 绩效还会受外国经营机构成熟度的影响。和成立较早、配备了经验丰富的员工的子公司相比，成立较晚的子公司通常无法达到相同水平的绩效。新的国际经营机构通常需要花费比母国市场更多的时间才能实现绩效目标。

为了避免不准确或有偏见的评价，当评估国外子公司、联营公司和员工的绩效时，管理层需要考虑其独特性。

17.4.1 员工的薪酬

由于各国法律规定的福利、税法、生活成本、当地传统和文化不同，所以各国的薪酬也存在差异。图 17.3 列出了部分城市的生活成本。一些世界商业之都的生活成本十分高昂。在国外工作的员工通常希望获得的薪酬足以维持他们在当地的正常生活水平，而这会大大增加公司成本。在为外派员工制订薪酬方案时，管理人员通常会考虑四个因素：

● 基本工资或薪水；
● 福利；
● 津贴；
● 奖金。

基本工资（base remuneration）通常以员工在母国得到的薪水或报酬为基础。波兰当地工厂工人的基本工资相当于波兰该行业工人的平均工资。在新加坡工作的日本经理获得的基本工资与日本同等级别的经理的基本工资相当。外派员工的工资通常以母国货币或当地货币支付，或两者兼而有之。

---

[1] Dowling and Festing, 2017；Haslberger and Brewster, 2018；Reiche, Harzing, and Tenzer, 2018.
[2] Dowling and Festing, 2017；Haslberger and Brewster, 2018；Reiche, Harzing, and Tenzer, 2018.

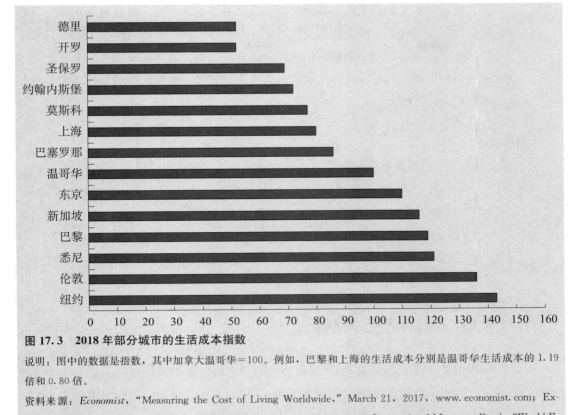

图 17.3　2018 年部分城市的生活成本指数

说明：图中的数据是指数，其中加拿大温哥华＝100。例如，巴黎和上海的生活成本分别是温哥华生活成本的 1.19 倍和 0.80 倍。

资料来源：*Economist*，"Measuring the Cost of Living Worldwide," March 21，2017，www.economist.com；Expatistan，*Expatistan Cost of Living Index*，2018，www.expatistan.com；International Monetary Fund，"World Economic Outlook Database April，2018," www.imf.org.

　　福利（benefit）包括医疗保险、人身保险、失业保险和一定时间的带薪休假。福利的国别差异显著，且在总薪酬中所占的比例相当大——通常为总薪酬的三分之一。当地规定和行业通常标准往往决定了福利的性质。在是否能享受税收减免方面，不同国家也各不相同。外派员工得到的福利待遇通常与母国员工一致。

　　津贴（allowance）是额外付给外派员工，使外派员工维持与母国相似的生活标准的款项。它的目的是为外派员工支付额外的住房费用，有时还包括食品、交通和服装费用。有些企业会为外派员工提供额外的支持，如弥补他们在搬迁、孩子的教育、旅行和与商务相关的娱乐方面的支出。有些企业可能还会为那些在爆发为战或其他冲突的国家工作的员工提供额外的补偿，或为那些在缺乏基本住房、教育及其他设施与服务的发展中国家工作的员工提供额外的补偿。

　　由于在国外工作可能会非常艰辛，所以许多跨国企业还会向外派员工支付奖金（incentive）。奖金主要是为了激励员工付出超常的努力，以完成公司在外国市场上的目标。奖金通常为一次性总付款。[1]

第 17 章

---

① Dowling and Festing，2017；Haslberger and Brewster，2018；Reiche，Harzing，and Tenzer，2018.

在为外派员工制订薪酬方案时，需要特别考虑税收平衡。外派员工的同一笔收入往往面临两种税：一种来自东道国，另一种来自母国。多数母国政府已经设计了专门的规章制度，以最小化外派员工面临的双重征税。通常，外派员工只需在一个国家支付所得税。万一发生员工承担额外税负的情况，雇主通常会补偿该员工承担的额外税负。

道德联系

世界各地的高级管理人员的薪酬各不相同。例如，在英国，一家大银行的行长的薪酬可能达到 300 万美元；在美国，一家大银行的行长的薪酬可能超过 1 000 万美元。道德专家认为，CEO 的工资不应该比入门级员工高几百倍。不平衡的薪酬会打击员工的士气。其他人则认为，薪酬应与企业的盈利能力挂钩，如果企业不能支付高薪酬，那就难以吸引到顶尖人才。你对此有何看法？

17.5 国际劳资关系

劳资关系（labor relation）是指资方与劳方确定在工作场所中生效的工作关系的过程。工会为**集体谈判**（collective bargaining）——资方与由计时工人和技术人员组成的劳方之间就报酬和工作条件进行的集体协商——提供了途径。当企业和工会协商确定一种劳资关系之后，会通过合同方式将其正式化。劳动法规差异很大，一些发展中国家只规定了最低要求，而许多发达国家的法律法规十分详细。例如，在德国，汽车行业的工会工人有权减少每周工作时间，以照顾孩子、老人或生病的亲属。德国顶级汽车制造商——如宝马、戴姆勒和大众——的工人可以选择每周工作 28 小时，且这一每周工作时间最长可持续两年，然后再恢复到标准的每周工作 35 小时。

图 17.4 列示了各国有正式工会会员身份的工人所占的百分比。从该图中可以看出，最近许多国家的这一比例下降了。在美国和土耳其，这一比例降到了 12% 以下；在澳大利亚、德国、墨西哥，这一比例降到了 18% 以下。然而，瑞典参加工会的工人相对较多，超过 65% 的工人，包括政府雇员，都加入了工会。[1]

① David Blanchflower, "International Patterns of Union Membership," *British Journal of Industrial Relations* 45, No.1 (2007), pp.1-28; Kavi Guppta, "Will Labor Unions Survive in the Era of Automation?," *Forbes*, October 22, 2016, www.forbes.com; Organisation for Economic Co-operation and Development, "Trade Union," 2018, www.oecd.org. Alanna Petroff, "German Workers Win Right to 28-Hour Week," *CNN Money*, February 7, 2018, www.money.cnn.com; Maria Sheahan, "German Car Production Stalled by 24-Hour Strikes," *Reuters*, February 1, 2018, www.reuters.com.

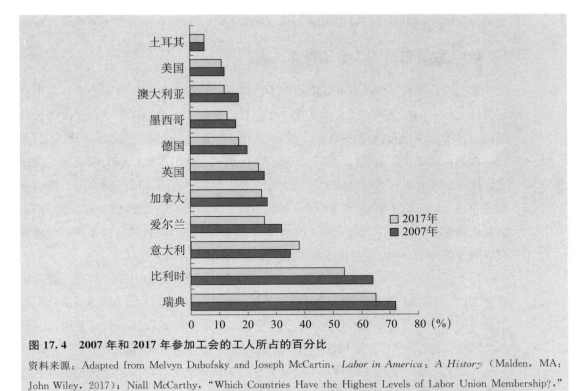

图 17.4　2007 年和 2017 年参加工会的工人所占的百分比

资料来源：Adapted from Melvyn Dubofsky and Joseph McCartin, *Labor in America：A History*（Malden, MA：John Wiley, 2017）；Niall McCarthy, "Which Countries Have the Highest Levels of Labor Union Membership?," *Forbes*, June 20, 2017, www. forbes. com；Organisation for Economic Co-operation and Development, "Trade U-nion," accessed at www. oecd. org.

在许多国家，劳动法对工会也不如过去那么友好。如果员工觉得自己受到了公司管理层的公平对待，他们就不太可能组织工会。将制造和业务流程外包给外国供应商的趋势也导致了工会会员人数的下降。[①] 例如，德国是一个具有强大工会传统的国家，但是近年来，随着德国企业在东欧和东南亚制造业基地布局，它也经历了 FDI 净流出。

当劳资双方无法达成共识时，工会可能会罢工——有组织的集体性拒绝工作的行为，目的是迫使管理层答应工会的要求。近年来，世界范围内罢工事件的发生率有所下降，然而，罢工依然是工会说服企业管理层接受员工要求的有力武器。2018 年，法国铁路和航空行业的工会举行罢工，抗议工作条件和薪酬下降。这次罢工导致了火车和飞机停运，中断了关键行业的工作，使得数百万乘客被迫改变出行计划。[②]

如果一场罢工持续超过数日，就会请来一名调停者（mediator）或仲裁人（arbitrator）在劳资双方之间斡旋，以便结束罢工。调停者通常是一个劳资关系方面的专家，他把双方拉拢到一起，帮助他们达成一项双方都认可的解决方案。仲裁人通常是一

第 17 章

---

① Dowling and Festing, 2017；Reiche, Harzing, and Tenzer, 2018.

② Simon Calder, "France Travel：Chaos as Air and Rail Strikes Coincide," *Independent*, April 22, 2018, www. independent. com.

个第三方专家，他经过评估双方提出的论点论据，做出有利于一方或另一方的裁决。

17.5.1 世界各地的工会的特点

受历史、文化、传统及其他本土因素的影响，世界上每一个地区的工会都形成了自己的特点。在美国，工会主要集中在汽车、钢铁等行业，在警察、教师等公共部门的员工当中也有深厚的根基。在 20 世纪 50 年代，美国工会会员人数达到顶峰，然而，近年来，钢铁以及其他传统产业中加入工会的人数已经大幅减少。全球化、资本流动和墨西哥移民的大量涌入已经大大削弱了有组织的劳动力的力量，导致了劳动力队伍的不断整合。不过，在美国，工会仍然是一支重要的政治力量，工会开展活动主要是为了通过集体谈判来争取有利的工资、福利和工作条件；如果资方企图违反劳动合同，那么工会也会替自己的会员出头。[1]

在中国，工会的存在也有利于减少工作条件恶劣等情况的发生。政府已经制定各种法律法规，以确保员工的权利得到保护。中华全国总工会（ACFTU）是世界上最大的劳工联合会，拥有超过 1.3 亿名会员，该联合会正在联合所有在中国经营的外国企业员工。ACFTU 的主要作用是保护员工和中国政府的利益。[2]

在欧洲，除了工厂工人外，工会也常常代表白领员工，比如医生、工程师、教师。工会通常拥有相当大的政治权力，还可能与某个政党——常见的是劳工党——结成联盟。欧洲工会的一个特色是：工会参与工资、奖金、利润分成、节假日休息、解雇及工厂扩建与关闭等决策。这在德国和斯堪的纳维亚半岛国家尤为明显。2006 年，欧盟通过了新的法案，规定各企业无论大小，在业务范围、雇佣、工作组织问题上都对员工负有告知与协商义务。该法案旨在提高员工在企业管理中的参与度。[3] 例如，在瑞典，员工在车间决策中扮演着重要角色，他们广泛参与到产品质量标准制定等旨在提高效率和安全的工作中来。在瑞典和德国，员工受托参与企业管理，工人们经常列席公司的董事会，这种做法被称为劳资协同经营制度（co-determination）。[4] 与此相对，在韩国、英国和美国，劳资双方却经常势不两立。

17.5.2 劳动力成本、质量与劳动生产率

世界范围内工人工资有很大差异，同样，劳动力的质量和生产率也截然不同。发达经济体往往会向劳动力支付较高的工资，北欧国家支付的工资尤为高。在新兴

① Melvyn Dubofsky and Joseph McCartin, *Labor in America：A History* (Malden, MA：John Wiley, 2017).

② All-China Federation of Trade Unions, "2014－2018 ACFTU Plan on Further Promoting Collective Bargaining," 2018, www. acftu. org; Andy Chan, Ed Snape, Michelle Luo, and Yujuan Zhai, "The Developing Role of Unions in China's Foreign-Invested Enterprises," *British Journal of Industrial Relations* 55, No. 3 (2017), pp. 602－625.

③ Dowling and Festing, 2017; Eurofound, "Co-Determination," 2018, www. eurofound. europa. eu; Reiche, Harzing, and Tenzer, 2018.

④ Eurofound, 2018.

市场和发展中国家，由于国内的生活成本较低，企业向员工支付的工资水平往往也较低。企业通常根据当地的生活标准和市场状况来确定工资水平。

图 17.5 列出了不同国家制造业劳动力的工资率。发达经济体的企业通常倾向于在工资率较低的国家生产。自 2016 年以来，美国的跨国企业已经在美国裁减了 50 多万个工作岗位。一些工作被自动化设备取代，其他许多工作则被转移到了国外。在同一时期，美国跨国企业在亚洲、拉丁美洲和其他拥有大量低薪工人的地区创造了 100 多万个就业岗位。最受欢迎的转移生产目的地包括中国、印度、巴西和墨西哥。美国企业在国外总共雇用了超过 2 600 万名员工。例如，在英国，有超过 100 万人为美国企业工作；在法国和德国，各有超过 50 万当地人为美国企业工作。①

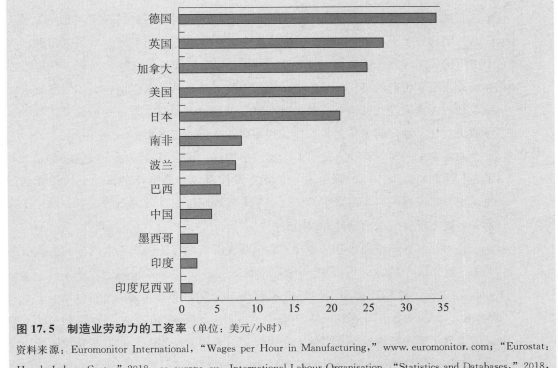

图 17.5　制造业劳动力的工资率（单位：美元/小时）

资料来源：Euromonitor International，"Wages per Hour in Manufacturing," www. euromonitor. com; "Eurostat: Hourly Labour Costs," 2018，ec. europa. eu; International Labour Organisation，"Statistics and Databases," 2018，www. ilo. org; Organisation for Economic Co-operation and Development，"Hourly Earnings, Manufacturing," 2018，www. oecd. org; World Bank，"Doing Business 2018," www. doingbusiness. org.

当跨国企业在国外雇用工人时，它们会考虑劳动力的质量和可培训性以及工资率。在一些国家，受过良好教育的技术型劳动力是很缺乏的。不过，劳动生产率

---

①　Patricia Cohen，"When Foreign Companies Are Making, Not Killing, U. S. Jobs," *New York Times*，August 6，2017，www. nytimes. com; James Jackson，"U. S. Direct Investment Abroad: Trends and Current Issues," *Congressional Research Service*，June 29，2017，www. crs. org; Suddep Reddy，"Domestic-Based Multinationals Hiring Overseas," *Wall Street Journal*，April 19，2013，p. A2.

低、劳动力质量不高和培训成本在一定程度上抵消了低工资率所带来的收益。跨国企业在制定工资水平时还应考虑到劳动生产率，例如，在其他条件相同的情况下，罗马尼亚工人的工资仅相当于德国工人工资的一半，如果其生产率也仅为德国工人的一半，那么罗马尼亚工人就不能创造任何额外价值。因此，跨国企业在将业务外包给国外供应商时，必须确保东道国工人的生产率达到可接受的水平。现实中，有些企业将某些业务外包出去后，常常发现当地的生产率低于预期水平。

17.5.3　裁员和解雇员工

当企业处于低谷或投入成本增加时，可能不得不进行裁员。在最近的全球金融危机中，无数企业不得不在全球范围内裁员。例如，通用汽车对全球业务进行重组，在澳大利亚和韩国各关闭了一家汽车工厂。位于阿德莱德的通用汽车霍尔顿工厂的关闭导致了 1 600 个工作岗位被转移到国外成本更低的工厂。通用汽车韩国君山工厂的关闭导致了约 2 000 人失业。[①] 未来几年，自动化以及亚马逊、阿里巴巴和其他网络零售商的增长将导致实体零售业失去数百万个工作岗位。传统零售商纷纷裁员，以精简经营机构，应对来自网络卖家日益激烈的竞争。零售业中的收银员多数是女性，她们的工作尤其容易受到零售业务自动化的影响。[②]

在解雇工人时，管理人员需要考虑诸多方面，包括当地惯例、法规以及强大的工会。例如，日本当地的惯例是，企业有责任避免解雇事件的发生；如果无法避免，则有责任在供应商网络中为被解雇工人谋到职位。欧洲大多数国家也制定了规章，对资方解雇工人的条件加以限制。

人力资源部经理和法务部经理需要全面理解当地有关解雇工人的法律法规。在美国，宣布破产的企业可以更容易地解雇员工。汽车零部件制造商德尔福（Delphi）在工资、福利和关闭工厂等方面获得了全美汽车工人联合会（United Auto Work Union）的让步。德尔福将时薪从约 27 美元降至 16 美元。欧盟颁布的旨在减少空气污染的新法规导致了数十家燃煤工厂关闭。这些工厂的关闭导致了数以千计的工作岗位的消失，以及欧盟能源行业的根本性转变。

许多国家要求提供"正当理由"才能解雇一名员工，在多数情况下，如果员工遭遇终身残疾，或于试用期（通常为 1～6 个月）内被解雇，或犯有失职、偷窃、

① CBC, "GM Shuts Down Holden Production in Australia, Bringing an End to the Last Car Made There," October 20, 2017; Hyunjoo Jin, Ju-min Park, and Cynthia Kim, "INSIGHT—Lost in Translation? GM Plant Shutdown Shocks South Korea," *CNBC*, February 16, 2018, www.cnbc.com; Colin Packham, "Australian Car Manufacturing Ends as GM Holden Closes Plant," *Reuters*, October 19, 2017, www.reuters.com.

② Nikki Baird, "New Retail Jobs Analysis Ignores A Lot," May 13, 2018, www.forbes.com; Lauren Gensler, "The World's Largest Retailers 2017: Amazon & Alibaba Are Closing In on WalMart," *Forbes*, May 24, 2017, www.forbes.com; David Morris, "Nearly Half of All Retail Jobs Could Be Lost to Automation Within 10 Years," *Fortune*, May 21, 2017, www.fortune.com; Dominic Rushe, "The US Retail Industry is Hemorrhaging Jobs—and It's Hitting Women Hardest," *The Guardian*, January 13, 2018, www.theguardian.com.

第 17 章

泄露机密等过失，均可视为具有正当理由。如果无法提供正当理由，法庭会要求雇主支付解雇赔偿金。在多数国家，员工几乎总是被视为弱势群体，因此，仲裁时通常会做出有利于员工的裁决。[①]

17.5.4　国际劳资关系的几个趋势

由于各国经济的日益一体化、跨国企业的快速扩张以及国际合作企业的兴起，劳动力的跨国界流动日益频繁。随着越来越多的国家实行经济自由化，许多政府正在取消或减少限制外国人工作许可的保护主义政策。

许多国家正致力于处理移民潮问题。在这些移民中，有合法移民也有非法移民，他们通过提供低成本劳动而与原有的劳动力争抢工作岗位。最近的经济危机迫使成千上万的专业技术人员从欧洲来到澳大利亚、亚洲和美洲。在希腊、爱尔兰、西班牙和葡萄牙，成千上万的工人前往这些目的地。由于建筑业的繁荣，巴西吸引了工程师、建筑师和其他专家来帮助开展住房、能源和基础设施项目。这些项目大多由巴西政府提供补贴。事实证明，澳大利亚对希腊和其他欧洲国家的工人来说是一个有吸引力的目的地。[②] 许多国家，特别是那些劳动力短缺或经济快速增长的国家，放宽了入境要求，以鼓励合法移民。波斯湾国家长期以来一直保留了大量外国劳动力。相比之下，日本不鼓励工人移民，这一政策加上日本的低出生率和人口老龄化，很可能会导致日本出现劳动力短缺问题。

近来出现的另一个趋势是：各国工会组成了全球性联盟。为了解决工会力量弱化的问题，劳工组织已经说服一些超国家组织，如国际劳工组织（International Labor Office，联合国的一个机构），要求跨国企业遵守世界通行的劳动力标准与实践。一些国家的工会正与其他国家的工会协同合作，组建全球性工会，目的是使世界不同地区的劳动力能够在薪酬和工作条件上实现平等。欧洲企业位于美国的子公司已经签署了工会组织协议，承诺遵守欧洲的劳工标准。[③] 一些工会还成功建立了各种全球性协议，这些全球性协议将会对无数跨国企业的子公司产生影响。UNI 全球工会代表了全球 900 个工会，拥有 2 000 万名会员。已经与 UNI 签署了全球性协议的企业包括家乐福（法国）、H&M（瑞典）、麦德龙（德国）和西班牙电信（西班牙）。[④]

---

① Dowling and Festing，2017.

② International Labour Organization，"The Global Compact for Safe, Orderly and Regular Migration," 2018, www.ilo.oeg; Sari Pekkala Kerr, William Kerr, Çaglar Ozden, and Christopher Parsons, "Global Talent Flows," Policy Research Working Paper 7852, World Bank Group, 2016, www.worldbank.org.

③ Lydia Dishman, "How U.S. Employee Benefits Compare to Europe's," *Fast Company*, February 17, 2016, www.fastcompany.com; Kerr, Kerr, Ozden, and Parsons, 2016; Jessica Marquez, "Unions' Global End Run," *Workforce Management*, January 30, 2006, pp. 1 – 4.

④ John Gennard, "A New Emerging Trend? Cross Border Trade Union Mergers," *Employee Relations* 31, No. 1 (2009), pp. 5 – 8.

17.5.5 企业在国际劳资关系方面采取的战略

由于国别差异，各国有着截然不同的劳资关系，因此，跨国企业通常将劳资关系的管理权下放给各家国外子公司。然而，这可能是一种错误的做法，因为任何一个国家的劳资关系都可能引发潜在的全球性冲击。跨境联系导致不同国家的劳工制度之间发生了复杂的相互作用。一个国家的工资水平变动或劳工动乱会影响企业在其他国家的经营活动。例如，韩国一家汽车零部件工厂（Yoosung）的 500 名工人罢工迫使现代汽车暂时停止了在北美销售的圣达菲和图森这两款 SUV 汽车的生产。Yoosung 为现代汽车、通用汽车和雷诺汽车生产活塞环和其他零部件。这场罢工威胁到多个国家的汽车生产和销售。① 因为工会会影响劳动力成本、生产效率、士气和企业绩效，而且外国子公司签订的劳资协议会为其他国家的谈判开创先例，因此经常需要在全球范围内管理劳资关系。

熟练制定并管理总部的国际人力资源政策有助于确保一致性。管理层应该建立一个能持续提供劳工发展方面的数据的信息系统。建立信息系统的最佳方法是运用公司内部网络，汇总来源于世界各地子公司的数据。该信息系统能够帮助企业管理者预知员工的担忧，为跨境劳资关系中存在的潜在威胁设计解决方案。当工会了解了企业面临的威胁与挑战时，与工会谈判往往就容易多了。

17.6 国际员工的多样化

领先的跨国企业都广泛招聘背景各异的员工，因为他们能够给企业带来丰富的经验和知识，帮助企业应对各种问题与机遇。管理层应该利用这些来自不同国家的员工的优势，在全球市场上表现得更好。具有多元文化的员工队伍有助于企业建立一种全球思维模式，这对有志于成为世界佼佼者的跨国企业来说尤其重要。

有国际经验的员工往往比缺乏这种经验的员工更成熟和老练。国际经验倾向于增强员工的：

- 跨文化意识和敏感性；
- 对道德的理解和推理能力；
- 自信、主动性和独立性；
- 分析及思考能力；
- 问题解决能力和危机管理能力；
- 口头沟通能力和书面沟通能力，包括外语能力；

① *BBC*, "South Korea Police Break Up Yoosung Hyundai Strike," May 24, 2011, www.bbc.co.uk; Kyong-Ae Choi, "Riot Police Break Up Strike at Hyundai Supplier," *Wall Street Journal*, May 24, 2011, www.wsj.com; *Reuters*, "Hyundai Motor's South Korean Union Votes to Strike for a 6th Year in a Row," July 14, 2017, www.reuters.com.

● 对去国外出差的适应能力。

无论是作为一名员工还是作为一名学生，获得大量的国际经验都能让你在职业生涯中有着广阔的前景。

17.6.1　国际商务中的女性

组织效率与性别多样性密切相关。企业可以受益于领导职位的性别多样性。国家文化、传统法规赋予了男性和女性不同的角色。一些国家将妇女限制在有限的工作角色范围内，并赋予她们比男性更少的法律权利。在传统社会中，妇女通常在经济上依赖于男性。在拉丁美洲，女性的婚姻状况是企业在决定是否雇用她们时的一大考虑因素。企业认为，雇用已婚而未育的女性是一项风险投资，因为这样的女性可能很快就会离职生孩子。在亚洲和中东，女经理常常被误认为是某位男经理的妻子或秘书。女性很少有机会靠外出工作来增加自己的经济利益。

不断增长的贸易和投资为新兴市场和发展中经济体的人民创造了大量就业机会。工作场所性质的变化正在帮助重塑世界各地的生活方式，改变传统的等级制度（尤其是对女性而言）。越来越多的跨国企业、零售商和供应商正在为其女性员工提供各种教育项目，这些项目的内容十分广泛，从卫生健康到育儿再到个人财务管理都有涉及。例如，服装零售商盖璞为女性提供培训项目，帮助她们培养职场技能、掌握金融知识以及其他生活技能。全社会还需要发起更多的项目来为儿童提供保育支持，从而让女性可以获得更好的工作机会。生殖健康服务可以帮助女性制订生育计划和生育健康的婴儿。生命之音全球伙伴关系（Vital Voices Global Partnership）是一个非政府组织，它与发展中经济体的新兴女性领导人合作，为她们提供指导和其他支持，以促进她们的职业发展。这些项目赋予了人们权力，但仍带来了许多挑战。女性要想在全世界获得与男性同等的地位，还需要取得更大的进步。

全球咨询公司麦肯锡发现，2017 年，女性占世界适龄工作人口的 50%，但仅创造了 37% 的 GDP。在跨国企业中，女性高级管理人员仍然是例外而非常态。图 17.6 列出了各国女性担任高级管理人员的平均比例。该图中的数据是根据一项对全球 1 万多名企业高级管理人员的调查结果得出的。从图中可以看出，俄罗斯和菲律宾女性在高级管理人员中所占的比例最高。在高级管理职位中，女性最常担任人力资源总监和首席财务官。[①]

[①]　Vivian Hunt，Sara Prince，Sundiatu Dixon-Fyle，and Lareina Yee，*Delivering Through Diversity*（McKinsey & Co.，January 2018，www.mckinsey.com）；Georges Devaux et al.，*Women Matter：Ten Years of Insights on Gender Diversity*（McKinsey & Co.，October 2017，www.mckinsey.com）；John Peter and Vidhiy Lakshmi，"Challenges Faced by Women in International Career，" *International Journal of Research in Commerce & Management* 8，No. 10（2017），pp. 25–30；Grant Thornton International Ltd.，"Women in Business：New Perspectives on Risk and Reward，" March 2017，www.grantthornton.global；Grant Thornton International Ltd.，"Women in Business：Beyond Policy to Progress，" March 2018，www.grantthornton.global. 40.

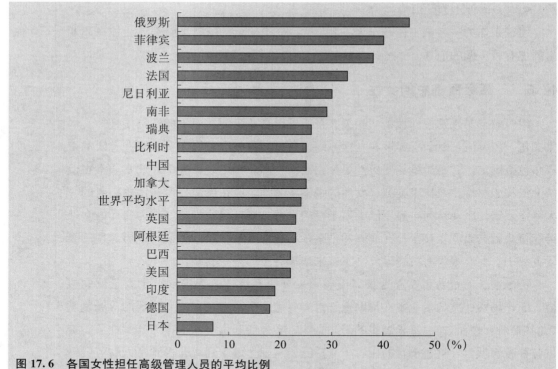

图 17.6　各国女性担任高级管理人员的平均比例

资料来源：Lone Christiansen et al.，"Gender Diversity in Senior Positions and Firm Performance：Evidence from Europe，" IMF Working Paper，International Monetary Fund，2016，www. imf. org；Grant Thornton International Ltd.，"Women in Business：New Perspectives on Risk and Reward，" March 2017，www. grantthornton. global；Grant Thornton International Ltd.，"Women in Business：Beyond Policy to Progress，" March 2018，www. grantthornton. global.

　　许多国家都面临劳动力和管理人才短缺的问题。在世界大多数地区，女性仍然失业或未充分就业。例如，虽然女性占全球高等教育毕业生的一半左右，但平均只有 25% 的女性担任管理人员。更多女性进入劳动力市场有利于那些由于人口老龄化和其他趋势而面临劳动力短缺的国家。图 17.6 表明，女性获得高级管理职位的机会比男性少。即使在发达经济体，她们有时也无法获得与男性相同的教育和培训机会。尽管有证据表明，谋求国际职位的女性和男性一样多，但有机会填补外派职位空缺的女性相对较少。[①]

　　这有几个原因。首先，高级管理人员可能认为女性不适合在国外担任领导，或者外国男性不喜欢向女性经理汇报。企业不愿将女性派往传统性别角色为常态的国家。在一些男性占主导地位的国家，哪怕获得工作签证也可能成为女性面临的难题。在许多国家，男性经理会一起喝酒，参加体育赛事，或者享受夜生活。一些女

第 17 章

---

　　① Georges Devaux et al.，2017；Harris，Moran，and Moran，2007；Devaux et al.，2017；Hunt，Prince，Dixon-Fyle，and Yee，2018；John and Lakshmi，2017.

性在这种全是男性的环境中会感到不舒服。①

其次，抚养孩子和承担其他家庭义务也会成为阻碍女性事业发展的因素。尽管弹性工作制和非全日工作制对女性在事业阶梯上取得进步至关重要，但是很少有企业会为女性提供这种机会。最后，由于目前在高级管理层供职的女性本来就相当少（在欧洲，女性担任高级管理人员的比例只有 15%～25%），拥有丰富的经验、能够被派驻国外完成重要工作的女性就更少了。

不过，职业女性的处境正在逐渐改善。在发达经济体中，女性劳动力比以往任何时候都多。在欧盟，自 2000 年以来，女性占据了大部分新创造的工作岗位。在美国，女性的失业率低于男性。此外，受过良好教育的女性更有可能找到工作。②

像土耳其大型家族集团萨班哲控股集团的董事会主席古勒·萨班哲（Guler Sabanci）等富有远见的领导者，能够在提升女性员工的贡献方面发挥重大作用。她评论道："本世纪最显著的、可预见的趋势是，女性越来越多地参与到社会和商业的各个方面。研究表明，在过去十年中，女性在商界和政界中所占的比例比以往任何时候都要高……在我们萨班哲控股集团的每个层级，性别平等都非常重要。我们认为这种平等不仅应该体现在招聘上，而且应该体现在福利、培训和晋升上。这是企业进步的关键竞争优势之一。"③

越来越多的女性获得了商务专业的大学学位。在欧洲和美国商务专业的研究生中，她们至少占了 50%。欧洲企业招聘的员工中，约有一半是女性大学毕业生。在美国，每年考入高等学府的男性与女性的比例为 100∶140。在瑞典，这一比例为 100∶150。④ 另外，从事商务工作的女性也逐渐建立起属于自己的人脉。例如，在英国，一些女性组织了"女性董事培训计划"（Women Directors on Boards），该计划旨在提高女性获得高级管理职位的可能性。国际贸易女性协会（Association of Women in International Trade）是美国的一个组织，旨在鼓励和支持女性从事国际商务工作。

在欧盟，拟议的立法要求：到 2020 年，女性在上市公司董事会中至少占 40% 的席位。然而，2003 年挪威通过的一项类似的法律对总体上增加女性董事代表数

---

① John and Lakshmi, 2017; Robert T. Moran, Phillip R. Harris, and Sarah V. Moran, *Managing Cultural Differences*, *Global Leadership Strategies for the 21st Century*, 7th ed. (Oxford, UK: Elsevier, 2007); Jeanine Prime, Karsten Jonsen, Nancy Carter, and Martha Maznevski, "Managers' Perceptions of Women and Men Leaders: A Cross Cultural Comparison," *International Journal of Cross Cultural Management* 8, No. 2 (2008), pp. 171–180.

② Devaux et al., 2017; Hunt, Yee, Prince, and Dixon-Fyle, 2018; Jasen Lee, "Women in International Business Growing," *Deseret News*, November 8, 2011, www.deseretnews.com; Chris Rowley, Jean Lee, and Luh Lan, "Why Women Say No to Corporate Boards and What Can Be Done: 'Ornamental Directors' in Asia," *Journal of Management Inquiry* 24, No. 2 (2015), pp. 205–207; Susan Shortland, "The 'Expat Factor': The Influence of Working Time on Women's Decisions to Undertake International Assignments in the Oil and Gas Industry," *International Journal of Human Resource Management* 26, No. 11 (2015), pp. 1452–1473.

③ 与作者的私人书信往来。

④ Matthew Brannan and Vincenza Priola, "Between a Rock and a Hard Place: Exploring Women's Experience of Participation and Progress in Managerial Careers," *Equal Opportunities International* 28, No. 5 (2009), pp. 378–397; Devaux et al., 2017; Hunt, Prince, Dixon-Fyle, and Yee, 2018; Rowley, Lee, and Lan, 2015.

量的效果甚微。从事管理工作的女性因其在激发灵感、参与决策等方面的榜样作用而受到特别的重视。[1]

国际人力资源管理与企业社会责任

无论企业员工是直接还是间接为企业工作，企业行为都会影响他们。企业社会责任意味着企业应该回应其所有利益相关者，并在招聘、签订合同和管理员工等方面采取社会可接受的方式。

服装和鞋类企业耐克将其几乎所有产品的生产都外包给了外国承包商。耐克依赖的许多供应商共雇用了超过100万名工人，特别是在越南、印度尼西亚和中国。耐克曾被指责对国外承包商工人的福利不够关心。20世纪90年代初，耐克在亚洲的一些工厂付给员工的工资不足以满足他们基本的营养需求。有些工厂像血汗工厂一样，工人在艰苦的条件下长时间工作。耐克的高级管理人员辩解说，因为耐克不拥有这些工厂，所以它不对工厂的工作条件负责。然而，耐克还是成了反全球化和反血汗工厂运动的目标。

为了更好地了解这一情况，耐克系统地评估了其国外供应商的工厂条件。管理层制定了企业社会责任目标，将企业责任和可持续发展融入了企业战略和长期增长目标。耐克开始要求其供应商改善工作条件，并设定了改善劳动条件和消除长时间工作的标准。它开发了审核工具来衡量供应商是否符合新的劳工标准，并批准了供应商在员工发展方面的投资计划，确保其标准得到遵守。

耐克开始要求供应商满足最低的环境、健康和安全标准。现在，耐克开始考量国家层面的因素，如基础设施质量、人权、经济和政治条件，旨在确保工厂的工人获得公平的工资。耐克一直在为承担其企业社会责任而努力着。

2018年，因企业没有实现关于性别平等和薪酬的目标，耐克的几位高级管理人员引咎辞职。耐克的一些女性员工散发了一份调查报告，其中指出公司的高级男性经理有歧视和其他不当行为。作为回应，耐克制订了让更多女性和少数族裔担任领导职位的计划。

资料来源：Shelly Banjo, Patrick Barta, and Ben Otto, "Inside Nike's Struggle to Balance Cost and Worker Safety," *Wall Street Journal*, April 22, 2014, pp. A1, A12; David Doorey, "The Transparent Supply Chain: From Resistance to Implementation at Nike and Levi-Strauss," *Journal of Business Ethics* 103, No. 4 (2011), pp. 587-603; Abigail Hess, "How an Informal Survey of Women at Nike Led Two Top Executives to Resign," *CNBC*, March 20, 2018, www.cnbc.com; Tiffany Hsu, "Nike Executive Resigns; C. E. O. Addresses Workplace Behavior Complaints," *New York Times*, March 15, 2018, www.nytimes.com; Peter Lund-Thomsen and Neil Coe, "Corporate Social Responsibility and Labour Agency: The Case of Nike in Pakistan," *Journal of Economic Geography* 15, No. 2 (2015), pp. 275-296; Nike, "Global Manufacturing," 2015 company information, www.nike.com; Helen Zhao, "Nike HR Chief Says Company 'Has Failed' to Hire and Promote More Women and Minorities," *CNBC*, April 4, 2018, www.cnbc.com.

---

[1] Georges Devaux et al., 2017; Toko Sekiguchi, "Abe Wants to Get Japan's Women Working," *Wall Street Journal*, September 12, 2014, www.wsj.com.

第17章

美世人力资源咨询公司（Mercer Human Resource Consulting, www. mercer. com）的一项调查发现，跨国企业女性外派员工的数量正在大幅增加。大约一半的受访企业认为，未来女性外派员工的数量将继续攀升。与此同时，有 15% 的企业表示不会把女性派往如中东等男性主导的地区。这项调查涵盖了 100 多家跨国企业和将近1.7 万名外派员工（包括男性和女性）。[①]

17.6.2　国际商务领域女性管理人员的成功战略

本章篇首案例中提到，谷歌的目标是雇用少数族裔、女性和具有不同文化背景的人。在许多国家，女性外派员工可以同时利用作为女性和作为管理人员的优势。从长远来看，女性出色的管理能力迟早会战胜偏见与歧视。[②]

许多女性已经找到克服高级管理层反对外派女性的偏见的方法。会说一门外语，或者具备其他国际技能，将有利于获得国际工作；在国内担任经理或在国外完成短期国际任务时积攒起来的大量经验，也有利于获得更多被外派出去的机会；获得高级管理层的大力支持也能提高威望。一旦到了国外的传统社会，大多数人对这些女性的第一反应往往是惊讶，但随后就会被其专业性折服，从而开始尊重她们。在本书的专栏"从事国际商务相关工作的新近毕业生"中，一些女性毕业生的经历也反映了这一趋势。

为了确保女性在国际商务中获得更大程度的平等，企业采取了多种方法：

● 提供培训项目以帮助女性管理人才发展；
● 聘请合格的女性担任国外岗位的领导人；
● 遵循关于高级管理职位和执行董事会中女性员工所占比例的最低要求。
● 设定执行董事会中女性的目标人数。
● 让女性高级管理人员成为有抱负的女性的指导者和榜样。

此外，许多公司已经调整了晋升机制，以适应需要抚养孩子的员工。德国和瑞典的大多数公司设置了弹性工作时间，允许员工根据照顾孩子的需要安排时间。领先企业认识到有必要建立多样化和国际成功女性管理者的新标准。埃森哲、安永等企业都赞助了旨在帮助女性在全球职场中晋升的计划。

第 17 章

篇尾案例　　　　　索尼的人力资源战略

日本的电子产品巨头索尼在全世界各地雇用了 13 万名员工，主要从事 PS 游戏机、电视、数码摄像机、相机、笔记本电脑、个人音乐播放器和半导体的制造和营销。公司的总销售额中，日本市场约占三分之一，欧洲和北美市场各占 20%，中国及其他亚洲国家各

[①]　Till Leopold, Vesselina Ratcheva, and Saadia Zahidi, "The Global Gender Gap Report," *World Economic Forum* 2017, www. weforumorg.
[②]　Devaux et al. , 2017; Hun, Yee, Prince, and Dixon-Fyle, 2018; Rowley, Lee, and Lan, 2015.

占 10%，而其余的则来自世界其他各地。索尼还拥有若干个娱乐部门，其中包括史诗唱片公司和索尼影视电视公司。而且，索尼在中国、日本、马来西亚、墨西哥、西班牙以及英国都有工厂。

索尼最近面临的挑战包括日元走强对销售的影响、网络威胁和激烈的竞争。索尼的PS游戏机面临着来自任天堂和Xbox的激烈竞争；索尼的阅读器同样受到亚马逊的Kindle和现在兴起的iPad带来的压力；索尼的音乐播放器也逐渐被iPod和iPhone取代；索尼的半导体业务则因智能手机和其他移动设备在新兴市场的降价销售而受损。

制造业工人队伍

在过去的10年里，索尼的高级管理层对公司进行了大规模的重组。它关闭了10多家工厂，裁减了2万个工作岗位，并将组装工作转移到低成本地区。然而，在大多数情况下，索尼的高级管理层力图避免解雇工人。但随着平板电视的出现，英国的工厂生产的阴极射线管组件过时了。索尼在处理裁员问题上百般谨慎，一边同工会一道制订优惠的补偿方案，一边在同一地区为员工寻找新的就业机会。最终，管理层改组了工厂，开始生产高清晰度大众数码摄像机。索尼还建立了稳固的客户关系，培养了新人才，创造了新的企业文化，使员工融入新的战略中。工厂通过强调要以一流的努力成为首选供应商，实现了企业再造。

在中国，索尼拥有众多的工厂和研发中心，并外派了许多员工过来。中国的吸引力在于其低成本劳动力和高超的工人技能，特别是在高科技项目方面。索尼在中国北方的研发中心雇用了20 000多名软件工程师。附近的大学和技术学院每年培养出数以千计的工程专业毕业生。由于外国企业（包括戴尔、日立、IBM和日本电气）在中国高度集中，所以它们不得不对当地人才展开激烈的争夺。

人力资源哲学

索尼拥有高度发达的国际人力资源管理方法。在招聘新员工时，高级管理人员会挑选出具备企业家精神、创造性思维和高超的沟通能力的人。索尼前董事长大贺典雄（Norio Ohga）是一位歌剧演员、管弦乐队指挥，还拥有喷气式飞机驾驶执照。他所接受的音乐和艺术教育以及科学和工程学教育，对索尼最成功的产品的开发产生了深远的影响。在所有领域，索尼都鼓励员工合理安排自己的角色，最大限度地发挥个人特长。

在索尼的国外子公司中，人力资源经理往往把时间都花在了高级管理人员和员工身上，他们努力将企业目标和策略与员工完成重要任务所需的能力联系起来。高级管理人员要找出对实现企业目标起关键作用的工作岗位，分析他们是否将最佳人选配置到了最具战略意义的岗位上，并搞清楚他们还需要招聘什么样的人才。

当索尼欧洲公司陷入四面楚歌的境地，必须进行重组和再造时，人力资源经理们专注于发现和发挥管理人员及其他员工的关键能力，以此作为提高企业绩效的手段。公司还引入了指导项目，鼓励员工专注于自己最擅长的事情，最大限度地提高他们对公司绩效的贡献。

培训和人才开发

索尼为大有可为的新员工提供管理培训课程，建议他们去做自己最热衷的事情，鼓励他们千方百计运用自己的智慧促进企业发展。他们要完成各门正式课程以及培训，以满足个人的需求，实现个人的事业抱负。企业还建立起一个覆盖其所有人才的导师和指导网络，由现任高级管理人员对可能接替自己的接班人提供指导，接班人再作为导师为更年轻的高级管理人员候选人提供指导。

索尼十分注重培养全球化经理，以及确保高级管理岗位有继任者。高级管理层会将那些有抱负和敢于接受挑战的员工培训成拥有极强的分析能力和智力素质的潜在管理者。培训项目还注重培养这些员工的前瞻性、领导能力、情商、人际交往能力及影响别人的能力。

索尼在组织内部实施了一项广泛的人才垂直提拔制度，以培养和支持潜力大的员工从基层员工一路成长为企业的现任高级管理人员。索尼的高级管理层有一套详尽的面试和评估系统，用于识别企业各层次的潜在人才。快速升迁的候选人必须能流利地说英语和其他两种语言，必须拥有丰富的跨国工作经历，必须具备担任企业跨国管理者所需的干劲和雄心。

公司要求高级管理人员不断从员工队伍中寻找和培养有潜力的人才。最近，这家长期被日本文化束缚的企业提议培养更多会说英语的管理人员，以此来进行自我改造并保持自身的行业领先地位。前任首席执行官霍华德·斯金格（Howard Stringer）已经任命了很多非日本籍的员工作为领导者，这些人中很多都要比传统老练的日本管理人员年轻许多。由一位非日本人担任首席执行官帮助索尼转向了地理中心导向的人员配置政策。

企业社会责任

对于国外的生产经营机构，索尼奉行一种"正直态度"，并力图遵循超过当地要求的高标准。随着企业国际化扩张的深入，索尼管理层懂得，今天的行动会对明天能否进入新市场起到决定性作用。如果在一个国家通过低标准进行剥削，会损害企业声誉，导致企业无法进入新市场。例如，索尼在墨西哥的经历对它而言就是一个教训，当地的人权组织指责它侵犯了工人集体结社的自由。

跨国企业不应该简单地按照东道国的要求行事，而应该为公司经营制定全球性标准。索尼已经采取措施统一工作场所的标准，以便于管理人员制定内部绩效标准，在不同国家分享经验，为企业的全球经营提供一致的管理。索尼目前正致力于建立统一的雇用标准，在所有经营地点都提供良好的工作条件和合乎当地标准的工资及福利，确保国外工厂提供的工资能够让工人达到相对公平的、适宜的生活水准。

案例问题：

17-4. 传统上，日本跨国企业在国际招聘方面遵循民族中心主义，由总部的经理担任关键的子公司职位。而索尼正在摆脱这种模式，那么它在为子公司配备人员时应该采取什么方式？在为国外业务挑选外派员工时，为确保其管理人员能够熟练地在国外生活和工作，索尼应该强调哪些特质？

17-5. 在为其在中国和欧洲的业务寻找合适的人才方面，索尼正面临着挑战。它应该采取什么措施来确保有足够的国际管理人员和其他人才来开展全球业务？索尼应该如何推广全球思维？

17-6. 您如何看待索尼的培训工作？鉴于其跨国业务，索尼可以采取什么措施来改进其培训内容？

17-7. 索尼在印度尼西亚和其他地方都遇到过劳资关系问题。其管理层应该采取什么策略来改善劳资关系？它能做些什么来减少企业将来可能面临的劳资关系问题的数量或减轻这些问题的严重程度？

17-8. 您如何看待索尼在企业社会责任方面所做的努力？索尼在组织和管理全球业务方面，特别是在发展中国家和新兴市场，可以采取哪些措施来提升企业在社会责任方面的形象？

资料来源：Ishneet Dhillon and Sonam Gupta, "Organizational Restructuring and Collaborative Creativity: The Case of Microsoft and Sony," *IUP Journal of Business Strategy* 12, No. 1 (2015), pp. 53-65; Hoover's profile of Sony, 2018, www. hoovers. com; Kana Inagaki, "Sony Chief Executive Outlines Long-Term Profit Strategy," *Financial Times*, May 23, 2017, www. ft. com; *Marketline*, "Company Profile: Sony Corporation," March 6, 2017, www. marketline. com; Brian Oloo and Edwin Oloo, *Microsoft vs. Sony: The Battle for the Millennials* (Amazon Digital Services, 2016), www. amazon. com; Richard Siklos, "Sony: Lost in Transformation," *Fortune*, July 6, 2009, p. 68; Jonathan Soble, "Sony's Fortunes Improve, from Rising Profit to a Return for Aibo," *New York Times*, November 1, 2017, www. nytimes. com; Sony Corporation, "Developing and Deploying Core Human Resources Capable of Excelling Globally," August 23, 2017, www. sony. com; Daisuke Wakabayashi and Yoshio Takahashi, "Sony's New CEO Vows to 'Revive' Company," *Wall Street Journal*, April 13, 2012, p. B4; Works Management, "Sony Workers Rally After Site Is Torched in London Riots," September 2011, p. 7.

本章要点

第17章

关键术语

区域研究（area study）
劳资协同经营制度（codetermination）
集体谈判（collective bargaining）
跨文化意识（cross-cultural awareness）
文化智力（cultural intelligence）
文化冲击（culture shock）
外派员工（expatriate）

外派任务失败（expatriate assignment failure）
全球人才储备库（global talent pool）
东道国员工（host-country national，HCN）
国际人力资源管理（international human resource management，IHRM）
母国员工（parent-country national，PCN）
绩效评价（performance appraisal）

实用信息（practical information）　　　　　第三国员工（third-country national，TCN）

回任（repatriation）

本章小结

在本章中，你学习了：

1. 人力资源在国际商务中的战略作用

国际人力资源管理（IHRM）是指国际经营机构挑选、培训、雇用和激励员工的过程。国际人力资源管理比国内人力资源管理更为复杂，企业必须针对自己开展经营活动的每一个国家，制定出合适的人力资源管理程序、政策和过程。东道国员工（HCN）指国籍为跨国企业子公司或联营公司所在国的员工。母国员工（PCN）指国籍为跨国企业总部所在国的员工。第三国员工（TCN）指国籍为母国和东道国以外的国家的员工。外派员工则指被长期（通常为一年或更长时间）派驻在国外工作的员工。国际人力资源管理有六大主要任务：制定国际员工配备政策、开展国际员工的准备和培训工作、对国际员工进行绩效评价、对国际员工制订薪酬方案、维护国际劳资关系、实现国际员工的多样化。

2. 国际员工配备政策

国际人力资源经理需要确定企业国际子公司和联营公司理想的员工构成比例。适于被派驻国外工作的管理人员常常需要具备以下素质：掌握了丰富的与岗位工作相关的知识；自力更生；适应能力强；善于维持人际关系和开展团队合作；有较强的领导能力；身体健康、情绪稳定；配偶和子女已准备好在国外生活。外派任务失败是指员工未完成国际性任务而提前回国的情况。这种情况的发生可能是因为员工不能够很好地完成任务，也可能是因为员工的家属很难适应新环境。对外派员工来说，经历文化冲击也并不罕见。

3. 国际员工的准备和培训

对管理人员进行适宜的培训和引导能够提高企业的绩效。为完成国际任务而进行的培训一般包括区域研究、实用信息和跨文化意识。具体培训方法包括：视频演示、讲座、阅读任务、案例

研究、书籍、网上教学、关键事件分析、模拟、角色扮演、语言培训、实地体验和潜移默化。具备外语能力可以为管理人员提供无数优势。回任指外派员工回到自己的母国，回任也需要提前准备。培训对于国外非管理人员也十分重要。

4. 国际员工的绩效评价和薪酬方案制订

国际员工的绩效评价涉及对员工完成工作的情况提供反馈、找到有必要提供进一步培训的方面、为奖励表现卓越的员工提供依据。企业必须为评估国外经营机构的绩效建立程序和步骤，国外环境中各种各样的因素都可能影响有效的绩效评价。由于各国法律规定的福利、税法、生活成本、当地传统和文化不同，薪酬方案也存在国别差异。在某些地方，如果要满足外派员工维持通常的生活水平的需求，那么付出的代价可能是昂贵的。外派员工的薪酬通常包括四个部分：基本工资或薪水、福利、津贴和奖金。因为外派员工的同一笔收入可能面临来自东道国和母国的两次征税，所以还必须考虑税收平衡问题。

5. 国际劳资关系

跨国企业会在国外雇用大量从事工厂工作或其他工作的非管理型员工，这些员工常常加入了工会组织。管理层必须维持良好的劳资关系，在解雇员工或裁员时必须谨慎行事。劳动力的素质和生产效率，连同劳动力成本，都是十分重要的考虑因素。劳资协同经营制度，即员工加入董事会，在一些国家相当普遍。工会有时会阻碍全球性竞争和移民潮。领先的跨国企业会建立劳工发展方面的信息系统，与所有员工开展对话和交流，并制定标准化政策，统一企业在世界各地的雇佣标准和工作条件。

6. 国际员工的多样化

比较领先的跨国企业都广泛招聘背景、民族、性别各异的员工，因为他们能够给企业带来丰富

的经验与知识，帮助企业应对各种问题与机遇。员工在文化上的多样化也提高了交往中的复杂性。成功的应对方法是：首先，了解并接受员工中存在的差异；其次，利用这些差异，改善企业的计划、战略和经营。在大多数国家中，从事国际商务工作的女性经理依旧十分稀少。企业可以采取一些措施，确保女性在从事国际商务相关工作方面享有更平等的权利。

检验你的理解

17-9. 什么是国际人力资源管理（IHRM）？为什么企业的国际化很重要？IHRM 在企业战略中的作用是什么？

17-10. 在什么情况下，一家跨国企业的员工会具有（a）母国国民、（b）东道国国民和（c）第三国国民的身份？

17-11. 精通国外工作的管理人员有哪些特点？

17-12. 对外派员工的培训主要包括哪些内容？

17-13. 人力资源经理可以采取什么方法为外派员工回任做准备？

17-14. 人力资源经理在评估一个在国外工作的员工的绩效时应该考虑哪些因素？

17-15. 假设你作为跨国企业的外派员工赴国外工作。你期望自己的薪酬方案中包括哪些内容？

17-16. 国际劳资关系呈现出哪些大趋势？

17-17. 企业可以采取哪些措施来增加女性获得国际商务相关工作的机会？

运用你的理解

17-18. 日产汽车是日本第二大汽车公司，年销售额超过 1 000 亿美元。几年前，当日产汽车即将破产时，卡洛斯·戈森（Carlos Ghosn）被任命为该公司的首席执行官。他关闭了低效的工厂，降低了购买成本，并推出了新产品。假设日产公司要求你就 IHRM 问题提供建议。你建议采取哪些具体的人力资源战略来进一步提高公司的绩效？特别是，你将如何就全球管理人员的发展、员工的准备和培训，以及如何最好地整合具有不同文化背景的日本和西方管理人员向高级管理人员提供建议？

17-19. GW 是一家渴望实现国际化的乐器制造商。作为国际商务领域的新手，GW 的高级管理层希望在未来四年内，通过在低成本国家建立外国营销子公司和生产基地来削减制造成本，并实现至少三分之一的销售额来源于外国市场这一目标。GW 的董事会主席拉里·格伯（Larry Gerber）已经任命你为在国外开展招聘工作的工作组成员。你会建议 GW 按照哪些准则来招聘和挑选外派员工，如何避免外派任务失败，以及如何评价外派员工的绩效？

17-20. 道德困境：在一些发展中国家，工厂里的工人经常长时间工作，却拿着低工资。一些工厂甚至没有暖气和空调，工人还可能接触有害物质。如果工人抱怨，他们可能就会被解雇。然而，一些发展中国家的工会正在日益壮大。尽管管理层反对，但像乐购和沃尔玛这样的公司还是被迫允许工人加入工会。工会要求给工人提供更好的工作条件和更高的工资，偶尔也会组织工人罢工。一些跨国企业的管理层阻止工人加入工会。其他跨国企业则选择在东欧和拉丁美洲建立生产基地，因为那里的工会力量相对较弱。发展中国家政府担心工会力量的壮大会吓跑外国公司，从而影响 FDI 流入。假设你为乐购、沃尔玛或其他进入这些发展中经济体的大型零售商工作。你的公司会阻止工人成立工会吗？在确定工会的适当性和作用时，管理层应该考虑哪些因素？你的公司对谁负责，员工还是股东？公司能否与工人达成公平的承诺？使用第4章中的道德行为框架来分析这个困境。

网络练习

17-21. 世界各地的生活方式（如生活费用）各不相同。国际人力资源经理的一项工作就是为在国外工作的员工制订合适的薪酬方案。美国国务院（The U. S. Department of State）为企业提供了用于计算世界各地薪酬的信息。访问互联网或直接访问 aoprals. state. gov，准备一份报告，介绍为在布拉格和东京工作的外派员工制订薪酬方案需要考虑的因素，包括海外生活成本。

17-22. 史赛克（Stryker）是一家医疗器械生产商，它希望在欧洲大陆建立一家工厂。对于工厂的地址，管理层只能在法国、德国和波兰之间选择。假设你是史赛克的员工，你的上司要求你通过研究，从这三个国家中选择最佳的那个。管理层倾向于选择生产率最高、工人成本最低的国家。美国劳工统计局（www. bls. gov）、欧盟委员会（http://ec. europa. eu）和经济合作与发展组织（www. stats. oecd. org）都是很好的研究数据来源。请你就法国、德国或波兰哪个国家最适合建厂提出建议。（注：此类决策通常比本章所介绍的要复杂得多，但初步分析是决策的起点。）

17-23. Expat. com（www. expat. com）、International Business Center（www. international-business-center. com）、Global Affairs Canada（www. international. gc. ca/international/index. aspx? lang＝eng）和其他网站为外派员工提供了有关如何在不同国家生活和经商的信息。假设你是英国维珍航空公司的员工，并被派往该公司在新兴市场的办事处工作（选择一个新兴市场，如阿根廷、印度、墨西哥、南非或土耳其）。您需要学习如何有效地与所选国家的客户和同事打交道。请选择三个主题（例如，预约、商务着装指南、赠送礼品），并准备一份内容提要，说明如何在所选国家就您选择的主题行事。直接访问上述网站，或在互联网搜索引擎中输入关键词"国外旅行/生活"（travel/living abroad）。

17-24. 高级管理人员可以采取哪些步骤来培养全球管理人员？

17-25. 一般在哪些情况下会出现外派任务失败？

CKR 有形流程工具™练习

评估世界各地的生活水平

跨国企业在世界各地建立子公司来管理外国业务。全球化意味着更多的跨国企业将更多的员工外派到国外。跨国企业可能需要员工长期在国外生活和工作。对于外派员工和他们的家人来说，去外国生活可能是令人紧张的，而这有时会导致外派任务失败。如果一个人被外派到一个不受欢迎的地方，那么他可能会离开该企业。有经验的跨国企业往往会采用系统的方法将员工外派到国外。

除非生活质量令人满意，否则员工可能不愿意移居国外。在将员工外派到某个国家之前，跨国企业应该研究和考虑确保外派员工在那里取得成功的因素。外派任务成功意味着外派员工担任了新的职位，并且表现良好。

在这个练习中，你将：(i) 了解用于评估世界各地的生活水平的重要指标；(ii) 理解所需的关于国外生活条件的信息的类型；(iii) 了解跨国企业为建立区域总部或子公司而将管理人员派往国外时需要考虑的因素。

背景

跨国企业通常要求外派员工长期居住在国外。外派员工是指暂时或永久居住在国外的人，他们通常希望保持与他们在国内时类似的生活水平。

欧洲是世界上最有吸引力的市场之一。东欧拥有许多优势，包括有很多低工资、高质量的工人。因此，许多跨国企业急于将员工外派到欧洲。然而，管理层需要谨慎地进行这种操作，因为一次外派任务失败不仅会对员工造成伤害，而且会让跨国企业付出很高的成本。

许多可衡量的特征，如通勤时间、税率和住房成本，都会影响到外派员工工作的便利性。企业应该考虑影响外派员工生活质量的因素，确保外派员工及其家人能过上舒适的生活。

在这个练习中，假设你为一家正在将管理人员外派到欧洲的企业工作。你的任务是调查三个欧洲城市，在考虑外派员工在每个城市的生活质量的基础上，选出其中一个作为外派目的地。这个任务并不容易，因为每个城市无论看起来多么有吸引力，都会有缺点，只能权衡取舍。以法国的巴黎为例，法国是欧盟的一个大国，跨国企业对在法国开展经营活动有着极大的兴趣。巴黎是一个时尚中心，也是一个受欢迎的旅游目的地。然而，在巴黎生活的成本很高；法国的个人所得税税率高达 60%；在冬季，巴黎是灰色的，令人沮丧；巴黎人有时对外国人很粗鲁。

术语表

绝对优势理论（Absolute advantage principle）：主张一个国家应只生产它能够用相比别的国家更少的资源生产的产品并从中受益的理论。

文化适应（Acculturation）：调整和适应非本国文化的过程。

收购（Acquisition）：直接投资购买现有企业或设施。

本土化（Adaptation）：跨国企业努力修改其国际营销方案中的一个或多个要素，以满足特定市场中特定客户的需求。

发达经济体（Advanced economy）：具有人均收入高、工业竞争力强、商业基础设施发达等特点的后工业化国家。

代理人（Agent）：通过处理国际商务中有关买卖商品、产品和服务的订单，以获得佣金的中间商（通常是个人或小企业）。

套利者（Arbitrageur）：在两个或两个以上的外汇市场上买卖同一种货币，以从货币汇率差异中获利的货币交易者。

区域研究（Area study）：了解东道国历史、政治和经济方面的实际情况。

易货贸易（Barter）：对销贸易的一种，指的是没有货币参与的直接商品交换。

国际收支（Balance of payments）：对一个国家与所有其他国家的全部经济交易的年度计量。

债券（Bond）：发行人（借款人）为了筹集资金而发行的一种债务工具，发行人承诺在指定日期（到期日）向债券持有人偿还本金以及定期支付利息。

天生的全球公司（Born global firm）：在发展初期就开始参与国际商务活动，并迅速进入外国市场的公司，一般是年轻的创业公司。

建设 - 经营 - 转让（Build-operate-transfer，BOT）：一家企业或由多家企业组成的联合体在国外承包一项重要设施如大坝或水处理厂的建设，运营一段特定时间后将所有权移交给项目发起人（一般是东道国的政府或公共部门）。

业务流程外包（Business process outsourcing，BPO）：从外部供应商那儿采购会计、薪资发放和一些人力资源职能，以及差旅服务、IT 服务、客户服务和技术支持等服务。

回购协议（Buy-back agreement）：卖方同意向买方提供建造某设施所需的技术或设备，并以该设施所生产的产品作为买方向卖方的支付的一种对销贸易形式。

资本外逃（Capital flight）：指本地居民或国外持币者迅速地将本国货币或其他资产变卖并兑换为外币，这通常是国内危机导致他们对国家经济丧失信心，从而做出的反应。

专属采购（Captive sourcing）：跨国企业从自己的子公司或联营公司采购。

中央银行（Central bank）：每个国家的货币当局，负责调节货币供应和信贷、发行货币，并管理国家的货币汇率。

行为准则（Code of conduct）：将道德规范转换为有关哪些行为被禁止、哪些行为被鼓励的具体规则的文件。

道德准则（Code of ethics）：描述指导企业所有员工决策的价值观和对员工的期望的文件。

劳资协同经营制度（Codetermination）：员工代表在企业董事会任职并参与企业决策的劳资关系实践。

集体谈判（Collective bargaining）：在资方与计时工人和技术人员组成的劳方之间就报酬和工作条件进行的集体协商。

商业风险（Commercial risk）：企业因在制定商业战略、策略或流程时考虑不周或对制定的商业战略、策略或流程的执行不力而可能遭受损失或失败的风险。

共同市场（Common market）：区域经济一体化的第三个层次，其特点是：贸易壁垒被减少或取消，共同对外壁垒被建立，并且产品、服务和生产要素（如资本、劳动力和技术）被允许在成员国之间自由流动。

企业控股子公司（Company-owned subsidiary）：核心公司负责外国市场营销、实体分销、促销和客户服务活动的代表处。

企业销售潜力（Company sales potential）：企业预计在某一目标市场实现的销售份额。

比较优势（Comparative advantage）：指一个国家在全球竞争中提供独特利益与优势的特征。这些特征通常来自自然禀赋或国家政策。

比较优势理论（Comparative advantage principle）：主张只要一国在生产某种商品或服务上较为高效，就能通过自由贸易使双方获益的理论。

补偿贸易（Compensation deal）：一种既涉及商品形式的支付，也涉及现金形式的支付的对销贸易。

竞争优势（Competitive advantage）：是指竞争对手难以复制的特殊资产或难以模仿的特殊能力，这种资产或能力往往能够使企业进入外国市场并获得成功。

增值活动布局（Configuration of value-adding activity）：指企业开展增值活动的区位分布或地理安排。

合并（Consolidation）：指将国外子公司的财务报表整合到母公司的财务报表之中这一过程。

联合体（Consortium）：是指为完成一个大型项目而与多个合作者联合成立的一家基于项目的非股权企业。

传染（Contagion）：指一个国家的金融危机或货币危机由于国家经济一体化而迅速蔓延到其他国家的趋势。

合同制造（Contract manufacturing）：指焦点公司将按照明确的说明书制造产品的工作承包给某一独立供应商的一种制度安排。

国际商务领域的契约式进入战略（Contractual entry strategies in international business）：指焦点公司与其外国合作伙伴之间存在明晰的契约关系的跨国交易。

企业治理（Corporate governance）：指管理、指导和控制企业的程序和过程系统。

企业社会责任（Corporate social responsibility，CSR）：是指以满足或者超过企业在开展商务活动的过程中所涉及的国家的顾客、股东、雇员、相关组织等利益相关者的合理、合法的商业期望的方式经营企业。

腐败（Corruption）：是通过非法手段获得权力、个人利益或影响力的行为，通常以牺牲他人为代价，是不道德行为的一种极端形式。

互购（Counterpurchase）：也称为背靠背交易或抵消协议，涉及两笔不同的交易。在第一笔交易中，卖方同意按某一价格出售自己的产品，并获得买方的现金支付。不过，这第一笔交易能否最终实现还要取决于第二笔交易。在第二笔交易中，卖方同意向买方购买与前一笔交易的金额相等或为其一定比例的商品（或在买方国家生产/组装一定比例的商品）。如果两笔交易的金额不等，则要以现金形式支付差额部分。

对销贸易（Countertrade）：指全部或部分以实物而非现金支付的国际商务交易。

反补贴税（Countervailing duty）：指用于抵消出口国家给予生产商和出口商的补贴的关税。

国家风险（Country risk）：也称为政治风险（political risk），是指外国政治、法律和经济环境的发展对企业的运营和盈利能力造成的潜在不利影响。

关键事件分析（Critical incident analysis，CIA）：是管理者用来分析跨文化交流中遇到的尴尬情况的一种有用方法。它通过帮助管理者变得更客观并对其他观点产生共鸣，来更有效地缩小文化差异。

跨文化意识（Cross-cultural awareness）：与来自不同语言、文化背景的人员进行有效交往的能力。

跨文化风险（Cross-cultural risk）：指因文化误解而使某些人的价值观受到威胁的情况或事件。

交叉许可协议（Cross-licensing agreement）：是一种基于项目的非股权合作方式，其中合作各方达成一致，任何一方均能够以优惠条件使用其他方开发的授权技术。

文化智力（Cultural intelligence）：是一个人在以文化多样性为特征的情况下高效工作的能力。

文化隐喻（Cultural metaphor）：指与特定社会有着密切联系的独特传统或制度。

文化（Culture）：指特定社会中人们所具有的独特的价值观、信仰、习俗、艺术以及思想和工作的其他产物。

文化冲击（Culture shock）：指因长期在异域文化中生活而产生的混乱和焦虑。

货币管制（Currency control）：指对硬通货（如美元、日元和欧元）外流的限制。

外汇期权（Currency option）：赋予期权买方在特定时间内以约定的汇率买入（卖出）一定数量外币的权利而不是义务的合约。

货币风险（Currency risk）：即一种货币相对于另一种货币的价格发生变动所造成的潜在损失。

货币互换（Currency swap）：指按照特定的日程安排，对两种货币进行对调。

现行汇率法（Current rate method）：以外币计量的资产负债表和利润表中所列的全部项目均按现行汇率折算的方法。

海关（Customs）：在每个国家的入境口岸设立的检查站，由政府官员检查进口产品并征收关税。

关税同盟（Customs union）：区域经济一体化的第二个层次，除了成员国协调其对外贸易政策，并对从非成员国进口的产品采用共同关税和非关税壁垒之外，其他方面均与自由贸易区相似。

债务融资（Debt financing）：通过从银行/其他金融中介机构贷款，或者向个人或机构出售公司债券来筹集资金的方式。

贬值（Devaluation）：指政府采取行动降低本国货币相对于其他国家货币的官方价值。

发展中经济体（Developing economy）：以工业化程度有限和经济停滞为特点的低收入经济体。

直接出口（Direct exporting）：指通过与国外中间商签订合同而实现的出口。

直接标价法（Direct quote）：指兑换 1 单位外国货币所需要的本国货币的单位数。

分销渠道中介（Distribution channel intermediary）：指负责为焦点公司提供各种物流和营销服务的专业公司，无论是在焦点公司的母国还是国外，它们都是国际供应链的一部分。

单证（Documentation）：指出口交易中运输程序和报关程序所要求的各种正式表格和其他文件。

倾销（Dumping）：指制造商对出口产品收取低于国内或第三国，甚至低于成本的低价。

经济风险（Economic exposure）：亦称经营风险，指当汇率波动引起企业产品定价、投入成本及国外投资的价值发生变化时企业所面临的货币风险。

经济同盟（Economic union）：区域经济一体化的第四个层次，其特点是：成员国不仅享有以前各阶段的所有好处，而且致力于采取共同的财政政策和货币政策。

新兴市场（Emerging market）：又称新兴市场经济体，是指以前属于发展中经济体，但从 20 世纪 80 年代开始实现了较高程度的工业化和现代化，并且经济增长迅速的经济体。

股权融资（Equity financing）：指将股份出售给投资者，同时为投资者提供所有权收益——股息。企也可以将利润留存起来，即对利润进行再投资，而不是将它们以股息形式发放给投资者。

合资企业（Equity joint venture）：是一种合伙形式，通常是由两家或两家以上的母公司通过投资或汇集资产创建的一家独立的企业（一个新的法律实体），其所有权归这些母公司共同所有。

股权参与或股权所有（Equity participation or equity ownership）：焦点公司只拥有目前企业的部分所有权的情况。

道德（Ethics）：指道德原则和价值观，它决定了人们、企业和政府的行为的对错。

道德困境（Ethical dilemma）：指这样一种情况，即某一个问题可能有两种或两种以上可能的解决方法，但没有哪一种方法在道德方面是令人满意的。

种族中心导向（Ethnocentric orientation）：即用自己的文化作为判断其他文化的标准的倾向。

欧洲债券（Eurobond）：指向债券发行国之外的地区出售的以债券发行国本国货币为面值的债券。

欧洲货币（Eurocurrency）：指存放在其发行国以外的任何货币。

欧洲美元（Eurodollar）：是美国境外的银行，包括美国的银行在境外的分行持有的美元。

汇率（Exchange rate）：即一种货币以另一种货币表示的价格，它常常随时间而变化。

外派员工（Expatriate）：被所在企业派到国外工作并在国外居住一段时间（通常是一年

或更长）的员工。

外派任务失败（Expatriate assignment failure）：是指员工未完成国际性任务而提前回国的情况。

出口管制（Export control）：即管理或阻止特定产品出口或与特定国家贸易的措施。

出口部（Export department）：企业内部负责管理出口业务的部门。

出口管理公司（Export management company，EMC）：总部设在国内，为客户企业（通常缺乏经验的）充当出口代理，代表客户企业寻找出口客户、协商销售条款并安排国际运输的中介机构。

出口（Exporting）：即从位于母国或第三国的基地向位于国外的客户出售产品或服务。

治外法权（Extraterritoriality）：指在一国国境之外，针对本国国民或其行为实施本国的法律。

协助者（Facilitator）：指在银行、法律咨询、海关或相关的支持服务方面具有特殊的专业知识，帮助焦点公司进行国际商务交易的公司或个人。

家族集团（Family conglomerate，FC）：指大型的、高度多元化的私人企业。家族集团的经营范围一般很广，从银行业到建筑业再到制造业都有涉足。

焦点公司（Focal firm）：是国际商务交易的发起人，负责构思、设计和生产供全球客户消费的产品。焦点公司在国际商务中占据中心位置，主要是大型跨国企业和中小企业。

外国债券（Foreign bond）：指向债券发行国之外的地区出售并且以发行目的国的货币为面值的债券。

外国直接投资（Foreign direct investment，FDI）：指一种国际化战略，采取该战略的公司会通过购买土地、工厂、设备、资本和技术等生产性资产，在国外建立实体。

国外分销商（Foreign distributor）：指位于外国市场的中间商，它们根据合同为出口商提供服务。国外分销商在其国内市场或领土上拥有出口商的产品所有权和分销权，通常具有销售、促销和售后服务等营销职能。

外汇（Foreign exchange）：指所有能在国际上交易的货币形式，包括外币、银行存款、支票和电子转账等。

外汇市场（Foreign-exchange market）：指买卖国家货币的全球市场，没有固定场所。

对外贸易区（Foreign trade zone，FTZ）：也称自由贸易区或者自由港口，是一国境内进口产品用于组装或其他处理以供重新出口的区域。

远期合约（Forward contract）：指按照合同约定的汇率买卖外汇并在未来交割清算的一种金融工具，在交割日之前，并无资金转手。

远期汇率（Forward rate）：指适用于在未来某一特定日期收取或交割外汇的汇率，是未来交割外汇所使用的汇率。

特许经营（Franchising）：焦点公司通过赋予外国商业合作伙伴（被特许人）相关权利和技术，允许其在本国市场上经营，同时向其收取费用、特许权使用费或其他形式的补偿的外国市场进入战略。

特许人（Franchisor）：授予其他企业使用自己的整个商业系统的权利以换取费用、特许权使用费或其他形式的补偿的企业。

自由贸易（Free trade）：指商品和服务在国家之间的流动相对不受限制。

自由贸易协定（Free trade agreement）：指两个或两个以上的国家之间为降低或消除关税、配额及其他产品和服务贸易壁垒而做出的正式安排。

自由贸易区（Free trade area，FTA）：区域经济一体化的最低层次。自由贸易区的成员国同意逐步取消集团内正式的产品和服务贸易壁垒，但是各成员国对集团外的国家保持独立的国际贸易政策。

货运代理人（Freight forwarder）：是专门的物流服务提供商，代表出口企业安排国际航运。

掩护贷款（Fronting loan）：指母公司通过大型银行或其他金融机构向子公司提供的贷款。

职能型组织结构（Functional structure）：企业的国际业务管理和决策围绕职能活动（如生产和营销）进行的一种组织结构。

期货合约（Futures contract）：指按照约定的价格在约定的日期买卖外汇的协议。

关税及贸易总协定（General Agreement on Tariffs and Trade，GATT）：1947年由23个国家之间达成的一项贸易协定，其宗旨是通过成员国之间的持续谈判，降低成员国的关税和其他贸易壁垒。

地理中心导向（Geocentric orientation）：指一种全球化的思维模式，具有这种思维模式的经理可以理解企业或市场，而不用考虑国家边界。

区域型组织结构（Geographic area structure）：指将控制权和决策权下放到各个区域，并由该区域分部的管理者负责其所在区域的经营活动的组织结构。

全球客户管理（Global account management，GAM）：指不论企业在世界何处经营，都要为全球核心客户提供始终如一的标准化服务。

全球债券市场（Global bond market）：指进行债券买卖（主要通过经纪人）的国际市场。

全球品牌（Global brand）：是一种在全球范围内采用标准化的定位、广告策略和外观的品牌。

全球资本市场（Global capital market）：指企业和政府获得中长期资金的金融市场的集合。

全球股票市场（Global equity market）：由全世界各股票交易所构成的，供投资者和企业进行股票买卖的场所。

全球金融体系（Global financial system）：由促进并监管世界投资和资本流动的国际金融机构组成。该体系的主要成员包括国家财政部、国家证券交易所、商业银行、中央银行、国际清算银行、世界银行和国际货币基金组织。

全球性产业（Global industry）：在区域或全球范围内参与竞争的产业。

全球整合（Global integration）：指通过充分利用国家之间的相似性，协调企业价值链上的各种跨国活动，实现全球协调统一和互惠互利。

全球市场机会（Global market opportunity）：指显示出在出口、投资、采购或在国外市场的合作方面具有美好前景的环境、地点和时机的有利组合。

全球细分市场（Global market segment）：在许多国家市场上具有共同特征的消费群体。

全球营销战略（Global marketing strategy）：企业为外国市场制订的行动计划，以指导企业管理者就以下方面做出决策：如何定位自身及其产品；以哪些客户群体为目标；是采用标准化营销方案还是根据具体情况对营销方案进行调整（即采用本土化营销方案）。

全球矩阵式组织结构（Global matrix structure）：这种组织结构是区域型组织结构、产品型组织结构和职能型组织结构的综合，它试图结合全球性战略和本土化回应，同时利用区域型组织结构、产品型组织结构和职能型结构的优点，并尽可能减少其缺点。

全球货币市场（Global money market）：指企业和政府筹集短期资金的金融市场的集合。

全球采购（Global sourcing）：即从位于国外的供应商那儿采购产品或服务，以供母国或第三国消费。

全球性战略（Global strategy）：跨国企业总部试图通过加强对各国子公司的控制，努力使经营冗余最小化，从而实现全球范围内经营效率、学习能力和整合能力的最大化的一种战略。

全球供应链（Global supply chain）：指企业在全球范围内组织起来的综合性采购、生产和分销网络，其中每一项活动都位于全球范围内竞争优势最大的国家/地区。

全球人才储备库（Global talent pool）：一个可查询员工资料的数据库，其中列出了员工的国际技能类型，以及为企业全球化目标服务的潜力。

全球团队（Global team）：指遍布于不同国家的一组员工，他们的任务是为影响企业经营，或影响企业经营的某个主要方面的具体问题提供解决方案或最佳业务实践。

市场全球化（Globalization of markets）：指各国经济逐渐融合且相互依存的现象。

灰色市场行为（Gray market activity）：由授权分销商以外的中间商将正品合法进口到某一国家的行为，也称平行进口。

绿地投资（Greenfield investment）：指当企业投资建立新的制造、销售或管理设施而不是购买现有设施时所发生的投资。

套期保值者（Hedger）：指通过买入远期合约或类似的金融工具，使货币风险最小化的外汇交易者。

套期保值（Hedging）：指利用金融工具或其他方法以减少或消除汇率风险。

高语境文化（High-context culture）：一种强调非口头表达的信息，并将交流视为建立平稳、和谐的关系的手段的文化。

本国复制战略（Home replication strategy）：跨国企业战略的一种，采用该战略的企业将国际业务与国内业务分开，以国内消费者需求为导向设计产品，将国际业务作为增加国内产品销量的机会。

横向一体化（Horizontal integration）：企业试图在单个价值链环节开展活动的一种安排。

东道国员工（Host-country national，HCN）：国籍为跨国企业子公司或联营公司所在国的公民。

习语（Idiom）：一种象征意义与其字面意义不同的表达。

进口许可证（Import license）：指政府向进口企业正式颁发的一种授权。

进口或全球采购（Importing or global sourcing）：即从位于国外的供应商那儿采购产品或服务，以供母国或第三国消费。

《国际贸易术语解释通则》（Incoterms）：国际商会针对国际贸易中货物销售与交付制定的一套通用的标准术语，常被用于国际销售合同中，它明确了买卖双方应如何分摊运费和保险费，也明确了从哪一点开始买方取得货物所有权。

间接出口（Indirect exporting）：主要指企业通过与国内中间商签订合同完成的产品出口。

间接标价法（Indirect quote）：指 1 单位本国货币所能兑换的外国货币的单位数。

个人主义与集体主义（Individualism versus

collectivism）：指一个人主要是作为个人还是作为一个群体的一部分发挥作用。

放纵与克制（Indulgence versus restraint）：指人们试图控制自己的欲望和冲动的程度。

产业集群（Industrial cluster）：指在一个特定的地理区域内，相同产业内企业、供应商和支持企业集中的现象。

行业市场潜力（Industry market potential）：在一定时期内，某一特定行业所有企业预计可能实现的销售额。

知识产权侵权（Infringement of intellectual property）：指未经授权使用、出版或复制受专利、版权、商标或其他知识产权保护的产品和服务。

知识资产（Intellectual property）：指个人或者企业产生的构想或者创造的作品，包括各种所有权以及无形资产，如发现和发明，艺术、音乐和文学作品，以及单词、短语、标志、设计等。

知识产权（Intellectual property right）：是一种法律权利，这种权利保护专有资产不会被其他方未经授权使用，其例子有商标、版权和专利。

内部化理论（Internalization theory）：认为企业可以将一项或多项价值链活动保留在公司内部（而不是将其外包给外部供应商），并获取相应利益的理论。

国际商务（International business）：指企业跨越国界的贸易和投资活动。

国际分部组织结构（International division structure）：即在企业内部成立一个专门负责管理国际业务的独立部门的组织结构。

国际人力资源管理（International human resource management，IHRM）：指企业在国际经营中招聘、挑选、培训、雇用员工并对其进行绩效评价的过程。

国际投资（International investment）：指将资产转移到另一个国家或获得该国的资产。

国际货币基金组织（InternationalMonetary Fund，IMF）：是一个通过监督成员的汇率制度、向发展中经济体发放贷款来努力稳定货币的国际机构。

国际货币体系（International monetary system）：国家货币相互兑换的制度框架、规则和程序。

国际证券投资（International portfolio investment）：指被动拥有外国证券，如股票和债券，以获得财务上的回报，而不需要对这些资产进行积极管理或控制。

国际价格升级（International price escalation）：指由于存在多层分销渠道、中间商利润、关税和其他国际客户成本，所以通过出口出售给最终用户的价格过高。

国际贸易（International trade）：指产品（商品）和服务（无形资产）的跨境交换。

国际化（Internationalization）：指企业系统性地深化其国际商业活动的趋势。它导致了产品、技术和知识在世界范围内的广泛传播。

企业内部融资（Intra-corporate financing）：指由企业内部以股票、贷款和商业信用形式提供的资金。

投资激励（Investment incentive）：即政府直接向单家外国企业提供转移支付和税收优惠，以吸引它们在本国进行投资。

合资企业（Joint venture）：是合作的一种形式，指两家或多家企业合作创建一家新的由各方共同拥有的企业。

专有技术许可协议（Know-how agreement）：是焦点公司签署的一项为被许可人提供关于如何进行设计、生产，或交付某产品或服务的技术知识和管理知识，以换取特许权使用费的协议。

法律制度（Legal system）：指解释和执行法律的制度。

信用证（Letter of credit）：是进口方银行与出口方达成的一份合同，用于确保进口方一收到出口货物便向出口方支付货款，相当于以银行的名义和信用取代进出口双方的名义和信用。

许可贸易（Licensing）：指企业进入外国市场的一种战略，其具体做法是，企业以收取一定的费用为条件，赋予国外另一家企业使用自己的知识资产的权利。

许可人（Licensor）：指与外国合作伙伴签订许可协议，允许合作伙伴在特定时间内使用特定知识产权以换取版税或其他补偿的企业。

本土化回应（Local responsiveness）：对单个国家的特定需求做出回应的做法。

物流服务供应商（Logistics service provider）：代表焦点公司安排产品的实际配送和存储，并控制原产地和目标市场之间的物流信息传递的专业运输公司。

长期导向与短期导向（Long-term versus short-term orientation）：指人们和组织推迟快乐或满足以获得长期成功的程度。

低语境文化（Low-context culture）：一种喜欢使用大量的口头语言和详细的口头解释的文化。

管理合同（Management contract）：契约式进入战略的一种，在该战略下，承包人通过提供管理技能来经营酒店、医院、机场或其他设施，以换取补偿。

制造商代表（Manufacturer's representative）：是与出口商签约的中间商，它们在指定国家或地区代表出口商销售其商品或服务。

马基拉朵拉工厂（Maquiladora）：是对外贸易区的一个例子，指位于墨西哥北部境内、沿着美国边境线设立的组装出口工厂。这些工厂通常生产销往美国的组件和最终产品。

男性化与女性化（Masculinity versus femininity）：是指基于传统男性价值观和女性价值观的社会取向。在男性化文化中，男女双方都高度重视成就、抱负和经济增长，社会重视竞争力和魄力；在女性化文化中，性别角色相互重叠，男性和女性都需要扮演养育角色，人与人之间相互依赖，大家都倾向于关心不幸的人。

主特许经营（Master franchise）：特许人允许一家独立的企业建立、发展、管理市场上的整个特许经营网络的特许经营模式。

重商主义（Mercantilism）：认为国家繁荣是贸易顺差的结果，而贸易顺差要通过最大化出口和最小化进口来实现。

兼并（Merger）：是一种特殊的收购形式，指两家企业合并成一家更大的企业。

货币干预（Monetary intervention）：指中央银行通过对货币供求的控制，达到维持汇率稳定或有序的目的。

单时导向的（Monochronic）：这是一种严格的导向，它将时间看作一种资源，要求个人严格遵守时间表。

跨国本土化产业（Multidomestic industry）：即企业必须根据各国不同的文化、法律、收入水平和其他具体特征等来调整其提供的产品的产业。

跨国本土化战略（Multidomestic strategy）：有时也称多国本土化战略。实施该战略的企业往往会在众多外国市场建立子公司或加盟企业，同时给予各国子公司的管理者很大的自主权，允许他们独立经营和做出本土化回应。

多边净额结算（Multilateral netting）：指通过消除可以相互冲抵的现金流，战略性地减少在跨国企业组织内部转移的现金总额。

跨国企业（Multinational enterprise，MNE）：是拥有大量资源的大公司，它们通过位于多个国家的子公司和附属分支机构进行各种商业活动。

国家治理（National governance）：指管理国家的政策和流程体系。它反映了公共机构制定法律法规、管理公共事务和公共资源的方式。

国家产业政策（National industrial policy）：是政府为创建或强化某一特定产业而推出的一项积极的经济发展计划。

近岸外包（Nearshoring）：指将业务流程或制造设施转移到与母国接壤的临近国家。

新的全球挑战者（New global challenger）：指那些来自新兴市场的领先公司，它们正迅速成长为世界市场上的主要竞争者。

非关税贸易壁垒（Nontariff trade barrier）：是政府用来阻碍贸易的一些其他手段，如政策、法规或者程序，它不像关税那么直接。

规范主义（Normativism）：认为道德行为标准具有普遍性，企业和个人应当做到保持这些规范在全球的一致性。

离岸外包（Offshoring）：指把制造业和其他价值链活动搬迁到海外那些成本效益低的地区。

组织文化（Organizational culture）：指员工学习并采用的一套共同模式，包括价值观、行为规范、制度、政策和程序等。

组织流程（Organizational process）：指指导企业按计划开展活动的管理路径、管理行为和管理制度。

组织结构（Organizational structure）：指企业内部的汇报关系，或指企业为了开展经营活动而形成的员工、部门职能和生产销售过程之间的特定联系。

外包（Outsourcing）：指向独立供应商采购选定的增值活动，包括中间产品或制成品的生产。

母国员工（Parent-country national，PCN）：国籍为跨国企业总部所在国家的员工。

绩效评价（Performance appraisal）：指评估员工完成本职工作的有效程度的正式过程。

政治制度（Political system）：指构成政府的一整套正式机构，包括立法机构、政党、议会和工会。

多中心导向（Polycentric orientation）：指一种东道国的心态，持这种心态的经理对其经营业务所在的国家产生强烈的依恋。

多时导向的（Polychronic）：人们选择同时做几件事，而不是逐次完成任务的倾向。

权力距离（Power distance）：描述一个社会如何处理人与人之间存在的权力不平等的指标。

实用信息（Practical information）：在异国有效工作、生活所必需的知识和技能，涉及居住、卫生保健、教育和日常生活等方面。

私有化（Privatization）：将国有企业转变为私人企业。

产品型组织结构（Product structure）：以企业生产经营范围内的主要产品种类为基础建立的一种组织结构。在该组织结构下，由每个产品部门负责某种特定产品在全世界的生产和销售。

基于项目的非股权投资（Project-based，non-equity-venture）：指合作伙伴在不创建新的法人实体的情况下创建范围相对狭窄且时间表明确的项目。

贸易保护主义（Protectionism）：指为了保护本国企业免受外国竞争的影响而限制自由贸

易的一系列全国性经济政策。

购买力平价（Purchasing power parity, PPP）：在长期中，汇率应该朝着使得相同的一篮子货物和服务在任何两国的价格相等这一方向变化。

配额（Quota）：是一种常用的非关税壁垒，指进口部门对某种特定产品在特定时期实施的数额限制。

区域经济一体化（Regional economic integration）：也叫区域一体化，它是指一个地理区域内的两个或两个以上的国家为了减少贸易和投资壁垒而结成联盟所导致的经济上的相互依赖性逐渐增强。

相对主义（Relativism）：认为道德真理不是绝对的，而是因群体而异。

回任（Repatriation）：指外派员工在国外完成一项耗时颇长的任务后回到自己的母国。

回流（Reshoring）：指跨国企业有时会将制造业和服务业转回本国。

特许权使用费（Royalty）：是支付给知识产权所有者的报酬，通常按照使用许可资产所产生的销售额占总销售额的比例来计算。

法治（Rule of law）：是这样一种法律制度，在这种制度下，法律清晰、明确地为人们所知，执法人员公正地执行法律，个人、组织和政府尊重法律。

自我参照标准（Self-reference criterion）：即从自己文化的视角来看待其他文化的倾向。

中小企业（Small and medium-sized enterprise, SME）：员工人数小于或等于500人的企业（根据加拿大和美国的定义）。

社会化（Socialization）：学习适合一个社会的规则和行为模式的过程。

特别提款权（Special Drawing Right, SDR）：是一种记账单位或储备资产，即中央银行用来补充与国际货币基金组织进行交易的现有储备并管理国际汇率的一种货币。

投机者（Speculator）：指为了从汇率波动中获利而从事外汇买卖的交易者。

即期汇率（Spot rate）：指适用于当日立即交割的外汇交易的汇率，是为立即收取外汇而使用的汇率。

标准化（Standardization）：跨国企业所采用的一种营销战略。在该战略下，企业将其国际营销方案的各个要素统一，从而可以将整个地区甚至全球市场作为目标市场，为其提供相同的产品或服务。

国有企业（State-owned enterprise, SOE）：为代表政府从事商业活动而由政府创建和拥有的企业。

战略（Strategy）：管理者为了获得竞争优势，充分利用企业资源和核心竞争力而采取的一系列有计划的行动。

补贴（Subsidy）：是政府为企业或某一群体提供的货币或其他补助，其目的是鼓励出口、帮助生产、降低销售价格，以达到保护企业存续的目的。

可持续性（Sustainability）：指企业的发展和各项活动的实施要在不损害人类后代利益的前提下，满足当代人的需求。

关税（Tariff）：是政府对进口商品征收的税，它实际上提高了消费者为了获取产品所付出的成本。

税收天堂（Tax haven）：指企业所得税税率很低，因而对企业和外来投资友好的地区。

时态法（Temporal method）：采用此方法时，以外币表示的资产负债表和利润表的折算汇率随核算方法的不同而不同。

投标（Tender）：即买方做出的要购买某些商品和服务的正式要约。

第三国员工（Third-country national, TCN）：国籍既不是跨国企业总部所在国家，也不是东道国的员工。

贸易赤字（Trade deficit）：是指在一个特定时期内，一国的进口大于出口，造成外汇净流出的情况。

贸易盈余（Trade surplus）：是指在一个特定的时期内，一国的出口大于进口，造成外汇净流入的情况。

贸易公司（Trading company）：从事各种商品、产品和服务的进出口业务，代表生产者履行国际营销职能的中间商。

交易风险（Transaction exposure）：指企业用外币收付未结清的应收账款或应付账款时所面临的货币风险。

转移定价（Transfer pricing）：亦称企业内定价，指为分布在不同国家但同属于一个企业大家庭的子公司或联营企业之间交换的中间品或成品定价的做法。

转轨经济体（Transition economy）：从中央计划经济发展到自由市场经济的经济体。

折算风险（Translation exposure）：指跨国企业在处理财务报表的过程中将外国货币转换为母公司的记账本位币（是合并国际财务报表不可或缺的一个组成部分）时面临的货币风险。

跨国战略（Transnational strategy）：与国际化相联系的一种战略，实施该战略的企业在保留对子公司的足够的控制权以确保提高效率和学习能力的同时，努力对当地需求更快地做出回应。

透明度（Transparency）：是指企业定期公布关于自身财务状况和会计实践方面的信息的程度。

交钥匙工程（Turnkey contracting）：指焦点公司或者联合体负责计划、融资、组织、管理和实施国外项目的全过程，并在对当地工人进行培训后将项目移交给国外客户的一种安排。

不确定性规避（Uncertainty avoidance）：指个人在生活中能够承受不确定性的程度。

价值链（Value chain）：是企业在产品开发、生产、营销和服务过程中进行的一系列增值活动。

纵向一体化（Vertical integration）：是企业试图拥有生产、销售和交付产品或服务等多个价值链环节的一种安排。

有远见的领导者（Visionary leadership）：会为员工提供指导和激励，带领企业走向更美好的未来的领导者。

独资直接投资（Wholly owned direct investment）：是一种 FDI 方式，其中投资者占企业 100% 的所有权，并对其业务进行完全控制。

世界银行（World Bank）：是一个向中低收入经济体提供贷款和技术援助，以减少贫困的国际机构。

世界贸易组织（World Trade Organization，WTO）：一个被授权管理国际贸易和投资的多边管理机构。

图书在版编目（CIP）数据

国际商务：新进展：第五版／（美）S. 塔默·卡瓦
斯基尔（S. Tamer Cavusgil），（美）加里·奈特
（Gary Knight），（美）约翰·R. 里森伯格
（John R. Riesenberger）著；马述忠等译 . -- 北京：
中国人民大学出版社，2023.7
　（经济科学译丛）
　ISBN 978-7-300-31829-5

　Ⅰ．①国… 　Ⅱ．①S… ②加… ③约… ④马… 　Ⅲ．①
国际商务-教材 　Ⅳ．①F740

中国国家版本馆 CIP 数据核字（2023）第 111859 号

"十三五"国家重点出版物出版规划项目
经济科学译丛
国际商务：新进展（第五版）
S. 塔默·卡瓦斯基尔（S. Tamer Cavusgil）
加里·奈特（Gary Knight）　　　　　　　　　　著
约翰·R. 里森伯格（John R. Riesenberger）
马述忠　熊立春　陈彦宇　等　译
Guoji Shangwu：Xinjinzhan

出版发行	中国人民大学出版社	
社　　址	北京中关村大街 31 号	**邮政编码**　100080
电　　话	010 - 62511242（总编室）	010 - 62511770（质管部）
	010 - 82501766（邮购部）	010 - 62514148（门市部）
	010 - 62515195（发行公司）	010 - 62515275（盗版举报）
网　　址	http://www.crup.com.cn	
经　　销	新华书店	
印　　刷	北京七色印务有限公司	
开　　本	787 mm×1092 mm　1/16	**版　　次**　2023 年 7 月第 1 版
印　　张	39 插页 2	**印　　次**　2023 年 7 月第 1 次印刷
字　　数	883 000	**定　　价**　118.00 元

中国人民大学出版社经济类引进版教材推荐

经济科学译丛

20 世纪 90 年代中期，中国人民大学出版社推出了"经济科学译丛"系列丛书，引领了国内经济学汉译名著的第二次浪潮。"经济科学译丛"出版了上百种经济学教材，克鲁格曼《国际经济学》、曼昆《宏观经济学》、平狄克《微观经济学》、博迪《金融学》、米什金《货币金融学》等顶尖经济学教材的出版深受国内经济学专家和读者好评，已经成为中国经济学专业学生的必读教材。想要了解更多图书信息，可扫描下方二维码。

经济科学译丛书目

金融学译丛

21 世纪初，中国人民大学出版社推出了"金融学译丛"系列丛书，引进金融体系相对完善的国家最权威、最具代表性的金融学著作，将实践证明最有效的金融理论和实用操作方法介绍给中国的广大读者，帮助中国金融界相关人士更好、更快地了解西方金融学的最新动态，寻求建立并完善中国金融体系的新思路，促进具有中国特色的现代金融体系的建立和完善。想要了解更多图书信息，可扫描下方二维码。

金融学译丛书目

双语教学用书

为适应培养国际化复合型人才的需求，中国人民大学出版社联合众多国际知名出版公司，打造了"高等学校经济类双语教学用书"系列丛书，该系列丛书聘请国内著名经济学家、学者及一线授课教师进行审核，努力做到把国外真正高水平的适合国内实际教学需求的优秀原版图书引进来，供国内读者参考、研究和学习。想要了解更多图书信息，可扫描下方二维码。

高等学校经济类双语教学用书书目

尊敬的老师：

您好！

为了确保您及时有效地申请培生整体教学资源，请您务必完整填写如下表格，加盖学院的公章后传真给我们，我们将会在 2－3 个工作日内为您处理。

请填写所需教辅的开课信息：

采用教材				☐ 中文版　☐ 英文版　☐ 双语版
作　者			出版社	
版　次			ISBN	
课程时间	始于　　年　月　日		学生人数	
	止于　　年　月　日		学生年级	☐ 专科　　　☐ 本科 1/2 年级 ☐ 研究生　☐ 本科 3/4 年级

请填写您的个人信息：

学　校			
院系/专业			
姓　名		职　称	☐ 助教 ☐ 讲师 ☐ 副教授 ☐ 教授
通信地址/邮编			
手　机		电　话	
传　真			
official email（必填） （eg：×××@ruc.edu.cn）		email （eg：×××@163.com）	
是否愿意接受我们定期的新书讯息通知：　☐ 是　☐ 否			

系/院主任：＿＿＿＿＿＿＿（签字）

（系 / 院办公室章）

＿＿年＿＿月＿＿日

资源介绍：

——教材、常规教辅（PPT、教师手册、题库等）资源请访问 www.pearsonhighered.com/educator。（免费）

——MyLabs/Mastering 系列在线平台适合老师和学生共同使用，访问需要 Access Code。（付费）

地址：北京市东城区北三环东路 36 号环球贸易中心 D 座 1208 室　邮编：100013

Please send this form to：copub.hed@pearson.com

Website：www.pearson.com